실전 스프링 부트

SPRING BOOT IN PRACTICE

© 2023 J-Pub Co., Ltd. Authorized translation of the English edition © 2022 Manning Publications.
This translation is published by an sold by permission of Manning Publications. the owner of all rights to publish and sell the same.

이 책의 한국어판 저작권은 대니홍 에이전시를 통한 저작권사와의 독점 계약으로 (주)제이펍에 있습니다.
저작권법에 의해 한국 내에서 보호를 받는 저작물이므로 무단 전재와 무단 복제를 금합니다.

실전 스프링 부트

1판 1쇄 발행 2023년 9월 8일

지은이 솜나트 무시브
옮긴이 오명운
펴낸이 장성두
펴낸곳 주식회사 제이펍

출판신고 2009년 11월 10일 제406-2009-000087호
주소 경기도 파주시 회동길 159 3층 / **전화** 070-8201-9010 / **팩스** 02-6280-0405
홈페이지 www.jpub.kr / **투고** submit@jpub.kr / **독자문의** help@jpub.kr / **교재문의** textbook@jpub.kr

소통기획부 김정준, 이상복, 김은미, 송영화, 권유라, 송찬수, 박재인, 배인혜, 나준섭
소통지원부 민지환, 이승환, 김정미, 서세원 / **디자인부** 이민숙, 최병찬

진행 권유라 / **교정 · 교열** 이정화 / **표지 및 내지디자인** 이민숙 / **내지편집** nu:n
용지 타라유통 / **인쇄** 해외정판사 / **제본** 일진제책사

ISBN 979-11-92987-35-4 (93000)
값 40,000원

※ 이 책은 저작권법에 따라 보호를 받는 저작물이므로 무단 전재와 무단 복제를 금지하며,
이 책 내용의 전부 또는 일부를 이용하려면 반드시 저작권자와 제이펍의 서면 동의를 받아야 합니다.
※ 잘못된 책은 구입하신 서점에서 바꾸어드립니다.

제이펍은 독자 여러분의 아이디어와 원고를 기다리고 있습니다. 책으로 펴내고자 하는 아이디어나 원고가 있는 분께서는 책의 간단한 개요와 차례, 구성과 지은이/옮긴이 약력 등을 메일(submit@jpub.kr)로 보내주세요.

SPRING BOOT *in* PRACTICE
실전 스프링 부트

솜나트 무시브 지음 / **오명운** 옮김

※ 드리는 말씀

- 이 책에 기재된 내용을 기반으로 한 운용 결과에 대해 지은이/옮긴이, 소프트웨어 개발자 및 제공자, 제이펍 출판사는 일체의 책임을 지지 않으므로 양해 바랍니다.
- 이 책에 등장하는 각 회사명, 제품명은 일반적으로 각 회사의 등록상표 또는 상표입니다. 본문 중에는 TM, ©, ® 등의 기호를 생략했습니다.
- 이 책에서 소개한 URL 등은 시간이 지나면 변경될 수 있습니다.
- 책의 내용과 관련된 문의사항은 옮긴이나 출판사로 연락해주시기 바랍니다.
  - 옮긴이: hanmomhanda@naver.com
  - 출판사: help@jpub.kr

차 례

옮긴이 머리말

스프링 부트는 현업에서 사용하고 있기도 하고 이미 번역도 한 번 한 적이 있어 익숙할 만하다고 생각하다가도, 다른 책을 보면 또 이렇게나 모르는 게 많았구나 싶은 생각이 듭니다. 이 책은 특히 더 그런 생각을 많이 들게 한 책입니다. 이제는 시중에 실무형 스프링 부트 책도 다양하게 나와 있지만, 이 책은 '실무형 스프링 부트 심화 과정'이라고 불러도 손색이 없을 만큼 유익하고 다양한 주제를 다루고 있어서 한마디로 보는 재미가 있습니다. 스프링 부트로 수많은 환경에서 개발하고 배포하는 모든 내용을 이 책 하나만으로 커버할 수는 없겠지만, 책을 하나만 보고 스프링 부트로 무언가를 만들어내야 한다면 그 단 하나의 책으로 이 책을 골라도 괜찮을 것 같습니다.

늘 그렇듯 모자람이 있겠지만 이번에도 원서보다 나은 역서를 목표로 번역 작업을 했습니다.

책이 알찬 내용으로 가득하지만 자잘한 구성이나 내용 전개 관점에서는 치밀하지 못한 부분이 적지 않아서, 이런 모난 부분을 매끄럽게 가다듬는 데 지금까지 옮겨봤던 그 어떤 책보다 많은 공을 들여야 했습니다. 모쪼록 독자분들이 읽어나가시면서 아무런 불편감이 없기를 욕심내어 바라봅니다.

역자가 고민이 많다면 편집자도 고민이 많아지기 마련인데 함께 어려운 길 헤쳐와 주신 권유라 편집자님과 지치지 않고 번역할 수 있게 응원해주신 장성두 대표님께 감사의 말씀을 드립니다. 적지 않은 분량의 책을 꼼꼼히 읽고 귀한 의견 주신 베타리더분들과 책이 나올 때까지 애써주신 모든 분께도 감사의 말씀을 전합니다. 고령에도 건강 관리 잘하셔서 번역에 집중할 수 있게 해주신 부모님께 특별히 감사의 말씀을 올립니다. 번역한다는 핑계로 집안일도 별로 못 하는데도 여전히 사랑해주는 아내 지선이와 이제 조금씩 아기 티를 벗어던지고 청소년이 되어가는 건강한 윤아, 윤석이에게도 고맙다는 말을 전합니다.

오명운

베타리더 후기

 **김용현**(Microsoft MVP)

스프링 부트의 바이블로 인정할 만한 도서입니다. 스프링 부트의 개념 이해부터 개발하면서 스프링 부트를 강력하게 응용하는 방법까지, 이 책 한 권으로 스프링 부트의 핵심을 꿰뚫어볼 수 있습니다. 웹 개발을 하면서 직면하는 항목들을 일반적인 순서로 내용이 전개되어, 예제와 함께 따라가면서 읽으면 쉽게 이해할 수 있습니다.

김진영(야놀자)

실제 스프링 부트를 사용해보았고 스프링 부트에 대해서 보다 넓은 시야를 가지고 싶은 개발자가 읽기 좋은 책입니다. 이 책을 읽다 보면 무심코 써왔던 스프링 부트의 내부에서는 어떤 일들이 이뤄지는가, 그리고 언뜻 들어보기만 했던 기술들이 어떻게 사용되는가에 대한 개략적인 내용을 알 수 있게 됩니다. 다만 다양한 주제를 다루고 있는 만큼 각 주제에 대해 깊이 있게 다루지 않아 별도의 추가 학습이 필요합니다.

 **신진욱**(네이버)

실무 예제를 통해 스프링을 배우는 것은 굉장히 좋은 방법이라고 생각합니다. 이 책은 액추에이터, GraalVM, Reactive 등 최신 기술들을 예제를 통해 개념을 잡아주고, 경험할 수 있게 해줍니다. 이런 경험들은 서비스 운영 중 고민해볼 수 있는 문제에 해결법을 제공하는 훌륭한 경험이 될 것입니다.

양성모(현대오토에버)

제목과 같이 스프링 부트 애플리케이션이 갖추어야 할 요건들을 요구 사항-해법-토론의 순서로 설명합니다. 책을 순서대로 따라가기만 해도 완성도 높은 스프링 부트 애플리케이션을 작성해볼 수 있으며, 상용 애플리케이션이 갖추어야 할 중요한 요건(모니터링, 보안, 배포 등)의 구현 방법도 쉽게 배울 수 있습니다.

유정원(아이스캔디)

스프링 부트를 처음 접하는 개발자에게는 조금 어려울 수 있으나, 첫 설정부터 도와주고 보안 및 DB 등을 예제로 자세히 설명해 조금이라도 스프링 및 스프링 부트를 접해본 주니어 개발자가 실력이 향상되기를 원한다면 이 책을 강력히 추천합니다. 또한, 스프링 부트의 주요 기능들을 깊이 있게 다루어 개발자들이 실제 프로젝트를 구축하고 운영하는 데 많은 도움이 될 것입니다.

윤수혁(코나아이)

스프링 관련 전문 서적과 비슷하게 얕은 수준을 다루고 있지만, 최근 나온 책 중에서 비교적 새로운 스프링 부트의 기술을 알려줍니다. 기술마다 조금 더 알아보기 위한 링크도 소개해줍니다. 스프링을 사용하면 많은 기술과 편리함에 눈이 가지만, 잘못된 사용법도 숙지해야 하니 새로운 기술에 우려해야 하는 부분을 찾아보며 읽으면 좋겠습니다.

한상곤(부산대학교 산업수학센터)

이 책은 스프링 부트의 몇 가지 핵심 주제를 기반으로 즉시 적용할 수 있는 기법을 깔끔하게 정리한 교재입니다. 핵심 주제별로 정리된 기법을 예제 코드로 자세하게 설명하며, 책의 목차를 활용해서 필요한 부분을 빠르게 참고할 수 있습니다. 스프링 부트에 관심이 있는 개발자나 기존 스프링 사용자에게 추천합니다.

제이펍은 책에 대한 애정과 기술에 대한 열정이 뜨거운 베타리더의 도움으로
출간되는 모든 IT 전문서에 사전 검증을 시행하고 있습니다.

추천 서문(조시 롱)

나는 2015년에 클라우드 전문가이자 동료인 제임스 워터스James Watters, 앤드루 클레이 셰이퍼Andrew Clay Shafer와 함께 캘리포니아 산타모니카의 한 카페에 앉아 있었다. 우리는 갈림길에 서 있었다. 스프링 팀은 2013년에 스프링 부트를 출시했고, 2014년에 일반적으로 사용할 수 있는 GAGenerally Available 버전을 출시했다. 그리고 2015년부터 스프링 부트가 붐을 일으키기 시작했다. 우리는 사람들이 스프링 부트의 가능성에 대해 흥분하고 있다는 것을 알고 있었고, 사람들이 그 흥분을 받아들이고 있다는 것도 알고 있었지만, 우리가 아직 종착점[1]에 도달하지 못했다는 것도 알고 있었다. 스프링 부트는 너무나도 거대해서 그 종착점이 어디에 있는지 알 수 없었다. 내가 이 글을 쓰는 지금은 2022년 초인데도, 스프링 부트 프로젝트는 나날이 성장하고 있다. 그래서 그 종착점이 어딘지 아직도 알지 못한다.

'우리가 뭔가 하긴 한 것 같아'라는 생각은 우리 모두가 가지고 있었다.

종착점에 이르렀는지 아직도 알 수 없지만, 종착점에 도달하려면 지도책에서 같은 페이지를 보고 지형지물에 익숙해져야 한다는 점만은 분명히 알고 있다. 방향을 제대로 정하지 않고 길을 찾아낼 수는 없는 법이다. 《실전 스프링 부트》는 내게 희망을 안겨줬다. 이 책 덕분에 서버 애플리케이션 확장과 서비스 배포 시 항상 뒤따라오는 현기증을 피할 수 있게 됐다.

알찬 내용으로 가득 찬 이 책을 읽으면 애플리케이션 구축 사업에 바로 뛰어들 수 있을 것이다. 먼저 기초를 빠르고 단단하게 다질 수 있고, 읽다 보면 어느새 무언가를 만들고 있는 자신을 발견하게 된다. 무언가를 배우는 데는 이보다 좋은 방법이 없을 것이다. 둘러봐야 할 곳이 굉장히 크다면

1 옮긴이 원문에는 there라는 상징적인 단어가 사용됐으며 의미상 '종착점'으로 옮깁니다.

먼저 탐험을 해봐야 한다. 누군가 그곳을 설명해주기도 하고 지도를 보여주는 것처럼 묘사하기도 하겠지만 그 설명과 묘사를 얼마나 넓고 얼마나 깊게 할 것인지는 중요하지 않다. 그 어느 것도 직접 해보는 것만큼 효과적이지 않다. 직접 봐야 하고 직접 탐험해봐야 한다!

기초를 다지고 나면 사다리를 오르는 느낌이 들 것이다. 스프링 부트 애플리케이션을 구축하는 데 필요한 초석을 든든히 깔아두는 것으로 시작한다. 그러고 나서 데이터 접근, 스프링 부트 액추에이터가 제공해주는 관찰 지원 기능, 스프링 시큐리티 적용을 통한 보안 기능, 스프링 MVC와 스프링 웹플럭스를 사용한 HTTP 서비스 등을 만들 수 있다. 여기까지 왔더라도 애플리케이션 구축에 관한 모든 내용을 구석구석 다 안다고 할 수는 없겠지만 어디로 가야 하는지는 알게 된다. 올바른 방향을 잡는 것은 중요하다.

다음에 어디로 가야 할지는 각자의 추측에 맡겨야 하겠지만, 저자인 솜나트 무시브는 드넓고 경이로운 스프링 왕국Springdom을 이루고 있는 코틀린Kotlin, GraphQL, GraalVM에 대한 소개도 빼놓지 않고 알려준다. 코틀린은 끊임없이 역동적으로 진화하는 프로그래밍 언어이며 스프링 생태계 지원도 활발하다. 스프링 GraphQL은 스프링을 사용하는 개발자가 GraphQL 자바 프로젝트를 사용할 수 있게 해주는 새로운 프로젝트다. 스프링 네이티브는 스프링 부트 2.x, 스프링 프레임워크 5.x 코드를 GraalVM 네이티브 이미지로 만들어준다. 스프링 GraphQL과 스프링 네이티브는 모두 상대적으로 최신 프로젝트인데, 믿을 만한 스프링 가이드라고 할 수 있는 이 책에서도 다뤄지고 있어서 개인적으로 기쁘다.

솜나트 무시브는 이 책을 통해 훌륭한 길잡이 역할을 해주고 있다. 그의 가이드를 받으면 서비스 출시라는 길고 먼 여정에서 중요한 것에 먼저 집중할 수 있게 된다. 출시 후 서비스가 성공하면 여러분도 비로소 종착점에 도착했다고 말할 수 있을 것이다. 그때 친구와 동료들에게 웃으면서 '우리가 뭔가 하긴 한 것 같아'라고 말할 수 있게 되기를 진심으로 응원한다.

조시 롱 Josh Long, VM웨어 Tanzu 소속 스프링 개발자 애드버킷, @starbuxman

시작하며

책을 집필하고 있는 지금 스프링 부트는 사용 빈도 기준으로 이미 가장 인기 있는 자바 프레임워크로서 Dropwizard, Quarkus, Micronaut 같은 경쟁자보다 훨씬 앞서 있다. 업계에서 마이크로서비스 기반 아키텍처가 널리 사용됨에 따라 스프링 부트의 인기는 그야말로 하늘을 찌르고 있으며 개발자들 사이에서 가장 배우고 싶은 자바 프레임워크로 자리매김하고 있다.

이런 엄청난 인기에도 불구하고 새로 스프링 부트를 배우려는 사람들에게 가장 큰 골칫거리는 어디서부터 시작해야 할지 알기 어렵다는 점이다. 스프링과 스프링 부트 공식 문서는 굉장히 방대하며 처음 시작하는 사람들에게 그리 친절하지 않다. 공식 문서에 있는 가이드는 빨리 맛보기를 할 수는 있지만 실전에 사용할 수 있는 수준의 예제가 아니며, 스프링 부트의 여러 기능에 대해 폭넓게 이해시켜주지는 못한다. 인터넷에도 튜토리얼이나 기사, 블로그 글은 도처에 널려 있지만 정보가 흩어져 있고 불완전하며 스프링 부트의 전체적인 그림을 그려주지는 못한다.

《실전 스프링 부트》는 앞서 언급한 문제 해결에 도전한다. 이 책은 두 가지 목표를 가지고 있다. 첫 번째는 스프링 부트가 무엇인지 명확한 그림을 보여주고 자동 구성autoconfiguration, 액추에이터actuator, 보안security 등 스프링 부트의 여러 가지 내부 개념을 알기 쉽게 설명하는 것이다. 두 번째는 독자들에게 교과서 스타일의 이론적인 예제가 아니라 실무적으로 사용할 수 있는 스프링 부트 예제를 제공하는 것이다. 이 두 가지 목표에 집중했고 달성했다고 자부한다.

《실전 스프링 부트》는 스프링 부트의 여러 단면을 다룬다. 이 책은 기본적으로 초급에서 중급 수준의 독자를 대상으로 한다. 스프링 부트 기본 개념에서 출발해서 스프링 부트의 다양한 기능을 효과적으로 사용하는 법과 고급 개념을 실무적으로 사용할 수 있는 예제를 통해 알려준다. 이 책이 초급이나 중급 수준의 독자를 대상으로 하지만, 스프링 부트에서 코틀린, GraalVM 스프링 네이티브 이미지, GraphQL, 해시코프 볼트Hashicorp Vault, 다중 인증multi-factor authentication 등을 사용하는 방법도 다룬다. 이는 경험 많은 시니어 개발자에게도 도움이 될 것이다.

여러분이 이 책을 통해 많은 것을 배우고 더 나은 스프링 부트 애플리케이션을 개발할 수 있게 되기를 진심으로 기원한다. 이 책 내용을 개선할 수 있는 의견이나 제안이 있다면 무엇이든 환영하며 링크드인(https://www.linkedin.com/in/musibs/)을 통해 필자와 소통할 수 있다.

감사의 글

이 책은 비록 필자의 이름이 적혀 있긴 하지만 많은 사람의 도움으로 만들어졌습니다. 최고의 스프링 부트 책을 만드는 데 도움을 준 사람들 모두에게 고맙다는 말을 전합니다.

가장 먼저 사랑하는 아내 Jhinuk에게 깊은 감사의 마음을 전하고 싶습니다. 오랜 시간 동안 책을 쓸 수 있도록 배려해주고 기다려주고 응원해줘서 정말 고마워. 사랑해.

얼마 전에 태어나 삶의 또 다른 의미와 목적을 선사해준 Abhirup에게도 고맙고, 항상 믿어주고 북돋아준 부모님과 동생 Sumanta와 Supriya에게도 감사의 말을 전합니다.

그동안 내 인생에서 수많은 가르침을 전해준 멘토들과 동료, 친구들에게도 감사드립니다. 모든 분들의 이름을 지면에 나열할 수는 없지만 Amit Chitnis, Ashwani Singh, Midhuna Babu, Kiran N. S., Sandeep Salian, Priya Ponnekanti, Minal Barve, Shravan Kumar Singh, Suhasini C. H., Ramya S., Parijat Pathak에게는 지면을 빌어 특별한 감사의 말을 전합니다.

나와 함께 일하며 믿음을 주고 집필 작업을 더 편하게 할 수 있도록 도와준 매닝 출판사의 편집자 Jennifer Stout에게 감사드립니다. 매닝 책을 쓸 기회를 준 Mike Stephens, Mihaela Batinić, Andy Marinkovich, Christian Berk, Jason Everett도 빼놓을 수 없겠네요. 책의 출판과 마케팅에 힘써주신 매닝 출판사 관계자분들께도 감사드립니다. 정말로 팀 차원의 노력이 있어야 한 권의 책이 나올 수 있다고 생각합니다.

귀한 시간을 들여 책을 리뷰하고 값진 피드백을 보내준 Ajit Malleri, Al Pezewski, Alain Lompo, Alex Saez, Amrah Umudlu, Andres Sacco, Anindya Bandopadhyay, Ashley Eatly, Asif Iqbal, Becky Huett, Chad Johnston, Fernando Bernardino, Gabriele Bassi, Giampiero

Granatella, Harinath Kuntamukkala, Ilya Sakayev, Javid Asgarov, Jean-François Morin, João Miguel Pires Dias, John Guthrie, Kent R. Spillner, Krzysztof Kamyczek, Lachman Dhalliwal, Maqbool Patel, Mladen Knežić, Mohamed Sanaulla, Najeeb Arif, Neil Croll, Rafał Gorzkowski, Raffaella Ventaglio, Raghunath Nedumpurath, Raymond Cheung, Richard Meinsen, Ruslan Vidzert, Sambaran Hazra, Satej Sahu, Sergio Britos Arevalo, Søren Dines Jensen, Tan Wee, Tiziano Bezzi, William Fly의 도움이 없었다면 이처럼 완성도 있는 책이 나오기 어려웠을 겁니다. 정말 감사드립니다.

책의 테크니컬 리뷰를 맡아 다양한 피드백을 전해준 Ubaldo Pescatore에게도 특별한 감사의 말을 전합니다. 테크니컬 교정 작업을 맡아 최종 단계에서 코드 내용을 꼼꼼하게 리뷰해준 Giampiero Granatella에게도 깊이 감사드립니다.

마지막으로 믿을 수 없을 만큼 훌륭한 프레임워크를 만들어서 온 세상의 개발자가 훨씬 더 편하게 개발할 수 있게 해준 스프링과 스프링 부트 개발진에게도 감사의 말을 전합니다.

이 책에 대하여

《실전 스프링 부트》는 스프링 부트를 배워서 애플리케이션 개발에 사용하려고 하는 자바 개발자를 대상으로 한다. 이 책은 매닝 출판사의 'In Practice' 시리즈 중 하나이며 풍부한 예제를 통해 스프링 부트를 실무적으로 사용하는 방법을 배우는 데 초점을 둔다. 책은 요구 사항, 해법, 토론 단계로 구성되어 문제와 요구 사항을 먼저 정의하고 그에 대한 해법을 제시한 후 심도 있는 토론으로 마무리한다.

대상 독자

《실전 스프링 부트》는 초급에서 중급 수준의 애플리케이션 개발자를 주요 대상으로 하며 스프링 부트를 사용하는 풍부한 실무형 예제를 제공한다. 또한 스프링 부트의 내부적인 구조와 개념을 강조하면서도 GraalVM 스프링 부트 네이티브 이미지, GraphQL, 리액티브 애플리케이션 같은 최신 기술도 함께 다루므로 이미 스프링 부트 애플리케이션 개발 경험이 많은 시니어 개발자에게도 새로운 지식을 전달해줄 수 있다. 결국 스프링 부트를 배우고자 하는 개발자나 스프링 부트 지식을 재정비하려는 개발자 모두에게 가치 있는 책이 될 것이다.

책의 구성

《실전 스프링 부트》는 총 10장과 두 개의 부록을 5부에 나눠 담았다.

1부에서는 스프링 부트에 속한 다양한 기능을 훑어본다.

- 1장에서는 스프링 부트를 개괄적으로 살펴보고 주요 특징과 다양한 기능을 살펴본다.

2부에서는 스프링 부트 애플리케이션 개발에 필요한 다양한 개념과 기법을 알아본다.

- 2장에서는 애플리케이션 개발에 공통적으로 필요한 기능을 스프링 부트를 사용해서 편리하게 구현하는 방법을 살펴본다. 이 과정에서 설정 관리, 로깅, 데이터 검증 등 여러 내용을 다룬다.
- 3장에서는 스프링 부트 애플리케이션에서 데이터베이스를 연동하는 여러 가지 기법을 살펴본다.
- 4장에서는 스프링 부트 자동 구성과 액추에이터를 심도 있게 다룬다. 자동 구성이 어떻게 설계되었고 내부 구조는 어떻게 구성돼 있는지 살펴보고, 커스텀 엔드포인트를 생성하고 프로메테우스Prometheus와 연동해서 모니터링하는 방법을 익히면서 스프링 부트 액추에이터를 깊이 들여다본다.
- 5장에서는 스프링 부트 애플리케이션의 보안성을 높이는 데 필요한 스프링 시큐리티를 소개하고 다양한 기법을 살펴본다. 이 과정에서 스프링 시큐리티의 기본 동작 원리와 주요 필터, 보안 파라미터를 다루는 방법을 익힐 수 있다.
- 6장에서는 5장에서 소개한 개념을 바탕으로 실제 서비스 환경에서 실행되는 스프링 부트 애플리케이션에 적용할 수 있는 고급 보안 기법을 다룬다.
- 7장에서는 스프링 부트를 사용해서 RESTful API를 개발하는 방법을 알아본다. API의 예외 처리, 문서화, 버저닝, 보안성 향상 기법을 함께 다룬다.

3부에서는 스프링 부트를 사용해서 리액티브 애플리케이션을 만드는 방법을 알아본다.

- 8장에서는 웹소켓WebSocket, R소켓RSocket을 사용해서 스프링 부트 리액티브 애플리케이션을 만들어본다.

4부에서는 여러 플랫폼에 스프링 부트 애플리케이션을 배포하는 다양한 기법을 살펴본다.

- 9장에서는 먼저 가장 기본적인 JAR이나 WAR 패키지를 통해 스프링 부트 애플리케이션을 배포하는 방법을 살펴보고, 이어서 클라우드 파운드리Cloud Foundry와 허로쿠Heroku에 배포하는 방법도 알아본다. 마지막으로 스프링 부트 애플리케이션을 컨테이너로 만들어서 쿠버네티스Kubernetes 클러스터와 레드햇 오픈시프트Red Hat OpenShift에 배포해본다.

5부에서는 스프링 부트에서 코틀린, GraalVM 네이티브 이미지, GraphQL을 사용하는 방법을 알아본다.

- 10장에서는 코틀린을 사용해서 스프링 부트 애플리케이션을 개발하고, 스프링 네이티브를 사용해서 네이티브 이미지를 만들어본다. 마지막으로 GraphQL을 소개하고 스프링 부트 애플리케이션에서 GraphQL을 사용하는 방법을 알아본다.

소스 코드

굉장히 많은 소스 코드가 번호 붙인 예제나 본문 텍스트 형태로 책에 담겨 있다. 어떤 형태로 사용되든 소스 코드에는 모두 **고정폭 폰트**가 적용되어 일반 본문과 구별할 수 있다. 소스 코드 중 새로운 기능 추가로 인해 앞 단계의 내용과 달라지는 부분은 **볼드체**로 굵게 표시했다.

소스 코드는 책의 크기에 맞춰 줄 바꿈과 들여쓰기를 다시 적용했다. 또한 본문에서 상세하게 설명하는 내용과 겹치는 주석은 제거했다. 중요한 개념을 강조하는 다양한 코드 설명과 주석, 애너테이션이 여러 예제에서 사용된다.

실행 가능한 코드 조각은 이 책의 온라인 버전인 `https://livebook.manning.com/book/spring-boot-in-practice`에서 구할 수 있다. 책에 사용된 전체 소스 코드는 매닝 출판사 웹사이트(`https://www.manning.com/books/spring-boot-in-practice`)와 깃허브(`https://github.com/spring-boot-in-practice/repo`)에서 확인할 수 있다.

표지에 대하여

책 표지에 실린 그림은 <Femme de Navarre(나바르의 여인)>이라는 제목이 붙어 있다. 이 삽화는 1797년 출간된 자크 그라세 드 생소뵈르Jacques Grasset de Saint-Sauveur의 화집에서 가져온 것이다.

당시 사람들은, 어디에 살고 있으며, 무엇을 사고파는지, 어떤 계층에 속하는지를 단지 옷차림만으로도 쉽게 확인할 수 있었다. 매닝 출판사는 몇 세기 전 여러 지역의 다채로운 생활상을 보여주는 이러한 그림을 표지에 실어 IT 업계의 독창성과 진취성을 기리고자 한다.

PART I

1부는 스프링 부트와 주요 특징을 소개하는 1장으로 구성돼 있다. 1장에서는 스프링 부트의 개요, 다양한 컴포넌트와 스프링 부트 스타터, 자동 구성, 액추에이터, 실패 분석기 같은 주요 기능을 살펴보고, 프로젝트 구성과 스프링 부트 애플리케이션의 다양한 구성 요소에 대해 알아본다. 스프링 부트 애플리케이션으로부터 실행 가능한 JAR 파일을 생성하고 JAR 파일의 구성 요소를 분석해본다.

CHAPTER 1

스프링 부트 시작하기

1장에서 다루는 내용

- **스프링 부트 소개**
- **프로젝트 구조와 생성된 프로젝트의 다양한 구성 요소**
- **실행 가능한 JAR 파일 생성과 JAR 파일 구조**
- **스프링 부트 스타터, 자동 구성, 실패 분석기, 액추에이터 개요**
- **개발자 생산성을 높여주는 스프링 부트 개발자 도구 소개**

가장 널리 사용되는 자바 프레임워크인 스프링 부트 세계에 온 것을 환영한다. 스프링 부트는 오늘날 스프링 애플리케이션, 더 나아가 자바 애플리케이션을 만드는 방법에 혁신을 가져왔다. 스프링 부트는 스프링 프레임워크의 오픈소스 확장 기능이다. 스프링 부트는 스프링 기반으로 실제 현장에서 사용할 수 있는 제품 수준의 독립 실행형 애플리케이션을 복잡한 설정에 대한 걱정 없이 쉽게 만들 수 있게 해주기 때문에 많은 인기를 얻었다.

이 장에서는 스프링 부트가 무엇인지, 스프링 부트를 왜 사용하는지, 프로젝트 구조는 어떻게 생겼는지와 함께 스프링 부트의 여러 기능을 개괄적으로 살펴본다. 이제 스프링 부트 여행을 시작해 보자!

1.1 스프링 부트 소개

이 절에서는 스프링 부트 프레임워크를 소개하고 스프링 부트에 대한 일반적인 질문과 답을 간략하게 알아본다. 또 스프링 부트 프레임워크가 필요한 이유와 스프링 부트가 제공해주는 풍부한 기능과 다양한 컴포넌트를 살펴본다.

1.1.1 왜 스프링 부트인가

스프링 부트와 익숙해지는 아름다운 여행길을 떠나기 전에 가장 먼저 생각해봐야 할 첫 번째 질문은, '스프링 부트를 왜 배워야 하는가'이다. 이 질문에 대한 답을 찾기 위해 스프링 부트가 어떤 문제를 해결해주는지 살펴보자.

스프링 프레임워크는 복잡한 자바 엔터프라이즈 애플리케이션 개발을 단순화하자는 취지로 시작됐다. 애플리케이션 개발 전략을 단순하게 만들어주고 개발 과정에 필요한 여러 가지 고된 일을 스프링 프레임워크가 대신해주면서 엄청난 인기를 끌게 됐다. 스프링을 프레임워크로 사용하는 사례가 많아지자 스프링 애플리케이션 개발 프로세스를 한층 더 단순화하자는 요구가 많아졌다.

스프링 프레임워크 자체만으로도 개발자가 해야 할 많은 일을 대신해주고 개발자가 비즈니스 문제 해결에 더 집중할 수 있게 해줬지만, 스프링 부트가 나오기 전까지는 애플리케이션을 제대로 구동하기 위해 개발자가 신경 써야 할 일이 여전히 많았다. 예를 들어 스프링 웹 애플리케이션을 만들려면 다음과 같은 과제에 직면하게 된다.

- 서블릿servlet에 대한 이해와 서블릿 배포를 위해 필요한 web.xml에 대한 이해
- 애플리케이션 컴포넌트를 패키징한 WAR, EAR 디렉터리 구조에 대한 지식
- 도메인, 포트, 스레드, 데이터 소스 등 애플리케이션 배포 시 필요한 서버 지식
- 복잡한 클래스 로딩 전략, 애플리케이션 모니터링, 유지 관리, 로깅 처리

일부만 예를 들어 봤는데도 기술 유행어가 난무하고 있다. 위와 같은 복잡한 과정 대신에 애플리케이션에 비즈니스 로직을 작성하고, 실행 가능한 파일로 만들어서 커맨드라인으로 바로 실행할 수 있으면 어떨까? 이렇게 하면 복잡한 XML 설정이나 애플리케이션 서버 배포 과정, 기타 기술적인 조작이 필요 없어진다. 기존에 수행해야 했던 복잡한 과정에 필요한 모든 퍼즐 조각을 경험 많은 마술사가 신비롭게도 모두 알아서 맞춰준다. 감동적이지 않은가? 그 마술사가 바로 스프링 부트다.

스프링 부트는 개발자가 애플리케이션을 신속히 만들어서 구동할 수 있게 해주고 복잡한 설정 지옥에서 해방시켜주려는 목적으로 스프링 프레임워크의 서브 프로젝트로부터 시작됐다. 이 책을 따라 스프링 부트 여정을 밟아갈수록 다양한 설정과 통합 이슈를 스프링 부트가 얼마나 매끄럽게 해결해주는지 알게 될 것이다. 예를 들면 스프링 부트를 사용해서 프로젝트를 진행하면 web.xml 파일을 만들지 않아도 된다. 의도적으로 애플리케이션 서버 위에서 스프링 부트 애플리케이션을 실행해야 하는 상황이 아니라면, 애플리케이션 서버 없이도 스프링 부트 애플리케이션을 실행할 수 있다. 대부분의 경우 스프링 부트의 기본 설정 내용만으로도 애플리케이션을 만들고 기동하는 데 충분하다.

1.1.2 스프링 부트는 무엇인가

스프링 부트는 자바 웹 애플리케이션 개발에 드는 노력을 줄이기 위해 2014년 4월에 처음 출시됐다. 스프링 부트는 개발자가 기술적인 보일러플레이트 코드나 복잡한 설정이 아니라 비즈니스 로직에 더 집중할 수 있게 해줬다. 스프링 부트를 사용하면 스프링 기반으로 실제 사용 가능한 제품 수준의 독립 실행형 애플리케이션을 큰 설정 변화 없이 만들 수 있다. 스프링 부트는 스프링 프레임워크에서 사용되는 미리 정의된 형식을 따름으로써 애플리케이션 개발자가 빠르게 개발 과정을 시작할 수 있게 해준다. 스프링 부트는 스프링 프레임워크와 개발자 사이에 존재하는 계층으로서 설정을 단순화해주는 역할을 한다고도 볼 수 있다.

그림 1.1은 스프링 부트가 개발자와 스프링 프레임워크 사이에 껴서 샌드위치 형상을 이루는 것을 보여준다. 스프링 부트는 이처럼 중간 계층에 존재하면서 스프링 프레임워크를 사용할 때 필요한 많은 설정 내용을 개발자를 대신해서 처리해준다.

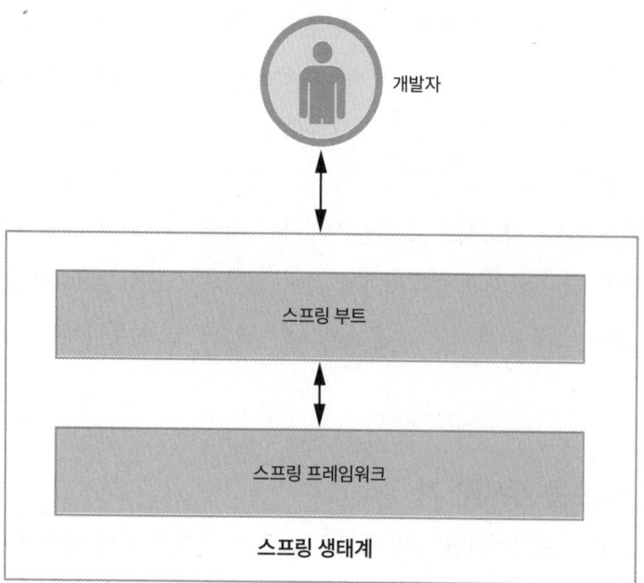

그림 1.1 개발자 관점에서의 스프링 부트. 개발자와 스프링 프레임워크 사이에 위치한다. 개발자가 사용하는 스프링 컴포넌트를 스프링 부트가 자동으로 설정해준다.

1.1.3 스프링 부트 핵심 기능

많은 프레임워크 사이에서 스프링 부트를 돋보이게 하는 주목할 만한 기능은 다음과 같다.

- **빠른 시동** – 스프링 부트의 주요 목표 중 하나는 스프링 애플리케이션 개발을 빨리 시작할 수 있게 만드는 것이다. 전통적인 스프링만으로 웹 애플리케이션을 개발한다면 다음과 같은 과정을 먼저 수행해야 한다.

1. 스프링 MVC 의존 관계를 추가하고 메이븐Maven이나 그레이들Gradle 프로젝트 설정
2. 스프링 MVC `DispatcherServlet` 설정
3. 애플리케이션 컴포넌트를 WAR 파일로 패키징
4. WAR 파일을 아파치 톰캣Apache Tomcat 같은 서블릿 컨테이너에 배포

스프링 부트를 사용하면 개발자는 애플리케이션에 필요한 의존 관계를 명시하기만 하면 되고 나머지는 스프링 부트가 알아서 해준다.

- **자동 구성**autoconfiguration – 스프링 부트는 클래스패스에 있는 JAR 파일이나 여러 가지 설정 파일에 지정된 프로퍼티 정보를 바탕으로 스프링 애플리케이션에 필요한 최소한의 컴포넌트를 알아서 자동으로 구성해준다. 예를 들어 클래스패스에 H2 인메모리 데이터베이스 드라이버 JAR

파일이 있으면 스프링 부트는 H2 데이터베이스 연결에 필요한 데이터 소스를 자동으로 구성해 준다.

- **미리 정의된 방식**opinionated - 스프링 부트는 미리 정의된 방식을 따른다. 그래서 스프링 애플리케이션을 실행할 때 필요한 몇 가지 컴포넌트를 스타터starter 의존 관계를 기준으로 자동으로 구성한다. 스타터 의존 관계는 애플리케이션 개발의 특정 영역을 대상으로 관련된 의존 관계를 포함하고 있다. 예를 들어 웹 애플리케이션을 만들 때 `spring-boot-starter-web` 의존 관계만 추가하면 `spring-web`, `spring-webmvc`처럼 웹 애플리케이션 개발에 필요한 의존 관계를 클래스패스에 전부 넣어준다.
- **독립 실행형**standalone - 스프링 부트 애플리케이션은 웹 서버를 내장하고 있어서 외부 웹 서버나 애플리케이션 서버 없이도 독립적으로 설치되어 실행할 수 있다. 스프링 부트 애플리케이션은 실행 가능한 JAR 파일로 패키징 되어 `java -jar` 명령으로 간단하게 실행할 수 있다. 덕분에 스프링 부트 애플리케이션은 쉽게 컨테이너화될 수 있고 클라우드 네이티브cloud-native 애플리케이션 개발에도 적합하다.
- **실제 서비스 환경에 사용 가능**production-ready - 스프링 부트에는 헬스 체크health check, 스레드 덤프thread dump를 수행하고 기타 유용한 측정지표를 보여주는 기능이 포함돼 있어서, 실제 서비스 환경에 배포된 애플리케이션 모니터링이나 유지 관리를 손쉽게 수행할 수 있다.

1.1.4 스프링 부트 컴포넌트

스프링 부트는 애플리케이션 개발 특정 영역에 특화돼 있는 여러 가지 컴포넌트로 구성돼 있다. 일부 핵심 컴포넌트는 거의 모든 스프링 부트 프로젝트에서 사용된다. 예를 들어 `Spring Boot`는 거의 모든 스프링 부트 프로젝트에서 사용되는 기본 컴포넌트다. 그림 1.2는 스프링 부트의 여러 컴포넌트를 보여준다. 주요 컴포넌트에 대한 설명은 다음과 같다.

- **spring-boot** - 스프링 부트의 기본 컴포넌트로서 다른 컴포넌트를 사용할 수 있도록 지원한다. 예를 들어 `SpringApplication` 클래스는 몇 가지 정적 메서드를 가지고 있으며 독립 실행형 스프링 부트 애플리케이션을 생성한다. `spring-boot` 컴포넌트에는 톰캣 같은 내장 웹 서버 지원 기능과 데이터베이스 연결 정보 같은 애플리케이션 설정 정보 외부화 지원 기능이 포함돼 있다.
- **spring-boot-autoconfigure** - 스프링 부트 애플리케이션 자동 구성 기능을 담당하는 컴포넌트로서 클래스패스와 설정 파일의 프로퍼티에 지정된 의존 관계를 바탕으로 스프링 빈bean을 추론해서 알맞은 빈을 생성한다. 하지만 사용자가 설정한 빈이 있으면 스프링 부트 자동 구성

으로 추론되는 빈 대신에 사용자가 설정한 빈이 생성된다.

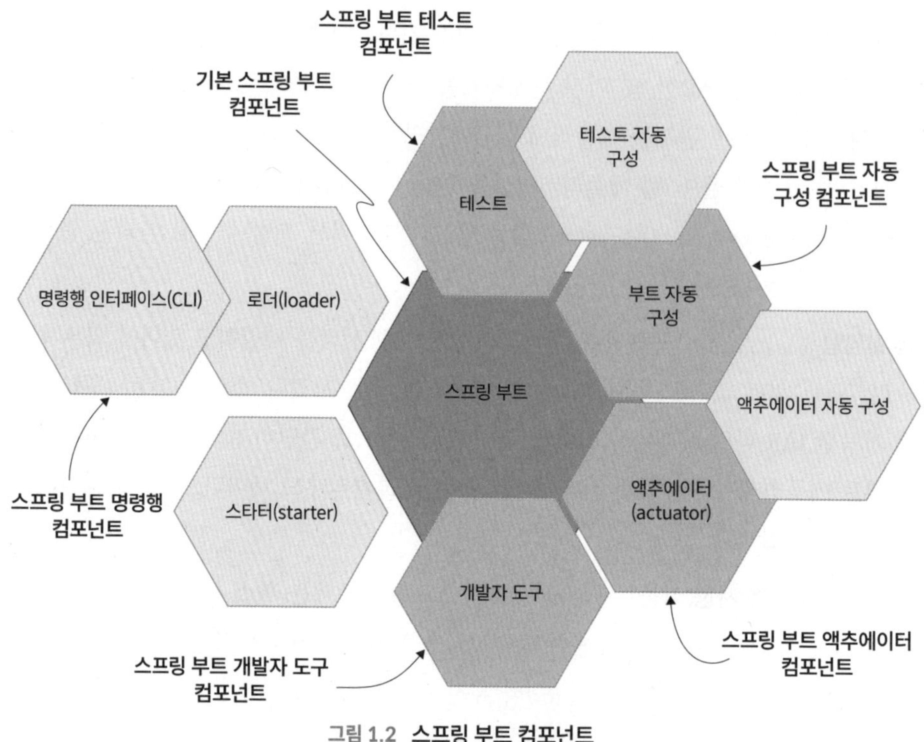

그림 1.2 **스프링 부트 컴포넌트**

- **spring-boot-starters** – 스타터는 개발자 편의를 위해 제공되는 미리 패키징된 의존 관계 기술서descriptor 모음이다. 스프링 부트 스타터는 스프링과 스프링의 여러 기술을 개발자에게 쉽게 제공해준다. 스타터가 없으면 개발자가 관련 의존 관계를 모두 직접 설정해야 한다.
- **spring-boot-CLI** – 그루비Groovy 코드를 컴파일하고 실행할 수 있는 개발자 친화적 명령행 도구로서, 파일 내용 변경을 감지하는 기능이 있어서 애플리케이션에 수정 사항이 발생할 때마다 직접 재부팅을 할 필요가 없다. 개발자는 CLI 도구 덕분에 메이븐이나 그레이들 같은 의존 관계 관리 도구로부터 벗어날 수 있다. 또한 의존 관계 관리나 빌드 관련 문제에 대한 걱정 없이 프로토타입 애플리케이션을 아주 빨리 만들 수 있게 해준다. 스프링 부트 CLI에 대한 자세한 내용은 부록 A에서 살펴본다.
- **spring-boot-actuator** – 스프링 부트 애플리케이션을 모니터링하고 감시할 수 있는 액추에이터 엔드포인트를 제공한다. 스프링 부트에 있는 액추에이터는 JMX나 HTTP 엔드포인트로 관리할 수도 있다. 스프링 부트는 애플리케이션의 여러 측면의 상태를 감지할 수 있도록 미리 정의된 여러 가지 액추에이터 엔드포인트를 제공한다. 원하는 기능이 미리 정의된 액추에이터 엔드

포인트에 포함돼 있지 않다면 직접 커스텀 액추에이터 엔드포인트를 만들어서 추가할 수도 있다. 또한 어떤 액추에이터 엔드포인트를 활성화할지 개발자가 선택하여 설정할 수 있으며, 인가되지 않은 접근으로부터 엔드포인트를 보호할 수도 있다.

- **spring-boot-actuator-autoconfigure** - 클래스패스에 있는 클래스를 기반으로 액추에이터 엔드포인트를 자동 구성해주는 컴포넌트로서, 예를 들어 `Micrometer`(https://micrometer.io) 의존 관계가 클래스패스에 있으면 스프링 부트가 자동으로 `MetricsEndpoint`를 액추에이터 엔드포인트로 추가해준다.
- **spring-boot-test** - 스프링 부트 애플리케이션 테스트 케이스 작성에 필요한 애너테이션과 메서드가 포함돼 있다.
- **spring-boot-test-autoconfigure** - 애플리케이션 테스트 케이스에 필요한 의존 관계를 자동으로 구성해준다.
- **spring-boot-loader** - 스프링 부트 애플리케이션을 실행 가능한 하나의 JAR 파일로 패키징하는 데 필요한 모든 의존 관계와 독립 실행형으로 실행할 수 있는 내장 웹 서버를 포함하고 있다. 이 컴포넌트는 독립적으로 사용하지 않고 메이븐이나 그레이들 플러그인과 함께 사용한다.
- **spring-boot-devtools** - 스프링 부트 애플리케이션 개발을 도와주는 여러 가지 개발자 도구가 들어 있다. 애플리케이션 코드 변경 자동 감지 기능, HTML 변경 사항이 있을 때 자동으로 브라우저 새로 고침을 실행해주는 `LiveReload` 서버 기능 등이 포함돼 있다. 개발자 도구는 개발자 생산성을 향상시켜준다.

1.2 코드 예제

이번 절에서는 코드 예제를 살펴보고 빌드 시스템, 프로그래밍 언어, 데이터베이스 등 예제 코드 구현에 사용할 기술을 알아본다. 애너테이션으로 간단하게 POJO 클래스를 정의할 수 있게 해주는 롬복Lombok도 사용한다.

1.2.1 메이븐 vs. 그레이들

스프링 부트 프로젝트는 빌드 도구인 아파치 메이븐(https://maven.apache.org/)이나 그레이들(https://gradle.org/)을 사용해서 구성할 수 있다. 스프링 이니셜라이저(https://start.spring.io/)에서 스프링 부트 프로젝트를 생성할 때 메이븐과 그레이들 중 원하는 빌드 도구를 선택할 수 있다. 대부분의 독자가 아파치 메이븐에 익숙하므로 이 책에서도 메이븐을 사용한다. 그레이들 사용자도 코드 예제를 그레이들 기반으로 매끄럽게 전환할 수 있다.

1.2.2 자바 vs. 코틀린

스프링 부트 프로젝트에는 자바와 코틀린(https://kotlinlang.org/)을 모두 사용할 수 있다. 스프링 프레임워크 5.0부터 코틀린 지원 기능이 통합됐으며 그 이후 지속적으로 코틀린 지원 기능이 강화되고 있다. 예를 들어 스프링 시큐리티 5.3에서는 코틀린 버전의 도메인 특화 언어domain specific language, DSL를 사용해서 시큐리티를 구성할 수 있다. 스프링 프레임워크의 코틀린 지원에 대한 자세한 내용은 https://mng.bz/Bxw8을 참고하자.

이 책에 나오는 코드는 거의 대부분 자바로 작성됐으며, 10장에서 스프링 프레임워크에서 지원하는 주요 코틀린 기능을 스프링 부트를 통해 살펴본다.

1.2.3 데이터베이스 지원

책에 나오는 많은 예제는 개념 설명을 위해 데이터베이스 접근을 필요로 한다. 스프링 부트는 다양한 SQL 및 NoSQL 데이터베이스를 지원한다. 코드 예제 테스트에는 특별한 사유가 없는 한 H2 인메모리 SQL 데이터베이스를 사용한다.

1.2.4 롬복

롬복(https://projectlombok.org/)은 여러 가지 애너테이션을 사용해서 POJOplain old Java object 객체의 생성자, 게터getter, 세터setter, `toString` 등을 자동으로 만들어준다. 예를 들어 POJO 클래스에 있는 모든 멤버 변수에 대한 게터 메서드를 만들고 싶다면 클래스에 `@Getter` 애너테이션을 붙여주기만 하면 된다. 코드 예제에서 롬복을 자주 사용할 것이다.

롬복을 사용하고 싶지 않다면 게터, 세터, 생성자를 직접 코드로 작성하면 된다. 롬복을 쓰거나 안 쓰거나 예제는 동일하게 동작한다.

레코드

자바 14에 레코드record 개념이 도입되었다. 레코드는 필드의 타입과 이름만 명시해서 정의하는 불변 데이터 클래스다. 자바 컴파일러가 레코드의 `equals`, `hashCode`, `toString` 메서드를 자동으로 만들어준다. 또한 프라이빗 파이널 필드를 생성하고 게터 메서드와 퍼블릭 생성자도 자동으로 만들어준다. 롬복 같은 서드파티 라이브러리를 사용하고 싶지 않다면 자바 레코드 사용을 검토해보는 것도 좋다.

레코드는 다음과 같이 정의할 수 있다.

```
public record Course(int id, String name, String description, int rating) {}
```

컴파일러는 정의된 모든 필드를 인자로 받는 퍼블릭 생성자를 생성하고, id(), name() 등과 같이 필드 이름과 동일한 이름의 게터 메서드와 equals, hashCode 메서드를 자동으로 만들어준다. 자바 레코드에 대한 자세한 내용은 https://mng.bz/don0를 참고하자.

1.3 스프링 부트 시작하기

스프링 부트 개요를 살펴보고 프레임워크의 목적을 이해했으므로 이제 스프링 부트 프로젝트를 만들어서 프로젝트의 여러 부분을 살펴보자.

1.3.1 첫 번째 스프링 부트 프로젝트

스프링 이니셜라이저Spring Initializr를 사용하면 스프링 부트 프로젝트의 뼈대를 쉽게 생성할 수 있다. https://start.spring.io/에 접속해서 스프링 이니셜라이저를 사용할 수 있다. 스프링 이니셜라이저는 API가 제공되므로 주요 IDE 제조사에서는 홈페이지에 접속하지 않고 IDE에서 바로 사용할 수 있도록 자사의 도구에 스프링 이니셜라이저를 통합해뒀다. 스프링 이니셜라이저를 처음 사용한다면 부록 A를 참고해서 스프링 부트 프로젝트를 생성하는 여러 방법을 익힐 수 있다. 1장에서 사용할 스프링 부트 프로젝트 소스 코드는 https://mng.bz/razD에서 확인할 수 있다.

1.3.2 스프링 부트 프로젝트 구조

스프링 이니셜라이저를 통해 자동 생성된 스프링 부트 프로젝트 구조는 상대적으로 단순하며 다음과 같이 스프링 부트 애플리케이션 개발을 시작하는 데 필요한 최소한의 컴포넌트만으로 구성돼 있다.

- 스프링 이니셜라이저에서 스프링 부트 프로젝트 생성 시 지정한 의존 관계가 들어 있는 pom.xml 파일
- 메이븐을 로컬 컴퓨터에 설치하지 않고도 프로젝트를 빌드할 수 있게 해주는 메이븐 래퍼Maven wrapper 파일
- 소스 코드와 테스트 코드를 분리해서 담고 있는 패키지 구조. 소스 패키지에는 메인main 메서

드가 있는 자바 클래스가 포함돼 있고, 테스트 패키지에는 비어 있는 테스트 클래스가 들어 있다.

- application.properties 파일이 들어 있는 리소스 폴더. 프로젝트를 진행하면서 사용할 여러 가지 파일을 추가할 수 있다.

프로젝트 주요 컴포넌트에 대해 자세히 알아보자.

메이븐 pom.xml 파일

생성된 프로젝트에 포함돼 있는 pom.xml 파일 내용은 다음과 같다.

예제 1.1 pom.xml 파일

```
<?xml version="1.0" encoding="UTF-8"?>
<project xmlns="http://maven.apache.org/POM/4.0.0" xmlns:xsi="http://www.w3.org/2001/
XMLSchema-instance"
    xsi:schemaLocation="http://maven.apache.org/POM/4.0.0 https://maven.apache.org/xsd/
maven-4.0.0.xsd">
    <modelVersion>4.0.0</modelVersion>
    <parent>                                                            ❶
        <groupId>org.springframework.boot</groupId>                     ❶
        <artifactId>spring-boot-starter-parent</artifactId>             ❶
        <version>2.6.3</version>                                        ❶
        <relativePath/> <!-- 메이븐 리포지터리에서 parent를 가져온다 -->  ❶
    </parent>                                                           ❶
    <groupId>com.manning.sbip.ch01</groupId>                            ❷
    <artifactId>spring-boot-app-demo</artifactId>                       ❷
    <version>0.0.1-SNAPSHOT</version>                                   ❷
    <name>spring-boot-app-demo</name>
    <description>Spring Boot Demo Application</description>

    <properties>
        <java.version>17</java.version>
    </properties>

    <dependencies>
        <dependency>                                                    ❸
            <groupId>org.springframework.boot</groupId>
            <artifactId>spring-boot-starter-web</artifactId>
        </dependency>
        <dependency>                                                    ❹
            <groupId>org.springframework.boot</groupId>
            <artifactId>spring-boot-starter-test</artifactId>
            <scope>test</scope>
        </dependency>
```

```
    </dependencies>
    <build>
        <plugins>
            <plugin>                                                ❺
                <groupId>org.springframework.boot</groupId>
                <artifactId>spring-boot-maven-plugin</artifactId>
            </plugin>
        </plugins>
    </build>
</project>
```

❶ 이 프로젝트가 스프링 부트 프로젝트의 하위 프로젝트임을 나타내기 위해 스프링 부트 스타터 페어런트spring-boot-starter-parent를 지정한다. 이렇게 하면 애플리케이션에 사용할 플러그인이나 의존 관계 관리를 스프링 부트에게 맡길 수 있다.

❷ 프로젝트 아티팩트artifact 정보

❸ `spring-boot-starter-web`, `spring-boot-starter-test` 등 메이븐 의존 관계 목록

❹ `spring-boot-starter-test`는 제이유닛JUnit, 햄크레스트Hamcrest, 모키토Mockito 같은 인기 있는 라이브러리를 사용해서 편리하게 스프링 부트 애플리케이션을 테스트할 수 있도록 지원한다. JUnit 5를 사용하기 위해 기존의 레거시 `junit-vintage-engine`은 제외한다.

❺ 스프링 부트 메이븐 플러그인은 여러 가지 애플리케이션 관리 활동을 도와주는 플러그인이다. 예를 들어 `mvn spring-boot:run` 명령을 사용해서 스프링 부트 애플리케이션을 빠르게 실행할 수 있는 것도 이 플러그인 덕분이다.

이 절에서 알아볼 pom.xml 파일은 크게 세 가지 부분으로 구성돼 있다.

1. `parent` 태그
2. `dependencies` 태그
3. 스프링 부트 메이븐 플러그인

`spring-boot-starter-parent`는 모든 스프링 부트 스타터 의존 관계의 부모 스타터다. `spring-boot-starter-parent`를 명시하면 프로젝트가 자식 스프링 부트 프로젝트로서 부모 프로젝트의 몇 가지 부분을 확장한다는 것을 나타낸다.

`spring-boot-starter-parent`는 기본 자바 버전 지정과 스프링 부트 프로젝트에서 사용되는 몇 가지 메이븐 플러그인에 대한 기본 설정을 제공하는 특별한 유형의 스타터다. `maven-war-plugin`과

maven-surefire-plugin 같은 플러그인이 spring-boot-starter-parent 의존 관계에 포함돼 있다.

spring-boot-starter-parent는 의존 관계 관리에도 도움을 준다. dependencies에 나열된 의존 관계에 버전 정보가 전혀 명시돼 있지 않지만 적절한 버전이 spring-boot-starter-parent 안에 명시돼 있다.

프로젝트에 이미 부모 pom이 있다면?

스프링 부트 프로젝트로 만들려고 하는 대상 메이븐 프로젝트가 이미 부모 pom을 가지고 있는 경우도 있다. 이미 부모 pom을 상속받고 있는데 자식 스프링 부트 프로젝트가 어떻게 spring-boot-starter-parent를 상속받게 할 수 있을까?

이런 경우에도 스프링 부트 페어런트 pom에서 제공하는 의존 관계 관리 같은 여러 기능을 사용할 수 있다. dependencyManagement 태그 안에 다음과 같이 spring-boot-dependencies 의존 관계를 명시하면 의존 관계 관리 기능을 사용할 수 있다.

```
<dependencyManagement>
  <dependencies>
    <dependency>
      <groupId>org.springframework.boot</groupId>
      <artifactId>spring-boot-dependencies</artifactId>
      <version>2.6.3</version>
      <type>pom</type>
      <scope>import</scope>
    </dependency>
  </dependencies>
</dependencyManagement>
```

pom.xml 파일의 두 번째 부분에는 스프링 부트 스타터 의존 관계가 선언돼 있다. 스프링 부트 스타터 의존 관계는 스프링 부트 프레임워크의 핵심 기능이므로 간략한 개요를 살펴보자.

스프링 부트 스타터 의존 관계

스프링 부트 스타터 의존 관계를 사용하면 스프링 부트 애플리케이션 개발을 더 쉽고, 빠르고, 효과적으로 진행할 수 있다. 아파치 메이븐이나 그레이들 같은 빌드 도구를 사용해서 자바 애플리케이션을 개발한 경험이 있는 개발자라면 의존 관계를 관리하는 일이 쉽지 않다는 것을 잘 알고 있을 것이다.

제일 먼저 마주치게 되는 문제는 애플리케이션의 특정 컴포넌트를 개발하기 위해 필요한 라이브러리(의존 관계)를 식별하는 일이다. 어떤 의존 관계를 사용해야 하는지 알아냈다면 사용할 버전을 결정해야 한다. 적절한 라이브러리와 버전을 알아냈다고 해도 요즘처럼 애플리케이션 개발 속도가 빠른 상황에서는 사용한 버전이 오래지 않아 구식이 돼 버리기도 한다. 선택한 각각의 라이브러리도 의존하는 라이브러리가 있으며 이런 의존 관계 전파transitive dependencies로 버전 문제는 더 복잡해지기도 한다. 스프링 부트 스타터 의존 관계는 이런 문제로부터 개발자를 해방시켜준다.

스타터 의존 관계는 애플리케이션 일부를 개발하는 데 필요한 몇 가지 의존 관계를 그룹 지어 사용할 수 있게 해준다. 스프링 부트로 웹 애플리케이션을 개발해야 한다면 거의 언제나 `spring-boot-starter-web` 의존 관계를 선택할 것이다. `spring-boot-starter-web` 하나만 선택하면 웹 애플리케이션을 만드는 데 필요한 여러 의존 관계가 한꺼번에 추가되어 바로 사용할 수 있다. 물론 이렇게 추가되는 의존 관계는 스프링 팀이 추천하는 라이브러리들로 미리 정해져 있다. 중요한 것은 의존 관계 버전 관리, 업그레이드 등 여러 이슈로부터 벗어날 수 있다는 점이다.

스타터 의존 관계는 다른 스타터 의존 관계를 포함할 수도 있다. `spring-boot-starter-web`은 `spring-boot-starter`, `spring-boot-starter-tomcat`, `spring-boot-starter-json` 같은 다른 스타터 의존 관계를 포함하고 있다. 각 스타터는 각각 스프링 부트, 톰캣, JSON에 관련한 다른 의존 관계를 포함한다. 다양한 스프링 부트 스타터는 https://mng.bz/VlJO에서 확인할 수 있다.

스프링 부트 스타터는 확장 가능하며 스프링에서 제공되는 것뿐만 아니라 개발자가 직접 스타터를 만들 수도 있다. 이런 커스텀 스타터를 사용하면 대규모 애플리케이션에 사용되는 의존 관계를 모듈화해서 관리할 수 있다. 커스텀 스타터를 만드는 방법도 이 책에서 다룬다.

생성된 프로젝트에는 `spring-boot-starter-web`과 `spring-boot-starter-test`, 이렇게 2개의 스타터 의존 관계가 포함돼 있다. `spring-boot-starter-web`에는 웹 애플리케이션을 만드는 데 필요한 여러 가지 JAR 파일이 들어 있고, `spring-boot-starter-test`에는 애플리케이션 테스트 케이스 작성을 도와주는 여러 JAR 파일이 들어 있다.

pom.xml 파일의 끝부분에는 `spring-boot-maven-plugin`이 있다. 이 플러그인은 애플리케이션 관리 활동을 편리하게 수행할 수 있게 도와준다. 스프링 부트 애플리케이션을 아주 쉽게 실행 가능한 JAR 파일로 만들거나 WAR 파일로 패키징 할 수 있는데, 이는 `spring-boot-maven-plugin`의 `repackage` 골goal 덕분이다. `repackage` 골은 메이븐이 생성한 아직 실행할 수 없는 상태의 JAR 파일이나 WAR 파일을 실행 가능하도록 만들어준다. 표 1.1에는 `spring-boot-maven-plugin`을 통해 사용할 수 있는 골의 목록과 문법 및 간략한 설명이 나와 있다.

표 1.1 스프링 부트 메이븐 플러그인 골 목록

골	메이븐 명령 문법	설명
이미지 빌드	spring-boot:build-image	애플리케이션을 오픈 컨테이너 이니셔티브 OCI[1] 이미지로 패키징한다. 9장에서 이미지와 컨테이너로 배포하는 방법을 배운다.
빌드 정보 프로퍼티 생성	spring-boot:build-info	현재 메이븐 프로젝트의 build-info.properties 파일을 생성한다. 이 파일은 ${project.build.outputDirectory}/META-INF/build-info.properties에서 확인할 수 있다.
도움말 정보 표시	spring-boot:help	spring-boot-maven-plugin 도움말을 표시한다. 사용할 골의 파라미터 정보는 mvn spring-boot:help -Ddetail=true -Dgoal=<goal-name> 명령으로 확인할 수 있다. 예를 들어 mvn spring-boot:help -Ddetail=true -Dgoal=start 명령을 실행해서 start 골에 대한 도움말을 확인할 수 있다.
스프링 부트 JAR 또는 WAR 리패키지	sprin-boot:repackage	기존 실행 불가능한 JAR 또는 WAR 파일을 실행 가능한 파일로 다시 패키징한다. 이 골은 메이븐 라이프사이클의 package 페이즈와 바인딩돼 있고, 실행 가능한 JAR 또는 WAR 파일을 만들어낸다. mvn clean install spring-boot:repackage 명령을 실행하면 이 골이 어떻게 동작하는지 확인할 수 있다. 실행 가능한 파일은 mvn package 명령으로도 만들 수 있다.
스프링 부트 애플리케이션 실행	spring-boot:run	스프링 부트 애플리케이션을 실행한다.
스프링 부트 애플리케이션 시작	spring-boot:start[2]	스프링 부트 애플리케이션을 시작한다.
스프링 부트 애플리케이션 종료	spring-boot:stop	start 골로 시작된 스프링 부트 애플리케이션을 종료한다.

표 1.1에 각 골에 대한 내용이 정리돼 있으므로 참고한다. 현재 개발 중인 스프링 부트 애플리케이션을 실행하려면 명령행이나 터미널에서 `pom.xml` 파일이 있는 디렉터리로 이동 후 `mvn spring-boot:run` 명령을 실행하면 된다. 다음과 같이 애플리케이션이 기동되고 HTTP 8080 포트를 통해 접근 가능하다.

1 https://opencontainers.org/ 참고

2 [옮긴이] spring-boot:start로 시작된 스프링 부트 애플리케이션은 다른 골에서도 해당 애플리케이션을 대상으로 작업을 수행할 수 있다. 반면에 spring-boot:run은 스프링 부트 애플리케이션을 배타적으로 실행해서 다른 골이 작업을 수행할 수 없다.

```
C:\sbip\repo\ch01\spring-boot-app-demo>mvn spring-boot:run
[INFO] Scanning for projects...
[INFO]
[INFO] --------------< com.manning.sbip.ch01:spring-boot-app-demo >--------------
[INFO] Building spring-boot-app-demo 0.0.1-SNAPSHOT
[INFO] --------------------------------[ jar ]---------------------------------
[INFO]
[INFO] >>> spring-boot-maven-plugin:2.6.3:run (default-cli) > test-compile @ spring-boot-app-demo >>>
[INFO]
[INFO] --- maven-resources-plugin:3.2.0:resources (default-resources) @ spring-boot-app-demo ---
[INFO] Using 'UTF-8' encoding to copy filtered resources.
[INFO] Using 'UTF-8' encoding to copy filtered properties files.
[INFO] Copying 1 resource
[INFO] Copying 0 resource
[INFO]
[INFO] --- maven-compiler-plugin:3.8.1:compile (default-compile) @ spring-boot-app-demo ---
[INFO] Nothing to compile - all classes are up to date
[INFO]
[INFO] --- maven-resources-plugin:3.2.0:testResources (default-testResources) @ spring-boot-app-demo ---
[INFO] Using 'UTF-8' encoding to copy filtered resources.
[INFO] Using 'UTF-8' encoding to copy filtered properties files.
[INFO] skip non existing resourceDirectory C:\sbip\repo\ch01\spring-boot-app-demo\src\test\resources
[INFO]
[INFO] --- maven-compiler-plugin:3.8.1:testCompile (default-testCompile) @ spring-boot-app-demo ---
[INFO] Changes detected - recompiling the module!
[INFO] Compiling 1 source file to C:\sbip\repo\ch01\spring-boot-app-demo\target\test-classes
[INFO]
[INFO] <<< spring-boot-maven-plugin:2.6.3:run (default-cli) < test-compile @ spring-boot-app-demo <<<
[INFO]
[INFO]
[INFO] --- spring-boot-maven-plugin:2.6.3:run (default-cli) @ spring-boot-app-demo ---
[INFO] Attaching agents: []
```

그림 1.3 터미널에서 스프링 부트 메이븐 플러그인을 사용해서 스프링 부트 애플리케이션 실행

터미널에 표시된 결과를 자세히 살펴보면 run 골은 `src/main/java` 폴더에 있는 소스 파일을 빌드 결과가 저장되는 디렉터리에 복사하기 위해 `maven-resources-plugin`을 호출하고, 애플리케이션을 시작하기 전에 소스 코드를 컴파일하기 위해 `maven-compiler-plugin`을 호출한다. `spring-boot-maven-plugin`은 이런 저수준 세부 작업을 모두 추상화해서 개발자가 쉽게 사용할 수 있게 해준다.

스프링 부트 메인 클래스

스프링 이니셜라이저가 생성해준 프로젝트를 살펴보면 다음과 같이 `main()` 메서드를 가지고 있는 자바 클래스가 생성된 것을 확인할 수 있다.

예제 1.2 스프링 부트 메인 클래스

```java
package com.manning.sbip.ch01;

import org.springframework.boot.SpringApplication;
import org.springframework.boot.autoconfigure.SpringBootApplication;

@SpringBootApplication
public class SpringBootAppDemoApplication {
    public static void main(String[] args) {
        SpringApplication.run(SpringBootAppDemoApplication.class, args);
    }
}
```

다음 요소를 중심으로 메인 클래스 파일을 살펴보자.

1. `main()` 메서드 사용
2. `@SpringBootApplication` 사용
3. `SpringApplication` 클래스의 역할

일반적으로 웹 애플리케이션을 실행하려면 애플리케이션 컴포넌트를 WAR나 EAR 아카이브 파일로 빌드하고 패키징해서 아파치 톰캣이나 레드햇 제이보스Red Hat Jboss 같은 웹 애플리케이션 서버에 배포해야 한다. 스프링 부트는 이런 과정을 상당 부분 단순화해서 WAR나 EAR 파일을 만들 필요 없이 단순히 `main()` 메서드를 실행하는 전통적인 자바 애플리케이션을 실행하는 것처럼 웹 애플리케이션을 실행할 수 있다.

스프링 부트가 개발자 편의성을 높이기 위해 많은 작업을 편리한 방법으로 수행할 수 있게 해주므로 겉으로는 간단해 보이지만 속으로는 굉장히 많은 작업을 수행한다. 예를 들어 서블릿 기반 웹 애플리케이션은 아파치 톰캣이나 제티Jetty 같은 서블릿 컨테이너 위에서만 실행할 수 있다. 스프링 부트는 이런 서블릿 컨테이너를 웹 애플리케이션 안에 내장해서 별도의 서블릿 컨테이너를 실행하지 않고도 스프링 부트 애플리케이션이 내장 서블릿 컨테이너 위에서 실행할 수 있게 만들었다. 그래서 `main()` 메서드를 통해 스프링 부트 애플리케이션을 실행하면 스프링 부트는 내장된 기본 서블릿 컨테이너인 톰캣 서버를 시작하고 그 위에서 웹 애플리케이션을 실행한다.

`spring-boot-starter-web` 의존 관계를 더 깊게 살펴보면 `spring-boot-starter-tomcat` 모듈에 대한 의존 관계를 포함하고 있는 것을 알 수 있다. `mvn dependency:tree` 명령으로 애플리케이션의 의존 관계 트리를 확인할 수 있다.

메인 클래스에 `@SpringBootApplication`이 붙어 있는데 이 애너테이션은 `@EnableAutoConfiguration`, `@ComponentScan`, `@SpringBootConfiguration`, 이렇게 3개의 애너테이션을 포함하고 있다. 각 애너테이션은 다음과 같은 역할을 담당한다.

- `@EnableAutoConfiguration` – 스프링 부트에는 `@Enable`로 시작하는 여러 가지 애너테이션이 있다. `@EnableAutoConfiguration`은 애플리케이션 클래스패스에 있는 JAR 파일을 바탕으로 애플리케이션을 자동으로 구성해주는 스프링 부트 자동 구성 기능을 활성화한다. 자동 구성은 4장에서 더 자세히 다룬다.
- `@ComponentScan` – 애플리케이션에 있는 스프링 컴포넌트를 탐색해서 찾아낸다. 스프링 컴포넌트는 `@Component`, `@Bean` 등이 붙어 있는 자바 빈으로서 스프링으로 관리한다. `@Compo-`

nentScan 애너테이션이 붙어 있으면 스프링 부트 애플리케이션은 애너테이션에서 지정한 디렉터리와 그 하위 디렉터리를 모두 탐색해서 스프링 컴포넌트를 찾아내고, 라이프사이클을 관리한다. @ComponentScan은 루트 패키지에서 시작해서 모든 하위 패키지까지 탐색한다는 점을 기억하자. 그래서 루트 패키지와 그 하위 패키지에 존재하지 않는 컴포넌트는 탐색 대상에 포함되지 못하며[3] 스프링 부트가 관리하지 못한다.

- @SpringBootConfiguration – 스프링 부트 애플리케이션 설정을 담당하는 클래스에 이 애너테이션을 붙인다. 내부적으로 @Configuration을 포함하고 있어서 이 설정 클래스는 스프링 부트 컴포넌트 탐색으로 발견되며 이 클래스 안에서 정의된 빈도 스프링으로 발견해 로딩된다. 결과적으로 이러한 빈을 통해 애플리케이션 설정 과정에 참여한다.

스프링 부트 애플리케이션 메인 클래스에 @SpringBootApplication 애너테이션이 붙어 있으므로 메인 클래스가 반드시 애플리케이션 루트 패키지에 있어야 한다는 사실을 기억하자. 이렇게 해야 메인 클래스에 붙어 있는 @SpringBootApplication 애너테이션이 메인 클래스가 있는 루트 패키지에서부터 탐색을 시작하고 @Component, @Configuration 등 스프링 애너테이션이 붙어 있는 컴포넌트를 찾아서 로딩할 수 있다. 메인 클래스의 위치와 관련한 자세한 내용은 https://mng.bz/xv8e을 참고하자.

마지막으로 살펴볼 내용은 메인 클래스인 SpringApplication 클래스의 내용이다. 이 클래스는 편리하게 스프링 부트 애플리케이션을 기동할 수 있게 해준다. 특별히 변경하지 않는 한 run() 정적 메서드를 사용해서 애플리케이션을 기동하고 시작한다. run() 메서드가 실행될 때 수행하는 작업은 다음과 같다.

1. 클래스패스에 있는 라이브러리를 기준으로 ApplicationContext 클래스 인스턴스를 생성한다.
2. CommandLinePropertySource를 등록해서 명령행 인자를 스프링 프로퍼티로 읽어 들인다.
3. 앞의 1단계에서 생성한 ApplicationContext를 통해 모든 싱글턴 빈을 로딩한다.
4. 애플리케이션에 설정된 ApplicationRunners와 CommandRunners를 실행한다.

3 옮긴이 @ComponentScan(basePackages = {"pkg1", "pkg2"})와 같은 형태로 탐색 범위를 직접 지정할 수도 있다.

ApplicationContext 다시 보기

대부분의 자바 애플리케이션은 다수의 객체로 구성된다. 이 객체들은 서로 협력하므로 의존 관계가 생겨난다. 객체 생성 및 상호 의존 관계를 효과적으로 관리하기 위해 스프링은 의존 관계 주입dependency injection을 사용한다. 의존 관계 주입 또는 제어의 역전inversion of control을 통해 빈 생성 시 필요한 의존 관계를 스프링이 주입해준다. 빈은 `applicationContext.xml` 같은 XML 파일로 정의할 수도 있고 `@Configuration`이 붙어 있는 클래스로 정의할 수도 있다. 스프링은 이렇게 정의된 내용을 바탕으로 빈을 생성해서 스프링 IoC 컨테이너에 담아두고 관리한다.

스프링 IoC 컨테이너 역할은 `ApplicationContext` 인터페이스가 담당한다. 스프링에는 애플리케이션 타입(서블릿 또는 리액티브)에 따라 굉장히 다양한 `ApplicationContext` 구현체와 클래스패스나 애너테이션에 의해 로딩되는 미리 정의된 빈이 있다. `ApplicationContext` 인터페이스 및 그 서브타입에 대한 자세한 내용은 https://mng.bz/AxJK를 참고하자.

`SpringApplication` 클래스는 클래스패스에 있는 JAR 의존 관계를 바탕으로 `ApplicationContext` 인스턴스 생성을 시도한다. 스프링 부트 웹 애플리케이션은 서블릿servlet 타입이거나 리액티브reactive 타입이거나 둘 중 하나다. 스프링은 클래스패스에 있는 클래스를 바탕으로 어떤 타입의 웹 애플리케이션인지 유추한다. 스프링 부트가 애플리케이션 컨텍스트를 로딩할 때 다음과 같은 전략이 적용된다.

1. 서블릿 기반 웹 애플리케이션이라고 판별되면 스프링 부트는 `AnnotationConfigServletWebServerApplicationContext` 클래스 인스턴스를 생성한다.
2. 리액티브 기반 웹 애플리케이션이라고 판별되면 스프링 부트는 `AnnotationConfigReactiveWebServerApplicationContext` 클래스 인스턴스를 생성한다.
3. 서블릿도 아니고 리액티브도 아니라면 스프링 부트는 `AnnotationConfigApplicationContext` 클래스 인스턴스를 생성한다.

스프링 부트는 `SpringApplication` 클래스에 있는 정적 메서드인 `main()`으로 시작한다. `run()` 메서드가 유용하긴 하지만, 개발자가 `SpringApplication` 클래스 인스턴스를 직접 생성해서 애플리케이션 시동 모드를 변경할 수도 있다. 예를 들어 개발자가 웹 애플리케이션 타입을 알고 있다면 예제 1.3에 있는 것처럼 `SpringApplication` 인스턴스에 직접 웹 애플리케이션 타입을 지정해줄 수도 있다.

예제 1.3 SpringApplication 인스턴스를 직접 생성해서 웹 애플리케이션 타입을 리액티브로 지정

```
package com.manning.sbip.ch01;

//imports

@SpringBootApplication
public class BootstrappingSpringBootAppApplication {
    public static void main(String[] args) {
        SpringApplication springApplication =
            new SpringApplication(BootstrappingSpringBootAppApplication.class); ❶

        springApplication.setWebApplicationType(WebApplicationType.REACTIVE);  ❷

        springApplication.run(args);
    }
}
```

❶ SpringApplication 인스턴스 생성

❷ SpringApplication의 웹 애플리케이션 타입을 리액티브로 지정

SpringApplication은 여러 가지 세터 메서드를 제공하기 때문에 스프링 프로파일 지정, 애플리케이션 리소스 로딩을 담당하는 리소스 로더 지정 같은 다양한 스프링 부트 기능을 제어할 수 있다. SpringApplication 클래스에 대한 더 자세한 내용은 최신 스프링 부트 레퍼런스 문서(https://mng.bz/ZzJ0)를 참고하자.

애플리케이션 설정 정보 관리

스프링 이니셜라이저는 비어 있는 application.properties 파일을 src/main/resouces 폴더에 생성한다. 이 파일을 통해 서버 접속 정보나 데이터베이스 접속 정보 같은 여러 가지 애플리케이션 설정 정보를 소스 코드로부터 분리해서 외부화할 수 있다. 스프링 부트 애플리케이션 설정 정보를 외부화하는 방법은 이 밖에도 여러 가지가 있지만 application.properties 파일을 사용하는 방식이 가장 널리 사용된다. 프로퍼티 파일에 key=value 형식으로 설정 정보를 작성하면 된다. 예제 1.4에는 서버의 주소와 포트, 액추에이터 엔드포인트actuator endpoint 설정 정보를 작성한 사례가 나와 있다.

예제 1.4 application.properties 파일에 애플리케이션 주소와 포트를 설정

```
server.address=localhost                         ❶
server.port=8081                                 ❷
management.endpoints.web.exposure.include=*      ❸
```

❶ 서버에 바인딩될 네트워크 주소

❷ 서버의 HTTP 포트

❸ 모든 액추에이터 엔드포인트를 HTTP로 공개

`server.port` 값을 9090으로 변경하고 애플리케이션을 재실행하면 9090 포트를 통해 웹 애플리케이션에 접속할 수 있다.

프로퍼티 파일 형식이 마음에 들지 않는다면 YAML(https://yaml.org/spec/1.2.2/) 형식을 사용할 수도 있다. YAML을 사용하면 위계 구조를 사용해서 정보를 정의할 수 있다. YAML을 사용하려면 application.properties 파일 이름을 application.yml로 변경하면 된다. 예제 1.4와 동일한 내용을 YAML 파일로 작성하면 다음과 같다.

예제 1.5 application.yml 파일에 애플리케이션 주소와 포트를 설정

```
server:
  address: localhost
  port: 8080
management:
  endpoints:
    web:
      exposure:
        include: '*'
```

애플리케이션 설정에 사용할 수 있는 공통 프로퍼티 항목은 https://mng.bz/REJ0를 참고하자. 단순히 프로퍼티를 추가하는 것만으로 애플리케이션에 얼마나 큰 변화가 일어나는지 차차 알게 될 것이다.

이 절에서는 스프링 부트 애플리케이션의 핵심 컴포넌트를 알아봤다. 이제 스프링 부트 프로젝트 구조, pom.xml 파일, `@SpringBootApplication` 애너테이션, `SpringApplication` 클래스, 그리고 여러 가지 프로퍼티를 통해 스프링 부트 애플리케이션을 제어할 수 있는 막강한 `application.properties` 파일에 친숙해졌을 것이다.

1.3.3 실행 가능한 JAR 파일 만들기

스프링 부트 프로젝트로부터 실행 가능한 JAR 파일을 만드는 가장 간단한 방법은 `mvn package` 명령을 사용하는 것이다. 처음에 프로젝트를 생성할 때 패키징 타입을 선택했는데, `mvn package` 명령을 실행하면 패키징 타입에 따라 프로젝트의 타깃target 디렉터리에 JAR 파일이 생성된다. 이 파일을 `java -jar` 명령의 인자로 지정하면 애플리케이션을 실행할 수 있다.

메이븐 `package` 골은 원래는 실행 가능한 JAR 또는 WAR 파일을 만들지 않는다. 그럼에도 불구하고 실행 가능한 파일이 만들어지는 이유는 `spring-boot-maven-plugin` 덕분이다. 이 플러그인의 `repackage` 골이 `package` 페이즈와 연동되어 실행 가능한 파일을 준비한다.

1.3.4 JAR 파일 구조

생성된 JAR 파일을 살펴보면 예제 1.6에 나온 것 같은 구조를 보게 된다.

예제 1.6 스프링 부트가 생성한 JAR 파일 구조

```
spring-boot-app-demo.jar
  |
  +-META-INF
  |  +-MANIFEST.MF
  +-org
  |  +-springframework
  |     +-boot
  |        +-loader
  |           +-<spring boot loader classes>
  +-BOOT-INF
    +-classes
    |  +-com
    |     +-manning
    |        +-sbip
    |           +-ch01
    |              +-SpringBootAppDemoApplication.class
    |
    |
    +-lib
    | +-dependency1.jar
    | +-dependency2.jar
    +-classpath.idx
    +-layers.idx
```

크게 보면 네 부분으로 나눌 수 있다.

- **META-INF** – 이 디렉터리에는 실행할 JAR 파일에 대한 핵심 정보를 담고 있는 MANIFEST.MF 파일이 들어 있다. 파일 안에는 두 가지 주요 파라미터인 `Main-Class`와 `Start-Class`가 들어 있다.

- **스프링 부트 로더 컴포넌트** – 스프링 부트 로더에는 실행 가능한 파일을 로딩하는 데 사용하는 여러 가지 로더 구현체가 들어 있다. `JarLauncher` 클래스는 JAR 파일을 로딩하고, `WarLauncher` 클래스는 WAR 파일을 로딩한다. `loader.*` 프로퍼티에 값을 지정하면 `PropertiesLauncher` 클래스로 클래스 로딩 과정을 커스터마이즈할 수 있다.
- **BOOT-INF/classes** – 컴파일된 모든 애플리케이션 클래스가 들어 있다.
- **BOOT-INF/lib** – 의존 관계로 지정한 라이브러리들이 들어 있다.

주목해야 할 것은 MANIFEST.MF 파일에 있는 `Main-Class`와 `Start-Class` 파라미터다. `Start-Class`는 애플리케이션을 시작할 클래스를 가리키고, `Main-Class`에는 `Start-Class`를 사용해서 애플리케이션을 시작하는 `Launcher` 클래스 이름이 지정돼 있다. 스프링 부트가 만드는 실행 가능한 JAR 파일의 `Start-Class`는 항상 스프링 부트 메인 클래스를 가리킨다.

classpath.idx 파일에는 클래스로더가 로딩해야 하는 순서대로 정렬된 의존 관계 목록이 들어 있다. layer.idx 파일은 도커Docker나 OCIopen container initiative 이미지 생성 시 논리적 계층으로 JAR를 분할하는 데 사용된다. layer.idx 사용 방법은 9장에서 스프링 부트 애플리케이션으로 도커 이미지를 생성하는 방법을 배울 때 자세히 알아본다.

1.3.5 스프링 부트 애플리케이션 종료

스프링 부트 애플리케이션을 종료하고 실행하는 일은 꽤 직관적이다. JAR 파일을 명령행에서 포그라운드foreground 프로세스로 실행하는 경우, [Ctrl]-[C]를 눌러서 자바 프로세스를 종료하면 스프링 부트 애플리케이션도 종료된다. 애플리케이션을 백그라운드로 실행했다면 OS별로 프로세스를 종료하는 명령을 사용해서 종료할 수 있다.

하지만 아무런 추가 설정 없이 기본 설정만으로 위와 같이 스프링 부트 애플리케이션을 종료하면 즉시 종료되며, 종료할 때 처리 중인 요청의 처리 완료가 보장되지 않는다. 이는 사용자 경험에 악영향을 미치므로, 애플리케이션에 종료 명령이 실행되면 더 이상의 요청은 받지 않되, 이미 처리 중인 요청은 완료를 보장하는 안전 종료graceful shutdown 설정이 필요하다.

예제 1.7 안전 종료 설정

```
server.shutdown=graceful
spring.lifecycle.timeout-per-shutdown-phase=1m
```

server.shutdown 프로퍼티의 기본값은 immediate이다. 그러므로 아무런 설정을 하지 않으면 애플리케이션은 즉시 종료된다. 안전 종료를 설정하면 처리 중인 요청이 완료될 때까지 기다려주는 타임아웃을 설정할 수 있다. 이 타임아웃은 spring.lifecycle.timeout-per-shutdown-phase 프로퍼티로 지정할 수 있으며 기본값은 30s이다. 이 값은 변경 가능하며 예제 1.7에서는 1분으로 변경했다.

NOTE 안전 종료 기능은 스프링 부트 2.3.0부터 도입됐으며 그 이전 버전에서는 동작하지 않는다.

1.4 스프링 부트 기타 개념

이 절에서는 스프링 부트가 제공하는 여러 편리한 개념과 기능을 알아본다. 이 중 일부는 프레임워크의 핵심 개념이기도 해서 자세한 내용은 이어지는 다른 장에서 다시 다룬다.

1.4.1 스프링 부트 스타트업 이벤트

스프링 프레임워크의 이벤트 관리 체계는 이벤트 발행자publisher와 이벤트 구독자subscriber 분리를 강조한다. 프레임워크에 내장된 빌트인 이벤트를 사용하는 것뿐만 아니라 개발자가 직접 커스텀 이벤트를 만들어 사용할 수도 있다.

스프링 프레임워크에는 어떤 상황에 맞게 적절한 작업을 수행할 수 있도록 다양한 빌트인 이벤트가 내장돼 있다. 예를 들어 스프링 부트 애플리케이션이 시작되고 초기화가 완료됐을 때 외부 REST API를 호출해야 하는 요구 사항이 있다면, 초기화 완료를 알리는 이벤트를 구독해서 외부 REST API를 호출하게 할 수 있다. 애플리케이션 시작 및 초기화 과정에서 사용할 수 있는 빌트인 이벤트는 다음과 같다.

- ApplicationStartingEvent – 애플리케이션이 시작되고 리스너listener가 등록되면 발행된다. 스프링 부트의 LoggingSystem은 이 이벤트를 사용해서 애플리케이션 초기화 단계에 들어가기 전에 필요한 작업을 수행한다.
- ApplicationEnvironmentPreparedEvent – 애플리케이션이 시작되고 Environment가 준비되어 검사하고 수정할 수 있게 되면 발행된다. 스프링 부트는 내부적으로 이 이벤트를 사용해서 MessageConverter, ConversionService, 잭슨Jackson 초기화 등 여러 서비스의 사전 초기화preinitialize를 진행한다.
- ApplicationContextInitializedEvent – ApplicationContext가 준비되고 ApplicationCon-

textInitializers가 실행되면 발행된다. 하지만 아직 아무런 빈도 로딩되지 않는다. 빈이 스프링 컨테이너에 로딩되어 초기화되기 전에 어떤 작업을 수행해야 할 때 이 이벤트를 사용하면 된다.

- ApplicationPreparedEvent – ApplicationContext가 준비되고 빈이 로딩은 됐지만 아직 ApplicationContext가 리프레시되지는 않은 시점에 발행된다. 이 이벤트가 발행된 후에 Environment를 사용할 수 있다.
- ContextRefreshedEvent – ApplicationContext가 리프레시된 후에 발행된다. 이 이벤트는 스프링 부트가 아니라 스프링이 발행하는 이벤트라서 SpringApplicationEvent를 상속하지 않는다. 스프링 부트의 ConditionEvaluationReportLoggingListener는 이 이벤트가 발행되면 자동 구성 보고서를 출력한다.
- WebServerInitializedEvent – 웹 서버가 준비되면 발행된다. 이 이벤트는 두 가지 하위 이벤트를 갖고 있는데, 서블릿 기반 웹 애플리케이션에서는 ServletWebServerInitializedEvent, 리액티브 기반 웹 애플리케이션에서는 ReactiveWebServerInitializedEvent를 사용할 수 있다. 이 이벤트도 SpringApplicationEvent를 상속하지 않는다.
- ApplicationStartedEvent – ApplicationContext가 리프레시되고 나서 ApplicationRunner와 CommandLineRunner가 호출되기 전에 발행된다.
- ApplicationReadyEvent – 애플리케이션이 요청을 처리할 준비가 됐을 때 SpringApplication에 의해 발행된다. 이 이벤트가 발행되면 모든 애플리케이션 초기화가 완료된 것이므로 이 시점 이후로 애플리케이션 내부 상태를 변경하는 것은 권장하지 않는다.
- ApplicationFailedEvent – 애플리케이션 시작 과정에서 예외가 발생하면 발행된다. 예외 발생 시 스크립트를 실행하거나 스타트업 실패를 알릴 때 사용된다.

1.4.2 스프링 부트 애플리케이션 이벤트 감지

애플리케이션 스타트업 과정에서 발행되는 스프링 부트 이벤트는 애플리케이션 초기화 과정에서 여러 가지 유용한 정보를 제공한다. 애플리케이션 스타트업 과정을 소스 코드로 제어할 필요가 있을 때 이런 이벤트를 사용하면 편리하게 처리할 수 있다. 가장 쉬운 방식은 이벤트를 구독하고 이벤트 발행이 감지되면 작업을 실행하도록 코드를 작성하는 것이다. 예를 들어 Environment에 있는 파라미터를 변경해야 한다면 ApplicationEnvironmentPreparedEvent를 구독하고 파라미터를 변경하면 된다. 스프링 부트 애플리케이션의 여러 컴포넌트를 초기화할 때 내부적으로 이런 이벤트를 활용한다.

이제 이벤트를 구독할 수 있는 다양한 방법을 알아보자. 가장 쉬운 방식은 스프링 프레임워크의 @EventListener 애너테이션을 사용하는 것이다. 예제 1.8과 같이 ApplicationReadyEvent를 구독해서 특정 문자열을 출력할 수 있다.

예제 1.8 @EventListener를 사용해서 ApplicationReadyEvent 구독

```
@EventListener(ApplicationReadyEvent.class)
public void applicationReadyEvent(ApplicationReadyEvent applicationReadyEvent) {
    System.out.println("Application Ready Event generated at "
        + new Date(applicationReadyEvent.getTimestamp()));
}
```

애플리케이션을 실행하고 ApplicationReadyEvent가 발행되면 타임스탬프가 출력된다. @EventListener가 대부분의 상황에서 잘 동작하지만 ApplicationStartingEvent나 ApplicationEnvironmentPreparedEvent처럼 애플리케이션 스타트업 극초기에 발행되는 이벤트는 감지하지 못하므로, 이런 이벤트를 감지하려면 다른 방법이 필요하다.

SpringApplication 사용

스프링 이니셜라이저로 만들어진 스프링 부트 프로젝트는 애플리케이션을 시작하기 위해 SpringApplication 클래스의 run() 정적 메서드를 호출한다. SpringAppilcation은 애플리케이션 스타트업 동작을 커스터마이징할 수 있는 여러 가지 세터 메서드도 제공한다. 이 세터 메서드를 통해 ApplicationContextInitializer, ApplicationListener 등 여러 가지 동작을 추가할 수 있다. SpringApplication 클래스가 이벤트를 감지할 수 있게 하려면 ApplicationListener 인터페이스의 onApplicationEvent() 메서드를 구현하고 이를 SpringApplication에 추가할 수 있다. 예제 1.9는 ApplicationListener 구현체를 만드는 코드를 보여준다.

예제 1.9 커스텀 ApplicationListener 구현체 작성

```
public class ApplicationStartingEventListener
    implements ApplicationListener<ApplicationStartingEvent> {

    @Override
    public void onApplicationEvent(ApplicationStartingEvent
    applicationStartingEvent) {
        System.out.println("Application Starting Event logged at "
            + new Date(applicationStartingEvent.getTimestamp()));
    }
}
```

이 ApplicationListener 구현체를 SpringApplication에 등록해주면 ApplicationStartingEvent를 발행할 때 리스너를 호출한다.

예제 1.10 SpringApplication에 애플리케이션 이벤트 리스너 추가

```
@SpringBootApplication
public class SpringBootEventsApplication {
    public static void main(String[] args) {
        SpringApplication springApplication =
            new SpringApplication(SpringBootEventsApplication.class);
        springApplication.addListeners(new ApplicationStartingEventListener());
        springApplication.run(args);
    }
}
```

예제 1.10에서 SpringApplication 인스턴스에 커스텀 이벤트 리스너를 추가했다. **addListneres(..)** 메서드는 가변 인자$_{\text{varags}}$를 인자로 받으므로 여러 개의 리스너를 한 번에 등록할 수도 있다.

SpringApplication에 리스너를 등록하는 방식은 스프링 부트 애플리케이션 클래스 코드 변경을 유발한다. 이 방식이 불편하다면 다음에 소개할 방식인 spring.factories 프로퍼티 파일을 사용해서 커스텀 리스너를 추가할 수도 있다.

spring.factories 파일을 사용한 이벤트 리스너 추가

spring.factories 파일[4]은 애플리케이션 기능을 설정하고 커스터마이징할 수 있도록 스프링 부트가 제공하는 확장 포인트다. spring.factories 파일은 이니셜라이저, 애플리케이션 리스너, 자동 구성, 실패 분석기, 템플릿 등 여러 가지 기능을 사용하는 데 광범위하게 사용된다. spring.factories 파일은 application.properties 파일과 마찬가지로 키-밸류 형식으로 작성된다.

spring.factories 파일은 스프링 부트가 나오기 전부터 스프링 프레임워크에서 사용됐던 핵심 기능 중 하나다. 스프링 프레임워크 컴포넌트인 **spring-beans** JAR 파일을 열어보면 spring.factories 파일을 확인할 수 있다.

스프링 부트에서는 이 파일에 커스텀 ApplicationListener 구현체를 등록할 수 있다. spring.

4 옮긴이 spring.factories 파일은 스프링 부트 2.7.0부터 deprecated되었다. 자세한 내용은 https://github.com/spring-projects/spring-boot/wiki/Spring-Boot-2.7-Release-Notes#changes-to-auto-configuration을 참고한다.

factories 파일은 src/main/resources META-INF 디렉터리 안에 위치하며, JAR로 패키징되면 META-INF 디렉터리 안에 저장된다. 예제 1.11에서 spring.factories 파일을 사용해서 `ApplicationListener`를 등록하는 방법을 확인할 수 있다.

예제 1.11 spring.factories로 ApplicationListener 등록

```
org.springframework.context.ApplicationListener= \
com.manning.sbip.ch01.listener.ApplicationStartingEventListener
```

커스텀 애플리케이션 리스너를 등록하려면 키에는 추가하려는 컴포넌트의 타입의 전체 이름을 지정하고, 값에는 해당 타입의 구현체 클래스의 전체 이름을 지정한다. 예를 들어 `ApplicationListener` 타입의 커스텀 구현체를 등록하려면, `org.springframework.context.ApplicationListener`를 키로 지정하고 값에는 `AppilcationListener` 구현체 클래스의 전체 이름인 `com.manning.sbip.ch01.listener.ApplicationStartingEventListener`를 명시한다. 같은 타입의 구현체 여러 개를 등록하려면 쉼표로 구분해서 지정하면 된다. spring.factories 파일은 나중에 커스텀 자동 구성, 실패 분석기 등을 다룰 때 다시 알아본다.

1.4.3 커스텀 스프링 부트 스타터

앞에서 다뤘던 예제 코드에서 스프링 부트에서 개발하고 관리하는 다양한 공식 스프링 부트 스타터를 확인할 수 있었다. 스타터는 스프링 부트 애플리케이션의 의존 관계 관리를 단순화해주는 스프링 부트의 핵심 기능 중 하나다. 이 스타터 개념은 스프링 부트 컴포넌트가 아닌 다른 상용 코드나 설정으로도 확장할 수 있다. 스프링 부트는 스타터 구조를 확장해서 개발자가 직접 커스텀 스타터를 만들어서 활용할 수 있게 해준다. 커스텀 스타터를 정의하고 만드는 방법은 나중에 자세히 알아본다.

1.4.4 커스텀 자동 구성

이 장 앞 부분에서 스프링 부트를 소개할 때 스프링 부트가 미리 정의된 방식을 따른다고 설명했다. 스프링 부트는 애플리케이션을 시작할 때 의존 관계, 설정 정보, 다른 여러 요소를 살펴서 다양한 애플리케이션 컴포넌트를 자동으로 구성해준다. 이 자동 구성 전략은 어떤 애플리케이션 컴포넌트에 대한 스프링 부트 자신만의 동작 방향을 표현할 수 있게 해주며, 스프링 부트 애플리케이션 초기화 및 실행 과정에서 매우 중요한 역할을 담당한다. 자동 구성 기능도 개발자가 스타터로 직접 만들어서 확장할 수 있다. 커스텀 자동 구성 스타터를 만드는 방법도 나중에 자세히 알아본다.

1.4.5 실패 분석기

스프링 부트는 애플리케이션이 구동되는 과정에서 실패가 발생할 때 이를 분석하고 자세한 진단 보고서를 만들어내는 실패 분석기failure analyzer를 사용한다. `FailureAnalyzer`는 예외를 받아서 상세한 정보를 `FailureAnalysis`에 저장한다. 그림 1.4에는 `PortInUseException`으로 인해 애플리케이션 시작 실패 시 `FailureAnalysis` 보고서가 콘솔에 출력되는 모습이 나와 있다. `PortInUseException`은 스프링 부트 애플리케이션이 사용하려는 포트가 이미 사용 중일 때 발생하는 예외다.

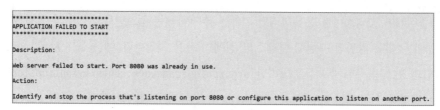

```
***************************
APPLICATION FAILED TO START
***************************

Description:

Web server failed to start. Port 8080 was already in use.

Action:

Identify and stop the process that's listening on port 8080 or configure this application to listen on another port.
```

그림 1.4 포트가 이미 사용 중일 때 출력되는 실패 분석기 진단 보고서

실패 분석기도 스타터나 자동 구성과 마찬가지로 개발자가 직접 만들 수 있다. 도메인 특화 예외domain-specific exception를 정의하고 이에 대한 자세한 실패 분석 정보를 담은 실패 분석기를 정의하면 커스텀 자동 구성과 함께 매우 유용하게 사용할 수 있다. 커스텀 `FailureAnalyzer` 구현체를 만드는 방법도 나중에 자세히 알아본다.

1.4.6 스프링 부트 액추에이터

스프링 부트 액추에이터actuator를 사용하면 스프링 부트 애플리케이션을 모니터링하고 상호작용할 수 있다. 상용 환경에서는 일반적으로 애플리케이션의 정상 상태를 판별할 수 있는 여러 가지 헬스health 파라미터를 지정하고 모니터링한다. 예를 들어 애플리케이션이 정상 실행 중인지 확인하기 위해 헬스 체크를 수행한다. 그리고 운영 중인 애플리케이션의 여러 부분에 대한 다양한 분석을 하기 위해 스레드 덤프나 힙 덤프를 생성하기도 한다. 스프링 부트에서는 다음과 같이 `spring-boot-starter-actuator` 의존 관계를 추가하기만 하면 스프링 부트 액추에이터로 이런 작업을 쉽게 수행할 수 있다.

예제 1.12 스프링 부트 스타터 액추에이터 의존 관계

```
<dependency>
  <groupId>org.springframework.boot</groupId>
```

```
  <artifactId>spring-boot-starter-actuator</artifactId>
</dependency>
```

스프링 부트 액추에이터의 기본 엔드포인트는 /actuator이며, 구체적인 지표를 뒤에 붙여서 사용한다. 기본값으로는 /health와 /info 엔드포인트만 HTTP로 노출된다. http://localhost:8080/actuator로 접속하면 다음과 같이 표시된다.

예제 1.13 스프링 부트 액추에이터 엔드포인트

```
{
    "_links":{
        "self":{
            "href":"http://localhost:8080/actuator",
            "templated":false
        },
        "health":{
            "href":"http://localhost:8080/actuator/health",
            "templated":false
        },
        "health-path":{
            "href":"http://localhost:8080/actuator/health/{*path}",
            "templated":true
        },
        "info":{
            "href":"http://localhost:8080/actuator/info",
            "templated":false
        }
    }
}
```

정상적으로 동작하는 스프링 부트 웹 애플리케이션의 http://localhost:8080/actuator/health에 접속하면 애플리케이션 상태가 UP로 표시된다. 스프링 부트 액추에이터는 4장에서 더 자세히 알아본다.

1.4.7 스프링 부트 개발자 도구

개발자 생산성을 높이고 개발 과정을 더 즐겁게 만들기 위해 스프링 부트는 개발자 도구devtool를 제공한다. 클래스패스에 있는 클래스의 변경 사항을 모니터링하다가 변경이 생기면 자동으로 새로 빌드해주거나, 리소스가 변경되면 브라우저 새로고침을 유발하는 라이브리로드LiveReload 서버 기능이 개발자 도구에 포함돼 있다. 스프링 부트 프로젝트에서 개발자 도구를 사용하려면 pom.xml 파일에 예제 1.14처럼 의존 관계를 추가해야 한다.

예제 1.14 스프링 도구 개발자 도구

```
<dependency>
  <groupId>org.springframework.boot</groupId>
  <artifactId>spring-boot-devtools</artifactId>
  <optional>true</optional>
</dependency>
```

요약

스프링 부트를 사용하면 다른 웹 서버나 애플리케이션 서버에 의존하지 않고 독립적으로 설치 및 실행할 수 있고, 실제 운영 환경에서 사용할 수 있는 제품 수준의 애플리케이션을 설정에 관한 부담 없이 만들어낼 수 있다. 스프링 부트의 자동 구성과 스타터 기반 의존 관계 관리 체계 덕분에 개발자는 애플리케이션 설정에 드는 노력을 줄이고 비즈니스 로직에 더 집중할 수 있다.

1장에서는 스프링 부트의 다양한 기능과 컴포넌트를 개괄적으로 살펴봤다. 주요 내용을 정리하면 다음과 같다.

- 스프링 부트가 무엇이고, 전통적인 스프링 애플리케이션에 비해 더 나은 점은 무엇인가
- 스프링 부트 기능과 다양한 컴포넌트
- 스프링 이니셜라이저를 통해 자동으로 만들어진 스프링 부트 프로젝트의 구조와 구성 요소
- 스프링 부트 프로젝트로부터 실행 가능한 JAR 파일을 만드는 방법과 JAR 파일의 구조
- 실행 중인 스프링 부트 애플리케이션을 안전하게 종료하는 방법
- 다양한 스프링 부트 스타트업 이벤트와 이벤트 발생을 감지하는 여러 가지 방법
- 개발자가 직접 만들 수 있는 커스텀 스타터, 자동 구성, 실패 분석기, 액추에이터
- 개발 생산성을 높일 수 있는 스프링 부트 개발자 도구 소개

이 책의 나머지 부분에서는 스프링 부트를 사용할 때 보편적으로 마주치게 되는 문제를 해결하는 실무적 기법을 다룰 예정이다. 스프링 부트 애플리케이션 개발, 보안, 리액티브 애플리케이션 개발, 클라우드 기반 배포 등 매우 광범위한 주제를 차근차근 알아보자.

PART II

2부는 총 6장으로 구성돼 있으며 스프링 부트 애플리케이션 개발의 다양한 주제와 관련한 이야기를 나눈다.

2장에서는 설정 관리, 로깅, 커맨드 라인 러너, 데이터 시각화 등 스프링 부트 애플리케이션을 개발할 때 공통적으로 마주하게 되는 작업을 처리하는 방법을 알아본다.

3장에서는 스프링 부트 애플리케이션과 데이터베이스를 연동하는 여러 기법을 살펴본다. 또한 데이터베이스에서 데이터를 읽고 쓰는 다양한 접근 방법을 심도 있게 파헤쳐본다.

4장에서는 스프링 부트 자동 구성과 액추에이터를 다룬다. 스프링 부트가 미리 정의된 방식으로 여러 환경 설정을 마술처럼 쉽고 단순하게 처리할 수 있는 이면에는 자동 구성 기능이 숨어 있다. 스프링 부트 액추에이터를 사용하면 다양한 애플리케이션 측정지표를 모니터링할 수 있다. 이런 측정지표는 그라파나 같은 GUI 도구를 통해 시각화할 수 있다.

5장과 6장에서는 스프링 부트 애플리케이션의 보안성을 높이는 여러 방법을 살펴본다. 5장에서는 스프링 시큐리티가 무엇인지, 스프링 부트와 어떻게 협업하는지 알아본다. 6장에서는 다중 인증, 구글 계정으로 로그인, 리캡차 검증 등 보안성을 높이는 다양한 실무 기법을 다룬다.

7장에서는 스프링 부트에서 RESTful API를 개발하는 방법을 알아본다. RESTful API에서 발생하는 예외 처리 기법과 단위 테스트 작성, OpenAPI를 활용한 API 문서화, API 버저닝, API 보안 적용 방법을 배운다.

CHAPTER 2

스프링 부트 공통 작업

2장에서 다루는 내용

- **스프링 부트 애플리케이션 설정 관리**
- **@ConfigurationProperties를 사용한 커스텀 설정 정보 생성**
- **CommandLineRunner 인터페이스를 사용한 초기화 코드 실행**
- **스프링 부트 기본 로깅과 Log4j2 로깅 설정**
- **빈 밸리데이션을 사용한 사용자 입력 데이터 검증**

1장에서 스프링 부트가 무엇인지, 저수준 환경 설정을 추상화함으로써 개발 편의성을 높이려는 스프링 부트의 목적에 대해 간략하게 살펴봤다. 2장에서는 애플리케이션 설정 관리, 커스텀 설정 정보 생성 같은 핵심 개념을 배운다. 또한 스프링 부트 개발 과정에서 만나게 되는 다양한 공통 작업 처리 방법을 알아본다.

2.1 애플리케이션 설정 관리

애플리케이션 설정 정보 관리는 어떤 애플리케이션에서든 중요하게 다뤄지는 요소이며 스프링 부트 애플리케이션도 예외가 아니다. 개발 프로젝트를 진행하는 방식에 따라 동일한 애플리케이션을 개발dev, 테스트test, 스테이징staging, 상용prod 환경 등 여러 환경에 배포해야 하는 경우도 있다. 배포할 환경이 달라지면 설정 정보도 달라져야 하지만, 애플리케이션 소스 코드는 거의 달라지지 않는다. 예를 들어 개발 환경에 사용하는 데이터베이스와 상용 환경에서 사용하는 데이터베이스가 다르므로 연결 정보도 다르게 설정해야 하고, 보안 설정도 다르게 설정해야 한다. 애플리케이션이 성장해감에 따라 더 많은 기능이 통합되고 설정 정보는 계속 늘어나면서 설정 정보 관리는 굉장히 고통스러운 일이 된다.

스프링 부트는 프로퍼티 파일, YAML 파일, 환경 변수, 명령행 인자 등 여러 가지 방법으로 설정 정보를 외부화해서 소스 코드 변경 없이 환경마다 다르게 적용할 수 있다.

이어지는 절에서는 다양한 설정 정보 관리 방법에 사용되는 기본 개념을 알아보고 스프링 부트 애플리케이션에 직접 적용해본다.

2.1.1 SpringApplication 클래스 사용

2.1.1절의 소스 코드는 https://mng.bz/lag8**에서 확인할 수 있다.**

스프링 부트의 `SpringApplication` 클래스를 사용해서 애플리케이션 설정 정보를 정의할 수 있다. 이 클래스에는 `java.util.Properties` 또는 `java.util.Map<String, Object>`를 인자로 받는 `setDefaultProperties()` 메서드가 있는데, 설정 정보를 `Properties`나 `Map<String, Object>`에 넣어서 이 메서드를 호출하면 설정 정보가 애플리케이션에 적용된다. 이 방식은 소스 코드로 정의하는 방식이므로 한 번 정의하면 나중에 바뀌지 않는 경우에 적합하다. 예제를 통해 알아보자.

application.properties 파일에서는 설정 정보를 포함하고 있는 다른 `properties` 파일이나 `.yml` 파일을 `spring.config.import` 프로퍼티를 통해 임포트해서 사용할 수 있다. application.properties 파일 안에 `spring.config.import=classpath:additional-application.properties`를 추가하면 스프링 부트는 additional-application.properties 파일에 있는 설정 정보를 읽어서 사용할 수 있다. 만약 additional-application.properties 파일이 클래스패스에 존재하지 않으면 스프링 부트는 `ConfigDataLocationNotFoundException` 예외를 던진다.

상황에 따라서는 클래스파일에 설정 파일이 없을 때 예외를 던지고 애플리케이션 시동 작업을 종료하는 대신에 해당 파일을 무시하고 애플리케이션 시동 작업을 계속 진행하게 만들어야 할 때도 있다. 이럴 때는 spring.config.on-not-found에 ignore를 지정하면 된다. 예제 2.1을 보자.

예제 2.1 SpringApplication 클래스의 setDefaultProperties() 메서드 사용

```
package com.manning.sbip.ch02;

import java.util.Properties;
import org.springframework.boot.SpringApplication;
import org.springframework.boot.autoconfigure.SpringBootApplication;

@SpringBootApplication
public class SpringBootAppDemoApplication {
    public static void main(String[] args) {
        Properties properties = new Properties();
        properties.setProperty("spring.config.on-not-found", "ignore");
        SpringApplication application =
            new SpringApplication(SpringBootAppDemoApplication.class);
        application.setDefaultProperties(properties);
        application.run(args);
    }
}
```

SpringApplication 클래스 인스턴스를 생성하고 spring.config.on-not-found에 ignore를 지정한 프로퍼티 객체를 setDefaultProperties() 메서드의 인자로 전달하며 호출하고 있다. 이렇게 하면 spring.config.import에 명시한 파일이 존재하지 않더라도 스프링 부트는 이 파일을 무시하고 나머지 애플리케이션 기동 작업을 계속 진행한다.

2.1.2 @PropertySource 사용

2.1.2절의 소스 코드는 https://mng.bz/2jNd에서 확인할 수 있다.

프로퍼티 파일의 위치를 @PropertySource 애너테이션을 사용해서 지정할 수도 있다. 예제 2.2를 보자.

예제 2.2 @PropertySource를 사용해서 프로퍼티 파일 위치 지정

```
package com.manning.sbip.ch02;

//import 문 생략
```

```java
@Configuration
@PropertySource("classpath:dbConfig.properties")
public class DbConfiguration {

    @Autowired
    private Environment env;

    @Override
    public String toString() {
        return "Username: " +. env.getProperty("user") +
            ", Password: " +. env.getProperty("password");
    }
}
```

`@Configuration`이 붙어 있는 스프링 환경 설정 클래스인 `DbConfiguration`에 `@PropertySource` 애너테이션이 지정돼 있다. 이렇게 하면 클래스패스에 있는 `dbConfig.properties` 파일에 있는 설정 정보를 읽어서 사용할 수 있다. src/main/resources 디렉터리에 있는 파일은 실행 가능한 JAR로 패키징된 후 클래스패스에 위치하게 되므로 이 디렉터리에 `dbConfig.properties` 파일을 작성한다.

예제 2.3 dbConfig.properties 파일

```
user=sa
password=p@ssw0rd
```

스프링이 제공하는 `Environment` 인스턴스를 주입받으면 dbConfig.properties 파일에 지정된 설정 정보를 읽을 수 있다. 이제 예제 2.4와 같이 `DbConfiguration` 클래스에서 빈을 생성하고 dbConfig.properties에 지정된 설정 정보를 읽어서 출력해보자.

예제 2.4 DbConfiguration 인스턴스 설정 정보 접근

```java
package com.manning.sbip.ch02;

//import 문 생략

@SpringBootApplication
public class SpringBootAppDemoApplication {

    private static final Logger log =
        LoggerFactory.getLogger(SpringBootAppDemoApplication.class);

    public static void main(String[] args) {
```

```
        ConfigurableApplicationContext applicationContext =
            SpringApplication.run(SpringBootAppDemoApplication.class, args);

        DbConfiguration dbConfiguration =
            applicationContext.getBean(DbConfiguration.class);

        log.info(dbConfiguration.toString());
    }
}
```

애플리케이션을 실행하면 콘솔에 User, password 값이 출력되는 것을 확인할 수 있다.

```
  .   ____          _            __ _ _
 /\\ / ___'_ __ _ _(_)_ __  __ _ \ \ \ \
( ( )\___ | '_ | '_| | '_ \/ _` | \ \ \ \
 \\/  ___)| |_)| | | | | || (_| |  ) ) ) )
  '  |____| .__|_| |_|_| |_\__, | / / / /
 =========|_|==============|___/=/_/_/_/
 :: Spring Boot ::                (v2.6.3)


2022-07-24 13:48:26.159  INFO 39285 --- [           main] c.m.s.ch02.
SpringBootAppDemoApplication  : Starting SpringBootAppDemoApplication using Java 17.0.4
2022-07-24 13:48:26.161  INFO 39285 --- [           main] c.m.s.ch02.
SpringBootAppDemoApplication  : No active profile set, falling back to default profiles:
default
2022-07-24 13:48:26.616  INFO 39285 --- [           main] o.s.b.w.embedded.tomcat.
TomcatWebServer  : Tomcat initialized with port(s): 8080 (http)
2022-07-24 13:48:26.622  INFO 39285 --- [           main] o.apache.catalina.core.
StandardService   : Starting service [Tomcat]
2022-07-24 13:48:26.622  INFO 39285 --- [           main] org.apache.catalina.core.
StandardEngine  : Starting Servlet engine: [Apache Tomcat/9.0.56]
2022-07-24 13:48:26.656  INFO 39285 --- [           main] o.a.c.c.C.[Tomcat].[localhost].
[/]       : Initializing Spring embedded WebApplicationContext
2022-07-24 13:48:26.656  INFO 39285 --- [           main] w.s.c.ServletWebServerApplicatio
nContext : Root WebApplicationContext: initialization completed in 461 ms
2022-07-24 13:48:26.817  INFO 39285 --- [           main] o.s.b.w.embedded.tomcat.
TomcatWebServer  : Tomcat started on port(s): 8080 (http) with context path ''
2022-07-24 13:48:26.826  INFO 39285 --- [           main] c.m.s.ch02.
SpringBootAppDemoApplication  : Started SpringBootAppDemoApplication in 0.894 seconds (JVM
running for 1.089)
2022-07-24 13:48:26.828  INFO 39285 --- [           main] c.m.s.ch02.
SpringBootAppDemoApplication  : User: sa, Password: p@ssw0rd
```

@PropertySource

- `@PropertySource` 애너테이션으로 YML 또는 YAML 파일을 지정해서 사용할 수는 없다. YML 파일을 사용하려면 추가 작업이 필요하다.
- 자바 8 이후로는 동일한 애너테이션을 여러 번 사용할 수 있으므로, 여러 프로퍼티 파일을 각각 `@PropertySource`로 지정해서 사용할 수 있다.

```
@Configuration
@PropertySource("classpath:dbConfig.properties")
@PropertySource("classpath:redisConfig.properties")
public class DbConfiguration {
//
}
```

2.1.3 환경 설정 파일

2.1.3절의 소스 코드는 https://mng.bz/1jEV**에서 확인할 수 있다.**

스프링 부트는 애플리케이션 환경 설정 정보를 application.properties 또는 application.yml 파일에서 지정할 수 있다. 이 두 파일로 설정 정보를 관리하는 방식이 가장 널리 사용된다. 스프링 이니셜라이저로 생성한 스프링 부트 프로젝트에는 비어 있는 application.properties 파일이 기본적으로 함께 생성된다. YAML 문법에 익숙하다면 application.properties 파일 대신에 application.yml 파일을 사용해도 된다. properties 파일이나 yml 파일에 명시된 설정 프로퍼티 정보는 스프링의 `Environment` 객체에 로딩되고, 애플리케이션 클래스에서 `Environment` 인스턴스에 접근해서 설정 정보를 읽을 수 있으며, `@Value` 애너테이션을 통해 접근할 수도 있다.

Properties 파일 vs. YML 파일

스프링 부트는 애플리케이션 환경 설정 정보를 properties 파일에 지정할 수도 있고, yml 파일에 지정할 수도 있다. properties 파일을 사용할 때는 아래와 같이 key=value 형식으로 작성한다.

```
server.port=8081
spring.datasource.username=sa
spring.datasource.password=password
```

동일한 설정 정보를 yml 파일에서 지정할 때는 다음과 같이 작성한다.

```
server:
  port: 8081
spring:
  datasource:
    user: sa
    password: password
```

어느 방식을 사용하든 동작에는 거의 차이가 없으며 개발자의 취향에 달린 문제다. 데이터의 위계 구조를 더 잘 표현하고 덜 반복적이며 리스트, 맵 같은 자료 구조도 지원하기 때문에 YML 파일 방식이 사용되기도 한다.

하지만 YML 파일을 사용할 때는 문법 오류가 없도록 더 주의해야 한다. 넣어야 할 공백 문자를 실수로 넣지 않거나 들여쓰기indentation가 잘못 되면 정상적으로 동작하지 않는다. 설정 키를 검색할 때도 들여쓰기를 사용하는 YML 방식보다 전체 이름을 모두 명시하는 `.properties` 파일 방식이 더 유리하다.

application.properties 또는 application.yml 파일의 이름을 변경해야 한다면 `spring.config.name` 프로퍼티로 지정해주면 된다. 실습을 통해 직접 알아보자. src/main/resources 디렉터리에 sbip.yml 파일을 생성하고 `server.port: 8081`을 입력한다.

pom.xml 파일에 패키징 타입을 JAR로 지정하고, pom.xml 파일이 있는 디렉터리에서 `mvn package` 명령을 실행하면 실행 가능한 JAR 파일이 생성된다. 예제 2.5와 같이 `java -jar <jarName>` 명령을 실행해보자.

예제 2.5 **JAR 파일 실행**

```
java -jar target/config-data-file-0.0.1-SNAPSHOT.jar
```

실행 후 콘솔을 확인하면 HTTP `8080` 포트에서 애플리케이션이 실행됐음을 확인할 수 있다.

```
> java -jar target/config-data-file-0.0.1-SNAPSHOT.jar


  .   ____          _            __ _ _
 /\\ / ___'_ __ _ _(_)_ __  __ _ \ \ \ \
( ( )\___ | '_ | '_| | '_ \/ _` | \ \ \ \
 \\/  ___)| |_)| | | | | || (_| |  ) ) ) )
  '  |____| .__|_| |_|_| |_\__, | / / / /
 =========|_|==============|___/=/_/_/_/
 :: Spring Boot ::                (v2.6.3)
```

```
2022-07-24 22:50:18.006  INFO 26467 --- [           main] c.m.s.ch02.
SpringBootAppDemoApplication  : Starting SpringBootAppDemoApplication v0.0.1-SNAPSHOT
using Java 17.0.4
2022-07-24 22:50:18.007  INFO 26467 --- [           main] c.m.s.ch02.
SpringBootAppDemoApplication  : No active profile set, falling back to default profiles:
default
2022-07-24 22:50:18.480  INFO 26467 --- [           main] o.s.b.w.embedded.tomcat.
TomcatWebServer  : Tomcat initialized with port(s): 8080 (http)
2022-07-24 22:50:18.488  INFO 26467 --- [           main] o.apache.catalina.core.
StandardService   : Starting service [Tomcat]
2022-07-24 22:50:18.488  INFO 26467 --- [           main] org.apache.catalina.core.
StandardEngine  : Starting Servlet engine: [Apache Tomcat/9.0.56]
2022-07-24 22:50:18.519  INFO 26467 --- [           main] o.a.c.c.C.[Tomcat].[localhost].
[/]       : Initializing Spring embedded WebApplicationContext
2022-07-24 22:50:18.519  INFO 26467 --- [           main] w.s.c.ServletWebServerApplicatio
nContext : Root WebApplicationContext: initialization completed in 483 ms
2022-07-24 22:50:18.728  INFO 26467 --- [           main] o.s.b.w.embedded.tomcat.
TomcatWebServer  : Tomcat started on port(s): 8080 (http) with context path ''
2022-07-24 22:50:18.734  INFO 26467 --- [           main] c.m.s.ch02.
SpringBootAppDemoApplication  : Started SpringBootAppDemoApplication in 0.962 seconds (JVM
running for 1.151)
```

[Ctrl]-[C]를 눌러서 애플리케이션을 종료한 후 이번에는 예제 2.6과 같이 `--spring.config.name=sbip`를 명령행 인자로 지정하고 실행해보자.

예제 2.6 설정 파일 이름을 직접 지정해서 스프링 부트 애플리케이션 실행

```
java -jar target/config-data-file-0.0.1-SNAPSHOT.jar --spring.config.name=sbip
```

실행해보면 다음과 같이 sbip.yml 파일에서 지정한 `8081` 포트에서 애플리케이션이 실행된다.

```
> java -jar target/config-data-file-0.0.1-SNAPSHOT.jar --spring.config.name=sbip


  .   ____          _            __ _ _
 /\\ / ___'_ __ _ _(_)_ __  __ _ \ \ \ \
( ( )\___ | '_ | '_| | '_ \/ _` | \ \ \ \
 \\/  ___)| |_)| | | | | || (_| |  ) ) ) )
  '  |____| .__|_| |_|_| |_\__, | / / / /
 =========|_|==============|___/=/_/_/_/
 :: Spring Boot ::                (v2.6.3)
```

```
2022-07-24 22:51:45.166  INFO 26934 --- [           main] c.m.s.ch02.
SpringBootAppDemoApplication  : Starting SpringBootAppDemoApplication v0.0.1-SNAPSHOT
using Java 17.0.4 on AL02017798.local with PID 26934 (/Users/user/gitRepo/translation/
jpub/spring-boot-in-practice/ch02/config-data-file/target/config-data-file-0.0.1-SNAPSHOT.
jar started by user in /Users/user/gitRepo/translation/jpub/spring-boot-in-practice/ch02/
config-data-file)
2022-07-24 22:51:45.167  INFO 26934 --- [           main] c.m.s.ch02.
SpringBootAppDemoApplication  : No active profile set, falling back to default profiles:
default
2022-07-24 22:51:45.631  INFO 26934 --- [           main] o.s.b.w.embedded.tomcat.
TomcatWebServer  : Tomcat initialized with port(s): 8081 (http)
2022-07-24 22:51:45.637  INFO 26934 --- [           main] o.apache.catalina.core.
StandardService   : Starting service [Tomcat]
2022-07-24 22:51:45.637  INFO 26934 --- [           main] org.apache.catalina.core.
StandardEngine  : Starting Servlet engine: [Apache Tomcat/9.0.56]
2022-07-24 22:51:45.669  INFO 26934 --- [           main] o.a.c.c.C.[Tomcat].[localhost].
[/]       : Initializing Spring embedded WebApplicationContext
2022-07-24 22:51:45.669  INFO 26934 --- [           main] w.s.c.ServletWebServerApplicatio
nContext : Root WebApplicationContext: initialization completed in 475 ms
2022-07-24 22:51:45.870  INFO 26934 --- [           main] o.s.b.w.embedded.tomcat.
TomcatWebServer  : Tomcat started on port(s): 8081 (http) with context path ''
2022-07-24 22:51:45.877  INFO 26934 --- [           main] c.m.s.ch02.
SpringBootAppDemoApplication  : Started SpringBootAppDemoApplication in 0.947 seconds (JVM
running for 1.137)
```

스프링 부트는 기본적으로 다음 위치에 있는 application.properties 파일이나 application.yml 파일을 읽는다.

1. 클래스패스 루트
2. 클래스패스 `/config` 패키지
3. 현재 디렉터리
4. 현재 디렉터리 `/config` 디렉터리
5. `/config` 디렉터리의 바로 하위 디렉터리

이 5가지 위치에 설정 파일을 두고 실행해보는 연습은 각자 해보자. 이 위치 말고도 `spring.config.location` 프로퍼티를 사용하면 다른 위치에 있는 설정 파일을 읽을 수 있다. 이 절에서 사용된 코드가 있는 src/main/resources 아래에 data 디렉터리를 생성하고 앞서 작성한 sbip.yml 파일을 data 디렉터리로 이동한 후 예제 2.7과 같이 실행해보자.

예제 2.7 spring.config.location 프로퍼티를 사용해서 스프링 부트 애플리케이션 실행

```
java -jar target/config-data-file-0.0.1-SNAPSHOT.jar --spring.config.location=data/sbip.yml
```

spring.config.location으로 명시한 위치에서 설정 파일을 읽었으므로 8081 포트에서 애플리케이션이 시작된다. spring.config.location에 상대 경로뿐 아니라 절대 경로를 명시할 수도 있다.

```
> java -jar target/config-data-file-0.0.1-SNAPSHOT.jar --spring.config.location=data/sbip.
yml


  .   ____          _            __ _ _
 /\\ / ___'_ __ _ _(_)_ __  __ _ \ \ \ \
( ( )\___ | '_ | '_| | '_ \/ _` | \ \ \ \
 \\/  ___)| |_)| | | | | || (_| |  ) ) ) )
  '  |____| .__|_| |_|_| |_\__, | / / / /
 =========|_|==============|___/=/_/_/_/
 :: Spring Boot ::                (v2.6.3)


2022-07-24 23:03:57.723  INFO 29020 --- [           main] c.m.s.ch02.
SpringBootAppDemoApplication  : Starting SpringBootAppDemoApplication v0.0.1-SNAPSHOT
using Java 17.0.4
2022-07-24 23:03:57.724  INFO 29020 --- [           main] c.m.s.ch02.
SpringBootAppDemoApplication  : No active profile set, falling back to default profiles:
default
2022-07-24 23:03:58.187  INFO 29020 --- [           main] o.s.b.w.embedded.tomcat.
TomcatWebServer  : Tomcat initialized with port(s): 8081 (http)
2022-07-24 23:03:58.194  INFO 29020 --- [           main] o.apache.catalina.core.
StandardService   : Starting service [Tomcat]
2022-07-24 23:03:58.194  INFO 29020 --- [           main] org.apache.catalina.core.
StandardEngine  : Starting Servlet engine: [Apache Tomcat/9.0.56]
2022-07-24 23:03:58.226  INFO 29020 --- [           main] o.a.c.c.C.[Tomcat].[localhost].
[/]       : Initializing Spring embedded WebApplicationContext
2022-07-24 23:03:58.226  INFO 29020 --- [           main] w.s.c.ServletWebServerApplicatio
nContext : Root WebApplicationContext: initialization completed in 477 ms
2022-07-24 23:03:58.420  INFO 29020 --- [           main] o.s.b.w.embedded.tomcat.
TomcatWebServer  : Tomcat started on port(s): 8081 (http) with context path ''
2022-07-24 23:03:58.425  INFO 29020 --- [           main] c.m.s.ch02.
SpringBootAppDemoApplication  : Started SpringBootAppDemoApplication in 0.93 seconds (JVM
running for 1.123)
```

스프링 부트 2.4.0 이후로는 스프링 부트가 기본으로 설정 파일을 읽을 수 있는 위치나 spring.config.location으로 지정한 위치에서 설정 파일을 찾을 수 없으면 예외가 발생하고 애플리케이션이 시작되지 않는다. 설정 파일이 없더라도 애플리케이션이 시작되게 하려면 `spring.config.location` 프로퍼티값 앞에 `optional` 접두어를 붙여주면 된다. 예제 2.8과 같이 실제로는 존재하지 않는 설정 파일 경로를 명시했지만 앞에 `optional:`이 붙어 있으므로 스프링 부트 기본 설정값을 기준으로 애플리케이션이 정상적으로 실행된다.

예제 2.8 설정 파일 지정 시 optional 접두어 추가

```
java -jar target/config-data-file-0.0.1-SNAPSHOT.jar --spring.config.location=optional:data
/sbip1.yml
```

```
> java -jar target/config-data-file-0.0.1-SNAPSHOT.jar --spring.config.
location=optional:data/sbip1.yml


  .   ____          _            __ _ _
 /\\ / ___'_ __ _ _(_)_ __  __ _ \ \ \ \
( ( )\___ | '_ | '_| | '_ \/ _` | \ \ \ \
 \\/  ___)| |_)| | | | | || (_| |  ) ) ) )
  '  |____| .__|_| |_|_| |_\__, | / / / /
 =========|_|==============|___/=/_/_/_/
 :: Spring Boot ::                (v2.6.3)


2022-07-24 23:12:41.513  INFO 32122 --- [           main] c.m.s.ch02.
SpringBootAppDemoApplication  : Starting SpringBootAppDemoApplication v0.0.1-SNAPSHOT
using Java 17.0.4
2022-07-24 23:12:41.514  INFO 32122 --- [           main] c.m.s.ch02.
SpringBootAppDemoApplication  : No active profile set, falling back to default profiles:
default
2022-07-24 23:12:42.001  INFO 32122 --- [           main] o.s.b.w.embedded.tomcat.
TomcatWebServer  : Tomcat initialized with port(s): 8080 (http)
2022-07-24 23:12:42.008  INFO 32122 --- [           main] o.apache.catalina.core.
StandardService   : Starting service [Tomcat]
2022-07-24 23:12:42.008  INFO 32122 --- [           main] org.apache.catalina.core.
StandardEngine  : Starting Servlet engine: [Apache Tomcat/9.0.56]
2022-07-24 23:12:42.042  INFO 32122 --- [           main] o.a.c.c.C.[Tomcat].[localhost].
[/]       : Initializing Spring embedded WebApplicationContext
2022-07-24 23:12:42.042  INFO 32122 --- [           main] w.s.c.ServletWebServerApplicatio
nContext : Root WebApplicationContext: initialization completed in 502 ms
2022-07-24 23:12:42.226  INFO 32122 --- [           main] o.s.b.w.embedded.tomcat.
TomcatWebServer  : Tomcat started on port(s): 8080 (http) with context path ''
2022-07-24 23:12:42.230  INFO 32122 --- [           main] c.m.s.ch02.
SpringBootAppDemoApplication  : Started SpringBootAppDemoApplication in 0.919 seconds (JVM
running for 1.11)
```

spring.config.name과 spring.config.properties

스프링 부트는 애플리케이션 스타트업 과정 중 매우 이른 단계에서 `spring.config.name`과 `spring.config.location` 값을 로딩한다. 그래서 이 두 프로퍼티를 application.properties 파일이나 application.yml 파일에서 지정할 수 없다.

이 두 프로퍼티는 `SpringApplication.setDefaultProperties()` 메서드나 OS 환경 변수, 명령행 인자로 지정해야만 정상적으로 동작한다. 예제에서는 명령행 인자로 지정했다.

명령행 인자

스프링 부트 애플리케이션을 JAR 파일로 만든 후에 애플리케이션 실행 시 명령행 인자로 설정 정보를 지정할 수도 있다. 앞의 예제에서 `spring.config.name`이나 `spring.config.location` 프로퍼티를 명령행 인자로 지정해서 사용했다.

스프링 부트에서는 프로파일$_{\text{profile}}$별로 프로퍼티 파일을 다르게 지정해서 사용할 수 있다. 스프링 프로파일은 애플리케이션 설정의 일부를 분리해서 환경별로 다르게 적용할 수 있게 해준다. 그래서 `test` 프로파일로 지정된 설정 정보는 `test` 환경에서만 적용되고, `production` 프로파일로 지정된 설정 정보는 `production` 환경에서만 적용된다. 스프링 프로파일 관련 자세한 내용은 https://mng.bz/PWJ9를 참고한다. 이 절에서는 프로파일 자체보다는 설정 파일을 프로파일별로 지정하는 방법에 집중한다.

특정 프로파일에만 적용되는 설정 정보는 application.properties(또는 .yml) 파일이 아닌 application-{profile}.properties 파일에 작성하면 된다. 예를 들어 `dev`, `test` 프로파일이 있다면 각각 application-dev.properties, application-test.properties 파일에 프로파일별 설정 정보를 작성한다. 실습을 통해 알아보자.

스프링 부트 프로젝트에서 src/main/resources 디렉터리에 application-dev.properties 파일을 생성하고 `server.port=9090`을 입력한다. 같은 디렉터리에 application-test.properties 파일을 만들고 `server.port=9091`을 입력한다. 애플리케이션을 실행할 때 `dev` 프로파일을 지정하면 9090 포트에서 애플리케이션이 시작되고, `test` 프로파일을 지정하면 9091 포트에서 애플리케이션이 시작된다.

사용할 프로파일 지정은 application.properties 파일 안에 `spring.profiles.active` 프로퍼티를

통해 지정할 수 있다. `spring.profiles.active=dev`[1]로 지정하고 애플리케이션을 시작하면 `dev` 프로파일이 활성화되면서 application-dev.properties 파일의 내용이 로딩된다. 마찬가지로 `spring.profiles.active=test`로 지정하면 application-test.properties 파일 내용이 로딩된다.

설정 파일은 다음 순서로 로딩된다.[2]

1. 애플리케이션 JAR 파일 안에 패키징 되는 application.properties(또는 .yml) 파일
2. 애플리케이션 JAR 파일 안에 패키징 되는 application-{profile}.properties(또는 .yml) 파일
3. 애플리케이션 JAR 파일 밖에서 패키징 되는 application.properties(또는 .yml) 파일
4. 애플리케이션 JAR 파일 밖에서 패키징 되는 application-{profile}.properties(또는 .yml) 파일

2.1.4 운영 체제 환경 변수

2.1.4절의 소스 코드는 https://mng.bz/J1J0**에서 확인할 수 있다.**

운영 체제 환경 변수로 지정한 값도 설정 정보 파일에서 읽어서 사용할 수 있다. application.properties 파일에서 `app.timeout`이라는 커스텀 프로퍼티에 다음과 같은 형식으로 운영 체제 환경 변숫값을 사용할 수 있다.

예제 2.9 운영 체제 환경 변수를 설정 정보 파일에서 사용

```
app.timeout=${APP_TIMEOUT}
```

윈도우 환경에서는 `set <VAR>=<value>` 형식으로 환경 변수를 지정할 수 있고, 리눅스 기반 환경에서는 `export <VAR>=<value>` 형식으로 지정할 수 있다. 이 방식으로 지정한 환경 변수는 해당 명령행 터미널 세션에서만 유효하므로, 실습할 때는 환경 변수를 지정한 명령행 터미널에서 애플리케이션을 실행해야 한다. `APP_TIMEOUT` 환경 변숫값을 30으로 지정한 후 예제 2.10과 같이 작성된 스프링 부트 애플리케이션을 실행해보자.

1 옮긴이 스프링 부트 2.4부터는 spring.profiles.active 대신에 새로 추가된 spring.config.activate-on을 사용할 것을 권장한다. 자세한 내용은 https://bit.ly/43liUWI을 참고한다.

2 옮긴이 늦게 로딩되는 파일이 먼저 로딩되는 파일의 정보를 덮어쓴다. 따라서 application.properties 파일에 `custom.key=key1, server.port=8080`이 있고, application-dev.properties 파일에 `server.port=9090`이 있고, `dev` 프로파일을 적용해서 애플리케이션을 실행하면, `custom.key=key1, server.port=9090`이 로딩된다.

예제 2.10 환경 변수를 스프링 부트 프로퍼티로 읽어 들여서 사용

```
package com.manning.sbip.ch02;

//import 문 생략

@SpringBootApplication
public class SpringBootAppDemoApplication {

    private static final Logger log =
        LoggerFactory.getLogger(SpringBootAppDemoApplication.class);

    public static void main(String[] args) {
        ConfigurableApplicationContext applicationContext =
            SpringApplication.run(SpringBootAppDemoApplication.class, args);
        Environment env = applicationContext.getBean(Environment.class);
        log.info("Configured application timeout value: " +
            env.getProperty("app.timeout"));
    }
}
```

`ConfigurableApplicationContext` 인스턴스에 접근해서 `Environment` 빈을 가져오고 프로퍼티값을 읽어와서 콘솔 로그로 출력하고 있다. 스프링 부트가 application.properties에 작성된 `${APP_TIMEOUT}`을 실제 환경 변수에서 읽은 값으로 교체한다.

기본 설정값을 application.properties 파일에 작성하는 것이 스프링 부트의 공통 관례인데, 이렇게 application.properties에 정의된 설정값은 필요하다면 환경 변수로부터 읽은 값으로 덮어쓸 수 있다. 예를 들어 application.properties 파일에 `prop1=properties`을 지정했더라도, 환경 변수로 `prop1=EnvironmentVariables`이 정의돼 있다면 애플리케이션 실행 시 prop1의 값은 `EnvironmentVariables`이 된다.

2.1절에서는 스프링 부트에서 애플리케이션 설정 정보를 지정하는 다양한 방법을 살펴봤다. 동일한 프로퍼티가 여러 곳에 존재할 때 어디에 지정된 프로퍼티가 우선순위를 가지는지 알아보면서 이 절을 마무리해보자. `server.port` 프로퍼티가 application.properties 파일에도 있고 애플리케이션 실행 시 `server.port`를 명령행 인자로 전달하면 application.properties 파일에 지정된 값과 명령행 인자로 전달한 값 중 어떤 값이 적용될까? 우선순위는 다음과 같다. 번호가 클수록 더 높은 우선순위를 가진다.

1. `SpringAppilcation`
2. `@PropertySource`
3. 설정 정보 파일(application.properties)
4. 운영 체제 환경 변수
5. 명령행 인자

결국 명령행 인자로 지정한 값이 가장 높은 우선순위를 가지며 설정 정보 파일에 지정된 값을 덮어쓴다. 스프링 부트 애플리케이션의 설정 정보 관리 관련 다양한 기능은 https://mng.bz/wnWq에서 확인할 수 있다.

2.2 @ConfigurationProperties로 커스텀 프로퍼티 만들기

2.1절에서는 스프링 부트 애플리케이션에서 설정 정보를 지정할 수 있는 다양한 방법을 알아봤다. 설정 정보는 크게 스프링 부트에서 제공하는 빌트인 프로퍼티와 커스텀 프로퍼티로 나눌 수 있다. 스프링 부트는 다양한 기능에 대한 굉장히 많은 빌트인 프로퍼티를 제공한다. 가장 간단한 예로 스프링 부트 애플리케이션을 실행할 HTTP 포트를 지정하는 `server.port`가 바로 스프링 부트에서 제공하는 프로퍼티다. 스프링 부트 빌트인 프로퍼티 전체 목록은 공식 레퍼런스 문서인 https://mng.bz/q2Gw에서 확인할 수 있다.

이번 절에서는 커스텀 프로퍼티를 만들고 사용하는 방법을 알아보자. 애플리케이션이 복잡해지고 기능이 많아질수록 커스텀 프로퍼티 필요성도 높아진다. 예를 들어 외부 REST 웹 서비스 URL도 필요하고 특정 기능 활성화 여부를 지정하는 `boolean` 플래그도 필요할 수 있다.

스프링 부트에서는 커스텀 프로퍼티를 필요한 만큼 얼마든지 만들어 사용할 수 있으며, 커스텀 프로퍼티가 런타임에 로딩되는 것을 스프링 부트가 보장한다. 앞 절에서 알아봤던 것처럼 프로퍼티는 스프링의 `Environment` 인스턴스에 바인딩되고, `Environment` 인스턴스를 주입받으면 프로퍼티값을 읽고 사용할 수 있다.

이 방법도 잘 동작하지만 몇 가지 단점이 있다.

- 프로퍼티값의 타입 안전성type-safety이 보장되지 않으며 이로 인해 런타임 에러가 발생할 수 있

다. 예를 들어 URL이나 이메일 주소를 프로퍼티로 사용할 때 유효성 검증validation을 수행할 수 없다.

- 프로퍼티값을 일정한 단위로 묶어서 읽을 수 없고, `@Value` 애너테이션이나 스프링의 `Environment` 인스턴스를 사용해서 하나하나 개별적으로만 읽을 수 있다.

스프링 부트에는 프로퍼티의 타입 안전성을 보장하고 유효성을 검증할 수 있는 방법이 있다. 이제부터 자세히 알아보자.

2.2.1 기법: @ConfigurationProperties를 사용한 커스텀 프로퍼티 정의

2.2.1절의 소스 코드는 https://mng.bz/7Wr9**에서 확인할 수 있다.**

요구 사항

커스텀 프로퍼티에 대해 타입 안전성을 보장하고 값의 유효성을 검증해야 한다.

해법

`@Configuration` 애너테이션을 사용해 프로퍼티 정보를 담는 클래스를 만들어서 타입 안전성을 보장하고 유효성을 검증한다. 이렇게 하면 `@Value` 애너테이션이나 `Environment` 객체를 사용하지 않고도 프로퍼티값을 읽어서 사용할 수 있다. 이제부터 코드로 알아보자. 앞 절에서 사용했던 스프링 부트 프로젝트를 그대로 사용하되 예제 2.11과 같이 의존 관계를 추가한다.

예제 2.11 스프링 부트 설정 처리기

```
<dependency>
  <groupId>org.springframework.boot</groupId>
  <artifactId>spring-boot-configuration-processor</artifactId>
  <optional>true</optional>
</dependency>
```

`@ConfigurationProperties` 애너테이션이 붙어 있는 클래스에 대한 메타데이터를 생성하려면 스프링 부트 설정 처리기configuration processor가 필요하다. 이 메타데이터는 IDE가 application.properties(또는 .yml) 파일에 기술된 프로퍼티에 대한 자동 완성이나 문서화를 지원하는 데 사용된다. `@ConfigurationProperties` 애너테이션 사용법은 곧 자세히 알아본다. 이제 예제 2.12와 같이 커스텀 프로퍼티를 지정하자.

예제 2.12 커스텀 애플리케이션 프로퍼티

```
app.sbip.ct.name=CourseTracker
app.sbip.ct.ip=127.0.0.1
app.sbip.ct.port=9090
app.sbip.ct.security.enabled=true
app.sbip.ct.security.token=asddf998hhyqthgtYYtggghg9908jjh7ttr
app.sbip.ct.security.roles=USER,ADMIN
```

예제 2.12에 있는 프로퍼티는 스프링 부트에서 제공하는 빌트인 프로퍼티가 아니라 개발자가 지정한 커스텀 프로퍼티다. 이 프로퍼티를 사용하려면 application.properties 파일에 추가해야 한다. 이제 이 프로퍼티 정보를 담을 수 있는 클래스를 정의해보자.

예제 2.13 AppProperties 클래스

```
package com.manning.sbip.ch02.configurationproperties;

import java.util.List;

import org.springframework.boot.context.properties.ConfigurationProperties;
import org.springframework.boot.context.properties.ConstructorBinding;

@ConstructorBinding
@ConfigurationProperties("app.sbip.ct")
public class AppProperties {

    private final String name;          ❶

    private final String ip;            ❷

    private final int port;             ❷

    private final Security security;    ❸

    public String getName() {
        return name;
    }

    public String getIp() {
        return ip;
    }

    public int getPort() {
        return port;
    }
```

```
    public Security getSecurity() {
        return security;
    }

    public AppProperties(String name, String ip, int port, Security security) {
        this.name = name;
        this.ip = ip;
        this.port = port;
        this.security = security;
    }


    @Override
    public String toString() {
        return "AppProperties{" +
                "name='" + name + '\'' +
                ", ip='" + ip + '\'' +
                ", port='" + port + '\'' +
                ", security=" + security +
                '}';
    }

    public static class Security {

        private boolean enabled;              ❹

        private final String token;           ❺

        private final List<String> roles;     ❻

        public Security(boolean enabled, String token, List<String> roles) {
            this.enabled = enabled;
            this.token = token;
            this.roles = roles;
        }

        public boolean isEnabled() {
            return enabled;
        }

        public String getToken() {
            return token;
        }

        public List<String> getRoles() {
            return roles;
        }
```

```
        @Override
        public String toString() {
            return "Security{" +
                    "enabled=" + enabled +
                    ", token='" + token + '\'' +
                    ", roles=" + roles +
                    '}';
        }
    }

}
```

❶ 애플리케이션 이름

❷ 애플리케이션 IP, 포트

❸ 애플리케이션 보안 설정

❹ 보안 활성화

❺ 토큰값

❻ 역할

예제 2.13에 나온 `AppProperties` 클래스를 자세히 설명하면 다음과 같다.

- `@ConstructorBinding`과 `@ConfigurationProperties` 애너테이션이 붙어 있다. 이 두 애너테이션은 곧 더 자세히 살펴본다. 예제 2.12의 프로퍼티 키값에 공통적으로 사용됐던 `app.sbip.ct`가 `@ConfigurationProperties`의 접두어로 지정돼 있다.
- `name`, `ip`, `port` 등 프로퍼티 이름이 정의돼 있고, 보안 관련 프로퍼티는 정적 클래스인 `Security`에 모아두었다. 이렇게 `AppProperties` 클래스의 내부 정적 클래스로 정의하면 `app.sbip.ct.security.enabled` 프로퍼티가 `Security` 클래스의 `enabled` 프로퍼티에 대응한다.
- 변수에 자바 문서화 규격을 따르는 주석을 추가하면, IDE에서 application.properties 파일을 열고, 프로퍼티에 마우스를 가져가면 주석이 팝업으로 표시된다.

프로퍼티를 정의하고 이를 담는 클래스를 정의했다. 이제 이 클래스를 사용해서 프로퍼티를 읽는 다른 클래스를 작성하자.

예제 2.14 AppService 클래스

```
package com.manning.sbip.ch02;
```

```java
//import 문 생략

@Service
public class AppService {

    private final AppProperties appProperties;

    @Autowired
    public AppService(AppProperties appProperties) {
        this.appProperties = appProperties;
    }

    public AppProperties getAppProperties() {
        return this.appProperties;
    }
}
```

AppService 클래스에는 @Service 애너테이션이 붙어 있다. 이 애너테이션에 붙어 있는 클래스는 서비스로 사용되며 스프링 부트가 탐색해서 빈으로 등록한다. 가장 주목할 부분은 AppProperties 객체를 주입받는 부분이다. 스프링 부트가 application.properties에 있는 프로퍼티를 읽어서 유효성 검증을 수행하고 AppProperties 객체에 프로퍼티값을 넣어준다. AppProperties 객체는 서비스 클래스에 주입되어 서비스 클래스에서 사용할 수 있다. 이제 서비스 클래스를 사용해서 AppProperties 객체에 접근하여 프로퍼티값을 사용하는 코드를 작성해보자.

예제 2.15 스프링 부트 애플리케이션 클래스

```java
package com.manning.sbip.ch02;

//import 문 생략

@SpringBootApplication
@EnableConfigurationProperties(AppProperties.class)
public class SpringBootAppDemoApplication {

    private static final Logger log =
        LoggerFactory.getLogger(SpringBootAppDemoApplication.class);

    public static void main(String[] args) {
        ConfigurableApplicationContext applicationContext =
            SpringApplication.run(SpringBootAppDemoApplication.class, args);

        AppService appService =
            applicationContext.getBean(AppService.class);
```

```
        log.info(appService.getAppProperties().toString());
    }
}
```

예제 2.15를 보면 @EnableConfigurationProperties(AppProperties.class) 애너테이션을 확인할 수 있다. 이 애너테이션은 @ConfigurationProperties 애너테이션이 붙어 있는 클래스를 스프링 컨테이너에 등록한다. 한 가지 단점은 @ConfigurationProperties 애너테이션이 붙어 있는 클래스를 자동 탐색해서 등록해주는 것이 아니라 직접 명시해줘야 한다는 점이다.

@EnableConfigurationProperties 대신에 @ConfigurationPropertiesScan 애너테이션을 사용해서 기준 패키지를 지정하면, 지정 패키지 하위에 있는 @ConfigurationProperties가 붙어 있는 클래스를 모두 탐색해서 스프링 컨테이너에 등록해준다. @ConfigurationPropertiesScan 애너테이션은 @Component 같은 애터네이션이 붙은 클래스가 아니라 @ConfigurationProperties가 붙어 있는 클래스만 탐색해서 등록한다. 애플리케이션을 실행하면 프로퍼티가 출력되는 것을 확인할 수 있다.

토론

스프링 부트 애플리케이션에서 @ConfigurationProperties 애너테이션을 사용하면 커스텀 프로퍼티의 타입 안전성을 쉽게 보장받을 수 있다. spring.config.import와 @ConfigurationProperties 애너테이션을 함께 사용하면 연관된 프로퍼티끼리 그룹 지어 별도의 프로퍼티 파일로 관리할 수 있다.

@ConfigurationProperties 애너테이션을 통해 설정 정보를 외부화하고 타입 안전성을 확보할 수 있으며 구조화된 방식으로 관리할 수 있다. 이 애너테이션은 앞의 예제에서 살펴본 것처럼 클래스에 붙일 수도 있고, @Configuration 클래스 안에서 빈을 생성하는 @Bean 메서드에도 붙일 수 있다. 프로퍼티값을 클래스에 바인딩하는 작업은 세터 메서드로 수행할 수도 있고 예제에서 알아본 것처럼 생성자 바인딩 방식으로 수행할 수도 있다. app.sbip.ct를 @ConfigurationProperties 애너테이션의 접두어로 지정하면 app.sbip.ct.name 프로퍼티값이 클래스의 name 프로퍼티값으로 저장된다.

@ConstructorBinding 애너테이션을 POJO 클래스에 사용하면 생성자를 통해 프로퍼티 정보값이 설정된다. 이 애너테이션은 클래스에 붙일 수도 있고 생성자에 붙일 수도 있다. 생성자가 하나만 있

으면 @ConstructorBinding를 클래스에 붙이면 되고, 생성자가 여러 개라면 프로퍼티 정보값 설정에 사용할 생성자를 선택하고 그 생성자에 @ConstructorBinding를 붙이면 된다.

생성자 바인딩 대신에 세터 메서드를 사용하는 세터 바인딩 방식으로 프로퍼티값을 설정할 수도 있다. 설정 정보 클래스의 불변성을 보장하고 싶다면 세터 메서드를 추가하지 말고 @ConstructorBinding 애너테이션을 사용해야 한다. 이렇게 하면 프로퍼티값이 생성자를 통해 POJO 객체에 설정된 후에 설정값이 변경될 수 없다. 예제 2.16처럼 @DefaultValue 애너테이션을 사용하면 프로퍼티 기본값을 지정할 수 있다.

예제 2.16 AppProperties 클래스 생성자에 @DefaultValue 애너테이션 사용

```
public AppProperties(String name, String ip, @DefaultValue("8080") int port, Security
 security) {
    this.name = name;
    this.ip = ip;
    this.port = port;
    this.security = security;
}
```

@DefaultValue 애너테이션을 사용해서 포트 기본값을 8080으로 지정하고 있다. 따라서 app.sbip.ct.port 프로퍼티값이 명시적으로 지정돼 있지 않다면 기본값인 8080이 포트 번호로 사용된다. @ConfigurationProperties 애너테이션 관련 자세한 내용은 https://mng.bz/mxer를 참고하자.

2.3 스프링 부트 애플리케이션 시작 시 코드 실행

스프링 부트 애플리케이션을 시작할 때 특정 코드를 실행해야 할 때가 있다. 예를 들어 애플리케이션 초기화가 완료되기 전에 데이터베이스 초기화 스크립트를 실행해야 할 수도 있고, 외부 REST 서비스를 호출해서 데이터를 가져와야 할 수도 있다.

CommandLineRunner와 ApplicationRunner는 둘 다 run() 메서드 하나만 가지고 있는 인터페이스인데 이 인터페이스를 구현해서 빈으로 등록해두면 스프링 부트 애플리케이션 초기화 완료 직전에 run() 메서드가 실행된다.

이번 절에서는 CommandLineRunner 인터페이스를 사용해서 애플리케이션 시작 시 특정 코드를 실행하는 방법을 알아본다. ApplicationRunner 인터페이스는 CommandLineRunner 인터페이스와 매우 유사하므로 책에서 따로 다루지는 않는다.

2.3.1 기법: 스프링 부트 애플리케이션 시작 시 CommandLineRunner로 코드 실행

2.3.1절의 소스 코드는 https://mng.bz/5KBB에서 확인할 수 있다.

이번에는 CommandLineRunner를 알아보자.

요구 사항

스프링 부트 애플리케이션 시작 시 CommandLineRunner를 사용해서 애플리케이션 초기화 코드를 실행해야 한다.

해법

CommandLineRunner는 다음과 같이 여러 가지 방법으로 사용할 수 있다.

- 스프링 부트 메인 클래스가 CommandLineRunner 인터페이스를 구현하게 만든다.
- CommandLineRunner 구현체에 @Bean을 붙여서 빈으로 정의한다.
- CommandLineRunner 구현체에 @Component를 붙여서 스프링 컴포넌트로 정의한다.

세 가지 방법 모두 예제를 통해 알아보자. 예제 2.17에서는 스프링 부트 메인 클래스가 Command-LineRunner 인터페이스를 구현한다.

예제 2.17 Spring Boot Main 클래스의 CommandLineRunner 구현

```
package com.manning.sbip.ch02;

//import 문 생략
@SpringBootApplication
public class CourseTrackerApplication implements CommandLineRunner {

    protected final Log logger = LogFactory.getLog(getClass());

    public static void main(String[] args) {
       SpringApplication.run(CourseTrackerApplication.class, args);
    }

    @Override
    public void run(String... args) throws Exception {    ❶
        logger.info("CourseTrackerApplication CommandLineRunner has executed");
    }
```

```
}
```

❶ CommandLineRunner 인터페이스의 run() 메서드를 구현해서 콘솔에 로그를 출력한다.

로그를 콘솔에 출력하는 아주 간단한 예제다. 실행하면 그림 2.1과 같이 콘솔에 로그가 표시된다.

```
main] c.m.sbip.ch02.CourseTrackerApplication   : Starting CourseTrackerApplication using Java 17.0.1 on DESKTOP-VBH5P79 with
main] c.m.sbip.ch02.CourseTrackerApplication   : No active profile set, falling back to default profiles: default
main] o.s.b.w.embedded.tomcat.TomcatWebServer  : Tomcat initialized with port(s): 8080 (http)
main] o.apache.catalina.core.StandardService   : Starting service [Tomcat]
main] org.apache.catalina.core.StandardEngine  : Starting Servlet engine: [Apache Tomcat/9.0.56]
main] o.a.c.c.C.[Tomcat].[localhost].[/]       : Initializing Spring embedded WebApplicationContext
main] w.s.c.ServletWebServerApplicationContext : Root WebApplicationContext: initialization completed in 1905 ms
main] o.s.b.w.embedded.tomcat.TomcatWebServer  : Tomcat started on port(s): 8080 (http) with context path ''
main] c.m.sbip.ch02.CourseTrackerApplication   : Started CourseTrackerApplication in 3.307 seconds (JVM running for 3.981)
main] c.m.s.c.commandline.MyCommandLineRunner  : MyCommandLineRunner executed as a Spring Component
main] c.m.s.c.c.AnotherCommandLineRunner       : AnotherCommandLineRunner executed as a Spring Component
main] ication$$EnhancerBySpringCGLIB$$2ad733de : CourseTrackerApplication CommandLineRunner has executed
main] ication$$EnhancerBySpringCGLIB$$2ad733de : CommandLineRunner executed as a bean definition with 0 arguments
```

그림 2.1 **CommandLineRunner를 사용해서 인텔리제이 IDEA 콘솔에 출력된 로그**

이번에는 @Bean을 사용해서 CommandLineRunner를 정의하는 방법을 알아보자.

예제 2.18 **CommandLineRunner를 구현한 빈**

```
package com.manning.sbip.ch02;

//import 문 생략

@SpringBootApplication
public class CourseTrackerApplication implements CommandLineRunner {

    protected final Logger logger = LoggerFactory.getLogger(getClass());

    public static void main(String[] args) {
        SpringApplication.run(CourseTrackerApplication.class, args);
    }

    @Bean
    public CommandLineRunner commandLineRunner() {     ❶
        return args -> {
            logger.info("CommandLineRunner executed as a bean definition with " + args.
length + " arguments");
            for (int i = 0; i < args.length ; i++) {
                logger.info("Argument: " + args[i]);
            }
        };

    }
}
```

❶ CommandLineRunner 구현체 빈을 정의한다. 애플리케이션이 시작되면 빈이 로딩되면서 콘솔에 로그를 출력한다.

예제 2.18을 보면 CommandLineRunner를 반환하는 commandLineRunner() 메서드에 @Bean을 붙여서 CommandLineRunner 구현체를 빈으로 등록하고 있다. CommandLineRunner 인터페이스는 run(String... args) 메서드 하나만 가지고 있는 함수형 인터페이스이므로 람다식으로 사용해서 구현체를 작성할 수 있다. run() 메서드는 String 가변 인자$_{\text{varargs}}$를 인자로 받으므로 명령행 인자에 사용된 값을 읽을 수 있다. 명령행 인자는 IDE를 통해 전달해줄 수도 있고, mvn package 명령으로 실행 가능한 JAR 파일을 만든 후 java -jar <appname> <args> 형식으로 전달해줄 수도 있다. 예를 들어 java -jar command-line-runner-0.0.1-SNAPSHOT.jar Spring 명령을 실행하면 Spring이 CommandLineRunner의 run() 메서드에 인자로 전달된다.

@Bean을 사용하는 방식도 예제 2.17에서 살펴본 방식과 동일하게 동작하지만 @Bean 메서드가 포함된 클래스가 CommandLineRunner 인터페이스를 구현할 필요가 없다는 장점이 있다.

지금까지는 CommandLineRunner 구현체를 스프링 부트 메인 클래스에 작성했지만, 스프링의 @Component 애너테이션이 붙어 있는 별도의 클래스에 작성할 수도 있다. 이렇게 하면 스프링 부트 메인 클래스가 CommandLineRunner 관련 코드로 인해 복잡해지는 부작용을 막을 수 있다.

> **@Bean과 @Component**
>
> @Bean, @Component, 두 애너테이션은 모두 스프링에 의해 빈으로 등록된다는 공통점이 있지만 사용법은 조금 다르다. 빈으로 등록하고자 하는 클래스의 소스 코드에 직접 접근할 수 없을 때는 해당 클래스의 인스턴스를 반환하는 메서드를 작성하고 이 메서드에 @Bean 애너테이션을 붙여서 빈으로 등록되게 한다. 반대로 빈으로 등록하고자 하는 클래스의 소스 코드에 직접 접근할 수 있을 때는 이 클래스에 직접 @Component 애너테이션을 붙이면 빈으로 등록된다.

예제 2.19에는 CommandLineRunner 구현 클래스에 @Component 애너테이션을 붙이는 방식이 나와 있다.

예제 2.19 CommandLineRunner 인터페이스를 구현하는 스프링 컴포넌트

```
package com.manning.sbip.ch02.commandline;

//import 문 생략
```

```
@Order(1)     ❶
@Component
public class MyCommandLineRunner implements CommandLineRunner {

    protected final Logger logger = LoggerFactory.getLogger(getClass());

    @Override
    public void run(String... args) throws Exception {
        logger.info("MyCommandLineRunner executed as a Spring Component");
    }

}
```

❶ @Order 애너테이션을 사용해서 컴포넌트의 순서를 정의할 수 있다. CommandLineRunner 구현체가 여러 개 있을 때 @Order 애너테이션을 사용해서 실행 순서를 정할 수 있다. @Order에 지정된 숫자가 낮을 수록 우선순위가 높다.

애플리케이션을 실행하면 스프링 부트 컴포넌트 탐색 기능을 통해 MyCommandLineRunner 컴포넌트 클래스의 인스턴스가 생성되고 빈으로 등록되며 로그가 콘솔에 표시된다.

CommandLineRunner 구현체는 여러 개를 등록할 수 있으며 @Order 애너테이션으로 실행 순서를 정해줘야 한다. 예제 2.19에는 2번째로 실행되는 CommandLineRunner 구현체가 나와 있다.

예제 2.20 2번째로 실행되는 CommandLineRunner 구현체

```
package com.manning.sbip.ch02.commandline;

//import 문 생략

@Order(2)
@Component
public class AnotherCommandLineRunner implements CommandLineRunner {

    protected final Logger logger = LogFactory.getLogger(getClass());

    @Override
    public void run(String... args) throws Exception {
        logger.info("AnotherCommandLineRunner executed as a Spring Component");
    }
}
```

애플리케이션을 실행하면 그림 2.2와 같이 2개의 CommandLineRunner 구현체가 순서대로 실행됨을 확인할 수 있다.

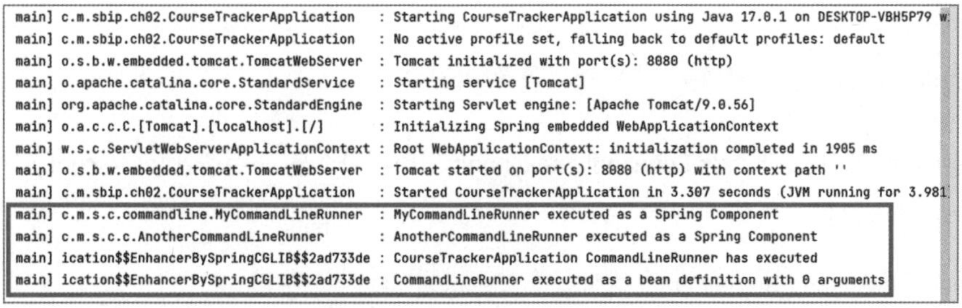

```
main] c.m.sbip.ch02.CourseTrackerApplication   : Starting CourseTrackerApplication using Java 17.0.1 on DESKTOP-VBH5P79 w
main] c.m.sbip.ch02.CourseTrackerApplication   : No active profile set, falling back to default profiles: default
main] o.s.b.w.embedded.tomcat.TomcatWebServer  : Tomcat initialized with port(s): 8080 (http)
main] o.apache.catalina.core.StandardService   : Starting service [Tomcat]
main] org.apache.catalina.core.StandardEngine  : Starting Servlet engine: [Apache Tomcat/9.0.56]
main] o.a.c.c.C.[Tomcat].[localhost].[/]       : Initializing Spring embedded WebApplicationContext
main] w.s.c.ServletWebServerApplicationContext : Root WebApplicationContext: initialization completed in 1905 ms
main] o.s.b.w.embedded.tomcat.TomcatWebServer  : Tomcat started on port(s): 8080 (http) with context path ''
main] c.m.sbip.ch02.CourseTrackerApplication   : Started CourseTrackerApplication in 3.307 seconds (JVM running for 3.981
main] c.m.s.c.commandline.MyCommandLineRunner  : MyCommandLineRunner executed as a Spring Component
main] c.m.s.c.c.AnotherCommandLineRunner       : AnotherCommandLineRunner executed as a Spring Component
main] ication$$EnhancerBySpringCGLIB$$2ad733de : CourseTrackerApplication CommandLineRunner has executed
main] ication$$EnhancerBySpringCGLIB$$2ad733de : CommandLineRunner executed as a bean definition with 0 arguments
```

그림 2.2 **여러 개의 CommandLineRunner 구현체가 순서대로 콘솔에 로그를 출력**

토론

CommandLineRunner는 애플리케이션 초기화를 위해 여러 작업을 수행해야 할 때 편리하게 사용할 수 있는 유용한 기능이다. CommandLineRunner 안에서는 args 파라미터에도 접근할 수 있으므로 외부에서 파라미터값을 다르게 지정하면서 원하는 대로 CommandLineRunner 구현체를 제어할 수 있다.

CommandLineRunner 안에서는 스프링의 의존 관계 주입으로 빈을 주입받아 사용할 수도 있다. CommandLineRunner 구현체는 스프링 부트 애플리케이션이 빈 등록을 포함한 초기화 과정 수행을 거의 다 마친 뒤에 실행되므로 어떤 빈이든 주입받아 사용할 수 있다.

예를 들어 나중에 배울 스프링 데이터 리포지터리에서는 CourseRepository를 CommandLineRunner 구현체에 주입해서 사용한다. 예제 2.21에 간략하게 나와 있다.

예제 2.21 **빈을 주입 받아 사용하는 CommandLineRunner 구현체**

```
@Bean
public CommandLineRunner printCourses(CourseRepository courseRepository) {    ❶
    return args -> {
        System.out.println("============ Course Details ================");
        courseRepository.findAll().forEach(System.out::println);
    };
}
```

❶ CourseRepository가 스프링 의존 관계 주입으로 CommandLineRunner 구현체에 주입된다.

스프링 데이터 리포지터리는 3장에서 자세히 다루며, 지금은 CourseRepository가 스프링 부트에 의해 CommandLineRunner에 주입되어 사용할 수 있다는 점만 알아두자.

요약

CommandLineRunner를 사용하는 3가지 방법을 알아봤다.

- 스프링 부트 메인 클래스가 CommandLineRunner 인터페이스를 구현하게 하고 run() 메서드 안에 구현 내용 추가
- CommandLineRunner를 반환하는 메서드에 @Bean 애너테이션 추가
- CommandLineRunner를 구현하는 클래스에 @Component 애너테이션 추가

첫 번째 방식은 CommandLineRunner 구현체를 한 개만 정의할 수 있고, 실행 순서를 지정할 수 없다는 점에서 제한적이다. 나머지 두 가지 방식은 상황에 맞게 유연하게 사용할 수 있고 실행 순서도 지정할 수 있다. 세 번째 방식은 CommandLineRunner 구현체를 별도의 클래스로 작성할 수 있어 더 나은 코드를 작성하는 데 도움이 된다.

2.4 스프링 부트 애플리케이션 로깅 커스터마이징

로깅은 애플리케이션에서 필수적인 요소다. 로그에는 애플리케이션에서 발생하는 중요한 이벤트와 애플리케이션 동작에 대한 유용한 정보가 포함돼 있다. 로그는 설정에 따라 콘솔, 파일, 데이터베이스 등 여러 매체에 기록할 수 있지만, 콘솔과 파일에 기록하는 방식이 압도적으로 많이 사용된다.

이번 절에서는 스프링 부트에서 제공하는 기본 로깅 메커니즘을 먼저 알아보고, 이어서 다른 로깅 프레임워크를 사용해서 커스터마이징하는 방법을 알아본다.

2.4.1 기법: 스프링 부트 애플리케이션의 기본 로깅 이해 및 커스터마이징

스프링 부트의 기본 로깅 메커니즘과 로그를 커스터마이징하기 위한 설정 방법을 알아본다.

2.4.1절의 소스 코드는 https://mng.bz/6Zdo**에서 확인할 수 있다.**

요구 사항

스프링 부트 애플리케이션 기본 로깅 방법을 이해하고 커스터마이징해야 한다.

해법

스프링 부트 애플리케이션에서 사용할 수 있는 콘솔 로그는 기본으로 제공된다. 그래서 스프링 부트 애플리케이션을 실행할 때 또는 실행 후 여러 작업을 수행할 때 다양한 로그가 명령행 프롬프트나 터미널에 표시된다.

스프링 부트는 내부적으로 아파치 커먼즈Apache Commons 로깅 프레임워크를 사용한다. 하지만 로그백Logback(https://logback.qos.ch/), Log4j2(https://logging.apache.org/log4j/2.x/) 같은 인기 있는 다른 로깅 프레임워크와 자바에서 제공하는 `java.util.logging`도 지원한다.

스프링 부트 스타터 의존 관계를 사용한다면 기본적으로 로그백 프레임워크가 의존 관계에 포함되어 사용된다. 이는 스프링 부트 스타터에는 `spring-boot-starter-logging` 의존 관계가 포함돼 있고 `spring-boot-starter-logging`에는 로그백 의존 관계가 포함돼 있기 때문이다. 예제 2.22에는 스프링 부트에서 내부적으로 사용되는 로그백 의존 관계가 나와 있다.

예제 2.22 **스프링 부트 스타터 로깅 의존 관계**

```
<dependencies>      ❶
    <dependency>
        <groupId>ch.qos.logback</groupId>
        <artifactId>logback-classic</artifactId>
    </dependency>
    <dependency>
        <groupId>org.slf4j</groupId>
        <artifactId>jul-to-slf4j</artifactId>
    </dependency>
    <dependency>
        <groupId>org.slf4j</groupId>
        <artifactId>log4j-over-slf4j</artifactId>
    </dependency>
</dependencies>
```

❶ 스프링 부트 스타터 로깅 의존 관계

IDE의 실행창이나 터미널에서 `mvn spring-boot:run` 명령을 실행해서 애플리케이션을 실행하면 그림 2.3과 같은 스프링 부트 애플리케이션 시작 로그가 표시되는 것을 확인할 수 있다.

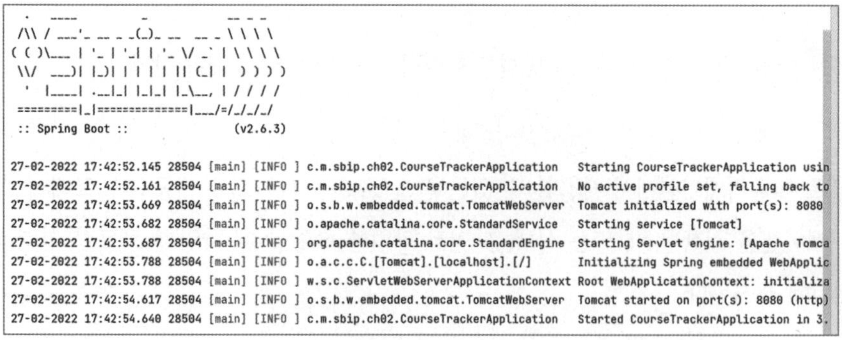

```
  .   ____          _            __ _ _
 /\\ / ___'_ __ _ _(_)_ __  __ _ \ \ \ \
( ( )\___ | '_ | '_| | '_ \/ _` | \ \ \ \
 \\/  ___)| |_)| | | | | || (_| |  ) ) ) )
  '  |____| .__|_| |_|_| |_\__, | / / / /
 =========|_|==============|___/=/_/_/_/
 :: Spring Boot ::                (v2.6.3)

27-02-2022 17:42:52.145 28504 [main] [INFO ] c.m.sbip.ch02.CourseTrackerApplication   Starting CourseTrackerApplication usin
27-02-2022 17:42:52.161 28504 [main] [INFO ] c.m.sbip.ch02.CourseTrackerApplication   No active profile set, falling back to
27-02-2022 17:42:53.669 28504 [main] [INFO ] o.s.b.w.embedded.tomcat.TomcatWebServer  Tomcat initialized with port(s): 8080
27-02-2022 17:42:53.682 28504 [main] [INFO ] o.apache.catalina.core.StandardService   Starting service [Tomcat]
27-02-2022 17:42:53.687 28504 [main] [INFO ] org.apache.catalina.core.StandardEngine  Starting Servlet engine: [Apache Tomca
27-02-2022 17:42:53.788 28504 [main] [INFO ] o.a.c.c.C.[Tomcat].[localhost].[/]       Initializing Spring embedded WebApplic
27-02-2022 17:42:53.788 28504 [main] [INFO ] w.s.c.ServletWebServerApplicationContext Root WebApplicationContext: initializa
27-02-2022 17:42:54.617 28504 [main] [INFO ] o.s.b.w.embedded.tomcat.TomcatWebServer  Tomcat started on port(s): 8080 (http)
27-02-2022 17:42:54.640 28504 [main] [INFO ] c.m.sbip.ch02.CourseTrackerApplication   Started CourseTrackerApplication in 3.
```

그림 2.3 **스프링 부트 애플리케이션 시작 로그에 표시되는 다양한 컴포넌트**

지금까지 나왔던 예제를 계속 봐왔다면 그림 2.3에 나온 로그에 이미 익숙해져 있을 것이다. 이제 로그를 구성하는 여러 요소에 대해 자세히 알아보자. 로그는 다음과 같은 정보로 구성돼 있다.

- **일시** – 로그가 출력되는 날짜와 시간
- **로그 레벨** – 로그의 중요도에 따라 표시되는 로그 레벨log level. 로그 레벨은 FATAL, ERROR, WARN, INFO, DEBUG, TRACE로 구분된다. 로그 레벨은 로그의 중요성을 나타낸다. 예를 들어 FATAL이나 ERROR는 애플리케이션 처리 과정에서 매우 중요한 문제가 발생했음을 나타내며, INFO나 DEBUG는 정상적인 처리 활동임을 나타내는데 무시해도 시스템 운영에 큰 영향은 없다.
- **프로세스 ID** – 애플리케이션의 프로세스 ID
- **구분자** – 구분자(---)는 실제 로그 메시지의 시작 부분을 표시한다.
- **스레드 이름** – 현재 로그를 출력한 스레드의 이름. 스프링 부트 애플리케이션은 다수의 스레드를 사용한다. 일부는 애플리케이션 스레드이고, 개발자가 여러 이유로 스레드를 만들어 사용할 수 있다. TaskExecutor를 생성해서 스레드풀에서 사용되는 이름을 지정하면 스프링 부트가 제공하는 비동기 처리 기능을 사용할 수 있다. 이렇게 지정된 스레드 이름이 로그에 표시된다.
- **로거 이름** – 축약된 클래스 이름
- **메시지** – 실제 로그 메시지

로그를 구성하는 여러 요소를 알아봤으니 로그 출력 패턴을 설정하는 방법도 알아보자. 예제 2.23에 있는 것처럼 로그 패턴을 설정하면 그림 2.3과 같이 로그가 표시된다.

예제 2.23 **스프링 부트 콘솔 로그에 사용되는 로그 기본 패턴**

```
%clr(%d{${LOG_DATEFORMAT_PATTERN:yyyy-MM-dd HH:mm:ss.SSS}}){faint} %clr(${LOG_LEVEL_
PATTERN:-%5p}) %clr(${PID:- }){magenta} %clr(---){faint}
```

```
%clr([%15.15t]){faint} %clr(%-40.40logger{39}){cyan} %clr(:){faint}
%m%n${LOG_EXCEPTION_CONVERSION_WORD:%wEx}
```

`%clr()`로 묶으면 표시되는 텍스트의 컬러를 지정할 수 있다. 스프링 부트는 `org.springframework.boot.logging.ColorConverter` 클래스를 사용해서 컬러를 지정할 수 있다. 예를 들어 `%clr(${PID:- }){magenta}`라고 작성하면 프로세스 ID를 마젠타magenta 색깔로 표시한다. 기본 로그 패턴은 스프링 부트 로그백 설정 파일에 명시돼 있다.

기본 로그 패턴을 다르게 설정할 수도 있다. application.properties 파일에 예제 2.24와 같이 `logging.pattern.console` 프로퍼티를 설정하면 기본 로그 패턴 대신에 직접 설정한 로그 패턴이 적용된다.

예제 2.24 application.properties 파일에 커스텀 로그 패턴 설정

```
logging.pattern.console=%clr(%d{dd-MM-yyyy HH:mm:ss.SSS}){yellow} %clr(${PID:- }){green}
 %magenta([%thread]) %highlight([%-5level]) %clr(%-40.40logger{39}){cyan} %msg%n
```

애플리케이션을 다시 시작하면 다른 형식으로 로그가 표시되는 것을 확인할 수 있다.

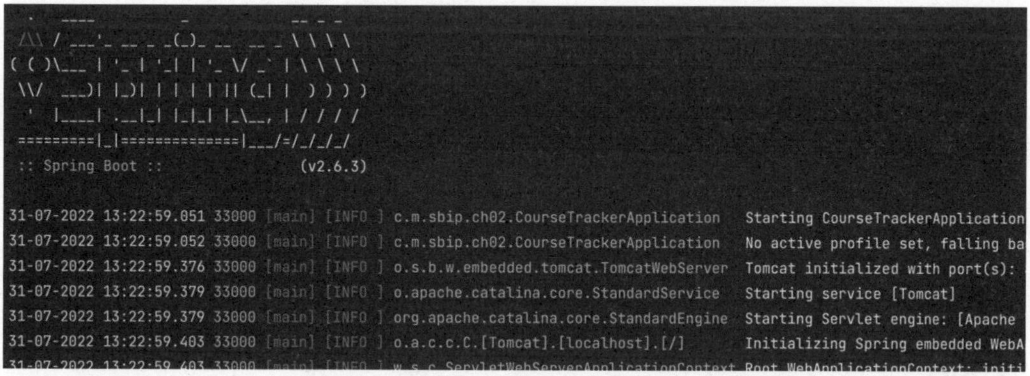

```
  .   ____          _            __ _ _
 /\\ / ___'_ __ _ _(_)_ __  __ _ \ \ \ \
( ( )\___ | '_ | '_| | '_ \/ _` | \ \ \ \
 \\/  ___)| |_)| | | | | || (_| |  ) ) ) )
  '  |____| .__|_| |_|_| |_\__, | / / / /
 =========|_|==============|___/=/_/_/_/
 :: Spring Boot ::                (v2.6.3)

31-07-2022 13:22:59.051 33000 [main] [INFO ] c.m.sbip.ch02.CourseTrackerApplication   Starting CourseTrackerApplication
31-07-2022 13:22:59.052 33000 [main] [INFO ] c.m.sbip.ch02.CourseTrackerApplication   No active profile set, falling ba
31-07-2022 13:22:59.376 33000 [main] [INFO ] o.s.b.w.embedded.tomcat.TomcatWebServer  Tomcat initialized with port(s):
31-07-2022 13:22:59.379 33000 [main] [INFO ] o.apache.catalina.core.StandardService   Starting service [Tomcat]
31-07-2022 13:22:59.379 33000 [main] [INFO ] org.apache.catalina.core.StandardEngine  Starting Servlet engine: [Apache
31-07-2022 13:22:59.403 33000 [main] [INFO ] o.a.c.c.C.[Tomcat].[localhost].[/]       Initializing Spring embedded WebA
31-07-2022 13:22:59.403 33000 [main] [INFO ] w.s.c.ServletWebServerApplicationContext Root WebApplicationContext: initi
```

어펜더와 로거

로깅에 익숙하지 않다면 어펜더appender와 로거logger라는 용어가 생소할 텐데 다음 설명을 참고하자.

- **로거** – 로거는 한 개 이상의 어펜더를 사용해서 로그 메시지 표시를 담당하는 로깅 프레임워크의 컴포넌트다. 필요에 따라 다양한 로그 수준을 가진 다수의 로거를 정의할 수 있다.
- **어펜더** – 어펜더를 사용해서 로그가 출력되는 대상과 로깅 포맷을 지정할 수 있다. 로그 메시지가 출력되는 매체에 따라 다양한 어펜더가 있다. 콘솔 어펜더는 애플리케이션의 콘솔에 로그를 출력하고, 파일 어펜더는

로그 메시지를 파일에 출력한다. RollingFileAppender는 시간과 날짜 기반으로 별도의 파일에 로그를 출력한다. SMTP 어펜더는 정해진 이메일 주소로 로그를 출력한다.

스프링 부트는 기본적으로 INFO, WARN, ERROR 로그 레벨을 사용한다. TRACE나 DEBUG 같은 로그 레벨을 사용하려면 application.properties 파일에 별도로 지정해야 한다. application.properties 파일에 debug=true를 추가하면 DEBUG 레벨 로그도 콘솔에 표시되고, trace=true를 추가하면 TRACE 레벨 로그가 콘솔에 표시된다.

개발 과정에서는 콘솔 로깅만으로도 충분하지만 실제 운영에서는 나중에 확인할 수 있도록 파일에 로그를 출력한다. 로그를 파일에 단순히 계속 쓰기만 하면 파일 크기가 너무 커져 유지 관리성이 떨어지므로 로그의 양이나 기간에 따라 별도의 파일에 나누어 저장해야 한다. 이처럼 특정 기준에 따라 로그 파일을 분리하는 것을 로그 롤링log rolling이라고 한다.

용량이나 기간 기준으로 로그 파일을 분리하는 정책을 사용해서 로그 파일 크기가 10MB 이상이면 새 로그 파일에 로그를 출력하거나, 날짜가 바뀌면 새 로그 파일에 로그를 출력할 수 있다. 이런 정책에 대해 자세히 알아보기 전에 먼저 스프링 부트 애플리케이션에서 로그를 파일에 출력하는 방법을 알아보자.

로그를 파일에 출력하는 가장 쉬운 방법은 logging.file.name이나 logging.file.path 프로퍼티를 application.properties 파일에 추가하는 것이다. logging.file.name=application.log라고 지정하면 프로젝트 루트 디렉터리에 application.log 파일이 생성되고 이 파일에 로그가 출력된다.

로그 파일이 생성되는 디렉터리를 변경하려면 logging.file.path 프로퍼티를 새로 지정하면 된다. logging.file.path=C:/sbip/logs라고 지정하면 spring.log 파일이 C:/sbip/logs 디렉터리 아래에 생성되고 이 파일에 로그가 출력된다. logging.file.name=application.log라고 지정하면 spring.log 파일 대신에 application.log 파일이 생성된다. logging.file.path, logging.file.name 프로퍼티는 이후 언제든 다시 지정할 수 있다. 예제 2.25와 같이 logging.file.path 프로퍼티를 application.properties 파일에 추가해보자.

예제 2.25 application.properties 파일에 logging.file.path 설정 추가

```
logging.pattern.console=%clr(%d{dd-MM-yyyy HH:mm:ss.SSS}){yellow} %clr(${PID:- }){green}
%magenta([%thread]) %highlight([%-5level]) %clr(%-40.40logger{39}){cyan} %msg%n    ❶
```

```
logging.file.path=C:\\sbip\\logs    ❷
```

❶ 커스텀 로깅 패턴

❷ 로그 파일 경로

스프링 부트는 기본적으로 날짜가 바뀌거나 로그 파일 크기가 10MB가 되면 새 로그 파일로 롤링한다. 롤링되는 파일 크기는 `logging.logback.rollingpolicy.max-file-size`로 설정할 수 있다. 또한 기본적으로 생성된지 7일이 초과된 로그 파일은 삭제되는데, 7일을 다른 기간으로 변경하려면 `logging.logback.rollingpolicy.max-history`로 설정할 수 있다.

토론

스프링 부트에서 로그를 설정하는 기본적인 방법을 알아보고 스프링 부트에서 제공하는 파라미터를 사용해서 파일 기반 로깅을 설정하고 관리하는 방법을 살펴봤다. 스프링 부트 로깅에 대한 자세한 내용은 스프링 부트 공식 문서 https://mng.bz/oa0d를 참고하자.

스프링 부트 프로젝트에서 로그백 로깅 프레임워크는 충분히 잘 동작하지만, 개발자가 Log4j2(https://logging.apache.org/log4j/2.x/) 같은 다른 로깅 프레임워크에 익숙하거나 조직에서 사용하는 별도의 로깅 프레임워크가 정해져 있는 등 여러 이유로 로그백 대신 다른 로깅 프레임워크를 사용해야 하는 상황도 있을 수 있다. 이제 스프링 부트에서 로그백 대신에 Log4j2를 사용하는 방법을 알아보자.

2.4.2 기법: 스프링 부트 애플리케이션에서 Log4j2 사용

2.4.2절의 소스 코드는 https://mng.bz/nYpa**에서 확인할 수 있다.**

스프링 부트에서 Log4j2 로깅 프레임워크를 사용하는 방법을 알아보자.

요구 사항

스프링 부트 애플리케이션에서 Log4j2를 로깅 프레임워크로 사용해야 한다.

해법

스프링 부트 애플리케이션에서 Log4j2를 사용하도록 설정하는 방법은 매우 직관적이다. 빌드 설정 파일에서 로그백을 기본으로 사용하는 `spring-boot-starter-logging` 의존 관계를 제거하고 Log4j2 스타터 의존 관계를 추가하면 된다. Log4j2 로깅 설정 파일은 XML, YAML, JSON 형식으로 작성할 수 있다. 이 중에서 XML로 로깅 설정하는 방법을 알아보자.

2.4.1절에서 사용했던 스프링 부트 프로젝트를 계속 사용한다면 Log4j2를 사용하기 위해 다음 작업을 먼저 수행해야 한다.

- application.properties 내용 중 `logging`으로 시작하는 프로퍼티를 모두 삭제해서 모든 로깅 설정을 제거한다.
- 예제 2.26과 같이 pom.xml에서 `spring-boot-starter-web` 의존 관계에 포함된 `spring-boot-starter-logging` 의존 관계를 배제하고 `spring-boot-starter-log4j2` 의존 관계를 추가한다.

예제 2.26 기본 스타터 로깅 대신 Log4j2 의존 관계 추가

```
<dependencies>
    <dependency>
        <groupId>org.springframework.boot</groupId>
        <artifactId>spring-boot-starter-web</artifactId>
        <exclusions>
            <exclusion>
                <groupId>org.springframework.boot</groupId>
                <artifactId>spring-boot-starter-logging</artifactId>    ❶
            </exclusion>
        </exclusions>
    </dependency>
    <dependency>
        <groupId>org.springframework.boot</groupId>
        <artifactId>spring-boot-starter-log4j2</artifactId>    ❷
    </dependency>
    // Other dependencies
</dependencies>
```

❶ 기본 `spring-boot-starter-logging` 의존 관계 제외

❷ `spring-boot-starter-log4j2` 의존 관계 추가

이렇게 의존 관계를 설정하면 스프링 부트에서 기본으로 사용되는 로그백 관련 의존 관계가 제거되고 Log4j2 의존 관계가 클래스패스에 추가된다.

Log4j2 어펜더, 로거 등 구체적인 설정은 XML 형식이나 YML 형식으로 작성할 수 있다. src/main/resources 디렉터리에 log4j2.xml 또는 log4j2-spring.xml 파일을 만들어 설정 내용을 작성

하면 설정된 내용에 따라 스프링 부트 애플리케이션에서 Log4j2가 사용된다. 파일 이름은 log4j2.xml 또는 log4j2-spring.xml 두 가지 모두 사용 가능하지만 로깅 설정에 대해 스프링 부트가 완전한 제어권을 갖게 하려면 log4j2-spring.xml 파일을 사용하는 것이 좋다. log4j2.xml 파일을 사용하면 스프링 부트보다 Log4j2가 먼저 설정 파일에 접근할 수 있어 스프링 부트의 로깅 설정 제어력이 낮아진다(https://mng.bz/vom7). 예제 2.27에 Log4j2 XML 설정이 나와 있다.

예제 2.27 Log4j2 XML 설정 파일

```
<?xml version="1.0" encoding="UTF-8"?>
<Configuration status="WARN">    ❶
    <Properties>    ❷
        <Property name="LOG_PATTERN">
            %d{yyyy-MM-dd HH:mm:ss.SSS} [%5p] [%15.15t] %-40.40c{1.} : %m%n%ex
        </Property>
    </Properties>
    <Appenders>    ❸
        <Console name="ConsoleAppender" target="SYSTEM_OUT">    ❹
            <PatternLayout pattern="${LOG_PATTERN}" />
        </Console>
        <RollingFile name="FileAppender"
            fileName="logs/application-log4j2.log"
            filePattern="logs/application-log4j2-%d{yyyy-MM-dd}-%i.log">    ❺
            <PatternLayout>
                <Pattern>${LOG_PATTERN}</Pattern>
            </PatternLayout>
            <Policies>
                <SizeBasedTriggeringPolicy size="10MB" />    ❻
                <TimeBasedTriggeringPolicy interval="7" />    ❼
            </Policies>
            <DefaultRolloverStrategy max="10"/>    ❽
        </RollingFile>
    </Appenders>
    <Loggers>    ❾
        <Logger name="com.manning.sbip" level="debug" additivity="false">
            <AppenderRef ref="FileAppender"/>
        </Logger>    ❿
        <Logger name="org.springframework.boot" level="info" additivity="false">    ⓫
            <AppenderRef ref="ConsoleAppender"/>
        </Logger>
        <Root level="info">    ⓬
            <AppenderRef ref="FileAppender"/>
            <AppenderRef ref="ConsoleAppender"/>
        </Root>
    </Loggers>
</Configuration>
```

❶ Log4j2 설정 파일의 루트 엘리먼트element `status` 속성값은 Log4j2의 내부 이벤트 수준을 나타낸다.

❷ 설정 파일의 다른 부분에서 사용할 수 있는 프로퍼티 정보 모음. `LOG_PATTERN`이라는 프로퍼티를 정의하고 있는데, 이 프로퍼티는 어펜더 설정에서 사용된다.

❸ 어펜더 목록을 정의한다.

❹ 콘솔/터미널/명령행에 로그를 출력하도록 설정하는 콘솔 어펜더를 설정한다.

❺ 정해진 로그 패턴을 사용해서 정해진 이름의 로그 파일에 로그를 출력하도록 설정하는 파일 어펜더 설정. 기간 단위로 로그 파일을 관리할 수 있는 설정 등을 추가할 수 있다.

❻ 로그 파일 크기가 10MB에 도달하면 로그 파일 롤링을 수행하도록 설정한다.

❼ 로그 파일 생성 후 7일이 되면 로그 롤링을 수행하도록 설정한다.

❽ 최대 10개의 로그 파일이 저장된다.

❾ 어펜더 설정을 사용해서 로그를 출력하는 로거 목록을 설정한다.

❿ `com.manning.sbip` 및 그 하위 패키지에서 발생하는 `DEBUG` 레벨 로그를 파일 어펜더를 사용해서 출력하는 로거를 설정한다.

⓫ `org.springframework.boot` 및 그 하위 패키지에서 발생하는 INFO 레벨 로그를 콘솔 어펜더를 사용해서 출력하는 로거를 설정한다.

⓬ `INFO` 레벨 전체 로그를 파일 어펜더와 콘솔 어펜더를 사용해서 출력하는 로거를 설정한다.

Log4j2는 강력하고 풍부한 기능을 자랑하는 로깅 프레임워크다. 설정 관련 여러 가지 파라미터 정보는 온라인 문서(https://logging.apache.org/log4j/2.x/manual/configuration.html)를 참고하자. 예제 2.27에 나온 내용은 스프링 부트에서 Log4j2 사용 방법을 보여주기 위해 만든 아주 기본적인 설정이다.

이제 구현 내용에 시스템 출력 대신에 Log4j2 설정 내용에 맞게 로그를 출력하는 부분을 추가한다. 예제 2.28을 보자.

예제 2.28 로그 출력 내용을 포함하는 스프링 부트 메인 클래스

```
package com.manning.sbip.ch02;

import org.slf4j.Logger;
import org.slf4j.LoggerFactory;
import org.springframework.boot.SpringApplication;
import org.springframework.boot.autoconfigure.SpringBootApplication;

@SpringBootApplication
```

```
public class CourseTrackerApplication {

    private static Logger logger =
        LoggerFactory.getLogger(CourseTrackerApplication.class);

    public static void main(String[] args) {
        SpringApplication.run(CourseTrackerApplication.class, args);
        logger.info("CourseTrackerApplication started successfully with Log4j2
configuration");
    }
}
```

수정된 주요 내용은 볼드체로 강조해두었다. 예제 2.28에 적용된 두 가지 주요 변경 내용은 다음과 같다.

- 첫 번째 변화는 `LoggerFactory` 클래스의 `getLogger` 메서드를 사용해서 로거 인스턴스를 생성한다는 점이다. `import` 문을 살펴보면 SLF4j 라이브러리의 `LoggerFactory` 클래스가 포함돼 있는 것을 확인할 수 있다. SLF4J는 Simple Logging Facade for Java의 줄임말이며 Log4j2 같은 다양한 로깅 프레임워크를 빌드 타임에 플러그인 방식으로 사용할 수 있게 해주는 추상화 라이브러리다. SLF4j에 대한 자세한 내용은 https://www.slf4j.org/를 참고하자. 다음 변화는 시스템 아웃 문을 사용하는 대신, 새로 만든 로거 인스턴스를 사용하여 메시지를 기록한다.

애플리케이션을 실행하면 프로젝트 루트 디렉터리에 application-log4j2.log 파일이 생성되고 그 안에 애플리케이션 시작 로그와 함께 메인 메서드에서 출력한 로그가 저장돼 있음을 확인할 수 있다.

토론

2.4.2절에서는 자바 세계에서 가장 인기 있고 널리 사용되는 로깅 프레임워크인 Log4j2를 스프링 부트 애플리케이션에서 사용할 수 있도록 설정하는 방법을 알아봤다. Log4j2는 안정적인 로깅 프레임워크이며 매우 다양한 기능을 가지고 있다. Log4j2 공식 문서(https://logging.apache.org/log4j/2.x/manual)를 통해 더 자세한 내용을 확인할 수 있다.

앞서 작성한 Log4j2 설정 파일을 바탕으로 로그 레벨, JDBC 어펜더 같은 다양한 어펜더 타입, 필터 등 많은 파라미터를 변경해보면서 여러 기능을 탐구해볼 것을 추천한다. 예를 들어 `SizeBasedTriggeringPolicy`에서 더 작은 값을 지정하고 메인 메서드 안에서 더 많은 양의 로그를 출력해서 애플리케이션을 실행해보면 로그 크기 기반 롤링 트리거trigger 정책과 기본 롤링 전략이 어떻게 동작하는지 알 수 있다.

2.5 빈 밸리데이션으로 사용자 입력 데이터 유효성 검증

사용자가 입력한 데이터가 비즈니스 요구 사항에 적합한지 검증해야 할 때가 있다. 어떤 항목값이 비어 있으면 안 된다거나 최소/최대 길이가 정해져 있을 수 있다. 또한 비밀번호 규칙처럼 사용자 입력 데이터에 대해 커스텀 밸리데이션 로직이 필요할 수도 있다.

빈 밸리데이션Bean Validation(https://beanvalidation.org/)은 자바 세계에서 사용되는 사실상의 표준 밸리데이션이다. 빈 밸리데이션 명세를 사용하면 다양한 밸리데이션을 간단한 애너테이션으로 쉽게 구현할 수 있다. 게다가 개발자가 직접 커스텀 밸리데이터를 만들어 사용할 수도 있다. 하이버네이트 밸리데이터Hibernate Validator(https://hibernate.org/validator)는 빈 밸리데이션 스펙의 참조 구현체다.

스프링 부트에서는 스프링 부트 스타터 의존 관계를 사용해서 빈 밸리데이션 프레임워크를 손쉽게 사용할 수 있다. `spring-boot-starter-validation` 의존 관계를 추가하면 하이버네이트 밸리데이션을 사용할 수 있다.

2.5.1 기법: 빈 밸리데이션 애너테이션을 사용한 비즈니스 엔티티 유효성 검증

2.5.1 절의 소스 코드는 https://mng.bz/4jlw**에서 확인할 수 있다.**

비즈니스 엔티티 유효성 검증을 위해 빈 밸리데이션을 사용하는 방법을 알아보자.

요구 사항

자바 빈 밸리데이션 프레임워크를 사용해 스프링 부트 애플리케이션에서 비즈니스 엔티티의 유효성을 검증한다.

해법

스프링 부트 스타터 의존 관계를 추가하고 빈 밸리데이션 프레임워크가 제공하는 애너테이션을 사용한다.

pom.xml 파일에 예제 2.29와 같이 `spring-boot-starter-validation` 스타터 의존 관계를 추가한다.

예제 2.29 **spring-boot-starter-validation 의존 관계 추가**

```
<dependency>
    <groupId>org.springframework.boot</groupId>
    <artifactId>spring-boot-starter-validation</artifactId>
</dependency>
```

이제 비즈니스 엔티티인 Course 클래스를 추가한다. Course 엔티티에는 id, name, category, rating, description 필드가 포함된다.

예제 2.30 **Course 엔티티**

```
package com.manning.sbip.ch02.model;

import javax.validation.constraints.Min;
import javax.validation.constraints.Max;

public class Course {

    private long id;
    private String name;
    private String category;

    @Min(value = 1, message = "A course should have a minimum of 1 rating")
    @Max(value = 5, message = "A course should have a maximum of 5 rating")
    private int rating;

    private String description;

    // Constructor, Getter, and Setters
}
```

rating 필드에 2개의 애너테이션이 붙어 있다. rating에는 최소 1점에서 최소 5점까지 부여할 수 있다는 비즈니스 제약 사항이 있다. 이 제약 사항이 충족되지 않으면 애너테이션에서 지정한 에러 메시지가 표시된다. 예제 2.31과 같이 CommandLineRunner를 추가해서 제약 사항을 검증해보자.

예제 2.31 **빈 밸리데이션을 사용하는 스프링 부트 메인 클래스**

```
package com.manning.sbip.ch02;

//import 문 생략

@SpringBootApplication
public class CourseTrackerApplication implements CommandLineRunner {
```

```
    private static Logger logger =
        LoggerFactory.getLogger(CourseTrackerApplication.class);

    public static void main(String[] args) {
        SpringApplication.run(CourseTrackerApplication.class, args);
    }

    @Override
    public void run(String... args) throws Exception {
        Course course = new Course();
        course.setId(1);
        course.setRating(0);    ❶

        Validator validator =
            Validation.buildDefaultValidatorFactory().getValidator();    ❷

        Set<ConstraintViolation<Course>> violations =
            validator.validate(course);    ❸

        violations.forEach(courseConstraintViolation ->    ❹
            logger.error("A constraint violation has occurred. Violation details: [{}].",
            courseConstraintViolation)
        );
    }
}
```

❶ rating이 0인 course 객체를 생성한다. 이는 최솟값인 1보다 작아 유효하지 않은 값이다.

❷ course 빈 객체의 유효성을 검증하는 Validator 인스턴스를 획득한다.

❸ course 객체에 정의된 모든 제약 사항 준수 여부를 검증하고 위반 사항을 모아서 반환한다.

❹ 수집된 모든 제약 사항 위반 내용을 콘솔 로그로 출력한다.

예제 2.31에서는 rating 값이 0인 course 객체를 생성했다. 그리고 유효성을 검증할 수 있는 validator 객체를 획득하고 course의 제약 사항 준수 여부를 검증한다. 위반 사항이 있으면 Set에 저장하고 반환하는데, 예제에서는 rating의 @Min 제약 사항을 위반하고 있으므로 ConstraintViolation이 포함된 Set이 반환된다.

애플리케이션을 실행하면 시작은 성공하지만 CommandLineRunner가 실행되면서 그림 2.4와 같이 ConstraintViolation 에러가 콘솔 로그로 출력된다.

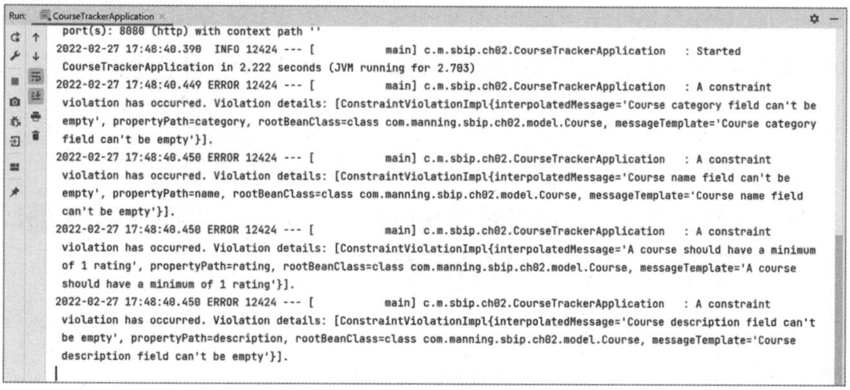

```
Run: CourseTrackerApplication
port(s): 8080 (http) with context path ''
2022-02-27 17:48:40.390  INFO 12424 --- [           main] c.m.sbip.ch02.CourseTrackerApplication   : Started
CourseTrackerApplication in 2.222 seconds (JVM running for 2.703)
2022-02-27 17:48:40.449 ERROR 12424 --- [           main] c.m.sbip.ch02.CourseTrackerApplication   : A constraint
violation has occurred. Violation details: [ConstraintViolationImpl{interpolatedMessage='Course category field can't be
empty', propertyPath=category, rootBeanClass=class com.manning.sbip.ch02.model.Course, messageTemplate='Course category
field can't be empty'}].
2022-02-27 17:48:40.450 ERROR 12424 --- [           main] c.m.sbip.ch02.CourseTrackerApplication   : A constraint
violation has occurred. Violation details: [ConstraintViolationImpl{interpolatedMessage='Course name field can't be
empty', propertyPath=name, rootBeanClass=class com.manning.sbip.ch02.model.Course, messageTemplate='Course name field
can't be empty'}].
2022-02-27 17:48:40.450 ERROR 12424 --- [           main] c.m.sbip.ch02.CourseTrackerApplication   : A constraint
violation has occurred. Violation details: [ConstraintViolationImpl{interpolatedMessage='A course should have a minimum
of 1 rating', propertyPath=rating, rootBeanClass=class com.manning.sbip.ch02.model.Course, messageTemplate='A course
should have a minimum of 1 rating'}].
2022-02-27 17:48:40.450 ERROR 12424 --- [           main] c.m.sbip.ch02.CourseTrackerApplication   : A constraint
violation has occurred. Violation details: [ConstraintViolationImpl{interpolatedMessage='Course description field can't
be empty', propertyPath=description, rootBeanClass=class com.manning.sbip.ch02.model.Course, messageTemplate='Course
description field can't be empty'}].
```

그림 2.4 @Min 제약 사항 위반 에러 메시지

토론

빈 밸리데이션을 사용하면 애플리케이션에 적용되는 제약 사항 준수 여부를 검증할 수 있다. 애너테이션을 사용해서 제약 사항을 정의하고 커스텀 에러 메시지도 지정할 수 있다. 표 2.1에는 하이버네이트 밸리데이터 API에 정의되어 자주 사용되는 애너테이션이 나와 있다.

표 2.1 필드에 붙여 사용하는 하이버네이트 밸리데이터 애너테이션

애너테이션	용도
`@NotBlank`	CharSequence 타입 필드에 사용되어 문자열이 null이 아니고, 앞뒤 공백 문자를 제거한 후 문자열 길이가 0보다 크다는 것을 검사한다.
`@NotEmpty`	CharSequence, Collection, Map 타입과 배열에 사용되어 null이 아니고 비어 있지 않음을 검사한다.
`@NotNull`	모든 타입에 사용할 수 있으며 null이 아님을 검사한다.
`@Min(value=)`	최솟값을 지정해서 이 값보다 크거나 같은지 검사한다.
`@Max(value=)`	최댓값을 지정해서 이 값보다 작거나 같은지 검사한다.
`@Pattern(regex=, flags)`	regex로 지정한 정규 표현식을 준수하는 하는지 검사한다. 정규 표현식의 플래그flag[3]도 사용할 수 있다.
`@Size(min=, max=)`	개수의 최솟값, 최댓값을 준수하는지 검사한다.
`@Email`	문자열이 유효한 이메일 주소를 나타내는지 검사한다.

더 다양한 하이버네이트 밸리데이터의 제약 사항 검사 애너테이션은 https://mng.bz/QWJG를 참고하자.

대부분의 시나리오에서는 빌트인 애너테이션만으로도 충분하지만, 유효한 IP 주소를 나타내는지,

3 옮긴이 정규 표현식 플래그를 통해 대소문자 구분, 멀티 라인 허용, 유니코드 허용 등을 지정할 수 있다.

비밀번호가 규칙을 준수하는지 등 커스텀 제약 사항 검증이 필요할 수도 있다. 이제 스프링 부트 애플리케이션에서 빈 밸리데이션 프레임워크를 사용해서 커스텀 제약 사항 준수 여부를 검증하는 방법을 알아보자.

2.5.2 기법: 스프링 부트 애플리케이션에서 커스텀 빈 밸리데이션 애너테이션을 사용한 POJO 빈 유효성 검증

2.5.2절의 소스 코드는 https://mng.bz/XWJv**에서 확인할 수 있다.**

비즈니스 엔티티 유효성 검증을 위해 커스텀 애너테이션을 만들어 사용하는 방법을 알아보자.

요구 사항

스프링 부트 애플리케이션에서 POJO 객체의 유효성을 검증하는 커스텀 애너테이션이 필요하다.

해법

비즈니스 엔티티에 적용해야 하는 제약 사항을 구현하는 커스텀 밸리데이터를 구현하고 이를 적용할 수 있는 커스텀 애너테이션을 정의한다.

2.5.1절에서는 빈 밸리데이션 프레임워크에서 제공하는 빌트인 애너테이션 사용법을 알아봤는데, 커스텀 애너테이션도 만들어 사용할 수 있다. 비밀번호 규칙이 사용하는 `User` 객체를 사용해서 커스텀 애너테이션을 만들고 사용하는 방법을 알아보자. 일반적으로 조직마다 사용하는 비밀번호 정책이 다른데 `User` 객체의 `password` 필드가 이 정책을 따르는지 검증하는 애너테이션을 만들 것이다.

비밀번호 규칙을 강제하는 패스세이passay(https://ww.passay.org/) 라이브러리도 사용하므로 예제 2.32와 같이 의존 관계를 추가한다.

예제 2.32 Passay 메이븐 의존 관계 추가

```
<dependency>
    <groupId>org.passay</groupId>
    <artifactId>passay</artifactId>
    <version>1.6.0</version>
</dependency>
```

커스텀 애너테이션을 정의하려면 제약 사항 준수를 강제하기 위해 호출되는 `ConstraintValida-`

tor를 먼저 정의해야 한다. 예제 2.33과 같이 실제 비밀번호 유효성 검증 로직을 포함하는 PasswordRuleValidator 클래스를 정의하자.

예제 2.33 **PasswordRuleValidator 클래스**

```
package com.manning.sbip.ch02.validation;

//import 문 생략

public class PasswordRuleValidator implements ConstraintValidator<Password, String> {

    private static final int MIN_COMPLEX_RULES = 2;
    private static final int MAX_REPETITIVE_CHARS = 3;
    private static final int MIN_SPECIAL_CASE_CHARS = 1;
    private static final int MIN_UPPER_CASE_CHARS = 1;
    private static final int MIN_LOWER_CASE_CHARS = 1;
    private static final int MIN_DIGIT_CASE_CHARS = 1;

    @Override
    public boolean isValid(String password, ConstraintValidatorContext context) {
        List<Rule> passwordRules = new ArrayList<>();
        passwordRules.add(new LengthRule(8, 30));
        CharacterCharacteristicsRule characterCharacteristicsRule =
                new CharacterCharacteristicsRule(MIN_COMPLEX_RULES,
                        new CharacterRule(EnglishCharacterData.Special,
MIN_SPECIAL_CASE_CHARS),
                        new CharacterRule(EnglishCharacterData.UpperCase,
MIN_UPPER_CASE_CHARS),
                        new CharacterRule(EnglishCharacterData.LowerCase,
MIN_LOWER_CASE_CHARS),
                        new CharacterRule(EnglishCharacterData.Digit,
MIN_DIGIT_CASE_CHARS));
        passwordRules.add(characterCharacteristicsRule);
        passwordRules.add(new RepeatCharacterRegexRule(MAX_REPETITIVE_CHARS));
        PasswordValidator passwordValidator = new PasswordValidator(passwordRules);
        PasswordData passwordData = new PasswordData(password);
        RuleResult ruleResult = passwordValidator.validate(passwordData);
        return ruleResult.isValid();
    }
}
```

예제 2.33 코드는 다음과 같은 작업을 수행한다.

- PasswordRuleValidator 클래스는 ConstraintValidator 인터페이스를 구현하므로 isValid() 메서드를 구현해야 하고, 이 메서드 안에 커스텀 비밀번호 유효성 검증 로직을 추가한다.

ConstraintValidator 인터페이스는 Password, String, 두 개의 타입 인자를 갖고 있다. 첫 번째 타입 인자는 커스텀 밸리데이터 로직을 적용하게 해주는 애너테이션이고, 두 번째 타입 인자는 커스텀 애너테이션을 적용해야 하는 데이터 타입이다. 커스텀 비밀번호 유효성 검증 애너테이션은 @Password이고 비밀번호 문자열의 데이터 타입은 String이므로 타입 인자를 포함해서 ConstraintValidator<Password, String>과 같이 기술한다.

- isValid() 메서드 안에는 비밀번호 유효성 검증에 사용되는 커스텀 정책이 정의돼 있다. 예제에서 사용된 비밀번호 정책은 간단하다. 최소 8자, 최대 30자여야 하고, 대소문자와 숫자가 혼합돼 있어야 하고, 동일한 문자는 3번까지만 반복할 수 있다.
- isValid() 메서드는 유효성 검증 로직에 따라 true 또는 false를 반환한다.

이제 PasswordRuleValidator를 사용하는 @Password 애너테이션을 예제 2.34와 같이 정의한다.

예제 2.34 **@Password 애너테이션 정의**

```
package com.manning.sbip.ch02.validation;

import javax.validation.Constraint;
import javax.validation.Payload;
import java.lang.annotation.ElementType;
import java.lang.annotation.Retention;
import java.lang.annotation.RetentionPolicy;
import java.lang.annotation.Target;

@Target({ElementType.METHOD, ElementType.FIELD})
@Retention(RetentionPolicy.RUNTIME)
@Constraint(validatedBy = PasswordRuleValidator.class)
public @interface Password {
    String message() default "Password do not adhere to the specified rule";
    Class<?>[] groups() default {};
    Class<? extends Payload>[] payload() default {};
}
```

애너테이션 정의에 사용된 내용을 하나하나 살펴보자.

- @Target 애너테이션은 @Password 애너테이션을 적용할 대상 타입을 지정한다. 예제에 사용된 @Password 애너테이션은 메서드와 필드에 지정할 수 있다.
- @Retention 애너테이션 @Password 애너테이션이 언제까지 효력을 유지하고 살아남는지 지정

한다. 예제와 같이 RUNTIME[4]을 지정하면 런타임까지 살아남아 효력을 유지한다.

- @Constraint 애너테이션은 @Password 애너테이션이 빈 밸리데이션 제약 사항을 포함하는 애너테이션임을 의미하며, validatedBy 속성을 사용해서 제약 사항이 구현된 클래스를 지정할 수 있다.
- message() 메서드는 유효성 검증에 실패할 때 표시해야 하는 문자열을 지정한다.
- Class<?>[] groups() 메서드를 사용해서 그룹을 지정하면 밸리데이션을 그룹별로 구분해서 적용할 수 있다.[5]
- Class<? extends PayLoad>[] payload()는 밸리데이션 클라이언트가 사용하는 메타데이터를 전달하기 위해 사용된다. 예제에서는 아무런 페이로드payload도 지정하지 않았다.

이제 비즈니스 모델인 User 클래스에 @Password 애너테이션을 사용해보자.

예제 2.35 User 비즈니스 엔티티

```
package com.manning.sbip.ch02.model;

import com.manning.sbip.ch02.validation.Password;

public class User {

    private String userName;

    @Password
    private String password;

    public User(String userName, String password) {
        this.userName = userName;
        this.password = password;
    }

    public String getUserName() {
        return userName;
    }
```

4 옮긴이 SOURCE를 지정하면 애너테이션은 소스 코드 수준에서만 효력을 발휘하고 컴파일된 바이너리 결과물에는 포함되지 않아 효력을 잃는다. CLASS를 지정하면 애너테이션은 컴파일된 바이너리 결과물에 포함되어 효력을 발휘하지만, 런타임에는 포함되지 않아 효력을 잃는다.

5 옮긴이 그룹 이름으로 사용할 마커 인터페이스를 정의(예: RequiredInfo.class)한 후 밸리데이션 대상 필드의 애너테이션에 groups = RequiredInfo.class와 같이 groups를 지정하면, validator.validate(targetObject, RequiredInfo.class)와 같이 그룹 단위로 밸리데이션을 수행할 수 있다. 자세한 내용은 https://www.baeldung.com/javax-validation-groups를 참고하자.

```
    public String getPassword() {
        return password;
    }

    @Override
        public String toString() {
            return "User{" +
                    "userName='" + userName + '\'' +
                    ", password='" + password + '\'' +
                    '}';
    }
}
```

User 비즈니스 엔티티는 username과 password, 이렇게 두 개의 필드를 가지고 있다. password 필드는 @Password 커스텀 애너테이션이 붙어 있다. 이제 다양한 값을 가진 User 객체를 여러 개 만들어서 애너테이션이 어떻게 동작하는지 살펴보자. CommandLineRunner를 구현하는 스프링 부트 메인 클래스에서 여러 개의 User 객체를 생성하고 빈 밸리데이션을 사용해서 유효성을 검증하는 코드가 예제 2.36에 나와 있다.

예제 2.36 커스텀 애너테이션과 빈 밸리데이션을 사용한 비즈니스 엔티티 유효성 검증

```
package com.manning.sbip.ch02;

//import 문 생략

@SpringBootApplication
public class CourseTrackerApplication implements CommandLineRunner {

    private static Logger logger =
        LoggerFactory.getLogger(CourseTrackerApplication.class);

    public static void main(String[] args) {
        SpringApplication.run(CourseTrackerApplication.class, args);
    }

    @Override
    public void run(String... args) throws Exception {
        User user1 = new User("sbip01", "sbip");

        Validator validator = Validation.buildDefaultValidatorFactory().getValidator();
        Set<ConstraintViolation<User>> violations = validator.validate(user1);

        logger.error("Password for user1 do not adhere to the password policy");
```

```
        violations.forEach(constraintViolation -> logger.error("Violation details: [{}].",
constraintViolation.getMessage()));

        User user2 = new User("sbip02", "Sbip01$4UDfg");
        violations = validator.validate(user2);
        if(violations.isEmpty()) {
            logger.info("Password for user2 adhere to the password policy");
        }

        User user3 = new User("sbip03", "Sbip01$4UDfgggg");
        violations = validator.validate(user3);
        logger.error("Password for user3 violates maximum repetitive rule");
        violations.forEach(constraintViolation -> logger.error("Violation details: [{}].",
constraintViolation.getMessage()));

        User user4 = new User("sbip04", "Sbip014UDfgggg");
        violations = validator.validate(user4);
        logger.error("Password for user4 violates special character rule");
        violations.forEach(constraintViolation -> logger.error("Violation details: [{}].",
constraintViolation.getMessage()));
    }
}
```

예제 2.36에서는 4개의 `User` 객체를 생성했다. user2는 비밀번호 정책에 부합하지만 나머지 user1, user3, user4는 정책에 부합하지 않는다. user1은 비밀번호 정책 위반 사항이 여러 가지이고, user3은 동일 문자 반복 정책을, user4는 특수 문자 정책을 위반했다.

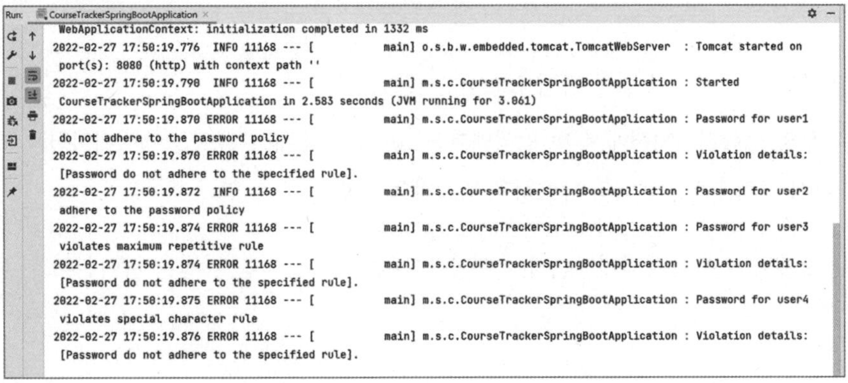

```
Run: CourseTrackerSpringBootApplication
 WebApplicationContext: initialization completed in 1332 ms
2022-02-27 17:50:19.776  INFO 11168 --- [           main] o.s.b.w.embedded.tomcat.TomcatWebServer  : Tomcat started on
 port(s): 8080 (http) with context path ''
2022-02-27 17:50:19.790  INFO 11168 --- [           main] m.s.c.CourseTrackerSpringBootApplication : Started
 CourseTrackerSpringBootApplication in 2.583 seconds (JVM running for 3.061)
2022-02-27 17:50:19.870 ERROR 11168 --- [           main] m.s.c.CourseTrackerSpringBootApplication : Password for user1
 do not adhere to the password policy
2022-02-27 17:50:19.870 ERROR 11168 --- [           main] m.s.c.CourseTrackerSpringBootApplication : Violation details:
 [Password do not adhere to the specified rule].
2022-02-27 17:50:19.872  INFO 11168 --- [           main] m.s.c.CourseTrackerSpringBootApplication : Password for user2
 adhere to the password policy
2022-02-27 17:50:19.874 ERROR 11168 --- [           main] m.s.c.CourseTrackerSpringBootApplication : Password for user3
 violates maximum repetitive rule
2022-02-27 17:50:19.874 ERROR 11168 --- [           main] m.s.c.CourseTrackerSpringBootApplication : Violation details:
 [Password do not adhere to the specified rule].
2022-02-27 17:50:19.875 ERROR 11168 --- [           main] m.s.c.CourseTrackerSpringBootApplication : Password for user4
 violates special character rule
2022-02-27 17:50:19.876 ERROR 11168 --- [           main] m.s.c.CourseTrackerSpringBootApplication : Violation details:
 [Password do not adhere to the specified rule].
```

그림 2.5 **제약 사항 위반 시 커스텀 에러 메시지 출력**

토론

스프링 애플리케이션에서 비즈니스 제약 사항을 적용할 수 있는 커스텀 애너테이션을 만들고 사용하는 방법을 예제를 통해 알아봤다. `ConstraintValidator` 인터페이스를 구현하는 커스텀 밸리데이터를 정의하고, `isValid()` 메서드 안에서 비즈니스 정책 준수 여부를 판별해서 유효성을 검증하는 로직을 구현해야 한다. 커스텀 밸리데이터를 사용해서 유효성 검증을 실행하는 커스텀 애너테이션을 정의한다.

유효성 검증이 필요한 필드에 커스텀 애너테이션을 붙이면 유효성 검증을 할 수 있게 된다. 예제에서는 `ValidatorFactory`를 사용해서 명시적으로 밸리데이터를 획득해 직접 유효성 검증을 수행했지만, 명시적이지 않은 방법으로 더 편리하게 유효성 검증을 수행하는 방법도 있다. 이 방법은 나중에 스프링 부트 애플리케이션으로 REST API를 만드는 방법을 살펴보면서 다시 알아보기로 하자.

요약

2장에서는 스프링 부트 개발자라면 마땅히 알아야 할 핵심 기법을 살펴봤다.

- 스프링 부트 애플리케이션에서 애플리케이션 프로퍼티를 정의하는 여러 가지 방법
- 애플리케이션 프로퍼티를 정의할 때 `@ConfigurationProperties`를 사용해서 타입 안전성을 확보하는 방법
- `CommandLineRunner`를 사용해서 스프링 부트 애플리케이션 시작 시 일회성 코드를 실행하는 방법
- 스프링 부트 기본 로깅과 설정 방법, Log4j2 사용 방법
- 스프링 부트 애플리케이션에서 빈 밸리데이션 API를 사용해서 빌트인 애너테이션과 커스텀 애너테이션을 통해 POJO 객체의 유효성을 검증하는 방법

3장에서는 스프링 부트 애플리케이션에서 데이터베이스에 접근하는 방법을 알아본다.

CHAPTER 3

스프링 데이터를 사용한 데이터베이스 접근

3장에서 다루는 내용

- **스프링 데이터 소개, 필요성, 다양한 스프링 데이터 모듈**
- **스프링 부트 애플리케이션에서 관계형 데이터베이스, NoSQL(몽고DB MongoDB) 연동 설정 및 데이터 접근**
- **비즈니스 도메인 객체를 관계형 데이터베이스로 관리하는 스프링 데이터 JPA 활성화**
- **@NamedQuery, @Query, Criteria API, QueryDSL을 사용하는 다양한 관계형 데이터 활용 기법**

1~2장에서 스프링 부트의 다양한 주제를 알아봤다. 스프링 부트 기초를 단단히 다지고, 스프링 부트 애플리케이션을 사용하면서 자주 마주치는 공통적인 작업들을 처리하는 방법을 익혔다. 다음 주제는 어떤 것이 좋을까? 오늘날 세상에서 사용되는 대부분의 애플리케이션은 데이터를 저장하는 데이터베이스 없이는 완전한 존재 의미를 갖기 어렵다. 스프링 부트 애플리케이션도 예외가 아니다. 이제 스프링 부트 애플리케이션에서 데이터베이스를 연동해 사용하는 방법을 알아보려고 한다. 스프링 부트에서 데이터베이스 설정, 초기화, 데이터 접근 및 사용, 데이터베이스에 저장되는 비즈니스 객체 관리 같은 여러 작업을 얼마나 매끄럽게 수행할 수 있는지 이제부터 알아보자.

3.1 스프링 데이터 소개

스프링 데이터(https://spring.io/projects/spring-data)를 사용하면 관계형 데이터베이스, 비관계형 데이터베이스, 맵리듀스MapReduce 데이터베이스, 클라우드 기반 데이터 서비스 등 다양한 데이터 소스에 접근해서 데이터를 활용할 수 있다. 스프링 데이터는 스프링 프레임워크를 통해 서로 다른 종류의 데이터를 친숙한 프로그래밍 모델을 사용해서 쉽고 일관성 있게 다룰 수 있게 해준다.

스프링 데이터는 스프링 프레임워크에 속해 있으며, 특정 데이터베이스를 대상으로 하는 여러 가지 하위 프로젝트를 포함하고 있는 상위umbrella 프로젝트다. 스프링 데이터 JPA 모듈은 H2, MySQL, PostgreSQL 같은 관계형 데이터베이스를 대상으로 하며, 스프링 데이터 몽고DB 모듈은 몽고DB 데이터베이스를 대상으로 한다.

Java Persistence API(JPA)

오늘날 대부분의 애플리케이션은 데이터를 저장하고 조회하려고 데이터베이스를 활용한다. 이를 위해 JDBCJava database connectivity를 활용해서 데이터베이스를 연결하고, 쿼리를 만들기 위해 PrepapredStatement를 정의한다. 또 쿼리에 사용할 변수를 바인딩하고, 데이터베이스 관련 자원을 관리해야 하는 등 많은 양의 부수적인 코드를 작성해야 한다.

JPAJava persistence API를 사용하면 이런 부수적인 코드 작성을 획기적으로 줄여주며, 자바 비즈니스 객체 모델과 테이블 같은 관계형 데이터베이스 모델을 이어주는 역할을 한다. 그림 3.1처럼 자바 객체와 관계형 데이터베이스 모델을 매핑하는 기법을 ORMobject-relational mapping이라고 부른다.

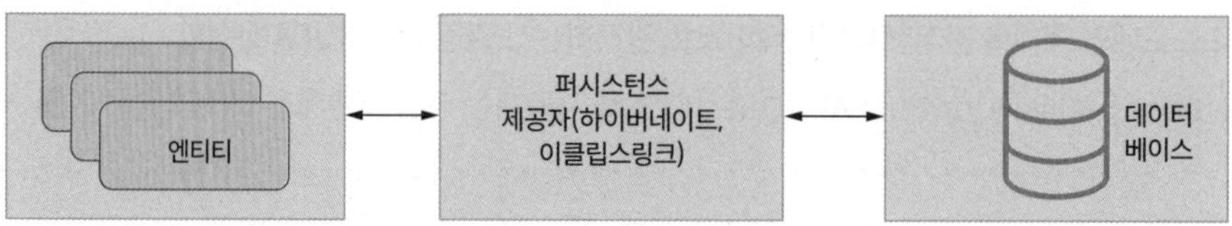

그림 3.1 객체-관계 매핑 개요. 엔티티는 데이터베이스에 저장되는 비즈니스 객체를 나타내며, 퍼시스턴스 제공자는 JPA 명세를 구현한다.

JPA 명세는 애플리케이션 객체를 쉽고 간결하게 저장하고 조회할 수 있게 해주는 인터페이스, 클래스, 애너테이션의 모음이다. JPA는 명세이고, ORM 기법에 대한 표준을 제공한다. 하이버네이트(https://hibernate.org/orm/)나 이클립스링크EclipseLink(https://www.eclipse.org/eclipselink/#jpa)는 JPA 명세를 구현하는 구현체다.

3.1.1 왜 스프링 데이터인가?

스프링 데이터의 핵심 목표는 여러 데이터 소스의 데이터를 다룰 때 일관성 있는 프로그래밍 모델을 제공하는 것이다. 그래서 데이터 소스에 저장해야 하는 도메인 객체의 메타데이터를 편리하게 지정할 수 있는 API를 제공하여 비즈니스 도메인 객체가 특정 데이터 스토어에 저장될 수 있도록 한다. 또 관계형 데이터베이스와 스프링 데이터 JPA를 사용해서 비즈니스 객체를 관리할 수 있다.

JPA 애너테이션을 지정하면 스프링 데이터 JPA는 관계형 데이터베이스의 테이블에 도메인 객체를 저장한다. 3장에서 비즈니스 객체에 사용하는 여러 JPA 애너테이션을 살펴볼 것이다.

스프링 데이터 모듈에서는 널리 사용되는 `JdbcTemplate`과 `JmsTemplate`처럼 템플릿template을 사용하는 디자인 패턴과 유사한 템플릿 형태의 API가 제공된다. 그래서 몽고DB를 사용할 때는 몽고DB 데이터베이스의 다양한 연산을 수행할 수 있게 해주는 `MongoTemplate`을 사용한다. 템플릿 클래스에는 저장소별 특화된 자원을 관리하고 예외를 변환할 수 있도록 도와주는 여러 헬퍼helper 메서드가 포함돼 있다.

스프링 템플릿

스프링 템플릿을 사용하면 JDBC, JMSJava message service, JNDIJava naming and directory interface처럼 공통적으로 활용되는 API를 사용하기 위해 필요한 보일러플레이트 코드boilerplate code를 작성하지 않아도 된다. 보일러플레이트 코드란 일반적으로 특정 작업을 완수하기 위해 추가적으로 필요한 환경 준비, 예외 처리, 자원 관리 등을 담당하는 코드를 가리킨다. 앞에서 나온 JDBC 예제에서 확인했던 것처럼 데이터베이스 연결, `PreparedStatement` 생성, 쿼리 실행, 예외 처리, 데이터베이스 연결과 `PreparedStatement` 자원 해제 등이 필요하며, 이런 작업을 위해 작성해야 하는 코드가 바로 보일러플레이트 코드다.

스프링 템플릿을 사용하면 보일러플레이트 코드를 작성해서 수행해야 하는 작업을 프레임워크가 대신 처리해주므로 개발자는 실제 비즈니스 로직에 더 집중할 수 있다. 예를 들어 실행해야 하는 쿼리를 `JdbcTemplate`을 사용해서 스프링 데이터 모듈에 전달하면 데이터베이스 연결 등 나머지 작업은 템플릿이 알아서 처리한다.

스프링 데이터는 지원되는 개별 데이터베이스를 추상화해주는 리포지터리repository를 공통 프로그래밍 모델로 사용한다. 리포지터리 추상화는 스프링 데이터 커먼즈 모듈에 포함돼 있으며, 표준 CRUD 연산과 쿼리 실행을 가능하게 해주는 다양한 인터페이스를 포함하고 있다. 이 추상화 계층은 최상위 계층에 존재하며 다른 스프링 데이터 모듈의 바탕이 된다.

3.1.2 스프링 데이터 모듈

지금까지 스프링 데이터의 역할을 알아봤다. 이번에는 스프링 데이터 모듈에 대해 알아보자. 스프링 데이터 모듈은 스프링 데이터 프로젝트에 속해 있는 하위 프로젝트라고 볼 수 있다.

스프링 데이터 모듈

스프링 데이터 프로젝트는 여러 가지 주요 데이터 스토어를 지원하는 개별 프로젝트를 포함하는 상위 프로젝트다. 표 3.1에 공통적으로 사용되는 스프링 데이터 모듈이 나와 있다.

표 3.1 스프링 데이터 모듈과 그 목적

모듈 이름	목적
스프링 데이터 커먼즈commons	모든 스프링 데이터 프로젝트에서 사용하는 기초 컴포넌트 포함
스프링 데이터 JDBC	JDBC에 사용할 수 있는 리포지터리 지원
스프링 데이터 JPA	JPA에 사용할 수 있는 리포지터리 지원
스프링 데이터 몽고DB	도큐먼트 기반 몽고DB 데이터베이스 지원
스프링 데이터 레디스	레디스Redis 데이터 스토어 지원
스프링 데이터 REST	스프링 데이터 리포지터리를 REST 리소스로 사용할 수 있도록 지원
스프링 데이터 아파치 카산드라Apache Cassandra	아차피 카산드라 데이터 스토어 지원

이외에도 더 많은 스프링 데이터 모듈이 있는 전체 스프링 데이터 모듈 목록은 스프링 공식 문서(https://spring.io/projects/spring-data)를 참고하자.

스프링 데이터 커먼즈 모듈은 스프링 데이터 모듈 중에서 가장 중요하다. 스프링 데이터 커먼즈는 스프링 데이터 모듈에서 사용하는 데이터 스토어의 독립적인 기초 컴포넌트로 구성돼 있다. 예를 들어 스프링 데이터 JPA 모듈은 스프링 데이터 커먼즈 모듈에서 정의한 인터페이스에 의존하고 있다. 스프링 데이터 JPA의 `JpaRepository` 인터페이스는 스프링 데이터 커먼즈 모듈의 `PagingAndSortingRepository` 인터페이스에 정의된 CRUD, 페이징pagination, 정렬 기능을 상속받는다.

그림 3.2에 나와 있는 것처럼 스프링 데이터 커먼즈 모듈은 `Repository`, `CrudRepository`, `PagingAndSortingRepository`, 이렇게 3가지 핵심 인터페이스를 제공한다. 이름에도 나와 있듯이 `CrudRepository` 인터페이스는 CRUD 연산 기능을 포함하고 있고, `PagingAndSortingRepository` 인터페이스는 `CrudRepository` 인터페이스를 상속받는 인터페이스로서 CRUD 연산뿐만 아니라 페이징과 정렬 기능도 포함하고 있다. 3.3절에서 이 인터페이스를 자세히 살펴볼 것이다.

스프링 데이터 서브모듈은 특정 데이터베이스 유형이나 특정 데이터베이스 제품에 특화된 기능을 포함하고 있다. 스프링 데이터 JDBC나 스프링 데이터 JPA 서브모듈은 관계형 데이터베이스에 특화된 기능을 포함하고 있고, 스프링 데이터 몽고DB 서브모듈은 몽고DB 데이터베이스에 특화된 기능을 포함하고 있다. 이런 서브모듈은 스프링 데이터 커먼즈 모듈에 포함돼 있는 핵심 프레임워크 기능을 사용한다.

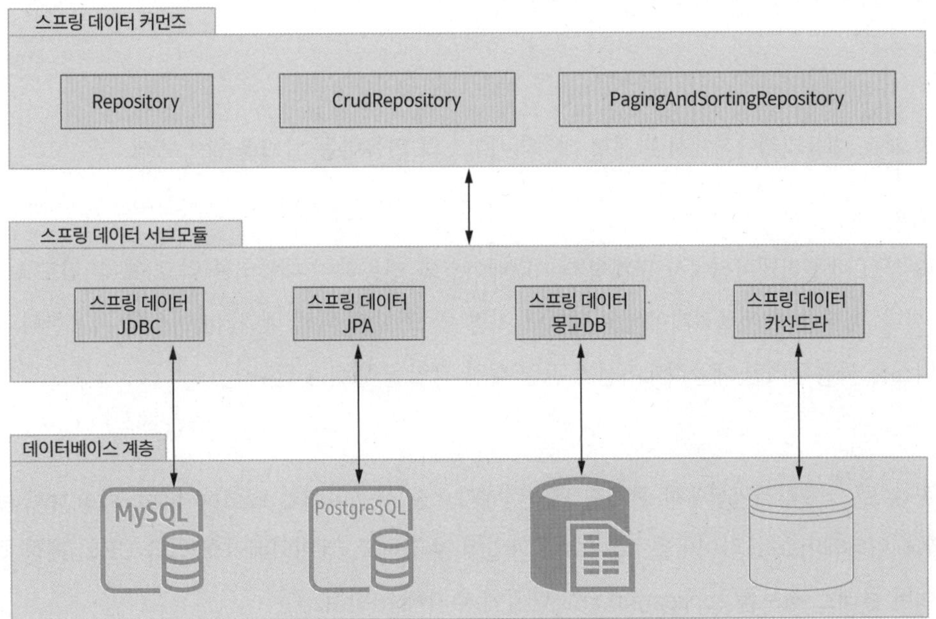

그림 3.2 스프링 데이터 모듈. 스프링 데이터 커먼즈 모듈은 다른 서브모듈의 기초가 되는 기능을 포함하고 있고, 서브모듈은 개별 데이터베이스에 특화돼 있다. Repository, CrudRepository, PagingAndSortingRepository는 스프링 데이터 커먼즈 모듈에 포함돼 있다.

3.2 스프링 부트 애플리케이션 데이터베이스 연동 설정

데이터베이스에 데이터를 저장하고 읽는 기능은 거의 모든 애플리케이션에서 필요로 하는 기초 연산이며 스프링 부트 애플리케이션도 예외는 아니다. 스프링 부트는 여러 가지 방식으로 데이터베이스와 스프링 부트 애플리케이션을 연동할 수 있게 해준다. 스프링 부트 애플리케이션에서 관계형 데이터베이스를 활용할 수 있도록 설정하는 방법을 알아보자.

3.2.1 기법: 스프링 부트 애플리케이션에서 관계형 데이터베이스 연동 설정

3.2.1절의 소스 코드는 https://mng.bz/M2mW에서 확인할 수 있다. 완성본은 https://mng.bz/aDy7에서 확인할 수 있다.

스프링 부트 애플리케이션에서 관계형 데이터베이스와 연동하는 방법을 알아보자.

요구 사항

스프링 부트 애플리케이션에서 관계형 데이터베이스와 연동하여 데이터를 읽고 쓸 수 있도록 설정해야 한다. 대부분의 애플리케이션은 데이터 저장 및 조회를 위해 데이터베이스를 사용한다. 데이터베이스를 사용하려면 애플리케이션에 관련 설정 작업을 해줘야 한다.

해법

스프링 부트 애플리케이션에서 관계형 데이터베이스를 사용하려면 `spring-boot-starter-data-jpa`와 데이터베이스 드라이버를 pom.xml 파일에 추가하고, 데이터베이스 접속 URL, 계정 정보, 드라이버 클래스 정보를 application.xml 파일에 추가해야 한다.

> **어떤 관계형 데이터베이스를 사용해야 할까?**
>
> 앞으로 나올 예제에서는 H2(https://www.h2database.com/html/main.html) 데이터베이스를 사용한다. 하지만 H2가 아닌 MySQL(https://www.mysql.com/), 오라클(https://mng.bz/y4xB), PostgreSQL(https://www.postgresql.org/) 등 다른 관계형 데이터베이스를 사용하더라도 기본적인 데이터베이스 연동 설정 방법은 동일하며, 데이터베이스 드라이버와 기타 지원 기능을 위한 파라미터 정보만 데이터베이스마다 다르다.
>
> 그리고 스프링 부트 애플리케이션이 시작될 때 연결할 수 있도록 데이터베이스가 먼저 실행되고 있어야 한다. 데이터베이스는 개발 장비에 설치해서 설정할 수도 있고, AWS나 애저Azure 같은 클라우드 서비스에서 제공하는 데이터베이스를 사용할 수도 있다. 클라우드 서비스에서 제공하는 데이터베이스를 사용하려면 스프링 부트 애플리케이션을 실행하는 장비가 해당 데이터베이스 서비스를 연결할 수 있어야 한다. 개발 장비에 설치하든 클라우드 서비스를 사용하든 데이터베이스 연결 URL만 달라질 뿐이고 나머지 설정 방법은 동일하다. 예제에서는 간편하게 사용할 수 있는 내장형 H2 인메모리 데이터베이스를 사용한다.

관계형 데이터베이스를 사용하려면 두 가지 의존 관계를 pom.xml 파일에 추가해야 한다. pom.xml의 dependencies 태그 안쪽에 예제 3.1에 표시된 의존 관계를 추가한다.

예제 3.1 스프링 데이터 JPA 스타터와 H2 의존 관계 추가

```
<dependency>      ❶
    <groupId>org.springframework.boot</groupId>
    <artifactId>spring-boot-starter-data-jpa</artifactId>
</dependency>
<dependency>      ❷
    <groupId>com.h2database</groupId>
    <artifactId>h2</artifactId>
    <scope>runtime</scope>
</dependency>
```

❶ JPA를 사용할 수 있게 해주는 스프링 부트 데이터 JPA

❷ H2 데이터베이스 드라이버. 스코프scope를 `runtime`으로 지정해서 컴파일 타임에는 사용되지 않고 애플리케이션 런타임에서만 사용되도록 설정한다.

예제 3.1에 나온 첫 번째 의존 관계는 스프링 데이터 JPA이고 두 번째는 H2 데이터베이스 드라이버다. H2가 아니라 MySQL이나 PostgreSQL 같은 다른 데이터베이스를 사용한다면 해당 데이터베이스에 맞는 드라이버를 메이븐 리포지터리에서 찾아서 의존 관계로 추가해야 한다.

스프링 데이터 JPA는 ORM 기법을 사용해서 SQL 쿼리를 직접 다루지 않고도 비즈니스 도메인 객체 데이터를 관계형 데이터베이스에서 관리할 수 있게 해준다. H2 인메모리 데이터베이스는 스프링 부트 애플리케이션에서 사용할 수 있는 내장형embedded 데이터베이스다. 인메모리 데이터베이스이므로 애플리케이션이 재시작되면 저장돼 있던 데이터는 모두 사라진다.

이제 스프링 부트 애플리케이션에서 H2 데이터베이스에 연결할 수 있도록 설정해보자. application.properties 파일에 예제 3.2와 같이 H2 데이터베이스 연결 정보를 작성한다.

예제 3.2 H2 데이터베이스 설정

```
spring.datasource.url=jdbc:h2:mem:sbipdb                 ❶
spring.datasource.driverClassName=org.h2.Driver          ❷
spring.datasource.username=sa                            ❸
spring.datasource.password=password                      ❹
spring.h2.console.enabled=true                           ❺
```

❶ 데이터베이스 URL. sbipdb 스키마를 사용한다.

❷ H2 데이터베이스 드라이버 클래스 지정

❸ 데이터베이스 계정

❹ 데이터베이스 계정 비밀번호

❺ H2 데이터베이스 콘솔 활성화

예제 3.2에서 H2 데이터베이스 연결 URL, 드라이버 클래스, 계정 및 비밀번호, H2 콘솔 활성화를 설정했으며 이렇게만 설정해도 스프링 부트 애플리케이션에서 H2 데이터베이스를 사용할 수 있다. H2 콘솔은 웹 브라우저 UI를 통해 H2 데이터베이스에 쿼리를 전송할 수 있게 해준다.

데이터 소스 설정이 유효한지 검증하기 위해 예제 3.3과 같이 테스트를 작성해서 데이터 소스 타입과 실제 사용하는 데이터베이스를 확인해보자. 테스트에 익숙하지 않다면 책의 깃허브 위키 페이지 https://mng.bz/jyez에 나온 내용을 먼저 살펴보면 도움이 된다.

NOTE 단위 테스트에 관심이 있다면 블라디미르 코리코프의 책 《단위 테스트-생산성과 품질을 위한 단위 테스트 원칙과 패턴》(에이콘출판, 2021)을 추천한다. http://acornpub.co.kr/book/unit-testing에서 확인할 수 있다.

예제 3.3 데이터 소스 설정 내용을 확인하는 단위 테스트

```
package com.manning.sbip.ch03;

// import 문 생략

@SpringBootTest
class CourseTrackerSpringBootApplicationTests {

    @Autowired
    private DataSource dataSource;

    @Test
    public void givenDatasourceAvailableWhenAccessDetailsThenExpectDetails()
        throws SQLException {
        assertThat(dataSource.getClass().getName()).isEqualTo("com.zaxxer.hikari.
HikariDataSource");
        assertThat(dataSource.getConnection().getMetaData().getDatabaseProductName()).
isEqualTo("H2");
    }
}
```

`@Autowired` 애너테이션을 사용해서 `DataSource` 인스턴스를 주입받고 데이터 소스 클래스 이름이 `com.zaxxer.hikari.HikariDataSource`인지 판정한 후 데이터베이스 제품이 `H2`인지 판정한다. 히카리 커넥션 풀HikariCP의 역할은 나중에 다시 알아본다. 테스트를 실행하면 그림 3.3과 같이 통과한다.

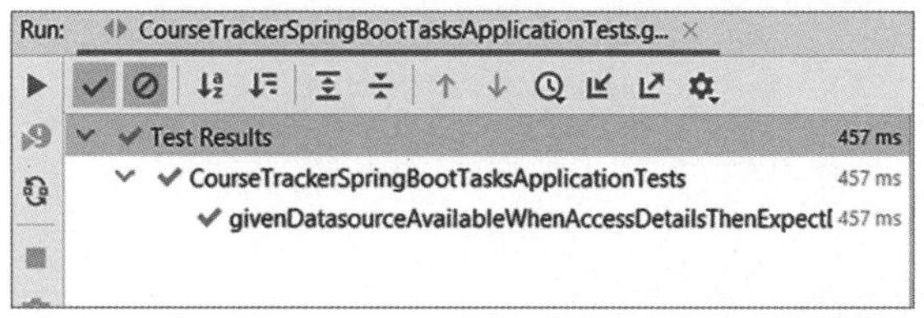

그림 3.3 인텔리제이에서 성공적으로 통과한 단위 테스트 케이스

토론

스프링 부트 애플리케이션에서 간단한 몇 가지 설정만으로 관계형 데이터베이스를 연동하는 방법을 알아봤다. 스프링 데이터 JPA와 H2 데이터베이스 의존 관계를 추가하고, application.properties 파일에 데이터베이스 연결 정보를 추가하기만 하면 스프링 부트 애플리케이션과 H2 데이터베이스를 연동할 수 있다.

스프링 부트는 자동 구성을 통해 히카리 커넥션 풀(https://github.com/brettwooldridge/HikariCP)을 사용한다. 데이터베이스 커넥션 풀은 한 개 이상의 데이터베이스 연결을 포함하고 있으며, 일반적으로 애플리케이션이 시작될 때 커넥션 풀이 구성된다. 여러 개의 데이터베이스 연결을 애플리케이션이 시작될 때 미리 생성해서 풀에 넣고 필요할 때 꺼내어 사용하고, 사용 후 다시 풀에 반납하므로 쿼리를 실행할 때마다 데이터베이스 연결을 생성할 필요가 없고, 사용 후에도 삭제할 필요가 없다. 스프링 부트는 히카리 커넥션 풀을 기본 데이터베이스 커넥션 풀로 사용한다.

히카리 커넥션 풀 의존 관계는 `spring-boot-starter-data-jpa` 의존 관계 안에 포함돼 있다. IDE의 메이븐 지원 기능[1]을 사용하면 그림 3.4와 같이 `spring-boot-starter-data-jpa` 안에 `spring-boot-starter-jdbc`가 포함돼 있고, `spring-boot-starter-jdbc` 안에 히카리 커넥션 풀이 포함돼 있음을 확인할 수 있다.

1 옮긴이 인텔리제이에서 pom.xml을 열고 [CTRL] 키를 누른 상태에서 dependency 항목에 마우스를 가져가면 포인터가 손 모양으로 변한다. 클릭하면 해당 의존 관계의 pom.xml 파일 내용이 에디터에 표시된다.

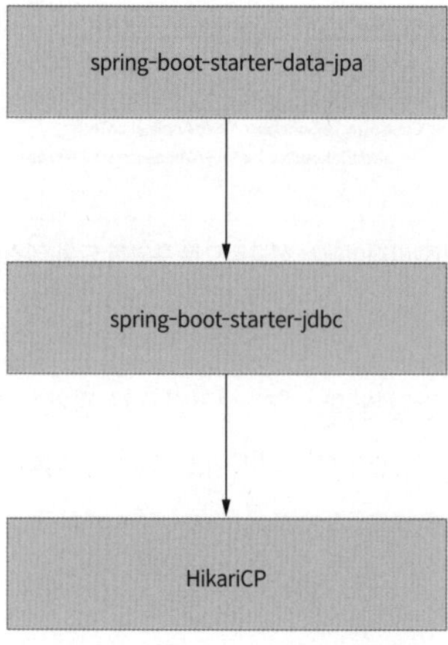

그림 3.4 히카리 커넥션 풀 의존 관계

히카리 커넥션 풀 말고 다른 커넥션 풀을 사용하려면 pom.xml 파일의 `spring-boot-starter-data-jpa`에서 HikariCP를 제외하고 오라클의 UCP, 톰캣의 JDBC, DBCP2 등 다른 커넥션 풀 의존 관계를 추가하면 된다. 예제 3.4에는 HikariCP 대신 톰캣의 `tomcat-jdbc` 커넥션 풀을 사용하는 방법이 나와 있다.

예제 3.4 HikariCP 대신 톰캣 커넥션 풀을 사용하도록 설정

```
...
<dependency>
    <groupId>org.springframework.boot</groupId>
    <artifactId>spring-boot-starter-data-jpa</artifactId>
    <exclusions>
        <exclusion>    ❶
            <groupId>com.zaxxer</groupId>
            <artifactId>HikariCP</artifactId>
        </exclusion>
    </exclusions>
</dependency>
<dependency>    ❷
    <groupId>org.apache.tomcat</groupId>
    <artifactId>tomcat-jdbc</artifactId>
</dependency>
...
```

❶ 스프링 데이터 JPA 의존 관계에서 HikariCP 제외

❷ 톰캣 JDBC 커넥션 풀 추가

스프링 부트는 다음 전략에 따라 예제 3.4에 정의된 데이터베이스 커넥션 풀을 감지한다.

1. HikariCP를 사용할 수 없으면 클래스패스에서 아파치 톰캣 데이터베이스 커넥션 풀을 찾아서 있으면 사용
2. HikariCP와 아파치 톰캣 커넥션 풀 둘 다 없으면 클래스패스에서 아파치 커먼즈 DBCP2(https://commons.apache.org/proper/commons-dbcp)를 찾아서 있으면 사용
3. DBCP2가 없으면 JDK의 기본 데이터 소스인 `javax.sql.DataSource` 사용

application.properties 파일에서 몇 가지 파라미터 지정만으로 스프링 부트 애플리케이션에서 H2 데이터베이스를 사용할 수 있음을 알 수 있었다. 예제에서는 최소한의 데이터베이스 설정만 구성했지만 스프링 부트에서는 데이터베이스 설정을 최적화할 수 있는 다른 파라미터도 많다.

예를 들어 HikariCP를 사용하면서 다른 설정을 변경해서 최적화할 수 있다. `spring.datasource.hikari.maximum-pool-size` 프로퍼티값을 통해 커넥션 풀의 최대 연결 개수를 지정할 수 있다. HikariCP가 아닌 다른 커넥션 풀을 사용한다면 그에 맞는 프로퍼티를 수정하면 된다.

application.properties 파일에서 사용할 수 있는 데이터베이스 설정 파라미터는 https://mng.bz/g40V에서 확인할 수 있다.

3.2.2 기법: 스프링 부트 애플리케이션 몽고DB 설정

3.2.2절의 소스 코드는 https://mng.bz/eneQ**에서 확인할 수 있다. 완성본은** https://mng.bz/p28z**에서 확인할 수 있다.**

이번에는 스프링 부트 애플리케이션에서 몽고DB 데이터베이스를 설정하는 방법을 알아보자.

요구 사항

널리 사용되는 NoSQL 데이터베이스인 몽고DB를 스프링 부트 애플리케이션에서 사용할 수 있어야 한다. 앞에서 관계형 데이터베이스 설정 방법을 알아봤는데, 관계형 데이터베이스뿐만 아니라 NoSQL 데이터베이스도 최근에 점점 더 많이 사용하고 있다.

해법

스프링 부트에서 제공하는 `spring-boot-starter-data-mongodb` 의존 관계를 사용하면 스프링 부트 애플리케이션에서 몽고DB 데이터베이스를 쉽게 사용할 수 있다. 이제 구체적인 방법을 알아보자.

스프링 부트 애플리케이션에서 몽고DB를 사용하려면 예제 3.5와 같이 의존 관계를 추가해야 한다.

예제 3.5 몽고DB 메이븐 의존 관계

```
<dependency>
    <groupId>org.springframework.boot</groupId>
    <artifactId>spring-boot-starter-data-mongodb</artifactId>
</dependency>
<dependency>
    <groupId>de.flapdoodle.embed</groupId>
    <artifactId>de.flapdoodle.embed.mongo</artifactId>
</dependency>
```

내장형 Flapdoodle 몽고DB

책에서는 간편한 사용을 위해 내장형 몽고DB인 Flapdoodle 몽고DB(https://mng.bz/0GlE)를 사용한다. Flapdoodle 몽고DB는 몇 가지 한계가 있어서 실제 운영 환경이나 복잡한 애플리케이션에서는 사용하지 않는 것이 좋다. 자세한 내용은 https://mng.bz/Yg5A를 참고한다. 실제 운영 환경에서는 몽고DB를 사용하거나 테스트 목적이라면 테스트컨테이너(https://www.testcontainers.org/)를 사용하는 것이 좋다.

첫 번째로 추가한 `spring-boot-starter-data-mongodb`에는 스프링 부트에서 몽고DB를 지원하는 기능이 담겨 있다. 두 번째로 추가한 Flapdoodle 몽고DB(https://mng.bz/GGK0)는 별도로 몽고DB를 설치할 필요 없이 애플리케이션에 내장된 형태로 사용할 수 있다. 몽고DB를 이미 사용하고 있다면 Flapdoodle 몽고DB 의존 관계는 추가하지 않아도 된다. 몽고DB가 올바르게 설정됐는지 확인할 수 있는 테스트를 작성해보자.

예제 3.6 몽고DB 설정을 검증하는 단위 테스트

```
package com.manning.sbip.ch03;

// Import statements are excluded as a matter of readability

import static org.assertj.core.api.Assertions.assertThat;

@DataMongoTest
@ExtendWith(SpringExtension.class)
class CourseTrackerSpringBootApplicationTests {

    @Autowired
    private MongoTemplate mongoTemplate;

    @Test
    public void givenObjectAvailableWhenSaveToCollectionThenExpectValue() {

        // given
        DBObject object = BasicDBObjectBuilder.start()
                .add("Manning", "Spring Boot In Practice").get();

        // when
        mongoTemplate.save(object, "collection");

        // then
        assertThat(mongoTemplate.findAll(DBObject.class, "collection"))
                .extracting("Manning")
                .containsOnly("Spring Boot In Practice");
    }
}
```

테스트에서 수행하는 작업은 다음과 같다.

- `MongoTemplate`을 주입받는다. `MongoTemplate`는 다양한 몽고DB 연산을 수행할 수 있도록 도와주는 헬퍼 클래스이며 스프링 부트가 `MongoTemplate`의 인스턴스를 생성해서 주입해준다.
- **Manning**이 키key이고 **Spring Boot in Practice**가 값인 도큐먼트document 하나를 생성해서 이름이 **collection**인 몽고DB 컬렉션에 저장한다.
- **collection** 컬렉션에서 **Manning**으로 조회해서 값이 **Spring Boot in Practice**인지 판정한다.

토론

관계형 데이터베이스는 데이터를 행과 열로 구성된 테이블 형태로 저장한다. 하지만 모든 데이터가 테이블 형태로 저장하기에 적합한 것은 아니다. 데이터를 테이블 형태로 구조화하지 않고 문서 형태로 저장하는 것이 더 적합할 때도 있다. NoSQL 데이터베이스 중에서 데이터를 문서 형태로 저장하는 데이터베이스를 도큐먼트 데이터베이스라고 한다. 몽고DB는 가장 인기 있는 도큐먼트 데이터베이스다.

예제에서 애플리케이션 시작 시에 함께 생성되는 몽고DB 인메모리 인스턴스를 사용했다. 인메모리 인스턴스를 사용하면 로컬이나 원격 데이터베이스를 따로 설치할 필요가 없으므로 편리하다.

이미 로컬이나 원격 서버 또는 클라우드 환경에 몽고DB가 설치돼 있고 사용할 수 있다면 내장형 인메모리 인스턴스 대신에 실제 데이터베이스를 사용할 수도 있다. 예제 3.7에는 실제 몽고DB를 연동하는 설정 정보가 나와 있으며, 다양한 정보를 지정할 수 있다.

예제 3.7 몽고DB 설정 정보

```
spring.data.mongodb.authentication-database=<인증 데이터베이스 이름>
spring.data.mongodb.database=<데이터베이스 이름>
spring.data.mongodb.field-naming-strategy=<필드 이름 지정 규칙 명칭>
spring.data.mongodb.gridfs.database=<GridFS 데이터베이스 이름>
spring.data.mongodb.host=<데이터베이스 호스트 이름>
spring.data.mongodb.password=<데이터베이스 로그인 비밀번호>
spring.data.mongodb.port=<데이터베이스 포트, 기본값 27017>
spring.data.mongodb.uri=<데이터베이스 URI>
spring.data.mongodb.username=<데이터베이스 계정 이름>
spring.mongodb.embedded.version=<내장형 몽고DB 버전>
```

NOTE 전체 설정 정보는 스프링 부트 공식 문서(https://mng.bz/zQAQ)를 참고하자.

몽고DB를 처음 접한다면 깃허브 위키 페이지에 있는 가이드(https://mng.bz/0wA6)를 참고하자.

3.2.3 기법: 스프링 부트 애플리케이션에서 관계형 데이터베이스 초기화

3.2.13절의 소스 코드는 https://mng.bz/KB80**에서 확인할 수 있다. 완성본은** https://mng.bz/9K41**에서 확인할 수 있다.**

이번에는 스프링 부트 애플리케이션에서 관계형 데이터베이스 스키마를 초기화하는 방법을 알아보자.

요구 사항

애플리케이션을 시작할 때 데이터베이스 스키마를 초기화해야 한다. 앞서 스프링 부트 애플리케이션에서 관계형 데이터베이스 연동 방법을 알아봤다. 실제로 데이터베이스에 데이터를 저장하고 조회하려면 테이블과 인덱스 생성 등 데이터베이스 스키마가 적절하게 초기화돼 있어야 한다.

해법

스프링 부트는 ORM을 구현한 서드파티 라이브러리와 스프링 부트에 내장된 기능을 활용해서 데이터베이스를 초기화할 수 있다. 스프링 데이터의 schema.sql 스크립트 파일과 data.sql 스크립트 파일을 사용해서 데이터베이스를 초기화하는 방법을 알아본다.

스프링 부트는 src/main/resources 폴더 또는 직접 지정한 다른 폴더에 있는 SQL 스크립트 파일을 읽어서 사용할 수 있다. 기본적으로 schema.sql 파일을 읽어서 스키마를 정의하고, data.sql 파일을 읽어서 스크립트를 실행할 수 있다. 그래서 schema.sql에 데이터베이스를 초기화할 DDL을 작성하고, data.sql에 DML을 작성해서 초기 데이터를 입력할 수 있다. 이런 기본 동작도 `spring.datasource.schema`와 `spring.datasource.data` 프로퍼티를 통해 원하는 대로 변경할 수 있으며, 예제를 통해 알아볼 것이다.

DDL과 DML

데이터 정의 언어Data Definition Language, DDL는 데이터베이스 계정, 스키마, 테이블, 인덱스, 제약 사항constraint 등 데이터베이스 구조를 정의할 때 사용한다. 예를 들어 H2 데이터베이스에서는 다음과 같은 DDL로 AUTHORS 테이블을 정의할 수 있다.

```
create table AUTHORS (
  id bigint not null,
  name varchar(255),
  primary key (id)
);
```

데이터 조작 언어Data Manipulation Language, DML는 INSERT, UPDATE, DELETE 등 데이터베이스에서 데이터를 조작하는 데 사용한다. 예를 들어 다음 DML로 AUTHORS 테이블에 데이터를 입력할 수 있다.

```
INSERT INTO AUTHORS(id, name) VALUES(1, 'John Doe');
```

먼저 내장형 인메모리 데이터베이스가 아닌 다른 데이터베이스를 사용하는 상황에서 스크립트 파일을 사용해 데이터베이스를 초기화하려면, 예제 3.8과 같이 application.properties 파일에 spring.sql.init.mode 프로퍼티값을 always로 설정해야 한다. 이렇게 해야 애플리케이션이 시작될 때 언제나 데이터베이스 초기화가 실행된다. spring.sql.init.mode 프로퍼티는 embedded, always, never 이렇게 셋 중 하나의 값을 가질 수 있다. 기본값은 embedded라서 H2 같은 인메모리가 사용될 때만 데이터베이스 초기화가 실행된다(https://www.h2database.com/html/main.html). 따라서 MySQL 같은 인메모리가 아닌 다른 실제 데이터베이스를 사용할 때 데이터베이스 초기화를 실행하려면 always로 설정해야 한다. 예제에서는 H2를 사용하므로 spring.sql.init.mode 값은 별도로 지정하지 않는다.

예제 3.8 데이터베이스 초기화를 위한 설정

```
spring.sql.init.mode=always
```

이렇게 데이터베이스 스키마 초기화를 설정하면 스프링 부트는 애플리케이션을 재시작할 때마다 기존 스키마를 삭제하고 새로 재생성하며, 데이터베이스 스키마 버전 관리는 스프링 부트에서 지원되지 않는다. 그래서 예제 3.9와 같이 COURSES 테이블을 정의해두면 애플리케이션을 재시작할 때마다 COURSES 테이블도 삭제 및 재생성되고, data.sql 파일에 있는 DML도 다시 실행되면서 데이터가 새로 입력된다.

이제 schema.sql 파일과 data.sql 파일을 작성해보자. 그보다 먼저 애플리케이션에서 사용할 비즈니스 모델을 정해두자. 예제 애플리케이션에서는 Course 상세 정보를 관리할 예정이다. 따라서 Course가 비즈니스 도메인 객체가 된다. schema.sql 파일로 COURSES 테이블을 생성하고, data.sql 파일로 COURSES 테이블에 데이터를 입력한다. src/main/resources 폴더에 있는 schema.sql 파일 안에서 COURSES 테이블을 정의하는 내용이 예제 3.9에 나와 있다.

예제 3.9 schema.sql 파일

```
CREATE TABLE COURSES
(
    id int(15) NOT NULL,
    name varchar(100) NOT NULL,
    category varchar(20) NOT NULL,
    rating int(1) NOT NULL,
    description varchar(1000) NOT NULL,
    PRIMARY KEY (id)
);
```

예제 3.10에는 INSERT 문을 사용해서 COURSES 테이블에 데이터를 입력하는 data.sql 파일 내용이 나와 있다.

예제 3.10 데이터 입력 스크립트

```
INSERT INTO COURSES(ID, NAME, CATEGORY, RATING, DESCRIPTION)
VALUES(1, 'Rapid Spring Boot Application Development',
'Spring', 4, 'Spring Boot gives all the power of the Spring Framework without all of the
complexities');

INSERT INTO COURSES(ID, NAME, CATEGORY, RATING, DESCRIPTION)
VALUES(2, 'Getting Started with Spring Security DSL',
'Spring', 3, 'Learn Spring Security DSL in easy steps');

INSERT INTO COURSES(ID, NAME, CATEGORY, RATING, DESCRIPTION)
VALUES(3, 'Scalable, Cloud Native Data Applications',
'Spring', 4, 'Manage Cloud based applications with Spring Boot');

INSERT INTO COURSES(ID, NAME, CATEGORY, RATING, DESCRIPTION)
VALUES(4, 'Fully Reactive: Spring, Kotlin, and JavaFX Playing Together',
'Spring', 3,'Unleash the power of Reactive Spring with Kotlin and Spring Boot');

INSERT INTO COURSES(ID, NAME, CATEGORY, RATING, DESCRIPTION)
VALUES(5, 'Getting Started with Spring Cloud Kubernetes',
'Spring', 5, 'Master Spring Boot application deployment with Kubernetes');
```

데이터베이스에 특화된 스키마 및 데이터 파일

스프링 부트에서는 사용하는 데이터베이스에 특화된 schema.sql, data.sql 파일을 지정할 수 있다. 데이터베이스마다 SQL 문법이 차이가 있을 수 있으므로, 애플리케이션에서 여러 가지 데이터베이스를 사용한다면 각 데이터베이스에 맞는 파일이 필요하다. 스프링 부트에서는 파일 이름을 schema-${platform}.sql, data-${platform}.sql로 지정하면 해당 데이터베이스에 맞는 스크립트가 실행된다. 데이터베이스 플랫폼은 `spring.datasource.platform` 프로퍼티를 통해 지정할 수 있다. 예를 들어 application.properties 파일에 `spring.datasource.platform=h2`라고 작성하면 schema-h2.sql, data-h2.sql 파일은 H2 데이터베이스에서만 실행된다. 그래서 src/main/resources 폴더에 schema-h2.sql, data-h2.sql, schema-mysql.sql, data-mysql.sql 파일이 함께 있더라도 `spring.datasource.platform=h2`로 지정돼 있으면 schema-h2.sql, data-h2.sql에 작성된 스크립트만 실행되고, `spring.datasource.platform=mysql`로 지정돼 있으면 schema-mysql.sql, data-mysql.sql에 작성된 스크립트만 실행된다.

스프링 부트가 실제로 데이터베이스를 초기화하는지 확인할 수 있는 테스트를 작성해보자. COURSES 테이블을 조회해서 data.sql에 작성된 것과 같은 수의 데이터가 저장돼 있는지 확인한다.

예제 3.11 데이터베이스 스키마 초기화 검증 테스트

```
package com.manning.sbip.ch03;

// Import Statements are excluded as a matter of readability

@SpringBootTest
class CourseTrackerSpringBootApplicationTests {

    @Autowired
    private DataSource dataSource;

    @Test
    public void whenCountAllCoursesThenExpectFiveCourses() throws SQLException {
        ResultSet rs = null;
        int noOfCourses = 0;

        try(PreparedStatement ps =
                dataSource.getConnection().prepareStatement("SELECT COUNT(1) FROM
COURSES")) {
            rs = ps.executeQuery();
            while(rs.next()) {
                noOfCourses = rs.getInt(1);
            }
            assertThat(noOfCourses).isEqualTo(5L);
        }
        finally {
            if(rs != null) {
                rs.close();
            }
        }
    }
}
```

예제 3.11에 `DataSource`를 주입받아서 `COURSES` 테이블의 행 수를 계산하는 기본적인 JDBC 코드가 작성돼 있다. 행 수를 질의하는 쿼리문 하나를 실행하기 위해 많은 양의 부수적 코드가 사용됐는데 신경쓰지 않아도 된다. 다음 절에서 JPA 리포지터리를 사용해서 부수적 코드 없이 SQL 쿼리를 실행하는 방법을 알아볼 것이다. 앞서 data.sql에서 5건의 `course` 정보를 입력했고, 테스트에서는 전체 데이터 개수가 5개가 맞는지 판정한다.

스키마 파일과 데이터 파일은 이름과 경로를 변경할 수 있다. 예제 3.12를 보면 schema.sql 파일 대신 sbip-schema.sql 파일로 이름을 변경하고 파일 위치도 src/main/resources/sql/schema 폴더로 변경했다. data.sql 파일도 sbip-data.sql 파일로 이름을 변경하고 파일 위치도 src/main/resources/sql/data로 변경했다.

예제 3.12 스키마 파일과 데이터 파일 지정

```
spring.sql.init.schema-locations=classpath:sql/schema/sbip-schema.sql    ❶
spring.sql.init.data-locations=classpath:sql/data/sbip-data.sql          ❷
```

❶ 스키마 파일 이름과 경로 지정

❷ 데이터 파일 이름과 경로 지정

예제 3.12에는 `classpath:`를 사용해서 클래스패스 기준의 경로로 지정했지만 `file://절대경로`와 같이 파일 시스템 경로로 지정할 수도 있다. 이름과 경로뿐 아니라 쉼표를 사용해서 하나 이상의 여러 파일을 지정할 수도 있다. 예를 들어 `spring.sql.init.data-locations=classpath:sql/data/sbip-data.sql,file://c:/sql/data/reference-data.sql`와 같이 2개의 파일을 지정할 수도 있다.

토론

스프링 부트 내장 기능을 활용해서 데이터베이스 스키마를 정의하고 초기 데이터를 입력하는 방법을 알아봤다. schema.sql 파일에 DDL 스크립트를 작성해서 데이터베이스 스키마를 정의할 수 있고, data.sql 파일에 DML 스크립트를 작성해서 초기 데이터를 입력할 수 있다. 그리고 사용하는 데이터베이스 플랫폼별로 스키마 및 데이터 스크립트 파일을 따로 작성해서 사용할 수 있으므로 환경에 따라 서로 다른 데이터베이스의 스키마 정의 및 데이터 입력도 가능하다.

지금까지 스프링 부트 애플리케이션과 데이터베이스를 연동하는 기본적인 방법을 알아봤다. 다음 절에서는 스프링 데이터 JPA를 사용해서 데이터베이스를 좀 더 간결하고 효과적인 방법으로 사용하는 방법을 알아본다. 먼저 표준 CRUD 연산을 지원하고 대부분의 스프링 데이터 서브모듈이 의존하고 있는 스프링 데이터의 `CrudRepository` 인터페이스를 살펴보자.

3.3 CrudRepository 인터페이스 이해

`CrudRepository` 인터페이스를 알아보기 전에 먼저 `Repository` 인터페이스를 살펴볼 필요가 있다. 스프링 데이터 리포지터리 모듈은 `Repository` 인터페이스를 사용해서 데이터 소스 접근을 추상화한다. `Repository` 인터페이스는 데이터베이스에 저장되어 관리되는 비즈니스 도메인 클래스와 그 식별자 타입을 필요로 한다. 비즈니스 도메인 클래스는 비즈니스 엔티티 클래스를 의미한다.

예를 들어 CourseTracker 애플리케이션에서는 Course 상세 정보가 Course 클래스에 담겨 있으며 Course 클래스의 식별자는 long 타입이다.

Repository 인터페이스는 메서드나 상수를 포함하고 있지 않고, 오직 객체의 런타임 타입 정보만을 알려주는 마커marker 인터페이스로서 도메인 클래스와 도메인 클래스의 식별자 타입 정보를 포함하고 있다. spring-data-commons 모듈에 포함돼 있는 Repository 인터페이스는 예제 3.13과 같다.

예제 3.13 스프링 데이터 Repository 인터페이스

```
public interface Repository<T, ID> {}
```

CrudRepository는 Repository 인터페이스를 상속받은 하위 인터페이스이며 CRUD 연산을 포함하고 있다. spring-data-commons에 포함돼 있는 CrudRepository의 일부가 예제 3.14에 나와 있다. CrudRepository 인터페이스 전체 소스 코드는 https://mng.bz/jyzP에서 확인할 수 있다.

예제 3.14 스프링 데이터 CrudRepository 인터페이스의 주요 메서드

```
public interface CrudRepository<T, ID> extends Repository<T, ID> {      ❶

    <S extends T> S save(S entity);      ❷

    Optional<T> findById(ID id);      ❸

    Iterable<T> findAll();      ❹

    long count();      ❺

    void deleteById(ID id);      ❻

    // Additional Methods excluded for brevity
}
```

❶ 제네릭 타입 T는 도메인 클래스를 나타내며 ID 타입은 도메인 클래스의 식별자 타입을 나타낸다.
❷ 주어진 엔티티를 저장한다.
❸ ID로 엔티티를 조회한다.
❹ 모든 엔티티를 조회한다.
❺ 엔티티의 개수를 조회한다.
❻ ID에 해당하는 엔티티를 삭제한다.

스프링 데이터 모듈은 CrudRepository 인터페이스 외에도 CrudRepository를 상속받는 PagingAndSortingRepository 인터페이스도 제공하는데 이 인터페이스에는 페이징pagination과 정렬sorting 기능이 포함돼 있다. 그림 3.5에 스프링 데이터 커먼즈 모듈의 핵심 인터페이스가 정리돼 있다.

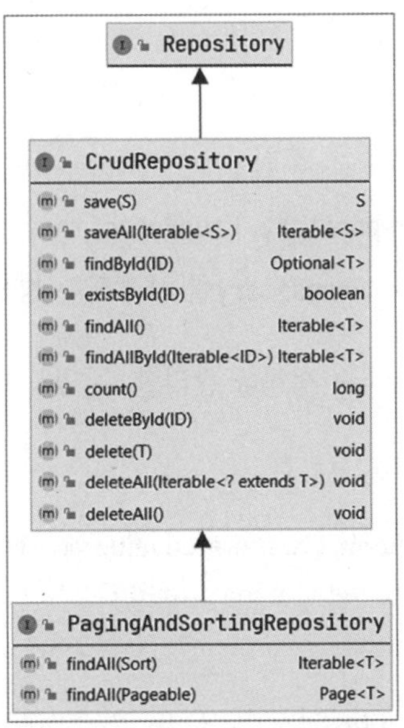

그림 3.5 **스프링 데이터 커먼즈 리포지터리 클래스 다이어그램**

비즈니스 도메인 클래스를 데이터베이스에 저장하고 관리하려면 CrudRepository나 PagingAndSortingRepository 인터페이스를 상속받고 엔티티 클래스와 식별자 타입 정보를 타입 파라미터로 받는 커스텀 리포지터리 인터페이스가 필요하다. 예를 들어 Course 클래스를 저장하려면 커스텀 인터페이스인 CourseRepository<Course, Long>가 필요하고, 이 인터페이스는 CrudRepository 인터페이스에 있는 모든 메서드를 확장한다. 먼저 CrudRepository를 자세히 살펴보자.

3.3.1 기법: 스프링 데이터 JPA를 사용해서 도메인 객체를 관계형 데이터베이스에서 관리

3.3.1절의 소스 코드는 https://mng.bz/W7R1**에서 확인할 수 있다. 완성본은** https://mng.bz/8lvw**에서 확인할 수 있다.**

이번 절에서는 스프링 데이터 JPA를 사용해서 비즈니스 도메인 객체를 관계형 데이터베이스에 저장해서 관리하는 방법을 알아본다.

요구 사항

스프링 부트 애플리케이션에서 스프링 데이터 JPA를 사용해서 도메인 객체를 관계형 데이터베이스에 저장하고 관리한다.

해법

CrudRepository를 사용해서 생성create, 조회read, 수정update, 삭제delete 연산을 수행한다. 앞 절에서 스프링 데이터에서 제공하는 Repository, CrudRepository, PagingAndSortingRepository 인터페이스를 알아봤다. 이번에는 CrudRepository를 사용하는 방법을 구체적으로 알아본다.

먼저 스프링 데이터 JPA를 통해 Course 객체를 관리할 수 있도록 예제 3.15와 같이 Course 도메인 클래스에 JPA 애너테이션을 붙인다.

예제 3.15 Course 엔티티에 @Id, @Column, @GeneratedValue 애너테이션 추가

```
import javax.persistence.*;

@Entity
@Table(name = "COURSES") public class Course {

    @Id
    @Column(name = "ID")
    @GeneratedValue(strategy = GenerationType.IDENTITY)
    private Long id;

    @Column(name = "NAME")
    private String name;

    @Column(name = "CATEGORY")
    private String category;

    @Column(name = "RATING")
    private int rating;

    @Column(name = "DESCRIPTION")
    private String description;


    public Course(String name, String category,
            int rating, String description) {
        this.name = name;
        this.category = category;
```

```
        this.rating = rating;
        this.description = description;
    }

    // 게터, 세터, toString() 등은 생략
```

- 클래스에 `@Entity`, `@Table` 애너테이션을 붙였다. `@Entity` 애너테이션은 이 클래스가 JPA로 관리되는 엔티티 클래스라는 것을 알려주고, `@Table` 애너테이션은 이 엔티티가 저장될 테이블에 대한 정보를 알려준다.
- 필드에 붙인 `@Column` 애너테이션은 자바의 필드 정보와 테이블의 컬럼 정보를 매핑해준다.
- `@Id` 애너테이션이 붙어 있는 필드는 테이블에서 기본 키primary key로 사용된다. `@GeneratedValue` 애너테이션은 식별자로 사용되는 `id` 값이 자동 생성됨을 의미하며, 자동 생성 전략을 지정할 수 있게 해준다. 자동 생성 전략은 이 절 마지막에서 다시 다룬다.
- ID는 JPA에 의해 자동 생성되므로 생성자에는 `id` 필드가 포함돼 있지 않다.

이제 `Course` 상세 정보를 관리할 수 있도록 `CrudRepository`를 상속받는 커스텀 스프링 데이터 리포지터리인 `CourseRepository`를 작성한다. `CrudRepository`는 표준 CRUD 연산을 지원하므로, 이를 상속받은 `CourseRepository`도 역시 CRUD 연산을 사용할 수 있다. 예제 3.16을 보자.

예제 3.16 CourseRepository 인터페이스

```
package com.manning.sbip.ch03.repository;

import org.springframework.data.repository.CrudRepository;
import org.springframework.stereotype.Repository;

import com.manning.sbip.ch03.model.Course;

@Repository
public interface CourseRepository extends CrudRepository<Course, Long> {
    // 인터페이스 내용은 사실상 비어 있어도 된다.
}
```

`CourseRepository`에는 `@Repository` 애너테이션을 붙여서 이 리포지터리가 스프링 리포지터리로 사용된다는 것을 알려준다. 주목할 점은 인터페이스 내용이 비어 있더라도 스프링 데이터 JPA가 런타임에 인터페이스 구현체를 자동으로 만들어준다는 점이다. 덕분에 인터페이스 내용을 따로 작성하지 않아도 기본적인 CRUD 연산을 수행할 수 있다.

마지막으로 해야 할 일은 application.properties 파일에서 `spring.jpa.hibernate.ddl-auto` 프로퍼티값을 `create`로 지정하는 것이다. 이 프로퍼티는 스프링 데이터 JPA의 기본 구현체인 하이버네이트가 엔티티에 매핑하는 테이블의 DDL을 자동으로 생성해서 실행하는 방식을 결정한다. 이 프로퍼티는 하이버네이트에 특화된 프로퍼티라서 다른 JPA 구현체를 사용할 때는 적용할 수 없다. 이제 예제 3.17처럼 실제 CRUD 연산을 수행하는 테스트를 작성해보자.

예제 3.17 CrudRepository에서 제공하는 CRUD 연산을 수행하는 단위 테스트

```
package com.manning.sbip.ch03;

// Import Statements are excluded as a matter of readability

@SpringBootTest
class CourseTrackerSpringBootApplicationTests {

    @Autowired
    private CourseRepository courseRepository;

    @Test
    public void givenCreateCourseWhenLoadTheCourseThenExpectSameCourse() {
        Course course =
            new Course("Rapid Spring Boot Application Development", "Spring",
                4, "'Spring Boot gives all the power of the Spring Framework without all of
the complexities");
        Course savedCourse = courseRepository.save(course);

        assertThat(courseRepository.findById(savedCourse.getId()).get()).isEqualTo(course);
    }

    @Test
    public void givenUpdateCourseWhenLoadTheCourseThenExpectUpdatedCourse() {
        Course course =
            new Course("Rapid Spring Boot Application Development", "Spring",
                4, "'Spring Boot gives all the power of the Spring Framework without all of
the complexities");
        courseRepository.save(course);
        course.setRating(5);
        Course savedCourse = courseRepository.save(course);

        assertThat(courseRepository.findById(savedCourse.getId())
            .get().getRating()).isEqualTo(5);
    }

    @Test
    public void givenDeleteCourseWhenLoadTheCourseThenExpectNoCourse() {
```

```
        Course course =
            new Course("Rapid Spring Boot Application Development", "Spring",
                4, "'Spring Boot gives all the power of the Spring Framework without all of
the complexities");
        Course savedCourse  = courseRepository.save(course);

        assertThat(courseRepository.findById(savedCourse.getId())
            .get()).isEqualTo(course);

        courseRepository.delete(course);
        assertThat(courseRepository.findById(savedCourse.getId())
            .isPresent()).isFalse();
    }
}
```

예제 3.17에서는 CourseRepository를 주입받아서 3개의 테스트 케이스를 실행하고 있다.

- 첫 번째 테스트에서는 course 객체를 새로 생성해서 데이터베이스에 저장한다. 저장 후 ID로 course 데이터를 조회해서 새로 생성한 course 객체의 정보와 데이터베이스에 저장된 정보가 동일한지 판정한다.
- 두 번째 테스트에서는 course 객체를 새로 생성해서 데이터베이스에 저장한 후 course 객체의 rating 필드값을 수정하고 저장하면 데이터베이스에서도 값이 수정됐는지 판정한다.
- 마지막 세 번째 테스트에서는 course 객체를 새로 생성해서 데이터베이스에 저장하고, 삭제한 후에 조회해서 조회되지 않는지 판정한다.

토론

이 기법에서는 스프링 데이터 JPA를 사용해서 비즈니스 도메인 객체를 관리하는 방법을 알아봤다. 먼저 비즈니스 도메인 클래스에 JPA 애너테이션을 붙여줘야 한다. 스프링 데이터 JPA는 이 애너테이션을 사용해서 도메인 객체를 관리한다. 예제에 사용된 JPA 애너테이션을 더 자세히 알아보자.

- @Entity - Course 클래스에 붙여서 이 클래스가 JPA 엔티티임을 표시한다. JPA 엔티티는 데이터베이스 테이블에 저장해야 하는 비즈니스 도메인 객체를 나타내는 POJO 클래스다. 스프링 데이터는 기본적으로 클래스 이름을 엔티티 이름으로 사용하지만 @Entity(name = "COURSE")와 같이 엔티티 이름을 직접 지정할 수도 있다.
- @Table - 엔티티 클래스 이름은 해당 엔티티가 저장되는 테이블 이름으로 사용한다. 그래서 Course 객체는 COURSE 테이블에 저장된다. 스프링 데이터는 테이블 정보가 지정되지 않으면 기

본적으로 엔티티 이름을 테이블 이름으로 사용하지만, `@Table` 애너테이션을 사용해서 테이블 정보를 제공해주면 그 정보에 따라 테이블을 생성한다. `@Table(name = "COURSES")`라고 테이블 이름을 지정해주면 COURSE가 아닌 COURSES 테이블이 만들어진다. 테이블 이름뿐만 아니라 스키마 이름, 유니크unique 제약 사항, 인덱스 같은 정보도 지정할 수 있다.

- `@Id` - 엔티티에는 저장하는 테이블에서 유일한 데이터로 식별할 수 있는 식별자identifier가 있어야 한다. `@Id` 애너테이션을 비즈니스 도메인 클래스의 필드에 붙여주면 해당 필드의 값이 테이블의 기본 키로 사용된다. 기본 키는 하나의 필드로 구성할 수도 있고 여러 필드를 묶어서 복합 키로 구성할 수도 있다. 스프링 데이터 JPA에서 복합 키를 사용하는 방법은 https://mng.bz/Exz0를 참고한다.
- `@Column` - 스프링 데이터는 기본적으로 클래스의 필드 이름을 테이블의 컬럼 이름으로 사용한다. 예를 들어 필드 이름이 `id`이면 컬럼 이름은 `ID`가 된다. 이름이 한 단어 이상인 `camelCase` 필드가 있다면 언더스코어를 사용해서 `camel_case` 컬럼이 만들어진다. 클래스에 `courseId`라는 필드가 있다면 테이블에서는 `course_id` 컬럼이 만들어진다.

대부분의 경우 필드 이름을 컬럼 이름으로 사용하는 기본 생성 방식으로도 충분하지만, 조직에서 사용하는 컬럼 이름 규약이 따로 있는 등 기본 생성 방식만으로 해결할 수 없을 때도 있다. 이럴 때는 `@Column` 애너테이션을 사용해서 컬럼 이름을 별도로 지정할 수 있다. `@Column(name = "COURSE_ID")`를 추가하면 COURSES 테이블에 필드 이름인 ID 대신에 COURSE_ID 컬럼이 생성된다. `@GeneratedValue` 애너테이션이 붙어 있는 필드의 값은 개발자가 지정하지 않고 자동으로 생성된다. 생성 방식은 `GenerationType` 중에서 선택해서 `@GeneratedValue`의 `strategy` 속성값으로 지정할 수 있다. 사용할 수 있는 `GenerationType` 값은 다음과 같다.

- **Table** - JPA 구현체가 데이터베이스에 키 생성 전용 테이블을 만들고 이 테이블에서 키를 생성하고 이를 기본 키로 사용
- **Identity** - JPA 구현체가 데이터베이스의 식별자 컬럼에서 생성된 값을 기본 키로 사용
- **Sequence** - 이름 그대로 JPA 구현체가 데이터베이스의 시퀀스를 사용해서 키를 생성하고 이를 기본 키로 사용
- **Auto** - JPA 구현체가 기본 키 생성 방식을 스스로 결정

`CourseRepository` 인터페이스에 `@Repository` 애너테이션을 붙였는데 여기에는 두 가지 목적이 있다.

- **자동 감지** - `@Repository` 애너테이션은 `@Component` 애너테이션을 포함하고 있으므로 스프링 컴포넌트 스캔 과정에서 탐지되고 다른 클래스에 주입할 수 있다.
- **예외 변환**exception translation - 스프링 데이터 JPA를 사용하는 주요 장점 중 하나는 JPA 구현체를 유연하게 변경할 수 있다는 점이다. 따라서 하이버네이트 대신에 이클립스링크EclipseLink를 사용할 수도 있다. 하지만 이렇게 하면 발생하는 예외가 JPA 구현체에 따라 달라지므로 이를 변환하는 추가 작업이 필요하다. `@Repository`를 사용하면 JPA 구현체에 따라 달라지는 예외를 스프링의 `DataAccessException`로 변환해주므로 애플리케이션에서는 JPA 구현체마다 달라지는 예외가 아니라 `DataAccessException`만 처리하면 된다.

`@Repository` 애너테이션을 사용하면 예외 변환에 필요한 부담을 줄일 수 있다. 예외 변환이란 `SQLException`, `EclipseLinkException`, `HibernateException` 등 특정 JPA 구현체에 특화된 예외 타입을 `DataAccessException` 같은 스프링의 추상화된 제네릭 예외 타입으로 변환하는 것을 의미한다. 스프링 데이터는 런타임 예외인 `DataAccessException`과 이를 상속받는 여러 하위 예외 타입을 제공한다. 스프링 데이터에서 제공하는 예외 타입은 JPA 구현체에서 발생하는 검사 예외checked exception를 감싸서 JPA 구현체에 독립적으로 예외 처리 작업을 수행할 수 있게 해준다.

> **서비스와 DAO 계층**
>
> 일반적으로 사용자의 요청을 처리하는 컨트롤러 계층에서 리포지터리나 DAOdata access object 구현체를 직접 호출하지 않고, 컨트롤러와 리포지터리 또는 DAO 계층 사이에서 가교 역할을 하는 서비스 계층을 둔다. 하지만 예제에서는 간결함과 단순함을 유지하기 위해 테스트 컨트롤러에서 리포지터리를 직접 호출한다.

JPA를 사용하면 `@Entity`가 붙어 있는 클래스의 정보를 바탕으로 DDL을 자동 생성할 수 있다. `spring.jpa.hibernate.ddl-auto` 프로퍼티를 사용해서 DDL을 관리할 수 있다. 프로퍼티값으로 `none`, `validate`, `update`, `create`, `create-drop` 중 하나를 선택할 수 있으며 각각에 대한 간략한 설명은 다음과 같다.

- `none` - DDL 자동 생성 및 관리 기능을 비활성화 한다. 임베디드가 아닌 실제 데이터베이스에서 기본으로 선택되는 값이다.
- `validate` - 실제 데이터베이스에 있는 스키마와 자동 생성되는 DDL을 비교 검증해서 차이가 있으면 데이터베이스에 반영하지 않고, 스프링 부트 애플리케이션 시작 시 에러가 발생한다.
- `update` - 실제 데이터베이스에 있는 스키마와 자동 생성되는 DDL을 비교 검증해서 차이가 있

으면 자동으로 생성되는 DDL 기준으로 변경 사항을 데이터베이스에 반영한다.

- `create` - 기존에 존재하던 스키마와 데이터를 삭제하고 스키마를 새로 생성한다.
- `create-drop` - 기존에 존재하던 스키마와 데이터를 삭제하고 스키마를 새로 생성하고 애플리케이션 종료 시 스키마와 데이터를 삭제한다. 임베디드 데이터베이스 사용 시 기본으로 선택하는 값이다.

`spring.jpa.hibernate.ddl-auto`는 스프링 부트에 사용하는 기본 JPA 구현체인 하이버네이트에서만 동작하는 프로퍼티다. 하이버네이트 외의 다른 JPA 구현체에서도 동작하게 하려면 불리언값을 가지는 `spring.jpa.generate-ddl` 프로퍼티를 사용해야 한다.

schema.sql 또는 spring.jpa.hibernate.ddl-auto

앞서 배웠던 기법에서는 schema.sql을 사용해서 데이터베이스 스키마를 생성하는 방법을 알아봤다. 이번에는 `spring.jpa.hibernate.ddl-auto` 프로퍼티를 사용해서 스프링 데이터 JPA로 데이터베이스 스키마를 생성하는 방법을 알아봤다.

두 가지 모두 데이터베이스 스키마를 자동 생성하므로 둘 중 한 가지 방법만 사용해야 한다. 따라서 schema.sql 파일로 데이터베이스 스키마를 생성하려면 `spring.jpa.hibernate.ddl-auto` 프로퍼티값을 none으로 설정해야 한다.

이번에는 `CrudRepository` 인터페이스를 사용해서 CRUD 연산을 수행하는 방법을 알아봤다. 하지만 CRUD 메서드의 외부 노출을 제어해야 할 필요가 있다. 예를 들어 애플리케이션 설계에 따라 비즈니스 엔티티를 삭제하는 `delete()` 메서드를 공개하지 않기로 했다면 `delete()` 메서드가 노출되지 않게 막아야 한다. 실제로 많은 조직에서 엔티티를 삭제하는 대신에 해당 엔티티를 비활성 상태로 변경하는 방법을 사용한다. 다음 기법에서는 커스텀 스프링 데이터 리포지터리를 만들어서 CRUD 메서드의 노출을 제어하는 방법을 알아본다.

3.3.2 기법: 커스텀 스프링 데이터 리포지터리를 만들어서 관계형 데이터베이스에서 도메인 객체 관리

3.3.2절의 소스 코드는 https://mng.bz/NxD1에서 확인할 수 있다. 완성본은 https://mng.bz/DxGw에서 확인할 수 있다.

이번에는 커스텀 스프링 데이터 리포지터리를 만드는 방법을 알아보자.

요구 사항

스프링 데이터 리포지터리 인터페이스를 사용해서 애플리케이션 도메인 객체를 관리하지만, 모든 CRUD를 노출하지는 않아야 한다.

해법

필요한 CRUD 메서드만 노출하는 커스텀 스프링 데이터 리포지터리를 만들어서 사용한다. 스프링 데이터 리포지터리 인터페이스를 사용하면 비즈니스 도메인 객체를 아주 쉽게 관리할 수 있으며 프레임워크에서 제공하는 인터페이스가 요구 사항에 맞지 않으면 커스텀 리포지터리 인터페이스를 만들어 사용할 수도 있다. 이제 커스텀 스프링 데이터 리포지터리 인터페이스를 정의하고 스프링 부트 애플리케이션에서 사용하는 방법을 알아보자.

커스텀 리포지터리를 만들려면 먼저 스프링 데이터의 `Repository` 인터페이스를 상속받는 기본 리포지터리를 정의해야 한다. 그러고 나서 `CrudRepository`의 메서드 중에서 실제 노출해야 할 CRUD 메서드만 확장하면 된다. 먼저 `CrudRepository` 메서드 중 `save()`와 `findAll()` 메서드만 포함하는 기본 인터페이스인 `BaseRepository`를 예제 3.18과 같이 정의한다.

예제 3.18 BaseRepository 인터페이스

```
package com.manning.sbip.ch03.repository;

import org.springframework.data.repository.NoRepositoryBean;
import org.springframework.data.repository.Repository;

@NoRepositoryBean
public interface BaseRepository<T, ID> extends Repository<T, ID> {
    <S extends T> S save(S entity);
    Iterable<T> findAll();
}
```

스프링 데이터가 감지해 구현체가 자동으로 만들어지지 않도록 기본 리포지터리에 @NoRepositoryBean 애너테이션을 붙였다. 그러므로 BaseRepository 인터페이스는 프록시 객체가 생성되지 않는다. 그리고 CrudRepository 메서드 중에서 사용할 메서드만 선택해서 BaseRepository에 동일하게 추가했다. BaseRepository에 정의된 메서드는 CrudRepository에 정의된 메서드와 시그니처 signature[2]가 동일하므로, 이 메서드가 호출되면 스프링 데이터는 런타임에 실제 JPA 구현체의 메서드를 호출한다.

이제 BaseRepository 인터페이스를 상속받는 커스텀 인터페이스를 예제 3.19와 같이 정의해보자. 이렇게 하면 커스텀 리포지터리는 BaseRepository 인터페이스에 정의된 두 개의 메서드에만 접근할 수 있다.

예제 3.19 BaseRepository를 상속받는 CustomizedCourseRepository

```
package com.manning.sbip.ch03.repository;

import com.manning.sbip.ch03.model.Course;
import org.springframework.stereotype.Repository;

@Repository
public interface CustomizedCourseRepository
    extends BaseRepository<Course, Long> {
}
```

CustomizedCourseRepository는 BaseRepository 인터페이스를 상속받기 때문에 save() 메서드와 findAll() 메서드에만 접근할 수 있다는 점 말고는 기존의 CourseRepository와 크게 다르지 않다.

이제 CustomizedCourseRepository 인터페이스를 사용하는 테스트를 예제 3.20과 같이 정의해보자. save() 메서드와 findAll() 메서드만 호출하고 있으며, 그 외의 CrudRepository 메서드를 호출하면 컴파일 에러가 발생한다.

예제 3.20 커스텀 리포지터리 동작을 검증하는 단위 테스트

```
package com.manning.sbip.ch03;
```

2 옮긴이 자바의 메서드 시그니처는 메서드의 동일성을 판별하는 기준으로서 메서드의 이름과 파라미터 타입으로 이루어져 있다. 자세한 내용은 https://docs.oracle.com/javase/tutorial/java/javaOO/methods.html를 참고하자.

```
// import 문 생략

@DataJpaTest
class CourseTrackerSpringBootApplicationTests {

    @Autowired
    private CustomizedCourseRepository customizedCourseRepository;

    @Test
    public void givenCreateCourseWhenFindAllCoursesThenExpectOneCourse() {
        Course course =
            new Course("Rapid Spring Boot Application Development", "Spring",
                4, "Spring Boot gives all the power of the Spring Framework without all of
the complexities");
        customizedCourseRepository.save(course);

        assertThat(Arrays.asList(customizedCourseRepository.findAll()).size()).isEqualTo(1);
    }
}
```

예제 3.20에서는 주입받은 `CustomizedCourseRepository`의 `save()` 메서드를 사용해서 `course` 객체를 생성하고 저장한 후 `findAll()` 메서드로 데이터베이스를 조회해서 정상 저장됐는지 판정한다.

토론

이번 기법에서는 애플리케이션에서 커스텀 리포지터리를 정의하고 사용하는 방법을 배웠다. `CrudRepository` 인터페이스가 대부분의 비즈니스 시나리오에 적합하지만 때때로 CRUD 연산에 대한 접근 제어가 필요할 수도 있다. `@NoRepositoryBean` 애너테이션을 붙인 커스텀 리포지터리 인터페이스를 만들면 노출되는 메서드를 원하는 대로 구성할 수 있다.

@SpringBootTest vs. @DataJpaTest

앞서 다룬 단위 테스트에는 `@SpringBootTest` 대신에 `@DataJpaTest` 애너테이션을 사용했다. `@SpringBootTest`는 전체 스프링 IoC 컨테이너를 기동해야 할 필요가 있을 때 적합하며 테스트에 사용되는 `ApplicationContext` 객체를 생성한다. 하지만 언제나 전체 컨테이너가 필요한 것은 아니다. 예를 들어 DAO 계층에서는 전체 `ApplicationContext`가 아니라 DAO 계층과 관련된 빈$_{\text{bean}}$만 있으면 충분하다. 이처럼 계층별로 필요한 빈만을 추려서 테스트를 경량화할 수 있도록 스프링 부트에서는 슬라이스$_{\text{slice}}$ 테스트를 지원한다. `@DataJpaTest`는 JPA 컴포넌트 테스트에 필요한 부분만을 로딩해서 테스트에 사용하며, `@WebMvcTest`도 마찬가지 개념으로 스프링 MVC 컴포넌트 테스트에만 중점을 둔다. 따라서 테스트 목적에 맞는 애너테이션을 사용하는 것이 중요하다. 스프링 부트에서 제공하는 테스트 관련 여러 기능은 https://mng.bz/laK8를 참고하자.

3.4 스프링 데이터를 사용한 데이터 조회

앞 절에서는 데이터베이스를 설정하고 비즈니스 도메인 객체나 엔티티를 관리하는 방법을 알아봤다. 이번에는 스프링 부트 애플리케이션에서 데이터베이스에 저장된 데이터를 효율적으로 활용하는 방법을 알아본다.

3.4.1 쿼리 메서드 정의

앞 절에서 `CrudRepository` 인터페이스를 사용해서 비즈니스 도메인 객체를 관리하는 방법을 알아봤다. `CrudRepository` 인터페이스가 표준 CRUD 연산을 제공해주지만 이런 기본 메서드만으로는 부족할 때도 있다. 기본 메서드는 주로 엔티티의 ID를 통해 데이터를 조회하지만, ID가 아닌 다른 프로퍼티로 조회해야 할 때도 있다.

또한 `Like`, `StartsWith`, `Containing` 등 엔티티의 프로퍼티에 **조건**을 걸어서 조회해야 할 때도 있고 하나 이상의 프로퍼티를 기준으로 오름차순이나 내림차순으로 정렬해야 할 때도 있다.

스프링 데이터 JPA는 이런 요구 사항을 충족할 수 있도록 커스텀 쿼리query 메서드를 만들 수 있는 두 가지 방법을 지원한다.

- 리포지터리 인터페이스에 정의하는 메서드의 이름을 특정 패턴에 맞게 작성하면 스프링 데이터가 메서드 이름을 파싱해서 그에 맞는 쿼리를 만들어 실행한다.
- 엔티티 조회에 필요한 쿼리문을 직접 작성해서 전달해주면 스프링 데이터가 이 쿼리를 실행한다.

이번 절에서는 첫 번째 방식인 쿼리 메서드 이름을 통해 쿼리를 생성하는 방법을 알아본다. 스프링 데이터는 메서드 이름을 파싱해서 쿼리를 생성할 수 있도록 메서드 이름에 사용할 수 있는 일정한 패턴을 다음과 같이 미리 정의해두었다.

- **Query** - 엔티티를 조회하는 데 사용되는 메서드는 `find..By`, `read..By`, `get..By`, `query..By`, `stream..By`, `search..By` 형태로 이름 짓는다.
- **Count** - 엔티티의 개수를 세는 데 사용되는 메서드는 `count..By` 형태로 이름 짓는다.
- **Exists** - 엔티티의 존재 여부를 확인하는 데 사용되는 메서드는 `exists..By` 형태로 이름 짓는다.
- **Delete** - 엔티티를 삭제할 때 사용되는 메서드는 `delete..By`, `remove..By` 형태로 이름 짓는다.

이 외에도 더 세부적인 쿼리를 생성할 수 있는 패턴도 정해져 있다. 예를 들면 유일한 엔티티를 조회하기 위해 `Distinct`를 메서드 이름에 사용하고, 모든 데이터를 조회하기 위해 `All`을 메서드 이름에 사용할 수 있다.

스프링 데이터는 주어subject와 서술어predicate 개념을 사용해서 메서드 이름을 파싱한다. 메서드 시그니처를 `By`로 분리해서 앞 부분은 주어라고 인식하고 뒷 부분은 서술어라고 인식한다. 메서드 이름이 `findDistinctCourseByCategoryOrderByName()`라면 `By` 왼쪽에 있는 `DistinctCourse`는 주어가 되고, By 뒤쪽에 있는 `CategoryOrderByName`은 서술어가 된다. 이렇게 파싱되는 방식은 그림 3.6에 잘 나타나 있다.

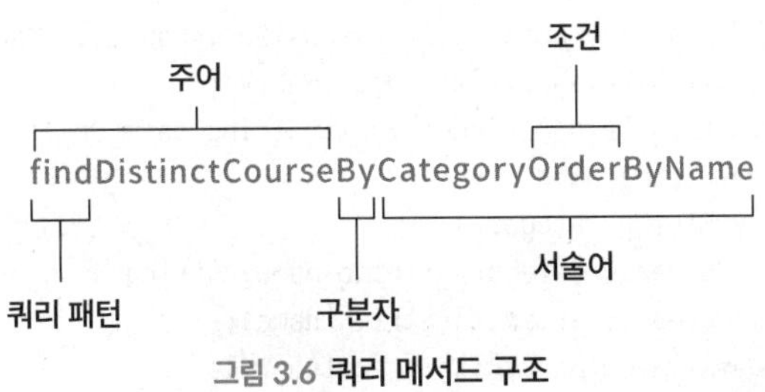

그림 3.6 쿼리 메서드 구조

3.4.2 기법: 관계형 데이터베이스에서 스프링 데이터 JPA를 사용한 커스텀 쿼리 메서드 정의

3.4.2절의 소스 코드는 https://mng.bz/Bx08**에서 확인할 수 있다. 완성본은** https://mng.bz/dog0**에서 확인할 수 있다.**

이번 기법에서는 커스텀 쿼리 메서드를 사용해서 관계형 데이터베이스에서 엔티티를 조회하는 방법을 알아본다.

요구 사항

스프링 부트 애플리케이션에서 스프링 데이터 JPA를 사용해서 커스텀 쿼리 메서드를 정의하고, 이를 사용해서 관계형 데이터베이스에서 엔티티를 조회한다.

해법

미리 정의된 패턴을 따르는 이름을 가진 커스텀 메서드를 리포지터리에 정의해서 사용한다. 예제를 통해 실제 적용 방법을 알아보자.

앞 절에서는 CrudRepository를 상속받은 CourseRepository 인터페이스를 정의해서 데이터를 저장하고 조회했다. 이제 CourseRepository 인터페이스를 수정해서 예제 3.21과 같이 몇 가지 쿼리 메서드를 추가한다.

예제 3.21 커스텀 쿼리 메서드를 추가한 CourseRepository 인터페이스

```
package com.manning.sbip.ch03.repository;

// import 문 생략

@Repository
public interface CourseRepository extends CrudRepository<Course, Long> {
    Iterable<Course> findAllByCategory(String category);                    ❶
    Iterable<Course> findAllByCategoryOrderByName(String category);         ❷
    boolean existsByName(String name);                                      ❸
    long countByCategory(String category);                                  ❹
    Iterable<Course> findByNameOrCategory(String name, String category);    ❺
    Iterable<Course> findByNameStartsWith(String name);                     ❻
    Stream<Course> streamAllByCategory(String category);                    ❼
}
```

❶ 카테고리 기준으로 모든 과정 정보 목록 조회. 목록은 Iterable 타입으로 반환한다.

❷ 카테고리 기준으로 모든 과정 정보 목록을 조회해서 이름 기준으로 정렬한다.

❸ 이름으로 과정을 조회해서 같은 이름을 가진 과정이 있으면 true, 없으면 false를 반환한다.

❹ 카테고리 기준으로 조회한 과정 정보의 개수를 반환한다.

❺ 이름이 같거나 카테고리가 같은 과정 목록을 Iterable 타입으로 반환한다.

❻ 이름이 주어진 문자열로 시작하는 과정 목록을 Iterable 타입으로 반환한다.

❼ 카테고리 기준으로 모든 과정 정보 목록을 Java 8 Stream 타입으로 반환한다.

데이터베이스에 저장된 과정 상세 정보를 조회하는 7가지 쿼리 메서드를 정의했다. 메서드 시그니처만 정의했을 뿐 조회하기 위한 구현 코드는 작성하지 않았다는 점에 주목하자. 개발자가 메서드 시그니처만 제대로 지정해주면 스프링 데이터 JPA가 메서드 시그니처를 파싱해서 구체적인 구현 코드를 내부적으로 생성해준다. 메서드별 설명은 다음과 같다.

- findAllByCategory - CourseRepository 인터페이스에 정의한 메서드 중 가장 단순한 쿼리 메서드다. CrudRepository 인터페이스에 있는 findById() 메서드와 거의 비슷하지만 특

정 카테고리에 속한 과정 엔티티의 목록을 가져오는 메서드다. 카테고리뿐만 아니라 다른 엔티티 프로퍼티로 조회할 수도 있다. 예를 들어 특정 과정 설명에 맞는 과정 목록을 조회하려면 `findByDescription(String description)` 메서드를 정의하면 된다.

- `findAllByCategoryOrderByName` - `findAllByCategory()` 메서드에 과정 이름 기준으로 오름차순 정렬하는 기능이 추가된 메서드다.
- `existsByName` - 주어진 카테고리에 해당하는 과정이 존재하면 `true`를, 존재하지 않으면 `false`를 반환한다.
- `countByCategory` - 주어진 카테고리에 해당하는 과정의 개수를 반환한다.
- `findByNameOrCategory` - 주어진 과정 이름과 이름이 같거나 주어진 카테고리에 해당하는 과정 목록을 반환한다. 이 메서드에서는 `OR` 연산자를 사용해서 두 조건 중 하나만 만족하는 과정도 목록에 포함하는데, `AND` 연산자도 사용해서 두 조건 모두를 만족하는 과정 목록을 조회할 수도 있다.
- `findByNameStartsWith` - 과정 이름이 주어진 문자열로 시작하는 과정 목록을 반환한다.
- `streamAllByCategory` - 주어진 카테고리에 해당하는 과정 목록을 Java 8 Stream 타입으로 반환한다. `Stream`은 `Iterable`과는 다르다. `Iterable`은 반복을 통해 목록에 포함된 각 과정을 조회할 수 있는 자료 구조이지만, `Stream`은 자료 구조가 아니며 스트림 방식으로 데이터를 처리할 수 있는 데이터 소스를 가리킨다.

이제 이 쿼리 메서드들을 실제로 사용하는 테스트를 예제 3.22와 같이 작성해보자.

예제 3.22 커스텀 쿼리 메서드를 사용하는 단위 테스트

```
package com.manning.sbip.ch03;

// import 문 생략

@SpringBootTest
class CourseTrackerSpringBootApplicationTests {

    @Autowired
    private CourseRepository courseRepository;

    @Test
    public void givenCreateCourseWhenLoadTheCourseThenExpectSameCourse() {
        // 과정 목록 저장
        courseRepository.saveAll(getCourseList());
        assertThat(courseRepository.findAllByCategory("Spring")).hasSize(3);
```

```
        assertThat(courseRepository.existsByName("JavaScript for All")).isTrue();
        assertThat(courseRepository.existsByName("Mastering JavaScript")).isFalse();
        assertThat(courseRepository.countByCategory("Python")).isEqualTo(2);
        assertThat(courseRepository.findByNameStartsWith("Getting Started")).hasSize(3);
    }

    private List<Course> getCourseList() {
        Course rapidSpringBootCourse = new Course("Rapid Spring Boot Application
Development",
            "Spring", 4,"Spring Boot gives all the power of the Spring Framework without
all of the complexity");
        Course springSecurityDslCourse = new Course("Getting Started with Spring Security
DSL",
            "Spring", 5, "Learn Spring Security DSL in easy steps");
        Course springCloudKubernetesCourse = new Course("Getting Started with Spring Cloud
Kubernetes",
            "Spring", 3, "Master Spring Boot application deployment with Kubernetes");
        Course rapidPythonCourse = new Course("Getting Started with Python",
            "Python", 5, "Learn Python concepts in easy steps");
        Course gameDevelopmentWithPython = new Course("Game Development with Python",
            "Python", 3, "Learn Python by developing 10 wonderful games");
        Course javaScriptForAll = new Course("JavaScript for All", "JavaScript", 4,
            "Learn basic JavaScript syntax that can apply to anywhere");
        Course javaScriptCompleteGuide = new Course("JavaScript Complete Guide",
            "JavaScript", 5, "Master JavaScript with Core Concepts and Web Development");

        return Arrays.asList(
            rapidSpringBootCourse, springSecurityDslCourse, springCloudKubernetesCourse,
            rapidPythonCourse, gameDevelopmentWithPython, javaScriptForAll, javaScriptComple
teGuide);
    }
}
```

예제 3.22에서는 7개의 과정을 생성해서 데이터베이스 테이블에 저장하고 커스텀 쿼리 메서드를 사용해서 조회 결과를 판정한다. 테스트를 실행하면 모든 판정문이 통과하는 것을 확인할 수 있다.

토론

이번 절에서 스프링 데이터 JPA의 중요한 개념 몇 가지를 배웠다. 정리하면 다음과 같다.

- 엔티티 프로퍼티를 바탕으로 커스텀 쿼리 메서드를 정의하는 방법을 배웠다. `Or`, `StartsWith`, `OrderBy` 등 다양한 패턴을 사용해서 다양한 쿼리를 만들어내고 조회 결과를 정렬하는 방법도 함께 알아봤다. 예제에서 알아본 메서드 이름 패턴은 일부이며 쿼리 메서드에 사용할 수 있는 이름 패턴 전체 내용은 https://mng.bz/raND에서 확인할 수 있다.

- 커스텀 쿼리 메서드를 사용해서 Java 8 `Stream`을 반환받고 애플리케이션에서 스트림을 처리하는 방법을 배웠다. 스트림은 데이터 목록을 반환하는 `Iterable` 타입과는 다르다. 스트림을 사용하면 `map-filter-reduce` 같은 기법을 사용해서 데이터를 더 간결하게 처리할 수 있다. Java 8 스트림 관련 내용은 따로 공부해볼 것을 권장한다.

3.4.3 PagingAndSortingRepository를 활용한 페이징

페이징pagination은 많은 양의 데이터를 여러 페이지로 잘게 나눠 조회하는 기법이다. 페이징을 사용하면 서버 자원을 효율적으로 이용하면서 사용자에게 필요한 결과를 반환해줄 수 있다. 일반적으로 애플리케이션 사용자는 앞 부분 몇 페이지를 주로 보며 뒤쪽 내용까지 모두 보는 일은 많지 않다. 그래서 많은 양의 데이터를 전부 조회해서 처리하고 반환하는 데 대역폭과 CPU 같은 귀한 자원을 낭비할 필요가 없다. 조회한 데이터가 이미지처럼 데이터양이 많은 리소스를 포함하고 있다면 화면 로딩 시간을 느려지게 만들어서 사용자 경험에 좋지 않은 영향을 미칠 수 있다. 이미지를 포함한 수백 개의 아이템이 들어 있는 제품 카테고리를 상상해보자. 카테고리의 제품 전부를 항상 조회한다면 자원 낭비와 좋지 않은 사용자 경험을 피하기 어려울 것이다.

스프링 데이터는 페이지 단위로 데이터를 자르고 정렬할 수 있는 `PagingAndSortingRepository` 인터페이스를 제공한다. `PagingAndSortingRepository` 인터페이스도 `CrudRepository` 인터페이스를 상속받으므로 CRUD 연산을 수행할 수 있다. 다음 기법에서는 `PagingAndSortingRepository` 사용법을 알아본다.

3.4.4 PagingAndSortingRepository 인터페이스로 데이터 페이징 및 정렬

3.4.4절의 소스 코드는 https://mng.bz/VlZ0**에서 확인할 수 있다. 완성본은** https://mng.bz/xvVe**에서 확인할 수 있다.**

이번에는 스프링의 `PagingAnSortingRepository` 인터페이스를 사용해서 데이터를 페이지 단위로 나누고 정렬하는 방법을 알아본다.

요구 사항

많은 양의 데이터를 페이지 단위로 나눠 처리해서 서버 자원 낭비와 애플리케이션 사용자 경험 악화를 방지해야 한다.

해법

페이징은 데이터를 페이지page라고 부르는 작은 단위로 나눠서 처리하는 기법이다. 하나의 페이지에 몇 개의 데이터를 포함할지는 원하는 대로 정할 수 있다. 선택적으로 페이지 안에 들어 있는 데이터를 오름차순 또는 내림차순으로 정렬하면 사용자 경험 수준을 높일 수 있다.

이 기법에서는 스프링에서 제공하는 `PagingAndSortingRepository` 구현체를 사용해서 페이징을 구현하는 방법을 과정 데이터를 페이지 단위로 나눠서 사용자에게 반환하는 예제를 통해 알아본다.

먼저, 예제 3.23에 나온 것처럼 `PagingAndSortingRepository` 인터페이스를 상속받는 `CourseRepository` 인터페이스를 정의한다. `PagingAndSortingRepository` 인터페이스에 대한 자세한 내용은 곧 알아볼 것이다.

예제 3.23 PagingAndSortingRepository 확장

```
@Repository
public interface CourseRepository extends PagingAndSortingRepository<Course, Long> {
}
```

이제 이 `PagingAndSortingRepository` 인터페이스의 사용 결과를 검증하는 테스트를 작성해보자.

예제 3.24 PagingAndSortingRepository를 사용하는 단위 테스트

```
@Test
void givenDataAvailableWhenLoadFirstPageThenGetFiveRecords() {
    Pageable pageable = PageRequest.of(0,5);
    assertThat(courseRepository.findAll(pageable)).hasSize(5);
    assertThat(pageable.getPageNumber()).isEqualTo(0);

    Pageable nextPageable = pageable.next();
    assertThat(courseRepository.findAll(nextPageable)).hasSize(4);
    assertThat(nextPageable.getPageNumber()).isEqualTo(1);
}
```

테스트 코드에서는 다음과 같은 작업이 수행된다.

- 정적 메서드인 `PageRequest.of()`를 사용해서 페이지 번호와 한 페이지에 나타낼 데이터의 개

수를 지정한다. 예제에서는 페이지 번호 0, 페이지당 데이터 건수는 5로 지정했다.

- CourseRepository의 findAll() 메서드에 pageable 인스턴스를 인자로 전달하면서 첫 번째 데이터를 조회한다. Pageable 타입을 인자로 받는 findAll() 메서드는 PagingAndSortingRepository 인터페이스에 정의돼 있다.
- Pageable 인스턴스의 next() 메서드를 사용해서 다음 페이지의 데이터를 조회해 페이지 번호와 데이터 개수를 판정한다.

이제 예제 3.25와 같이 PagingAndSortingRepository 인터페이스의 정렬 기능을 사용해보자.

예제 3.25 페이징과 정렬 예제

```
// 테스트 데이터는 data.sql 파일을 통해 입력
// INSERT INTO COURSES(ID, NAME, CATEGORY, RATING, DESCRIPTION) VALUES
// (1, 'Rapid Spring Boot Application Development', 'Spring', 4, 'Spring Boot gives all the
power of the Spring Framework without all of the complexity'),
// (2, 'Getting Started with Spring Security DSL', 'Spring', 5, 'Learn Spring Security DSL
in easy steps'),
// (3, 'Getting Started with Spring Cloud Kubernetes', 'Spring', 3, 'Master Spring Boot
application deployment with Kubernetes'),
// (4, 'Cloud Native Spring Boot Application Development', 'Spring', 4, 'Cloud Native Spring
Boot'),
// (5, 'Getting Started with Spring Security Oauth', 'Spring', 5, 'Learn Spring Security
Oauth in easy steps'),
// (6, 'Spring Boot with Kotlin', 'Spring', 3, 'Master Spring Boot with Kotlin'),
// (7, 'Mastering JS', 'JavaScript', 4, 'Mastering JS'),
// (8, 'Spring Boot with React', 'Spring', 5, 'Spring Boot with React'),
// (9, 'Spring Boot Microservices', 'Spring', 3, 'Spring Boot Microservices');

@Test
void givenDataAvailableWhenSortsFirstPageThenGetSortedSData() {
    Pageable pageable = PageRequest.of(0,5, Sort.by(Sort.Order.asc("Name")));

    Condition<Course> sortedFirstCourseCondition = new Condition<Course>() {
        @Override
        public boolean matches(Course course) {
            return course.getId() == 4
                && course.getName().equals("Cloud Native Spring Boot Application
Development");
        }
    };

    assertThat(courseRepository.findAll(pageable)).first()
        .has(sortedFirstCourseCondition);
}
```

```
@Test
void givenDataAvailableWhenApplyCustomSortThenGetSortedResult() {
    Pageable customSortPageable = PageRequest.of(0,5, Sort.by("Rating")
        .descending().and(Sort.by("Name")));

    Condition<Course> customSortFirstCourseCondition = new Condition<Course>() {
        @Override
        public boolean matches(Course course) {
            return course.getId() == 2
                && course.getName().equals("Getting Started with Spring Security DSL");
        }
    };

assertThat(courseRepository.findAll(customSortPageable)).first()
        .has(customSortFirstCourseCondition);
}
```

테스트 내용은 다음과 같다.

- 첫 번째 테스트에서는 과정 이름 기준으로 오름차순으로 정렬한 후 목록의 첫 번째 요소를 사용해서 정렬이 바르게 동작했는지 판정한다.
- 두 번째 테스트에서는 과정 평점rating 기준 내림차순, 과정 이름 기준 오름차순으로 정렬한 후 목록의 첫 번째 요소를 사용해서 정렬이 바르게 동작했는지 판정한다.

토론

PagingAndSortingRepository 인터페이스를 사용하면 페이징과 정렬을 쉽게 구현할 수 있으므로 아주 유용하다. 예제 3.26에 PagingAndSortingRepository 인터페이스의 소스 코드가 나와 있다.

예제 3.26 PagingAndSortingRepository 인터페이스

```
@NoRepositoryBean
public interface PagingAndSortingRepository<T, ID> extends CrudRepository<T, ID> {
    Iterable<T> findAll(Sort sort);

    Page<T> findAll(Pageable pageable);
}
```

첫 번째 findAll() 메서드는 Pageable 인스턴스를 인자로 받으며, Pageable 인터페이스에는 페이지 요청 객체를 만들 수 있고 페이징 관련 정보를 조회할 수 있는 여러 가지 메서드가 포함돼 있다.

두 번째 findAll() 메서드는 Sort 인스턴스를 인자로 받는다. Sort 클래스는 여러 가지 방법으로 정렬 순서를 정의할 수 있도록 아주 다양한 메서드가 포함돼 있다. 예제 3.25의 두 번째 테스트 케이스에서는 Sort의 메서드를 사용해서 두 개의 컬럼을 기준으로 하나는 오름차순, 다른 하나는 내림차순으로 정렬할 수 있었다.

3.4.5 @NamedQuery를 사용하는 쿼리

3.4.1절에서 쿼리 메서드를 정의하는 방식이 두 가지가 있다고 했다. 첫 번째 방식은 커스텀 쿼리 메서드 이름과 파라미터를 정해진 규칙에 맞게 정의해서 스프링 데이터 JPA가 해석해 관계형 데이터베이스에 맞는 쿼리를 자동으로 만들어내게 하는 방법이고 지금까지 여러 예제를 통해 살펴봤다. 이번에는 두 번째 방식인 쿼리문을 리포지터리 메서드에 직접 지정해서, 메서드의 이름과 파라미터로 쿼리를 유추하는 대신에 지정된 쿼리문을 사용해서 데이터를 조회하는 방법을 알아보자.

메서드 이름과 파라미터에서 유추한 쿼리문을 사용하는 첫 번째 방식만으로도 대부분 충분하지만 다음과 같이 직접 쿼리문을 지정해줘야 할 때도 있다.

- 세밀하게 최적화된 쿼리가 이미 있고 특정 데이터베이스에 특화된 기능을 사용해야 하는 경우
- 두 개 이상의 테이블을 조인join해서 데이터를 조회해야 하는 경우

이 스프링 데이터의 NamedQuery, Query, QueryDSL을 사용해서 쿼리문을 직접 지정할 수 있는 여러 가지 방법을 알아보자. 먼저 NamedQuery부터 시작해보자.

NamedQuery는 비즈니스 엔티티와 연계돼 있는 미리 정의된 쿼리를 말한다. NamedQuery는 자카르타 퍼시스턴스 쿼리 언어Jakarta Persistence Query Language(JPQL, https://mng.bz/AxpK)를 사용해서 쿼리를 정의한다. NamedQuery는 엔티티 클래스 또는 엔티티 클래스의 수퍼클래스에 정의할 수 있으며 예제를 통해 살펴볼 것이다.

NamedQuery는 @NamedQuery 애너테이션을 엔티티 클래스에 붙여서 정의할 수 있다. @NamedQuery 애너테이션은 name, query, lockMode, hints 이렇게 4개의 속성을 가지고 있다. name과 query 속성은 필수이며 lockMode와 hints는 선택이다. 이제 스프링 부트 애플리케이션에서 NamedQuery를 사용하는 방법을 예제를 통해 알아보자.

3.4.6 기법: 관계형 데이터베이스에 저장된 도메인 객체를 NamedQuery로 조회

3.4.6절의 소스 코드는 https://mng.bz/Zz60**에서 확인할 수 있다. 완성본은** https://mng.bz/REr0**에서 확인할 수 있다.**

이번 기법에서는 NamedQuery를 사용해서 도메인 객체를 관리하는 방법을 알아본다.

요구 사항

관계형 데이터베이스에 저장된 도메인 객체를 관리하기 위해 리포지터리 인터페이스 메서드에서 쿼리문을 참조할 수 있어야 한다.

해법

스프링 데이터 JPA를 활용해서 리포지터리 인터페이스 메서드에 NamedQuery를 적용한다. 메서드 이름과 파라미터로 쿼리를 유추하여 자동 생성하는 쿼리 메서드 방식은 많은 비즈니스 요구 사항을 처리하는 데 충분하지만 몇 가지 한계가 있다. 두 개 이상의 테이블을 조인해서 데이터를 조회해야 하는 경우 쿼리 메서드 방식으로 간단하게 구현할 수 없다. 이럴 때 NamedQuey를 사용하면 직접 정의한 쿼리와 메서드 시그니처를 함께 활용해서 간단하게 구현할 수 있다.

먼저 예제 3.27과 같이 Course 클래스에 @NamedQuery 애너테이션을 추가하자.

예제 3.27 @NamedQuery 애너테이션을 붙인 Course 클래스

```
package com.manning.sbip.ch03.model;

import javax.persistence.*;

@Entity
@Table(name = "COURSES")
@NamedQuery(name = "Course.findAllByCategoryAndRating",
            query = "select c from Course c where c.category=?1 and c.rating=?2")  ❶
public class Course {

    @Id
    @GeneratedValue(strategy = GenerationType.IDENTITY)
    private long id;

    private String name;
```

```
    // 나머지 부분 생략
}
```

❶ @NamedQuery 애너테이션을 사용해서 리포지터리 메서드와 쿼리를 지정한다.

Course 클래스에 @NameQuery를 붙이고 주어진 카테고리와 평점에 해당하는 모든 과정을 조회하는 쿼리문을 JPQL 문법에 맞게 작성해서 query 속성값으로 지정해줬다. name 속성은 엔티티 이름과 리포지터리 메서드 이름을 마침표로 연결한 값을 가진다. 쿼리문에 사용된 ?1, ?2는 리포지터리 메서드가 호출될 때 메서드에 전달된 첫 번째 인자값과 두 번째 인자값으로 대체된다.

@NamedQuery는 하나만 붙일 수 있는 게 아니라 필요한 리포지터리 메서드의 수만큼 여러 번 붙일 수 있다. 예제 3.28을 보자.

예제 3.28 여러 개의 @NamedQuery 애너테이션을 포함하는 @NamedQueries 애너테이션 사용

```
@Entity
@Table(name = "COURSES")
@NamedQueries({
    @NamedQuery(name = "Course.findAllByRating",
                query = "select c from Course c where c.rating=?1"),
    @NamedQuery(name = "Course.findAllByCategoryAndRating",
                query = "select c from Course c where c.category=?1 and c.rating=?2"),
})
public class Course {

// 나머지 내용 생략

}
```

이제 Course 엔티티에 붙였던 @NamedQuery 애너테이션의 name 속성으로 지정했던 메서드 이름과 동일한 이름의 메서드를 포함하도록 CourseRepository 인터페이스를 다시 정의해보자.

예제 3.29 @NamedQuery 애너테이션에 정의돼 있던 메서드를 포함하는 CourseRepository 인터페이스

```
package com.manning.sbip.ch03.repository;

// import 문 생략

@Repository
public interface CourseRepository extends CrudRepository<Course, Long> {
    Iterable<Course> findAllByCategoryAndRating(String category, int rating); ❶
}
```

❶ @NamedQuery 애너테이션에서 name 속성으로 지정했던 메서드 이름과 같은 이름의 메서드를 CourseRepository 인터페이스에 추가했으므로, 나중에 CourseRepository 인스턴스에서 메서드를 사용할 수 있다.

이제 findAllByCategoryAndRating() 메서드의 동작을 검증하는 단위 테스트를 예제 3.30과 같이 작성해보자.

예제 3.30 @NamedQuery 애너테이션 동작을 검증하는 단위 테스트

```
package com.manning.sbip.ch03;

// import 문 생략

@SpringBootTest
class CourseTrackerSpringBootApplicationTests {

    @Autowired
    private CourseRepository courseRepository;

    @Test
    public void givenCoursesCreatedWhenLoadCoursesBySpringCategoryThenExpectThreeCourses(){
      courseRepository.saveAll(getCourseList());

        assertThat(courseRepository
            .findAllByCategoryAndRating("Spring", 4)).hasSize(1);
    }

// Course rapidSpringBootCourse = new Course("Rapid Spring Boot Application Development",
"Spring", 4,
    //     "Spring Boot gives all the power of the Spring Framework without all of the
complexity");
    // Course springSecurityDslCourse = new Course("Getting Started with Spring Security
DSL", "Spring", 5,
    //     "Learn Spring Security DSL in easy steps");
    // Course springCloudKubernetesCourse = new Course("Getting Started with Spring Cloud
Kubernetes", "Spring", 3,
    //     "Master Spring Boot application deployment with Kubernetes");
    // Course rapidPythonCourse = new Course("Getting Started with Python", "Python", 5,
    //     "Learn Python concepts in easy steps");
    // Course gameDevelopmentWithPython = new Course("Game Development with Python",
"Python", 3, "Learn Python by developing 10 wonderful games"ˈ, );
    // Course javaScriptForAll = new Course("JavaScript for All", "JavaScript", 4, "Learn
basic JavaScript syntax that can apply to anywhere");
    // Course javaScriptCompleteGuide = new Course("JavaScript Complete Guide",
"JavaScript",
```

```
5, "Master JavaScript with Core Concepts and Web Development");

    // return Arrays.asList(rapidSpringBootCourse, springSecurityDslCourse,
    //      springCloudKubernetesCourse, rapidPythonCourse,
    //      gameDevelopmentWithPython, javaScriptForAll, javaScriptCompleteGuide);

    }
}
```

테스트를 실행해보면 성공적으로 통과하는 것을 확인할 수 있다. 다음 절에서는 `@Query` 애너테이션에 대해 알아본다.

3.5 @Query로 쿼리문 지정

`@NamedQuery`를 사용해서 엔티티 클래스에 쿼리를 정의해두는 것도 앞 절에서 알아본 것처럼 잘 동작하지만, 비즈니스 도메인 클래스에 본질적으로 필요하지 않은 데이터 저장/조회 관련 정보를 추가한다는 단점이 있다. 이렇게 하면 비즈니스 도메인 클래스와 데이터 저장/조회가 강하게 결합한다.

따라서 쿼리 정보를 비즈니스 도메인 클래스가 아니라 리포지터리 인터페이스에 추가하는 방법을 생각해볼 수 있다. `@Query` 애너테이션을 사용하면 쿼리 메서드와 JPQL를 한곳에 둘 수 있다. 게다가 `@Query` 애너테이션을 사용하면 JPQL뿐만 아니라 사용하는 데이터베이스에 특화된 네이티브 쿼리도 사용할 수 있다. 이제 `@Query` 애너테이션을 사용하는 방법을 구체적으로 알아보자.

3.5.1 기법: @Query 애너테이션을 사용해서 쿼리를 정의하고 관계형 데이터베이스에 저장된 도메인 객체 조회

3.5.1절의 소스 코드는 https://mng.bz/2jRd**에서 확인할 수 있다. 완성본은** https://mng.bz/1jZV**에서 확인할 수 있다.**

`@Query` 애너테이션을 사용해서 도메인 객체를 조회하는 방법을 알아보자.

요구 사항

관계형 데이터베이스에 저장된 도메인 객체를 관리하기 위해 커스텀 쿼리를 비즈니스 도메인 클래스가 아닌 리포지터리 인터페이스 메서드에 정의해야 한다.

해법

@Query 애너테이션을 사용하면 쿼리를 리포지터리 인터페이스의 메서드로 정의해서 사용할 수 있다. 이렇게 하면 비즈니스 도메인 객체가 데이터 저장 관련 정보와 불필요하게 뒤섞이는 것을 막을 수 있다.

예제 3.31을 보자.

예제 3.31 @Query 애너테이션이 붙어 있는 메서드가 포함된 CourseRepository 인터페이스

```
package com.manning.sbip.ch03.repository;

// Import Statements are excluded as a matter of readability

@Repository
public interface CourseRepository extends CrudRepository<Course, Long> {

    @Query("select c from Course c where c.category=?1")    ❶
    Iterable<Course> findAllByCategory(String category);

    @Query("select c from Course c where c.category=:category and c.rating > :rating")    ❷
    Iterable<Course> findAllByCategoryAndRatingGreaterThan(@Param("category") String 
category, @Param("rating") int rating);

    @Query(value = "select * from COURSE where rating=?1", nativeQuery = true)    ❸
    Iterable<Course> findAllByRating(int rating);

    @Modifying
    @Transactional
    @Query("update Course c set c.rating=:rating where c.name=:name")    ❹
    int updateCourseRatingByName(@Param("rating") int rating, @Param("name") String name);
}
```

❶ 주어진 카테고리에 해당하는 모든 과정 목록을 조회한다. @Query 애너테이션에 정의되는 쿼리문은 기본적으로 JPQL로 작성하므로 예제에서 ?1로 표시된 인자는 카테고리값으로 대체된다.

❷ 주어진 카테고리에 해당하고 평점이 주어진 평점보다 높은 모든 과정 목록을 조회한다. 인자를 ?1, ?2와 같은 형식 대신에 :category, :rating과 같이 이름으로 지정할 수도 있다.

❸ 주어진 평점에 해당하는 모든 과정 목록을 조회한다. nativeQuery 속성을 true로 설정해서

JPQL이 아닌 네이티브 쿼리문을 사용할 수 있다.

❹ 주어진 이름에 해당하는 과정의 평점을 변경한다. @Modifying 애너테이션은 @Query 애너테이션에 정의된 쿼리가 조회가 아닌 수정 작업을 수행한다는 것을 알려준다. 데이터베이스에 저장된 데이터의 변경이 발생하므로 @Transactional 애너테이션을 붙여서 하나의 트랜잭션 내에서 변경 작업이 완료되도록 한다.

새로 만든 CourseRepository 인터페이스에서는 꽤 많은 일이 일어나고 있는데 좀 더 자세히 알아보자.

- 첫 번째 메서드에 @Query 애너테이션을 붙이고 스프링 데이터 모듈이 과정 목록을 조회할 수 있도록 JPQL로 쿼리를 정의했다. 3.4.6절에서 살펴봤던 @NamedQuery를 사용해서 작성했던 내용과 비슷하다. 이 쿼리는 주어진 카테고리에 해당되는 모든 과정 목록을 조회한다.
- 두 번째 메서드에서도 @Query 애너테이션을 붙여서 쿼리를 정의했지만 ?1, ?2와 같은 위치 기반 파라미터 지정 방식 대신에 파라미터 이름을 직접 명시하는 네임드 파라미터named parameter 방식을 사용했다. 위치 기반 파라미터도 잘 동작하지만 시간이 지남에 따라 리팩터링 등 코드가 변화하면서 의도하지 않은 에러를 유발할 위험도 크다. @Param 애너테이션을 사용해서 네임드 파라미터 방식으로 쿼리를 작성하면 파라미터 위치 변경에 따른 에러 발생을 막을 수 있다.
- 세 번째 메서드에서는 @Query 애너테이션에 nativeQuery 속성을 true로 설정해서 JPQL 쿼리가 아닌 네이티브 쿼리를 작성했다. 일반적으로 데이터베이스 제품별로 각자 특화된 기능을 가지고 있으며, 이런 특화 기능을 사용하려면 네이티브 쿼리를 사용해야 한다.
- 네 번째 메서드에서는 조회가 아닌 수정을 위한 쿼리를 지정했다. 이를 위해 @Query 애너테이션뿐만 아니라 다음과 같이 두 개의 애너테이션을 더 붙였다.
  - @Transactional - 메서드 실행 중 발생하는 데이터 작업이 하나의 트랜잭션 안에서 처리되게 한다. 스프링에서는 트랜잭션 관리 코드를 명시적으로 작성하는 방식 대신에 @Transactional 애너테이션과 AOPaspect-oriented programming을 통해 선언적으로 트랜잭션을 관리할 수 있다.
  - @Modifying - @Query 애너테이션에 정의된 쿼리가 조회가 아닌 수정 작업을 수행한다는 것을 스프링에게 알려주며, @Query 애너테이션과 함께 사용될 때만 효력을 발휘한다. UPDATE 문뿐만 아니라 INSERT, DELETE 및 다른 DDL 문도 사용할 수 있다. @Modifying을 붙이지 않고 UPDATE, INSERT, DELETE 등 데이터 변경이 수반되는 쿼리를 사용하면 InvalidDataAccessApiUsageException이 발생한다.

– 데이터 변경 작업을 수행하므로 메서드의 반환 타입은 int나 Integer 또는 void여야 한다. int나 Integer이면 변경된 행의 개수를 반환한다.

쿼리 메서드에 사용할 수 있는 반환 타입에 대한 자세한 정보는 스프링 데이터 JPA 공식 문서 (https://mng.bz/W7Z4)를 참고하자. 이제 새로 만든 CourseRepository 인터페이스를 사용하는 테스트를 예제 3.32와 같이 작성해보자.

예제 3.32 @Query 애너테이션이 사용된 리포지터리 인터페이스 동작을 검증하는 단위 테스트

```
package com.manning.sbip.ch03;

// import 문 생략

@DataJpaTest
class CourseTrackerSpringBootApplicationTests {

    @Autowired
    private CourseRepository courseRepository;

    @Test
    public void givenCoursesCreatedWhenLoadCoursesWithQueryThenExpectCorrectCourseDetails()
{
        saveMockCourses();
        assertThat(courseRepository.findAllByCategory("Spring")).hasSize(3);
        assertThat(courseRepository.findAllByRating(3)).hasSize(2);
        assertThat(courseRepository.findAllByCategoryAndRatingGreaterThan("Spring", 3)).
hasSize(2);
        courseRepository.updateCourseRatingByName(4, "Getting Started with Spring Cloud
Kubernetes");
        assertThat(courseRepository.findAllByCategoryAndRatingGreaterThan("Spring", 3)).
hasSize(3);
    }

    private void saveMockCourses() {
        Course rapidSpringBootCourse = new Course("Rapid Spring Boot Application
Development", "Spring", 4,"Spring Boot gives all the power of the Spring Framework without
all of the complexity");
        Course springSecurityDslCourse = new Course("Getting Started with Spring Security
DSL", "Spring", 5, "Learn Spring Security DSL in easy steps");
        Course springCloudKubernetesCourse = new Course("Getting Started with Spring Cloud
Kubernetes", "Spring", 3, "Master Spring Boot application deployment with Kubernetes");
        Course rapidPythonCourse = new Course("Getting Started with Python", "Python", 5,
"Learn Python concepts in easy steps");
        Course gameDevelopmentWithPython = new Course("Game Development with Python",
"Python", 3, "Learn Python by developing 10 wonderful games");
```

```
        Course javaScriptForAll = new Course("JavaScript for All", "JavaScript", 4, "Learn
basic JavaScript syntax that can apply to anywhere");
        Course javaScriptCompleteGuide = new Course("JavaScript Complete Guide",
"JavaScript", 5, "Master JavaScript with Core Concepts and Web Development");

        List<Course> courses = Arrays.asList(rapidSpringBootCourse, springSecurityDslCourse,
springCloudKubernetesCourse, rapidPythonCourse, gameDevelopmentWithPython,
javaScriptForAll, javaScriptCompleteGuide);
        courseRepository.saveAll(courses);
    }
}
```

테스트를 실행하면 모든 판정문이 통과하는 것을 확인할 수 있다.

토론

@Query 애너테이션을 사용해서 리포지터리 쿼리 메서드에 JPQL 또는 SQL 쿼리를 지정하는 기능은 굉장히 유용하다. 쿼리 메서드 이름 방식이나 NamedQuery 방식에 비해서도 여러 가지 장점이 있다.

스프링 데이터에서 제공하는 쿼리 메서드 이름 방식은 여러 테이블을 조인해서 데이터를 조회할 수 없고 데이터베이스에 특화된 네이티브 기능을 사용할 수 없다는 한계가 있다. @Query 애너테이션을 사용하면 조인을 사용하는 쿼리문을 지정해서 여러 테이블을 조인해 데이터를 조회할 수 있다. 이렇게 쿼리문을 직접 지정해주면 스프링 데이터 리포지터리는 지정된 쿼리를 사용해서 데이터를 조회한다. JPQL뿐만 아니라 네이티브 쿼리도 지정할 수 있어서 특정 데이터베이스에 특화된 기능도 활용할 수 있다.

@NamedQuery 애너테이션을 사용해서 쿼리를 지정하는 방식도 @Query 애너테이션 방식과 비슷하지만 데이터 저장/조회 관련 상세 내용을 비즈니스 도메인 객체에 작성한다는 단점이 있어 가장 좋은 방식이라고는 할 수 없다. @Query를 사용해서 쿼리를 지정할 때 네이티브 SQL 쿼리를 자바 클래스 안에 작성하는 것도 좋은 방식이라고 할 수는 없으므로, 스프링 데이터에는 자바 소스 코드 파일이 아니라 외부화된 프로퍼티 파일에 작성된 쿼리를 읽어서 사용할 수 있는 기능도 포함돼 있다. src/main/resources 폴더 아래에 META-INF 폴더를 만들고 그 안에 jpa-named-queries.properties 파일을 만들어서 `Entity.finderMethod=Query` 형식으로 쿼리를 작성해 지정할 수 있다. 예를 들어 `findAllByCategory()` 메서드에 사용되는 쿼리는 `Course.findAllByCategory=select c from Course c where c.category=?1`와 같이 지정할 수 있다. 스프링 데이터는 `findAllByCat-`

egory() 메서드가 실행될 때 프로퍼티 파일에 지정된 쿼리를 읽어서 사용한다.

데이터를 조회할 때 @NamedQuery와 @Query를 사용하는 방식이 효율적이기는 하지만 심각한 단점도 있다. 작성된 쿼리문의 문법 정합성을 컴파일 타임에서 검사할 수 없어서 쿼리문이 잘못 작성된 경우 런타임에서만 에러가 발생한다. 다음 절에서는 컴파일 타임에 타입 안전성을 보장하는 방법을 사용해서 쿼리를 단순 문자열이 아닌 프로그램 코드로 작성하고, 잘못 작성된 쿼리문에 의한 런타임 에러를 방지하는 방법을 알아본다.

3.6 Criteria API 사용

JPQL 쿼리의 최대 단점은 타입 안전성 보장이 없다는 점과 쿼리 정적 검사가 불가능하다는 점이다. 이는 JPQL 쿼리를 컴파일 타임에서 검증할 수 없으므로 잘못 작성한 쿼리에 대한 문제는 런타임 에러로만 발견할 수 있다.

JPA 2.0에 도입된 Criteria(크라이티리아) API(https://mng.bz/8lnZ)를 사용하면 쿼리를 단순 문자열이 아니라 프로그램 코드로 작성할 수 있어서 타입 안전성을 보장할 수 있다. select 절, order by 절 등 쿼리문에 사용되는 여러 문법 요소를 인터페이스와 클래스로 표현할 수 있고, 엔티티의 속성을 참조해서 쿼리문에 사용할 수 있으므로 쿼리문의 타입 안전성을 보장할 수 있다. 이제 스프링 데이터 JPA와 Criteria API를 함께 사용해서 데이터를 조회하는 방법을 알아보자.

3.6.1 기법: Criteria API를 사용해서 관계형 데이터베이스에 저장된 도메인 객체 관리

3.6.1절의 소스 코드는 https://mng.bz/PWB9에서 확인할 수 있다. 완성본은 https://mng.bz/J1W0에서 확인할 수 있다.

이번에는 Criteria API를 사용하는 방법을 알아보자.

요구 사항

쿼리문의 타입 안전성을 확보하고 잘못된 쿼리에 의해 발생하는 런타임 오류를 줄여야 한다. 앞 절에서는 JPQL이나 네이티브 SQL을 사용해서 데이터베이스에 저장된 데이터를 활용하는 방법을 살펴봤다. 하지만 JPQL이나 SQL 모두 작성된 쿼리에 오류가 없는지를 컴파일 타임에 검증할 방법이 없고, 항상 런타임 에러로만 오류를 감지할 수 있다.

해법

Criteria API를 사용하면 쿼리문을 문자열이 아닌 프로그램 소스 코드처럼 작성할 수 있어 타입 안전성을 확보할 수 있다. Criteria API는 JPA 명세를 따르므로 스프링 부트 애플리케이션에 별다른 라이브러리를 의존 관계로 추가하지 않아도 사용할 수 있다.

`CourseTracker` 애플리케이션을 구성하는 대부분의 컴포넌트에 아무런 변경 작업을 하지 않아도 Criteria API를 사용할 수 있다. `Course` 클래스, `CourseRepository` 인터페이스 및 다른 설정은 변경할 필요 없이 그대로 두면 된다. Criteria API를 사용하는 테스트 코드를 작성해서 Criteria API 사용법을 바로 알아보자.

예제 3.33 Criteria API 사용법을 검증하는 단위 테스트

```
package com.manning.sbip.ch03;

// import 문 생략

import static org.assertj.core.api.Assertions.assertThat;

@SpringBootTest
class CourseTrackerSpringBootApplicationTests {

    @Autowired
    private CourseRepository courseRepository;

    @Autowired
    private EntityManager entityManager;

    @Test
    public void givenCoursesCreatedWhenLoadCoursesWithQueryThenExpectCorrectCourseDetails() {
        courseRepository.saveAll(getCourseList());

        CriteriaBuilder criteriaBuilder = entityManager.getCriteriaBuilder();

        CriteriaQuery<Course> courseCriteriaQuery = criteriaBuilder.createQuery(Course.
class);

        Root<Course> courseRoot = courseCriteriaQuery.from(Course.class);

        Predicate courseCategoryPredicate = criteriaBuilder.equal(courseRoot.
get("category"), "Spring");
```

```
        courseCriteriaQuery.where(courseCategoryPredicate);

        TypedQuery<Course> query = entityManager.createQuery(courseCriteriaQuery);

        assertThat(query.getResultList().size()).isEqualTo(3);

    }

    private List<Course> getCourseList() {
        Course rapidSpringBootCourse = new Course("Rapid Spring Boot Application
Development", "Spring", 4,
            "Spring Boot gives all the power of the Spring Framework without all of the
complexity");
        Course springSecurityDslCourse = new Course("Getting Started with Spring Security
DSL", "Spring", 5,
            "Learn Spring Security DSL in easy steps");
        Course springCloudKubernetesCourse = new Course("Getting Started with Spring Cloud
Kubernetes", "Spring", 3,
            "Master Spring Boot application deployment with Kubernetes");
        Course rapidPythonCourse = new Course("Getting Started with Python", "Python", 5,
            "Learn Python concepts in easy steps");
        Course gameDevelopmentWithPython = new Course("Game Development with Python",
"Python", 2,
            "Learn Python by developing 10 wonderful games");
        Course javaScriptForAll = new Course("JavaScript for All", "JavaScript", 4,
            "Learn basic JavaScript syntax that can apply to anywhere");
        Course javaScriptCompleteGuide = new Course("JavaScript Complete Guide",
"JavaScript", 5,
            "Master JavaScript with Core Concepts and Web Development");

        return Arrays.asList(rapidSpringBootCourse, springSecurityDslCourse,
springCloudKubernetesCourse, rapidPythonCourse, gameDevelopmentWithPython,
javaScriptForAll, javaScriptCompleteGuide);
    }
}
```

테스트에서 수행하는 내용은 다음과 같다.

- EntityManager를 주입받아서 CriteriaBuilder 인스턴스를 생성한다. EntityManager 인스턴스는 여러 엔티티 인스턴스로 구성되는 퍼시스턴스persistence 컨텍스트와 관련되는 인스턴스다. 엔티티 인스턴스의 라이프사이클은 퍼시스턴스 컨텍스트에 의해 관리된다. CriteriaBuilder 인스턴스를 사용하면 Criteria API 기반 쿼리, 조회, 정렬 등을 사용할 수 있다.
- CriteriaBuilder는 CriteriaQuery를 정의하는 데 사용되고 CriteriaQuery은 Course 클래스

를 파라미터 타입으로 전달받는다.

- CriteriaQuery를 사용해서 쿼리문의 Root를 정의한다.
- 결론적으로 조회 조건은 Predicate 타입으로 정의된다. 예제에는 카테고리가 Spring인 과정을 조회 조건으로 사용한다.
- 마지막으로 앞서 CriteriaQuery와 CriteriaQuery 적용된 Predicate를 사용해서 TypedQuery를 정의한다. 이 TypeQuery를 사용해서 데이터를 조회할 수 있다.

토론

Criteria API 기반의 쿼리를 작성하려면 몇 가지 단계를 거쳐야 한다. 먼저 EntityManager를 사용해서 CriteriaBuilder 인스턴스를 정의한다. 그리고 CriteriaBuilder 인스턴스를 사용해서 필요한 비즈니스 로직에 맞게 CriteriaQuery, CriteriaUpdate, CriteriaDelete 인스턴스를 생성한다. CriteriaQuery에는 데이터 조회에 필요한 쿼리를 작성하는 데 필요한 기능이 포함돼 있고, CriteriaUpdate, CriteriaDelete에는 각각 데이터를 수정하고 삭제하는 데 필요한 기능이 포함돼 있다.

CriteriaQuery를 사용하면 from(), where(), groupBy(), orderBy() 등의 메서드를 사용해서 쿼리를 작성할 수 있다. CriteriaBuilder 인스턴스를 통해 CriteriaQuery 인스턴스를 생성할 때 CriteriaQuery<Course> courseCriteriaQuery = criteriaBuilder.createQuery(Course.class)와 같이 엔티티 타입 정보가 지정되므로 이를 이용해서 컴파일 타임에 쿼리의 타입 안전성을 확보할 수 있다. CriteriaQuery 인스턴스를 통해 쿼리 Root 객체를 생성하는데 Root는 Course 엔티티를 참조하게 된다.

Root는 쿼리에 사용되는 표현식을 만드는 데 사용된다. 예제에서는 카테고리가 Spring인 과정을 나타내는 표현식을 정의했다. 이 표현식은 조회 조건인 Predicate을 생성하는 데 사용된다. EntityManager를 사용해서, 이미 생성된 CriteriaQuery로부터 TypedQuery를 생성한다. TypeQuery 인터페이스는 쿼리에 사용되는 여러 파라미터를 타입과 함께 지정할 수 있게 해주며, getResultList() 메서드를 통해 조회 결과를 가져올 수 있다.

Criteria API에 대한 자세한 내용은 JPA 명세(https://mng.bz/wnrq)의 6장을 참고하자.

3.7 스프링 데이터 JPA와 QueryDSL

3.6절에서는 Criteria API와 스프링 데이터 JPA를 사용해서 데이터를 활용하는 방법을 알아봤다. Criteria API가 자바 표준인 JPA의 네이티브 명세이기는 하지만 코드양이 많아진다는 단점이 있다. 아주 단순한 조회 쿼리 하나를 작성하기 위해서도 여러 줄의 코드가 필요하다.

QueryDSL(http://www.querydsl.com/)은 Criteria API처럼 타입 안전성을 보장하면서도 평문형fluent API를 사용해서 코드 작성량을 더 줄일 수 있게 해주는 서드파티 라이브러리다. QueryDSL도 Criteria API처럼 다음과 같은 내용을 컴파일 타임에 검증할 수 있다.

- 쿼리에 포함된 엔티티 타입이 실제로 존재하고 해당 엔티티를 데이터베이스 저장할 수 있다.
- 쿼리에 포함된 모든 프로퍼티가 엔티티에 실제로 존재하고 해당 프로퍼티를 데이터베이스 저장할 수 있다.
- 모든 SQL 연산자에는 적합한 타입이 사용됐다.
- 최종 쿼리가 문법적으로 올바르다.

스프링 데이터는 QueryDSL을 사용할 수 있도록 `QuerydslPredicateExecutor` 인터페이스를 제공한다. 이제 JPA와 QueryDSL을 실제로 사용하는 방법을 알아보자.

3.7.1 기법: 관계형 데이터베이스에 저장된 도메인 객체를 QueryDSL로 관리

3.7.1절의 소스 코드는 https://mng.bz/q2Ew**에서 확인할 수 있다. 완성본은** https://mng.bz/7Wn9**에서 확인할 수 있다.**

QueryDSL을 실제 사용하는 방법을 알아본다.

요구 사항

Criteria API를 사용할 때보다 간결한 코드로 쿼리의 타입 안전성을 확보해야 한다. Criteria API는 JPA의 표준 명세에 포함되는 네이티브 API이고 쿼리의 타입 안전성을 보장해주지만, 아주 단순한 쿼리의 타입 안전성을 확보하는 데도 많은 양의 코드를 작성해야 한다는 단점이 있다. 더 적은 코드로 쿼리의 타입 안전성을 확보하는 방법이 필요하다.

해법

Criteria API 대신 더 간결하고 사용하기 편한 평문형 API를 제공하는 QueryDSL을 사용한다. QueryDSL도 Criteria API처럼 쿼리를 단순한 문자열이 아닌 프로그램 소스 코드로 작성할 수 있어서 쿼리의 타입 안전성을 확보할 수 있다. 관계형 데이터베이스에 저장된 도메인 객체를 JPA와 QueryDSL을 함께 사용하는 방법을 알아보자.

QueryDSL을 사용하려면 예제 3.34와 같이 `querydsl-apt`, `querydsl-jpa` 의존 관계를 추가해야 하고, `apt-maven-plugin` 플러그인도 추가해야 한다.

예제 3.34 QueryDSL을 사용하기 위한 의존 관계와 플러그인 추가

```
<dependencies>
    <!-- 다른 의존 관계 생략 -->
    <dependency>
        <groupId>com.querydsl</groupId>
        <artifactId>querydsl-apt</artifactId>
    </dependency>
    <dependency>
        <groupId>com.querydsl</groupId>
        <artifactId>querydsl-jpa</artifactId>
    </dependency>
</dependencies>

<build>
    <plugins>
        <plugin>
            <groupId>org.springframework.boot</groupId>
            <artifactId>spring-boot-maven-plugin</artifactId>
        </plugin>
        <plugin>
            <groupId>com.mysema.maven</groupId>
            <artifactId>apt-maven-plugin</artifactId>
            <version>1.1.3</version>
            <executions>
                <execution>
                    <phase>generate-sources</phase>
                    <goals>
                        <goal>process</goal>
                    </goals>
                    <configuration>
                        <outputDirectory>target/generated-sources/java</outputDirectory>
                        <processor>com.querydsl.apt.jpa.JPAAnnotationProcessor</processor>
                    </configuration>
                </execution>
```

```
            </executions>
        </plugin>
    </plugins>
</build>
```

메이븐 pom.xml 파일에 추가된 내용을 자세히 살펴보자.

- `querydsl-apt` - 소스 파일에 사용된 애너테이션을 컴파일 단계에 들어가기 전에 먼저 처리할 수 있게 해주는 애너테이션 처리 도구annotation processing tool다. `querydsl-apt`는 애플리케이션에 포함돼 있는 엔티티 클래스를 바탕으로 Q-타입 클래스를 생성한다. 예를 들어 `Course` 엔티티 클래스가 있다면 `querydsl-apt`가 `Course` 클래스 내용을 바탕으로 `QCourse.java` 파일을 생성한다.
- `querydsl-jpa` - JPA를 사용하는 애플리케이션에서 QueryDSL을 사용할 수 있게 해주는 라이브러리다. JPA가 아니라 몽고DB를 사용하고 있다면 `querydsl-mongodb`를 추가하면 몽고DB와 QueryDSL을 함께 사용할 수 있다.
- `apt-maven-plugin` - 메이븐의 `process` 골goal에서 Q-타입 클래스가 생성되도록 보장하는 플러그인이다. `outputDirectory` 프로퍼티를 통해 Q-타입 클래스 파일이 저장되는 위치를 지정할 수 있다. Q-타입 클래스 파일은 애플리케이션 소스 코드로 사용되므로 `outputDirectory` 프로퍼티로 지정된 디렉터리는 프로젝트의 소스 디렉터리로도 지정돼야 한다.

이제 예제 3.35와 같이 `CourseRepository`에서 실제로 QueryDSL을 사용해보자.

예제 3.35 QuerydslPredicateExecutor가 적용된 CourseRepository 인터페이스

```
package com.manning.sbip.ch03.repository;

// import 문 생략

@Repository
public interface CourseRepository extends CrudRepository<Course, Long>,
QuerydslPredicateExecutor<Course> {
}
```

`CourseRepository`는 `CrudRepository` 인터페이스뿐만 아니라 `QuerydslPredicate` 인터페이스도 상속받는다. 이렇게 하면 QueryDSL 기능을 사용할 수 있다. 물론 반드시 QueryDSL 기능을 사용하도록 구현해야 할 필요는 없다. `QueryDSL`은 `Iterable<T> findAll(OrderSpecifier<?> … or-`

ders)와 같이 CrudRepository 인터페이스에 있던 친숙한 findAll() 메서드를 오버로딩overload한 메서드를 제공하며, 곧 살펴볼 예제에서 직접 사용해볼 것이다.

Course 엔티티 클래스에는 아무런 변경도 필요하지 않다. 일반적인 IDE에는 애너테이션 처리 기능이 활성화돼 있으므로 apt-maven-plugin 플러그인의 outputDirectory로 지정한 위치에 IDE가 QCourse 클래스를 자동으로 생성해준다. 예제에서는 target/generated-sources/java 디렉터리를 outputDirectory로 지정했다. QCourse 클래스가 자동으로 생성되지 않는다면 프로젝트 루트 디렉터리에서 mvn generate-sources 명령을 실행해서 수동으로 생성할 수 있다.

생성된 QCourse 클래스를 애플리케이션에서 사용하려면 target/generated-sources/java 디렉터리를 소스 디렉터리로 지정해야 한다. 인텔리제이에서는 target/generated-sources/java 디렉터리에서 마우스 우클릭 후 Mark Directory as를 선택하고 Generated Source Root를 클릭하면 target/generated-sources/java 디렉터리가 소스 디렉터리로 지정된다.

이제 QCourse 클래스를 사용해서 쿼리를 정의할 수 있다. 일반적으로 서비스 계층에서 Q-타입 클래스를 사용해서 쿼리를 정의하지만 예제에서는 QueryDSL 쿼리 생성에 집중할 수 있도록 테스트 코드에서 QCourse 클래스를 사용한다.

예제 3.36 QueryDSL을 사용하는 단위 테스트

```
package com.manning.sbip.ch03;

// import 문 생략

@SpringBootTest
class CourseTrackerSpringBootApplicationTests {

    @Autowired
    private CourseRepository courseRepository;

    @Autowired
    private EntityManager entityManager;

    @Test
    public void givenCoursesCreatedWhenLoadCoursesWithQueryThenExpectCorrectCourseDetails() {
        courseRepository.saveAll(getCourseList());

        QCourse course = QCourse.course;                              ❶
        JPAQuery query1 = new JPAQuery(entityManager);                ❷
        query1.from(course).where(course.category.eq("Spring"));      ❸
```

```
        assertThat(query1.fetch().size()).isEqualTo(3);             ❹

        JPAQuery query2 = new JPAQuery(entityManager);
        query2.from(course)
.where(course.category.eq("Spring").and(course.rating.gt(3)));
        assertThat(query2.fetch().size()).isEqualTo(2);

        OrderSpecifier<Integer> descOrderSpecifier = course.rating.desc();    ❺
        assertThat(Lists.newArrayList(courseRepository.findAll(descOrderSpecifier)).get(0).
getName()).isEqualTo("Getting Started with Spring Security DSL");
    }

    private List<Course> getCourseList() {
Course rapidSpringBootCourse = new Course("Rapid Spring Boot Application Development",
"Spring", 4,
            "Spring Boot gives all the power of the Spring Framework without all of the
complexity");
        Course springSecurityDslCourse = new Course("Getting Started with Spring Security
DSL", "Spring", 5,
            "Learn Spring Security DSL in easy steps");
        Course springCloudKubernetesCourse = new Course("Getting Started with Spring Cloud
Kubernetes", "Spring", 3,
            "Master Spring Boot application deployment with Kubernetes");
        Course rapidPythonCourse = new Course("Getting Started with Python", "Python", 5,
            "Learn Python concepts in easy steps");
        Course gameDevelopmentWithPython = new Course("Game Development with Python",
"Python", 2,
            "Learn Python by developing 10 wonderful games");
        Course javaScriptForAll = new Course("JavaScript for All", "JavaScript", 4,
            "Learn basic JavaScript syntax that can apply to anywhere");
        Course javaScriptCompleteGuide = new Course("JavaScript Complete Guide",
"JavaScript", 5,
            "Master JavaScript with Core Concepts and Web Development");

        return Arrays.asList(rapidSpringBootCourse, springSecurityDslCourse,
springCloudKubernetesCourse, rapidPythonCourse, gameDevelopmentWithPython, javaScriptForAll,
javaScriptCompleteGuide);
    }
}
```

❶ 자동 생성된 QCourse를 사용해서 course 인스턴스를 정의한다.

❷ JPAQuery 인스턴스를 생성한다.

❸ QueryDSL의 from(), where() 메서드를 사용해서 from 절, where 절을 정의하고 쿼리를 작성한다.

❹ 쿼리를 실행하고 조회 결과 course의 개수를 판정한다.

❺ OrderSpecifier를 사용해서 course 평점을 기준으로 내림차순으로 정렬하는 order-by 절을 정의한다.

테스트 내용을 상세히 알아보자.

- CourseRepository와 EntityManager를 주입받는다. EntityManager는 JPAQuery 인스턴스를 생성하는 데 사용된다.
- 로컬 변수 course를 정의하고 정적 인스턴스인 QCourse.course를 초깃값으로 설정한다.
- 결국 EntityManager를 사용해서 JPAQuery 인스턴스를 생성했다. JPAQuery는 QueryDSL에서 JPA를 사용할 수 있게 해주는 JPQLQuery 인터페이스의 기본 구현체다.
- QueryDSL의 평문형 API를 사용해서 쿼리를 작성한다. course 인스턴스를 JPAQuery 객체의 from() 메서드에 인자로 전달하고, where() 메서드를 사용해서 조건절을 정의해서 쿼리를 작성한다.
- 생성된 JPAQuery의 fetch() 메서드를 호출해서 데이터베이스로부터 데이터를 가져오고 결과를 판정한다.
- query2에는 where() 메서드 안에서 and() 메서드를 사용해서 and 조건을 추가한다.
- fetch() 메서드를 호출해서 데이터를 가져오고 결과를 판정한다.
- 마지막으로 OrderSpecifier 인스턴스를 생성해서 평점 기준 내림차순으로 정렬하는 order-by 절을 정의한다.
- QuerydslPredicateExecutor 인터페이스를 상속받은 CourseRepository에 있는 findAll(OrderSpecifier<?>... orders) 메서드의 인자로 OrderSpecifier 인스턴스를 전달한다.

findAll(OrderSpecifier<?>... orders) 메서드는 QuerydslPredicateExecutor 인터페이스에 정의돼 있다는 점에 유의하자. CourseRepository 인터페이스가 QuerydslPredicateExecutor 인터페이스를 상속받으므로 CourseRepository를 통해 findAll(OrderSpecifier<?>... orders) 메서드를 호출할 수 있다.

토론

스프링 데이터 JPA와 QueryDSL을 함께 사용하는 방법을 알아봤다. QueryDSL은 다양한 데이터 소스를 대상으로 정적 타입 SQL을 작성할 수 있게 해주는 프레임워크다. QueryDSL은 정적 타입 검사, 평문형 API, 간결성 덕분에 많은 인기를 누리고 있다. 정적 타입 검사를 통해 쿼리가 문법에 맞는지를 런타임이 아니라 컴파일 타임에 검사할 수 있다.

QueryDSL은 타입 안전성을 보장하면서 하이버네이트 쿼리 언어Hibernate query language, HQL를 사용하기 위해 만들어졌다. 문자열이 올바르지 못하게 합쳐졌거나 도메인 타입에 대한 참조가 올바르지 못하면 HQL 쿼리는 런타임 실행 오류를 발생한다. QueryDSL은 쿼리에 대한 정적 타입 검사를 컴파일 타임에 수행하므로 런타임 실행 오류 발생을 줄일 수 있다. QueryDSL을 적용하면 비즈니스 도메인 클래스로부터 자동 생성된 Q-타입 객체를 쿼리에 사용할 수 있고, 메서드 호출 시에도 타입 안전성이 보장된다. 더 자세한 내용은 QueryDSL 공식 문서(https://mng.bz/mx9r)를 참고하자.

Criteria API와 QueryDSL

지금까지 Criteria API와 QueryDSL을 살펴봤는데 애플리케이션에서 둘 중 어느 것을 사용해야 할까? 둘 다 널리 사용되는 API이며 다음과 같은 내용을 검토하면 선택에 도움이 될 것이다.

- Criteria API는 표준 JPA 명세에 포함되는 라이브러리이므로 JPA를 사용하면 Criteria API도 사용할 수 있다. 반면에 QueryDSL은 오픈소스 서드파티 라이브러리다.
- Criteria API는 API가 장황하고 복잡해서 아주 단순한 쿼리를 작성하는 데도 상당히 많은 코드를 작성해야 한다는 단점이 있다. QueryDSL을 사용하면 일반적으로 쓰이는 영어 문장과 비슷한 API를 사용해서 더 간결하게 쿼리를 작성할 수 있다.
- Criteria API는 JPA가 사용되는 환경에서만 사용할 수 있다. 반면에 QueryDSL은 JPA 외에도 몽고DB나 루신Lucene, JDOJava data object을 사용하는 환경에서도 사용할 수 있다.

3.7.2 기법: 프로젝션

엔티티를 조회할 때마다 테이블에 있는 모든 컬럼의 데이터를 조회할 필요는 없다. 예를 들어 과정 목록을 테이블 형식으로 보여줄 때 과정의 이름만 보여줘도 충분하며 과정의 설명까지 보여줘야 할 필요는 없다. 따라서 과정 목록을 조회할 때는 description 컬럼은 조회하지 않아도 된다.

이처럼 하나 또는 그 이상의 엔티티에 속하는 필드 중에서 필요한 일부 부분 집합만을 추려내서 조회하는 것을 **프로젝션**projection이라고 한다. 스프링 데이터는 인터페이스 기반 프로젝션과 클래스 기반 프로젝션을 지원한다.

인터페이스 기반 프로젝션은 필요한 필드에 대한 게터 메서드를 정의한 인터페이스를 통해 프로젝션을 수행한다. 예를 들어 과정 이름으로 과정을 검색해서 과정 설명 정보만 보여주면 되는 상황이라면 예제 3.37과 같이 프로젝션용 인터페이스를 정의할 수 있다.

예제 3.37 인터페이스 기반 프로젝션

```
package com.manning.sbip.ch03.ibp;

public interface DescriptionOnly {
    String getDescription();
}
```

프로젝션용 인터페이스를 예제 3.38과 같이 리포지터리 메서드의 반환 타입으로 지정하면 원하는 컬럼만 데이터베이스로부터 조회하는 쿼리가 실행된다.

예제 3.38 인터페이스 기반 프로젝션이 적용된 쿼리 메서드

```
package com.manning.sbip.ch03.repository;

// import 문 생략

@Repository
public interface CourseRepository extends CrudRepository<Course, Long> {
    Iterable<DescriptionOnly> getCourseByName(String name);
}
```

이제 테스트를 통해 검증해보자. 예제 3.39와 같이 테스트를 작성한다.

예제 3.39 인터페이스 기반 프로젝션 검증 테스트

```
@Test
public void givenACourseAvailableWhenGetCourseByName ThenGetCourseDescription() {
    Iterable<DescriptionOnly> result =
        courseRepository.getCourseByName("Rapid Spring Boot Application Development");

    assertThat(result).extracting("description")
        .contains("Spring Boot gives all the power of the Spring Framework without all of
the complexity");
}
```

`getCourseByName()` 메서드는 프로젝션용 인터페이스인 `DescriptionOnly` 타입의 `Iterable`을 반환한다. 그리고 단언문에서 실제 description 값이 맞는지 확인한다.

클래스 기반 프로젝션은 인터페이스 대신에 데이터 전송 객체라고 불리는 DTOdata transfer object를 사용한다. DTO는 쿼리에 의해 반환되는 필드를 포함하고 있는 자바 POJO 객체다. 이름에서 알 수 있듯이 DAO 계층과 서비스 계층 사이에서 데이터를 전송하는 것이 DTO의 주요 목적이다. 스프링 컨트롤러가 직접 DAO 계층에 접근하는 것보다, 컨트롤러와 DAO 계층 사이에 다리bridge 역할을 할 수 있는 서비스 계층을 두는 것이 더 낫다. 클래스 기반 프로젝션 사례는 다음 절에 나오는 예제에서 확인할 수 있다.

3.8 도메인 객체 관계 관리

하나의 테이블에서 데이터를 조회하는 것은 상대적으로 쉽다. 하지만 엔터프라이즈 애플리케이션에서 하나의 테이블에서만 데이터를 조회하는 일은 드물다. 애플리케이션에서 필요로 하는 데이터를 구성하려면 대부분 두 개 이상의 테이블에서 데이터를 조회해야 한다.

엔티티 사이의 관계는 다음과 같이 분류할 수 있다.

- 일대일 관계 - 하나의 엔티티는 정확히 하나의 다른 엔티티와 연관 관계association를 가진다. 예를 들어 `Course` 엔티티와 과정의 상세 정보를 담는 `CourseDetails` 엔티티가 있다고 할 때, 하나의 `Course`가 오직 하나의 `CourseDetails`를 가질 수 있고, `CourseDetails`도 오직 하나의 `Course`에 대한 상세 정보만 가질 수 있으므로, 이 둘은 일대일 관계다.
- 일대다 관계 - 하나의 엔티티가 다른 타입의 엔티티 여러 개와 연관 관계를 가진다. 예를 들어 `Person` 엔티티는 여러 개의 `Address` 엔티티를 가질 수 있다. 따라서 `Person`과 `Address`는 일대다 관계다.
- 다대일 관계 - 한 타입의 여러 엔티티가 다른 타입의 한 개의 엔티티와 연관 관계를 가진다. 예를 들어 책을 의미하는 `Book` 엔티티와 출판사를 의미하는 `Publisher` 엔티티가 있을 때, 여러 개의 책이 하나의 출판사에서 출판될 수 있으므로 다대일 관계다.
- 다대다 관계 - 한 타입의 여러 엔티티가 다른 타입의 여러 엔티티와 연관 관계를 가진다. 예를 들어 CourseTracker 애플리케이션에서는 하나의 과정을 여러 강사가 가르칠 수 있고, 하나의 강사도 여러 과정을 가르칠 수 있다. 따라서 `Course`와 `Author`는 다대다 관계다.

이제 다대다 관계를 실제로 구현하는 방법과 DTO를 사용하는 사례를 알아보자.

3.8.1 기법: 스프링 데이터 JPA를 사용해서 관계형 데이터베이스에서 다대다 관계 도메인 객체 관리

3.8.1절의 소스 코드는 https://mng.bz/5K6B에서 확인할 수 있다. 완성본은 https://mng.bz/6Zoo에서 확인할 수 있다.

요구 사항

애플리케이션에서 객체 관계를 관리하다보면 다대다 관계를 마주칠 때가 있다. CourseTracker 애플리케이션에서도 Author와 Course는 다대다 관계다. 스프링 데이터 JPA를 사용해서 다대다 관계 엔티티를 관리해야 한다.

해법

다대다 관계는 엔티티 사이에서 가장 흔한 관계라고 할 수 있다. 하나의 과정을 여러 강사가 강의할 수도 있고, 하나의 강사가 여러 과정을 강의할 수도 있으므로 Course와 Author도 다대다 관계다. 다대다 관계를 관리하려면 3개의 테이블이 필요하다. 하나는 Author 테이블, 하나는 Course, 나머지 하나는 Author와 Course를 매핑해주는 조인 테이블이다. 그림 3.7에 있는 ER entity-relation 다이어그램을 보자.

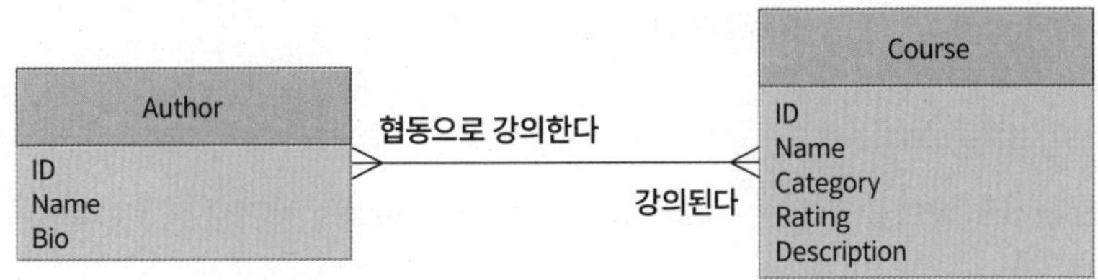

그림 3.7 Author와 Course의 ER 다이어그램

이제 이번 기법에서 사용할 데이터 모델을 설계해보자. Author 엔티티는 AUTHOR 테이블에서 관리하고, Course 엔티티는 COURSE 테이블에서 관리하고, Author와 Course 사이의 매핑은 AUTHORS_COURSES 테이블에서 관리한다. 관계형 데이터베이스에서는 다대다 관계인 두 엔티티 사이의 관계는 AUTHOR의 식별자인 author_id와 COURSE의 식별자인 course_id를 AUTHORS_COURSES 테이블에 저장하는 방식으로 관리할 수 있다. 예제 3.40에는 schema.sql 파일에 있는 DDL이 나와 있다.

에제 3.40 schema.sql 파일

```
CREATE TABLE authors (
  id   BIGINT NOT NULL,
  bio  VARCHAR(255),
  name VARCHAR(255),
  PRIMARY KEY (id)
);

CREATE TABLE authors_courses (
  author_id BIGINT NOT NULL,
  course_id BIGINT NOT NULL,
  PRIMARY KEY (author_id, course_id)
);

CREATE TABLE courses (
  id          BIGINT NOT NULL,
  category    VARCHAR(255),
  description VARCHAR(255),
  name        VARCHAR(255),
  rating      INTEGER NOT NULL,
  PRIMARY KEY (id)
);

ALTER TABLE authors_courses
  ADD CONSTRAINT course_id_fk FOREIGN KEY (course_id)
  REFERENCES courses (id);    ❶

ALTER TABLE authors_courses
  ADD CONSTRAINT author_id_fk FOREIGN KEY (author_id)
REFERENCES authors (id);    ❷
```

❶ authors_courses 테이블에 있는 course_id 컬럼이 courses 테이블의 id 컬럼을 참조하도록 외래 키를 설정한다.

❷ authors_courses 테이블에 있는 author_id 컬럼이 authors 테이블의 id 컬럼을 참조하도록 외래 키를 설정한다.

이제 애플리케이션에서 사용할 데이터를 입력하기 위해 예제 3.41과 같이 INSERT 문을 작성한다. 3개의 과정과 2명의 강사를 입력하고, 과정 1, 과정 2의 강사로 강사 1을 입력하고, 과정 1, 과정 2, 과정 3의 강사로 강사 2를 입력한다. 결과적으로 과정 1, 과정 2는 모두 강사 1, 강사 2에 의해 협동 강의로 진행된다.

예제 3.41 **data.sql 스크립트**

```
INSERT INTO COURSES(ID, NAME, CATEGORY, RATING, DESCRIPTION)
  VALUES(1, 'Rapid Spring Boot Application Development', 'Spring', 4, 'Spring Boot gives all
the power of the Spring Framework without all of the complexity');
INSERT INTO COURSES(ID, NAME, CATEGORY, RATING, DESCRIPTION)
  VALUES(2, 'Getting Started with Spring Security DSL', 'Spring', 5, 'Learn Spring Security
DSL in easy steps');
INSERT INTO COURSES(ID, NAME, CATEGORY, RATING, DESCRIPTION)
  VALUES(3, 'Getting Started with Spring Cloud Kubernetes', 'Python', 3, 'Master Spring Boot
application deployment with Kubernetes');

INSERT INTO AUTHORS(ID, NAME, BIO)
  VALUES(1, 'John Doe', 'Author of several Spring Boot courses');
INSERT INTO AUTHORS(ID, NAME, BIO)
  VALUES(2, 'Steve Muller', 'Author of several popular Spring and Python courses');

INSERT INTO AUTHORS_COURSES(AUTHOR_ID, COURSE_ID) VALUES(1, 1);
INSERT INTO AUTHORS_COURSES(AUTHOR_ID, COURSE_ID) VALUES(1, 2);
INSERT INTO AUTHORS_COURSES(AUTHOR_ID, COURSE_ID) VALUES(2, 1);
INSERT INTO AUTHORS_COURSES(AUTHOR_ID, COURSE_ID) VALUES(2, 2);
INSERT INTO AUTHORS_COURSES(AUTHOR_ID, COURSE_ID) VALUES(2, 3);
```

예제 3.40에 있는 schema.sql과 예제 3.41에 있는 data.sql 스크립트가 자동으로 실행되려면 application.properties 파일에 예제 3.42와 같이 지정해줘야 한다.

예제 3.42 **DDL 및 DML 스크립트가 자동으로 실행되도록 application.properties 프로퍼티 설정**

```
spring.jpa.hibernate.ddl-auto=none        ❶
spring.datasource.initialization-mode=always    ❷
```

❶ 테이블 스키마를 담당하는 schema.sql 파일을 사용하므로 JPA에게 스키마를 자동으로 관리하지 않도록 알려준다.

❷ 스프링 부트에게 schema.sql 파일을 사용해서 H2 데이터베이스에 테이블을 생성하도록 알려준다.

이제 `Author` 엔티티를 예제 3.43과 같이 정의한다.

예제 3.43 **Author 엔티티**

```
package com.manning.sbip.ch03.model;

// import 문 생략
```

```java
@Entity(name = "AUTHOR")
@Table(name="AUTHORS")
public class Author {

    @Id
    @GeneratedValue(strategy = GenerationType.IDENTITY)
    private long id;
    private String name;
    private String bio;

    @ManyToMany
    @JoinTable(name = "authors_courses",
            joinColumns = {@JoinColumn(name="author_id", referencedColumnName = "id",
nullable = false, updatable = false)},
            inverseJoinColumns = {@JoinColumn(name="course_id", referencedColumnName = "id",
nullable = false, updatable = false)}
    )
    private Set<Course> courses = new HashSet<>();

    public Author() {}

    public Author(String name, String bio) {
        this.name = name;
        this.bio = bio;
    }

    public long getId() {
        return id;
    }

    public String getName() {
        return name;
    }

    public String getBio() {
        return bio;
    }

    public Set<Course> getCourses() {
        return courses;
    }

    @Override
    public String toString() {
        return "Author{" +
                "id=" + id +
                ", name='" + name + '\'' +
```

```
                ", bio='" + bio + '\'' +
                '}';
    }
}
```

Author 클래스에는 Author와 Course 관계를 담을 수 있는 courses 필드를 비어 있는 set으로 초기화했다. Course 엔티티는 예제 3.44와 같이 정의한다.

예제 3.44 **Course 엔티티**

```
package com.manning.sbip.ch03.model;

// import 문 생략

@Entity(name = "COURSES")
@Table(name = "COURSES")
public class Course {

    @Id
    @Column(name = "ID")
    @GeneratedValue(strategy = GenerationType.IDENTITY)
    private long id;

    @Column(name = "NAME")
    private String name;

    @Column(name = "CATEGORY")
    private String category;

    @Column(name = "RATING")
    private int rating;

    @Column(name = "DESCRIPTION")
    private String description;

    @ManyToMany(mappedBy = "courses")    ❶
    private Set<Author> authors = new HashSet<>();

    public Course() {}

    public Course(String name, String category, int rating, String description) {
        this.name = name;
        this.category = category;
        this.rating = rating;
        this.description = description;
    }
```

```
    // 게터, 세터, equals, hashCode, toString 생략
}
```

❶ 관계의 주인owner이 아닌 쪽에 @ManyToMany 애너테이션의 mappedBy 속성을 지정한다.

Course 엔티티는 과정에 대한 정보가 포함돼 있고 authors 필드에 다대다 관계가 지정돼 있다. 여기에서 주의할 점은 연관 관계의 주인이 아닌 쪽에 @ManyToMany 애너테이션의 mappedBy 속성을 지정해야 한다는 점이다. 이제 예제 3.45과 같이 과정과 강사 객체를 생성하고 매핑 정보를 입력할 수 있다.

예제 3.45 과정과 강사 생성 및 매핑

```
Course rapidSpringBootCourse =
    new Course("Rapid Spring Boot Application Development", "Spring", 4,
        "Spring Boot gives all the power of the Spring Framework without all of the
complexity");

Course springSecurityDslCourse =
    new Course("Getting Started with Spring Security DSL", "Spring", 5,
        "Learn Spring Security DSL in easy steps");

Author author1 = new Author("John Doe",
    "Author of several Spring Boot courses");

author1.getCourses()
    .addAll(Arrays.asList(rapidSpringBootCourse, springSecurityDslCourse));
```

@Entity, @Table, @Id와 같은 애너테이션 외에도 Course 엔티티와의 관계를 나타내는 여러 가지 애너테이션이 사용됐는데 하나씩 살펴보자.

@ManyToMany

@ManyToMany 애너테이션은 다대다 관계를 나타내는 데 사용된다. 관계에는 소유자owning side와 비소유자non-owning side가 존재한다. 소유자는 관계를 소유하는 입장이고, 비소유자는 관계를 소유하지 않고 참조되는 입장이다.

일대다 관계에서는 다 쪽이 소유자다. 왜냐하면 다 쪽에서는 일 쪽을 가리키는 참조 하나만 가지면 일대다 관계를 쉽게 관리할 수 있기 때문에 다 쪽이 관계를 소유하게 된다. 만약 일 쪽이 소유자라면 다 쪽을 가리키는 참조 여러 개를 관리해야 하므로 훨씬 복잡해진다.

다대다 관계에서는 양쪽 모두 다이므로 어느 쪽을 관계의 소유자로 정할지는 선택의 문제다. 예제에서는 강사가 강의를 소유한다는 관점에서 Author 엔티티를 관계의 소유자로 정했다.

관계의 소유자 쪽에는 @JoinTable 애너테이션으로 매핑 테이블 정보를 지정한다. 앞서 언급한 것처럼 강사가 강의를 소유한다는 관점에서 강사 쪽에 @JoinTable 애너테이션을 지정했다. 비소유자 쪽에는 @ManyToMany 애너테이션에 mappedBy 속성으로 소유자 쪽에 비소유자 쪽을 참조하도록 지정된 필드의 이름을 명시한다. 그래서 비소유자인 Course 쪽에 mappeBy 속성이 지정돼 있다.

@JoinTable

@JoinTable 애너테이션은 관계의 소유자 쪽에 지정되며 일반적으로 다대다 관계와 일방향 일대다 관계에 사용되며 조인 테이블을 정의하는 역할을 담당한다. 예제에서는 AUTHORS_COURSES 조인 테이블을 정의하고 있다. @JoinTable 애너테이션이 지정되지 않으면 기본적으로 소유자 쪽 테이블 이름과 비소유자 쪽 테이블의 이름을 '_'로 연결한 이름의 테이블이 생성된다. @JoinTable 안에서 joinColums 속성과 inverseJoinColumns 속성으로 지정할 수 있는데, joinColumns는 조인 테이블의 소유자 쪽인 AUTHORS 테이블의 식별자 컬럼을 가리키는 외래 키를 지정하고, inverseColumns은 조인 테이블의 비소유자 쪽인 COURSES 테이블의 식별자 컬럼을 가리키는 외래 키를 지정한다.

@JoinColumn

@JoinColumn 애너테이션은 연관돼 있는 엔티티와 조인하는 컬럼을 지정한다. 예를 들어 아래와 같이 애너테이션이 지정되면

```
@JoinColumn(name = "author_id", referenceColumnName = "id", nullable = false, updatable =
false)
```

name 속성으로 외래 키 값을 가지는 컬럼의 이름을 지정하고, referencedColumnName 속성으로 외래 키 컬럼에 의해 참조되는 대상 컬럼의 이름을 지정하고, nullable 속성으로 외래 키 컬럼의 널 값 허용 여부를 지정하고, updatable 속성으로 외래 키 컬럼값이 애플리케이션에 의한 수정 허용 여부를 지정한다. 이제 예제 3.46과 같이 AuthorCourse 엔티티를 정의한다.

예제 3.46 **AuthorCourse 엔티티**

```
package com.manning.sbip.ch03.model;

// import 문 생략
```

```java
@Entity(name = "AUTHOR_COURSE")
@Table(name = "AUTHORS_COURSES")
public class AuthorCourse {

    @Id
    @Column(name = "author_id")
    private long authorId;

    @Column(name = "course_id")
    private long courseId;

    // 생성자, 게터, 세터 생략
}
```

AuthorCourse 클래스에는 Author와 Course 엔티티의 기본 키 값이 각각 author_id 컬럼과 course_id 컬럼에 저장된다. @Table 애너테이션의 name 속성값으로 AUTHORS_COURSES를 지정해서 이 엔티티는 AUTHORS_COURSES 테이블로 관리된다. AUTHORS_COURSES 테이블은 나중에 리포지터리 인터페이스에서 사용된다.

이제 AuthorCourseDto 클래스를 예제 3.47과 같이 정의한다.

예제 3.47 **AuthorCourseDto 클래스**

```java
package com.manning.sbip.ch03.dto;

public class AuthorCourseDto {

    private long id;
    private String authorName;
    private String courseName;
    private String description;

    public AuthorCourseDto(long id, String authorName, String courseName, String
description) {
        this.id = id;
        this.authorName = authorName;
        this.courseName = courseName;
        this.description = description;
    }

    @Override
    public String toString() {
        return "{" +
                "id=" + id +
```

```
                ", authorName='" + authorName + '\'' +
                ", courseName='" + courseName + '\'' +
                ", description='" + description + '\'' +
                '}';
    }
}
```

3.7.2절에서 프로젝션을 설명할 때 클래스 기반 프로젝션을 나중에 확인할 수 있을 거라고 했는데, 이제 확인할 수 있다. AuthorCourseDto 클래스에는 Author 테이블과 Course 테이블에 저장된 정보 중에서 필요한 정보만을 골라낸 필드를 가지고 있다. 그래서 리포지터리 메서드의 반환 타입으로 AuthorCourseDto 클래스를 지정하면 나중에 리포지터리 메서드가 실행될 때 클래스 기반 프로젝션이 동작하면서 필요한 필드만 조회하는 쿼리가 실행된다. 이제 예제 3.48과 같이 리포지터리 메서드를 정의하자.

예제 3.48 **AuthorRepository 인터페이스**

```
package com.manning.sbip.ch03.repository;

// import 문 생략

@Repository
public interface AuthorRepository extends CrudRepository<Author, Long> {

    @Query("SELECT new com.manning.sbip.ch03.dto.AuthorCourseDto(c.id, a.name, c.name,
c.description) from AUTHOR a, COURSES c, AUTHORS_COURSES ac where a.id = ac.authorId and
c.id=ac.courseId and ac.authorId=?1")
    Iterable<AuthorCourseDto> getAuthorCourseInfo(long authorId);
}
```

AuthorRepository 인터페이스에는 AUTHORS, COURSES, AUTHORS_COURSES 테이블에서 데이터를 조회하는 쿼리 메서드가 정의돼 있다. 프로젝션을 통해 조회된 데이터는 Author 엔티티도 아니고 Course 엔티티도 아니며, AuthorCourseDto 클래스에 담을 수 있다.

AuthorRepository 인터페이스는 CrudRepository 인터페이스를 상속받아서 기본적인 CRUD 기능을 수행할 수 있다. AuthorRepository 인터페이스에 authorId를 인자로 받아서 해당 강사가 강의하는 과정 목록을 조회할 수 있는 커스텀 메서드를 추가했다. @Query 애너테이션을 사용해서 데이터 조회에 필요한 쿼리를 지정했다. 이 쿼리는 SQL이 아니라 JPQL 쿼리다. 3개의 테이블에서 데이터를 조회해서 DTO 인스턴스에 담아서 반환한다. 그림 3.8에는 AUTHORS, AUTHORS_COURSES,

COURSES 이렇게 3개의 테이블이 표시돼 있다. 3개의 테이블을 조인하고 조건에 맞는 데이터를 조회해서 AuthorCourseDto 자바 DTO 객체에 담아서 반환한다.

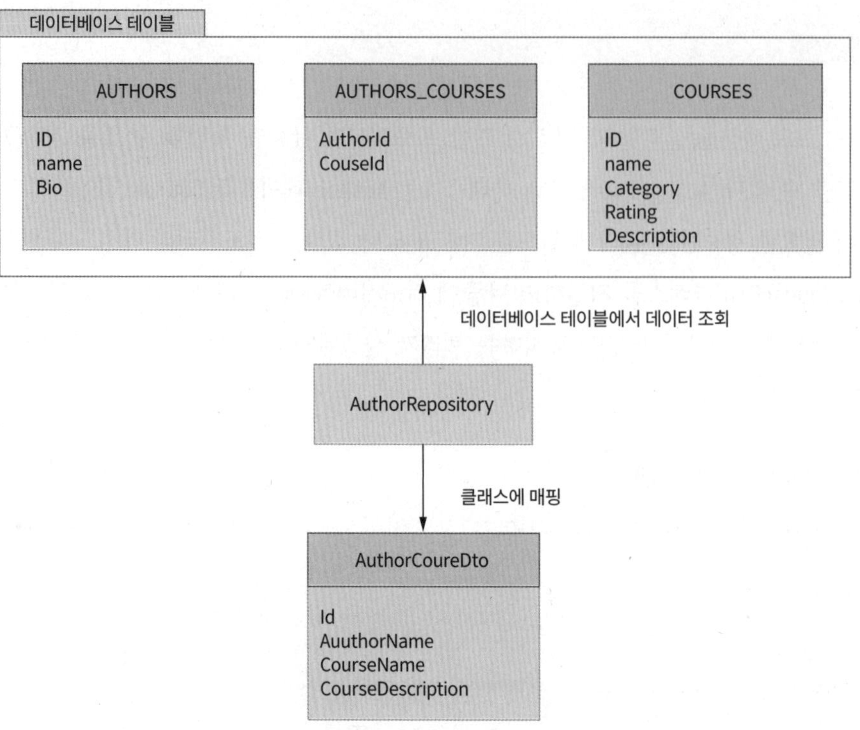

그림 3.8 **3개의 테이블과 AuthorCourseDto POJO 객체**

이제 예제 3.49와 같이 getAuthorCourseInfo() 메서드를 테스트해보자.

예제 3.49 **다대다 관계가 제대로 구현됐는지 검증하는 단위 테스트**

```
package com.manning.sbip.ch03;

// import 문 생략

@SpringBootTest
class CourseTrackerSpringBootApplicationTests {

    @Autowired
    private AuthorRepository authorRepository;

    @Test
    public void whenCountAllCoursesThenExpectFiveCourses() {
        assertThat(authorRepository.getAuthorCourseInfo(2)).hasSize(3);
    }
```

```
}
```

ID가 2인 강사가 강의하는 과정 정보를 조회한다. 강사 2는 3개의 강의를 진행하므로 3이 반환되는지 검증한다. 테스트를 실행하면 통과하는 것을 확인할 수 있다.

토론

이번 절에서는 다대다 관계의 엔티티를 관리하는 방법을 알아봤다. 매우 단순한 에제를 통해 살펴봤지만 스프링 데이터 JPA가 제공하는 기능을 알아보고 비즈니스 도메인 객체들 사이에 존재하는 다대다 관계를 `@ManyToMany` 애너테이션을 사용해서 관리 방법을 알아보는 데는 충분하다.

앞 절에서 살펴봤던 인터페이스 기반 프로젝션에 이어 클래스 기반 프로젝션도 알아봤다. 인터페이스 기반 프로젝션을 사용해서 하나의 엔티티에 있는 많은 필드 중에서 필요한 필드만 조회했고, DTO를 사용한 클래스 기반 프로젝션을 사용해서 여러 엔티티에 걸쳐 있는 필드 중에서 필요한 필드만 조회할 수 있었다.

엔티티 사이에 존재할 수 있는 모든 연관 관계를 자세히 다루는 것은 이 책의 범위를 넘어선다. 지금까지 살펴본 예제로 감을 잡은 후 다른 다양한 연관 관계를 직접 구현해볼 것을 권장한다.

요약

3장에서는 스프링 부트 애플리케이션과 데이터베이스 연동에 관련한 다양한 주제를 다뤄봤다. 여기에서 소개된 많은 기능은 스프링 부트 애플리케이션을 개발할 때 굉장히 많이 사용된다. 3장에서 배운 내용을 짧게 정리하면 다음과 같다.

- 스프링 데이터가 왜 필요한지 생각해보고 여러 가지 스프링 데이터 모듈을 살펴봤다.
- 스프링 부트는 관계형 데이터베이스뿐 아니라 NoSQL 데이터베이스와도 연동할 수 있다.
- 데이터베이스 스키마를 schema.sql로 정의할 수 있고, data.sql을 사용해서 초기 데이터를 입력할 수 있다. Spring Data JPA를 사용해서 스키마를 정의할 수도 있다.
- 스프링 데이터 `CrudRepository` 인터페이스와 `PagingAndSortingRepository` 인터페이스를 이해하고 스프링 부트에서 어떻게 사용할 수 있는지 알아봤다.
- 관계형 데이터베이스에 저장된 데이터를 `@NameQuery`, `@Query`, Criteria API, `QueryDsl` 등 다양한 방법으로 조회하는 방법을 살펴봤다.

- 스프링 부트 애플리케이션에서 다대다 관계를 관리하는 방법을 익혔다.

4장에서는 스프링 부트에서 아주 중요한 자동 구성autoconfiguration과 액추에이터actuator를 다룬다. 스프링 부트 자동 구성은 애플리케이션에 사용된 수많은 컴포넌트에 대한 설정을 자동으로 구성해줘서 애플리케이션 개발을 더 쉽게 시작할 수 있다. 스프링 부트 액추에이터는 스프링 부트 애플리케이션을 모니터링하고 상호작용할 수 있는 인프라스트럭처를 제공한다.

CHAPTER 4

스프링 자동 구성과 액추에이터

4장에서 다루는 내용

- **스프링 자동 구성, 조건부 애너테이션 소개와 상세 내용**
- **스프링 부트 개발자 도구 개요, 설정 방법, 다양한 사용 사례**
- **스프링 부트 실패 분석기 소개와 커스텀 실패 분석기 정의 방법**
- **스프링 부트 액추에이터 상세 내용과 커스텀 측정지표 정의 방법**

3장에 걸쳐 스프링 부트에 대해 적지 않은 지식을 쌓았다. 스프링 부트의 기초 개념을 탄탄하게 다졌고, 프레임워크의 다양한 기능과 여러 공통 작업을 처리하는 방법을 살펴봤으며, 스프링 부트 애플리케이션에서 데이터베이스를 연동하는 방법도 배웠다.

4장에서는 스프링 부트 자동 구성autoconfiguration과 스프링 부트 액추에이터actuator를 알아본다. 스프링 부트 자동 구성을 뒷받침하는 다양한 빌딩 블록building block을 살펴보고 애플리케이션에서 어떻게 동작하는지 알아본다.

스프링 부트 자동 구성을 가능하게 해주는 다양한 조건부 애너테이션을 살펴보고, 애플리케이션의 상태를 모니터링하고 제어할 수 있게 해주는 스프링 부트 액추에이터를 사용해본다.

4.1 스프링 부트 자동 구성 이해

스프링 부트가 이렇게 인기를 끌게 된 이유를 하나만 얘기하라고 하면 아마도 스프링 부트 자동 구성이라고 답할 것이다. 자동 구성은 이름 그대로 스프링 애플리케이션 개발에 필요한 컴포넌트를 자동으로 설정해준다. 자동 구성은 사용할 애플리케이션 컴포넌트를 적절히 추론하고 기본 설정 값을 자동으로 구성해서 애플리케이션을 초기화한다. 예를 들어 빌드 설정 파일에 `spring-boot-starter-web` 의존 관계를 추가하면 스프링 부트는 웹 애플리케이션 구동에 필요한 웹 서버가 필요할 것이라고 추론하고 아파치 톰캣 웹 서버를 기본 웹 서버로 추가해준다.

자동 구성이 가지고 있는 또 다른 흥미로운 특징은 유연성이다. 개발자가 명시적으로 애플리케이션에서 사용할 컴포넌트를 지정하면 스프링 부트 자동 구성은 개발자가 지정한 컴포넌트를 사용해서 스프링 부트를 자동으로 구성한다. 예를 들어 `spring-boot-starter-web` 의존 관계를 추가하면 기본적으로 아파치 톰캣 웹 서버가 사용되지만, 개발자가 아파치 톰캣 구성을 배제하고 다른 웹 서버를 사용하도록 설정하면 스프링 부트는 기본으로 사용되는 아파치 톰캣 대신에 개발자가 지정한 웹 서버를 사용해서 스프링 부트 애플리케이션을 자동 구성한다. 예제 4.1에는 톰캣 대신에 제티Jetty를 웹 서버로 사용하는 방법이 나와 있다.

예제 4.1 스프링 부트 애플리케이션에서 톰캣 대신 제티 사용

```
<dependency>
    <groupId>org.springframework.boot</groupId>
    <artifactId>spring-boot-starter-web</artifactId>
    <exclusions>
        <exclusion>
            <groupId>org.springframework.boot</groupId>
            <artifactId>spring-boot-starter-tomcat</artifactId>
        </exclusion>
    </exclusions>
</dependency>
<dependency>
    <groupId>org.springframework.boot</groupId>
    <artifactId>spring-boot-starter-jetty</artifactId>
</dependency>
```

이번에는 조금 다른 시나리오를 생각해보자. 다수의 개발팀에서 스프링 프레임워크를 사용해서 여러 가지 프로젝트를 진행하고 있는데, 몇 가지 스프링 설정 빈bean은 모든 팀에서 복사해서 사용하고 있다는 사실을 어떤 개발자가 발견한다. 그래서 예제 4.2와 같이 공통으로 사용되는 빈을 추출해서 공통 애플리케이션 컨텍스트 설정에 모아서 사용하려고 한다.

예제 4.2 **CommonApplicationContextConfiguration 클래스**

```
package com.manning.sbip.ch04;

import org.springframework.context.annotation.Bean;
import org.springframework.context.annotation.Configuration;

@Configuration    ❶
public class CommonApplicationContextConfiguration {

    // 여러 팀에서 공통으로 사용되는 RelationalDataSourceConfiguration 스프링 빈 생성
    @Bean
    public RelationalDataSourceConfiguration dataSourceConfiguration() {
        return new RelationalDataSourceConfiguration();
    }

    // 그 외 공통으로 사용되는 스프링 빈 정의 생략
}
```

❶ `@Configuration` 애너테이션이 붙어 있는 클래스는 스프링 설정을 담당한다.

예제 4.2에서 다음과 같은 작업을 통해 `CommonApplicationContextConfiguration`을 정의하고 있다.

- `CommonApplicationContextConfiguration`은 별도의 분리된 프로젝트에 존재하는 설정 클래스다. 이 설정 클래스를 포함하는 프로젝트는 메이븐이나 그레이들 컴포넌트로 배포되고 개발팀에서는 이 프로젝트를 의존 관계로 추가해서 설정 클래스를 사용할 수 있다.
- `RelationalDataSourceConfiguration` 클래스는 관계형 데이터베이스를 초기화하는 데이터소스 설정 빈이다. 대부분의 팀에서 관계형 데이터베이스를 사용하므로 이를 추출해서 분리하면 관계형 데이터베이스 설정 내용의 중복과 복사를 막을 수 있다. 예제에서는 단순하게 구성하기 위해 `RelationalDataSourceConfiguration` 빈 하나만 나와 있지만 실제로는 스프링 트랜잭션 매니저처럼 공통으로 사용되는 다른 빈도 여러 개 추가할 수 있다.

개발팀에서는 예제 4.3과 같이 `CommonApplicationContextConfiguration`을 가져와서 사용할 수 있다.

예제 4.3 CommonApplicationContextConfiguration을 사용하는 CommonPaymentContextConfiguration 설정 클래스

```
import org.springframework.context.annotation.Configuration;
import org.springframework.context.annotation.Import;

@Configuration
@Import(CommonApplicationContextConfiguration.class)    ❶
public class CommonPaymentContextConfiguration {

    // Payment 개발팀의 다른 빈 정의 내용 생략
}
```

❶ CommonApplicationContextConfiguration을 import해서 CommonApplicationContextConfiguration 안에 정의된 스프링 빈을 사용할 수 있다.

개발팀은 각자 프로젝트에 맞는 빈 정의를 각자의 설정 파일에 작성할 수 있다. 이렇게 하면 중복적으로 사용되던 빈을 추출해서 한곳에 모으고 중복 없이 사용할 수 있지만 한 가지 문제가 있다. 관계형 데이터베이스를 사용하지 않는 어떤 팀에서 CommonApplicationContextConfiguration 안에 있는 빈을 사용하되, RelationalDataSourceConfiguration 빈은 사용하지 않고 싶다면 어떻게 해야 할까? 이것이 가능하려면 스프링에게 CommonApplicationContextConfiguration는 import하되 RelationalDataSourceConfiguration 빈은 생성하지 말라고 알려줘야 한다. 이를 가능하게 해주는 것이 바로 스프링의 @Conditional 애너테이션이다. 이제부터 조건부로 빈을 생성할 수 있게 해주는 @Conditional 애너테이션에 대해 자세히 알아보자.

4.1.1 @Conditional 애너테이션 이해

스프링 프레임워크에서는 스프링이 관리하는 컴포넌트의 생성을 제어할 수 있도록 @Bean, @Component, @Configuration 애너테이션과 함께 사용할 수 있는 @Conditional 애너테이션을 제공한다. @Conditional 애너테이션은 Condition 클래스를 인자로 받는다. Condition 인터페이스는 Boolean 값을 반환하는 matches() 메서드 하나만 포함하고 있는 함수형 인터페이스다. matches() 메서드가 true를 반환하면 @Conditional이 함께 붙어 있는 @Bean이나 @Component, @Configuration이 붙어 있는 메서드나 클래스로부터 빈이 생성된다. 반대로 false를 반환하면 @Conditional이 함께 붙어 있는 @Bean이나 @Component, @Configuration이 붙어 있는 메서드나 클래스 내용이 실행되지 않고 빈도 생성되지 않는다.

이제 @Conditional을 사용해서 RelationalDataSourceConfiguration 빈이 생성되지 않게 만드는 방법을 알아보자. 예제 4.4에서는 CommonApplicationContextConfiguration 설정 클래스에서 RelationalDataSourceConfiguration 빈을 생성하는 메서드에 @Conditional 애너테이션을 붙여서 조건부로 RelationalDataSourceConfiguration 빈이 생성되게 만들었다.

예제 4.4 @Conditional을 사용하는 CommonApplicationContextConfiguration

```
import org.springframework.context.annotation.*;
import org.springframework.core.type.AnnotatedTypeMetadata;

@Configuration
public class CommonApplicationContextConfiguration {

    @Bean
    @Conditional(RelationDatabaseCondition.class)    ❶
        public RelationalDataSourceConfiguration dataSourceConfiguration() {
            return new RelationalDataSourceConfiguration();
    }
}
```

❶ @Conditional 애너테이션은 RelationDatabaseCondition에 있는 matches() 메서드가 true를 반환할 때만 RelationalDataSourceConfiguration 빈을 생성한다.

예제 4.4는 RelationDatabaseCondition 클래스에 따라 RelationalDataSourceConfiguration 빈 생성이 좌우된다는 점만 예제 4.2와 다르다. 이제 RelationDatabaseCondition을 정의해보자.

예제 4.5 빈 생성을 결정하는 Condition 인터페이스 구현체

```
public class RelationDatabaseCondition implements Condition {

    @Override
    public boolean matches(
        ConditionContext conditionContext,
        AnnotatedTypeMetadata annotatedTypeMetadata) {    ❶
        return isMySQLDatabase();
    }

    private boolean isMySQLDatabase() {    ❷
        try {
            Class.forName("com.mysql.jdbc.Driver");
            return true;
        } catch (ClassNotFoundException e) {
            return false;
```

```
        }
    }
}
```

❶ matches() 메서드는 isMySQLDatabase() 메서드가 반환하는 값을 반환한다.

❷ isMySQLDatabase() 메서드는 클래스패스에 MySQL 데이터베이스 드라이버가 있으면 true, 없으면 false를 반환한다.

예제 4.5 내용은 다음과 같다.

- boolean을 반환하는 matches() 메서드를 구현해서 Condition 인터페이스 구현체를 정의했다.
- 클래스패스에 MySQL 드라이버가 포함돼 있으면 true, 포함돼 있지 않으면 false를 반환한다.

@Conditional 애너테이션을 쉽게 이해할 수 있도록 단순하게 만들기 위해 RelationDatabaseCondition을 단지 클래스패스만 검사하도록 예제를 만들었지만, 실무적으로는 얼마든지 복잡한 로직을 사용할 수도 있다. 일반적으로 Condition 구현체는 다음 두 가지 방식으로 구현한다.

1. 특정 라이브러리가 클래스패스에 존재하는지 확인한다.
2. application.properties 파일에 특정 프로퍼티가 정의돼 있는지 확인한다. matches() 메서드는 ConditionContext 구현체를 인자로 받으므로 이를 통해 application.properties 파일에 정의된 애플리케이션 설정 프로퍼티에 접근할 수 있다.

@Conditional 애너테이션만으로도 조건부 빈 생성이 가능하지만 스프링에서는 다양한 조건을 더 쉽게 사용할 수 있게 해주는 다양한 고수준의 애너테이션을 따로 제공한다. 표 4.1에는 자주 사용되는 조건부 애너테이션이 나와 있다. 가장 많이 사용되는 애너테이션은 굵은 글씨로 표시했다. 조건부 애너테이션 전체 목록은 스프링 부트 공식 문서(https://mng.bz/ExGo)를 참고하자.

표 4.1 자주 사용되는 스프링 부트 조건부 애너테이션 목록

애너테이션	예시	예시 설명
@ConditionalOnBean	@ConditionalOnBean(DataSource.class)	설정에서 DataSource 빈이 명시돼 있으면 true 반환
@ConditionalOnClass	@ConditionalOnClass(DataSource.class)	클래스패스에 DataSource 클래스가 있으면 true 반환
@ConditionalOnProperty	@ConditionalOnProperty("some.property")	some.property 프로퍼티가 정의돼 있으면 true 반환

@ConditionalOnCloud Platform	@ConditionalOnCloudPlatform (CloudPlatform.KUBERNETES)	CloudPlatform 이 KUBERNETES로 설정돼있으면 true 반환
@ConditionalOnExpression	@ConditionalOnExpression ("SPEL Expression")	SPEL 표현식이 true이면 true 반환
@ConditionalOnJava	@ConditionalOnJava(JavaVersion.EIGHT)	자바 8을 지원하면 true 반환
@ConditionalOnJndi	@ConditionalOnJndi ("java:/comp/env/jdbc/MyLocalDB")	지정한 JNDI 컨텍스트가 존재하면 true 반환
@ConditionalOnMissingBean	@ConditionalOnMissingBean (DataSource.class)	DataSource 빈이 설정돼 있지 않으면 true 반환
@ConditionalOnMissingClass	@ConditionalOnMissingClass (DataSource.class)	클래스패스에 DataSource 클래스가 없으면 true 반환
@ConditionalOnNot tWebApplication	@ConditionalOnNotWebApplication	웹 애플리케이션이 아니면 true 반환
@ConditionalOnResource	@ConditionalOnResource ("classpath:some.properties")	some.properties 파일이 클래스패스에 있으면 true 반환
@ConditionalOnSingle Candidate	@ConditionalOnSingleCandidate (DataSource.class)	DataSource 빈이 한 개만 정의돼 있으면 true 반환
@ConditionalOn WebApplication	@ConditionalOnWebApplication	웹 애플리케이션이면 true 반환

이제 조건부 애너테이션을 실제 사용해보자.

4.1.2 자동 구성 탐구

다양한 @Conditional 애너테이션이 있다는 사실을 알았으니 이제 스프링 부트에서 어떻게 사용하는지 알아보자. spring-boot-autoconfigure 모듈에 스프링 부트의 자동 구성 마법의 핵심이 담겨 있고, 모든 스프링 부트 프로젝트가 spring-boot-autoconfigure 의존 관계를 포함하고 있다. spring-boot-autoconfigure 모듈의 JAR 파일의 META-INF 폴더에는 예제 4.6과 같은 spring.factories 파일이 포함돼 있다.

예제 4.6 spring.factories 파일에 있는 자동 구성 클래스

```
# Auto Configure
org.springframework.boot.autoconfigure.EnableAutoConfiguration=\
org.springframework.boot.autoconfigure.admin.SpringApplicationAdminJmxAutoConfiguration,\
org.springframework.boot.autoconfigure.aop.AopAutoConfiguration,\
org.springframework.boot.autoconfigure.amqp.RabbitAutoConfiguration,\
org.springframework.boot.autoconfigure.batch.BatchAutoConfiguration,\
```

```
org.springframework.boot.autoconfigure.cache.CacheAutoConfiguration,\
org.springframework.boot.autoconfigure.cassandra.CassandraAutoConfiguration,\
org.springframework.boot.autoconfigure.context.ConfigurationPropertiesAutoConfiguration,\
org.springframework.boot.autoconfigure.context.LifecycleAutoConfiguration,\
org.springframework.boot.autoconfigure.context.MessageSourceAutoConfiguration,\
org.springframework.boot.autoconfigure.context.PropertyPlaceholderAutoConfiguration,\
org.springframework.boot.autoconfigure.couchbase.CouchbaseAutoConfiguration,\
org.springframework.boot.autoconfigure.dao.PersistenceExceptionTranslationAutoConfigurati
on,\
org.springframework.boot.autoconfigure.data.cassandra.CassandraDataAutoConfiguration,\
// 다른 자동 구성 클래스 생략
```

spring.factories 파일을 살펴보면 **Auto Configure**라고 표시된 부분을 찾을 수 있는데, 여기에 여러 스프링 부트 컴포넌트와 서드파티 라이브러리에 대한 자동 구성 정보가 포함돼 있다. 나열된 클래스는 모두 표 4.1에서 봤던 `@Conditional` 애너테이션이 붙어 있는 스프링 설정 파일이다.

이 중 하나를 좀 더 깊이 분석해서 자동 구성 개념을 이해해보자. 다음 절에서는 스프링 부트 애플리케이션에서 데이터 소스를 설정하는 데 사용되는 `DataSourceAutoConfiguration`을 상세히 살펴보고자 한다. 예제 4.7에 `DataSourceAutoConfiguration`의 일부가 나와 있다. 이 클래스의 소스 코드는 https://mng.bz/g4jV에서 확인할 수 있다.

예제 4.7 DataSourceAutoConfiguration 클래스

```
@Configuration
@ConditionalOnClass({ DataSource.class, EmbeddedDatabaseType.class })    ❶
@EnableConfigurationProperties(DataSourceProperties.class)
@Import({ DataSourcePoolMetadataProvidersConfiguration.class,
    DataSourceInitializationConfiguration.class })    ❷
public class DataSourceAutoConfiguration {

    @Configuration
    @Conditional(EmbeddedDatabaseCondition.class)
    @ConditionalOnMissingBean({ DataSource.class, XADataSource.class })    ❸
    @Import(EmbeddedDataSourceConfiguration.class)
    protected static class EmbeddedDatabaseConfiguration {
    }

    @Configuration
    @Conditional(PooledDataSourceCondition.class)
    @ConditionalOnMissingBean({ DataSource.class, XADataSource.class })    ❹
    @Import({ DataSourceConfiguration.Hikari.class,
        DataSourceConfiguration.Tomcat.class,
        DataSourceConfiguration.Dbcp2.class,
```

```
        DataSourceConfiguration.Generic.class,
        DataSourceJmxConfiguration.class })
    protected static class PooledDataSourceConfiguration {
    }

    // 이하 생략
}
```

❶ 클래스패스에 DataSource 클래스와 EmbeddedDatabaseType 클래스가 있을 때만 DataSource-AutoConfiguration 빈이 생성된다.

❷ DataSourceAutoConfiguration 클래스는 DataSourcePoolMetadataProvidersConfiguration 클래스와 DataSourceInitializationConfiguration 클래스를 import한다.

❸ EmbeddedDatabaseCondition 조건이 true를 반환하고 DataSource 타입 빈과 XADataSource 타입 빈이 존재하지 않을 때만 EmbeddedDatabaseConfiguration 빈이 생성된다.

❹ PooledDataSourceCondition 조건이 true를 반환하고 DataSource 타입 빈과 XADataSource 타입 빈이 존재하지 않을 때만 PooledDataSourceConfiguration 빈이 생성된다.

DataSourceAutoConfiguration 클래스에는 상당히 많은 애너테이션이 사용됐다. 하나하나 살펴보면 다음과 같다.

- DataSourceAutoConfiguration 클래스에는 @Configuration 애너테이션이 붙어 있으므로 이 클래스가 스프링 설정 클래스임을 알 수 있다.
- @ConditionalOnClass({ DataSource.class, EmbeddedDatabaseType.class })이 붙어 있으므로 DataSource 클래스와 EmbeddedDatabaseType 클래스가 클래스패스에 존재할 때만 DataSourceAutoConfiguration의 코드 내용이 평가된다.
- @EnableConfigurationProperties(DataSourceProperties.class) 애너테이션을 사용해서 application.properties 파일에 포함돼 있는 특정 데이터 소스에 특화된 프로퍼티가 자동으로 DataSourceProperties 클래스로 변환된다. 예를 들어 application.properties 파일에 정의된 spring.datasource.* 프로퍼티는 자동으로 DataSourceProperties로 변환된다. @EnableConfigurationProperties 애너테이션은 2.2절에서 자세히 다뤘으니 참고한다.
- @Import 애너테이션은 DataSourcePoolMetadataProvidersConfiguration 클래스와 DataSourceInitializationConfiguration 클래스를 import한다.
- DataSourceAutoConfiguration 클래스 안에 두 개의 이너inner 클래스가 있다. 그중 첫 번째인

EmbeddedDatabaseConfiguration 클래스는 EmbeddedDatabaseCondition 조건이 true를 반환하고 DataSource 타입 빈과 XDataSource 타입 빈이 없어야만 빈으로 생성된다. 두 번째인 PooledDataSourceConfiguration 클래스는 PooledDataSourceCondition 조건이 true를 반환하고 DataSource 타입 빈과 XDataSource 타입 빈이 없어야만 빈으로 생성된다.

- PooledDataSourceConfiguration 클래스는 HikarkCP, Tomcat, DBCP2, Generic 등 지원되는 커넥션 풀 라이브러리를 위한 설정 클래스를 import한다.

이 설정 클래스들을 하나하나 따라가면서 자동 구성이 어떻게 구현되는지 알아볼 수도 있겠지만 예제 4.7에 나온 내용만 살펴봐도 스프링 부트 자동 구성의 기본 개념을 이해하기에는 충분하다. 연습 삼아서 EmbeddedWebServerFactoryCustomizerAutoConfiguration, JpaRepositoriesAutoConfiguration, H2ConsoleAutoConfiguration 클래스를 살펴보는 것도 좋다.

4.2 스프링 부트 개발자 도구

스프링 부트는 개발 과정에서 필요한 기능을 담은 도구 세트도 제공한다. 이를 사용하면 스프링 부트 애플리케이션 개발 경험을 더 개선할 수 있고 생산성도 높일 수 있다. 스프링 부트가 제공하는 개발자 도구 모음을 스프링 부트 개발자 도구DevTools라고 부른다. pom.xml 파일에 예제 4.8과 같이 spring-boot-devtools 의존 관계를 추가하기만 하면 개발자 도구를 사용할 수 있다.

예제 4.8 스프링 부트 개발자 도구 의존 관계 추가

```
<dependency>
    <groupId>org.springframework.boot</groupId>
    <artifactId>spring-boot-devtools</artifactId>
    <optional>true</optional>
</dependency>
```

개발자 도구 의존 관계가 optional로 지정돼 있음을 주목하자. 이렇게 하면 개발자 도구가 프로젝트가 의존하는 다른 모듈에 영향을 미치는 것을 막을 수 있다. 이제 개발자 도구에 포함된 다양한 기능을 알아보자.

4.2.1 프로퍼티 기본값

스프링 부트와 스프링 부트를 구성하는 라이브러리 중 일부는 성능 향상을 위해 캐시cache를 지원한다. 예를 들어 타임리프Thymeleaf 템플릿 엔진은 한 번 호출되면 HTML을 캐시하고 이후 호출될 때는 파싱하지 않고 캐시에 저장된 HTML을 사용한다. 캐시 기능은 상용 환경에서는 아주 유용하지만 변경 내용이 바로 반영되지 않을 수 있으므로 개발 단계에서는 생산성을 떨어뜨리기도 한다. 스프링 부트 개발자 도구는 spring-boot-devtools JAR 파일의 `org.springframework.boot.devtools.env` 패키지에 있는 `DevToolsPropertyDefaultsPostProcessor` 클래스를 사용해서 기본적으로 캐시 기능을 모두 비활성화한다.

4.2.2 자동 재시작

일반적으로 개발 환경을 구성한 후 소스 코드를 변경하고 변경 내용을 확인하려면 애플리케이션을 재시작해야 한다. 스프링 부트 개발자 도구를 사용하면 클래스패스에 변경 사항이 있을 때마다 자동으로 애플리케이션을 재시작automatic restart해준다. 이렇게 하면 자동 재시작을 통해 코드 변경 내용을 금방 확인할 수 있으므로 개발 과정에서 피드백 속도를 더 높일 수 있다.

스프링 부트는 두 개의 클래스로더를 사용해서 자동 재시작 기능을 구현한다. 하나는 기본 클래스로더base classloader라고 부르며, 서드파티 라이브러리처럼 변경되는 일이 별로 없는 클래스를 로딩한다. 다른 하나는 리스타트 클래스로더restart classloader라고 부르며, 개발자가 작성하는 변경이 잦은 클래스를 로딩한다. 개발자가 작성한 클래스가 변경되면 기존 리스타트 클래스로더는 폐기되고 새로운 리스타트 클래스로더가 생성된다.

4.2.3 라이브 리로드

스프링 부트 개발자 도구에는 웹 페이지를 구성하는 리소스가 변경됐을 때 브라우저 새로고침을 유발하는 내장된 라이브 리로드LiveReload 서버가 포함돼 있다. 이밖에 개발자 도구의 다른 기능은 공식 문서(https://mng.bz/5KMa)를 참고하자.

4.3 커스텀 실패 분석기 생성

1장에서 스프링 부트의 실패 분석기FailureAnalyzer 개념을 알아봤다. 이름에서 쉽게 유추할 수 있는 것처럼 애플리케이션에서 발생한 실패/예외를 감지하고 해당 이슈를 이해하는 데 도움이 되는 정보를 제공해준다. 예를 들어 실수로 동일한 HTTP 포트를 사용하는 스프링 부트 애플리케이션을 여러 개 띄우는 상황은 꽤나 자주 발생한다. 이 경우 스프링 부트는 빌트인 실패 분석기 인프라스트럭처를 활용해서 동일한 HTTP 포트를 다수의 스프링 부트 애플리케이션이 사용할 수 없다는 메시지를 깔끔하게 정돈해서 표시해준다. 이제 실패 분석기 개념을 좀 더 확장해보자.

실패 분석기는 크게 두 가지 관점에서 유용하다.

- 실제 발생한 에러에 대한 상세한 메시지를 제공해서 문제의 근본 원인과 해결책을 결정할 수 있도록 도와준다.
- 애플리케이션 시작 시점에 검증을 수행해서 발생할 수 있는 에러를 가능한 한 일찍 파악할 수 있다. 예를 들어 애플리케이션이 외부 REST 서비스로부터 핵심적인 비즈니스 데이터를 가져온다면, 애플리케이션 시작 시점에 외부 서비스의 정상 동작을 확인할 수 있다. 외부 서비스가 정상 동작하지 않는다면 핵심 데이터를 가져올 수 없고 애플리케이션도 예상대로 동작하지 못할 것이므로, 아예 애플리케이션을 시작하지 않는 쪽을 선택할 수 있다.

이제 스프링 부트 애플리케이션에서 커스텀 실패 분석기를 만들어보자.

4.3.1 기법: 커스텀 스프링 부트 실패 분석기 생성

4.3.1절의 소스 코드는 https://mng.bz/6ZaA**에서 확인할 수 있다. 완성본은** https://mng.bz/oadp**에서 확인할 수 있다.**

요구 사항

의존하는 외부 REST 서비스를 사용할 수 있는지 애플리케이션 시작 시점에 확인해야 한다. 또한 서비스 사용 불가 시 상세한 내용을 확인할 수 있어야 한다.

해법

스프링 부트는 개발자가 비즈니스에 필요한 검증 과정을 추가하고 검증 실패 보고서를 확인할 수 있도록 실패 분석기 기능을 제공한다. 실패 분석기를 사용하면 애플리케이션 시작 시 외부 REST API 상태를 확인하고 에러 보고서를 확인할 수 있다.

실패 분석기를 만들고 사용해볼 시나리오는 다음과 같다. 애플리케이션이 강아지의 상세 정보를 외부 API인 https://dog.ceo/dog-api/에서 가져와서 화면에 표시한다. 이 API가 정상 동작하지 않으면 애플리케이션도 정상 동작하지 않으므로 애플리케이션 시작 시점에 API 상태를 검증한다. 이를 위해 다음 작업을 수행한다.

- 스프링 부트의 ContextRefreshedEvent를 사용해서 검증 프로세스를 구동한다. ApplicationContext가 갱신되면 ContextRefreshedEvent를 발행한다.
- API가 사용할 수 없는 상태라면 개발자가 작성한 런타임 예외인 UrlNotAccessibleException 예외를 던진다.
- UrlNotAccessibleException 예외가 던져지면 호출되는 UrlNotAccessibleFailureAnalyzer를 작성한다.
- 마지막으로 spring.factories 파일에 UrlNotAccessibleFailureAnalyzer를 한다. src/main/java/META-INF 디렉터리에 있는 spring.factories 파일은 애플리케이션 시작 시점에 스프링으로 로딩하는 특수 파일로서 여러 가지 설정 클래스에 대한 참조가 포함돼 있다.

먼저 예제 4.9와 같이 UrlNotAccessibleException부터 작성해보자.

예제 4.9 UrlNotAccessibleException

```
package com.manning.sbip.ch04.exception;

import lombok.Getter;

@Getter
public class UrlNotAccessibleException extends RuntimeException {
    private String url;

    public UrlNotAccessibleException(String url) {
        this(url, null);
    }

    public UrlNotAccessibleException(String url, Throwable cause) {
        super("URL " + url + " is not accessible", cause);
        this.url = url;
    }
}
```

애플리케이션이 의존하는 외부 API URL 접근에 실패하면 발생하는 런타임 예외인 UrlNotAccessibleException을 만들었다. 이번에는 예제 4.10과 같이 외부 API URL에 접근을 시도하는 UrlAccessibilityHandler 클래스를 작성해보자.

예제 4.10 UrlAccessibilityHandler 클래스

```
package com.manning.sbip.ch04.listener;

//import 문 생략

@Component
public class UrlAccessibilityHandler {

    @Value("${api.url:https://dog.ceo/}")
    private String url;

    @EventListener(classes = ContextRefreshedEvent.class)
    public void listen() {
        // 외부 API URL에 접근할 수 없는 상태를 만들기 위해
        // 의도적으로 UrlNotAccessibleException 예외를 던지도록 작성
        throw new UrlNotAccessibleException(url);
    }
}
```

예제 4.10에서는 `UrlAccessHandler`에 `@Component` 애너테이션을 붙여서 스프링 컴포넌트로 선언했다. 또 스프링 부트가 발행하는 `ContextRefreshEvent`에 대한 이벤트 리스너를 정의했다. 단순한 설명을 위해 무조건 `UrlNotAccessibleException` 예외를 던지도록 이벤트 리스너를 작성해서 의도적으로 외부 API URL에 접근할 수 없는 상황을 만들었다. 이제 `UrlNotAccessibleFailureAnalyzer` 클래스를 예제 4.11과 같이 작성한다.

예제 4.11 UrlNotAccessibleFailureAnalyzer 클래스

```
package com.manning.sbip.ch04.exception;

//import 문 생략
public class UrlNotAccessibleFailureAnalyzer extends
    AbstractFailureAnalyzer<UrlNotAccessibleException> {

    @Override
    protected FailureAnalysis analyze(Throwable rootFailure, UrlNotAccessibleException
cause) {
        return new FailureAnalysis("Unable to access the URL="+cause.getUrl(),
            "Validate the URL and ensure it is accessible", cause);
    }
}
```

UrlNotAccessibleException 예외가 발생하면 스프링 부트는 FailureAnalyzer 인스턴스를 호출한다. 이를 위해 예외를 처리할 수 있는 FailureAnalyzer를 지정해줘야 한다. src/main/java/META-INF/spring.factories 파일[1]에 예제 4.12와 같이 작성하면 된다.

예제 4.12 spring.factories 파일에서 실패 분석기 등록

```
org.springframework.boot.diagnostics.FailureAnalyzer=\
com.manning.sbip.ch04.exception.UrlNotAccessibleFailureAnalyzer
```

실패 분석기 타입을 키로 하고 실패 분석기 구현체 클래스 전체 경로를 값으로 지정해서 실패 분석기를 등록할 수 있다. 실패 분석기 구현체가 여러 개라면 클래스 파일 전체 경로를 쉼표로 구분해서 지정할 수 있다. 예제 4.13을 보자.

예제 4.13 spring.factories 파일에서 복수 개의 엔트리 추가

```
org.springframework.boot.diagnostics.FailureAnalyzer=\
com.manning.sbip.ch04.exception.UrlNotAccessibleFailureAnalyzer,
com.manning.sbip.ch04.exception.AdditionalFailureAnalyzer,
com.manning.sbip.ch04.exception.AnotherFailureAnalyzer
```

애플리케이션을 시작하면 그림 4.1과 같이 단정하게 정돈된 에러 로그 메시지를 확인할 수 있다.

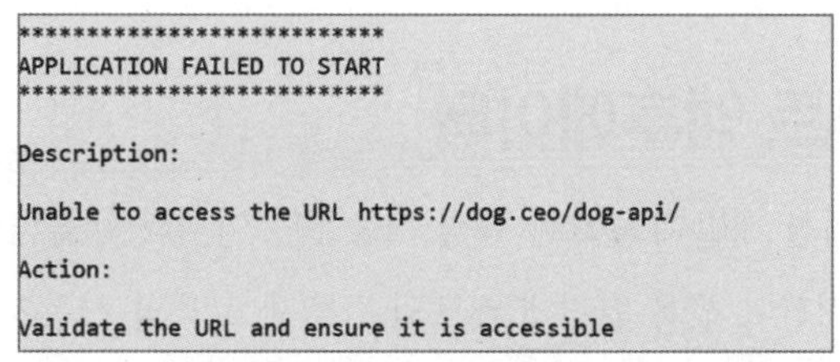

****
APPLICATION FAILED TO START
****
Description:
Unable to access the URL https://dog.ceo/dog-api/
Action:
Validate the URL and ensure it is accessible

그림 4.1 커스텀 실패 분석기가 알려주는 에러 원인 및 처리 방법

토론

스프링 부트는 내부적으로 FailureAnalyzer를 사용해서 여러 가지 실패 분석 작업을 수행한다. 예를 들어 있어야 할 빈이 없을 때 NoSuchBeanDefinitionException이 발생하면 NoSuchBeanDefinitionFailureAnalyzer가 호출되고, 데이터 소스 빈을 생성할 때 DataSourceBeanCreation-

1 옮긴이 pring.factories 파일은 스프링 부트 2.7.0부터 deprecated되었다. 자세한 내용은 https://github.com/spring-projects/spring-boot/wiki/Spring-Boot-2.7-Release-Notes#changes-to-auto-configuration을 참고한다.

Exception이 발생하면 DataSourceBeanCreationFailureAnalyzer가 호출된다.

스프링 부트는 이런 메커니즘을 개발자가 작성한 커스텀 실패 분석기를 사용해서 확장할 수 있도록 구성했다. 이번 기법에서 예제를 통해 알아본 실패 분석기 작성 및 사용 방법은 다음과 같다.

1. 적절한 에러 메시지를 담을 수 있는 필드가 포함된 커스텀 예외를 정의한다.
2. AbstractFailureAnalyzer를 상속받은 커스텀 FailureAnalyzer 클래스를 정의한다. AbstractFailureAnalyzer 클래스에는 Throwable의 하위 클래스를 타입 파라미터로 지정해야 한다.
3. 커스텀 FailureAnalyzer에서는 에러 현황, 에러 처리 방법, 발생한 예외 정보를 포함하는 FailureAnalysis를 구성해서 반환하도록 analyze() 메서드를 구현한다.
4. 스프링 부트가 인식할 수 있도록 커스텀 실패 분석기를 spring.factories 파일에 등록한다.
5. 마지막으로 스프링 부트 애플리케이션 시작 과정에서 거쳐가는 여러 단계phase에서 발생하는 이벤트 중 적절한 이벤트를 선정하고, 해당 이벤트에 대한 리스너에서 검증 로직을 수행하고, 검증 실패 시 커스텀 예외를 던지도록 구현한다. 예제에서는 ContextRefreshedEvent를 선정해서 검증 로직을 수행하고 실패 시 UrlNotAccessibleFailureAnalyzer 예외를 던진다.

다음 절에서는 스프링 부트 액추에이터를 알아보자.

4.4 스프링 부트 액추에이터

스프링 부트는 애플리케이션 개발에 필요한 핵심 기능뿐만 아니라 애플리케이션 운영에 필요한 기능도 제공한다. 애플리케이션이 상용 환경에 배포되고 실제 고객과 사용자가 애플리케이션을 사용하고 있으면 애플리케이션은 운영 중이라고 할 수 있다. 고객에게 문제 없이 매끄럽게 서비스를 제공하려면 애플리케이션을 지속적으로 모니터링하고 관리해야 한다. 모니터링과 관리에는 애플케이션 상태 점검, 성능, 트래픽, 감사, 각종 측정지표, 재시작, 로그 레벨 변경 등 다양한 작업이 포함된다. 애플리케이션의 동작을 분석하고 필요한 조치를 취하려면 다양한 모니터링 정보와 상세한 측정지표가 필요하다.

스프링 부트 액추에이터actuator는 스프링 부트 애플리케이션 모니터링과 관리에 필요한 기능을 제공한다. 스프링 부트 액추에이터의 주요 장점 중 하나는 애플리케이션 운영에 필요한 광범위한 기능을 직접 구현할 필요 없이 쉽게 사용할 수 있다는 점이다.

4.4.1 기법: 스프링 부트 액추에이터 설정

4.4.1절의 소스 코드는 https://mng.bz/nYB2**에서 확인할 수 있다. 완성본은** https://mng.bz/vo24**에서 확인할 수 있다.**

이번 기법에서는 스프링 부트 액추에이터를 설정하는 방법을 알아본다.

요구 사항

운영 중인 스프링 부트 애플리케이션의 상태를 스프링 부트 액추에이터로 점검한다.

해법

pom.xml 파일에 예제 4.14와 같이 `spring-boot-starter-actuator` 의존 관계를 추가한다.

예제 4.14 **spring-boot-starter-actuator 의존 관계 추가**

```
<dependency>
    <groupId>org.springframework.boot</groupId>
    <artifactId>spring-boot-starter-actuator</artifactId>
</dependency>
```

예제 4.14에서 지정한 `spring-boot-starter-actuator`에는 `spring-boot-actuator-autoconfigure`와 `micrometer-core` 의존 관계가 포함돼 있다. `spring-boot-actuator-autoconfigure`는 스프링 부트 액추에이터의 핵심 기능과 자동 구성 설정이 포함돼 있고, `micrometercore`에는 다양한 측정지표를 수집할 수 있는 마이크로미터micrometer(https://micrometer.io/) 지원 기능이 포함돼 있다. 마이크로미터는 4장 마지막 부분에서 자세히 설명한다.

application.properties 파일의 `management.endpoints.web.exposure.include` 프로퍼티에 `*`를 값으로 지정하면 액추에이터가 제공하는 모든 엔드포인트를 웹으로 노출한다. 필요한 엔드포인트만 노출하고 싶다면 `*` 대신에 필요한 엔드포인트 이름을 쉼표로 연결해서 `management.endpoints.web.exposure.include=info,health`와 같이 지정하면 된다.

애플리케이션을 시작하고 브라우저나 터미널에서 http://localhost:8080/actuator/health에 접속하면 그림 4.2와 같은 결과를 확인할 수 있다.

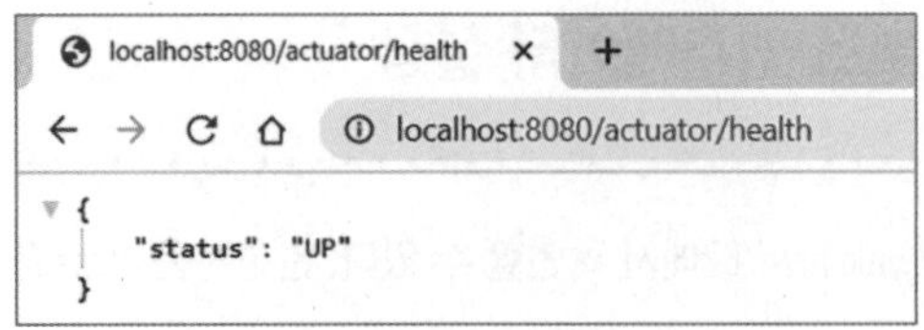

그림 4.2 /health 엔드포인트 호출 결과

health 엔드포인트는 status: UP을 반환한다. UP은 애플리케이션의 전반적인 상태가 정상이고 애플리케이션의 모든 구성 요소가 접속 가능한 상태라는 것을 의미한다. health 엔드포인트를 통해 확인할 수 있는 정보도 물론 커스터마이징할 수 있으며 커스텀 HealthIndicator를 작성하는 방법은 4장 뒷부분에서 다룬다.

4.4.2 스프링 부트 액추에이터 엔드포인트 이해

액추에이터 엔드포인트를 통해 애플리케이션을 모니터링하고 관리할 수 있다. 4.4.1에서 health 엔드포인트를 통해 애플리케이션의 상태를 모니터링하는 방법을 알아봤는데, 스프링 부트는 health 이외에도 다양한 엔드포인트를 쉽게 바로 쓸 수 있도록 제공한다. 또한 커스텀 엔드포인트도 작성해서 추가할 수 있다.

액추에이터 엔드포인트는 웹(HTTP) 또는 JMX(Java management extensions)를 통해 호출할 수 있으며, 액추에이터를 활성화/비활성화할 수 있다. 예를 들어 shutdown 엔드포인트는 실행 중인 애플리케이션을 종료할 수 있는데 보안상의 이유로 기본적으로는 비활성화돼 있다. 하지만 필요하다면 개발자가 활성화할 수도 있다. 액추에이터의 노출 여부도 개발자가 제어할 수 있다. 예를 들어 기본적으로는 health와 info 엔드포인트만 HTTP를 통해 접근할 수 있도록 노출되어 있고, 나머지 엔드포인트는 HTTP에 노출되지 않는다. 하지만 JMX는 HTTP보다 보안성이 높으므로 스프링 부트가 제공하는 모든 액추에이터 엔드포인트는 기본적으로 JMX에는 노출되도록 설정돼 있다.

스프링 부트는 사용 가능한 모든 액추에이터 엔드포인트 목록을 보여주는 페이지를 제공한다. http://localhost:8080/actuator/에 접속하면 그림 4.3과 같은 결과를 확인할 수 있다. 표 4.2에는 스프링 부트 내장 액추에이터 엔드포인트 설명이 정리돼 있다.

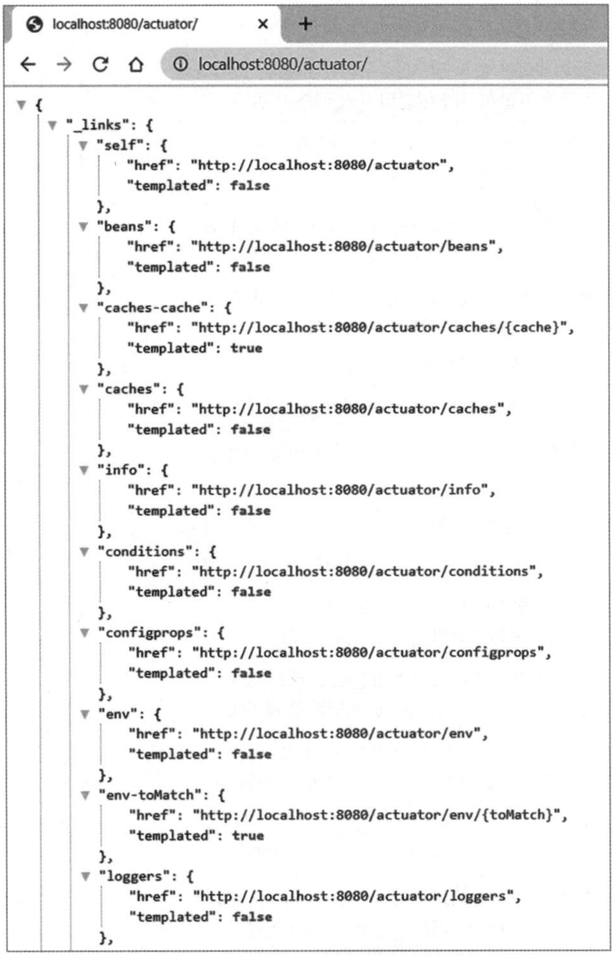

localhost:8080/actuator/


```
{
  "_links": {
    "self": {
      "href": "http://localhost:8080/actuator",
      "templated": false
    },
    "beans": {
      "href": "http://localhost:8080/actuator/beans",
      "templated": false
    },
    "caches-cache": {
      "href": "http://localhost:8080/actuator/caches/{cache}",
      "templated": true
    },
    "caches": {
      "href": "http://localhost:8080/actuator/caches",
      "templated": false
    },
    "info": {
      "href": "http://localhost:8080/actuator/info",
      "templated": false
    },
    "conditions": {
      "href": "http://localhost:8080/actuator/conditions",
      "templated": false
    },
    "configprops": {
      "href": "http://localhost:8080/actuator/configprops",
      "templated": false
    },
    "env": {
      "href": "http://localhost:8080/actuator/env",
      "templated": false
    },
    "env-toMatch": {
      "href": "http://localhost:8080/actuator/env/{toMatch}",
      "templated": true
    },
    "loggers": {
      "href": "http://localhost:8080/actuator/loggers",
      "templated": false
    },
```


그림 4.3 **스프링 부트 액추에이터 페이지**

`/actuator`에 접속하면 현재 접속할 수 있는 액추에이터 엔드포인트 목록이 표시된다. 엔드포인트의 `templated` 값은 `true`이면 URL에 `{cache}`, `{toMatch}`와 같은 값을 지정할 수 있다. 예를 들어 http://localhost:8080/actuator/caches/{cache}의 `{cache}` 대신에 실제 캐시 이름을 지정하면 해당 캐시의 상태를 확인할 수 있다.

표 4.2 **스프링 부트 액추에이터 엔드포인트**

엔드포인트 이름	목적	HTTP 노출	JMX 노출
`auditevents`	사용자 로그인/로그아웃 같은 보안 감사 정보 표시. `AuditEventRepository` 빈 필요.	X	O
beans	애플리케이션에 등록된 스프링 빈 전체 목록 표시	X	O

caches	애플리케이션에 사용된 모든 캐시 정보 표시	X	O
conditions	애플리케이션 설정 및 자동 구성에 사용된 조건과 조건에 부합하거나 부합하지 못하는 이유 표시	X	O
configprops	@ConfigurationProperties으로 등록된 전체 설정 정보 표시	X	O
env	스프링의 ConfigurableEnvironment로 등록된 모든 환경 설정 정보 표시	X	O
flyway	플라이웨이(https://flywaydb.org/) 데이터베이스 마이그레이션 설정 정보 표시 하나 이상의 Flyway 빈 필요	X	O
health	애플리케이션 상태 정보 표시	O	O
heapdump	애플리케이션이 사용 중인 JVM의 힙 덤프 파일 반환	X	O
httptrace	최근 100건의 HTTP 요청/응답 상세 정보 표시 HttpTraceRepository 빈을 설정해야 사용 가능	X	O
info	커스텀 데이터, 빌드 정보, 최신 커밋 등 애플리케이션 일반 정보 표시	O	O
integrationgraph	스프링 인티그레이션 컴포넌트 그래프 표시. spring-integration-core 의존 관계 필요.	X	O
logfile	애플리케이션 로그 파일 내용 표시 HTTP의 Range 헤더를 사용해서 로그 파일 범위 지정 가능	X	해당 없음
loggers	애플리케이션 로거 표시 및 로깅 설정	X	O
liquibase	리퀴베이스(https://www.liquibase.org/) 데이터베이스 마이그레이션 설정 정보 표시 하나 이상의 Liquibase 빈 필요	X	O
metrics	애플리케이션의 각종 측정지표 표시	X	O
mappings	@RequestMapping으로 매핑된 모든 api 경로 표시	X	O
prometheus	프로메테우스 서버로 수집할 수 있는 측정지표 표시 micrometer-registry-prometheus 의존 관계 필요	X	해당 없음
scheduledtasks	주기적으로 실행되도록 설정된 작업 목록 표시	X	O
sessions	스프링 세션으로 관리하는 사용자 세션 정보 조회 및 삭제 스프링 세션을 사용하는 서블릿 기반의 웹 애플리케이션에서 사용 가능	X	O
shutdown	애플리케이션 안전 종료(graceful shutdown)가 기본적으로 비활성화돼 있음	X	O

startup	ApplicationStartup으로 수집하는 애플리케이션 시작 단계별 데이터 표시 SpringApplication 클래스에 BufferingApplicationSetup이 설정돼 있어야 한다	X	O
threaddump	스레드 덤프 출력	X	O

4.4.3 스프링 부트 액추에이터 엔드포인트 관리

4.4.2절에서 스프링 부트가 기본으로 제공하는 health, info 엔드포인트를 HTTP를 통해 접근해서 확인해봤다. application.properties 파일의 management.endpoints.web.exposure.include 프로퍼티 설정을 변경하면 다른 엔드포인트도 HTTP로 노출할 수 있다. 예제 4.15처럼 필요한 엔드포인트만을 쉼표로 연결해서 지정할 수도 있고, *를 사용해서 모든 엔드포인트를 노출할 수도 있다.

예제 4.15 웹으로 노출할 액추에이터 엔드포인트 설정

```
management.endpoints.web.exposure.include=beans,threaddump
management.endpoints.web.exposure.include=*
```

첫 번째 설정은 beans, threaddump 엔드포인트만 노출하고, 두 번째 설정은 모든 엔드포인트를 웹에 노출한다.

include로 노출할 엔드포인트를 지정할 수 있는 것처럼, exclude를 사용해서 노출하지 않을 엔드포인트를 지정할 수도 있다. threaddump, heapdump, health 엔드포인트를 제외한 나머지 모든 엔드포인트를 노출하려면 예제 4.16처럼 설정하면 된다.

예제 4.16 include와 exclude를 사용한 액추에이터 웹 엔드포인트 노출 설정

```
management.endpoints.web.exposure.include=*
management.endpoints.web.exposure.exclude=threaddump,heapdump,health
```

include의 값을 *로 지정해서 모든 엔드포인트를 노출하고, exclude의 값을 threaddump, heapdump, health로 지정해서 노출해서 제외하므로, 결과적으로 threaddump,heapdump,health를 제외한 모든 엔드포인트가 웹으로 노출된다.

지금까지 살펴본 모든 액추에이터 엔드포인트의 컨텍스트 루트는 actuator였다. 예를 들어 health 액추에이터 엔드포인트의 URL은 http://localhost:8080/actuator/health이다. 액추에이터 컨텍스트 루트인 `/actuator`는 다른 이름으로 변경할 수 있어서, 예를 들어 `/actuator`가 이미 다른 용도로 사용되고 있을 때는 이름 변경을 통해 문제 없이 액추에이터 엔드포인트에 접근할 수 있다. application.properties 파일에 `management.endpoints.web.base-bath=sbip`와 같이 지정하면 http://localhost:8080/sbip/health를 통해 `health` 엔드포인트에 접근할 수 있다.

액추에이터 컨텍스트 루트 이름뿐만 아니라 포트 번호도 변경할 수 있다. 예를 들어 스프링 부트 애플리케이션이 HTTP 8080 포트에서 실행되고 있다면 기본적으로 액추에이터 엔드포인트도 8080 포트를 통해 접근할 수 있지만, application.properties 파일에서 `management.server.port=8081`로 지정하면 그림 4.4와 같이 8081 포트를 통해 액추에이터 엔드포인트에 접근할 수 있다.

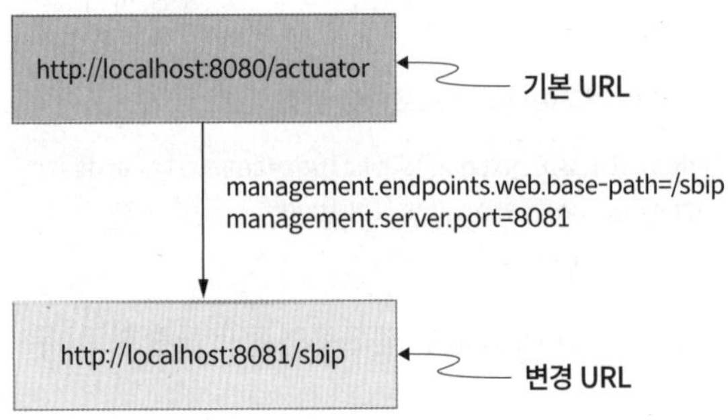

그림 4.4 **액추에이터 컨텍스트 루트 및 포트 설정 변경**

개별 액추에이터 엔드포인트 이름도 변경할 수 있다. `health` 엔드포인트 이름을 `apphealth`로 변경하려면 application.properties 파일에 `management.endpoints.web.path-mapping.health=apphealth`로 지정하면 된다. 그림 4.5에서 액추에이터 컨텍스트 루트, 포트 번호, 개별 엔드포인트 이름을 변경한 결과를 확인할 수 있다.

localhost:8081/sbip/

localhost:8081/sbip/


```
{
  "_links": {
    "self": {
      "href": "http://localhost:8081/sbip",
      "templated": false
    },
    "health": {
      "href": "http://localhost:8081/sbip/apphealth",
      "templated": false
    },
    "health-path": {
      "href": "http://localhost:8081/sbip/apphealth/{*path}",
      "templated": true
    },
    "info": {
      "href": "http://localhost:8081/sbip/info",
      "templated": false
    }
  }
}
```


그림 4.5 **액추에이터 컨텍스트 루트와 포트 번호, 엔드포인트 이름이 변경된 후의 액추에이터 엔드포인트 목록 페이지**

4.4.4 Health 엔드포인트 탐구

4.4.4절의 소스 코드는 https://mng.bz/4jyj에서 확인할 수 있다.

4.4.2절에서 `health` 엔드포인트를 사용하는 방법을 알아봤다. 이름에서 알 수 있는 것처럼 `health` 엔드포인트에 접근하면 애플리케이션과 애플리케이션에서 사용하는 여러 컴포넌트의 상태를 전반적으로 파악할 수 있다.

스프링 부트는 애플리케이션트 컴포넌트별로 다양한 `HealthIndicator` 구현체를 제공한다. 이 중 `DiskSpaceHealthIndicator`와 `PingHealthIndicator` 같은 일부 구현체는 항상 기본으로 포함된다.

4.4.2절에서는 여러 가지 상태 정보를 집약해서 `status: UP`과 같이 간략한 정보만 볼 수 있었는데, 이번에는 디스크 사용 현황과 핑ping 상태도 추가해서 확인하는 방법을 알아보자. application.properties 파일에 예제 4.17과 같이 작성한다.

예제 4.17 **health 엔드포인트에서 더 다양한 애플리케이션 상태 상세 정보를 보여주도록 변경**

```
management.endpoint.health.show-details=always
```

management.endpoint.health.show-details 프로퍼티에는 다음과 같이 세 가지 값을 지정할 수 있다.

- **`always`** - 상태 상세 정보를 항상 표시한다.
- **`never`** - 기본값이며 상태 상세 정보를 표시하지 않는다.
- **`when-authorized`** - 애플리케이션에서 인증되고 application.properties 파일의 `management.endpoint.health.roles`로 지정한 역할을 가지고 있는 사용자가 접근할 때만 상태 상세 정보를 표시한다.

예제 4.17과 같이 설정한 후 애플리케이션을 시작하고 http://localhost:8080/actuator/health에 접근하면 그림 4.6과 같이 상태 상세 정보가 표시된다.

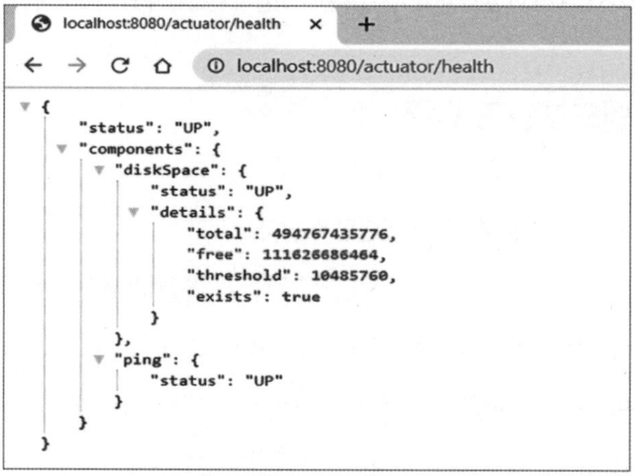
localhost:8080/actuator/health
localhost:8080/actuator/health
{
"status": "UP",
"components": {
"diskSpace": {
"status": "UP",
"details": {
"total": 494767435776,
"free": 111626686464,
"threshold": 10485760,
"exists": true
}
},
"ping": {
"status": "UP"
}
}
}

그림 4.6 show-details 프로퍼티값을 always로 설정한 후 표시되는 health 엔드포인트 내용

스프링 부트는 클래스패스에 있는 의존 관계에 따라 조건적으로 `HealthIndicator`를 활성화한다. 예를 들어 관계형 데이터베이스를 사용한다면 스프링 부트는 자동 구성을 통해 `DataSourceHealthIndicator`를 추가한다. 물론 `management.endpoint.health.show-details`가 `always`로 설정됐을 때만 엔드포인트 화면에 데이터베이스 상태 정보가 표시된다. `management.endpoint.health.show-details`는 이미 `always`로 설정해뒀으므로 예제 4.18과 같이 h2 의존 관계를 추가한 후 `health` 엔드포인트에 접근하면 그림 4.7과 같이 데이터베이스 내용이 표시된다.

예제 4.18 **H2 데이터베이스 의존관계**

```
<dependency>
    <groupId>com.h2database</groupId>
    <artifactId>h2</artifactId>
    <scope>runtime</scope>
</dependency>
```

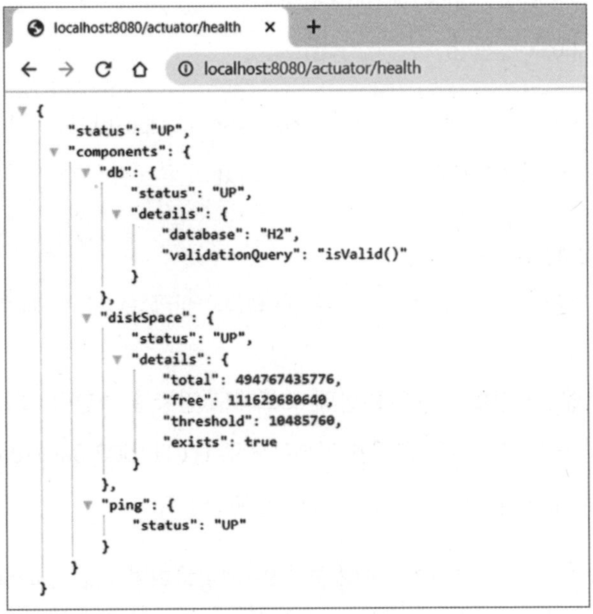

```
{
    "status": "UP",
    "components": {
        "db": {
            "status": "UP",
            "details": {
                "database": "H2",
                "validationQuery": "isValid()"
            }
        },
        "diskSpace": {
            "status": "UP",
            "details": {
                "total": 494767435776,
                "free": 111629680640,
                "threshold": 10485760,
                "exists": true
            }
        },
        "ping": {
            "status": "UP"
        }
    }
}
```

그림 4.7 **데이터베이스 상태 정보가 추가된 health 엔드포인트**

health 엔드포인트가 반환하는 JSON의 루트에 있는 status 필드는 애플리케이션의 상태 정보를 집약해서 다음과 같이 기본적으로 네 가지 값 중 하나로 표시된다.

- **DOWN** - 컴포넌트를 정상적으로 사용할 수 없는 상태
- **OUT-OF-SERVICE**- 컴포넌트가 일시적으로 동작하지 않는 상태
- **UP** - 컴포넌트가 의도한 대로 동작하는 상태
- **UNKNOWN** - 컴포넌트 상태를 알 수 없는 상태

이 네 가지 외에 더 추가하려면 Health 클래스의 status() 메서드를 사용하면 된다. 예제 4.19에는 FATAL 상태를 추가하는 코드가 나와 있다.

예제 4.19 **커스텀 상태 추가**

```
public Health health() {
    return Health.status("FATAL").build();
}
```

스프링 부트는 특정 순서를 따라서 애플리케이션의 상태를 집계한다. 그래서 DOWN이 우선순위가 가장 높고, UNKNOWN이 가장 낮다. HealthIndicators 항목 중 하나라도 상태가 DOWN이면 애플리케이션의 집약된 상태도 DOWN이 된다.

이 우선순위도 application.properties 파일의 management.endpoint.health.status.order 프로퍼티로 조정할 수 있다. 예제 4.20과 같이 설정하면 FATAL의 우선순위가 가장 높다.

예제 4.20 **애플리케이션 상태값 우선순위 설정**

```
management.endpoint.health.status.order=FATAL,DOWN,OUT-OF-SERVICE,UNKNOWN,UP
```

애플리케이션 상태는 엔드포인트의 HTTP 상태 코드에도 영향을 미친다. 스프링 부트는 애플리케이션 상태가 DOWN이나 OUT-OF-SERVICE이면 기본적으로 HTTP 503 Service Unavailable을 반환하고, 상태가 UP이나 UNKNOWN이면 HTTP 200 OK를 반환한다.

애플리케이션 상태 코드를 특정 HTTP 상태 코드와 매핑하려면 application.properties 파일의 management.endpoint.health.status.http-mapping.<status> 프로퍼티를 활용하면 된다. 예제 4.21에는 DOWN을 HTTP 500에, OUT-OF-SERVICE를 HTTP 503에 매핑하는 방법이 나와 있다.

예제 4.21 **애플리케이션 상태와 HTTP 상태 코드 매핑**

```
management.endpoint.health.status.http-mapping.down=500
management.endpoint.health.status.http-mapping.out_of_service=503
```

HttpCodeStatusMapper 인터페이스의 getStatusCode() 메서드를 구현하면 application.properties 파일이 아니라 프로그래밍 방식으로 애플리케이션 상태 코드와 HTTP 상태 코드를 매핑할 수도 있다.

4.4.5 커스텀 스프링 부트 HealthIndicator 작성

4.4.4절에서는 health 액추에이터 엔드포인트를 사용하는 방법을 알아봤다. 디스크 용량 상태 정보를 보여주는 DiskSpaceHealthIndicator와 데이터베이스 상태를 보여주는 DataSourceHealthIndicator처럼 스프링 부트에서 기본으로 제공하는 HealthIndicator를 활용할 수도 있지만, 애플리케이션이나 애플리케이션과 연동하는 다른 REST API 시스템의 상태를 보여주는 커스텀 HealthIndicator를 만들어서 health 엔드포인트로 모니터링할 수 있다.

4.4.6 기법: 커스텀 스프링 부트 액추에이터 HealthIndicator 정의

4.4.6절의 소스 코드는 https://mng.bz/QW1v**에서 확인할 수 있다. 완성본은** https://mng.bz/XWQa**에서 확인할 수 있다.**

요구 사항

애플리케이션이 의존하고 있는 핵심 외부 REST API 시스템 상태를 health 액추에이터 엔드포인트를 통해 확인해야 한다.

해법

스프링 부트에 내장된 HealthIndicator는 애플리케이션에 특화된 컴포넌트에 대한 상태 정보를 보여주지는 않는다. 하지만 스프링 부트는 HealthIndicator 인터페이스를 통해 health 엔드포인트 기능을 확장할 수 있도록 열어두었다. 스프링 부트는 개발자가 구현한 HealthIndicator 구현체도 스프링 컴포넌트로 간주하여 스프링 부트 컴포넌트 스캐닝 시 감지할 수 있고 자동으로 health 엔드포인트에 연동해준다. https://dog.ceo/dog-api를 애플리케이션이 의존하는 핵심 외부 REST API라고 가정하고 이 시스템의 상태를 health 액추에이터를 통해 확인할 수 있도록 커스텀 HealthIndicator인 DogsApiHealthIndicator를 구현해보자.

커스텀 HealthIndicator 클래스의 이름에는 관례적으로 HealthIndicator를 접미사로 붙인다. 예제 4.22를 살펴보자.

예제 4.22 **DogsApiHealthIndicator 클래스**

```
package com.manning.sbip.ch04.health.indicator;

// import 문 생략
```

```
@Component    ❶
public class DogsApiHealthIndicator implements HealthIndicator {    ❷

    public Health health() {
        try {
            ParameterizedTypeReference<Map<String, String>> reference =
                new ParameterizedTypeReference<Map<String, String>>() {};

            ResponseEntity<Map<String, String>> result =
                new RestTemplate().exchange("https://dog.ceo/api/breeds/image/random",
HttpMethod.GET, null, reference);    ❸

            if (result.getStatusCode().is2xxSuccessful() && result.getBody() != null) {
                return Health.up().withDetails(result.getBody()).build();    ❹
            }
            else {
                return Health.down().withDetail("status", result.getStatusCode()).build();❺
            }
        }
        catch(RestClientException ex) {
             return Health.down().withException(ex).build();    ❻
        }
    }
}
```

❶ `@Component`가 붙어 있으므로 스프링 부트 컴포넌트 스캔에 의해 감지되어 빈으로 등록된다.

❷ `DogsApiHealthIndicator`가 `HealthIndicator` 인터페이스를 구현하므로 어떤 애플리케이션 컴포넌트의 상태를 알려주는 역할을 한다는 것을 짐작할 수 있다.

❸ 스프링 부트의 `RestTemplate`을 이용해서 외부 시스템인 https://dog.ceo의 API를 호출한다.

❹ API 호출 결과 HTTP 상태 코드가 2XX이고 응답 본문이 null이 아니면 외부 API가 현재 정상 상태라고 보고 응답 본문과 함께 애플리케이션 상태 `UP`을 반환해서 `health` 엔드포인트에 `status: UP`이 표시된다.

❺ HTTP 상태 코드가 2XX이 아니거나 응답 본문이 null이면 외부 API가 현재 비정상 상태라고 보고 `DOWN`과 HTTP 상태 코드를 반환한다.

❻ 외부 API 호출 과정에 `RestClientException` 예외가 발생하면 `DOWN`과 예외를 반환한다.

애플리케이션을 시작하고 http://localhost:8080/actuator/health 엔드포인트에 접근하면 그림 4.8과 같은 결과를 확인할 수 있다.

그림 4.8 외부 API가 정상일 때 health 엔드포인트 호출 결과

스프링 부트에서 기본으로 추가해주는 diskSpace와 ping 항목 외에 dogsApi 항목이 추가되었다. dogsApi라는 이름은 DogsApiHealthIndicator 클래스 이름에서 HealthIndicator를 제외한 나머지로 만들어진다. dogsApi.details에는 예제 4.22에서 작성한 것처럼 외부 API 응답 결과가 표시된다.

이제 외부 API가 비정상 상태일 때의 동작을 확인하기 위해 인터넷 연결을 끊고 http://localhost:8080/actuator/health 엔드포인트에 접근하면 그림 4.9와 같은 결과를 확인할 수 있다.

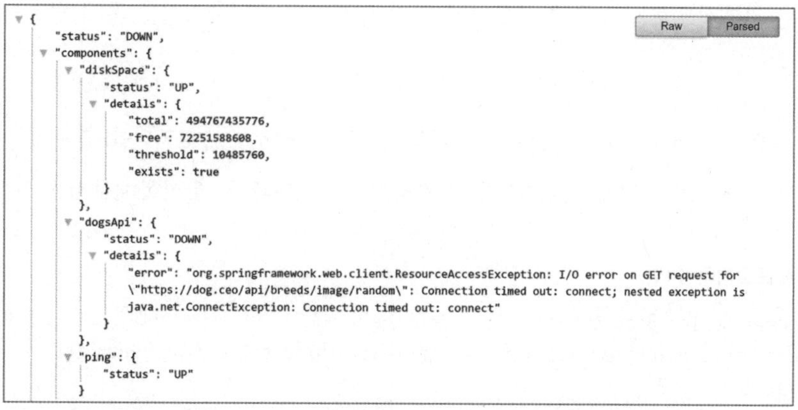

그림 4.9 외부 API가 비정상일 때 health 엔드포인트 호출 결과

dogsApi.status에는 DOWN이 표시되고, dogsApi.details에는 예외 내용이 표시된다.

토론

이번 기법에서는 REST API의 상태를 확인할 수 있는 커스텀 `HealthIndicator`를 정의하는 방법을 알아봤다. 커스텀 HealthIndicator를 정의하고 상태를 반환하는 것은 아주 간단하다. 다음 절에서는 `/info` 엔드포인트를 살펴보고 커스텀 `InfoContributor`를 정의하는 방법을 알아본다.

4.5 info 엔드포인트 탐구

지금까지 `health` 엔드포인트를 사용하는 방법을 심도 있게 살펴봤다. 이제 `info` 엔드포인트를 알아보자.

4.5.1 기법: 스프링 부트 액추에이터 info 엔드포인트 설정

4.5.1절의 소스 코드는 https://mng.bz/y46d**에서 확인할 수 있다.**

요구 사항

스프링 부트 액추에이터 엔드포인트를 통해 애플리케이션에 대한 정보를 확인해야 한다.

해법

스프링 부트가 제공하는 `info` 엔드포인트를 통해 애플리케이션 관련 정보를 확인할 수 있다. `info` 엔드포인트는 기본적으로는 아무 정보도 제공하지 않지만 커스터마이징을 통해 원하는 정보를 출력할 수 있다.

가장 간단한 방법은 application.properties 파일에 있는 `info.*` 프로퍼티를 추가하는 것이다. 예제 4.23과 같이 `info`의 하위에 프로퍼티를 추가하고, 엔드포인트를 활성화해보자.

예제 4.23 info 프로퍼티 추가

```
info.app.name= Spring Boot Actuator Info Application
info.app.description=Spring Boot application that explores the /info endpoint
info.app.version=1.0.0

management.endpoints.web.exposure.include=*     ❶
management.info.env.enabled=true     ❷
```

❶ 모든 액추에이터 엔드포인트를 웹에 노출한다.[2]

❷ info 환경 정보 표시 활성화(스프링 부트 2.6 이상에서만 설정 가능)

info 프로퍼티 하위에 얼마든지 필요한 정보를 추가할 수 있다. 애플리케이션을 재시작하고 http://localhost:8080/actuator/info 엔드포인트에 접근하면 그림 4.10과 같은 결과를 확인할 수 있다.

```
localhost:8080/actuator/info
{
  "app": {
    "name": "Spring Boot Actuator Info Application",
    "description": "Spring Boot application that explores the /info endpoint",
    "version": "1.0.0"
  }
}
```

그림 4.10 **info 하위에 app 항목을 추가한 후 info 엔드포인트 호출 결과**

application.properties에 예제 4.24와 같이 `info.build.*` 프로퍼티를 추가하면 pom.xml 파일에 명시된 `artifactId`, `groupId`, `version` 정보도 `info` 엔드포인트에서 표시할 수 있다.

예제 4.24 **info.build 프로퍼티**

```
info.build.artifact=@project.artifactId@
info.build.name=@project.name@
info.build.description=@project.description@
info.build.version=@project.version@
info.build.properties.java.version=@java.version@
```

`@..@`로 표시된 값은 스프링 부트가 자동으로 메이븐 프로젝트 정보로부터 읽어서 가져온다. 애플리케이션을 재시작하고 http://localhost:8080/actuator/info 엔드포인트에 접근하면 그림 4.11과 같은 결과를 확인할 수 있다.

2 [옮긴이] 학습 목적으로 모든 엔드포인트를 노출하고 있지만 실제 운영 환경에서는 노출이 필요한 엔드포인트만 지정해야 한다.

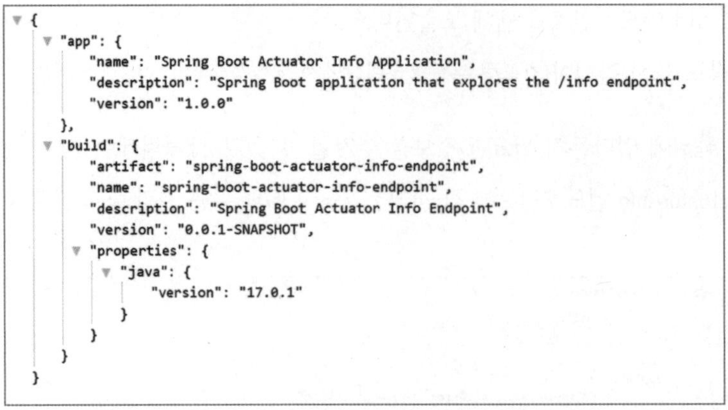
{
"app": {
"name": "Spring Boot Actuator Info Application",
"description": "Spring Boot application that explores the /info endpoint",
"version": "1.0.0"
},
"build": {
"artifact": "spring-boot-actuator-info-endpoint",
"name": "spring-boot-actuator-info-endpoint",
"description": "Spring Boot Actuator Info Endpoint",
"version": "0.0.1-SNAPSHOT",
"properties": {
"java": {
"version": "17.0.1"
}
}
}
}

그림 4.11 **pom.xml 파일에서 읽어온 애플리케이션 빌드 정보가 포함된 info 엔드포인트**

그레이들에서 빌드 정보 표시

`@..@`을 사용해서 메이븐 pom.xml 파일에 있는 빌드 정보를 읽어온다면 그레이들 환경에서는 어떻게 빌드 정보를 읽어올 수 있을까? 다음 내용을 build.gradle 파일에 추가하면 된다.

```
springBoot {
buildInfo()
}
```

`gradlew bootRun` 명령으로 애플리케이션을 재시작하고 http://localhost:8080/actuator/info 엔드포인트에 접근하면 그림 4.12와 같이 빌드 정보를 확인할 수 있다.[3]

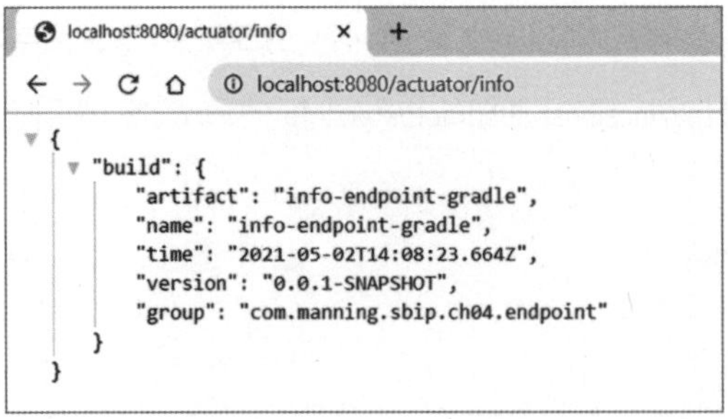
localhost:8080/actuator/info
localhost:8080/actuator/info
{
"build": {
"artifact": "info-endpoint-gradle",
"name": "info-endpoint-gradle",
"time": "2021-05-02T14:08:23.664Z",
"version": "0.0.1-SNAPSHOT",
"group": "com.manning.sbip.ch04.endpoint"
}
}

그림 4.12 **그레이들 기반의 스프링 부트 애플리케이션 빌드 정보가 포함된 info 엔드포인트**

3 옮긴이 gradlew bootRun 명령 대신 IDE에서 애플리케이션을 실행하더라도 결과는 동일하다.

git 관련 정보도 `info` 엔드포인트에서 표시할 수 있다. 클래스패스에 git.properties 파일이 있으면 스프링 부트가 자동으로 인식해서 `info` 엔드포인트에 추가한다. git.properties 파일을 만드는 방법은 https://mng.bz/M2AB를 참고하자.

비슷한 방식으로 빌드 정보도 build-info.properties 파일을 통해 `info` 엔드포인트에 표시할 수 있다. 클래스패스에 있는 META-INF 폴더 안에 build-info.properties 파일이 있으면 스프링 부트가 자동으로 `info` 엔드포인트에 추가해준다.

git.properties 파일과 build-info.properties 파일은 각각 `GitInfoContributor` 클래스와 `BuildInfoContributor` 클래스를 통해 자동으로 인식된다. `InfoContributor` 인터페이스에 대해서는 잠시 후에 알아보기로 하고 git.properties 파일과 build-info.properties 파일이 생성되도록 pom.xml 파일에 예제 4.25 내용을 추가해보자.

예제 4.25 build-info.properties 파일과 git properties 파일 생성

```
<build>
  <plugins>
    <plugin>
      <groupId>org.springframework.boot</groupId>
      <artifactId>spring-boot-maven-plugin</artifactId>
      <executions>
        <execution>
          <goals>
            <goal>build-info</goal>    ❶
          </goals>
        </execution>
      </executions>
    </plugin>
    <plugin>
      <groupId>pl.project13.maven</groupId>
      <artifactId>git-commit-id-plugin</artifactId>    ❷
    </plugin>
  </plugins>
</build>
```

❶ `spring-boot-maven-plugin`에 `build-info` 골을 추가해서 build-info.properties 파일을 생성한다.

❷ `git-commit-id-plugin`을 사용해서 커밋 정보, 브랜치 정보가 포함된 git.properties 파일을 생성한다. 이 플러그인은 스프링 부트에서 제공하는 플러그인이 아닌 서드파티 플러그인이다.

`mvn install` 명령을 실행하면 build-info.properties 파일과 git.properties 파일이 생성된다. build-info.properties 파일을 읽어서 빌드 정보가 표시되도록 application.properties 파일에 작성된 `info.build.*` 내용을 삭제하고 애플리케이션을 재시작한 후 http://localhost:8080/actuator/info에 접근하면 그림 4.13과 같이 git 정보와 빌드 정보가 표시되는 것을 확인할 수 있다.

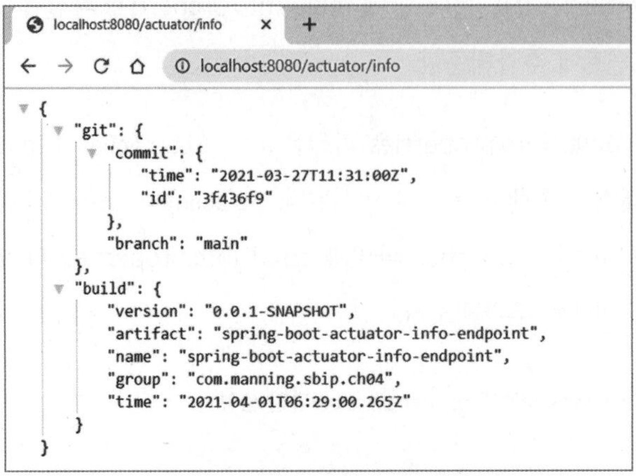

localhost:8080/actuator/info

```
{
  "git": {
    "commit": {
      "time": "2021-03-27T11:31:00Z",
      "id": "3f436f9"
    },
    "branch": "main"
  },
  "build": {
    "version": "0.0.1-SNAPSHOT",
    "artifact": "spring-boot-actuator-info-endpoint",
    "name": "spring-boot-actuator-info-endpoint",
    "group": "com.manning.sbip.ch04",
    "time": "2021-04-01T06:29:00.265Z"
  }
}
```

그림 4.13 **git 정보와 빌드 정보가 포함된 info 엔드포인트**

git 정보는 application.properties 파일의 `management.info.git.mode` 프로퍼티값을 기준으로 표시된다. 기본값은 `simple`이며 `commit`과 `branch` 정보만 표시된다. `full`로 지정하면 git.properties 파일에 있는 모든 정보가 표시된다.

지금까지 application.properties 또는 메이븐 플러그인과 스프링 부트에서 제공하는 `GitInfoContributor`, `BuildInfoContributor`를 사용해서 `info` 엔드포인트에 표시될 내용을 추가하는 방법을 알아봤다. 이번에는 커스텀 `InfoContributor`를 만들고 사용하는 방법을 알아보자.

4.5.2 기법: 애플리케이션 정보를 표시하는 커스텀 InfoContributor

4.5.2절의 소스 코드는 https://mng.bz/aDYm**에서 확인할 수 있다.**

요구 사항

애플리케이션 상세 정보를 스프링 부트 액추에이터 엔드포인트를 통해 표시해야 한다.

해법

스프링 부트의 InfoContributor 인터페이스 구현체를 만들면 스프링 부트 액추에이터의 info 엔드포인트에 원하는 정보를 표시할 수 있다.

CourseTracker 애플리케이션의 과정별 이름과 평점이 info 엔드포인트를 통해 표시되도록 커스텀 InfoContributor 클래스를 만들어보자. 예제 4.26과 같이 CourseInfoContributor 클래스를 작성한다.

예제 4.26 **InfoContributor 인터페이스를 구현하는 CourseInfoContributor 클래스**

```
package com.manning.sbip.ch04.info;

import org.springframework.boot.actuate.info.InfoContributor;
// 그 외 import 문 생략

@Component
public class CourseInfoContributor implements InfoContributor {

    private CourseService courseService;

    @Autowired
    public CourseInfoContributor(CourseService courseService) {
        this.courseService = courseService;
    }

    @Override
    public void contribute(Info.Builder builder) {
        Map<String, Integer> courseNameRatingMap = new HashMap<>();
        List<CourseNameRating> courseNameRatingList = new ArrayList<>();
        for(Course course : courseService.getAvailableCourses()) {
            courseNameRatingList.add(CourseNameRating.builder().name(course.getName()).
rating(course.getRating()).build());
        }
        builder.withDetail("courses", courseNameRatingList);
    }

    @Builder
    @Data
    private static class CourseNameRating {
        String name;
        int rating;
    }
}
```

먼저 contribute() 메서드를 재정의하면서 InfoContributor 인터페이스를 구현하고, courseService를 통해 모든 과정 정보를 읽어와서 과정 이름과 평점 목록을 구성하고, Info.Builder 인스턴스에 추가한다. Info.Builder는 이름 그대로 info 엔드포인트에 나타낼 데이터를 빌드하는 역할을 담당한다.

애플리케이션을 시작하고 info 엔드포인트에 접근하면 그림 4.14와 같은 결과를 확인할 수 있다.

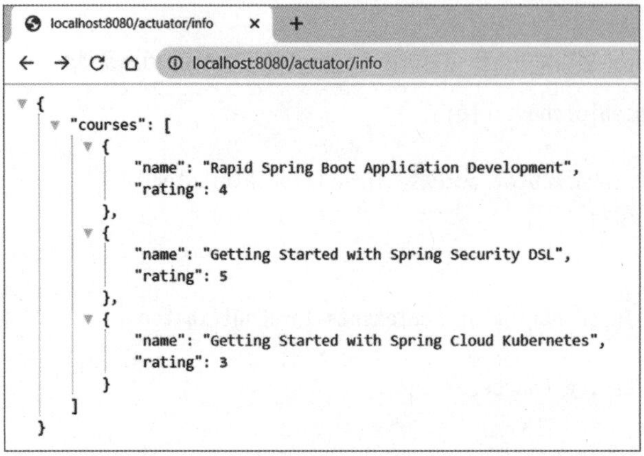

```
localhost:8080/actuator/info

{
  "courses": [
    {
      "name": "Rapid Spring Boot Application Development",
      "rating": 4
    },
    {
      "name": "Getting Started with Spring Security DSL",
      "rating": 5
    },
    {
      "name": "Getting Started with Spring Cloud Kubernetes",
      "rating": 3
    }
  ]
}
```

그림 4.14 **직접 작성한 애플리케이션 정보를 표시하는 info 엔드포인트**

NOTE 예제에서는 스프링 부트 액추에이터 엔드포인트를 통해 애플리케이션 비즈니스 도메인 상세 정보를 보여주고 있는데, 액추에이터 엔드포인트로 비즈니스 도메인 정보를 노출하거나 수정하는 것은 바람직하지 않다. 스프링 부트 액추에이터 엔드포인트의 기능을 가능한 한 단순하게 보여주기 위해 비즈니스 도메인 정보를 보여주고 있지만 실무적으로 비즈니스 도메인 정보는 REST API 웹 서비스로 관리하는 것이 좋다.

4.6 커스텀 스프링 부트 액추에이터 엔드포인트 생성

앞 절에서 health와 info처럼 스프링 부트에서 제공하는 액추에이터 엔드포인트를 알아봤다. 스프링 부트 액추에이터에서 충분히 다양한 엔드포인트를 제공하고 있지만 애플리케이션에 특화된 별도의 엔드포인트를 작성하는 것이 유용할 때도 있다. 이제 커스텀 엔드포인트를 만드는 방법을 알아보자.

4.6.1 기법: 커스텀 스프링 부트 액추에이터 생성

4.6.1절의 소스 코드는 https://mng.bz/g4jv**에서 확인할 수 있다. 완성본은** https://mng.bz/enKV**에서 확인할 수 있다.**

요구 사항

애플리케이션에 특화된 비즈니스 상세 정보를 제공할 수 있는 스프링 부트 액추에이터 엔드포인트를 작성해야 한다.

해법

스프링 부트에서 제공하는 `@EndPoint` 애너테이션을 붙여서 커스텀 엔드포인트를 추가할 수 있다. 앞 단원에서 사용해왔던 `CourseTracker` 애플리케이션에 릴리스 상세 정보를 보여주는 `releaseNotes` 엔드포인트를 추가하는 예제를 통해 커스텀 엔드포인트를 만드는 방법을 알아보자.

릴리스 노트에는 릴리스 버전, 일시, 커밋 태그, 새 기능, 버그 수정 등 상세 정보가 포함되며, 버전별로 릴리스 상세 정보를 볼 수 있어야 한다. 또한 엔드포인트를 통해 특정 버전의 릴리스 정보를 삭제하는 기능도 추가한다.

커스텀 엔드포인트를 추가하려면 `@EndPoint` 애너테이션을 붙여서 엔드포인트에 해당하는 자바 클래스를 정의하고, 필요에 따라 읽기, 쓰기, 삭제 연산을 담당하는 메서드를 정의하고, `@ReadOperation`, `@WriteOperation`, `@DeleteOperation` 애너테이션을 붙인다.

먼저 예제 4.27처럼 `CourseTrackerApplication` 클래스에 릴리스 노트를 반환하는 빈을 추가한다.

예제 4.27 릴리스 노트 정보를 담고 있는 빈 정의

```
@Bean(name = "releaseNotes")
public Collection<ReleaseNote> loadReleaseNotes() {
    Set<ReleaseNote> releaseNotes = new LinkedHashSet<>();
    ReleaseNote releaseNote1 = ReleaseNote.builder()
            .version("v1.2.1")
            .releaseDate(LocalDate.of(2021, 12, 30))
            .commitTag("a7d2ea3")
            .bugFixes(Set.of(
                    getReleaseItem("SBIP-123", "The name of the matching-strategy property
is incorrect in the action message of the failure analysis for a PatternParseException
#28839"),
```

```
                    getReleaseItem("SBIP-124", "ErrorPageSecurityFilter prevents deployment
to a Servlet 3.1 compatible container #28790")))
            .build();

    ReleaseNote releaseNote2 = ReleaseNote.builder()
            .version("v1.2.0")
            .releaseDate(LocalDate.of(2021, 11, 20))
            .commitTag("44047f3")
            .newReleases(Set.of(getReleaseItem("SBIP-125", "Support both kebab-case and
camelCase as Spring init CLI Options #28138")))
            .bugFixes(Set.of(getReleaseItem("SBIP-126", "Profiles added using @
ActiveProfiles have different precedence #28724")))
            .build();
    releaseNotes.addAll(Set.of(releaseNote1, releaseNote2));
    return releaseNotes;
}
```

릴리스 상세 정보를 담고 있는 `ReleaseNote`와 `ReleaseItem` 클래스도 예제 4.28과 같이 작성한다.

예제 4.28 **ReleaseNote와 ReleaseItem 클래스**

```
package com.manning.sbip.ch04.model;

// import 문 생략

@Builder
@Getter
@Setter
public class ReleaseNote {
    private String version;
    private LocalDate releaseDate;
    private String commitTag;
    private Set<ReleaseItem> newReleases;
    private Set<ReleaseItem> bugFixes;
}

package com.manning.sbip.ch04.model;

// import 문 생략

@Builder
@Getter
@Setter
@NoArgsConstructor
@AllArgsConstructor
public class ReleaseItem {
```

```
    private String itemId;
    private String itemDescription;
}
```

이제 릴리스 정보를 표시하는 액추에이터 엔드포인트를 예제 4.29와 같이 정의한다.

예제 4.29 **ReleaseNotesEndpoint 클래스**

```
package com.manning.sbip.ch04.endpoint;

// import 문 생략

@Component    ❶
@Endpoint(id = "releaseNotes")    ❷
public class ReleaseNotesEndpoint {

    private final Collection<ReleaseNote> releaseNotes;

    @Autowired    ❸
    public ReleaseNotesEndpoint(Collection<ReleaseNote> releaseNotes) {
        this.releaseNotes = releaseNotes;
    }

    @ReadOperation    ❹
    public Iterable<ReleaseNote> releaseNotes() {
        return releaseNotes;
    }
}
```

❶ `@Component` 애너테이션을 붙여서 스프링 부트 컴포넌트 스캔으로 감지하고 빈으로 생성되게 만든다.

❷ `@EndPoint` 애너테이션을 붙이면 `ReleaseNotesEndpoint` 클래스가 액추에이터 엔드포인트로 사용된다. id 값을 `releaseNotes`로 지정해서 엔드포인트 이름을 `releaseNotes`로 지정한다.

❸ 릴리스 상세 정보를 읽을 수 있도록 `releaseNotes` 클래스를 주입받는다.

❹ 모든 버전의 릴리스 상세 정보를 반환하는 `@ReadOperation` 메서드를 정의한다.

`releaseNotes` 엔드포인트를 웹으로 노출해야 하므로 예제 4.30과 같이 application.properties 파일의 `management.endpoints.web.exposure.include` 프로퍼티에 `releaseNotes`를 추가한다.

예제 4.30 **커스텀 엔드포인트 노출 설정**

```
management.endpoints.web.exposure.include=releaseNotes
```

애플리케이션을 시작하고 http://localhost:8080/actuator/에 접근하면 그림 4.15와 같이 `releaseNotes` 엔드포인트가 표시된다.

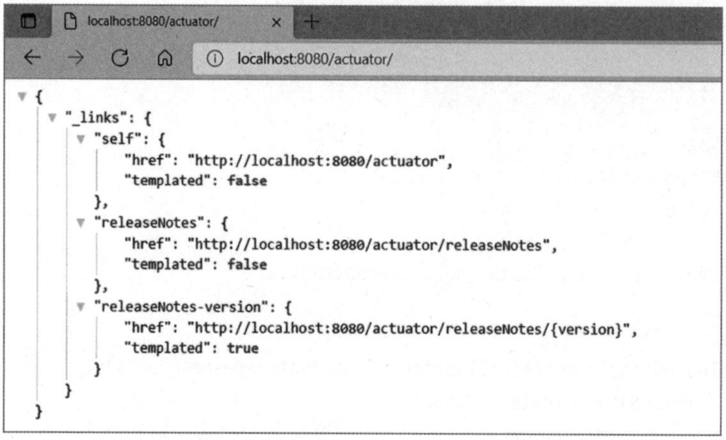

```
{
  "_links": {
    "self": {
      "href": "http://localhost:8080/actuator",
      "templated": false
    },
    "releaseNotes": {
      "href": "http://localhost:8080/actuator/releaseNotes",
      "templated": false
    },
    "releaseNotes-version": {
      "href": "http://localhost:8080/actuator/releaseNotes/{version}",
      "templated": true
    }
  }
}
```

그림 4.15 **액추에이터 목록 페이지에 표시된 커스텀 releaseNotes 엔드포인트**

http://localhost:8080/actuator/releaseNotes 엔드포인트에 접근하면 그림 4.16과 같이 모든 버전에 대한 릴리스 상세 정보가 표시된다.

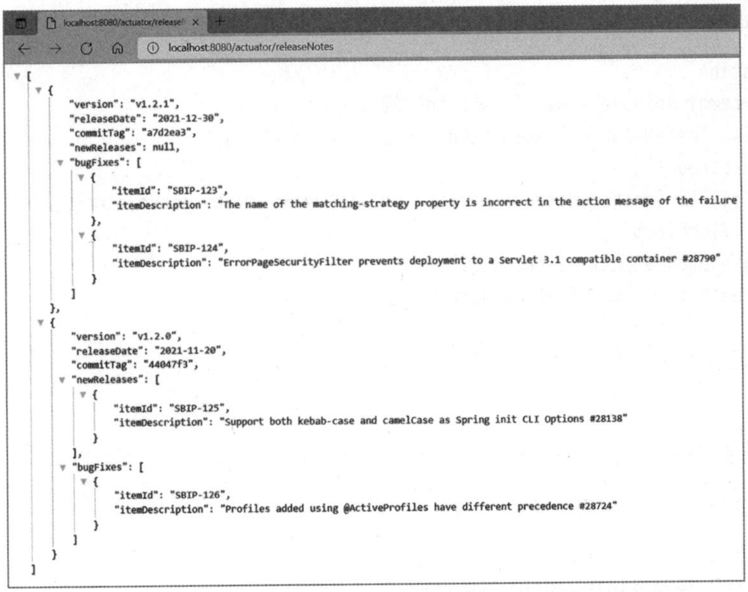

```
localhost:8080/actuator/releaseNotes
[
  {
    "version": "v1.2.1",
    "releaseDate": "2021-12-30",
    "commitTag": "a7d2ea3",
    "newReleases": null,
    "bugFixes": [
      {
        "itemId": "SBIP-123",
        "itemDescription": "The name of the matching-strategy property is incorrect in the action message of the failure
      },
      {
        "itemId": "SBIP-124",
        "itemDescription": "ErrorPageSecurityFilter prevents deployment to a Servlet 3.1 compatible container #28790"
      }
    ]
  },
  {
    "version": "v1.2.0",
    "releaseDate": "2021-11-20",
    "commitTag": "44047f3",
    "newReleases": [
      {
        "itemId": "SBIP-125",
        "itemDescription": "Support both kebab-case and camelCase as Spring init CLI Options #28138"
      }
    ],
    "bugFixes": [
      {
        "itemId": "SBIP-126",
        "itemDescription": "Profiles added using @ActiveProfiles have different precedence #28724"
      }
    ]
  }
]
```


그림 4.16 **버전별 릴리스 상세 정보가 표시되는 releaseNotes 엔드포인트**

이제 버전별 릴리스 상세 정보를 표시하는 엔드포인트를 추가해보자. 예제 4.31과 같이 `@ReadOperation` 메서드를 추가한다.

예제 4.31 **버전별 릴리스 상세 정보 표시 메서드 추가**

```
@ReadOperation
public Object selectCourse(@Selector String version) {
    Optional<ReleaseNote> releaseNoteOptional = releaseNotes
            .stream()
            .filter(releaseNote -> version.equals(releaseNote.getVersion()))
            .findFirst();
    if(releaseNoteOptional.isPresent()) {
        return releaseNoteOptional.get();
    }
    return String.format("No such release version exists : %s", version);
}
```

`version` 인자에 `@Selector` 애너테이션을 붙이면 `releaseNotes-version`이라는 이름의 엔드포인트가 추가되고 `/releaseNotes/{version}`을 통해 접근할 수 있다. `version`에 해당되는 릴리스 정보가 없으면 **No such release version exists**가 표시된다.

이제 특정 버전의 릴리스 정보를 삭제하는 엔드포인트를 예제 4.32와 같이 추가해보자.

예제 4.32 **특정 버전의 릴리스 정보 삭제 엔드포인트 추가**

```
@DeleteOperation
public void removeReleaseVersion(@Selector String version) {
    Optional<ReleaseNote> releaseNoteOptional = releaseNotes
            .stream()
            .filter(releaseNote -> version.equals(releaseNote.getVersion()))
            .findFirst();
    if(releaseNoteOptional.isPresent()) {
        releaseNotes.remove(releaseNoteOptional.get());
    }
}
```

`releaseNotes`로부터 특정 `version`의 릴리스 정보를 찾아서 있으면 삭제한다. 다음과 같이 cURL 명령으로 v1.2.1 릴리스 상세 정보를 삭제할 수 있다.

예제 4.33 **curl 명령으로 특정 버전의 릴리스 정보 삭제**

```
curl -i -X DELETE http://localhost:8080/actuator/releaseNotes/v1.2.1
```

삭제 후 http://localhost:8080/actuator/releaseNotes에 접근하면 v1.2.1의 릴리스 정보가 표시되지 않는다.

`@ReadOperation`과 `@DeleteOperation` 외에 `@WriteOperation`도 있는데 릴리스 정보 예제에는 적합하지 않아 예제로 다루지는 않는다.

토론

커스텀 스프링 부트 액추에이터 엔드포인트를 만드는 방법은 매우 직관적이다. 엔드포인트로 사용할 클래스에 `@Endpoint` 애너테이션을 붙이고 읽기, 쓰기, 삭제 메서드에 각각 `@ReadOperation`, `@WriteOperation`, `@DeleteOperation`을 붙인다. 또 메서드 인자를 사용할 때는 `@Selector`를 애너테이션을 인자에 붙이면 된다.

`@Endpoint` 애너테이션이 붙어 있는 클래스는 스프링 부트 액추에이터 엔드포인트를 통해 실행 중인 애플리케이션의 정보를 관리할 수 있다. `@Endpoint` 애너테이션은 `id`, `enableByDefault` 이렇게 2개의 속성을 가지며 예제에서는 id에 `releaseNotes`를 지정해서 http://localhost:8080/actuator/releaseNotes를 통해 엔드포인트에 접근할 수 있다. `enableByDefault` 속성은 이름 그대로 엔드포인트 활성화 여부를 지정하는데 기본값은 `true`다. 그리고 application.properties 파일의 `management.`

`endpoints.<web/jmx>.exposure.include` 프로퍼티를 통해 커스텀 엔드포인트 노출 여부를 지정할 수 있다.

스프링 부트는 범용적인 `@Endpoint` 외에도 특정 기술에 특화된 두 가지 애너테이션을 더 제공한다. JMX를 통해서만 접근할 수 있는 엔드포인트는 `@JmxEndpoint`를 사용해서 정의할 수 있고, HTTP를 통해서만 접근할 수 있는 엔드포인트는 `@WebEndpoint`를 사용하면 된다. 예제 4.29에 있던 `@Endpoint` 애너테이션을 `@JmxEndpoint`로 변경하고 애플리케이션 재시작 후 브라우저를 통해 http://localhost:8080/actuator/에 접근하면 `releaseNotes` 엔드포인트가 표시되지 않으며, http://localhost:8080/actuator/releaseNotes/에 접근하면 404 에러가 발생한다. JMX 엔드포인트에 접근하려면 그림 4.17과 같이 `JConsole`(https://mng.bz/p2rK)을 사용해야 한다.

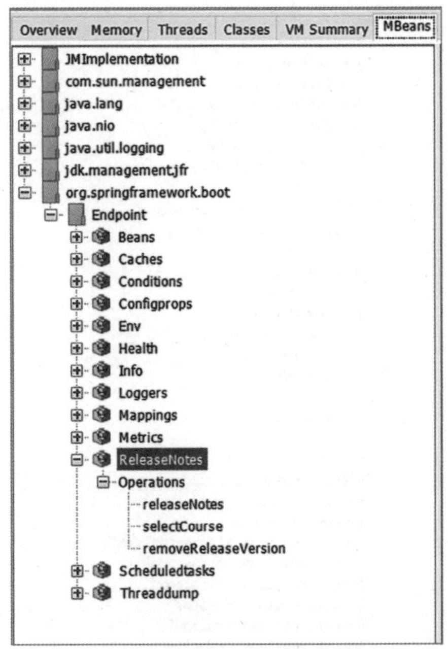

그림 4.17 **JMX로 노출되는 스프링 부트 액추에이터 엔드포인트**

4.6.2 스프링 부트 액추에이터 메트릭

4.6.2절의 소스 코드는 https://bit.ly/3Bzkvga에서 확인할 수 있다.

스프링 부트는 `metrics` 엔드포인트를 통해 애플리케이션의 여러 측정지표 정보를 제공한다. `spring-boot-actuator-metrics` 애플리케이션을 실행하고 http://localhost:8080/actuator/metrics에 접근하면 그림 4.18과 같이 여러 측정지표 목록을 확인할 수 있다.

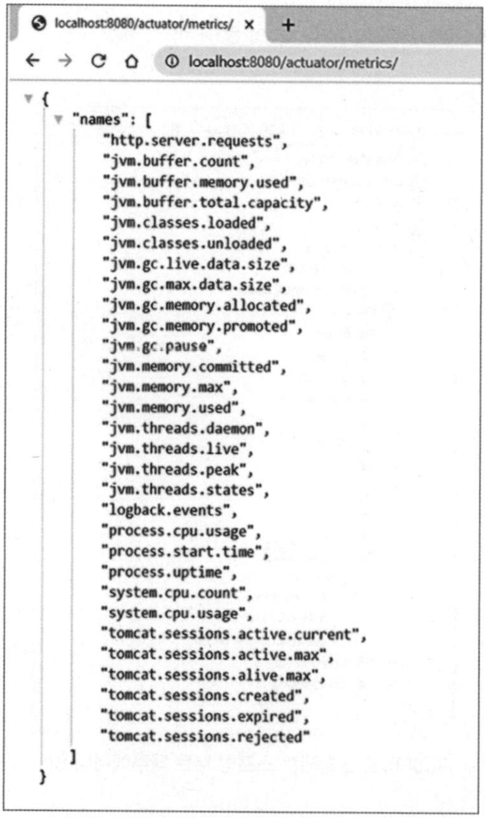

localhost:8080/actuator/metrics/


```
{
  "names": [
    "http.server.requests",
    "jvm.buffer.count",
    "jvm.buffer.memory.used",
    "jvm.buffer.total.capacity",
    "jvm.classes.loaded",
    "jvm.classes.unloaded",
    "jvm.gc.live.data.size",
    "jvm.gc.max.data.size",
    "jvm.gc.memory.allocated",
    "jvm.gc.memory.promoted",
    "jvm.gc.pause",
    "jvm.memory.committed",
    "jvm.memory.max",
    "jvm.memory.used",
    "jvm.threads.daemon",
    "jvm.threads.live",
    "jvm.threads.peak",
    "jvm.threads.states",
    "logback.events",
    "process.cpu.usage",
    "process.start.time",
    "process.uptime",
    "system.cpu.count",
    "system.cpu.usage",
    "tomcat.sessions.active.current",
    "tomcat.sessions.active.max",
    "tomcat.sessions.alive.max",
    "tomcat.sessions.created",
    "tomcat.sessions.expired",
    "tomcat.sessions.rejected"
  ]
}
```


그림 4.18 **스프링 부트 액추에이터 메트릭에서 확인할 수 있는 여러 지표 목록**

각 항목은 애플리케이션 환경에 관한 지표를 보여주는 엔드포인트를 나타낸다. 예를 들어 가비지 컬렉션garbage collection에 의해 중지되는 시간이 얼마나 되는지 알기 위해 http://localhost:8080/actuator/metrics/jvm.gc.pause에 접근하면 그림 4.19와 같이 가비지 컬렉션 관련 상세 정보를 확인할 수 있다.

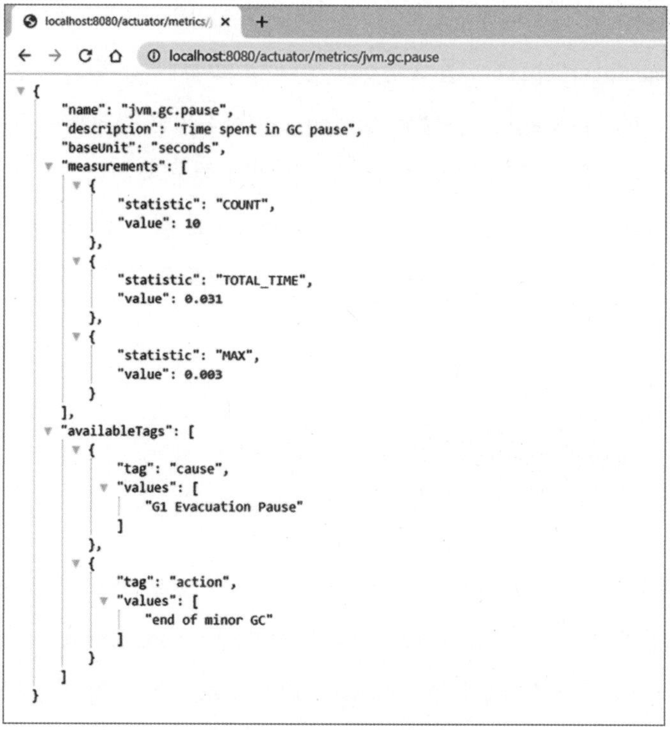

localhost:8080/actuator/metrics/jvm.gc.pause


```
{
    "name": "jvm.gc.pause",
    "description": "Time spent in GC pause",
    "baseUnit": "seconds",
    "measurements": [
        {
            "statistic": "COUNT",
            "value": 10
        },
        {
            "statistic": "TOTAL_TIME",
            "value": 0.031
        },
        {
            "statistic": "MAX",
            "value": 0.003
        }
    ],
    "availableTags": [
        {
            "tag": "cause",
            "values": [
                "G1 Evacuation Pause"
            ]
        },
        {
            "tag": "action",
            "values": [
                "end of minor GC"
            ]
        }
    ]
}
```


그림 4.19 **jvm.gc.pause 측정지표**

애플리케이션은 가비지 컬렉션에 의해 10번 중단됐고 전체 중단 시간은 0.031초다. 스프링 부트는 내부적으로 마이크로미터 프레임워크(https://micrometer.io/)를 사용해서 측정지표를 설정한다. 또한 카운터, 타이머, 게이지gauge, 분포 요약distribution summary 정보 같은 커스텀 측정지표도 정의할 수 있으며, 곧 예제를 통해 알아볼 것이다. 먼저 마이크로미터에 대해 조금 더 알아보자.

NOTE 마이크로미터에 대한 상세 내용을 다루는 것은 이 책의 범위를 벗어나므로 마이크로미터 공식 문서(https://micrometer.io/docs)나 모니터링 시스템 문서를 참고하자. 스프링 부트와 마이크로미터 연동 관련 정보는 https://mng.bz/NxNN에 잘 나와 있다. 스프링 부트에서 지원하는 모니터링 시스템 목록은 https://bit.ly/3Qzw8I1에서 확인할 수 있다. 이 책에서는 모니터링 도구로 프로메테우스Prometheus를, 시각화 플랫폼으로 그라파나Grafana를 사용한다.

마이크로미터는 다양한 유형의 측정지표를 벤더 중립적인 방법으로 수집할 수 있는 파사드facade다. 그래서 프로메테우스, 그라파이트Graphite, 뉴 렐릭New Relic 등 다양한 모니터링 시스템 구현체 중에서 원하는 구현체를 선택해 플러그인 방식으로 사용할 수 있다. 스프링 부트는 설정 파일과 클래스패스를 통해서 다양한 모니터링 시스템을 선택해 측정지표를 수집할 수 있다.

마이크로미터는 벤더 중립적인 측정지표 수집 API(`io.micrometer.core.instrument.Meter-`

Registry와 서브클래스)와 프로메테우스 같은 모니터링 프레임워크 구현체(io.micrometer.prometheus.PrometheusMeterRegistry)를 포함하고 있다. 프로메테우스 말고 다른 모니터링 시스템을 사용하려면 micrometer-registry-{monitoring_system} 의존 관계를 추가하면 스프링 부트가 자동 구성으로 해당 모니터링 시스템을 사용할 수 있게 해준다. 그러므로 프로메테우스를 사용하려면 pom.xml 파일에 micrometer-registry-prometheus 의존 관계를 추가하면 된다. 스프링 부트에서 제공하는 여러 가지 프로퍼티를 사용해서 측정지표 관련 기능을 제어할 수 있다. 예제 4.34를 보자.

예제 4.34 **측정지표 노출**

```
management.metrics.export.<registry>.enabled=false
management.metrics.export.defaults.enabled=false
```

첫 번째 명령은 측정지표를 그라파이트 같은 레지스트리로 내보낼 것인지를 지정한다. 두 번째 명령은 측정지표 기본 익스포터exporter 활성화 여부를 지정한다. management.metrics.export.defaults.enabled=false로 지정하고 http://localhost:8080/actuator/metrics에 접근하면 아무 측정지표도 노출되지 않는 것을 확인할 수 있다.

스프링 부트는 MeterRegistry를 사용해서 자동 구성으로 여러 개의 레지스트리 구현체를 추가할 수 있다. 그래서 한 개 이상의 모니터링 시스템에 측정지표를 내보내서 사용할 수 있다. 또한 MeterRegistryCustomizer를 사용해서 레지스트리 커스터마이징도 가능하다. 예를 들어 측정지표를 프로메테우스와 뉴 렐릭으로 보내고 두 개의 레지스트리에 공통으로 태그 셋을 설정해서 사용할 수 있다. 여기에서 말하는 태그는 식별자로 사용된다. 예를 들어 다수의 애플리케이션이 측정지표를 내보낼 때 애플리케이션 이름을 식별하기 위해 태그를 사용할 수 있다. 예제 4.35와 같이 MeterRegistryCustomizer를 사용해서 커스텀 MeterRegistry를 정의한다.

예제 4.35 **MeterRegistryCustomizer를 사용한 커스텀 MeterRegistry**

```
@Bean
MeterRegistryCustomizer<MeterRegistry> metricsCommonTags() {
    return registry -> registry.config()
        .commonTags("application", "course-tracker");
}
```

애플리케이션을 시작하고 측정지표 엔드포인트에 접근해보면 측정지표에 예제 4.35에서 추가한 애플리케이션 태그 정보가 포함돼 있는 것을 확인할 수 있다. 이 태그를 이용해서 측정지표를 필터링하면 특정 애플리케이션에 대한 측정지표를 얻을 수 있다. 쿼리 스트링으로 `?tag=tagName:tagValue` 정보를 추가하면 태그 기준으로 필터링된 측정지표를 확인할 수 있다. 예제 4.20과 같이 URL을 구성해서 호출하면 `application:course-tracker`의 jvm 버퍼 메모리 사용 측정지표를 확인할 수 있다.

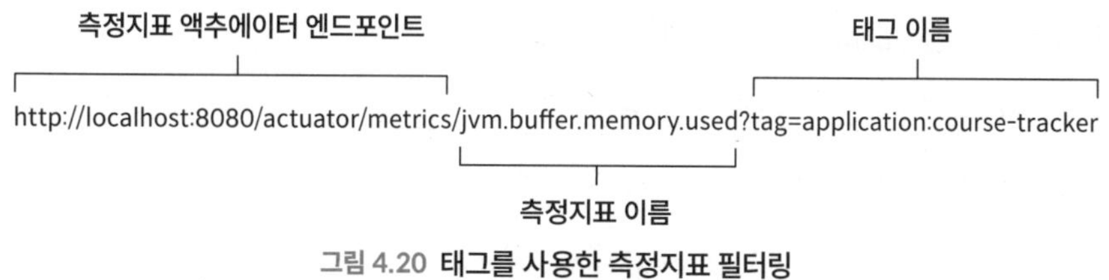

그림 4.20 **태그를 사용한 측정지표 필터링**

스프링 부트 측정지표 관련 개략적인 소개는 이 정도로 마무리하고 다음 절에서는 커스텀 측정지표를 만드는 방법을 알아본다.

4.6.3 커스텀 측정지표 생성

4.6.3절의 소스 코드는 https://mng.bz/YgXz**에서 확인할 수 있다. 완성본은** https://mng.bz/GGlD**에서 확인할 수 있다.**

앞 절에서 애플리케이션 성능이나 전반적인 상태를 모니터링하는 데 필요한 주요 애플리케이션 및 시스템 정보를 보여주는 `metrics` 엔드포인트에 대해 알아봤다. `metrics` 엔드포인트로 확인할 수 있었던 측정지표는 마이크로미터에 내장돼 있는 항목들이고 스프링 부트가 자동 구성으로 쉽게 사용할 수 있게 해준 것이었다. 예를 들어 마이크로미터 프레임워크는 JVM 가비지 컬렉션, 메모리, 스레드 상세 정보를 각각 `JvmGcMetrics`, `JvmMemoryMetrics`, `JvmThreadMetrics` 클래스를 통해 제공한다. 모든 측정지표는 스프링 부트의 `JvmMetricsAutoConfiguration` 클래스를 통해 자동 구성된다.

스프링 부트는 개발자가 애플리케이션을 모니터링하는 데 필요한 애플리케이션 특화된 데이터를 보여주는 커스텀 측정지표를 정의하고 수집해서 확인할 수 있는 기능을 제공한다. 이제 `Course-Tracker` 애플리케이션에 커스텀 측정지표 엔드포인트를 추가해보자. 생성된 과정의 수를 실시간으로 확인하고, 과정 생성에 소요되는 시간을 측정해서 서비스 수준 협약 준수 여부를 확인하려고 한다.

마이크로미터 프레임워크는 커스텀 측정지표를 생성할 때 사용할 수 있는 카운터Counter, 게이지Gauge, 타이머Timer, 분포 요약DistributionSummary과 같은 다양한 측정 단위를 제공한다. CourseTracker 애플리케이션에서 다음과 같은 측정지표를 정의해보자.

- 생성된 과정의 수를 Counter를 사용해서 확인
- 생성된 과정의 수를 Gauge를 사용해서 확인
- 과정 생성에 소요된 시간을 Timer를 사용해서 확인
- 과정 평점에 대한 분포 요약을 DistributionSummary를 사용해서 확인

비슷해 보이는 Counter와 Gauge의 차이는 나중에 다시 다루기로 하고 카운터부터 차례로 알아보자.

Counter

Counter는 증가할 수 있는 개수나 횟수를 의미한다. 예를 들어 어떤 메서드가 호출되는 횟수를 카운트로 나타낼 수 있다. 그래서 과정을 생성하는 메서드의 호출 횟수를 Counter로 세면 생성된 과정의 총 개수를 알 수 있다. 이제 Counter 빈을 생성하고 DefaultCourseService에서 Counter를 사용해서 과정의 개수를 세보자. 예제 4.36과 같이 Counter 빈을 생성한다.

예제 4.36 createCourseCounter 빈

```
@Configuration
public class CourseTrackerMetricsConfiguration {
    @Bean
    public Counter createCourseCounter(MeterRegistry meterRegistry) {
        return Counter.builder("api.courses.created.count")
                .description("Total number of courses created")
                .register(meterRegistry);
    }
}
```

Counter의 이름을 api.courses.created.count로 지정하고 설명을 추가한 다음 MeterRegistry에 등록했다.

이제 이 과정을 생성하는 createCourse() 메서드가 있는 DefaultCourseService 클래스에서

Counter 빈을 사용해보자. 예제 4.37과 같이 Counter 빈을 주입받아서 createCourse()가 호출될 때마다 Counter를 증가시킨다.

예제 4.37 과정이 생성될 때마다 Counter 증가

```
@Autowired
private final Counter createCourseCounter;

public Course createCourse(Course course) {
    createCourseCounter.increment();
    return courseRepository.save(course);
}
```

NOTE Counter를 스프링 부트의 서비스 클래스에서 직접 주입받아 사용하고 있는데, 이는 측정지표 코드와 비즈니스 로직을 강하게 결합시키므로 좋은 방법이 아니다. 직접 주입받아 사용하는 대신에 스프링의 이벤트 리스너를 사용하면 Counter를 비즈니스 로직으로부터 분리할 수 있다.

애플리케이션을 시작하고 http://localhost:8080/actuator/metrics에 접근하면 측정지표 목록에 api.courses.created.count가 추가된 것을 확인할 수 있다. http://localhost:8080/actuator/metrics/api.courses.created.count에 접근하면 지금까지 생성된 과정의 개수를 확인할 수 있다. 아직 아무 과정도 생성하지 않았으므로 0이 표시된다.

http://localhost:8080/index에 접근해서 과정을 하나 생성한 다음 다시 http://localhost:8080/actuator/metrics/api.courses.created.count에 접근하면 그림 4.21과 같이 과정 COUNT 값이 1로 표시되는 것을 확인할 수 있다.

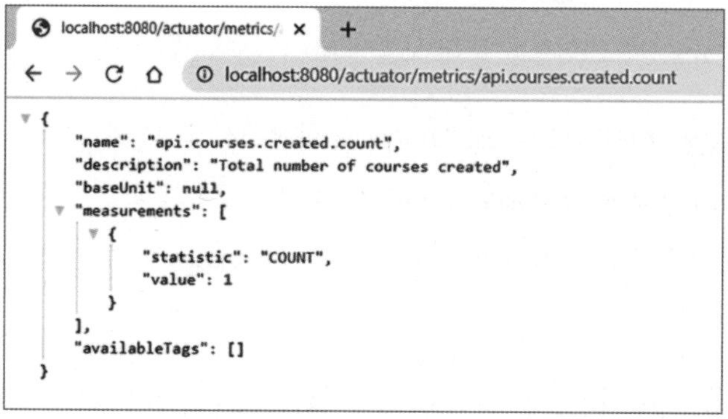

localhost:8080/actuator/metrics/

localhost:8080/actuator/metrics/api.courses.created.count


```
{
    "name": "api.courses.created.count",
    "description": "Total number of courses created",
    "baseUnit": null,
    "measurements": [
        {
            "statistic": "COUNT",
            "value": 1
        }
    ],
    "availableTags": []
}
```


그림 4.21 커스텀 측정지표인 api.courses.created.count 확인 화면

Gauge

Counter의 단점은 애플리케이션 종료 후에 카운터값이 유지되지 않고 애플리케이션이 재시작되면 0으로 초기화된다는 점이다. 따라서 생성된 과정의 개수를 애플리케이션 종료 후에도 추적하려면 Counter를 사용할 수 없다.

이럴 때 게이지Gauge를 사용하면 된다. 게이지는 카운터와 마찬가지로 개수나 횟수를 셀 수 있지만, 애플리케이션이 종료되면 값이 초기화되는 카운터와 달리 데이터베이스를 이용해서 값을 저장하고 Gauge 측정지표를 통해서 값을 확인할 수 있다.

먼저 생성된 과정의 개수를 데이터베이스에서 조회하는 Gauge 빈을 예제 4.38과 같이 정의한다.

예제 4.38 createCourseGauge 빈 정의

```
@Bean
public Gauge createCoursesGauge(MeterRegistry meterRegistry, CourseService courseService) {
    return Gauge.builder("api.courses.created.gauge", courseService::count)
            .description("Total courses created")
            .register(meterRegistry);
}
```

이름이 api.courses.created.gauge인 Gauge를 MeterRegistry에 등록하는 것은 카운터와 비슷하다. 하지만 생성된 과정의 개수를 CourseService의 count() 메서드를 통해 데이터베이스에서 가져온다는 점이 다르다.

Gauge 측정지표에 필요한 데이터는 데이터베이스에서 읽어오므로 createCourse() 서비스 메서드와 통합할 필요는 없다. 게다가 api.courses.created.gauge 측정지표는 이미 MeterRegistry에 등록됐으므로 /metrics 엔드포인트를 통해 노출된다.

애플리케이션을 시작해서 http://localhost:8080/index 화면에서 과정 몇 개를 생성하고 http://localhost:8080/actuator/metrics/api.courses.created.gauge에서 과정의 개수를 확인한 후 애플리케이션을 재시작해서 http://localhost:8080/actuator/metrics/api.courses.created.gauge에 접근해도 과정의 개수가 유지되는 것을 확인할 수 있다.

NOTE 예제 애플리케이션에서는 H2 인메모리 데이터베이스를 사용하는데, 인메모리 데이터베이스는 애플리케이션 종료 시 데이터가 유지되지 않으므로 Gauge를 사용해도 결과적으로 과정 개수가 유지되지 않는다. Gauge의 동작을 확인하려면 인메모리 데이터베이스 대신 MySQL 같은 데이터베이스를 사용해야 한다.

Timer

개수나 횟수를 셀 때 Counter나 Gauge를 사용할 수 있다. 하지만 때때로 어떤 연산을 수행할 때 소요되는 시간을 측정해야 할 때도 있다. 예를 들어 과정을 생성하는 데 소요되는 시간을 측정하라는 요구 사항이 생길 수 있다. 또한 수행 시간이 결정적으로 중요한 애플리케이션에서는 서비스 수준 협약SLA에서 정한 시간 내에 작업이 완료되는지 확인해야 한다. 이럴 때 사용하는 측정지표가 Timer다. CourseTracker 애플리케이션에서 새 과정을 생성하는 데 소요되는 시간을 Timer를 사용해서 측정해보자. 먼저 4.39와 같이 Timer 빈을 정의한다.

예제 4.39 createCoursesTimer 빈 정의

```
@Bean
public Timer createCoursesTimer(MeterRegistry meterRegistry) {
    return Timer.builder("api.courses.creation.time")
            .description("Course creation time")
            .register(meterRegistry);
}
```

적절한 설명과 함께 이름을 api.course.creation.time으로 지정한 Timer를 MeterRegistry에 등록한다. 이제 예제 4.40과 같이 DefaultCourseService의 createCourse() 메서드에서 Timer를 사용해서 과정 생성 소요시간을 측정해보자.

예제 4.40 createCoursesTimer를 사용한 수행시간 측정

```
@Autowired
private Timer createCoursesTimer;

@SneakyThrows
public Course createCourse(Course course) {
    return createCoursesTimer.recordCallable(
        () -> courseRepository.save(course)
    );
}
```

Timer 인터페이스의 recordCallable() 메서드를 사용해서 과정을 생성하고 있다. recordCallable() 메서드는 java.util.concurrent.Callable 타입을 인자로 받으므로, 생성된 과정을 데이터베이스에 저장하고 값을 반환하는 Callable 객체를 람다식을 사용해서 정의한다. 타이머는 내부적으로 Callable 객체 안에서 과정 생성 시 소요되는 시간을 측정한다. recordCallable() 메서드는 예외를 던질 수 있으므로 롬복Lobmok의 @SneakyThrows 애너테이션을 사용해서 검사 예외checked exception을 비검사 예외unchecked exception로 감싸서 던지도록 한다.[4]

애플리케이션을 재시작하고 과정을 생성한 후 http://localhost:8080/actuator/metrics/api.courses.creation.time에 접근하면 그림 4.22와 같이 2개의 과정을 생성하는 데 소요된 총 시간과 1개의 과정을 생성하는 데 소요된 최대 시간을 확인할 수 있다. baseUnit에는 측정에 사용된 시간 단위가 표시된다.

localhost:8080/actuator/metrics/

localhost:8080/actuator/metrics/api.courses.creation.time

```
{
    "name": "api.courses.creation.time",
    "description": "Course creation time",
    "baseUnit": "seconds",
    "measurements": [
        {
            "statistic": "COUNT",
            "value": 2
        },
        {
            "statistic": "TOTAL_TIME",
            "value": 0.0338946
        },
        {
            "statistic": "MAX",
            "value": 0.0319362
        }
    ],
    "availableTags": []
}
```

그림 4.22 **커스텀 측정지표인 api.courses.creation.time 확인 화면**

Distribution Summary

분포 요약distribution summary은 이벤트의 분포를 측정한다. Timer와 구조적으로는 비슷하지만 측정 단위가 시간이 아니라는 점에서 차이가 있다. 예를 들어 CourseTracker 애플리케이션에서는 과정 평점 분포를 DistributionSummary를 사용해서 측정할 수 있다.

먼저 예제 4.41과 같이 CourseTrackerMetricsConfiguration 클래스에 DistributionSummary 빈을 추가한다.

예제 4.41 **DistributionSummary 빈 정의**

```
@Bean
public DistributionSummary createDistributionSummary(MeterRegistry meterRegistry) {
    return DistributionSummary.builder("api.courses.rating.distribution.summary")
```

4 [옮긴이] @SneakyThrows를 사용하면 throws 문을 지정하지 않아도 되므로 편리하지만 실제 발생한 예외를 처리하는 로직이 누락될 수 있으므로 적절한 곳에 한해 사용하는 것이 좋다.

```
            .description("Rating distribution summary")
            .register(meterRegistry);
}
```

다른 측정지표와 마찬가지로 적절한 설명과 이름을 지정하고 MeterRegistry에 등록한다. 이제 예제 4.42와 같이 DefaultCourseService에서 distributionSummary를 주입받고 createCourses() 메서드에서 distributionSummary를 사용해서 과정 평점을 기록하고 과정을 생성한다.

예제 4.42 과정 생성 시 DistributionSummary 사용

```
@Autowired
private DistributionSummary distributionSummary;

@SneakyThrows
public Course createCourse(Course course) {
    distributionSummary.record(course.getRating());
    return createCoursesTimer.recordCallable(
        () -> courseRepository.save(course)
    );
}
```

애플리케이션을 재시작하고 http://localhost:8080/index에서 서로 다른 평점을 가진 과정 여러 개를 생성한 후에 http://localhost:8080/actuator/metrics/api.courses.rating.distribution.summary에 접근해보면 그림 4.23과 같은 결과를 확인할 수 있다.

COUNT는 생성된 과정의 수를 의미하고 TOTAL은 과정에 매겨진 평점의 총합을 의미하며, MAX는 최고 평점을 의미한다. 예제에서는 과정 평점을 분포 요약 측정 대상으로 선택했지만 수강자들의 학년이나 과정 최초 개설 시기 등을 대상으로 분포 요약할 수도 있다.

지금까지 애플리케이션 운영에 필요한 주요 측정지표를 살펴봤다. 다음 절에서는 프로메테우스와 그라파나를 사용해서 측정지표를 대시보드에서 시각화해서 보는 방법을 알아본다.

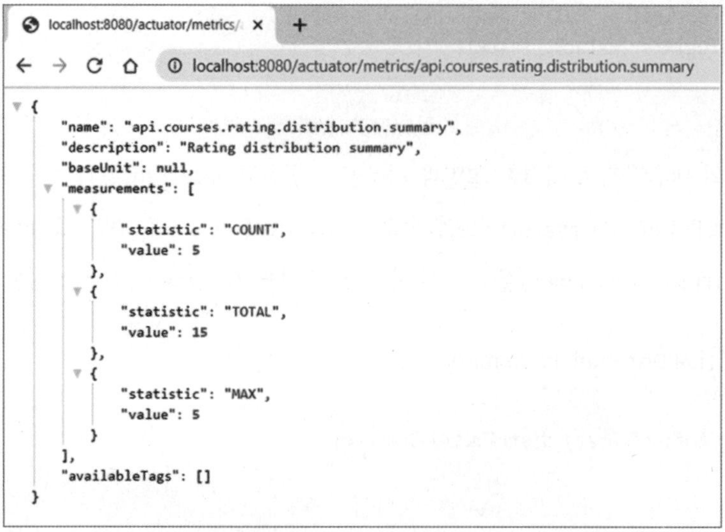

localhost:8080/actuator/metrics/api.courses.rating.distribution.summary


```
{
    "name": "api.courses.rating.distribution.summary",
    "description": "Rating distribution summary",
    "baseUnit": null,
    "measurements": [
        {
            "statistic": "COUNT",
            "value": 5
        },
        {
            "statistic": "TOTAL",
            "value": 15
        },
        {
            "statistic": "MAX",
            "value": 5
        }
    ],
    "availableTags": []
}
```


4.23 **커스텀 측정지표인 api.courses.rating.distribution.summary 확인 화면**

4.6.4 프로메테우스와 그라파나를 사용한 측정지표 대시보드

이제 지금까지 적용한 커스텀 측정지표를 프로메테우스를 통해 수집하는 방법을 알아보자. 프로메테우스는 모니터링 시스템이며 스프링 부트는 클래스패스에 프로메테우스 라이브러리가 있으면 스프링 부트에 내장된 측정지표 및 커스텀 측정지표 전부를 프로메테우스에게 전송한다.

프로메테우스의 측정지표 형식은 스프링 부트와 다른데 전체 목록은 https://mng.bz/aJMz를 참고하자. 프로메테우스의 측정지표를 사용해서 그라파나로 시각화 설정까지 살펴보자.

NOTE 프로메테우스(https://prometheus.io/)는 사운드클라우드SoundCloud에서 처음 만들어진 오픈소스화된 모니터링 시스템이자 경고 알림 도구다. 프로메테우스에 대한 자세한 내용은 공식 문서(https://prometheus.io/docs/introduction/overview/)를 참고한다. 그라파나(https://grafana.com/)는 수집한 여러 가지 측정지표를 다양한 그래프Graph, 시계열 차트Time Series, 게이지 테이블Gauge Table 등을 이용해서 대시보드에 그려주는 시각화 도구다. 프로메테우스와 그라파나는 로컬 장비에 설치해서 사용할 수 있고 도커 이미지를 통해 사용할 수도 있다. 기본적인 설치와 실행 가이드는 깃허브의 위키 페이지 https://mng.bz/0wvJ에 정리돼 있으며, 더 자세한 내용은 공식 문서를 참고하자.

스프링 부트는 프로메테우스와 아주 쉽게 연동할 수 있으며 `/actuator/prometheus` 엔드포인트를 통해 확인할 수 있다. 먼저 예제 4.43과 같이 프로메테우스 의존 관계를 추가한다.

예제 4.43 **프로메테우스 의존 관계 추가**

```
<dependency>
    <groupId>io.micrometer</groupId>
    <artifactId>micrometer-registry-prometheus</artifactId>
    <scope>runtime</scope>
</dependency>
```

스프링 부트는 클래스패스에 포함된 라이브러리를 기준으로 추론을 통해 자동 구성을 수행한다는 점을 앞에서 배웠다. 프로메테우스 의존 관계를 추가하면 `PrometheusMetricsExportAutoConfiguration` 클래스가 활성화되고 `PrometheusMeterRegistry` 빈이 등록된다. `PrometheusMeterRegistry` 빈이 플러그인으로 추가되어 측정지표 파사드 역할을 담당한다.

애플리케이션을 재시작하고 http://localhost:8080/actuator/prometheus에 접근하면 사용할 수 있는 측정지표 목록[5]이 표시된다. 측정지표 이름이 스프링 부트의 측정지표와 약간 다르다는 점에 유의하자.

이제 프로메테우스와 그라파나를 만나기 위한 준비를 해보자.[6]

프로메테우스 설치 및 설정

https://prometheus.io/download/에서 prometheus 항목에 있는 설치 파일을 다운로드하고 압축을 푼 후 `prometheus` 파일을 실행하면 프로메테우스 서버가 기동한다. http://localhost:9090에 접근하면 그림 4.24와 같은 프로메테우스 화면을 확인할 수 있다.

5 옮긴이 앞서 https://mng.bz/aJMz에 나오는 목록과 같은 내용이 표시된다.

6 옮긴이 원서에 없는 내용이지만 국내 독자들을 위해 추가하였다.

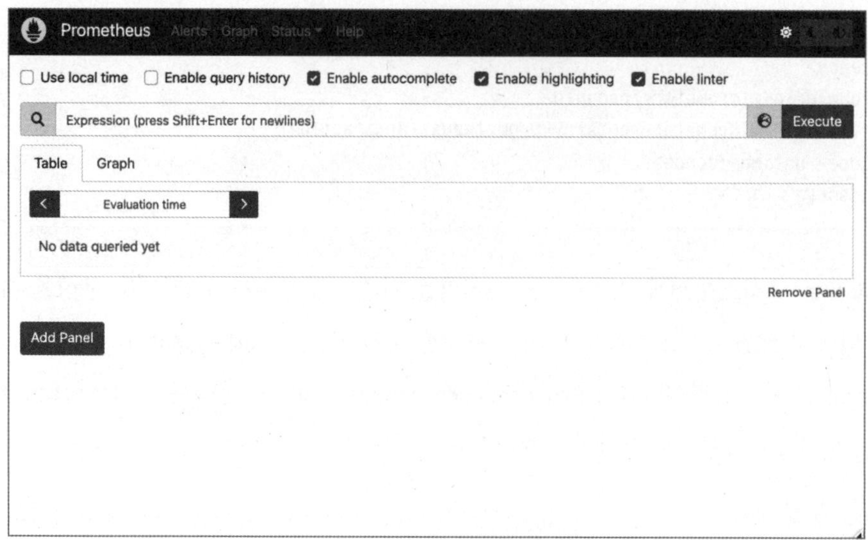

그림 4.24 **프로메테우스 기본 화면**

프로메테우스는 측정지표 데이터를 조회하고 집계하는 데 사용할 수 있는 쿼리 언어인 PromQL-Prometheus Query Language를 제공한다. 그림 4.24의 Expression 입력란에 PromQL을 입력하면 결과를 테이블이나 그래프로 확인할 수 있다. PromQL에 대한 자세한 내용은 https://mng.bz/KBVX를 참고하자.

프로메테우스 설치 파일 압축 해제로 생성된 디렉터리에서 prometheus.yml 파일을 열면 프로메테우스 설정 내용을 확인할 수 있다. `CourseTracker` 애플리케이션의 측정지표를 수집할 수 있도록 예제 4.44의 내용을 prometheus.yml 파일에 추가한다.

예제 4.44 **CourseTracker 애플리케이션 측정지표 수집**

```
# A scrape configuration containing exactly one endpoint to scrape:
# Here it's Prometheus itself.
scrape_configs:
  # The job name is added as a label `job=<job_name>` to any timeseries scraped from this
config.
  - job_name: "prometheus"

    # metrics_path defaults to '/metrics'
    # scheme defaults to 'http'.

    static_configs:
      - targets: ["localhost:9090"]

  # 아래 내용 추가
```

```
- job_name: 'spring-actuator'
  metrics_path: '/actuator/prometheus'
  scrape_interval: 5s
  static_configs:
  - targets: ['localhost:8080']
```

프로메테우스를 재실행한 후 http://localhost:9090에 접근해서 Expression 입력란 오른쪽에 있는 버튼을 클릭하면 앞에서 정의했던 커스텀 측정지표가 그림 4.25와 같이 목록에 포함되어 표시되는 것을 확인할 수 있다.

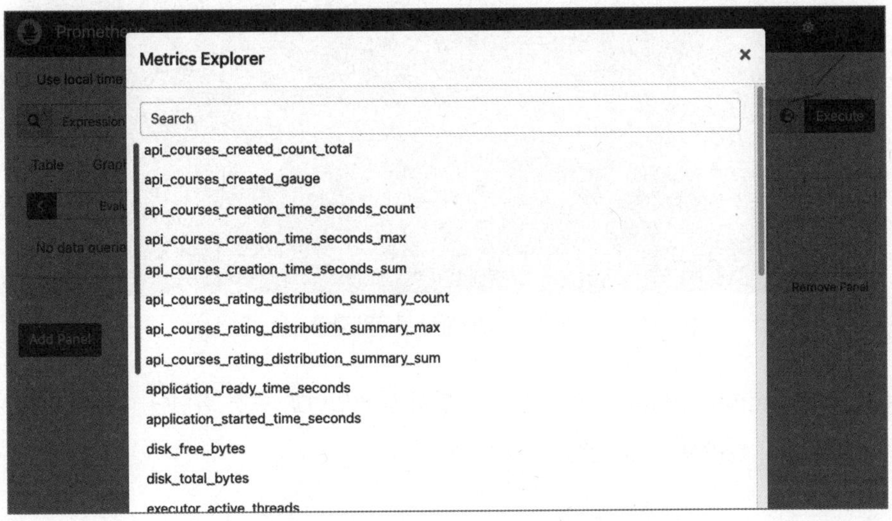

그림 4.25 프로메테우스 메트릭 탐색기에 표시되는 커스텀 측정지표

프로메테우스로 CourseTracker 애플리케이션을 모니터링 하기 위한 준비가 됐으므로 이제 그라파나를 준비해보자.

그라파나 설치

프로메테우스도 데이터를 그래프로 보여주기는 하지만 다양한 시각화 요소를 지원하지는 않는다. 이 부분을 그라파나가 보완해줄 수 있다. 그라파나에는 굉장히 풍부한 시각화 요소가 포함돼 있어 프로메테우스 서버를 통해 수집한 데이터를 가져와서 그라파나 대시보드에 다채로운 그래프로 알아보기 쉽게 표현해준다.

그라파나 다운로드 사이트(https://grafana.com/grafana/download?edition=oss)에서 OS에 맞는 파일을 다운로드한 후 압축을 풀고, bin 디렉터리에 있는 grafana-server 파일을 실행한 후 http://localhost:3000에 접근하면 그림 4.26과 같이 그라파나 대시보드 로그인 화면이 표시된다.

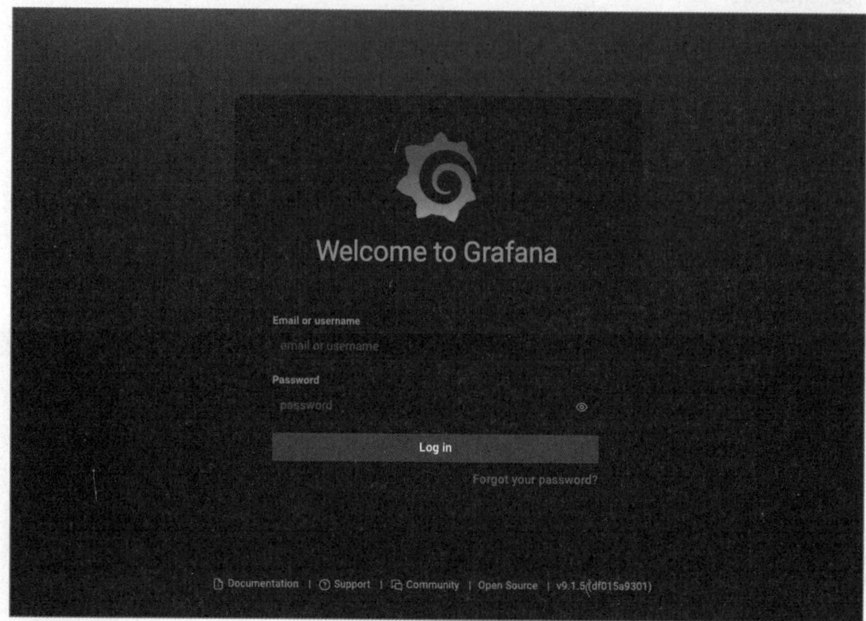

그림 4.26 그라파나 로그인 화면

기본 계정 정보인 admin/admin을 입력 후 로그인하면 비밀번호 변경 화면이 나온다. [Skip]을 클릭하면 다음과 같이 그라파나 대시보드 화면이 표시된다.[7]

7 옮긴이 기본적으로 어두운 색의 다크 테마가 설정돼 있지만 책의 가독성을 위해 밝은 테마로 변경

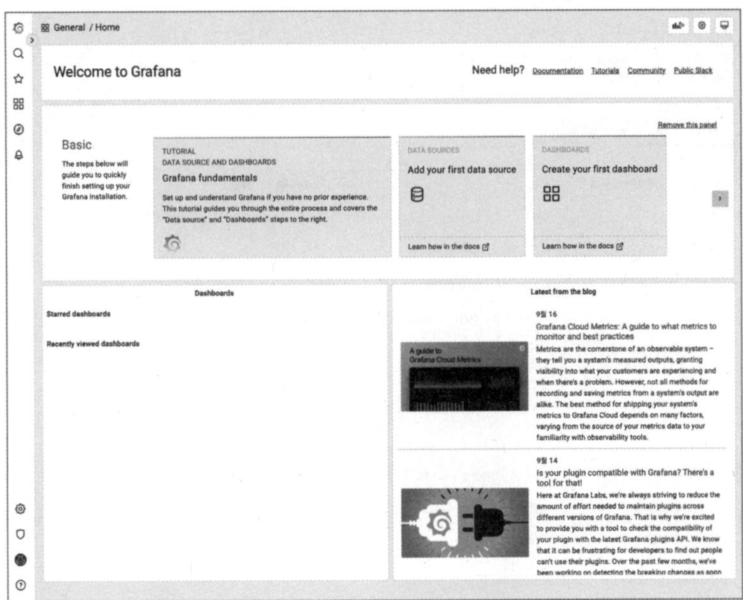

그림 4.27 **그라파나 대시보드 초기 화면**

화면 상단 가운데에 있는 [Add your first data source]를 클릭해서 그림 4.28과 같이 데이터 소스 선택 화면이 나오면 프로메테우스를 선택한다.

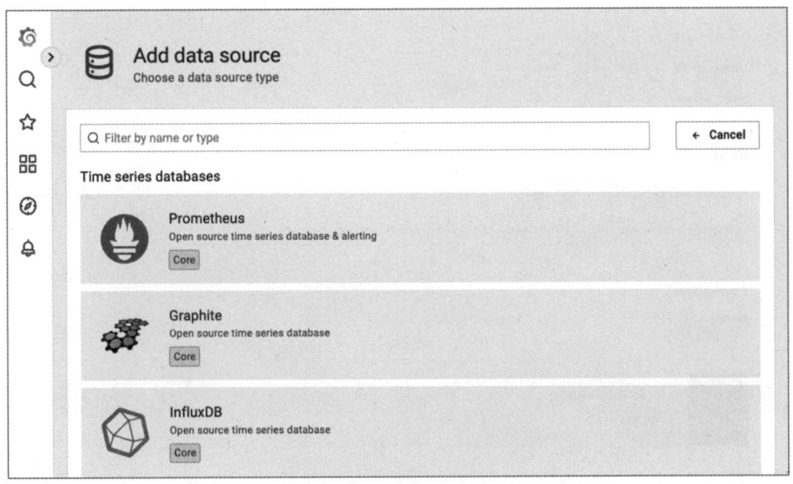

그림 4.28 **데이터 소스 선택**

여러 가지 설정 항목이 있지만 기본값 그대로 두고 URL에 프로메테우스 서버에 접근할 수 있는 http://localhost:9090을 입력하고 화면 하단의 [Save & Test] 버튼을 클릭한다. 이상이 없으면 그림 4.29과 같이 Data source is working이라는 메시지가 표시된다.

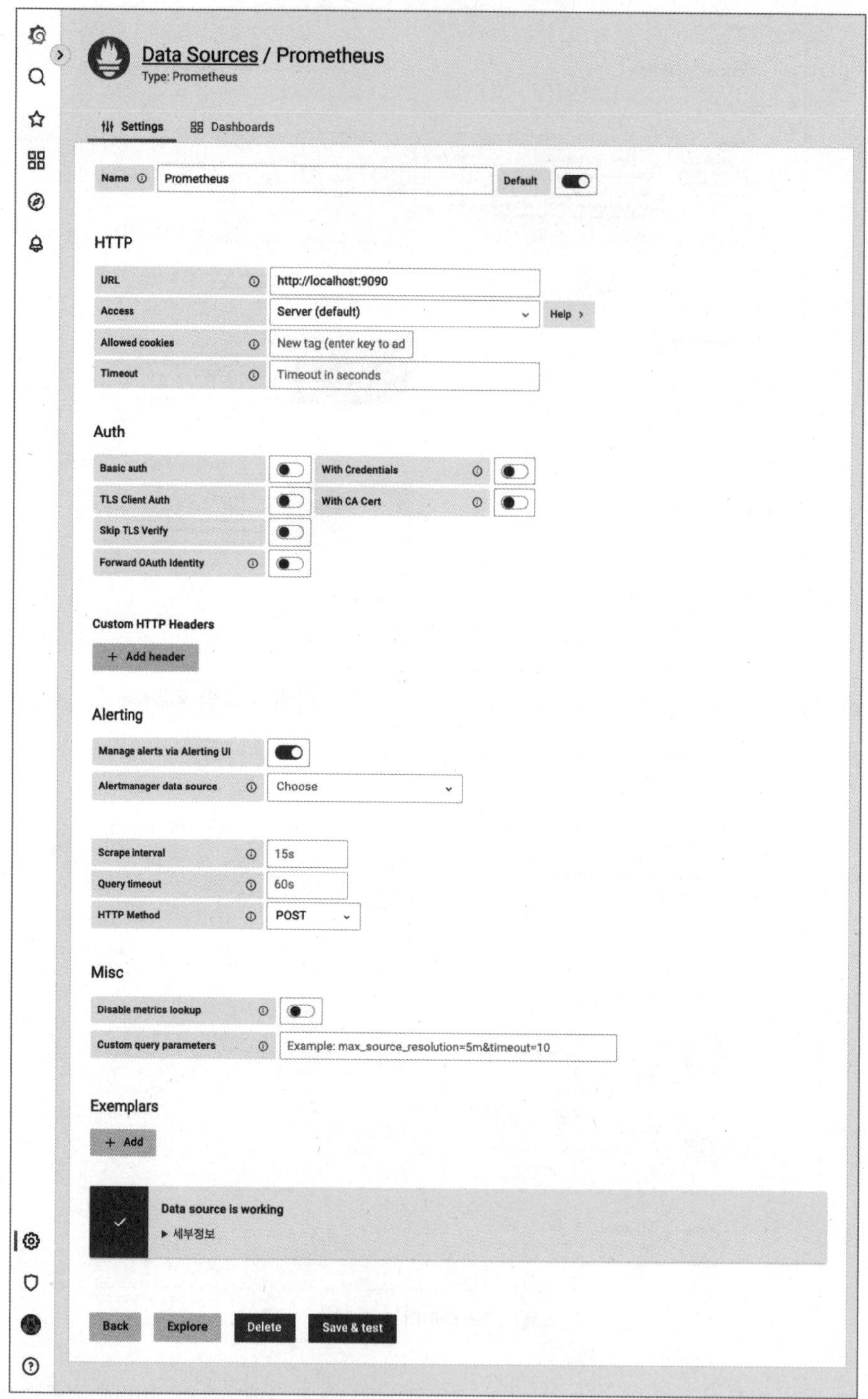

그림 4.29 데이터 소스 추가

이제 대시보드를 추가해보자. 그림 4.30과 같이 [Dashboards] > [New dashboard]를 클릭한다.

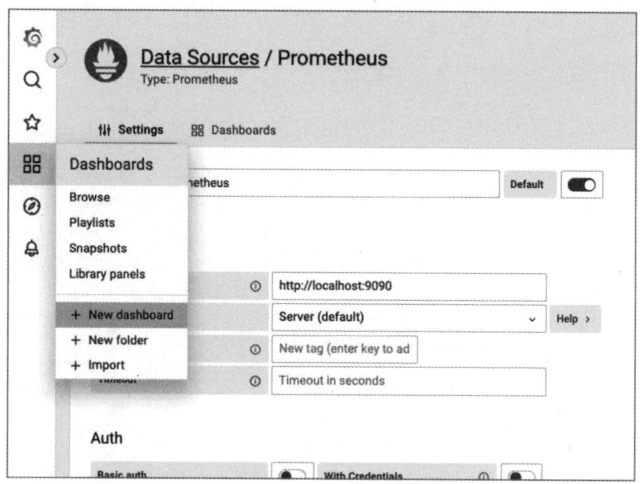

그림 4.30 **대시보드 추가 메뉴 선택**

그림 4.31과 같이 대시보드를 구성할 수 있는 화면이 표시된다.

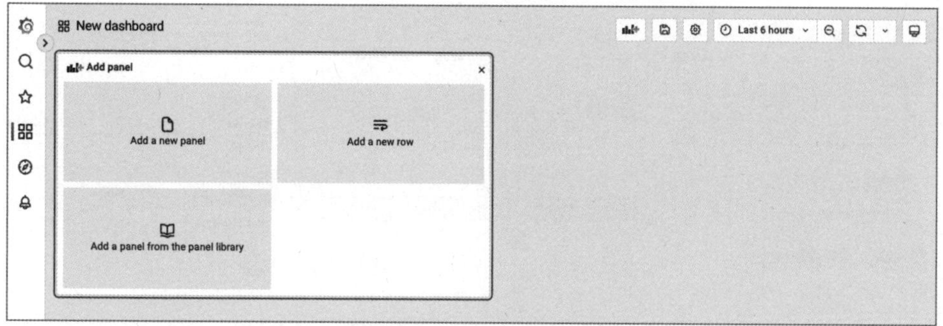

그림 4.31 **대시보드 구성 화면**

[Add a new panel]을 클릭하면 그림 4.32와 같이 패널을 편집할 수 있는 화면이 표시된다.

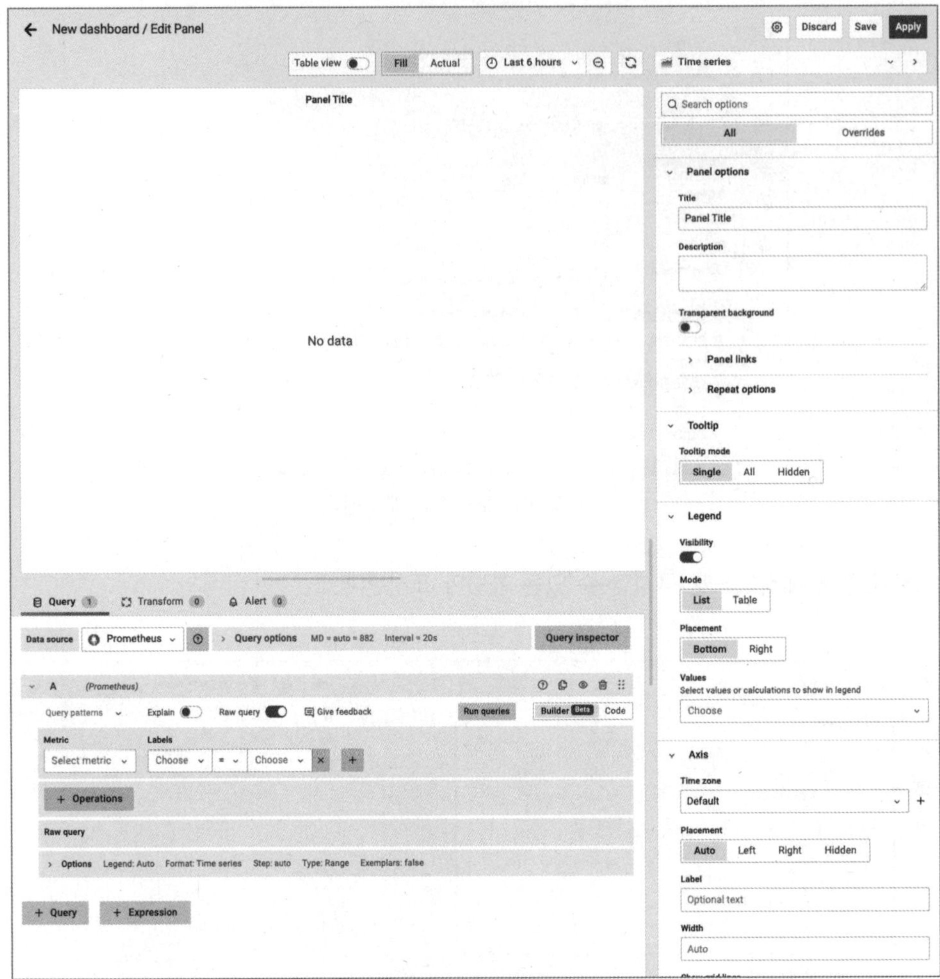

그림 4.32 패널 편집 화면

오른쪽 상단에서 기본으로 선택된 [Time series] 대신에 [Gauge]를 선택하고, 바로 아래 Panel options의 Title에 [Courses Created]를 입력하고, 화면 왼쪽 아래 Query 부분의 Metric 항목에서 [api_courses_created_count_total]을 선택하고, Options의 Format 항목에서 [Table]을 선택하고, [Run queries]를 클릭하면 생성된 과정의 개수를 그림 4.33과 같이 패널로 확인할 수 있다.

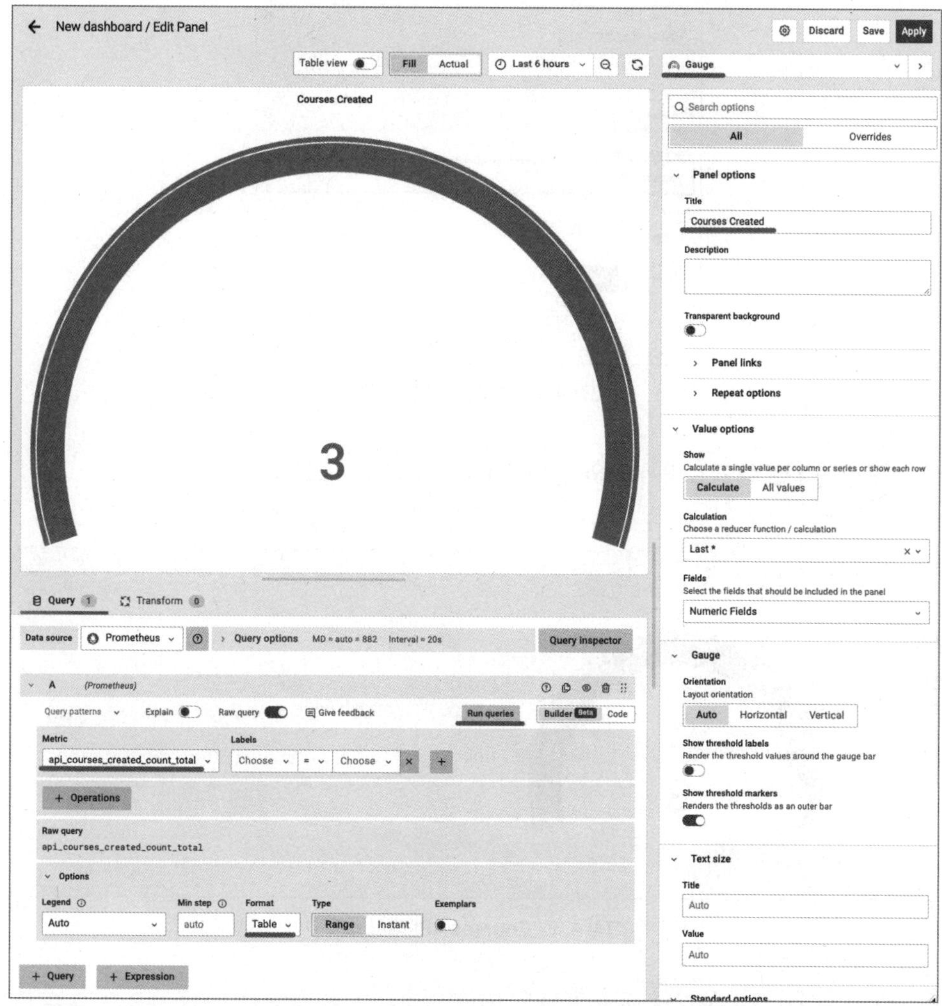

그림 4.33 생성된 과정의 개수를 표시하는 패널 구성

화면 우상단 [Save] 버튼을 눌러서 대시보드 저장 팝업이 나오면 그림 4.34와 같이 대시보드 이름을 지정하고 [Save] 버튼을 누른다.

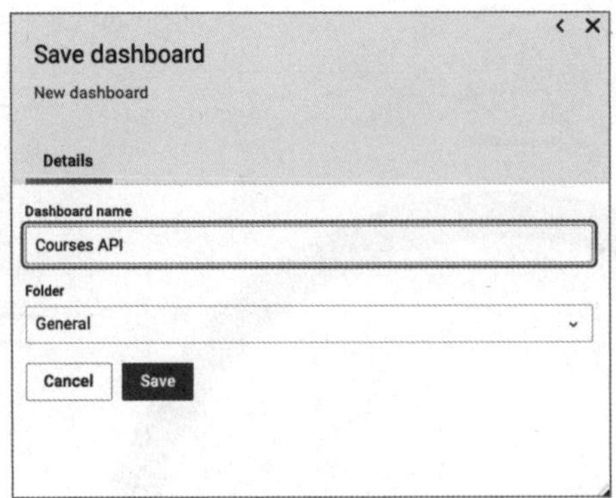

그림 4.34 대시보드 이름 저장

대시보드 구성을 완료화면 그림 4.35와 같이 Courses API 대시보드가 표시된다.

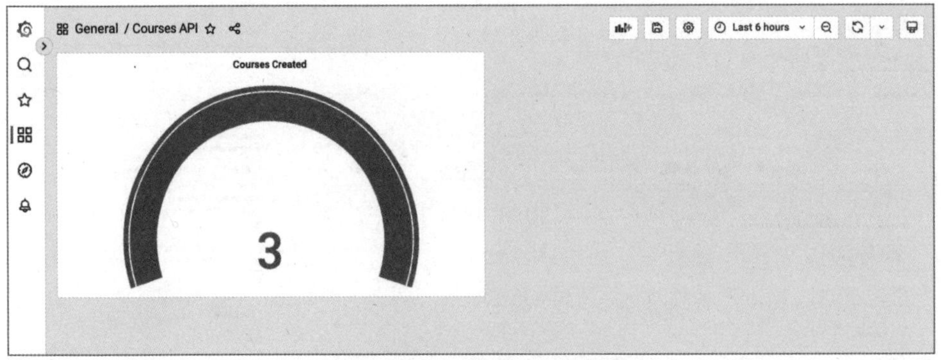

그림 4.35 Courses API 대시보드

비슷한 방식으로 1분당 생성되는 과정의 개수, JVM 스레드 상태, 시스템 CPU 사용률 등을 나타내는 패널을 추가하면 그림 4.36과 같은 대시보드를 구성할 수 있다.

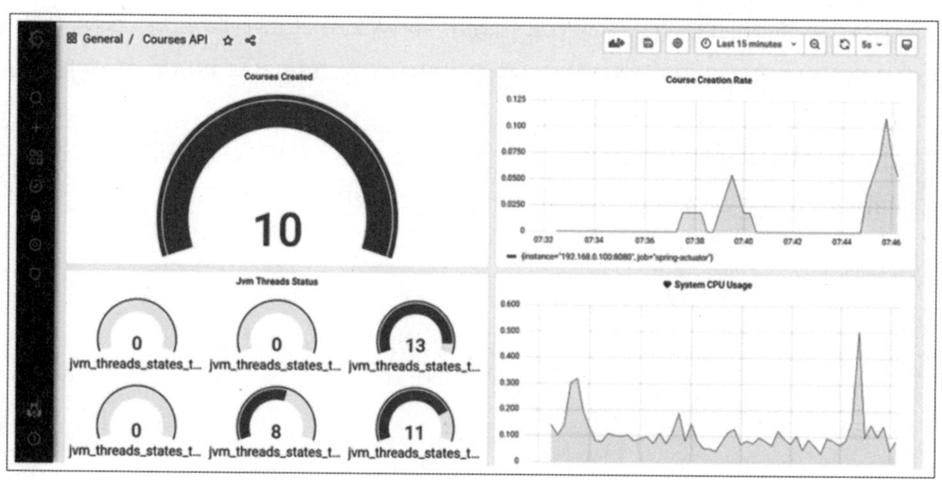

그림 4.36 **스프링 부트 액추에이터 측정지표로 구성한 그라파나 대시보드**

예제에서 다룬 내용 외에도 그라파나에는 굉장히 다양한 시각화 요소를 사용할 수 있다. 자세한 사용 방법은 https://mng.bz/9Kpj를 참고한다.

요약

스프링 부트를 알아보는 여정에서 제법 먼 길을 지나왔다. 지금까지 배운 내용으로 스프링 부트 애플리케이션을 개발하고 모니터링까지 할 수 있게 됐다. 4장에서 배운 내용은 다음과 같다.

- 스프링 부트 자동 구성을 자세히 알아봤다. 자동 구성에 필수적인 역할을 하는 다양한 조건 애너테이션과 자동 구성이 어떻게 동작하는지 자세히 이해하기 위해 `DataSourceAutoConfiguration` 클래스를 살펴봤다.
- 애플리케이션 자동 재시작, 캐시 비활성화, 브라우저 자동 새로고침 등 개발 편리성을 높여주는 기능이 포함된 스프링 부트 개발자 도구를 알아봤다.
- 스프링 부트 애플리케이션 시작 과정의 실패 내용을 자세히 분석할 수 있는 실패 분석기를 알아봤고 커스텀 실패 분석기를 만드는 방법도 배웠다.
- 스프링 부트 액추에이터와 다양한 엔드포인트를 살펴보고 `info` 엔드포인트와 `health` 엔드포인트를 심도 있게 살펴봤다. 또한 애플리케이션의 정보와 상태를 액추에이터에 노출하는 커스텀 엔드포인트 작성 방법도 배웠다.
- 스프링 부트에서 제공하는 내장 측정지표를 살펴보고 카운터, 게이지, 타이머, 분포 요약을 사

용해서 커스텀 측정지표를 만드는 방법도 배웠다. 마지막으로 프로메테우스와 그라파나를 연동해서 실시간 GUI 콘솔을 통해 애플리케이션 측정지표를 모니터링하는 방법도 알아봤다.

5장에서는 스프링 부트 애플리케이션의 보안을 담당하는 스프링 시큐리티에 대해 알아본다. 스프링 시큐리티의 기본 개념과 다양한 기초 보안 기법을 만나보자.

CHAPTER 5

스프링 부트 애플리케이션 보안

5장에서 다루는 내용

- 스프링 시큐리티 개요와 일반적인 보안 위협
- 스프링 시큐리티 적용과 스프링 시큐리티 자동 구성 이해
- 인메모리, JDBC, LDAP 환경에서 스프링 시큐리티 커스터마이징
- 스프링 부트 프로젝트에 HTTP 기본 인증 적용

4장까지 스프링 부트 애플리케이션을 만드는 데 필요한 여러 가지 필수 기법을 익히면서 스프링 부트의 핵심 개념과 데이터베이스 연동, 스프링 부트 액추에이터를 활용한 모니터링까지 살펴봤다. 하지만 아직 엔터프라이즈 수준의 스프링 부트 애플리케이션을 만들 수 있는 준비가 됐다고 흥분하기에는 이르다. 답해야 할 질문이 아직 남아 있다. **스프링 부트 애플리케이션에 적절한 보안 조치가 적용돼 있는가?**

5장에서는 스프링 시큐리티Spring Security를 스프링 부트 애플리케이션에 적용해서 보안성을 높일 수 있는 여러 가지 기법을 알아본다.

5.1 스프링 시큐리티 소개

지금까지 스프링 MVC, 스프링 데이터, 스프링 부트 액추에이터와 개발자 도구 같은 스프링의 핵심 모듈을 다뤄왔다. 스프링 프레임워크에는 스프링 애플리케이션의 보안에 초점을 맞춘 스프링 시큐리티 모듈이 있다. 스프링 부트는 `spring-boot-starter-security` 의존 관계를 추가해서 손쉽게 스프링 시큐리티를 적용할 수 있다. 5장에서는 스프링 부트 애플리케이션에 스프링 시큐리티를 적용하는 방법을 배워본다.

스프링 시큐리티의 여러 가지 보안 기능을 구현하는 방법을 상세히 알아보기 전에 먼저 스프링 시큐리티가 제공해주는 기본적인 보안 기능이 무엇인지 대략적으로 살펴보자.

- 애플리케이션 사용자 인증
- 별도의 로그인 페이지가 없을 때 사용할 수 있는 기본적인 로그인 페이지
- 폼form 기반 로그인에 사용할 수 있는 기본 계정
- 패스워드 암호화에 사용할 수 있는 여러 가지 인코더encoder
- 사용자 인증 성공 후 세션 ID를 교체해서 세션 고정 공격session fixation attack 방지
- HTTP 응답 코드에 랜덤 문자열 토큰을 포함해서 사이트 간 요청 위조cross-site request forgery, CSRF 공격 방지
- 예제 5.1과 같이 공통적으로 자주 발생하는 보안 공격을 방어할 수 있는 여러 가지 HTTP 응답 헤더 제공

예제 5.1 스프링 시큐리티 기본 HTTP 응답 헤더

```
Cache-Control: no-cache, no-store, max-age=0, must-revalidate
Pragma: no-cache
Expires: 0
X-Content-Type-Options: nosniff
Strict-Transport-Security: max-age=31536000 ; includeSubDomains
X-Frame-Options: DENY
X-XSS-Protection: 1; mode=block
```

사이트 간 요청 위조 공격은 그림 5.1을 보면 더 쉽게 이해할 수 있다.

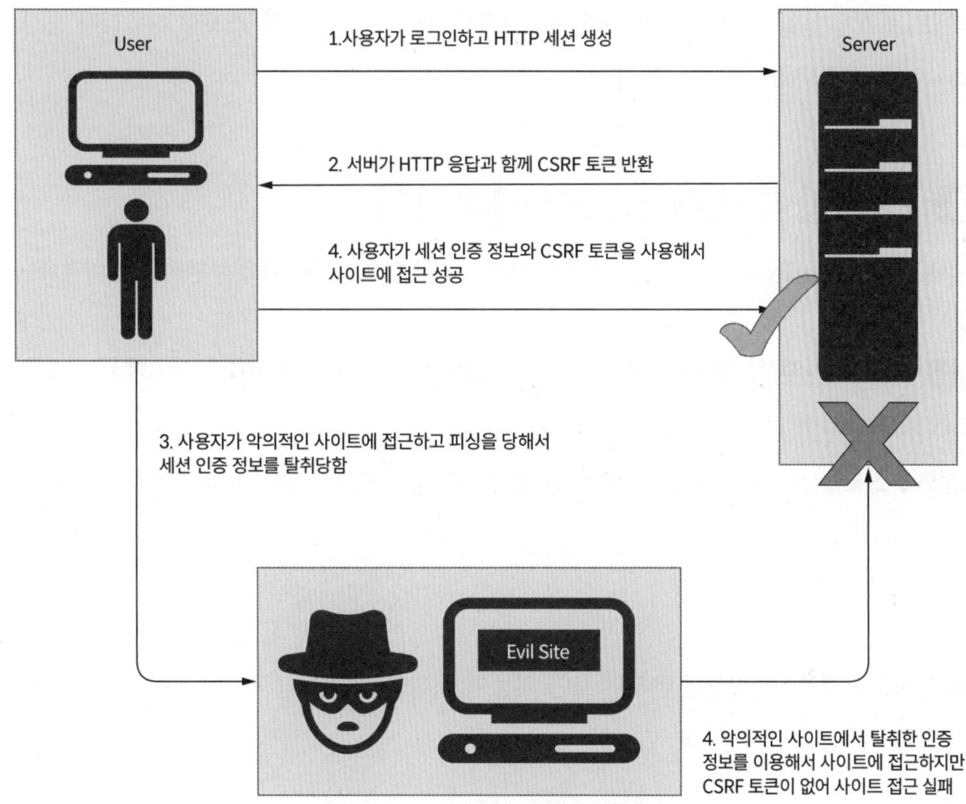

그림 5.1 **스프링 시큐리티의 CSRF 방어**

예제 5.1에 나온 것처럼 스프링 부트 애플리케이션을 보호하는 데 사용되는 헤더와 그 역할은 다음과 같다.

- `Cache-Control` - 브라우저 캐시를 완전하게 비활성화
- `X-Content-Type-Options` - 브라우저의 콘텐트 타입 추측을 비활성화하고 `Content-Type` 헤더로 지정된 콘텐트 타입으로만 사용하도록 강제
- `Strict-Transport-Security` - 응답 헤더에 포함되면 이후 해당 도메인에 대해서는 브라우저가 자동으로 HTTPS를 통해 연결하도록 강제하는 HSTS(HTTP Strict Transport Security) 활성화(http://mng.bz/jyEa)
- `X-Frame-Options` - 값을 `DENY`로 설정하면 웹 페이지 콘텐트가 `frame`, `iframe`, `embed`에서 표시되지 않도록 강제해서 클릭재킹(clickjacking) 공격 방지
- `X-XSS-Protection` - 값을 `1; mode=block`으로 설정하면 브라우저의 XSS(cross site scripting) 필터링을 활성화하고 XSS 공격이 감지되면 해당 웹 페이지를 로딩하지 않도록 강제

이 외에도 보안을 높일 수 있는 여러 가지 HTTP 응답 헤더 관련 내용을 스프링 시큐리티 공식 문서(https://mng.bz/W74g)에서 확인할 수 있다.

5.2 스프링 부트와 스프링 시큐리티

5.2 절에서는 CourseTracker 애플리케이션에 스프링 시큐리티를 적용해서 보안성을 높여본다.

5.2.1 기법: 스프링 부트 애플리케이션에서 스프링 시큐리티 활성화

5.2.1절의 소스 코드는 https://mng.bz/8leK**에서 확인할 수 있다. 완성본은** https://mng.bz/ExNq**에서 확인할 수 있다.**

요구 사항

CourseTracker 애플리케이션에 아무런 보안 기능이 구현되지 않은 상태이므로 기본적인 보안 적용이 필요하다.

해법

스프링 부트 애플리케이션에 보안을 적용하는 가장 간단한 방법은 예제 5.2와 같이 pom.xml 파일에 `spring-boot-starter-security` 의존 관계를 추가해서 스프링 시큐리티를 적용하는 것이다.

예제 5.2 스프링 시큐리티 스타터 의존 관계

```
<dependency>
    <groupId>org.springframework.boot</groupId>
    <artifactId>spring-boot-starter-security</artifactId>
</dependency>
```

`spring-boot-starter-security` 의존 관계 안에는 `spring-securiy-config`와 `spring-security-web`처럼 스프링 부트 애플리케이션에 스프링 시큐리티를 적용하는 데 필요한 모든 라이브러리가 포함돼 있다.

`spring-boot-starter-security` 의존 관계를 추가한 후 IDE의 애플리케이션 실행 설정 옵션을 사용해서 애플리케이션을 실행하고 http://localhost:8080/index에 접근하면 놀랍게도 기존의 `index` 페이지 대신에 만들지도 않은 로그인 화면이 표시되는 것을 확인할 수 있다. 로그인 화면은 스프링

시큐리티가 제공하는 기능으로서 폼 기반 로그인이 기본적으로 활성화되어 그림 5.2와 같이 표시된다. 로그인 화면은 물론 커스터마이징도 가능하다.

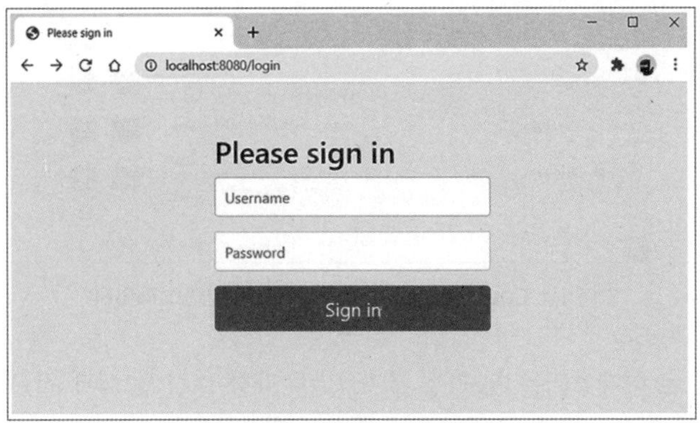

그림 5.2 **기본 로그인 화면**

로그인에 필요한 계정 이름은 `user`이고 비밀번호는 스프링 부트 애플리케이션 시작 시 로그에 표시되며 애플리케이션이 시작될 때마다 다른 값이 표시된다. 비밀번호도 물론 직접 지정할 수 있지만 나중에 다루기로 하고 일단 그림 5.3과 같이 로그에 표시된 비밀번호를 입력[1]하고 로그인해보자.

```
2022-02-26 08:40:22.935  INFO 36700 --- [           main] org.hibernate.dialect.Dialect            : HHH000400: Using dialec
2022-02-26 08:40:23.587  INFO 36700 --- [           main] o.h.e.t.j.p.i.JtaPlatformInitiator       : HHH000490: Using JtaPla
2022-02-26 08:40:23.596  INFO 36700 --- [           main] j.LocalContainerEntityManagerFactoryBean : Initialized JPA EntityM
2022-02-26 08:40:24.041  WARN 36700 --- [           main] JpaBaseConfiguration$JpaWebConfiguration : spring.jpa.open-in-view
2022-02-26 08:40:24.305  INFO 36700 --- [           main] o.s.b.a.w.s.WelcomePageHandlerMapping    : Adding welcome page tem
2022-02-26 08:40:25.178  INFO 36700 --- [           main] .s.s.UserDetailsServiceAutoConfiguration :

Using generated security password: 2bb6de24-58ed-4453-b20d-915832113818

2022-02-26 08:40:25.547  INFO 36700 --- [           main] o.s.s.web.DefaultSecurityFilterChain     : Will secure any request
2022-02-26 08:40:25.786  INFO 36700 --- [           main] o.s.b.w.embedded.tomcat.TomcatWebServer  : Tomcat started on port(
2022-02-26 08:40:25.806  INFO 36700 --- [           main] m.s.c.CourseTrackerSpringBootApplication : Started CourseTrackerSp
```

그림 5.3 **스프링 시큐리티가 자동으로 생성해준 비밀번호**

로그인에 성공하면 그림 5.4와 같이 CourseTracker 애플리케이션의 인덱스 페이지가 표시된다. 애플리케이션 시작 시 데이터베이스 스키마를 생성하고 세 개의 과정을 생성하도록 구성했기 때문에 3개의 과정이 표시된다.

1 옮긴이 설명에도 나오지만 비밀번호는 애플리케이션이 실행될 때마다 변경되므로, 그림 5.3에 나온 비밀번호가 아니라 실제 애플리케이션 실행 로그에 표시된 비밀번호를 입력해서 로그인해야 한다.

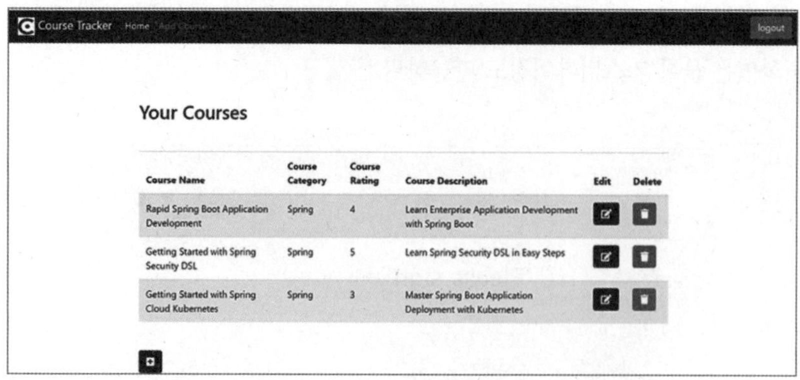

그림 5.4 **CourseTracker 애플리케이션 인덱스 페이지**

로그인에 성공했으므로 이제부터는 새 과정 추가, 기존 과정 수정 및 삭제 같은 애플리케이션 기능을 정상적으로 사용할 수 있다. 화면 오른쪽 상단에 있는 [logout] 버튼을 클릭해서 로그아웃할 수도 있다. 로그아웃하면 다시 로그인 페이지로 리다이렉트되고 다시 로그인하기 전까지 애플리케이션의 기능을 사용할 수 없다. 스프링 시큐리티는 로그아웃 기능을 수행하는 `/logout` 엔드포인트를 기본으로 제공해주므로, 인덱스 페이지의 [logout] 버튼 클릭 시 `/logout` 엔드포인트를 호출하도록 구현하기만 하면 로그아웃 기능도 추가된다.

토론

이번 기법에서는 스프링 부트 애플리케이션에 스프링 시큐리티를 적용하는 기본적인 방법을 알아봤다. pom.xml 파일에 `spring-boot-starter-security` 의존 관계만 추가하면 마술처럼 폼 기반의 로그인 화면이 만들어지고, 기본 계정 정보도 생성되며 이 정보로 로그인하고 로그아웃할 수 있다.

`spring-boot-starter-security` 의존 관계를 추가하면 스프링 시큐리티가 애플리케이션에 적용된다. `spring-boot-starter-security` 의존 관계를 자세히 들여다보면 `spring-security-config`, `spring-security-web` 같은 라이브러리에 의존하고 있는 것을 알 수 있는데, 이 두 개의 라이브러리에 스프링 시큐리티 기능이 포함돼 있다.

스프링 부트 자동 구성 기능은 이번에도 클래스패스를 탐색해서 스프링 시큐리티 관련 라이브러리를 감지하고, 필요한 보안 컴포넌트를 애플리케이션에 알아서 구성해준다. 스프링 시큐리티 자동 구성은 5.2.5절에서 다시 다룬다.

스프링 시큐리티 내부 구조와 동작 방식을 알아보기 전에 일반적인 웹 애플리케이션에서 사용되는 인증 과정을 그림 5.5와 함께 개략적으로 살펴보자.

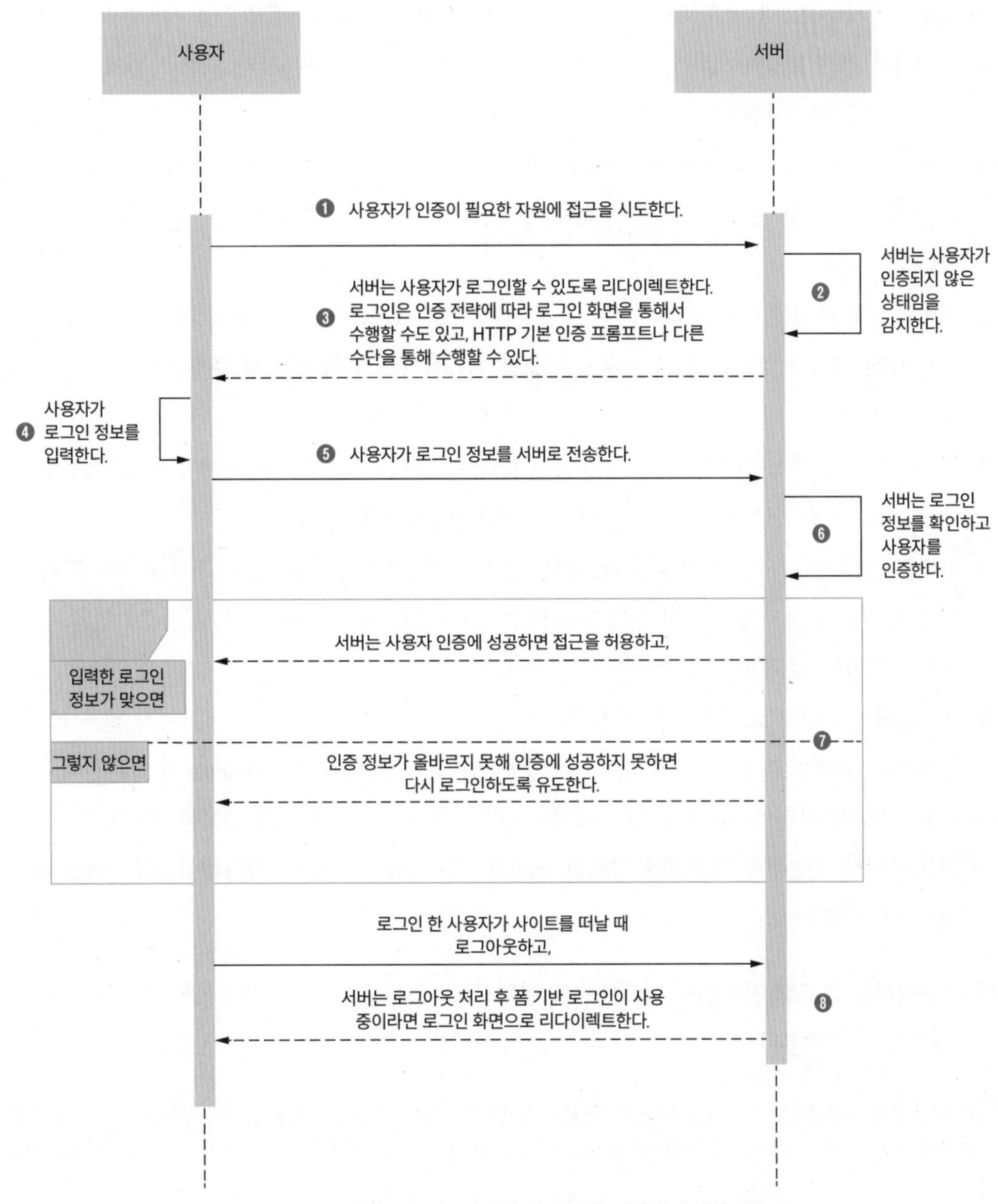

그림 5.5 웹 애플리케이션 사용자 인증 과정 시퀀스 다이어그램

단계별로 살펴보면 다음과 같다.

❶ 사용자가 http://localhost:8080와 같은 웹 URL에 접속해서 홈페이지에 접근을 시도한다.

❷ 홈페이지 접근 요청이 서버에 전달되면, 서버는 인증받지 못한 사용자가 보호 자원에 접근하려 한다는 것을 알아차린다.

❸ 서버는 인증이 필요하다는 사실을 사용자에게 알린다. 서버의 HTTP 응답 코드로 알릴 수도 있고, 서버에 구현된 보안 메커니즘에 따라 로그인 화면 같은 특정 화면으로 리다이렉트할 수도 있다.

❹ 서버의 인증 방식에 따라 브라우저는 사용자를 로그인 화면으로 리다이렉트하거나 HTTP 기본 인증 대화 상자나 쿠키를 통해 사용자 정보를 획득한다. 서버에 인증을 구현하는 방법은 나중에 다시 다룬다.

❺ 브라우저는 인증에 필요한 사용자 정보를 HTTP POST 요청으로 서버에 전달할 수도 있고, HTTP 기본 인증처럼 HTTP 헤더를 통해 서버에 전달할 수도 있다.

❻ 서버는 전달 받은 사용자 정보를 확인해서 올바른 정보라면 로그인 성공 처리를 하고 다음 단계로 진행한다. 하지만 사용자 정보가 올바르지 않다면 서버는 사용자가 다시 로그인할 수 있도록 유도한다. 결국 3단계와 동일하게 진행된다.

❼ 로그인이 성공하고 요청한 자원에 접근할 수 있는 권한이 부여돼 있다면 홈페이지 접근 요청은 성공한다. 하지만 로그인이 실패하면 서버는 HTTP 응답 코드 403 `forbidden`을 반환한다.

❽ 사용자가 애플리케이션에서 로그아웃하면, 서버는 세션 정보와 로그인 정보를 서버에서 제거하고 사용자를 로그아웃 처리한다. 그리고 서버의 보안 설정에 따라 로그인 페이지나 인덱스 페이지로 리다이렉트한다.

다음 절에서는 스프링 시큐리티 아키텍처를 살펴보고, 스프링 시큐리티에서 인증 과정이 어떻게 구현돼 있는지 알아본다.

NOTE 스프링 시큐리티는 굉장히 광범위한 내용을 담고 있어서 개념과 수많은 기능을 상세히 다루는 것은 이 책의 범위를 벗어난다. 따라서 책에서는 스프링 시큐리티의 가장 기본적인 최소한의 개념을 다루고 실전 기법을 통해 알아본다.

5장과 6장에서는 스프링 시큐리티를 사용해서 스프링 부트 애플리케이션에 여러 가지 보안 조치를 적용하는 방법을 살펴본다.

스프링 시큐리티를 심도 있게 이해하고 싶다면 《스프링 시큐리티 인 액션》(위키북스, 2022)(https://wikibook.co.kr/spring-security/)처럼 스프링 시큐리티만을 집중적으로 다루는 책이나 스프링 시큐리티 레퍼런스 문서(https://mng.bz/DxYn)를 추천한다.

5.2.2 필터, 필터체인과 스프링 시큐리티

일반적인 자바 웹 애플리케이션에서 클라이언트는 HTTP나 HTTPS 프로토콜을 사용해서 서버의 자원에 접근한다. 클라이언트의 요청은 서버의 서블릿에서 처리된다. 서블릿은 HTTP 요청을 받아 처리한 후 HTTP 응답을 클라이언트에게 반환한다. 스프링 웹 애플리케이션에서는 DispatcherServlet이 서블릿의 역할을 담당하고 애플리케이션으로 들어오는 모든 요청을 처리한다.

서블릿 명세에 있는 요청-응답 처리 과정에서 중심축을 담당하는 중요한 역할을 하는 주요 컴포넌트는 필터Filter다. 필터는 그림 5.6에 표시된 것처럼 서블릿의 앞 단에 위치해서 요청-응답을 가로채서 변경할 수 있다. 한 개 이상의 필터는 필터체인FilterChain으로 구성할 수 있다. 필터체인에 속해 있는 모든 필터는 요청-응답 객체를 가로채서 변경할 수 있다. 스프링 시큐리티에 포함된 많은 기능이 이 필터를 기반으로 하고 있다. 필터와 필터체인은 모두 javax.servlet 패키지에 포함돼 있는 인터페이스다.

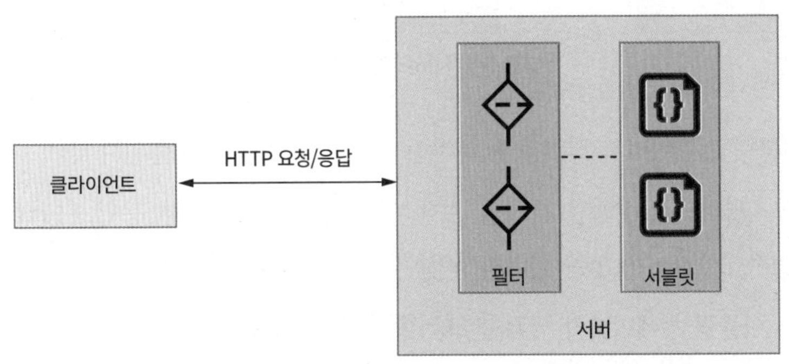

그림 5.6 스프링 시큐리티가 적용된 애플리케이션에서의 개략적인 요청-응답 처리 과정

스프링 웹 애플리케이션으로 들어오는 모든 요청을 하나의 특별한 서블릿인 DispatcherServlet 혼자서 처리하는 것과 마찬가지로 스프링 시큐리티는 하나의 특별한 필터인 DelegatingFilterProxy에 의해 활성화된다. DelegatingFilterProxy 필터는 스프링 부트의 자동 구성으로 서블릿 컨테이너에 등록되고 스프링 웹 애플리케이션에 들어오는 모든 요청을 가로챈다. 이제 스프링 시큐리티의 바탕이 되는 Filter 인터페이스를 살펴보자.

예제 5.3 Filter 인터페이스

```
public interface Filter {

    public default void init(FilterConfig filterConfig) throws ServletException {}
```

```
    public void doFilter(ServletRequest request, ServletResponse response, FilterChain
chain)
        throws IOException, ServletException;

    public default void destroy() {}
}
```

Filter 인터페이스에는 3개의 메서드가 있으므로 Filter 구현체는 3개의 메서드를 구현해야 한다. 필터가 수행하는 실질적인 로직은 doFilter 메서드에 구현해야 하며 Filter의 라이프 사이클은 그림 5.7과 같다.

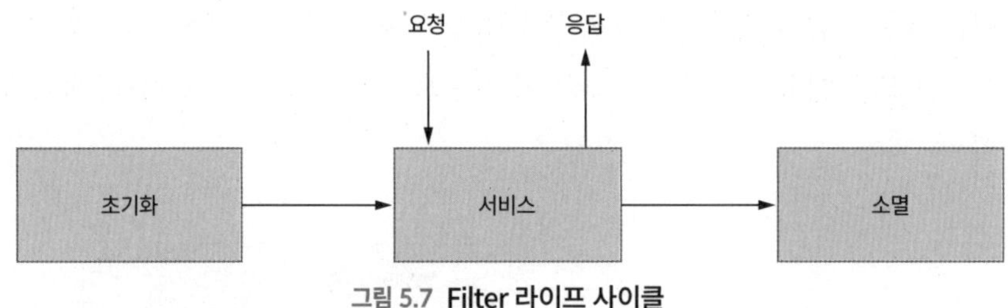

그림 5.7 Filter 라이프 사이클

- init() - 서블릿 컨테이너가 필터를 등록하는 초기화 과정에서 호출된다.
- doFilter() - 필터의 실질적인 작업을 수행하는 메서드로서 요청, 응답, FilterChain 객체에 접근할 수 있다. FilterChain은 필터의 작업이 완료된 후 체인에 있는 다음 필터를 호출한다.
- destroy() - 서블릿 컨테이너가 필터를 제거할 때 호출된다.

FilterChain도 서블릿 컨테이너에 의해 제공되는 컴포넌트인데 이름 그대로 요청이 체인에 있는 여러 필터를 연쇄적으로 거쳐서 흘러가게 만드는 역할을 한다. 필터는 자신의 작업이 완료되면 FilterChain을 호출해서 요청이 다음 필터를 통과하게 만든다. 요청이 체인상에 있는 마지막 필터를 통과하면 서블릿 같은 실제 리소스에 접근하게 된다. 그림 5.8을 보면 FilterChain을 쉽게 이해할 수 있다.

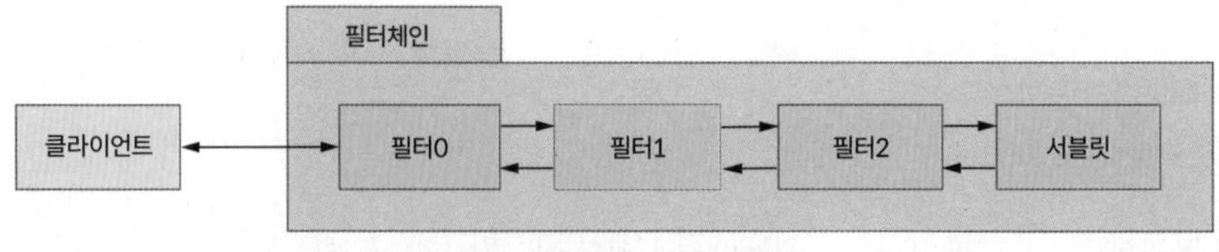

그림 5.8 FilterChain 처리 흐름

예제 5.3을 다시 보면 Filter 인터페이스에 있는 doFilter() 메서드에 ServletReqeust, ServletResponse와 함께 FilterChain도 인자로 넘어오는 것을 알 수 있다. 따라서 Filter 인터페이스의 doFilter() 메서드 안에서 필터 작업을 완료한 후 FilterChain의 메서드를 호출해서 요청이 체인 상의 다음 필터를 거쳐가게 만들 수 있다. 예제 5.4에서 FilterChain 인터페이스를 확인할 수 있다.

예제 5.4 FilterChain 인터페이스

```
public interface FilterChain {

    public void doFilter(ServletRequest request, ServletResponse response)
        throws IOException, ServletException;
}
```

스프링 시큐리티는 다양한 보안 관련 기능을 구현하기 위해 필터를 굉장히 많이 사용하며 스프링 시큐리티의 핵심은 필터에 기반을 두고 있다. 예를 들어 아이디/패스워드 기반 인증 요청은 스프링 시큐리티의 UsernamePasswordAuthenticationFilter를 통과하면서 인증이 수행된다. HTTP 기본 인증도 스프링 시큐리티의 BasicAuthenticationFilter를 통해 수행된다.

이제 스프링 시큐리티의 두 가지 주요 필터인 DelegatingFilterProxy와 FilterChainProxy에 대해 알아보자. 이 두 필터는 HTTP 요청이 스프링 시큐리티 인프라스트럭처를 통과하게 만드는 진입점 역할을 한다. 그리고 SecurityFilterChain 인터페이스도 함께 살펴보자.

5.2.3 스프링 시큐리티 아키텍처

5.2.2절에서 Filter와 FilterChain에 대해 개략적으로 살펴봤고, 스프링 시큐리티가 이 둘을 어떻게 활용하는지 알아봤다. 이번에는 DelegatingFilterProxy, FilterChainProxy, SecurityFilterChain에 대해 알아보자.

Filter는 서블릿 명세에서 아주 쓸모가 많은 컴포넌트다. 스프링 시큐리티는 필터를 이용해서 보안 관련 핵심 기능과 인증 전략을 구현했다. 쓸모 있지만 Filter 인스턴스는 서블릿 컨테이너 컴포넌트다. 생성, 초기화, 소멸에 이르는 필터의 라이프 사이클은 서블릿 컨테이너가 관리한다. 서블릿 명세에는 당연하게도 Filter와 스프링의 연동에 대한 어떤 요건도 포함되어 있지 않다.

스프링 시큐리티는 DelegatingFilterProxy를 사용해서 서블릿 필터와 스프링 사이의 간극을 채운다. DelegatingFilterProxy는 서블릿 필터이며 서블릿 컨테이너에 등록되고 DelegatingFilterProxy의 라이프 사이클 역시 서블릿 컨테이너가 관리한다. 스프링 웹 애플리케이션에서는 당연히 스프링 프레임워크의 기능을 많이 사용하는데, 서블릿 컨테이너로 관리하는 Filter 구현체 혼자서는 스프링 프레임워크의 기능을 활용할 수 없다. 그래서 별도의 Filter 구현체를 하나 더 정의해서 스프링으로 관리하는 스프링 빈으로 만든다. 이 스프링 빈은 DelegatingFilterProxy 안에서 대리인 역할을 하는 delegate로 설정된다. DelegatingFilterProxy는 서블릿 필터로서 런타임에 가로챈 요청을 delegate로 설정된 스프링 빈에 위임해서 처리한다.

FilterChainProxy가 앞서 말한 대로 스프링 빈으로 등록되고 DelegatingFilterProxy의 대리인 역할을 하는 Filter 인터페이스 구현체다. FilterChainProxy는 하나 이상의 SecurityFilterChain을 가질 수 있다. DelegatingFilterProxy가 필터로서 가로챈 요청을 FilterChainProxy에 위임하면 FilterChainProxy는 자신이 가지고 있는 SecurityFilterChain에 요청을 흘려보내서 SecurityFilterChain에 있는 필터를 통과하게 만든다.

지금까지 설명한 DelegatingFilterProxy, FilterChainProxy, SecurityFilterChain 내용을 그림으로 정리하면 그림 5.9와 같다.

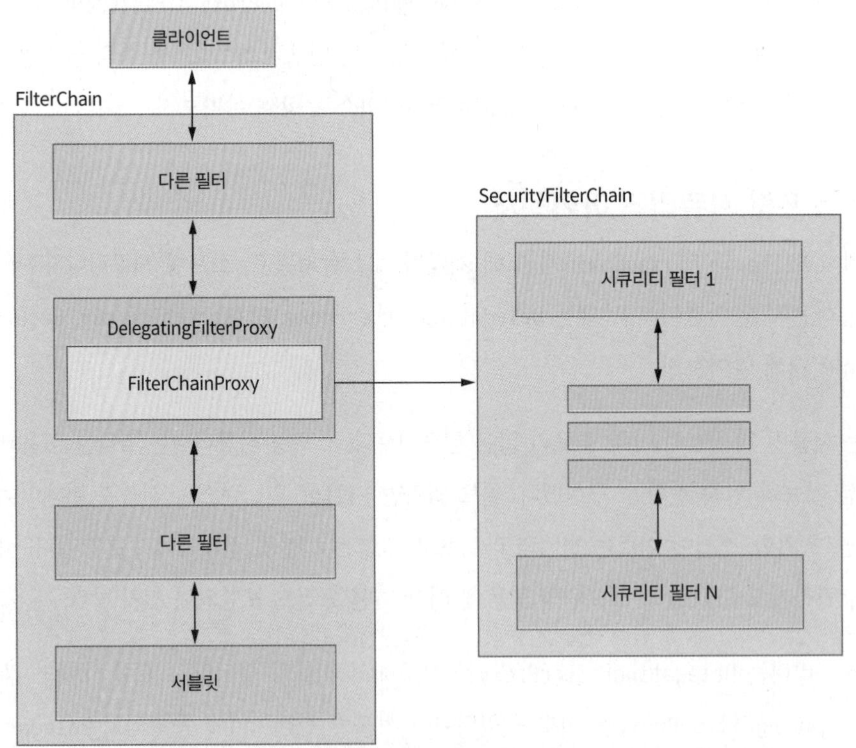

그림 5.9 DelegatingFilterProxy, FilterChainProxy, SecurityFilterChain의 관계

SecurityFilterChain 인터페이스는 matches()와 getFilters() 메서드를 가지고 있다. matches() 메서드는 SecurityFilterChain 구현체가 요청을 처리하는 데 적합한지를 판별한다. 스프링 시큐리티는 matches() 메서드에서 활용할 수 있는 RequestMatcher 인터페이스와 여러 구현체를 제공한다. 예를 들어 AnyRequestMatcher를 사용하면 모든 HTTP 요청이 해당 SecurityFilterChain 구현체를 통과한다. 스프링 시큐리티는 URL 기반으로 판별할 수 있도록 AntPathRequestMatcher도 제공한다.

SecurityFilterChain의 matches() 메서드가 true를 반환하면 요청은 해당 SecurityFilterChain을 거치게 되는데, 이때 getFilters() 메서드가 호출되면서 요청이 SecurityFilterChain 구현체의 필터 목록에 있는 모든 필터를 거친다. 스프링 시큐리티 기본 설정을 사용한다면 SecurityFilterChain 구현체인 DefaultSecurtyFilterChain이 사용된다.

애플리케이션 설계나 보안 요구 사항을 준수하기 위해 기본 시큐리티 설정 대신 자체적인 시큐리티 설정을 해야 할 수도 있고 한 개 이상의 SecurityFilterChain을 사용할 수도 있다. 예를 들어 /courses로 들어오는 요청을 처리하는 SecurityFilterChain과 /users로 들어오는 요청을 처리하는 SecurityFilterChain을 따로 구성해서, /courses로 들어오는 요청에는 HTTP 기본 인증을 적용하고 /users로 들어오는 요청에는 폼 기반 인증을 적용할 수 있으므로 더 유연하게 보안 체계를 갖출 수 있다.

여러 개의 SecurityFilterChain 구성

애플리케이션에 여러 개의 SecurityFilterChain을 구성하려면 체인의 순서가 보장돼야 한다. 스프링의 @Order 애너테이션을 사용해서 여러 SecurityFilterChain 사이의 순서를 지정할 수 있다. 더 구체적인 URL로 들어오는 요청을 처리하는 SecurityFilterChain이 더 높은 우선순위를 가져야 한다. 예를 들어 /admin으로 들어오는 요청을 처리하는 필터체인 A와 /*로 들어오는 요청을 처리하는 필터체인 B가 있을 때, A의 우선순위가 B보다 높아야 /admin으로 들어오는 요청이 A 필터체인을 통과할 수 있다. A의 우선순위가 B보다 높지 않으면 /admin으로 들어오는 요청도 /*로 들어오는 요청이기도 하므로 항상 필터체인 B를 통과하고 A는 통과하지 않게 된다.

5.2.4 사용자 인증

사용자 인증 과정을 자세히 알아보기 전에 인증에 사용되는 주요 개념과 클래스를 먼저 살펴보자.

- SecurityContextHolder - SecurityContext 인스턴스를 현재 실행 중인 스레드에 연동한다. SecurityContext 인스턴스에는 사용자 이름이나 권한 등 사용자 식별에 필요한 상세 정보가 담겨 있다. SecurityContextPersistenceFilter가 SecurityContext 인스턴스를 관리한다. SecurityContextPersistenceFilter는 SecurityContextRepository를 통해 SecurityContext 인스턴스를 획득한다. 웹 애플리케이션에서는 HttpSessionSecurityContextRepository 구현체가 HTTP 세션에 담긴 정보를 SecurityContext에 로딩한다. 인증 전에는 비어 있는 SecurityContext가 SecurityContextHolder에 추가된다. 정리하면 SecurityContextHolder에 SecurityContext가 포함되고, SecurityContext에 Authentication이 포함된다. 지금까지 설명한 내용을 그림으로 살펴보면 다음과 같다.

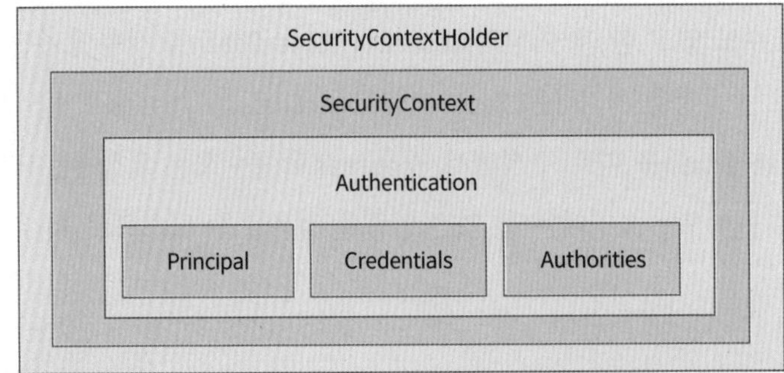

그림 5.10 SecurityContextHolder, SecurityContext, Authentication 사이의 관계

- AuthenticationFilters - 사용자 정보를 인증하는 데 사용되는 인증 필터로 스프링 시큐리티는 여러 가지 인증 필터를 제공한다. 예를 들어 BasicAuthenticationFilter는 HTTP 기본 인증을 수행하고, DigestAuthenticationFilter는 Digest 인증을 수행한다. 인증 필터가 사용자 정보를 인증하면 SecurityContext에 인증 토큰을 저장하며, 인증 토큰은 필터 체인상에 있는 다른 필터에서 사용할 수 있다.
- ExceptionTranslationFilter - 인증 처리 과정에서 발생한 예외를 처리하는 데 핵심적인 역할을 담당한다. 인증에 실패해서 AuthenticationException이 발생하면 ExceptionTranslationFilter는 AuthenticationEntryPoint로 리다이렉트해서 다시 인증 과정이 진행되게 한다. 스프링 시큐리티는 인증 방식에 따라 여러 가지 AuthenticatioEntryPoint를 제공한다. 인증에는 성공했지만 요청한 자원에 접근할 수 있는 권한이 없어서 AccessDeniedException이 발생

하면, ExceptionTranslationFilter는 AccessDeniedHandler로 요청을 보내서 예외를 처리한다. 스프링 시큐리티 아키텍처의 장점 중의 하나는 유연성이다. 스프링 시큐리티가 제공하는 보안 기능이 현업에 적합하지 않다면 언제든 커스텀 구현체를 만들어 사용할 수 있다.

- UserDetailsService - 사용자별 데이터를 스프링 시큐리티의 UserDetails 객체로 매핑해주는 역할을 담당한다. 스프링 시큐리티에서 제공해주는 구현체를 사용할 수도 있고, 직접 구현할 수도 있다.
- AuthenticationProvider - 실제 인증 처리를 담당하며 인증 요청 객체를 받아서 인증 과정을 수행하고 인증 정보가 담긴 Authentication 객체를 반환한다. 인증에 실패하면 AuthenticationException을 던진다.

이제 그림 5.11과 함께 스프링 시큐리티로 구현된 인증 과정을 자세히 살펴보자.

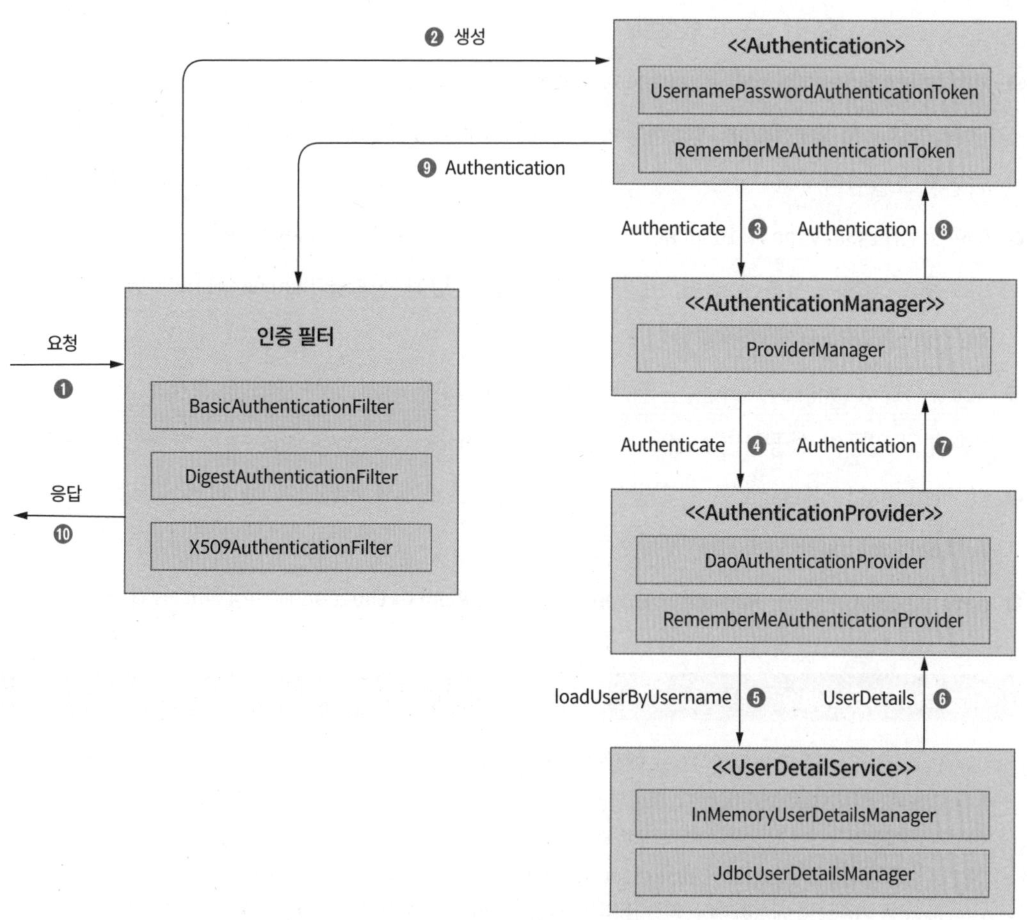

그림 5.11 스프링 시큐리티 인증 과정

❶ 요청이 처음 들어오면 인증 필터를 거친다. 서버에 설정된 보안 전략에 따라 적절한 인증 필터가 요청을 처리한다. 예를 들어 HTTP 기본 인증을 사용하도록 설정돼 있다면 BasicAuthenticationFilter가 요청을 처리한다.

❷ 인증 필터는 요청에 포함된 정보를 토대로 인증 토큰을 생성한다.

❸ 인증 필터는 인증 토큰을 인자로 전달하면서 AuthenticationManager의 authenticate() 메서드를 호출한다.

❹ AuthenticationManager는 실제 인증 처리 서비스를 제공하는 AuthenticationProvider 인스턴스 목록을 가지고 있다. AuthenticationProvider 인터페이스에는 supports(), authenticate() 이렇게 두 개의 메서드가 있는데, supports() 메서드는 인증 토큰을 인자로 받아서 AuthenticationProvider 인스턴스가 이 인증을 처리할지를 판별해서 boolean 값을 반환한다. supports() 메서드가 true를 반환하면 authenticate() 메서드가 호출되면서 인자로 받은 인증 토큰으로 인증 작업을 수행한다.

❺ AuthenticationProvider의 authenticate() 메서드는 인자로 받은 인증 토큰에서 username 값을 추출해서 UserDetailsService 구현체의 loadUserByUsername() 메서드에 인자로 전달하면서 호출한다.

❻ UserDetailsService의 loadUserByUsername()은 인자로 받은 username으로 사용자 정보 저장소를 조회해서 사용자 권한, 비밀번호 등 계정 관련된 정보를 UserDetails에 담아 AuthenticationProvider에게 반환한다.

❼ AuthenticationProvider는 반환받은 UserDetails에 담겨 있는 정보를 토대로 인증 작업을 수행하고 인증이 성공하면 Authentication을 AuthenticationManager에게 반환한다.

❽ AuthenticationManager는 반환받은 Authentication에서 비밀번호 등 비밀 정보를 삭제하고 Authentication을 인증 필터에 반환한다.

❾ 인증 필터는 반환받은 Authentication을 SecurityContextHolder에 저장하고 응답을 반환한다.

UserDetailsService

UserDetailsService 인터페이스는 애플리케이션에 따라 다르게 저장되는 사용자 상세 정보를 스프링의 UserDetails 구현체로 변환하는 데 핵심적인 역할을 담당한다. UserDetails 인터페이스는 스프링 애플리케이션에서 애플리케이션 사용자를 나타내며 사용자 계정 관련 다양한 정보를 저장한다. UserDetailsService에는 유일한 메서드인 loadUserByUsername(String username) 메서드가 있는데 이 메서드는 인자로 받은 username을 기준으로 애플리케이션이 사용하는 사용자 정보 저장소에서 사용자 정보를 조회한다. 스프링 시큐리티는 InMemoryUserDetailsManager, JdbcUserDetailsManager 같은 여러 가지 UserDetailsService

구현체를 제공한다. 물론 loadUserByUsername() 메서드를 재정의하기만 하면 커스텀 UserDetailsService 구현체를 사용할 수도 있다. 커스텀 UserDetailsService 구현체를 만들어 사용하는 방법은 나중에 다시 다룬다.

5.2.5 스프링 시큐리티 자동 구성

이제 스프링 시큐리티의 기본 바탕이 되는 지식을 갖추게 됐고 DelegatingFilterProxy, FilterChainProxy, SecurityFilterChain과 여러 가지 필터 및 인증 과정도 이해하게 됐다. 스프링 시큐리티를 이해하기 위해 마지막으로 남은 부분은 이런 여러 컴포넌트가 스프링 부트 애플리케이션에서 어떻게 설정되고 협업하게 되는지를 이해하는 것이다. 아마도 예상하는 것처럼 이번에도 스프링 부트 자동 구성이 등장한다. 그림 5.12에 스프링 시큐리티를 자동 구성하는 주요 클래스가 나와 있다.

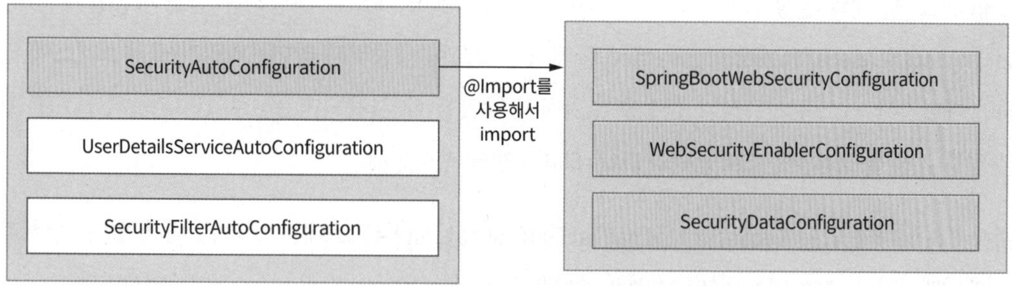

그림 5.12 **스프링 시큐리티 자동 구성 주요 클래스**

스프링 부트는 SecurityAutoConfiguration, UserDetailsServiceAutoConfiguration, SecurityFilterAutoConfiguration 이렇게 세 개의 설정 클래스를 사용해서 스프링 시큐리티 자동 구성을 수행한다. 세 개의 클래스를 하나씩 살펴보자.

SecurityAutoConfiguration

SecurityAutoConfiguration 클래스는 스프링 시큐리티 자동 구성에서 중심점 같은 역할을 담당하는데, SpringBootWebSecurityConfiguration, WebSecurityEnablerConfiguration, SecurityDataConfiguration 이렇게 세 개의 클래스를 사용해서 자동 구성을 수행한다. 예제 5.5를 보자.

예제 5.5 **SecurityAutoConfiguration 클래스**

```
package org.springframework.boot.autoconfigure.security.servlet;
```

```
// import 문 생략

@Configuration(proxyBeanMethods = false)
@ConditionalOnClass(DefaultAuthenticationEventPublisher.class)
@EnableConfigurationProperties(SecurityProperties.class)
@Import({ SpringBootWebSecurityConfiguration.class,
          WebSecurityEnablerConfiguration.class,
          SecurityDataConfiguration.class })
public class SecurityAutoConfiguration {

    @Bean
    @ConditionalOnMissingBean(AuthenticationEventPublisher.class)
    public DefaultAuthenticationEventPublisher authenticationEventPublisher(ApplicationEvent
Publisher publisher) {
        return new DefaultAuthenticationEventPublisher(publisher);
    }
}
```

`@Import`로 세 개의 설정 클래스를 지정해서 세 개의 설정 클래스로 생성하는 빈을 사용할 수 있다. `SpringBootWebSecurityConfiguration` 클래스는 스프링 시큐리티 라이브러리가 클래스패스에 있지만 개발자가 커스텀 시큐리티 설정을 추가하지 않았을 때 사용되며, 폼 로그인 기능과 HTTP 기본 인증 기능을 포함하는 `SecurityFilterChain` 빈을 생성한다.

예제 5.6에 나와 있는 `WebSecurityEnablerConfiguration` 클래스에는 별다른 내용 없이 여러 가지 애너테이션만 붙어 있는데, 이 중에서 중요한 것은 `@EnableWebSecurity` 애너테이션이다.

예제 5.6 WebSecurityEnablerConfiguration 클래스

```
package org.springframework.boot.autoconfigure.security.servlet;

// import 문 생략

@Configuration(proxyBeanMethods = false)
@ConditionalOnMissingBean(name = BeanIds.SPRING_SECURITY_FILTER_CHAIN)
@ConditionalOnClass(EnableWebSecurity.class)
@ConditionalOnWebApplication(type = ConditionalOnWebApplication.Type.SERVLET)
@EnableWebSecurity
class WebSecurityEnablerConfiguration {
}
```

`@EnableWebSecurity` 애너테이션은 `WebSecurityConfiguration`, `HttpSecurityConfiguration` 클래스를 `import`하고, `@EnableGlobalAuthentication` 애너테이션을 포함하고 있으므로 스프링 시

큐리티 설정에서 중추적 역할을 한다.

WebSecurityConfiguration은 스프링 시큐리티에서 이미지, CSS, JS 파일 같은 웹 리소스에 대한 보안 설정을 담당하는 WebSecurity 빈을 생성한다. HttpSecurityConfiguration 클래스는 HTTP 요청에 대한 보안 설정을 담당하는 HttpSecurity 빈을 생성한다. @EnableGlobalAuthentication 애너테이션은 모든 SecurityFilterChain에 전역적으로 적용되는 AuthenticationManager를 AuthenticationManagerBuilder 인스턴스를 사용해서 설정할 수 있게 해준다.

따라서 스프링 시큐리티 설정을 할 때 설정 클래스에 @EnableWebSecurity 애너테이션을 붙여야 스프링 시큐리티 기능이 활성화된다. WebSecurityEnablerConfiguration에도 @EnableWebSecurity이 붙어 있어서 개발자가 작성한 커스텀 설정 없이 자동 구성될 때도 @EnableWebSecurity 애너테이션의 효과가 발생하는 것을 보장한다. 하지만 개발자가 웹 애플리케이션 환경에 맞게 스프링 시큐리티 설정 파일을 작성하고 @EnableWebSecurity 애너테이션을 붙이면, WebSecurityEnablerConfiguration 클래스는 개발자가 작성한 커스텀 설정 파일에 의해 무시된다.

자동 구성으로 설정하는 기본 스프링 시큐리티 대신에 직접 스프링 시큐리티 설정을 정의하려면 WebSecurityConfigurerAdapter를 상속받는 클래스를 정의하거나 WebSecurityConfigurer 인터페이스를 직접 구현하면 된다. 앞으로 살펴볼 여러 기법에서 WebSecurity, HttpSecurity 구현체를 커스터마이징하고 다양한 유형의 인증 방식에 사용할 수 있는 AuthenticationManagerBuilder를 설정할 때 WebSecurityConfigurerAdapter 클래스를 계속 만나게 될 것이다.

SecurityDataConfiguration 클래스는 스프링 시큐리티와 스프링 데이터를 연동하는 데 사용된다. SecurityDataConfiguration에서 SecurityEvaluationContextExtension 빈을 정의하는데, 이 빈은 스프링 데이터 쿼리를 생성할 때 SpEL을 사용해서 스프링 시큐리티 객체에 접근할 수 있게 해준다. 자세한 내용은 SecurityEvaluationContextExtension 클래스의 자바 API 문서(https://mng.bz/DxEy)를 참고한다.

UserDetailsServiceAutoConfiguration

UserDetailsServiceAutoConfiguration 클래스는 애플리케이션에 UserDetailsService 구현체가 빈으로 등록돼 있지 않으면 InMemoryUserDetailsManager를 빈으로 등록해준다. InMemoryUserDetailsManager에는 사용자 이름이 user이고 비밀번호가 랜덤 UUID인 기본 계정

이 포함된다. 앞서 그림 5.3에 나온 애플리케이션 시작 로그에서 확인할 수 있었던 비밀번호가 바로 InMemoryUserDetailsManager에서 생성된 것이다. 이 기능도 개발자가 직접 UserDetailsService의 구현체를 만들어 빈으로 등록하면 비활성화되고 개발자가 만든 UserDetailsService 구현체가 활성화된다. UserDetailsService 커스터마이징도 나중에 실습을 통해 알아볼 것이다.

SecurityFilterAutoConfiguration

SecurityFilterAutoConfiguration 클래스는 DelegatingFilterProxyRegistrationBean 빈을 생성한다. DelegatingFilterProxyRegistrationBean은 이름 그대로 앞서 살펴봤던 DelegatingFilterProxy 필터를 생성하고 서블릿 컨테이너에 등록하는 역할을 담당한다. SecurityFilterAutoConfiguration 클래스는 SecurityAutoConfiguration 클래스가 설정된 다음에 설정된다.

5.3 스프링 시큐리티 적용

지금까지 스프링 시큐리티의 아키텍처와 여러 가지 개념, 인증 메커니즘, 스프링 부트로 스프링 시큐리티 자동 구성 등 다양한 내용을 살펴봤다. 이번 절에서는 스프링 부트 웹 애플리케이션에서 스프링 시큐리티 기능을 직접 적용하고 사용하는 방법을 실습을 통해 알아본다. 먼저 CourseTracker 애플리케이션의 로그인 페이지를 커스터마이징하는 방법을 알아보자.

5.3.1 기법: 스프링 부트 애플리케이션에서 스프링 시큐리티 로그인 페이지 커스터마이징

5.3.1절의 소스 코드는 https://mng.bz/laDj**에서 확인할 수 있다. 완성본은** https://mng.bz/BxWv**에서 확인할 수 있다.**

요구 사항

스프링 시큐리티가 제공해주는 로그인 페이지 대신에 직접 만든 로그인 페이지를 사용해야 한다.

해법

스프링 시큐리티가 제공해주는 기본 로그인 페이지는 사용자 정보를 입력받아서 로그인 요청을 보낼 수 있는 기본적인 기능만을 제공할 뿐이다. 웹 페이지 디자인에도 맞지 않으며, 비밀번호 외에 일회성 비밀번호one-time password, OTP나 캡차captcha 등 추가적인 보안 조치를 추가할 수도 없으므로 로그인 페이지를 커스터마이징해서 사용해야 한다.

먼저 CourseTracker 애플리케이션 웹 디자인에 맞는 새로운 로그인 페이지를 만들어보자. 예제 5.7과 같이 login.html 파일을 작성하고 src/main/resroucses/templates 폴더에 저장한다.

예제 5.7 CourseTracker 애플리케이션 로그인 페이지

```
<!DOCTYPE html>
<html xmlns:th="http://www.thymeleaf.org">
<head>
<meta charset="utf-8">
<meta http-equiv="x-ua-compatible" content="ie=edge">
<title>Login</title>
<meta name="viewport" content="width=device-width, initial-scale=1">
<link rel="stylesheet" type="text/css" href="https://maxcdn.bootstrapcdn.com/
bootstrap/4.0.0/css/bootstrap.min.css" th:href="@{/webjars/bootstrap/css/bootstrap.min.css}"
/>
<script src="https://code.jquery.com/jquery-3.2.1.slim.min.js" th:src="@{/webjars/jquery/
jquery.min.js}"></script>
<script src="https://cdnjs.cloudflare.com/ajax/libs/popper.js/1.12.9/umd/popper.min.js"></
script>
<script src="https://maxcdn.bootstrapcdn.com/bootstrap/4.0.0/js/bootstrap.min.js" th:src="@
{/webjars/bootstrap/js/bootstrap.min.js}"></script>
</head>
<body>
    <nav class="navbar navbar-dark bg-dark navbar-expand-sm">
        <a class="navbar-brand brand-text" href="#">
            <img src="/images/logo.png" width="30" height="30" alt="logo">
            Course Tracker
        </a>
        <button class="navbar-toggler" type="button" data-toggle="collapse" data-target="
#navbar-list">
            <span class="navbar-toggler-icon"></span>
        </button>
        <div class="collapse navbar-collapse justify-content-between" id="navbar-list">
            <ul class="navbar-nav">
                <li class="nav-item">
                    <a class="nav-link" href="#" th:href="@{/index}">Home</a>
                </li>
                <li class="nav-item">
                    <a class="nav-link" href="#" th:href="@{/addcourse}">Add Course</a>
                </li>
            </ul>
        </div>
    </nav>
```

```
    <div class="container my-5">
        <div class="row">
            <div class="col-md-3"></div>
            <div class="col-md-6">
                <h2 class="mb-1 text-center">Login</h2>
            </div>
            <div class="col-md-3"></div>
        </div>
        <div class="row">
            <div class="col-md-3"></div>
            <div class="col-md-6">
                <div th:if="${loginError}" class="alert alert-danger">Wrong Username or
Password</div>
                <div th:if="${verified}" class="alert alert-success">Account has been
verified. Please sign-in</div>
                <form th:action="@{/login}" method="post">
                    <div class="form-group">
                        <label for="username">Username</label>
                        <input type="text" class="form-control" name="username"
placeholder="Enter Username" required autofocus>
                    </div>
                    <div class="form-group">
                        <label for="password">Password</label>
                        <input type="password" class="form-control" name="password"
placeholder="Enter Password" required autofocus>
                    </div>
                    <button type="submit" class="btn btn-dark">Submit</button>
                </form>
            </div>
            <div class="col-md-3"></div>
        </div>
    </div>
</body>
</html>
```

로그인 페이지는 부트스트랩Bootstrap을 사용해서 디자인한 기본 HTML 웹 페이지다.[2] 사용자 이름과 비밀번호를 입력받는 폼이 있고 `login` 엔드포인트로 로그인 요청을 보낼 수 있다. 이제 `login` 엔드포인트를 통해 로그인 요청을 받아 처리하는 `LoginController`를 예제 5.8과 같이 작성한다.

2 옮긴이 웹 페이지를 정상적으로 표시하려면 CSS 파일과 이미지 파일도 필요하다. 소스 코드를 참고하자.

예제 5.8 **LoginController 클래스**

```
package com.manning.sbip.ch05.controller;

// import 문 생략

@Controller
public class LoginController {

    @GetMapping("/login")
    public String login() {
        return "login";
    }
}
```

http://localhost:8080/login에 접근해서 로그인 화면을 요청이 들어오면 `LoginController`의 `login()` 메서드가 호출되어 문자열인 `login`을 반환하고, src/main/resources/templates에 있는 login.html 파일이 화면에 표시된다. 이제 스프링 시큐리티 설정을 통해 인증되지 않은 요청이 들어오면 로그인 화면으로 리다이렉트하는 기능을 추가해보자.

앞 절에서 스프링 시큐리티 설정을 커스터마이징하려면 `WebSecurityConfigurerAdapter`[3] 클래스를 상속받아야 한다고 설명했다. 예제 5.9와 같이 `WebSecurityConfigurerAdapter` 클래스를 상속받는 `SecurityConfiguration` 클래스를 정의하고 `configure()` 메서드에 커스터마이징 하려는 로직을 추가하면서 `configure()` 메서드를 재정의한다.

예제 5.9 **SecurityConfiguration 클래스**

```
package com.manning.sbip.ch05.security;

// import 문 생략

@Configuration    ❶
public class SecurityConfiguration extends WebSecurityConfigurerAdapter {    ❷

    @Override
    protected void configure(HttpSecurity http) throws Exception {    ❸
        http.authorizeRequests()
                .antMatchers("/login").permitAll()
                .anyRequest().authenticated()
```

3 옮긴이 WebSecurityConfigurerAdapter는 스프링 5.7부터 폐기 대상으로 지정(deprecate)되었으며 자세한 내용은 https://bit.ly/3oReho3를 참고한다. 책 예제는 스프링 부트 2.6.3, 스프링 5.3 기준으로 작성되었다.

```
                .and()
                .formLogin().loginPage("/login");    ❹
    }

    @Override
    public void configure(WebSecurity web) throws Exception {    ❺
        web.ignoring().antMatchers("/webjars/**", "/images/**", "/css/**", "/h2-console/**");
    }
}
```

❶ @Configuration 애너테이션을 붙여서 SecurityConfiguration 클래스가 스프링 부트 컴포넌트 스캔에 감지되어 설정 내용이 반영되도록 한다.

❷ SecurityConfiguration 클래스가 스프링 시큐리티 설정을 커스터마이징할 수 있도록 WebSecurityConfigurerAdapter 클래스를 상속받는다.

❸ 커스터마이징 할 로직을 configure(HttpSecurity http) 메서드에 추가하면서 재정의한다.

❹ 인증되지 않은 요청은 로그인 페이지로 리다이렉트한다.

❺ CSS 파일, 이미지, 자바스크립트 파일 등 인증이 필요 없는 정적 자원에 대해서는 스프링 시큐리티 설정이 적용되지 않도록 configure(WebSecurity web) 메서드를 재정의한다. 이렇게 하지 않으면 정적 자원 같은 웹 컴포넌트에 대한 요청이 스프링 시큐리티에 의해 차단되어 클라이언트에게 정상적으로 반환되지 않으므로 페이지가 올바르게 렌더링되지 않는다.

이제 애플리케이션을 재시작하고 http://localhost:8080/index에 접속해보자. 로그인되어 있지 않은 상태이므로 그림 5.13과 같이 새로 만든 커스텀 로그인 페이지로 리다이렉트되는 것을 확인할 수 있다.

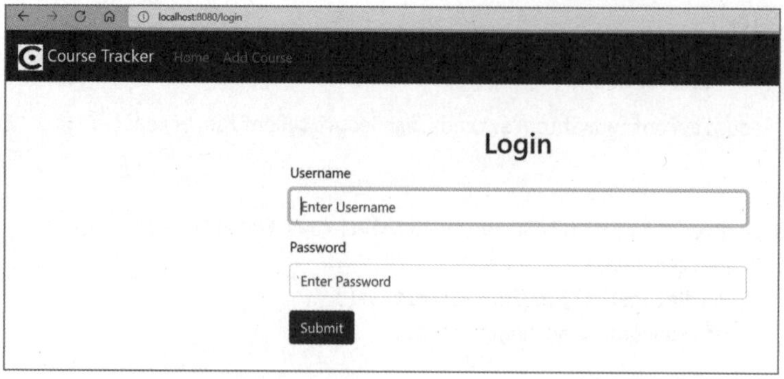

그림 5.13 CourseTracker 애플리케이션 커스텀 로그인 페이지

Username에 user를 입력하고 Password 입력란에는 애플리케이션 시작 로그에 있던 비밀번호 문자열을 입력하고 [Submit] 버튼을 클릭하면 원래 접근하려던 http://localhost:8080/index에 리다이렉트된다.

토론

5.3.1절에서는 스프링 시큐리티가 적용된 스프링 부트 애플리케이션의 로그인 페이지를 커스터마이징하는 방법을 알아봤다. login.html 파일을 추가해서 로그인 페이지의 외관을 새로 만들었고 `login` 엔드포인트를 통해 로그인 요청을 처리할 수 있도록 `LoginController`를 추가했다. `LoginController`는 `login` 요청이 들어오면 논리적인 뷰view 이름인 `login`을 반환하고, 스프링에 의해 login.html 파일이 반환되고 클라이언트 브라우저에 의해 렌더링되어 화면으로 표시된다.

가장 큰 변화는 `SecurityConfiguration` 클래스 도입이다. `SecurityConfiguration` 클래스는 스프링 시큐리티 기본 설정을 변경할 때 필요한 `WebSecurityConfigurerAdapter` 클래스를 상속받아서 여러 가지 설정을 변경할 수 있다.

다음으로 큰 변화는 `configure(HttpSecurity http)` 메서드 재정의를 통한 시큐리티 설정 변경이다. 예제 5.10을 보자.

예제 5.10 시큐리티 설정

```
http.authorizeRequests()
    .antMatchers("/login").permitAll()    ❶
    .anyRequest().authenticated()    ❷
    .and()
    .formLogin().loginPage("/login");    ❸
```

❶ `antMatchers()` 메서드는 URL 패턴을 지정해서 URL별로 시큐리티 설정을 적용할 수 있게 해준다. `/login`으로 들어오는 요청은 인증 없이 모든 사용자가 접근할 수 있도록 설정했다.

❷ `/login` 외의 URL로 들어오는 모든 요청은 인증을 거쳐야 한다.

❸ 인증 방식은 폼 로그인이고 로그인 화면은 `/login`을 통해 접근한다.

`configure(WebSecurity web)` 메서드는 이미지나 CSS 파일 같은 정적 자원에 대한 시큐리티 설정을 담당한다. 정적 자원에 대해서는 시큐리티 설정을 해제해서 인증 없이도 정적 자원에 접근할 수 있도록 해야 로그인 없이 접근하는 로그인 페이지 등을 올바르게 표시할 수 있다.

5.3.2 기법: 인메모리 인증 적용

5.3.2절의 소스 코드는 https://mng.bz/doOD**에서 확인할 수 있다. 완성본은** https://mng.bz/raxg**에서 확인할 수 있다.**

요구 사항

애플리케이션을 재시작할 때마다 비밀번호가 변경되는 방식이 불편하므로, 커스텀 사용자를 생성하고 고정된 비밀번호를 사용할 수 있어야 한다. 또한 비밀번호를 암호화해서 저장해야 하고, 로그아웃 시 커스텀 로그인 화면이 표시돼야 하며, `ADMIN` 권한을 가진 사용자만 계정을 삭제할 수 있어야 한다.

해법

5.3.1절에서는 스프링 부트의 기본 `InMemoryUserDetailsManager`를 그대로 사용했다. `InMemoryUserDetailsManager`는 username이 `user`이고 비밀번호는 랜덤 UUID로 생성되는 인메모리 사용자를 자동으로 생성한다. 이제 고정 비밀번호를 사용할 수 있도록 변경해보자.

스프링 부트는 개발자가 정의한 구현체가 있으면 기본 구현체를 비활성화하고 개발자가 정의한 구현체를 사용한다는 점을 앞서 언급한 바 있다. 따라서 고정 비밀번호를 가진 인메모리 사용자를 생성하는 `InMemoryUserDetailsManager` 구현체를 직접 만들어서 등록하면 요구 사항을 충족할 수 있다.

비밀번호 암호화, 로그아웃 처리, `ADMIN` 권한 보유자만 계정 삭제 등의 기능도 결국 스프링 시큐리티 설정 변경을 통해 구현할 수 있다. 예제 5.11을 보자.

예제 5.11 SecurityConfiguration 변경

```
package com.manning.sbip.ch05.security;

// import 문 생략

@Configuration
public class SecurityConfiguration extends WebSecurityConfigurerAdapter {

    @Autowired
    private AccessDeniedHandler customAccessDeniedHandler;
```

```java
    @Override
    protected void configure(AuthenticationManagerBuilder auth) throws Exception {    ❶
        auth.inMemoryAuthentication().passwordEncoder(passwordEncoder())
                .withUser("user")
                .password(passwordEncoder().encode("p@ssw0rd"))
                .roles("USER")
                .and()
                .withUser("admin")
                .password(passwordEncoder().encode("pa$$w0rd"))
                .roles("ADMIN");
    }


    @Override
    protected void configure(HttpSecurity http) throws Exception {
        http.authorizeRequests()
                .antMatchers("/login").permitAll()
                .antMatchers("/delete/**").hasRole("ADMIN")    ❷
                .anyRequest().authenticated()
                .and()
                .formLogin().loginPage("/login")
                .and()
                .exceptionHandling().accessDeniedHandler(customAccessDeniedHandler);    ❸
    }

    @Override
    public void configure(WebSecurity web) throws Exception {
        web
                .ignoring()
                .antMatchers("/webjars/**", "/images/**", "/css/**", "/h2-console/**");
    }


    @Bean
    public PasswordEncoder passwordEncoder() {
        return new BCryptPasswordEncoder();
    }
}
```

❶ configure(AuthenticationManagerBuilder auth) 메서드를 재정의해서 InMemoryUserDetailsManager 설정을 변경한다. user와 admin 계정을 생성하고 각각 고정된 비밀번호를 사용하도록 설정한다. 또한 user 계정에는 USER 역할role을 지정하고, admin 계정에는 ADMIN 역할을 지정한다. 역할은 애플리케이션에서 사용자의 권한을 제어하는 데 중요한 역할을 한다.

❷ configure(HttpSecurity http) 메서드를 재정의해서 delete 엔드포인트는 ADMIN 역할을 가

진 사용자만 호출할 수 있고 인증된 사용자라고 하더라도 ADMIN 역할이 없는 사용자가 접근하면 AcessDeniedException이 발생한다. 예외가 발생하면 주입받은 커스텀 예외 핸들러인 CustomAccessDeniedHandler를 통해 처리된다.

❸ 비밀번호를 암호화해주는 역할을 담당하는 PasswordEncoder 빈을 등록한다. BCryptPaswordEncoder를 사용하도록 설정했으며, PasswordEncoder에 대해서는 나중에 다시 다룬다.

AccessDeniedException을 처리하는 CustomAccessDeniedHandler는 예제 5.12에 나와 있다.

예제 5.12 CustomAccesDeniedHandler 클래스

```
package com.manning.sbip.ch05.security;

//import 문 생략

@Component
public class CustomAccessDeniedHandler implements AccessDeniedHandler {

    @Override
    public void handle(
        HttpServletRequest request,
        HttpServletResponse response,
        AccessDeniedException accessDeniedException
    ) throws IOException, ServletException {

        // 인가되지 않은 사용자 접근에 대한 로그 남기는 코드

        response.sendRedirect(request.getContextPath() + "/accessDenied");    ❶
    }
}
```

❶ 인가[4]되지 않은 사용자는 accessDenied 엔드포인트를 통해 에러 페이지로 리다이렉트된다.

커스텀 CustomAccessDeniedHandler를 구현하면 앞의 주석에 표시된 것처럼 인가되지 않은 사용자의 접근에 대해 구체적으로 어떤 사용자가 어떤 자원에 접근을 시도했는지 상세한 정보를 로그로 남겨서 감사autit 목적으로 사용할 수 있다.

이제 사용자 로그아웃 처리를 구현해보자. 예제 5.13을 보자.

4 옮긴이 인증authentication은 비밀번호 등으로 계정의 소유자임을 확인하는 과정이고, 인가authorization는 인증을 통과한 사용자에게 권한을 부여하거나, 부여된 권한을 확인하는 과정이다.

예제 5.13 **LogoutController 클래스**

```
package com.manning.sbip.ch05.controller;

//import 문 생략

@Controller
public class LogoutController {

    @PostMapping("/doLogout")    ❶
    public String logout(HttpServletRequest request, HttpServletResponse response) {

        Authentication authentication =
            SecurityContextHolder.getContext().getAuthentication();

        if (authentication != null) {
            new SecurityContextLogoutHandler().logout(request, response, authentication); ❷
        }

        return "redirect:/login";
    }
}
```

❶ 로그아웃 요청을 받아들일 HTTP POST 엔드포인트를 추가한다. 로그아웃에는 CSRF 공격을 막기 위해 GET이 아니라 POST 메서드를 사용한다.

❷ `SecurityContextLogoutHandler`는 현재 존재하는 `HttpSession` 객체를 비활성화하고 `SecurityContext`에서 인증 정보를 삭제하면서 사용자를 로그아웃 처리한다.

애플리케이션을 재시작하고 http://localhost:8080/index에 접속해보자. 로그인하지 않았으므로 http://localhost:8080/login으로 리다이렉트되어 커스텀 로그인 화면이 표시될 것이다. Username, Password란에 앞서 지정한 `user`, `p@ssw0rd`를 입력하거나 `admin`, `pa$$w0rd`를 입력하면 로그인에 성공하고 과정 목록을 보여주는 인덱스 페이지가 표시된다.

애플리케이션 시작 로그를 살펴보면 자동 생성된 비밀번호에 대한 로그가 더 이상 표시되지 않는 것을 확인할 수 있다. 커스텀 시큐리티 설정에서 `InMemoryUserDetailsManager` 구현체를 직접 정의했기 때문에 기본 설정에 의한 비밀번호 자동 생성 로직은 실행되지 않는다.

`user`로 로그인한 후 과정 삭제를 클릭하면 권한이 없으므로 그림 5.14와 같이 커스텀 에러 페이지가 표시된다.

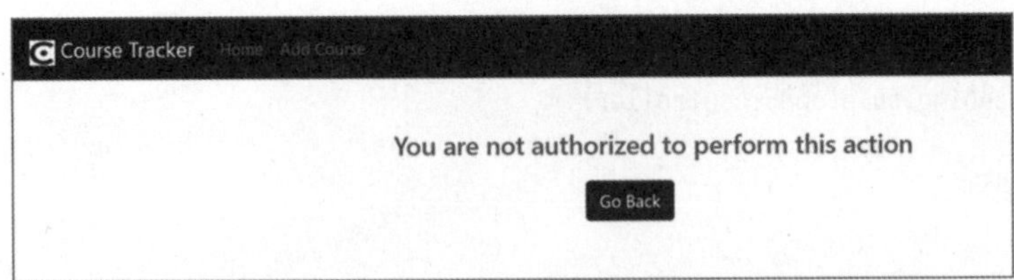

그림 5.14 인가되지 않은 접근 요청 발생 시 표시되는 커스텀 에러 페이지

토론

5.3.2절에서는 스프링 시큐리티의 `AuthenticationManagerBuilder` 클래스를 사용해서 스프링 부트 애플리케이션에서 사용자 계정을 커스터마이징하는 방법을 살펴봤다. 예제에서는 인메모리 인증을 사용했지만 인메모리뿐만 아니라 JDBC, LDAP을 통한 인증도 가능하며 JDBC 인증에 대해서는 5.3.3절에서 자세히 다룬다.

비밀번호 암호화 과정을 담당하는 `PasswordEncoder`를 좀 더 자세히 살펴보자. 스프링 시큐리티는 `NoOpPasswordEncoder`, `BCryptPasswordEncoder`, `Pbkdf2PasswordEncoder`, `SCryptPasswordEncoder` 등 다양한 `PasswordEncoder` 구현체를 제공하므로 상황에 맞는 구현체를 선택해서 사용하면 된다.

스프링 시큐리티는 `PasswordEncoderFactories` 클래스를 제공해주므로 개발자는 이를 이용해서 `DelegatingPasswordEncoder` 인스턴스를 생성할 수 있다. `DelegatingPasswordEncoder` 인스턴스는 `BCryptPasswordEncoder`처럼 실제 암호화를 담당하는 `PasswordEncoder` 구현체에게 암호화 처리를 위임한다.

일반적으로 사용자의 비밀번호는 `PasswordEncoder`에 의해 암호화된 값으로 변경되어 계정 정보 저장소에 저장되며, 암호화되지 않은 원래 비밀번호는 저장되지 않는다. 나중에 사용자가 비밀번호를 입력하고 로그인하면, 입력받은 비밀번호를 `PasswordEncoder`가 다시 암호화하고 암호화한 값과 저장소에 저장된 값을 암호화 알고리즘에 따라 비교해서 맞으면 인증이 성공하고 틀리면 인증은 실패한다. 이 과정을 그림으로 나타내면 그림 5.15와 같다.

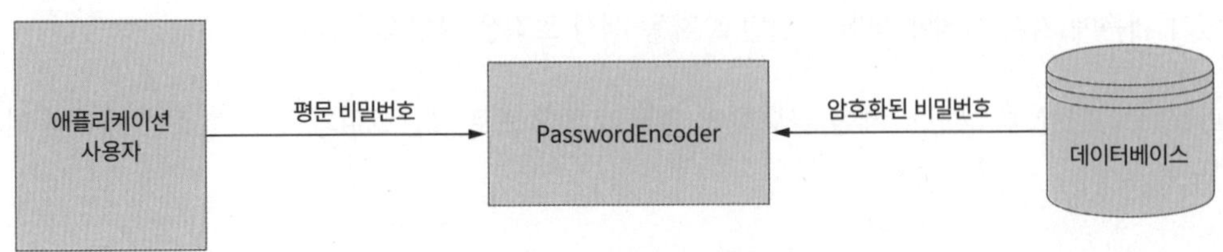

그림 5.15 PasswordEncoder의 비밀번호 비교 확인 과정

인증에 성공하면 사용자가 입력한 평문 비밀번호는 애플리케이션에서 완전히 지워져서 사용되지 않고 폐기된다.

이제 DelegatingPasswordEncoder 인스턴스를 사용해서 비밀번호를 암호화하는 InMemoryUserDetailsManager를 생성하는 또 다른 방법을 예제 5.14를 통해 알아보자.

예제 5.14 UserDetailsService를 사용해서 InMemoryUserDetailsManager 등록

```
package com.manning.sbip.ch05.security;

// import 문 생략

@Configuration
public class SecurityConfiguration extends WebSecurityConfigurerAdapter {

    @Autowired
    private AccessDeniedHandler customAccessDeniedHandler;

    @Override
    protected void configure(HttpSecurity http) throws Exception {
        http.authorizeRequests()
            .antMatchers("/login").permitAll()
            .antMatchers("/delete/**").hasRole("ADMIN")
            .anyRequest().authenticated()
            .and()
            .formLogin().loginPage("/login")
            .and()
            .exceptionHandling().accessDeniedHandler(customAccessDeniedHandler);

    }

    @Override
    public void configure(WebSecurity web) throws Exception {
        web.ignoring().antMatchers("/webjars/**", "/images/**", "/css/**", "/h2-
console/**");
    }

    @Bean
    @Override
    public UserDetailsService userDetailsService() {    ❶

        UserDetails user = User.withUsername("user")    ❷
            .passwordEncoder(passwordEncoder()::encode)    ❸
            .password("p@ssw0rd")
            .roles("USER")
            .build();
```

```
        UserDetails admin = User.withUsername("admin")
            .passwordEncoder(passwordEncoder()::encode)
            .password("pa$$w0rd")
            .roles("ADMIN")
            .build();

        InMemoryUserDetailsManager userDetailsManager = new InMemoryUserDetailsManager();

        userDetailsManager.createUser(user);    ❹
        userDetailsManager.createUser(admin);

        return userDetailsManager;
    }

    @Bean
    public PasswordEncoder passwordEncoder() {
        return PasswordEncoderFactories.createDelegatingPasswordEncoder();    ❺
    }
}
```

❶ UserDetailsService 빈을 생성한다.

❷ User 클래스의 빌더를 사용해서 user 계정 정보를 담는 UserDetails 객체를 생성한다.

❸ 자바 8의 메서드 레퍼런스method reference를 사용해서 PasswordEncoder의 encode() 메서드를 인자로 전달하면서 passwordEncoder를 등록한다.

❹ InMemoryUserDetailsManager를 생성하고, UserDetails 객체를 사용해서 사용자를 생성하고, InMemoryUserDetailsManager에 등록한다.

❺ 내부적으로 안전성이 높은 BCryptPasswordEncoder를 사용하는 DelegatingPasswordEncoder 인스턴스를 생성해서 PasswordEncoder 빈을 생성한다.

애플리케이션을 재시작하고 로그인해보면 전과 동일하게 동작하는 것을 확인할 수 있다. InMemoryUserDetailsManager를 생성하는 방법만 예제 5.11과 다르다.

인증, 인가, 역할

지금까지 스프링 시큐리티를 다뤄보면서 UserDetails를 사용한 사용자 계정 생성과 사용자 역할을 설정하는 방법을 알아봤다. 보안 쪽을 다룰 때는 인증authentication과 인가authorization 개념을 이해할 필요가 있다.

인증은 사용자가 스스로를 입증하는 과정이다. 인증은 사용자의 아이디와 비밀번호, 인증서, 생체 정보 등 사용

자를 식별할 수 있는 정보를 확인하는 과정을 통해 진행된다.

인가는 인증된 사용자가 할 수 있는 행위를 정의한다. 인가를 이해하기 위해 공항을 통해 여행하는 상황을 생각해보자. 비행기를 타려면 공항에 가서 여권 같은 식별 문서를 제공하고 공항에 들어간다. 공항 터미널에 들어가면 탑승권에 정해져 있는 비행기에만 탑승할 수 있다. 탑승권에 비행기를 탈 수 있는 권한이 명시돼 있다. 공항 터미널에 들어와 있다고 해서 아무 비행기나 탈 수 있는 것은 아니다. 애플리케이션을 사용하는 사용자도 마찬가지다. 인증을 통해 애플리케이션에 들어와 있긴 하지만 애플리케이션에서 모든 행동을 다 할 수 있는 것은 아니고, 인가된 행동만 할 수 있다.

스프링 시큐리티 애플리케이션에서는 인증된 사용자가 애플리케이션에서 할 수 있는 행위를 역할role 개념을 통해 규정한다. 역할은 사용자의 권한이나 권리라고 생각할 수 있다. 스프링 부트 애플리케이션의 역할에 대한 자세한 내용은 https://mng.bz/la06를 참고하자.

5.3.3 기법: JDBC 인증 설정

5.3.3절의 소스 코드는 https://mng.bz/VlvX**에서 확인할 수 있다. 완성본은** https://mng.bz/xv58**에서 확인할 수 있다.**

요구 사항

사용자 정보를 소스 코드가 아닌 데이터베이스에 저장하고 인증에 사용할 수 있도록 스프링 부트 애플리케이션에 JDBC 인증을 적용해야 한다.

해법

5.3.2절에서 사용한 인증 방식은 원하는 대로 사용자 계정 정보를 설정할 수 있어서 5.3.1절에서 사용한 방식에 비해 약간 더 낫기는 하지만, 사용자 계정 정보를 소스 코드에 저장하기 때문에 여전히 좋은 방식이라고 할 수는 없다. 소스 코드를 볼 수 있다면 누구나 사용자 계정 정보를 볼 수 있으므로 이런 방식이라면 스프링 시큐리티를 적용한다고 해도 절대로 보안성이 높은 애플리케이션이라고 할 수 없다. 또한 이 방식은 소스 코드에 명시한 사용자 말고 새로운 사용자를 등록받아서 인증을 구현하기도 어렵다.

따라서 사용자 정보를 소스 코드가 아닌 데이터베이스 같은 외부 저장소에 저장하는 방식이 훨씬 더 낫다. 데이터베이스 테이블은 일반적으로 인가된 관계자만 접근할 수 있으므로 소스 코드에 비해 훨씬 더 안전하다. 그래서 이번에는 사용자 정보를 데이터베이스에 저장하고 인증에 사용하는 방식을 알아본다.

이를 위해 가장 먼저 적용해야 하는 변화는 USERS 테이블과 AUTHORITIES 테이블을 추가하는 것이다. 이름에서 유추할 수 있는 것처럼 USERS 테이블에는 사용자 정보가 저장되고, AUTHORITIES 테이블에는 사용자의 권한이 저장된다. 권한은 사용자가 어떤 행동을 할 수 있도록 인가받은 상태인지를 나타내는 광범위한 의미의 용어다. 5.3.2절에서는 비슷한 용도의 사용자 역할이라는 용어를 사용했다. 권한과 역할의 결정적인 차이는 이 기능을 개발자가 어떤 의미로 사용하는지에 달려 있다. 스프링 시큐리티에서 둘의 차이는 크지 않으며 거의 비슷하게 사용된다. 권한과 역할의 차이를 자세히 알아보는 것은 이 책의 범위를 벗어나므로 스프링 시큐리티 공식 문서나 《스프링 시큐리티 인 액션》(위키북스, 2022)을 참고한다.

USERS와 AUTHORITIES는 스프링 JDBC에서 사용되는 기본 테이블 이름이고, 스프링 시큐리티에서 제공하는 JDBC 인증에서도 기본적으로 USERS 테이블과 AUTHORITIES 테이블을 사용하게 돼 있다. 물론 테이블 이름도 원하는 대로 변경하도록 설정할 수 있다. 이는 나중에 다시 다룬다. 먼저 예제 5.15와 같이 schema.sql 파일을 작성해서 src/main/resources 폴더에 저장한다.

예제 5.15 USERS 테이블과 AUTHORITIES 테이블의 DDL이 정의된 schema.sql 파일

```
create table users(    ❶
    username varchar(50) not null primary key,
    password varchar(500) not null,
    enabled boolean not null
);

create table authorities (    ❷
    username varchar(50) not null,
    authority varchar(50) not null,
    constraint fk_authorities_users foreign key(username) references users(username)
);

create unique index ix_auth_username on authorities (username,authority);    ❸
```

❶ USERS 테이블에는 사용자 상세 정보와 활성화 여부가 저장된다.

❷ AUTHORITIES 테이블에는 사용자의 권한이 저장된다.

❸ AUTHORITIES 테이블의 username, authority 컬럼에 유니크 인덱스를 추가했다.

이제 예제 5.16과 같이 user, admin 두 사용자의 정보와 권한을 테이블에 입력한다.

예제 5.16 data.sql 파일

```
❶
INSERT into USERS(username, password, enabled) values ('user', 'p@ssw0rd', true);
INSERT into USERS(username, password, enabled) values ('admin', 'pa$$w0rd', true);

❷
INSERT into AUTHORITIES(username, authority) values ('user','USER');
INSERT into AUTHORITIES(username, authority) values ('admin','ADMIN');
```

❶ 애플리케이션 사용자 정보를 추가한다.

❷ 애플리케이션 사용자의 권한을 추가한다.

애플리케이션이 시작되면 스프링 부트는 3장에서 알아봤던 것처럼 src/main/resources 폴더에 있는 schema.sql, data.sql 파일의 SQL을 실행한다. 사용자 정보를 데이터베이스에 저장했으니 이제 시큐리티 설정을 변경할 차례다. 예제 5.17을 보자.

예제 5.17 JDBC 인증을 사용하도록 시큐리티 설정 변경

```
package com.manning.sbip.ch05.security;

// import 문 생략

@Configuration
public class SecurityConfiguration extends WebSecurityConfigurerAdapter {

    @Autowired
    private DataSource dataSource;    ❶

    @Override
    protected void configure(HttpSecurity http) throws Exception {
        http.authorizeRequests()
                .antMatchers("/login").permitAll()
                .anyRequest().authenticated()
                .and()
                .formLogin().loginPage("/login");
    }

    @Override
    public void configure(WebSecurity web) throws Exception {
        web.ignoring().antMatchers("/webjars/**", "/images/**", "/css/**", "/h2-
console/**");
    }

    @Override
```

```
    protected void configure(AuthenticationManagerBuilder auth) throws Exception {
        auth.jdbcAuthentication().dataSource(dataSource);    ❷
    }

    @Bean
    public PasswordEncoder passwordEncoder() {
        return NoOpPasswordEncoder.getInstance();
    }
}
```

❶ 데이터베이스 연결에 사용할 데이터 소스를 주입받는다.

❷ 주입받은 데이터 소스를 사용해서 JDBC 인증을 수행하도록 AuthenticationManager를 설정한다.

스프링 시큐리티는 기본적으로 인증 요청이 발생하면 데이터 소스를 사용해 예제 5.18에 있는 SQL 문을 실행한 뒤 데이터베이스로부터 사용자 정보와 권한 정보를 읽어와 인증 요청을 처리한다.

예제 5.18 사용자 정보와 권한 정보를 읽을 때 스프링 시큐리티가 기본적으로 실행하는 쿼리

```
select username, password, enabled from users where username =?
select username, authority from authorities where username =?
```

이제 애플리케이션을 시작하고 http://localhost:8080/index에 접속하면 http://localhost:8080/login으로 리다이렉트되어 로그인 화면이 표시된다. Username과 Password에 user, p@ssw0rd 또는 admin, pa$$w0rd를 입력하고 로그인하면 과정 목록이 표시되는 인덱스 화면으로 리다이렉트된다.

토론

5.3.3절에서는 JDBC 인증을 적용하는 방법을 알아봤다. JDBC 인증은 사용자 정보를 데이터베이스 테이블에 저장하므로 앞서 살펴봤던 인메모리 인증에 비해 훨씬 안전하고 실무 적용성도 좋다.

스프링 시큐리티는 UserDetailsService 인터페이스를 구현하는 JdbcDaoImpl 클래스를 제공한다. UserDetailsService 인터페이스에 있는 loadUserByUsername() 메서드는 JdbcDaoImpl 클래스에서 데이터베이스로 사용자 정보를 읽어오도록 재정의된다. 또 그림 5.16에 있는 것처럼 JdbcUserDetailsManager 클래스는 JdbcDaoImpl 클래스를 상속받아서 JDBC로 사용자 정보 CRUD를 포함한 여러 가지 사용자 정보 관리 서비스를 제공한다. 애플리케이션에서 사용자 정보 관리 기능이 필요하다면 JdbcUserDetailsManager 클래스를 이용해서 편리하게 사용자 정보를 관리할 수 있다.

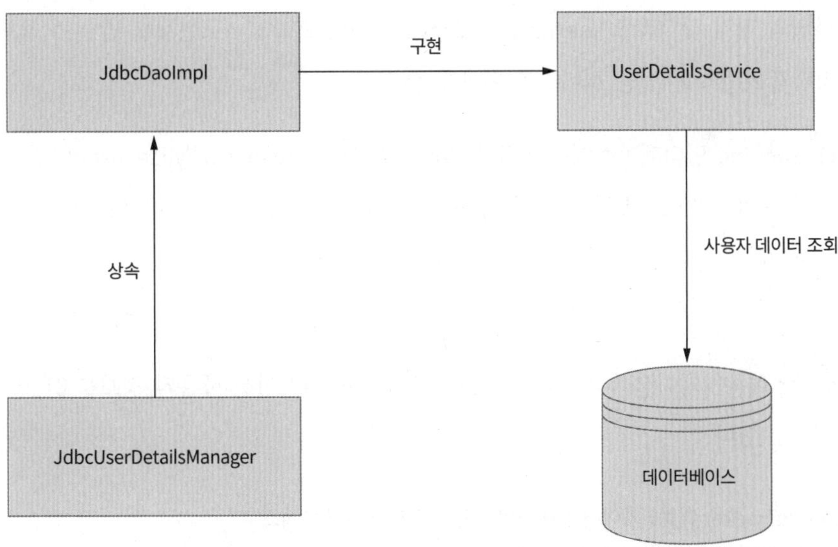

그림 5.16 **스프링 시큐리티에서 제공하는 JDBC 인증 과정에서 함께 협력하는 주요 클래스**

스프링 시큐리티에서 제공하는 JDBC 인증에는 제약 사항도 있는데 바로 USERS 테이블과 AUTHORITIES 테이블을 사용하게 돼 있다는 점이다. 애플리케이션에서 이미 USERS가 아닌 다른 테이블에서 사용자 정보를 관리하고 있다면 스프링 시큐리티 기본 설정으로는 JDBC 인증을 사용할 수 없다. 5.3.4절에서 이 제약 사항을 극복하는 방법을 알아본다.

5.3.4 기법: 커스텀 UserDetailsService 적용

5.3.4절의 소스 코드는 https://mng.bz/Axjp**에서 확인할 수 있다. 완성본은** https://mng.bz/Zzmm**에서 확인할 수 있다.**

요구 사항

스프링 시큐리티 JDBC 인증 시 USERS 테이블이 아니라 CT_USERS 테이블에서 관리하고 있는 사용자 정보를 이용해야 한다.

해법

스프링 시큐리티는 애플리케이션에서 관리하고 있는 사용자 정보를 스프링 시큐리티의 UserDetails로 매핑할 수 있도록 UserDetailsService 인터페이스를 제공한다. 애플리케이션에서 사용하는 사용자 데이터 테이블 이름이나 사용자 정보의 타입 등이 스프링 시큐리티에서 제공하는 테이블이나 타입과 맞지 않더라도 UserDetailsService 인터페이스의 구현체를 만들어 등록하면 스프링 시큐리티가 제공하는 인증 서비스를 이용할 수 있다.

UserDetailsService 인터페이스에는 오직 하나의 메서드인 loadUserByUsername()만 있으므로, 이 메서드에서 데이터베이스의 사용자 데이터를 조회해서 스프링 시큐리티의 UserDetails 타입을 반환하도록 구현하면 된다. 이제 CourseTracker 애플리케이션 예제를 통해 구현 방법을 자세히 알아보자.

CourseTracker 애플리케이션에서는 예제 5.19와 같이 애플리케이션 사용자 정보를 CT_USERS 테이블에서 관리하고 있다.

예제 5.19 CourseTracker 애플리케이션에서 사용하는 사용자 데이터 클래스

```
package com.manning.sbip.ch05.model;

// import 문 생략

@Entity
@Table(name = "CT_USERS")
@Data
public class ApplicationUser {

    @Id
    @GeneratedValue(strategy = GenerationType.IDENTITY)
    private Long id;
    private String firstName;
    private String lastName;
    private String username;
    private String email;
    private String password;
    private boolean verified;
    private boolean locked;
    @Column(name = "ACC_CRED_EXPIRED")
    private boolean accountCredentialsExpired;
}
```

ApplicationUser 클래스 내용은 어려울 것이 없다. first_name, last_name, username 등 사용자 상세 정보를 담고 있다. 다만 한 가지 주목해볼 점은 테이블 이름이 CT_USERS라서 스프링 시큐리티가 기본적으로 사용하는 USERS 테이블과 다르다는 점이다.

ApplicationUser 데이터를 관리하려면 예제 5.20과 같이 ApplicationUserRepository 인터페이

스가 필요하다.

예제 5.20 ApplicationUserRepository 인터페이스

```
package com.manning.sbip.ch05.repository;

@Repository
public interface ApplicationUserRepository
    extends CrudRepository<ApplicationUser, Long> {

    ApplicationUser findByUsername(String username);
}
```

`findByUsername()` 메서드는 인자로 받은 `username`을 기준으로 데이터베이스를 조회해서 사용자 데이터를 가져온다. 이제 데이터베이스에서 가져온 사용자 데이터를 `UserDetails`로 매핑하는 `UserDetailsService` 구현체를 만들어야 한다. 예제 5.21를 보자.

예제 5.21 UserDetailsService 인터페이스를 구현하는 CustomUserDetailsService 클래스

```
package com.manning.sbip.ch05.service;

// import 문 생략

public class CustomUserDetailsService implements UserDetailsService {

    @Autowired
    private ApplicationUserRepository applicationUserRepository;

    @Override
    public UserDetails loadUserByUsername(String username) throws
UsernameNotFoundException {    ❶
        ApplicationUser applicationUser = applicationUserRepository.
findByUsername(username);    ❷

        if(applicationUser == null) {
            throw new UsernameNotFoundException("No user with "+username+" exists in the
system");    ❸
        }

        return User.builder()    ❹
                .username(applicationUser.getUsername())
                .password(applicationUser.getPassword())
                .disabled(!applicationUser.isVerified())    ❺
                .accountExpired(applicationUser.isAccountCredentialsExpired())    ❻
                .accountLocked(applicationUser.isLocked())    ❼
```

```
                .roles("USER")    ❽
                .build();
    }
}
```

❶ loadUserByUsername() 메서드에서 데이터베이스를 조회하고 UserDetails를 반환하도록 구현한다. 사용자 정보가 데이터베이스에 없으면 UsernameNotFoundException 예외를 던져야 한다.

❷ applicationUserRepository를 통해 데이터베이스에서 사용자 정보를 조회한다.

❸ 사용자 정보가 데이터베이스 존재하지 않으면 UsernameNotFoundException을 발생한다.

❹ 사용자 정보가 있으면 스프링 시큐리티의 User.builder()를 사용해서 사용자 정보를 User-Details로 매핑해서 반환한다.

❺ 사용자 계정이 사용자에 의해 확정되지 않았으면 비활성 계정으로 분류한다.

❻ 비밀번호가 만료되면 유효기간이 지난 계정으로 분류한다. 이 기능을 활용해서 일정 기간이 지나면 비밀번호를 변경하도록 강제하는 정책도 구현할 수 있다.

❼ 계정이 잠겨 있으면 잠긴 계정으로 분류한다.

❽ 역할을 USER로 설정한다. roles("USER") 대신 authorities("ROLE_USER")를 사용해서 권한을 설정할 수도 있다. 스프링 시큐리티 인증을 사용하려면 사용자 계정의 역할이나 권한 중 하나를 반드시 지정해야 한다.

이제 이 커스텀 UserDetailsService 구현체를 사용하도록 시큐리티 설정을 변경해야 한다. 예제 5.22를 보자.

예제 5.22 CustomUserDetailsService를 사용하도록 SecurityConfiguration 클래스 변경

```
package com.manning.sbip.ch05.security;

// import 문 생략

@Configuration
public class SecurityConfiguration extends WebSecurityConfigurerAdapter {

    @Override
    protected void configure(HttpSecurity http) throws Exception {
        http
                .authorizeRequests()
                .antMatchers("/login").permitAll()
                .anyRequest().authenticated()
                .and()
```

```
                .formLogin().loginPage("/login");
    }

    @Override
    public void configure(WebSecurity web) throws Exception {
        web
                .ignoring()
                .antMatchers("/webjars/**", "/images/*", "/css/*", "/h2-console/**");
    }

    @Bean
    public PasswordEncoder passwordEncoder() {
        return NoOpPasswordEncoder.getInstance();
    }

    @Bean
    public UserDetailsService userDetailsService() {
        return new CustomUserDetailsService();    ❶
    }

}
```

❶ CustomUserDetailsService를 빈으로 등록한다.

예제 5.22에서는 두 개의 변화가 있다. 하나는 소스 코드에서 보이는 것처럼 CustomUserDetailsService 빈을 등록한 것이고, 다른 하나는 소스 코드에서는 보이지 않지만 configure(AuthenticationManagerBuilder auth) 메서드가 삭제됐다는 점이다. 커스텀 UserDetailsService 구현체를 등록해서 사용하면 스프링 시큐리티가 기본적으로 사용하는 AuthenticationManager를 직접 지정하지 않아도 된다.

이제 마지막으로 CT_USERS 테이블 스키마를 지정하고 사용자 데이터를 입력해보자.

예제 5.23 CT_USERS 테이블 DDL

```
create table ct_users(
    ID  BIGINT(19)  NOT NULL,
    EMAIL   VARCHAR(255)    NOT NULL,
    FIRST_NAME  VARCHAR(255) NOT NULL,
    LAST_NAME   VARCHAR(255) NOT NULL,
    PASSWORD    VARCHAR(255) NOT NULL,
    USERNAME    VARCHAR(255) NOT NULL,
    VERIFIED    BOOLEAN(1) NOT NULL,
    LOCKED BOOLEAN(1) NOT NULL,
```

```
    ACC_CRED_EXPIRED BOOLEAN(1) NOT NULL,
    PRIMARY KEY (ID)
);
```

예제 5.24 사용자 데이터 입력

```
INSERT INTO CT_USERS(ID, FIRST_NAME, LAST_NAME, USERNAME, PASSWORD, EMAIL, VERIFIED, LOCKED,
ACC_CRED_EXPIRED) VALUES(1, 'John', 'Socket', 'jsocket', 'password', 'jsocket@example.com',
TRUE, FALSE, FALSE);
INSERT INTO CT_USERS(ID, FIRST_NAME, LAST_NAME, USERNAME, PASSWORD, EMAIL, VERIFIED, LOCKED,
ACC_CRED_EXPIRED) VALUES(2, 'Steve', 'Smith', 'smith', 'password', 'smith@example.com',
FALSE, FALSE, FALSE);
```

예제 5.24에서 `jsocket`과 `smith` 두 개의 사용자 계정을 생성했는데, `jsocket`은 사용자가 확정했으므로 활성 계정이고, `smith`는 아직 사용자가 확정하지 않았으므로 비활성 계정이다.

애플리케이션을 재시작해서 활성 계정인 `jsocket`으로 로그인하면 로그인에 성공하지만, 비활성 계정인 `smith`로 로그인하면 실패한다.

토론

대부분의 애플리케이션은 사용자 데이터를 데이터베이스에 저장하고 사용자 인증 시 데이터베이스에 저장된 사용자 데이터를 사용한다. 스프링 시큐리티도 애플리케이션에서 이미 구성된 사용자 데이터 관리 체계를 이용해서 인증을 처리할 수 있는 여러 가지 방법을 제공한다.

5.3.3절에서는 스프링 시큐리티 JDBC 인증에서 요구하는 몇 가지 제약 사항을 준수하면서 사용자 인증을 처리하는 기본적인 방법을 알아봤고, 5.3.4절에서는 제약 사항과 맞지 않는 상황에서도 스프링 시큐리티가 제공하는 인터페이스와 커스텀 구현체를 사용해서 사용자 인증을 처리하는 방법을 알아봤다.

사용자 데이터를 데이터베이스에 저장하는 방식도 널리 사용되지만 많은 조직에서는 사용자 정보와 권한을 LDAP lightweight directory access protocol 서버를 통해 관리하고 있다. 이번에는 스프링 시큐리티에서 LDAP 인증을 사용하는 방법을 알아보자.

5.3.5 기법: LDAP 인증 적용

5.3.5절의 소스 코드는 https://mng.bz/RE5j**에서 확인할 수 있다. 완성본은** https://mng.bz/2jQ8**에서 확인할 수 있다.**

요구 사항

CourseTracker 애플리케이션에 LDAP 기반 인증을 도입해야 한다.

해법

대부분의 조직에서는 사용자 정보, 권한 등의 정보를 LDAP에 저장하고 관리한다. LDAP 서버는 일반적으로 조회가 빠르다는 특징이 있다. 그래서 사용자 정보는 자주 변경되지 않지만 인증이나 권한 확인을 위해 조회는 매우 자주 발생하므로 LDAP은 사용자 정보를 관리하기에 적합한 방식이다.

스프링 시큐리티에서도 LDAP 인증을 지원한다. CourseTracker 예제를 통해 적용 방법을 알아보자.

먼저 LDAP 지원을 위해 필요한 의존 관계를 예제 5.25와 같이 pom.xml 파일에 추가한다.

예제 5.25 LDAP 의존 관계

```
<dependency>
    <groupId>org.springframework.ldap</groupId>
    <artifactId>spring-ldap-core</artifactId>
</dependency>
<dependency>
    <groupId>org.springframework.security</groupId>
    <artifactId>spring-security-ldap</artifactId>
</dependency>
<dependency>
    <groupId>com.unboundid</groupId>
    <artifactId>unboundid-ldapsdk</artifactId>
</dependency>
```

스프링 부트 애플리케이션에 LDAP 기능을 추가하려면 `spring-ldap-core`와 `spring-security-ldap`가 필요하다. LDAP 서버도 필요한데 간단한 내장형 LDAP 서버인 UnboundID(https://ldap.com/unboundid-ldap-sdk-for-java/)를 사용한다.

이제 사용자 정보를 추가해야 한다. 사용자 정보는 LDIF LDAP data interchange format(https://ldap.com/ldif-the-ldap-data-interchange-format/) 파일에 저장되므로, 예제 5.26과 같이 사용자 정보를 작성하고 src/main/resources/users.ldif 파일에 저장한다.

예제 5.26 users.ldif 파일

```
dn: dc=manning,dc=com    ❶
objectclass: top
objectclass: domain
objectclass: extensibleObject
dc: manning
dn: ou=people,dc=manning,dc=com
objectclass: top
objectclass: organizationalUnit
ou: people

dn: uid=steve,ou=people,dc=manning,dc=com    ❷
objectclass: top
objectclass: person
objectclass: organizationalPerson
objectclass: inetOrgPerson
cn: Steve Smith
sn: Smith
uid: steve
userPassword: password

dn: uid=jsocket,ou=people,dc=manning,dc=com    ❸
objectclass: top
objectclass: person
objectclass: organizationalPerson
objectclass: inetOrgPerson
cn: John Socket
sn: Socket
uid: jsocket
userPassword: password
```

❶ DN distinguished name 정의

❷ Steve Smith 계정 정의

❸ John Socket 계정 정의

users.ldif 파일 내용은 토론에서 간단히 다룰 예정이고, 지금은 일단 `steve`, `jsocket` 두 개의 사용자 계정을 users.ldif 파일에 추가했다고만 이해하자. 두 사용자 계정의 비밀번호는 모두 `password`로 지정했다.

이제 LDAP 서버가 기동하도록 application.properties에 예제 5.27과 같이 LDAP 서버 설정을 추가하자.

예제 5.27 내장 LDAP 서버 설정

```
spring.ldap.embedded.port=8389    ❶
spring.ldap.embedded.ldif=classpath:users.ldif    ❷
spring.ldap.embedded.base-dn=dc=manning,dc=com    ❸
```

❶ 내장 LDAP 서버 포트

❷ 내장 LDIF 파일 위치

❸ 내장 LDAP 서버 고유 이름

LDAP 서버 고유 이름은 LDAP 서버의 루트 엔티티이며 users.ldif 파일에 지정한 것과 같아야 한다.

이제 LDAP 인증을 통해 사용자 인증이 처리되도록 시큐리티 설정을 예제 5.28과 같이 변경한다.

예제 5.28 SecurityConfiguration 클래스

```
package com.manning.sbip.ch05.security;

// import 문 생략

@Configuration
public class SecurityConfiguration extends WebSecurityConfigurerAdapter {

    @Override
    protected void configure(HttpSecurity http) throws Exception {
        http
                .authorizeRequests()
                .antMatchers("/login").permitAll()
                .anyRequest().authenticated()
                .and()
                .formLogin().loginPage("/login");
    }

    @Override
    protected void configure(AuthenticationManagerBuilder auth) throws Exception {    ❶
        auth
                .ldapAuthentication()    ❶
                .userDnPatterns("uid={0},ou=people")    ❷
                .contextSource()
```

```
                .url("ldap://localhost:8389/dc=manning,dc=com")          ❸
                .and()
                .passwordCompare()                                        ❹
                .passwordEncoder(NoOpPasswordEncoder.getInstance())       ❺
                .passwordAttribute("userPassword");                       ❻
    }

    @Override
    public void configure(WebSecurity web) throws Exception {
        web
                .ignoring()
                .antMatchers("/webjars/**", "/images/*", "/css/*", "/h2-console/**");
    }
}
```

❶ `AuthenticationManagerBuilder`를 사용해서 LDAP 인증을 적용한다.

❷ DN 정보를 `uid={0}`와 `ou=people`로 설정한다. 이 내용은 users.ldif 파일에 작성한 정보와 일치해야 한다. uid는 users.ldif 파일에 추가한 계정의 uid 값과 같아야 하며 `{0}`은 `steve`와 같이 계정의 uid 값이어야 한다. `ou=people`의 people은 users.ldif 파일의 DN 정보 등록 시 사용한 ou의 값과 같아야 하며 사용자 계정이 people 조직에 속한다는 것을 의미한다.

❸ 인증 시 스프링 시큐리티가 호출하는 LDAP 서버를 url과 함께 지정한다.

❹ 비밀번호 확인 작업을 등록한다. JDBC 인증을 사용할 때는 데이터베이스에서 비밀번호를 조회한 후 스프링 시큐리티에서 비밀번호를 확인했지만, LDAP 인증에서는 사용자로부터 입력받은 비밀번호를 LDAP 서버에 제공하고 LDAP 서버가 비밀번호 일치 여부를 확인한다.

❺ 비밀번호 암호화에 사용할 `PaswordEncoder`를 지정한다. 예제에서는 비밀번호를 암호화하지 않았으므로 `NoOpPasswordEncoder`를 지정했다.

❻ 비밀번호로 사용하는 속성명을 지정한다. users.ldif 파일에 `userPassword`라는 이름으로 비밀번호를 지정했으므로 여기에서도 동일하게 `userPassword`로 지정한다.

애플리케이션을 시작하고 `steve`, `password`를 입력하고 로그인하면 로그인에 성공하는 것을 확인할 수 있다.

토론

5.3.5절에서는 스프링 시큐리티에서 LDAP 인증을 적용하는 방법을 알아봤다. LDAP는 굉장히 인기가 많은 디렉터리 접근 프로토콜로서 많은 조직에서 사용자 정보를 LDAP 서버를 통해 관리한다.

예제에서는 단순하고 쉽게 설명할 수 있도록 아주 단순한 내장 LDAP 구현체를 사용했다. LDAP에 관해 더 자세히 알고 싶다면 LDAP 가이드 문서(https://www.zytrax.com/books/ldap/)를 참고하자.

이제 예제 5.26에서 작성했던 users.ldif 파일에 대해 알아보자. 그림 5.17에 users.ldif 파일의 개략적인 구조가 나와 있다.

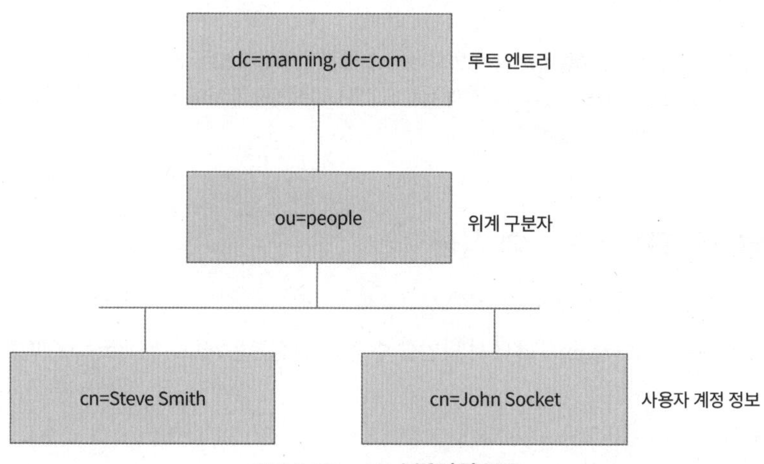

그림 5.17 **users.ldif 파일 구조**

users.ldif 파일 맨 처음 부분에 `dc=manning,dc=com`로 지정하면서 루트 엔트리를 생성했고, `ou=people`로 조직 이름을 지정하고, `uid` 값이 `steve`인 Steve Smith의 계정과 `uid` 값이 `jsocket`인 John Socket의 계정을 생성했다.

인메모리 인증이나 JDBC 인증에서는 `UserDetailsService`가 중요한 역할을 담당했던 반면에 LDAP 인증에서는 `UserDetailsService`를 사용할 수 없다. 왜냐하면 LDAP 인증에서는 LDAP으로부터 비밀번호를 읽어올 수 없고, LDAP에 비밀번호를 제공하고 LDAP이 실제 비밀번호 일치 여부 확인을 담당하기 때문이다. 스프링 시큐리티는 `LdapAuthenticator` 인터페이스를 제공하며 이를 통해 LDAP 인증이 처리된다.

스프링 시큐리티에서는 2가지 방식으로 LDAP 인증을 수행할 수 있다. 첫 번째는 예제에 사용된 비밀번호 인증 방식인데, 사용자가 입력한 비밀번호와 LDAP 서버에 저장된 비밀번호를 LDAP 서버가 **Compare** 연산을 사용해서 비교하고 결과를 스프링 시큐리티에게 반환한다. 두 번째는 바인드$_{\text{bind}}$ 인증인데 사용자가 입력한 비밀번호와 같은 식별 정보$_{\text{identity proof}}$를 LDAP 서버가 Bind 연산(https://ldap.com/the-ldap-bind-operation/)을 사용해서 인증을 처리한다.

지금까지 폼 기반 사용자 인증 방식을 알아봤다. 폼 기반 인증에서는 사용자가 화면에 아이디와 비밀번호를 입력하고 로그인을 요청하면 스프링 시큐리티가 요청 정보를 읽고 인증을 수행한다.

폼 기반 외에도 널리 사용되는 인증 방식으로 HTTP 기본 인증basic authentication이 있다. HTTP 기본 인증은 폼 대신 브라우저 기능을 통해 입력받은 사용자 정보로 인증을 진행하므로 폼을 제공할 수 없는 상황에서 사용할 수 있다. 예제를 통해 알아보자.

NOTE HTTP 기본 인증은 비밀번호를 Base64 인코딩을 사용해 인코딩하는데, Base64 인코딩은 쉽게 디코딩되어 비밀번호가 노출될 수 있으므로 상용 애플리케이션에서는 HTTP 기본 인증을 사용하지 않는 것이 좋다. HTTP 기본 인증 대신에 토큰 기반 인증을 사용하는 것이 좋다.

5.3.6 기법: HTTP 기본 인증 적용

5.3.6절의 소스 코드는 https://mng.bz/J1rK**에서 확인할 수 있다. 완성본은** https://mng.bz/wnK2**에서 확인할 수 있다.**

요구 사항

로그인 폼을 제공할 수 없으므로 HTTP 기본 인증을 사용해서 사용자를 인증해야 한다.

해법

HTTP 기본 인증은 폼 기반 인증과 마찬가지로 사용자로부터 아이디와 비밀번호를 입력받아서 인증하며, 스프링 시큐리티도 HTTP 기본 인증을 지원한다. 이번에도 CourseTracker 애플리케이션에 적용하는 예제를 통해 알아보자.

JDBC 기반의 HTTP 기본 인증을 적용할 예정이며 폼 기반 로그인이 필요 없으므로 HTTP 기본 인증을 사용하도록 시큐리티 설정을 변경해야 한다. 예제 5.29를 보자.

예제 5.29 **JDBC 기반의 HTTP 기본 인증을 사용하도록 시큐리티 설정 변경**

```
package com.manning.sbip.ch05.security;

// import 문 생략

@Configuration
public class SecurityConfiguration extends WebSecurityConfigurerAdapter {

    @Autowired
    private DataSource dataSource;
```

```
    @Override
    protected void configure(HttpSecurity http) throws Exception {     ❶
        http
                .authorizeRequests()
                .anyRequest()
                .authenticated()
                .and()
                .httpBasic();
    }

    @Override
    protected void configure(AuthenticationManagerBuilder auth) throws Exception {
        auth.jdbcAuthentication().dataSource(dataSource);
    }

    @Override
    public void configure(WebSecurity web) throws Exception {
        web
                .ignoring()
                .antMatchers("/webjars/**", "/images/**", "/css/**", "/h2-console/**");
    }

    @Bean
    public PasswordEncoder passwordEncoder() {
        return NoOpPasswordEncoder.getInstance();
    }
}
```

❶ 모든 요청이 HTTP 기본 인증을 거치도록 설정한다.

HTTP 기본 인증을 사용하도록 설정한 것 외에 나머지는 동일하다. 따라서 사용자로부터 입력받은 사용자 정보와 데이터베이스에 저장된 정보를 사용해서 인증하는 과정은 동일하다.

애플리케이션을 시작하고 브라우저를 통해 http://localhost:8080/index에 접속하면 익숙했던 폼 기반의 로그인 페이지 대신에 그림 5.18과 같이 브라우저가 띄워주는 다이얼로그 창이 떠서 Username과 Password 입력을 기다린다.

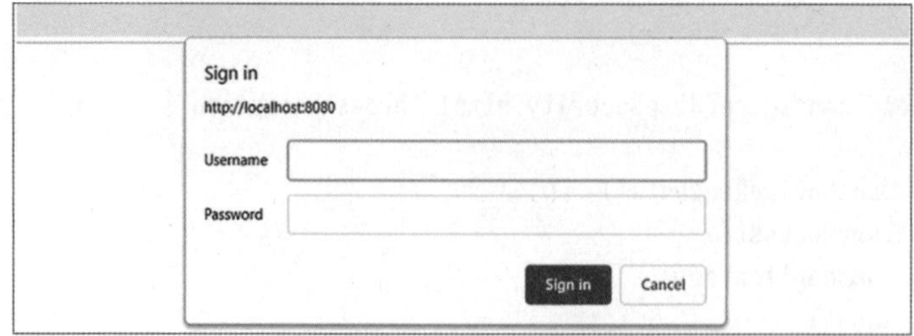

그림 5.18 HTTP 기본 인증 다이얼로그 박스

앞서 로그인 했던 것과 마찬가지로 user, p@ssw0rd를 입력하고 로그인하면 로그인에 성공하며, 애플리케이션 인덱스 페이지로 라다이렉트된다. 표시되는 화면에는 로그아웃 버튼이 없다. 왜냐하면 HTTP 기본 인증에는 로그아웃 기능이 없기 때문이다. HTTP 기본 인증이 적용된 CourseTracker 애플리케이션에서 로그아웃하려면 브라우저 창을 모두 닫아야 한다.

토론

HTTP 기본 인증은 HTTP 프로토콜을 사용하는 인증 방식 중에서 가장 단순한 방식이라고 할 수 있다. 인덱스 페이지를 요청하면 서버는 HTTP 기본 인증이 활성화돼 있는지 확인하고 다음 두 가지 작업을 수행한다.

- 인증에 성공하면 HTTP 응답 헤더에 `WWW-Authenticate: Basic realm-"Realm"`을 추가한다.
- 인증에 실패하면 HTTP 응답 코드 `401 Unauthorized`를 반환한다.

렐름realm은 사용자 정보가 공유되는 웹 페이지 그룹을 의미한다. 브라우저는 HTTP 401 응답을 받으면 입력한 사용자 정보가 잘못됐다고 간주하고 그림 5.18에 나온 다이얼로그 창을 다시 띄운다. 사용자가 정보를 입력하면 브라우저는 사용자 정보를 `username:password` 형식으로 구성하고 Base64 인코딩 후 요청 헤더에 `Authorization: Basic <Base64로 인코딩된 문자열>`을 추가해서 서버에 요청을 보낸다.

로그인에 성공하면 브라우저는 사용자 정보를 저장하고 이후 모든 요청에 `Authorization` 헤더 정보를 추가한다. 저장된 사용자 정보를 삭제하려면 브라우저를 종료해야 한다.

요약

5장에서 다룬 내용은 다음과 같다.

- 스프링 시큐리티와 아키텍처를 살펴봤고 스프링 부트 자동 구성을 통해 스프링 시큐리티를 적용하는 방법을 알아봤다.
- 스프링 시큐리티를 커스터마이징하는 방법을 알아봤고, 로그인 페이지를 변경하는 방법도 알아봤다.
- 스프링 시큐리티가 제공하는 인메모리, JDBC, LDAP 인증 방식을 살펴봤다.
- 스프링 부트 애플리케이션에서 역할 기반 접근 제어를 적용하는 방법을 살펴봤다.
- HTTP 기본 인증을 적용하는 방법을 알아봤다.

6장에서는 스프링 시큐리티 고급 기능을 살펴본다.

6

CHAPTER

스프링 시큐리티 응용

6장에서 다루는 내용

- **스프링 클라우드 볼트**Spring Cloud Vault**를 이용한 비밀 정보 관리, 리멤버 미**Remember Me**, 구글 리캡차**Google reCAPCHA **사용을 위한 스프링 시큐리티 설정**
- **이메일 확인과 구글 오센티케이터**Google Authenticator**를 활용한 다단계 인증**
- **스프링 시큐리티 운영과 관련된 스프링 부트 액추에이터 엔드포인트**

5장에서는 스프링 시큐리티를 소개하고 다양한 개념에 대해 살펴보고 스프링 부트 애플리케이션에 스프링 시큐리티를 적용하는 여러 기법을 알아봤다. 6장에서는 5장에서 배운 여러 기초 개념을 바탕으로 보안성을 더 높일 수 있는 실무적인 스프링 시큐리티 고급 응용 기법을 살펴본다.

6장에서 직접 구현해 볼 응용 기법은 다음과 같다.

- **HTTPS 활성화** - 클라이언트와 서버 사이에 HTTP 프로토콜로 통신하는 것은 매우 위험하다. HTTP는 데이터를 단순히 텍스트 형태로 전송하기 때문에 악의적인 공격자가 네트워크 트래픽을 가로채면 클라이언트와 서버 사이에 오가는 애플리케이션 데이터가 그대로 노출될 수 있다. HTTPS 프로토콜은 클라이언트와 서버 사이의 통신을 암호화해서 데이터를 보호한다.
- **비밀 정보 관리** - 사용자 비밀번호, API 키 등 애플리케이션 비밀 정보가 유출되지 않게 관리하는 것은 매우 중요하다. 스프링 부트에서는 application.properties에 이런 비밀 정보를 기록해

두기도 하는데 이렇게 하면 노출 위험이 크다. 스프링 클라우드 볼트를 사용해서 비밀 정보를 더 안전하게 관리할 수 있다.

- **사용자 등록** - 대부분의 웹 애플리케이션은 회원이라고 할 수 있는 사용자의 정보를 다룬다. 그래서 사용자 정보를 관리하는 일은 웹 애플리케이션의 핵심 기능 중 하나다. CourseTracker 애플리케이션에 사용자 등록 기능을 추가한다.
- **이메일 확인** - 사용자 등록 시 입력한 이메일이 유효한지 확인하는 이메일 확인 기능을 CourseTracker 애플리케이션에 추가한다.
- **사용자 계정 잠금** - 로그인 시도가 비정상적으로 많이 실패할 때는 악의적인 공격자나 봇의 브루트-포스brute-force 공격으로부터 사용자 계정을 보호하기 위해 계정 잠금이 필요하다.
- **리멤버 미** - 신뢰할 수 있는 기기로부터 로그인하는 사용자를 기억해두면 사용자가 반복적으로 로그인할 필요가 없어 사용자의 소중한 시간을 아껴줄 수 있다. 스프링 시큐리티에 내장된 리멤버 미 기능을 CourseTracker 애플리케이션에 추가한다.
- **리캡차 활성화** - 인터넷 봇은 짧은 시간에 굉장히 많은 가짜 사용자 등록 요청을 보내서 애플리케이션의 자원을 고갈시키고 서비스 불능을 유발해서 애플리케이션에 매우 큰 타격을 입힐 수 있다. 캡차를 사용해서 이런 공격을 막을 수 있다. CourseTracker 애플리케이션에 구글 리캡차를 적용한다.
- **2단계 인증** - 사용자에게 비밀번호 외에 추가적인 인증 정보를 보내도록 2단계 인증을 강제해서 보안성을 높일 수 있다. 구글 오센티케이터를 사용해서 일회성 비밀번호 OTP를 사용자에게 알려주고 로그인 시 입력하는 2단계 인증을 CourseTracker 애플리케이션에 적용한다.
- **구글 아이디로 로그인** - 대부분의 인터넷 사용자는 구글이나 페이스북 깃허브 같은 수많은 사이트에 계정을 가지고 있다. 새로운 사이트를 이용할 때마다 새로운 계정을 만들지 않고 이미 있는 외부 계정으로 로그인할 수 있다면 사용자 편의성이 높아지게 된다. CourseTracker 애플리케이션에 구글 계정으로 로그인하는 서드파티 로그인 기능을 추가한다.

NOTE 6장에서는 엔터프라이즈급 애플리케이션에 적용되는 여러 가지 고급 응용 기법을 실무적으로 구현하는 방법을 다루므로 다른 장에 비해 소스 코드는 많고 이론 설명은 상대적으로 적다. 기법에 따라 코드 양이 굉장히 많은 경우도 있으며 이때는 책에 모든 코드를 명시하는 대신 깃허브 소스 코드 링크로 대신한다.

6.1 스프링 부트 애플리케이션에 HTTPS 활성화

최근 애플리케이션에서는 클라이언트와 사용자 연결에 HTTP 프로토콜보다 보안성이 더 높은 HTTPS 프로토콜을 사용한다. HTTPS는 HTTP에 TLS transport layer security 암호화를 적용한 것이다. HTTPS를 사용하면 HTTP 요청과 응답이 암호화되어 송수신되므로 더 안전하다. 스프링 부트에서는 어렵지 않게 HTTPS를 활성화할 수 있다.

6.1.1 기법: HTTPS 활성화

6.1.1절의 소스 코드는 https://mng.bz/7WAe**에서 확인할 수 있다. 완성본은** https://mng.bz/mxM4**에서 확인할 수 있다.**

요구 사항

CourseTracker 애플리케이션에 HTTPS를 활성화해서 보안성을 높여야 한다.

해법

스프링 부트 애플리케이션에서 HTTPS를 활성화하는 작업은 2단계로 구성된다. 먼저 TLS 인증서를 확보해야 하고, 이 인증서를 스프링 부트 애플리케이션에 설정한다. TLS 인증서에는 인증서 소유자의 공개 키와 비밀 키 정보가 들어 있다. 공개 키와 비밀 키를 사용하는 목적은 암호화와 인증서 소유자의 신원 확인 이렇게 두 가지다. 인증서는 베리사인 Verisign, 인트러스트 Entrust, 렛츠인크립트 Let's Encrypt 같은 공인 인증 기관 certificate authority, CA을 통해 발급받을 수 있고, `keytool`과 `openssl` 같은 도구를 사용해서 자가 승인 self-signed 인증서를 생성할 수도 있다. 실제 서비스용 애플리케이션에는 공인 인증 기관으로 부터 발급받은 인증서를 사용해야 한다. 하지만 작동 방식을 이해하는 용도로는 JDK의 `keytool`을 사용해서 만든 자가 승인 인증서로도 충분하다. 자가 승인 인증서를 만드는 방법은 깃허브 위키(https://mng.bz/q2pJ)를 참고하자.

인증서를 생성하면 스프링 부트 애플리케이션에 HTTPS 설정을 할 수 있다. 먼저 인증서를 포함하고 있는 키스토어 keystore 파일을 스프링 부트가 인식할 수 있도록 src/main/resources/keystore 폴더에 저장한다. 그리고 이 파일을 스프링 시큐리티에서 지정해주고 HTTPS를 활성화하면 된다.

스프링 부트 애플리케이션에서 HTTPS를 활성화하려면 application.properties 파일을 열고 예제 6.1과 같이 설정하면 된다.

예제 6.1 HTTPS 설정 프로퍼티

```
server.ssl.key-store-type=PKCS12    ❶
server.ssl.key-store=classpath:keystore/sbip.p12    ❷
server.ssl.key-store-password=p@ssw0rd    ❸
server.ssl.key-alias=sbip    ❹
server.port=8443    ❺
```

❶ 키스토어 타입을 지정한다. 예제에는 PKCS12를 사용하지만 JKS 형식으로 인증서를 생성했다면 JKS로 지정할 수도 있다.

❷ 인증서가 포함된 키스토어 파일 위치를 지정한다.

❸ 인증서 생성에 사용된 비밀번호를 지정한다.

❹ 인증서에 매핑된 별명을 지정한다.

❺ HTTPS 포트를 지정한다.

이제 애플리케이션으로 들어오는 모든 요청에 HTTPS를 강제해보자. `WebSecurityConfigurer-Adapter` 클래스를 상속받은 `SecurityContextConfiguration` 클래스를 예제 6.2와 같이 변경한다.

예제 6.2 HTTPS를 강제하도록 SecurityConfiguration 클래스 변경

```
package com.manning.sbip.ch06.security;

// import 문 생략

@Configuration
public class SecurityConfiguration extends WebSecurityConfigurerAdapter {

    @Override
    protected void configure(AuthenticationManagerBuilder auth) throws Exception {
        auth.inMemoryAuthentication().passwordEncoder(passwordEncoder()).withUser("user")
                .password(passwordEncoder().encode("pass")).roles("USER");
    }

    @Override
    protected void configure(HttpSecurity http) throws Exception {
        http.requiresChannel().anyRequest().requiresSecure()    ❶
            .and()
            .authorizeRequests().antMatchers("/login").permitAll()
            .anyRequest().authenticated()
            .and()
            .formLogin().loginPage("/login");
    }
```

```
    @Override
    public void configure(WebSecurity web) throws Exception {
        web.ignoring().antMatchers("/webjars/**", "/images/*", "/css/*", "/h2-console/**");
    }

    @Bean
    public PasswordEncoder passwordEncoder() {
        return new BCryptPasswordEncoder();
    }
}
```

❶ 모든 요청에 HTTPS를 강제한다.

애플리케이션을 시작하고 https://localhost:8443/login에 접속해보자. HTTP 8080 포트가 아니라 HTTPS 8443 포트를 사용하는 것을 주목하자.

HTTPS를 적용하고 나면 모든 HTTP 요청은 차단되며 HTTPS로 자동으로 리다이렉트해줘야 한다. application.properties 파일에 8443포트를 지정하면서 이미 HTTPS를 사용하도록 설정했으므로 프로퍼티 파일을 통해 HTTP로 설정하는 것은 불가능하다. 스프링 부트는 애플리케이션에서 HTTP, HTTPS 중에서 오직 하나의 프로토콜만 설정할 수 있기 때문이다.

따라서 HTTP 요청을 HTTPS로 자동 리다이렉트하는 기능은 application.properties에서 설정할 수는 없고 소스 코드로 작성해야 한다. 예제 6.3 내용을 `CourseTrackerSpringBootApplication` 클래스에 추가한다.

예제 6.3 HTTP 요청을 HTTPS로 리다이렉트하는 설정

```
@Bean
public ServletWebServerFactory servletContainer() {
   TomcatServletWebServerFactory tomcat = new TomcatServletWebServerFactory() {
       @Override
       protected void postProcessContext(Context context) {
           SecurityConstraint securityConstraint = new SecurityConstraint();
           securityConstraint.setUserConstraint("CONFIDENTIAL");
           SecurityCollection collection = new SecurityCollection();
           collection.addPattern("/*");    ❶
           securityConstraint.addCollection(collection);
           context.addConstraint(securityConstraint);
       }
   };
   tomcat.addAdditionalTomcatConnectors(redirectConnector());
   return tomcat;
```

```
}

private Connector redirectConnector() {
    Connector connector = new Connector("org.apache.coyote.http11.Http11NioProtocol");
    connector.setScheme("http");
    connector.setPort(8080);
    connector.setRedirectPort(8443);    ❷
    return connector;
}
```

❶ URL 패턴으로 /* 를 지정해서 모든 요청에 보안 제약 사항을 적용하도록 설정한다.

❷ 기본 포트를 8080으로 하고 리다이렉트 포트를 8443으로 지정한다.

예제 6.3에서는 `TomcatServletWebServerFactory` 클래스를 이용해서 톰캣 서버에 보안 제약 사항을 적용한다. 애플리케이션을 재시작하고 http://localhost:8080/login에 접속하면 https://localhost:8443/login으로 리다이렉트되는 것을 확인할 수 있다.[1]

토론

실제 서비스되는 애플리케이션에는 HTTP 대신에 항상 HTTPS를 사용하는 것이 좋다. HTTP는 요청과 응답이 암호화되지 않은 텍스트 형태로 전송되기 때문에 민감한 정보가 노출될 수 있다. 예를 들어 주민등록번호나 신용카드 정보가 암호화되지 않은 텍스트로 서버에 전송된다면 악의적인 공격자가 가로채서 도용할 수 있다.

HTTPS는 요청과 응답을 암호화해서 전송 중인 데이터가 도용되는 것을 방지하므로 HTTPS를 사용하는 애플리케이션은 사용자가 더 안전하게 사용할 수 있으며, 사용자와 애플리케이션 운영 주체의 보안 위험을 낮춰준다.

스프링 부트는 HTTPS 지원 기능이 내장돼 있어 손쉽게 설정할 수 있다. 스프링 시큐리티 설정을 통해 HTTP를 이용해서 들어오는 모든 요청을 차단하고 HTTPS로 리다이렉트할 수 있다.

예제 6.3을 실제로 실행해보면 HTTPS로 리다이렉트되어 표시되어야 할 로그인 화면이 제대로 나오지 않을 수 있다. 이는 브라우저가 자가 승인 인증서를 신뢰하지 않아서 자가 승인 인증서를 사용하는 웹 페이지를 화면에 표시하지 않기 때문이다. 실제 서비스에서는 당연히 공인 인증 기관으

1 옮긴이 브라우저 설정에 따라 사설 인증서를 사용하는 localhost에 접근할 수 없어 로그인 화면이 표시되지 않을 수 있다. 크롬에서는 주소창에 chrome://flags/#allow-insecure-localhost를 입력하고 'Allow invalid certificates for resources loaded from localhost.'를 Enabled로 변경 후 브라우저를 재시작하면 리다이렉트된 https://localhost:8443/login 화면이 제대로 표시된다.

로부터 발급받은 인증서를 사용해야 하지만, 동작 원리를 설명하는 목적으로는 자가 승인 인증서로도 충분하다.

6.1.1절에서는 스프링 부트 애플리케이션에서 HTTPS를 활성화하는 방법을 알아봤다. 실제 서비스 환경에서는 스프링 부트 애플리케이션보다 앞 단에 로드 밸런서를 두는 것이 일반적이다. 실제로 HTTPS 활성화 조치는 스프링 부트 애플리케이션이 아니라 로드 밸런서 계층에서 수행돼야 한다. 하지만 로드 밸런서를 사용하지 않거나 내부 프로젝트라서 스프링 부트 애플리케이션에 HTTPS 활성화를 적용해도 괜찮은 환경에서는 예제 6.3을 참고하면 된다.

6.2 스프링 클라우드 볼트를 활용한 비밀 정보 관리

비밀 정보를 안전하게 관리하는 것은 어느 애플리케이션에서나 중요한 일이며 스프링 부트 애플리케이션도 예외가 아니다. 애플리케이션에는 사용자 비밀번호, API 키, TLS 인증서, 암호화 키 등 여러 가지 비밀 정보가 사용된다. 이런 비밀 정보가 악의적인 공격자에게 노출된다면 애플리케이션에는 돌이킬 수 없는 매우 큰 문제가 발생한다.

스프링 부트는 설정 정보를 application.properties 또는 application.yml 파일에서 관리한다. 편리하게 설정 정보를 관리할 수 있지만 비밀 정보를 암호화되지 않은 문자열로 작성하고, 별다른 생각 없이 공개 리포지터리에 소스 코드를 올리면 비밀 정보가 훤히 드러나게 된다. 예를 들어 앞에서 다룬 예제에서도 키스토어 비밀번호를 application.properties 파일에 일반 문자열로 저장했다.

이번 절에서는 스프링 부트 애플리케이션에서 해시코프HashiCorp의 볼트Vault(https://www.vaultproject.io/)를 통해 비밀 정보를 관리하는 방법을 살펴본다. 볼트를 사용하면 비밀 정보를 안전하고 편리하게 관리할 수 있다. 먼저 실습을 통해 사용해 본 후 토론으로 볼트의 개념을 알아보자.

해시코프 볼트

해시코프 볼트는 저장 공간, 클라우드 연동, 동적 비밀 정보 생성 등 다양한 기능을 설정할 수 있다. 해시코프 볼트를 자세히 다루는 것은 이 책의 범위를 벗어나므로 자세한 내용은 볼트 공식 문서인 https://vaultproject.io/docs를 참고하자. 책에서는 볼트의 기본 개념과 스프링 부트와의 연동 부분만 다룬다.

6.2.1 기법: 스프링 부트 애플리케이션에서 볼트를 활용한 비밀 정보 관리

6.2.1절의 소스 코드는 https://mng.bz/5KVa에서 확인할 수 있다. 완성본은 https://mng.bz/6ZxA에서 확인할 수 있다.

요구 사항

데이터베이스 비밀번호와 외부 API 키를 application.properties에 문자열로 저장해서 관리하지 말고 더 안전하게 관리해야 한다.

해법

해시코프 볼트를 사용해서 비밀 정보를 관리한다. 현재 CourseTracker 애플리케이션에서는 키스토어 비밀번호를 application.properties 파일에 암호화되지 않은 문자열로 저장하고 있는데, 이를 볼트로 외부화하고 볼트로 비밀 정보를 읽어올 수 있도록 필요한 설정을 변경한다.

먼저 다음과 같이 볼트 서버를 구성하고 키스토어 비밀번호를 볼트에 저장한다(http://mng.bz/oagp).

1. https://www.vaultproject.io/downloads에서 운영체제에 맞게 설치 파일을 다운로드한다. 책에서는 맥 OS를 기준으로 진행한다.
2. ZIP 파일 압축을 풀면 vault 실행 파일이 나온다.
3. vault 실행 파일이 있는 폴더와 같은 폴더에 다음과 같이 vault.conf 파일을 작성한다.

```
backend "inmem" {
}

listener "tcp" {
  address = "0.0.0.0:8200"
  tls_disable = 1
}

disable_mlock = true
```

4. 볼트 서버를 실행하면 대략 다음과 같은 로그가 표시된다.

```
./vault server -config vault.conf

        ==> Vault server configuration:

                             Cgo: disabled
```

```
                  Go Version: go1.15.11
                  Listener 1: tcp (addr: "0.0.0.0:8200", cluster address:
"0.0.0.0:8201", max_request_duration: "1m30s", max_request_size: "33554432", tls:
"disabled")
                   Log Level: info
                       Mlock: supported: false, enabled: false
               Recovery Mode: false
                     Storage: inmem
                     Version: Vault v1.7.2
                 Version Sha: db0e4245d5119b5929e611ea4d9bf66e47f3f208

        ==> Vault server started! Log data will stream in below:

        2021-05-23T07:24:08.427+0530 [INFO]  proxy environment: http_proxy="" https_
proxy="" no_proxy=""
        2021-05-23T07:24:08.428+0530 [WARN]  no `api_addr` value specified in config
or in VAULT_API_ADDR; falling back to detection if possible, but this value should be
manually set
```

5. 다른 터미널 창을 열고 다음과 같이 환경 변수를 지정한다.

```
        export VAULT_ADDR=http://localhost:8200
```

6. 볼트는 기본적으로 사용할 수 없도록 봉인sealed돼 있다. 봉인을 해제하려면 비밀 키가 필요하며 다음 명령을 통해 비밀 키를 생성할 수 있다.

```
./vault operator init

        Unseal Key 1: dWySvH4YUA/0PsEc/89jkvafReAdzWCM9uTKEWRzKs0l
        Unseal Key 2: vclmTKiuvWSg+G/o7kFRwIhlEiTVU4UvqhH/e/LdTRm2
        Unseal Key 3: 8Uck9MRcb+vIw2DdS7P76/kbb/Z7DI/ngJQjaX8mD1ce
        Unseal Key 4: kv1QWqNbH5b2ueCHJmhmF8Il8zhdvQfT+bi0eK63viV/
        Unseal Key 5: 5rHgCvltXtFxRoKoiw4RzP4XMKgiKblSvSnd9PyhSHSw

        Initial Root Token: s.YGgzy5qOtEf4d6Xo0i6qqQGL

        Vault initialized with 5 key shares and a key threshold of 3. Please securely
        distribute the key shares printed above. When the Vault is re-sealed,
        restarted, or stopped, you must supply at least 3 of these keys to unseal it
        before it can start servicing requests.

        Vault does not store the generated master key. Without at least 3 key to
        reconstruct the master key, Vault will remain permanently sealed!

        It is possible to generate new unseal keys, provided you have a quorum of
```

```
existing unseal keys shares. See "vault operator rekey" for more information.
```

7. `vault status` 명령을 실행하면 볼트가 봉인돼 있고 봉인을 해제하려면 적어도 3개의 비밀 키가 필요한 것을 확인할 수 있다.

```
./vault status

        Key                 Value
        ---                 -----
        Seal Type           shamir
        Initialized         true
        Sealed              true
        Total Shares        5
        Threshold           3
        Unseal Progress     0/3
        Unseal Nonce        n/a
        Version             1.11.4
        Build Date          2022-09-23T06:01:14Z
        Storage Type        inmem
        HA Enabled          false
```

8. 6번에서 확인한 3개의 비밀 키를 입력해서 봉인을 해제한다.

```
./vault operator unseal 8Uck9MRcb+vIw2DdS7P76/kbb/Z7DI/ngJQjaX8mD1ce
        ./vault operator unseal kv1QWqNbH5b2ueCHJmhmF8Il8zhdvQfT+bi0eK63viV/
        ./vault operator unseal 5rHgCvltXtFxRoKoiw4RzP4XMKgiKblSvSnd9PyhSHSw
```

9. 6번에서 확인한 초기 루트 토큰Initial Root Token을 환경 변수로 등록한다.

```
export VAULT_TOKEN=s.YGgzy5qOtEf4d6Xo0i6qqQGL
```

10. kv 비밀 정보 엔진을 활성화한다.

```
./vault secrets enable -path=secret kv

Success! Enabled the kv secrets engine at: secret/
```

11. 비밀 정보를 볼트에 저장한다.

```
./vault write secret/coursetracker keystore=p@ssw0rd

Success! Data written to: secret/coursetracker
```

이제 CourseTracker 스프링 부트 애플리케이션에서 볼트를 사용할 수 있도록 pom.xml 파일을 예제 6.4와 같이 작성한다.

예제 6.4 볼트를 사용할 수 있도록 변경한 pom.xml

```
<?xml version="1.0" encoding="UTF-8"?>
<project xmlns="http://maven.apache.org/POM/4.0.0"
    xmlns:xsi="http://www.w3.org/2001/XMLSchema-instance"
    xsi:schemaLocation="http://maven.apache.org/POM/4.0.0 https://maven.apache.org/xsd/
maven-4.0.0.xsd">
    <modelVersion>4.0.0</modelVersion>
    <parent>
        <groupId>org.springframework.boot</groupId>
        <artifactId>spring-boot-starter-parent</artifactId>
        <version>2.6.3</version>
        <relativePath /> <!-- 메이븐 리포지터리에서 parent를 가져온다 -->
    </parent>
    <groupId>com.manning.sbip.ch06</groupId>
    <artifactId>course-tracker-implementing-vault-final</artifactId>
    <version>1.0.0</version>
    <name>course-tracker-implementing-vault-final</name>
    <description>Spring Boot application for Chapter 06</description>
    <properties>
        <java.version>17</java.version>
        <spring-cloud.version>2021.0.0</spring-cloud.version>
    </properties>
    <dependencies>
    // 기존 의존 관계 생략
        <dependency>
            <groupId>org.springframework.cloud</groupId>
            <artifactId>spring-cloud-starter-vault-config</artifactId>
        </dependency>
    </dependencies>
    <dependencyManagement>
        <dependencies>
            <dependency>
                <groupId>org.springframework.cloud</groupId>
                <artifactId>spring-cloud-dependencies</artifactId>
                <version>${spring-cloud.version}</version>
                <type>pom</type>
                <scope>import</scope>
            </dependency>
        </dependencies>
    </dependencyManagement>
    // 기존 설정 생략
</project>
```

이번에는 application.properties 파일에 예제 6.5와 같이 볼트 설정을 추가한다.

예제 6.5 application.properties 파일에 볼트 설정 추가

```
spring.cloud.vault.token=s.YGgzy5q0tEf4d6Xo0i6qqQGL   ❶
spring.cloud.vault.authentication=token ❷
spring.cloud.vault.host=localhost   ❸
spring.cloud.vault.port=8200   ❸
spring.cloud.vault.scheme=http   ❸
spring.config.import=vault://secret/coursetracker   ❹
spring.application.name=coursetracker
server.ssl.key-store-password=${keystore}   ❺
```

❶ 볼트 초기 설정 시 획득한 초기 루트 토큰값을 지정한다. CourseTracker 애플리케이션은 이 값을 볼트에 제공해서 인증을 통과한다.

❷ 볼트 인증 방식을 `token`으로 지정한다. 볼트는 `token` 외에 다른 인증 방법도 지원한다.

❸ 볼트 서버의 위치를 지정한다. 예제라서 HTTP 프로토콜을 사용하지만 실제 서비스에서는 반드시 HTTPS를 사용해야 한다.

❹ 비밀 정보가 담겨 있는 볼트의 위치를 볼트에서 설정한 위치인 `secret/coursetracker`로 지정한다.

❺ 인증서 비밀번호를 `${keystore}`로 대체한다.

https://localhost:8443/에 접속하면 애플리케이션이 정상 동작하는 것을 확인할 수 있다.

토론

이번 기법에서는 스프링 부트 애플리케이션에서 해시코프 볼트를 사용하는 방법을 알아봤다. 해시코프 볼트는 비밀 정보를 관리하는 데 필요한 여러 가지 강력하고 유연한 기능을 제공한다. 그림 6.1에는 사용자와 스프링 부트 애플리케이션, 볼트의 관계가 그려져 있다.

그림 6.1 사용자, 스프링 부트 애플리케이션, 해시코프 볼트의 상호 작용

예제에서는 `vault operator init` 명령으로 생성한 초기 루트 토큰을 생성하고 application.properties 파일에 저장했는데, 실제 서비스 환경에서는 초기 루트 토큰값을 환경 변수나 다른 방법으로 공급받도록 구성해야 한다. 또한 예제에서 사용한 HTTP 프로토콜도 실제 서비스에서는

HTTPS 프로토콜을 사용하도록 구성해야 한다.

6.3 사용자 등록 구현

사용자를 등록하고 관리하는 것은 웹 애플리케이션의 핵심 기능 중 하나다. 이번 절에서는 CourseTracker 애플리케이션에서 새 사용자를 생성하는 방법을 예제를 통해 알아본다.

6.3.1 기법: 스프링 시큐리티를 사용한 사용자 등록 구현

6.3.1절의 소스 코드는 https://mng.bz/nYa2**에서 확인할 수 있다. 완성본은** https://mng.bz/vo04**에서 확인할 수 있다.**

요구 사항

CourseTracker 애플리케이션에 사용자 등록 기능을 구현하고, 등록된 사용자는 로그인할 수 있어야 한다.

해법

사용자 등록 기능 구현 방법을 자세히 알아보기 전에 CourseTracker 애플리케이션에 반영할 변경 사항을 개괄적으로 살펴보자.

- 사용자 정보를 입력받는 HTML 페이지(`add-user.html`)를 작성한다.
- HTML 페이지에서 입력받은 정보를 담는 데이터 전송 객체data transfer object인 `UserDto`를 정의한다.
- CourseTracker 애플리케이션에서 사용자를 나타내는 `ApplicationUser` 도메인 엔티티 클래스를 정의한다.
- `ApplicationUser` 클래스를 데이터베이스에 저장하고 조회하는 스프링 데이터 리포지터리와 서비스를 구현한다.

먼저 사용자 등록 페이지를 작성해보자. HTML 소스 코드는 https://mng.bz/4jrj에서 확인할 수 있다. 앞서 작성했던 로그인 페이지와 비슷하다. 사용자 상세 정보를 입력하는 폼과 사용자 등록 버튼이 포함돼 있다.

이제 사용자 등록 페이지에서 사용자가 입력한 정보를 담아 서버로 전송하는 UserDto 클래스를 예제 6.6과 같이 정의한다.

예제 6.6 UserDto 클래스

```
package com.manning.sbip.ch06.dto;

// import 문 생략

@Data
@NoArgsConstructor
@AllArgsConstructor
public class UserDto {

    @NotEmpty(message="Enter your firstname")
    private String firstName;

    @NotEmpty(message="Enter your lastname")
    private String lastName;

    @NotEmpty(message="Enter a username")
    private String username;

    @NotEmpty(message="Enter an email")
    @Email(message="Email is not valid")
    private String email;

    @NotEmpty(message="Enter a password")
    private String password;

    @NotEmpty(message="Confirm your password")
    private String confirmPassword;

    // 게터, 세터, 생성자 생략
}
```

UserDto 클래스는 사용자 등록 페이지에 있던 사용자 입력 항목과 동일한 필드를 가지고 있다. 다만 입력 내용 검증을 위해 여러 가지 javax.validation.constraints 애너테이션이 필드에 붙어 있다. 이 클래스의 이름이 UserDto인 이유는 HTML 페이지를 통해 입력받은 데이터를 컨트롤러에 전송하는 데 사용되기 때문이다. 일반적으로 애플리케이션에서 사용자를 나타내는 도메인 클래스와 화면에서 사용자로부터 데이터를 입력받는 클래스는 별개의 클래스로 분리하는 것이 좋다. 예를 들어 사용자로부터 데이터를 입력받는 UserDto에는 있지만 도메인 클래스인 ApplicationUser

에 저장하기에는 적합하지 않은 필드가 있을 수 있다. 또 입력한 비밀번호에 오타가 없음을 확인할 목적으로 입력받는 confirmedPassword는 UserDto에는 저장되지만 ApplicationUser에는 저장되지 않는다.

이제 예제 6.7과 같이 ApplicationUser 클래스를 정의한다.

예제 6.7 ApplicationUser 클래스

```
package com.manning.sbip.ch06.model;

// import 문 생략

@Data
@Entity
@Table(name = "CT_USERS")
@NoArgsConstructor
public class ApplicationUser {

    @Id
    @GeneratedValue(strategy = GenerationType.IDENTITY)
    private Long id;

    private String firstName;
    private String lastName;
    private String username;
    private String email;
    private String password;

    // 게터, 세터, 생성자 생략
}
```

ApplicationUser 클래스는 JPA 엔티티로서 CT_USERS 테이블에 사용자 상세 정보를 저장한다. 테이블 이름에 애플리케이션의 머리글자를 붙이는 관례를 따라 USERS 앞에 CT_를 붙였다.

다음으로 CT_USERS 테이블 DDL을 예제 6.8과 같이 작성하고 src/main/resources/script.ddl 파일에 저장한다.

예제 6.8 CT_USERS 테이블 DDL

```
create table CT_USERS (
    id BIGINT NOT NULL auto_increment,
    first_name varchar(50),
    last_name varchar(50),
```

```
    email varchar(50),
    username varchar(50),
    password varchar(100),
    PRIMARY KEY (id)
);
```

ApplicationUser 정보를 조회하는 UserRepository 인터페이스를 예제 6.9와 같이 정의한다.

예제 6.9 **UserRepository 인터페이스**

```
package com.manning.sbip.ch06.repository;

//import 문 생략

@Repository
public interface UserRepository extends CrudRepository<ApplicationUser, Long> {

    ApplicationUser findByUsername(String username);
}
```

username을 인자로 받아서 username이 일치하는 ApplicationUser를 조회하는 커스텀 메서드를 정의했다. 3장에서 스프링 데이터를 다루면서 정해진 이름 규칙을 따르는 메서드로 데이터를 조회하는 방법을 알아봤다.

이제 사용자를 생성하고 조회하는 서비스를 만들어보자. 먼저 예제 6.10과 같이 두 개의 메서드를 가진 UserService 인터페이스를 정의한다.

예제 6.10 **UseService 인터페이스**

```
package com.manning.sbip.ch06.service;

// import 문 생략

public interface UserService {

    ApplicationUser createUser(UserDto userDto);   ❶
    ApplicationUser findByUsername(String username);   ❷
}
```

❶ userDto에 담긴 정보를 바탕으로 새 ApplicationUser를 생성한다.

❷ username이 일치하는 ApplicationUser를 조회한다.

UserService 인터페이스 구현체를 예제 6.11과 같이 작성한다.

예제 6.11 UserService 인터페이스 기본 구현체

```
package com.manning.sbip.ch06.service.impl;

// import 문 생략

@Service
public class DefaultUserService implements UserService {

    @Autowired
    private UserRepository userRepository;

    @Autowired
    private PasswordEncoder passwordEncoder;


    public ApplicationUser createUser(UserDto userDto) {    ❶
        ApplicationUser applicationUser = new ApplicationUser();
        applicationUser.setFirstName(userDto.getFirstName());
        applicationUser.setLastName(userDto.getLastName());
        applicationUser.setEmail(userDto.getEmail());
        applicationUser.setUserName(userDto.getUsername());
        applicationUser.setPassword(passwordEncoder.encode(userDto.getPassword()));

        return userRepository.save(applicationUser);
    }

    public ApplicationUser findByUsername(String username) {    ❷
       return userRepository.findByUsername(username);
    }
}
```

❶ creatorUser() 메서드는 사용자가 입력한 정보가 담긴 userDto로부터 데이터를 추출해서 applicationUser 객체를 생성하고 userRepository를 통해 CT_USERS 테이블에 저장하고 반환한다. 비밀번호는 암호화한 후에 테이블에 저장한다.

❷ findByUsername() 메서드는 사용자가 입력한 username과 일치하는 ApplicationUser를 userRepository를 통해 CT_USERS 테이블에서 조회한다.

이제 스프링 시큐리티를 연동할 차례다. 5장에서 UserDetailsService 인터페이스가 사용자 정보 저장소와 스프링 시큐리티 사용자 관리 기능을 연동하는 방법을 다루면서 알아본 것처럼 UserDetailsService 인터페이스를 구현해야 한다. 예제 6.12를 보자.

예제 6.12 **UserDetailsService 구현체**

```
package com.manning.sbip.ch06.service.impl;

// import 문 생략

@Service
public class CustomUserDetailsService implements UserDetailsService {

    @Autowired
    private UserService userService;


    public UserDetails loadUserByUsername(String username) throws UsernameNotFoundException {

        ApplicationUser applicationUser = userService.findByUsername(username);

        if (applicationUser == null) {
            throw new UsernameNotFoundException("User with username " + username + " does
not exists");
        }

        UserDetails userDetails =
            User.withUsername(username)
                .password(applicationUser.getPassword())
                .roles("USER")
                .disabled(false)
                .build();
        return userDetails;
    }
}
```

사용자 정보를 스프링 시큐리티에서 기본적으로 인식하는 테이블이 아닌 CT_USERS 테이블에서 조회하므로 사용자 정보를 조회해서 UserDetails로 매핑하는 로직을 따로 구현해야 한다. 앞서 작성한 UserService를 활용해서 CT_USERS 테이블에서 조회한 사용자 정보가 담긴 ApplicationUser를 바탕으로 UserDetails 인스턴스를 생성해서 반환하도록 loadUserByUsername() 메서드를 구현한다. username에 해당하는 사용자가 없으면 UsernameNotFoundException을 던진다.

이제 사용자 요청을 받아주는 컨트롤러를 예제 6.13과 같이 정의한다.

예제 6.13 **RegistrationController 클래스**

```
package com.manning.sbip.ch06.controller;

// import 문 생략

@Controller
public class RegistrationController {

    @Autowired
    private UserService userService;

    @GetMapping("/adduser")
    public String register(Model model) {    ❶
        model.addAttribute("user", new UserDto());
        return "add-user";
    }

    @PostMapping("/adduser")
    public String register(
        @Valid @ModelAttribute("user") UserDto userDto,
        BindingResult result
    ) {    ❷
        if(result.hasErrors()) {
            return "add-user";
        }

        userService.createUser(userDto);
        return "redirect: adduser ? success";
    }
}
```

❶ HTTP GET 요청을 받아서 add-user.html을 반환한다.

❷ HTTP POST 요청을 받아서 사용자 등록을 수행한다.

HTTP GET 요청을 받는 `adduser` 엔드포인트는 비어 있는 `UserDto` 인스턴스를 바인딩해서 반환한다. 사용자가 내용을 입력하고 등록 버튼을 누르면 HTML 페이지의 `submit` 속성값에 의해 HTTP POST 요청으로 `adduser` 엔드포인트를 호출한다. 사용자 입력 내용은 `userDto`에 저장돼 있으며, `UserDto` 클래스 정의할 때 추가했던 `@NotEmpty` 같은 애너테이션을 통해 입력 내용이 검증된다. 입력 내용에 문제가 없으면 `CT_USERS` 테이블에 레코드를 추가하고, success.html 페이지를 반환하고, 문제가 있으면 에러 내용이 담긴 add-user.html 페이지를 반환한다.

이번에는 LoginController 클래스에 로그인 실패 처리를 담당하는 로직을 추가해보자. 5장에서 살펴봤던 것처럼 LoginController는 사용자에게 로그인 페이지를 표시한다. 로그인이 실패하면 사용자에게 로그인 실패 에러 메시지를 표시하는 login-error 엔드포인트를 예제 6.14와 같이 추가한다.

예제 6.14 LoginController에 로그인 실패 처리 로직 추가

```
package com.manning.sbip.ch06.controller;

// import 문 생략

@Controller
public class LoginController {

    @GetMapping("/login")
    public String login() {
        return "login";
    }

    @GetMapping("/login-error")     ❶
    public String loginError(Model model) {
        model.addAttribute("loginError", true);
        return "login";
    }
}
```

❶ 로그인 에러를 처리할 login-error 엔드포인트를 추가한다.

로그인 실패 시 스프링 시큐리티가 호출할 login-error 엔드포인트는 스프링 MVC의 model 인스턴스를 사용해서 loginError 속성에 true를 설정하고 login.html를 반환한다.

이제 스프링 시큐리티 설정을 예제 6.15와 같이 변경한다.

예제 6.15 SecurityConfiguration 클래스

```
package com.manning.sbip.ch06.security;

// import 문 생략

@Configuration
public class SecurityConfiguration extends WebSecurityConfigurerAdapter {

    @Override
```

```
    protected void configure(HttpSecurity http) throws Exception {
        http.authorizeRequests()
            .antMatchers("/adduser", "/login", "/login-error").permitAll()    ❶
            .anyRequest().authenticated()
            .and()
            .formLogin().loginPage("/login").failureUrl("/login-error");    ❷
    }

    @Override
    public void configure(WebSecurity web) throws Exception {
        web.ignoring().antMatchers("/webjars/**", "/images/*", "/css/*");
    }

    @Bean
    public PasswordEncoder passwordEncoder() {
        return new BCryptPasswordEncoder();    ❸
    }
}
```

❶ 로그인 실패 시 호출되는 `login-error` 엔드포인트도 인증 없이 접근할 수 있도록 설정한다.

❷ 로그인 실패 시 `login-error` 엔드포인트가 호출되어 사용자에게 다시 로그인을 시도할 수 있도록 설정한다. `failureUrl()` 메서드를 통해 로그인 실패 페이지를 지정하면 로그인 실패 시 지정한 엔드포인트로 스프링 시큐리티가 리다이렉트해준다.

❸ `BCryptPassEncoder`를 사용해서 비밀번호를 암호화하도록 설정한다. 여기에서 설정한 인코더가 `DefaultUserService` 클래스에서 비밀번호를 암호화하는 데 사용된다.

이제 모든 작업을 마쳤다. 애플리케이션을 시작하고 http://localhost:8080에 접속해서 Register 메뉴를 클릭하면 그림 6.2와 같이 사용자 등록 페이지가 표시된다. 입력된 사용자 정보는 CT_USERS 테이블에 저장된다.

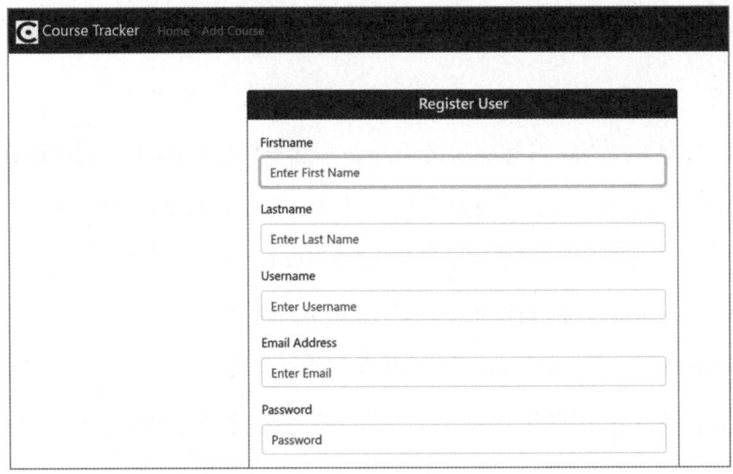

그림 6.2 **사용자 등록 페이지**

입력란을 채우고 [Sign Up] 버튼을 클릭하면 사용자 등록 성공 메시지와 함께 로그인 화면으로 이어지는 링크가 화면에 표시된다. 이 시점에서 `h2-console`을 통해 데이터베이스의 `CT_USERS` 테이블을 조회하면 새 레코드가 추가돼 있고 비밀번호가 암호화돼 있는 것을 확인할 수 있다.

[Sign In] 링크를 클릭하면 `username`과 `password`를 입력해서 로그인할 수 있는 로그인 페이지로 리다이렉트된다. 로그인에 성공하면 과정 목록이 표시되는 인덱스 페이지로 리다이렉트되고, 로그인에 실패하면 그림 6.3과 같이 실패 메시지와 함께 다시 로그인할 수 있는 화면이 표시된다.

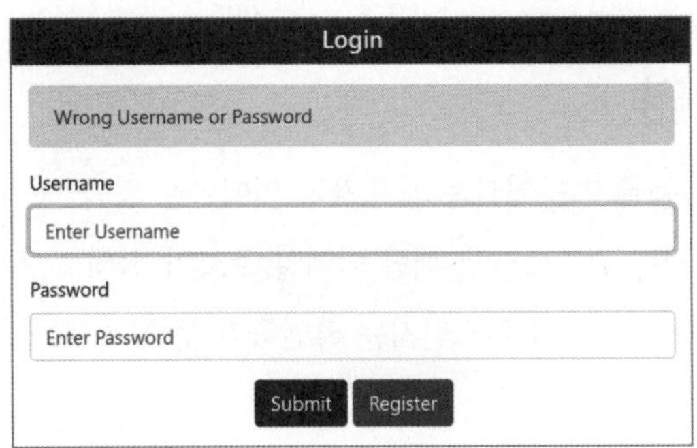

그림 6.3 **사용자 로그인 실패 화면**

토론

이번 기법에서는 CourseTracker 애플리케이션에 사용자 등록 모듈을 추가해봤다. CourseTracker 애플리케이션은 이제 새 사용자를 등록하고, 등록된 사용자는 로그인해서 서비스를 이용할 수 있다.

사용자 등록 기능을 추가하면서 지금까지 살펴봤던 여러 주제가 함께 적용됐는데 하나씩 되짚어 보면 다음과 같다.

- 사용자 등록 HTM 페이지와 사용자 등록 요청을 받아들이는 `RegistrationController`
- HTML 페이지에 사용자가 입력한 정보를 담아서 컨트롤러로 전송하는 `UserDto` 클래스와 애플리케이션 사용자를 나타내는 도메인 클래스인 `ApplicationUser` 클래스
- `ApplicationUser` 클래스에 담긴 정보를 데이터베이스에 저장하고 조회하는 `UserRepository`와 `UserRepository`를 호출하는 `UserService` 인터페이스와 구현체
- `UserSerivce`를 사용해서 데이터베이스에 저장된 사용자 정보를 조회해 스프링 시큐리티의 보안 기능과 연계해주는 `UserDetailsService` 인터페이스 구현체
- 스프링 시큐리티 설정을 담당하는 `SecurityConfiguration` 클래스
- 로그인 실패 처리를 담당하는 `LoginController` 클래스

이번에 만든 사용자 등록 모듈은 의도대로 잘 동작하지만 실무적으로 사용하려면 더 보완해야 할 부분도 있다. `password`와 `confirmPassword`에 입력된 값이 동일한지 검증해야 하고, 이메일과 `username`이 중복 없이 유일한 값인지도 검증해야 한다. 또한 비밀번호 최소 길이나 특수 문자 사용 강제 등 비밀번호 정책도 필요하다. 이런 보완 내용은 여러분의 몫으로 남겨둔다. 2장의 2.5절 내용이 도움이 될 것이다.

6.4 이메일 확인

6.3절에서 구현한 사용자 등록 기능에서는 사용자의 이메일을 입력받는다. 입력받은 정보가 이메일 주소 규칙을 준수하는지는 검증했지만, 해당 이메일 주소가 실제로 존재하는지, 그리고 사용자가 실제로 소유하고 사용하는 이메일 주소인지는 확인하지 못했다. 이메일 주소 확인은 다음 관점에서 중요하다.

- 등록하고자 하는 사용자가 타인을 사칭하지 않고 본인인지 확인
- 사용자가 인터넷 봇이 아니라 실제로 애플리케이션 서비스를 사용하고자 하는 사용자인지 확인
- 애플리케이션 서비스에서 제공하는 유익한 정보나 홍보 활동을 이메일로 전달

이처럼 중요한 이메일을 확인하는 기능을 추가해보자.

6.4.1 기법: 사용자 이메일 확인

6.4.1절의 소스 코드는 https://mng.bz/QW9v**에서 확인할 수 있다. 완성본은** https://mng.bz/XWla**에서 확인할 수 있다.**

요구 사항

사용자 등록할 때 입력받은 이메일 주소가 실제로 존재하는 본인의 이메일인지 확인해야 한다.

해법

이메일 주소를 확인하려면 입력받은 이메일 주소로 확인 링크가 포함된 이메일을 보내서, 사용자가 해당 링크를 클릭할 때 이메일을 유효한 이메일로 확정하고 계정을 활성화하면 된다. 사용자가 계정 활성화 링크를 클릭하기 전까지는 사용자 계정이 활성화되지 않고 로그인할 수 없으며, 계정 활성화 링크를 클릭한 후에 해당 계정을 활성화한다.

이번 기법에서 적용할 변경 내용을 개괄해보자.

사용자는 CourseTracker 애플리케이션에 등록하면서 새로운 계정을 만든다. 애플리케이션은 사용자 정보를 `CT_USERS` 테이블에 저장한다. 하지만 아직 이메일이 확인되지 않았으므로 계정은 비활성화 상태다. 따라서 새 계정 생성 후 CourseTracker 애플리케이션은 등록된 이메일로 확인 링크가 포함된 이메일을 전송한다. 사용자가 이메일을 열어 확인 링크를 클릭하기 전에 로그인을 시도하면 이메일 확인을 통해 계정 활성화를 먼저 한 후에 다시 접근하라는 메시지가 담긴 에러 페이지로 리다이렉트한다. 사용자가 확인 링크를 클릭해서 계정이 활성화된 후에는 사용자가 CourseTracker 애플리케이션에 로그인할 수 있다.

NOTE 예제에서는 편의상 Gmail을 사용하지만 다른 이메일 서비스를 이용하거나 자체 구축한 이메일 서버를 사용할 수도 있다. Gmail 외의 방법을 사용하려면 예제 6.17에 나온 내용을 해당 방법에 맞게 수정해서 적용해야 한다.

전체적인 변경 사항을 한 번 훑어봤으므로 이제 필요한 변경 사항을 하나하나 구현해보자. 가장 먼저 해야 할 일은 예제 6.16과 같이 사용자의 이메일 주소로 이메일을 전송하는 데 필요한 `spring-boot-starter-mail` 의존 관계를 pom.xml에 추가하는 것이다.

예제 6.16 **spring-boot-starter-mail 의존 관계 추가**

```
<dependency>
    <groupId>org.springframework.boot</groupId>
    <artifactId>spring-boot-starter-mail</artifactId>
</dependency>
```

이메일을 전송할 이메일 서버 정보도 설정해야 한다. 앞서 노트에서 설명한 것처럼 예제에서는 Gmail을 CourseTracker 애플리케이션의 이메일 서버로 사용하며 application.properties 파일에 예제 6.17과 같이 추가한다.

예제 6.17 **Gmail 이메일 서버 설정을 application.properties 파일에 추가**

```
// 다른 설정 생략
spring.mail.host=smtp.gmail.com    ❶
spring.mail.port=587    ❷
spring.mail.username=<Gmail 아이디>
spring.mail.password=<Gmail 비밀번호>
spring.mail.properties.mail.smtp.auth=true    ❸
spring.mail.properties.mail.smtp.starttls.enable=true    ❹
spring.mail.protocol-smtp    ❺
spring.mail.test-connection=false    ❻
```

❶ Gmail 서버를 이메일 서버 호스트로 사용한다.

❷ Gmail 서버 이메일 포트를 사용한다.

❸ SMTP 이메일 인증을 사용한다.

❹ SMTP에 TLS를 사용한다.

❺ SMTP 프로토콜을 사용한다.

❻ 애플리케이션 시작 시 메일 서버가 정상 기동 중인지 테스트하지 않도록 설정한다.

CourseTracker 애플리케이션에서 이메일 전송을 위한 SMTP 구성은 예제 6.17과 같이 하면 되지만, Gmail은 CourseTracker 애플리케이션을 알지 못하며 기본적으로 CourseTracker으로부터의 이메일 전송 요청을 허용하지 않는다. Gmail을 통해 이메일을 보내려면 https://support.google.com/accounts/answer/185833?hl=ko를 참고해서 앱 비밀번호를 생성하고, 생성된 앱 비밀번호를 application.properties의 `spring.mail.password` 항목에 입력해야 한다.

NOTE 예제 6.17에 Gmail 아이디와 비밀번호가 문자열로 application.properties 파일에 포함돼 있다. 애플리케이션 소스 코드가 소스 코드 리포지터리에 저장될 때 application.properties 파일도 함께 저장되므로 비밀번호와 문자열이 그대로 노출될 수 있다. 따라서 application.properties에는 그 어떤 비밀 정보도 문자열 그대로 저장돼서는 안 된다.

예를 들어 이메일 아이디와 비밀번호가 포함된 소스 코드가 깃허브 같은 공개 리포지터리에 푸시됐다고 생각해보자. 누군가 이 리포지터리를 포크fork하고 그 포크된 리포지터리를 다른 누군가가 또 포크하면 이메일 아이디와 비밀번호도 점점 더 퍼지게 되고, 누군가 그 정보를 이용해서 이메일을 도용할 수도 있다. 따라서 앞에서 살펴봤던 해시코프 볼트 같은 안전한 방법으로 비밀 정보를 관리하는 것이 좋다.

다음 순서는 이메일 확인 완료 여부를 저장하는 부분을 추가해야 한다. ApplicationUser 클래스에 verified라는 boolean 필드를 추가하고, 게터/세터를 추가하고, CT_USERS 테이블에도 예제 6.18과 같이 verified 컬럼을 추가한다.

예제 6.18 verified 컬럼이 추가된 CT_USERS 테이블

```
create table CT_USERS (
    id BIGINT NOT NULL auto_increment, first_name varchar(50),
    last_name varchar(50),
    email varchar(50),
    username varchar(50),
    password varchar(100),
    verified smallint(1),
    PRIMARY KEY (id)
);
```

이제 사용자가 클릭할 계정 활성화 링크를 생성해야 한다. 구현 편의를 위해 Base64로 인코딩된 UUID 값을 사용자 계정의 username의 이메일 링크 식별자로 사용한다. 이 부분을 조금 더 자세히 설명하면 다음과 같다.

- 사용자가 등록되면 UUID를 생성해서 CT_EMAIL_VERIFICATIONS 테이블에 username과 함께 저장한다.
- 이 UUID는 Base64로 인코딩되어 사용자에게 발송되는 이메일 내용에 포함된다.
- 사용자가 계정 활성화 링크를 클릭하면 Base64로 인코딩된 UUID 값이 애플리케이션으로 전달되고, 애플리케이션은 전달받은 값을 디코딩하고, CT_EMAIL_VERFICIATIONS 테이블에 저장된 값과 비교한다.
- 비교 결과 동일하면 해당 사용자의 이메일이 확인이 완료되며 CT_USERS 테이블의 verified 컬럼값이 true로 변경된다.

이제 앞에서 설명한 CT_EMAIL_VERIFICATIONS 테이블에 해당되는 엔티티 EmailVerification 클

래스를 예제 6.19와 같이 정의한다.

예제 6.19 EmailVerification 클래스

```
package com.manning.sbip.ch04.model;

//imports

@Entity
@Table(name = "CT_EMAIL_VERIFICATIONS")
public class EmailVerification {

    @Id
    @GeneratedValue(generator = "UUID_GENERATOR")
    @GenericGenerator(
        name = "UUID_GENERATOR",
        strategy = "org.hibernate.id.UUIDGenerator"
    )
    private String verificationId;     ❶

    private String username;     ❷
}
```

❶ 사용자별 이메일 확인에 사용되는 UUID 식별자

❷ 등록된 username

CT_EMAIL_VERIFICATIONS 테이블은 username과 verificationId를 매핑해주는 역할을 하며 DDL은 예제 6.20과 같다. DDL 내용을 src/main/resources 폴더에 있는 script.ddl 파일에 추가한다.

예제 6.20 CT_EMAIL_VERIFICATIONS 테이블 DDL

```
create table CT_EMAIL_VERIFICATIONS (
    verification_id varchar(50),
    username varchar(50),
    PRIMARY KEY (verification_id)
);
```

이제 EmailVerification 엔티티 클래스를 관리하는 EmailVerficiationService 클래스를 예제 6.21과 같이 작성한다.

예제 6.21 EmailVerificationService 클래스

```
package com.manning.sbip.ch04.service;
```

```
//import 문 생략

@Service
public class EmailVerificationService {

    private final EmailVerificationRepository repository;


    @Autowired
    public EmailVerificationService(EmailVerificationRepository repository) {
        this.repository = repository;
    }

    public String generateVerification(String username) {    ❶
        if (!repository.existsByUsername(username)) {
            EmailVerification verification = new EmailVerification(username);
            verification = repository.save(verification);
            return verification.getVerificationId();
        }
        return getVerificationIdByUsername(username);
    }

    public String getVerificationIdByUsername(String username) {    ❷
        EmailVerification verification =
            repository.findByUsername(username);
            if(verification != null) {
                return verification.getVerificationId();
            }
        return null;
    }

    public String getUsernameForVerificationId(String verificationId) {    ❸
        Optional<EmailVerification> verification = repository.findById(verificationId);
        if(verification.isPresent()) {
            return verification.get().getUsername();
        }
        return null;
    }
}
```

❶ 등록된 사용자의 username에 해당되는 EmailVerification을 생성하고 저장한다.

❷ username에 해당하는 EmailVerification의 식별자인 verificiationId를 반환한다.

❸ verificiationId에 해당하는 username을 반환한다.

이제 새로 등록된 사용자 이메일 주소로 이메일 확인을 위한 이메일을 보내는 부분을 집중적으로 살펴보자. 스프링에서 제공하는 ApplicationEvent와 ApplicationListener를 사용해서 사용자 등록이라는 이벤트가 발생하면 이메일이 발송되도록 구현해보려고 한다. ApplicationListener 클래스는 이벤트가 발생하면 이벤트에 반응해서 특정 기능을 수행하는 책임을 담당한다.

사용자가 성공적으로 등록되면 UserRegistrationEvent를 발행하고, EmailVerificicationListener가 이 이벤트에 반응해서 이메일 내용을 구성하고, 등록된 사용자 이메일 주소로 이메일을 발송하도록 구현해보자.

이렇게 이벤트를 사용하지 않고 그냥 RegistrationController에서 이메일을 보내는 것도 물론 가능하다. 하지만 이벤트를 사용하면 사용자 등록이라는 프로세스와 이메일 발송이라는 행위를 결합하지 않고 분리할 수 있다는 장점이 있다. 이처럼 이벤트 발생을 관찰하거나 듣고 있다가 발생 시 특정 작업을 수행하도록 설계하는 디자인 패턴을 옵서버observer 패턴이라고 한다. 옵서버 패턴은 특히 분산 마이크로서비스 환경에서 결합도를 낮추는 데 중요한 역할을 한다.

UserRegistrationEvent 클래스는 사용자 등록 이벤트이므로 등록된 사용자를 나타내는 ApplicationUser 필드를 포함하며 스프링이 제공하는 ApplicationEvent 클래스를 상속받으므로 예제 6.22와 같이 정의할 수 있다.

예제 6.22 UserRegistrationEvent 클래스

```
package com.manning.sbip.ch06.event;

// import 문 생략

public class UserRegistrationEvent extends ApplicationEvent {

    private static final long serialVersionUID = -2685172945219633123L;    ❶

    private ApplicationUser applicationUser;

    public UserRegistrationEvent(ApplicationUser applicationUser) {
        super(applicationUser);
        this.applicationUser = applicationUser;
    }

    public ApplicationUser getUser() {
        return applicationUser;
    }
}
```

❶ ApplicatinEvent의 수퍼 클래스인 EventObject가 java.io.Serializable을 구현하므로 ApplicationEvent에도 serialVersionUID를 명시한다.

UserRegistrationEvent 발생에 반응해서 이메일 내용을 구성하고 이메일을 발송하는 EmailVerificationListener 클래스를 예제 6.23과 같이 정의한다.

예제 6.23 **EmailVerificationListener 클래스**

```
package com.manning.sbip.ch06.listener;

// import 문 생략

@Service
public class EmailVerificationListener implements ApplicationListener<UserRegistrationEvent>
{

    @Autowired
    private final JavaMailSender mailSender;    ❶

    @Autowired
    private final EmailVerificationService verificationService;    ❷

    @Override
    public void onApplicationEvent(UserRegistrationEvent event) {    ❸
        ApplicationUser user = event.getUser();
        String username = user.getUsername();
        String verificationId =
verificationService.generateVerification(username);    ❹
        String email = event.getUser().getEmail();

        SimpleMailMessage message = new SimpleMailMessage();    ❺
        message.setSubject("Course Tracker Account Verification");
        message.setText(getText(user, verificationId));    ❻
        message.setTo(email);
        mailSender.send(message);    ❼
    }

    private String getText(ApplicationUser user, String verificationId) {
        String encodedVerificationId = new String(Base64.getEncoder().encode(verificationId.
getBytes()));
        StringBuffer buffer = new StringBuffer();
        buffer.append("Dear ").append(user.getFirstName()).append(" ").append(user.
getLastName()).append(",").append(System.lineSeparator()).append(System.lineSeparator());
        buffer.append("Your account has been successfully created in the Course Tracker
application. ");
```

```
        buffer.append("Activate your account by clicking the following link: http://
localhost:8080/verify/email?id=").append(encodedVerificationId);
        buffer.append(System.lineSeparator()).append(System.lineSeparator());
        buffer.append("Regards,").append(System.lineSeparator()).append("Course Tracker
Team");
        return buffer.toString();
    }
}
```

❶ 이메일을 발송하는 데 필요한 JavaMailSender를 주입받는다.

❷ 사용자 등록 시 생성된 verificationId 값을 username을 통해 조회할 수 있도록 EmailVerificationService를 주입받는다.

❸ UserRegistrationEvent 발생 시 이메일 내용을 구성하고 발송하는 이벤트 핸들러를 구현한다.

❹ 주입받은 verificationService를 사용해서 username에 해당하는 verificationId를 조회한다.

❺ 발송할 이메일 제목, 주소, 내용을 저장하는 SimpleMailMessage 객체를 생성한다.

❻ 이벤트에 포함된 ApplicationUser 정보와 verificiationId 정보를 활용해서 이메일 내용을 구성한다.

❼ 이메일을 발송한다.

SimpleApplicationEventMulticaster

스프링의 이벤트 퍼블리셔publisher와 리스너listener는 동일한 스레드에서 실행된다. 그래서 이벤트 리스너가 이메일을 발송하기 전까지는 사용자 등록 과정이 완료되지 않는다.

이메일 발송을 별도의 스레드에서 비동기로 실행하려면 예제 6.24와 같이 스프링의 SimpleApplicationEventMulticaster를 사용하면 된다.

예제 6.24 SimpleApplicationEventMulticaster 빈 정의

```
package com.manning.sbip.ch06.config;

// import 문 생략

@Configuration
public class EventConfiguration {

    @Bean(name = "applicationEventMulticaster")
    public ApplicationEventMulticaster simpleApplicationEventMulticaster() {
```

```
        SimpleApplicationEventMulticaster eventMulticaster =
            new SimpleApplicationEventMulticaster();

        eventMulticaster.setTaskExecutor(new SimpleAsyncTaskExecutor());     ❶

        return eventMulticaster;
    }
}
```

❶ SimpleAsyncTaskExecutor 객체를 eventMulticaster의 TaskExecutor로 설정한다.

예제 6.24와 같이 ApplicationEventMulticaster 빈을 등록하면, 이벤트 리스너는 이벤트 퍼블리셔와 다른 스레드에서 비동기로 실행된다.

이제 사용자가 계정 활성화 링크를 클릭하면 호출될 엔드포인트를 추가해보자. 예제 6.25와 같이 EmailVerificationController 클래스를 정의한다.

예제 6.25 EmailVerificationController 클래스

```
package com.manning.sbip.ch04.controller;

//import 문 생략

@Controller
public class EmailVerificationController {

    @Autowired
    private EmailVerificationService verificationService;

    @Autowired
    private UserService userService;

    @GetMapping("/verify/email")
    public String verifyEmail(@RequestParam String id) {

        byte[] actualId = Base64.getDecoder().decode(id.getBytes());
        String username =
            verificationService.getUsernameForVerificationId(new String(actualId));     ❶

        if (username != null) {     ❷
            ApplicationUser user = userService.findByUsername(username);
            user.setVerified(true);
            userService.save(user);
            return "redirect:/login-verified";
```

```
        }

        return "redirect:/login-error";      ❸
    }
}
```

❶ Base64로 인코딩되어 계정 활성화 요청에 포함된 verificatinId 값을 Base64로 디코딩한 actualId 값 기준으로 username을 조회한다.

❷ username이 존재하면 verified를 true로 저장하고, login-verified 페이지로 리다이렉트한다.

❸ username이 존재하지 않으면 login-error 페이지로 리다이렉트한다.

이메일 확인에 사용하는 엔드포인트도 인증을 거치지 않도록 스프링 시큐리티 설정을 변경해야 한다. 예제 6.26과 같이 SecurityConfiguration 클래스를 변경한다.

예제 6.26 **SecurityConfiguration 클래스**

```
package com.manning.sbip.ch06.security;

// import 문 생략

@Configuration
public class SecurityConfiguration extends WebSecurityConfigurerAdapter {

    @Autowired
    private CustomAuthenticationFailureHandler customAuthenticationFailureHandler;

    @Override
    protected void configure(HttpSecurity http) throws Exception {
        http.requiresChannel().anyRequest().requiresSecure()
            .and()
            .antMatchers("/adduser", "/login", "/login-error", "/login-verified", "/login-
disabled", "/verify/email").permitAll()     ❶
            .anyRequest().authenticated()
            .and()
            .formLogin().loginPage("/login").failureHandler(customAuthenticationFailureHandl
er);    ❷
    }
    // 이하 생략
}
```

❶ 인증 없이 접근해야 하는 /adduser, /login, /login-error, /login-verified, /login-disabled, /verify/email 엔드포인트를 인증 없이 접근할 수 있도록 설정한다.

❷ 로그인 실패 시 customAuthenticationFailureHandler가 처리하도록 설정한다. 예제 6.15에서는 로그인 실패 시 failureUrl() 메서드를 사용해서 로그인 실패 페이지로 리다이렉트하도록 설정했지만 이번에는 failureHandler() 메서드를 사용해서 커스텀 로그인 실패 핸들러를 통해 처리되도록 설정한다. 핸들러에 원하는 로직을 추가할 수 있으므로 failureHandler()를 사용하면 failureUrl()를 사용할 때 비해 로그인 실패 처리 로직을 더 자유롭게 구현할 수 있다.

이제 로그인 실패를 처리하는 커스텀 핸들러를 예제 6.27과 같이 정의한다.

예제 6.27 **CustomAuthenticationFailureHandler 클래스**

```
package com.manning.sbip.ch06.handler;

import org.springframework.security.authentication.DisabledException;
// 다른 import 문 생략

@Service
public class CustomAuthenticationFailureHandler
    implements AuthenticationFailureHandler {

    private DefaultRedirectStrategy defaultRedirectStrategy =
        new DefaultRedirectStrategy();

    @Override
    public void onAuthenticationFailure(
        HttpServletRequest request,
        HttpServletResponse response,
        AuthenticationException exception
    ) throws IOException, ServletException {

        if (exception instanceof DisabledException) {   ❶
            defaultRedirectStrategy.sendRedirect(request, response, "/login-disabled");
            return;
        }
        defaultRedirectStrategy.sendRedirect(request, response, "/login-error");   ❷
    }
}
```

❶ 인증 예외가 DisabledException 타입이면 login-disabled 페이지로 리다이렉트한다.

❷ 그 외의 인증 예외 발생 시 login-error 페이지로 리다이렉트한다.

인증 과정에서 실패하면 스프링 시큐리티는 상황에 맞는 타입의 예외를 던진다. ApplicationUser

클래스의 verified가 false이면 계정 상태를 disabled로 변경하도록 UserDetailsService 구현 클래스인 CustomUserDetailsService의 loadUserByUsername() 메서드에 구현돼 있으므로, 이메일 확인이 완료되기 전에는 해당 계정은 disabled 상태다. 따라서 이 상태에서 로그인 인증을 시도하면 스프링 시큐리티는 DisabledException을 던지며, 이 경우 커스텀 핸들러 로직에 따라 login-disabled 페이지로 리다이렉트된다. 리다이렉트 시 스프링의 DefaultRedirectStrategy 클래스를 사용해서 응답을 적절한 엔드포인트로 리다이렉트한다.

인터넷을 통해 이메일이 발송되므로 인터넷 연결 정상 동작 확인 후에 애플리케이션을 시작하고 [Register] 버튼을 클릭해서 새 사용자 계정 등록에 성공하면 그림 6.4와 같이 계정 활성화 링크가 포함된 이메일이 계정 등록 시 지정한 이메일 주소로 발송된다.

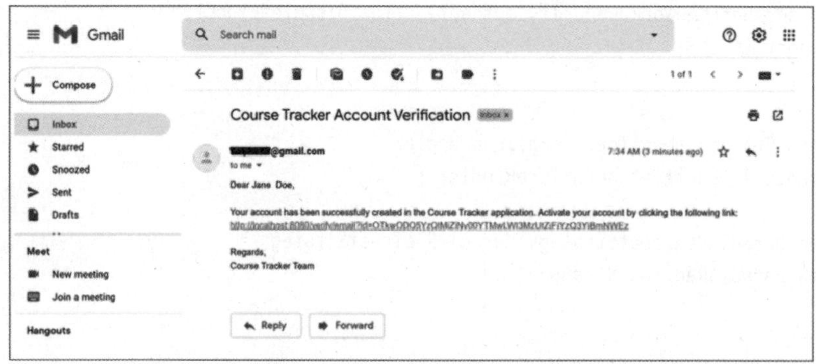

그림 6.4 CourseTracker 애플리케이션의 새 계정 생성에 따른 이메일 주소 확인 링크가 포함된 이메일

토론

6.4.1절에서는 사용자 등록 시 입력받은 이메일 주소를 확인하는 기능을 스프링 이벤트 관리와 스프링 시큐리티의 AuthenticationFailureHandler를 활용해서 구현해봤다. 정상 동작하는 경우만 확인해봤는데 다음과 같은 시나리오에서도 의도대로 동작하는지 직접 확인해보자.

- 새 사용자 등록에 성공하고 계정 활성화 링크가 포함된 이메일이 발송되면, 계정 활성화 링크를 클릭하지 않고 로그인을 시도하면 로그인에 실패하고 사용자 계정이 활성화되지 않았다는 에러 메시지를 확인할 수 있다.
- 이메일에 있는 계정 활성화 링크를 클릭하면 이메일이 확인되고 계정이 활성화됐다는 메시지를 확인할 수 있다.
- 계정 활성화 후 로그인을 하면 로그인에 성공하고 과정 목록이 표시되는 인덱스 페이지로 리다이렉트된다.

예제에서 이메일 확인을 통한 계정 활성화 링크가 포함된 이메일을 발송하고, 사용자가 링크를 클릭하면 이메일을 확인하고 계정을 활성화하도록 구현했다. 링크에 유효 기간을 설정하면 악의적인 사용자가 임의의 ID를 생성하고 요청을 계속 보내서 계정을 활성화하는 가능성을 낮출 수 있으므로 보안성을 높일 수 있다. 이를 구현하려면 계정 활성화 링크에 링크의 만료 시점을 명시하고 만료 시점을 `CT_EMAIL_VERIFICATIONS` 테이블에 저장한다. 사용자가 계정 활성화 링크를 클릭하는 시점이 만료 시점 이전이면 계정을 활성화하고, 해당 계정 활성화 링크가 포함된 레코드를 삭제하면 계정 활성화 링크에 의해 발생할 수 있는 보안 문제를 예방할 수 있다.

6.5 로그인 시도 횟수 제한

로그인에 여러 번 실패하면 보안을 위해 사용자 계정 접근을 일시적으로 막아두는 조치를 취하는 게 일반적이다. 이렇게 하지 않으면 악의적인 공격자가 브루트-포스brute-force 공격으로 애플리케이션 접근 권한을 획득할 수도 있기 때문이다. 6.5절에서는 CourseTracker 애플리케이션에 로그인 시도 횟수 제한 기능을 구현해본다.

6.5.1 기법: 로그인 시도 횟수 제한

6.5.1절의 소스 코드는 https://mng.bz/M2GB**에서 확인할 수 있다. 완성본은** https://mng.bz/aD2m**에서 확인할 수 있다.**

요구 사항

CourseTracker 애플리케이션 로그인을 3회 실패하면 24시간 동안 로그인을 허용하지 않도록 제한해야 한다.

해법

스프링 시큐리티는 여러 가지 보안 활동을 수행하면서 다양한 스프링 이벤트를 발행한다. 예를 들어 로그인에 성공하면 스프링 시큐리티는 `AuthenticationSuccessEvent`를 발행하고, 입력한 정보가 올바르지 않아 로그인에 실패하면 `AuthenticationFailureBadCredentialsEvent`를 발행한다. 이외에도 상황에 따라 여러 가지 이벤트가 발행된다.

로그인 실패가 여러 번 발생할 때 스프링 시큐리티 이벤트를 활용해서 로그인을 허용하지 않는 시나리오를 대략적으로 살펴보면 다음과 같다.

- 실패한 로그인 횟수를 저장할 캐시cache 정의
- 스프링 시큐리티 이벤트를 활용해서 사용자 상태를 캐시에 저장
- 캐시에 저장된 로그인 실패 횟수가 3회 이상이면 로그인 불허
- 캐시는 24시간 후 자동 만료

구글 구아바Guava 라이브러리의 캐시를 사용할 것이므로 예제 6.28과 같이 의존 관계를 pom.xml 파일에 추가한다.

예제 6.28 구아바 의존 관계 추가

```
<dependency>
    <groupId>com.google.guava</groupId>
    <artifactId>guava</artifactId>
    <version>30.1.1-jre</version>
</dependency>
```

사용자의 로그인 횟수를 저장하는 캐시와 로그인 성공, 실패를 처리하는 메서드를 포함하는 LoginAttemptService 클래스를 예제 6.29와 같이 정의한다.

예제 6.29 LoginAttemptService 클래스

```
package com.manning.sbip.ch06.service;

// import 문 생략

@Service
public class LoginAttemptService {

    private static final int MAX_ATTEMPTS_COUNT = 3;

    private LoadingCache<String, Integer> loginAttemptCache;    ❶

    public LoginAttemptService() {    ❷
        loginAttemptCache = CacheBuilder.newBuilder().expireAfterWrite(1, TimeUnit.DAYS)
            .build(new CacheLoader<String, Integer>() {
                @Override
                public Integer load(final String key) {
                    return 0;
                }
            })
```

```
    };

    public void loginSuccess(String username) {
        loginAttemptCache.invalidate(username);
    }

    public void loginFailed(String username) {          ❸
        int failedAttemptCounter = 0;

        try {
            failedAttemptCounter = loginAttemptCache.get(username);
        }
        catch (ExecutionException e) {
            failedAttemptCounter = 0;
        }

        failedAttemptCounter++;
        loginAttemptCache.put(username, failedAttemptCounter);
    }

    public boolean isBlocked(String username) {         ❹
        try {
            return loginAttemptCache.get(username) >= MAX_ATTEMPTS_COUNT;
        }
        catch (ExecutionException e) {
            return false;
        }
    }
}
```

❶ 사용자 username이 키이고 로그인 실패 횟수가 값인 캐시를 정의한다.

❷ 생성하고 1일이 지나면 만료되는 캐시를 생성한다.

❸ 로그인에 실패하면 캐시 해당 사용자의 로그인 실패 횟수를 증가시키고 다시 캐시에 저장한다.

❹ 정해진 로그인 실패 횟수를 초과하면 isBlocked에 true가 할당되며 해당 계정으로 로그인을 할 수 없다.

이제 로그인 실패 이벤트인 AuthenticationFailureBadCredentialsEvent를 처리하는 리스너를 정의하고 로그인 실패 시 LoginAttemptService를 호출해서 로그인 실패 횟수를 업데이트한다.

예제 6.30 AuthenticationFailureEventListener 클래스

```
package com.manning.sbip.ch06.listener;
```

```
// import 문 생략

@Service
public class AuthenticationFailureEventListener implements
    ApplicationListener<AuthenticationFailureBadCredentialsEvent> {

    @Autowired
    private LoginAttemptService loginAttemptService;

    @Override
    public void onApplicationEvent(AuthenticationFailureBadCredentialsEvent authenticationFa
ilureBadCredentialsEvent) {
        String username = (String) authenticationFailureBadCredentialsEvent
            .getAuthentication().getPrincipal();
        loginAttemptService.loginFailed(username);
    }
}
```

이번에는 로그인 성공 시 캐시에서 해당 사용자의 로그인 실패 횟수를 무효화하는 `AuthenticationSuccessEventListener` 클래스를 예제 6.31과 같이 정의한다.

예제 6.31 AuthenticationSuccessEventListener 클래스

```
package com.manning.sbip.ch06.listener;

// import 문 생략

@Component
public class AuthenticationSuccessEventListener implements ApplicationListener<Authenticatio
nSuccessEvent> {

    @Autowired
    private LoginAttemptService loginAttemptService;

    @Override
    public void onApplicationEvent(AuthenticationSuccessEvent authenticationSuccessEvent) {
        User user = (User) authenticationSuccessEvent.getAuthentication().getPrincipal(); ❶
        loginAttemptService.loginSuccess(user.getUsername());    ❷
    }
}
```

❶ 로그인에 성공하면 사용자의 인증 정보를 추출한다.

❷ `LoginAttemtService`의 `loginSuccess()` 메서드를 호출해서 해당 사용자의 로그인 실패 횟수

를 캐시에서 무효화[2]한다.

이제 로그인 실패 횟수가 정해진 기준을 넘어서면 일정 시간 동안 로그인을 금지하는 부분을 구현해보자.

예제 6.32 CustomUserDetailsService 클래스

```
package com.manning.sbip.ch06.service.impl;

// import 문 생략

@Service
public class CustomUserDetailsService implements UserDetailsService {

    @Autowired
    private UserService userService;

    @Autowired
    private LoginAttemptService loginAttemptService;


    public UserDetails loadUserByUsername(String username) throws UsernameNotFoundException {

        if(loginAttemptService.isBlocked(username)) {
            throw new LockedException("User Account is Locked");
        }

        // 이하 생략
    }
}
```

예제 6.32에서는 로그인 실패 횟수 초과로 계정이 잠겨 있는 사용자의 로그인 시도에 스프링 시큐리티의 LockedException을 던진다. 이 예외 처리 로직은 앞서 작성했던 CustomAuthentication-FailureHandler 클래스에 예제 6.33과 같이 추가한다.

예제 6.33 CustomAuthenticationFailureHandler 클래스

```
package com.manning.sbip.ch06.handler;

// import 문 생략
```

2 옮긴이 메서드 이름이 invalidate()라서 무효화라고 옮겼지만, 예제에 사용되는 구아바 라이브러리의 invalidate() 구현 코드를 보면 결국 remove()가 호출되므로 캐시에서 삭제한다고 이해해도 무방하다.

```
@Service
public class CustomAuthenticationFailureHandler implements AuthenticationFailureHandler {

    private DefaultRedirectStrategy defaultRedirectStrategy = new
DefaultRedirectStrategy();


    public void onAuthenticationFailure(
        HttpServletRequest request,
        HttpServletResponse response,
        AuthenticationException exception
    ) throws IOException, ServletException {

        if(exception instanceof DisabledException) {
            defaultRedirectStrategy.sendRedirect(request, response,"/login-disabled");
            return;
        }

        if(exception.getCause() instanceof LockedException) {
            defaultRedirectStrategy.sendRedirect(request, response, "/login-locked");
            return;
        }

        defaultRedirectStrategy.sendRedirect(request, response, "/login-error");
    }
}
```

LockedException 예외가 발생하면 login-locked 엔드포인트로 리다이렉트하도록 예외 처리 로직을 추가했다. 계정 잠김으로 인해 로그인할 수 없다는 메시지를 화면에 보여주는 login-locked 엔드포인트를 정의해보자.

예제 6.34 login-locked 엔드포인트

```
@GetMapping("/login-locked")
public String loginLocked(Model model) {
    model.addAttribute("loginLocked", true);
    return "login";
}
```

loginLocked 플래그값을 true로 설정해서 계정 잠김 메시지를 화면에 표시하는 login.html 페이지 소스 코드는 https://mng.bz/g4nv를 참고한다. 이제 마지막으로 login-locked 엔드포인트도 인증 없이 접근할 수 있도록 시큐리티 설정을 예제 6.35와 같이 변경한다.

에제 6.35 SecurityConfiguration 변경

```
package com.manning.sbip.ch06.security;

// import 문 생략

@Configuration
public class SecurityConfiguration extends WebSecurityConfigurerAdapter {
    @Override
    protected void configure(HttpSecurity http) throws Exception {
        http.requiresChannel()
            .anyRequest()
            .requiresSecure()
            .and()
            .authorizeRequests()
            .antMatchers("/adduser", "/login", "/login-error", "/login-verified",
                    "/login-disabled", "/verify/email", "/login-locked"
            ).permitAll()
            .anyRequest().authenticated()
            .and()
            .formLogin().loginPage("/login").failureHandler(customAuthenticationFailureHandl
er);
    }
    // 이하 생략
}
```

인증 없이 접근할 수 있는 엔드포인트 목록에 `/login-locked`를 추가했다.

애플리케이션을 시작해서 새 사용자를 등록하고 이메일을 확인한 후에 일부러 잘못된 로그인 정보로 로그인 시도를 유발해보자. 로그인 세 번 실패 후에는 그림 6.5와 같이 계정이 잠겼다는 메시지가 화면에 표시된다.

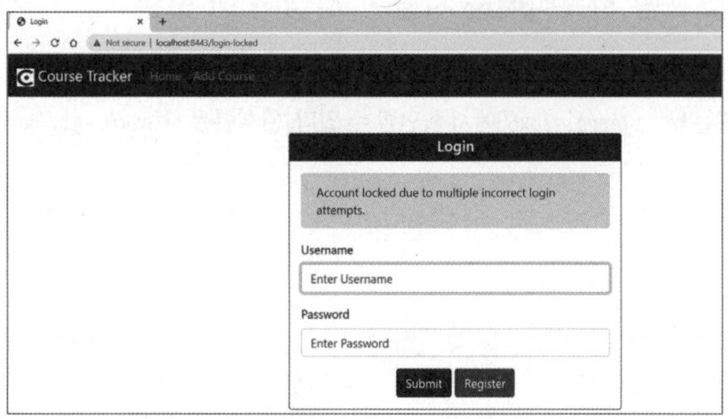

그림 6.5 로그인 실패 횟수를 초과하여 계정이 잠겼을 때 표시되는 화면

토론

이번 기법에서는 로그인 실패 횟수 초과 시 계정을 잠가서 일정 시간 동안 로그인을 할 수 없게 만드는 보안 정책을 구현해봤다. 예제를 구현하면서 기술적으로 중요한 부분은 스프링 시큐리티에서 제공하는 보안 관련 이벤트를 활용했다는 점이다. 또한 로그인 실패 횟수를 캐시에서 관리하도록 만들어서 실패 횟수와 로그인 금지 기간을 캐시값과 캐시 유효기간을 통해 구현했다.

6.6 리멤버 미 기능 구현

애플리케이션의 보안성을 높이는 데 많은 노력을 기울이면서 동시에 사용자 경험도 고민해야 한다. 아무리 뛰어난 보안 기능을 탑재했더라도 그로 인해 사용자가 애플리케이션을 사용하는 데 굉장히 큰 불편이 발생한다면 사용자는 그 애플리케이션을 이용하지 않고 떠나버릴 수도 있으므로 사용자 경험과 보안 사이에서 균형을 잡는 것이 중요하다. 한 예로 많은 애플리케이션에서 사용자의 연결 세션 사이에 사용자 정보를 공유해서 인증 정보 입력 빈도를 줄여주는 리멤버 미remember-me 기능을 제공한다. 스프링 시큐리티도 로그인 이후 서버로 보내지는 모든 요청에 포함된 브라우저 쿠키를 사용해서 리멤버 미 기능을 지원한다. 세션 쿠키가 만료되면 스프링은 `remember-me` 쿠키를 사용해서 사용자를 인증한다.

스프링 시큐리티는 두 가지 방식으로 리멤버 미 기능 구현을 지원한다. 첫 번째인 해시 기반 토큰 방식은 사용자 정보를 안전성이 높지 않은 브라우저 쿠키에 저장한다. 두 번째인 퍼시스턴트persistent 토큰 방식은 사용자 정보를 데이터베이스에 저장한다. 먼저 예제를 통해 해시 기반 토큰 방식을 알아보자.

6.6.1 기법: 스프링 시큐리티를 사용한 리멤버 미 구현

6.6.1절의 소스 코드는 https://mng.bz/Bx60**에서 확인할 수 있다. 완성본은** https://mng.bz/doRN**에서 확인할 수 있다.**

요구 사항

CourseTracker 애플리케이션의 보안을 유지하면서 사용자의 편의성을 높이기 위해 리멤버 미 기능을 구현해야 한다.

해법

스프링 시큐리티는 리멤버 미 기능을 구현하는 데 필요한 기능을 제공하며, 이때 필요한 여러 가지 설정값 중 대부분에 대해 합리적인 기본 설정값을 제공해주므로 편리하게 이용할 수 있다. 리멤버 미 기능을 활성화하려면 애플리케이션에 다음과 같이 두 가지 변경 사항을 적용해야 한다.

- 로그인 페이지에 `remember-me`라는 이름을 가진 체크박스를 추가해야 한다. 스프링 시큐리티는 요청 파라미터에서 `remember-me`라는 이름을 가진 파라미터값을 감지하고 리멤버 미 기능 적용 여부를 판별한다.
- `SecurityConfiguration` 클래스에서 `remember-me` 관련 설정을 추가한다.

예제 6.36 login.html 파일에 remember-me 체크박스를 추가

```
<div class="form-group">
    <label for="password">Password</label>
    <input type="password" class="form-control" name="password"
        placeholder="Enter Password" required autofocus>
</div>
<div class="form-check">
    <input type="checkbox" class="form-check-input" name="remember-me">
    <label for="remember-me" class="form-check-label">Remember me</label>
</div>
<div class="text-center mt-1">
    <button type="submit" class="btn btn-dark">Submit</button>
    <a class="btn btn-success" href="#" th:href="@{/adduser}">Register</a>
</div>
```

로그인 페이지에 이름이 `remember-me`인 체크박스를 추가했다. 체크박스의 이름을 반드시 `remember-me`로 지정해야 한다는 점에 유의하자.

`SecurityConfiguration`에 리멤버 미 기능 관련 설정을 예제 6.37과 같이 추가한다.

예제 6.37 리멤버 미 기능을 추가한 SecurityConfiguration 클래스

```
@Override
protected void configure(HttpSecurity http) throws Exception {
    http.authorizeRequests()
        .antMatchers("/adduser", "/login", "/login-error", "/login-verified",
            "/login-disabled", "/verify/email").permitAll()
        .anyRequest().authenticated()
        .and()
        .formLogin().loginPage("/login").failureHandler(customAuthenticationFailureHandler)
```

```
        .and()
        .rememberMe().key("remember-me-key").rememberMeCookieName("course-tracker-remember-
me")    ❶
        .and()
        .logout().deleteCookies("course-tracker-remember-me");    ❷
}

@Override
protected UserDetailsService userDetailsService() {    ❸
    return this.customUserDetailsService;
}
```

❶ 스프링 시큐리티에서 제공해주는 HttpSecurity 클래스의 rememberMe() 메서드를 호출해서 리멤버 미 기능을 활성화하고, 키 이름과 쿠키 이름을 지정한다. 키 이름과 쿠키 이름 지정은 선택사항이며 별도로 지정하지 않으면 기본값으로 두 가지 모두에 remember-me가 사용된다.

❷ 로그아웃할 때 쿠키가 삭제되도록 한다.

❸ 스프링 시큐리티의 리멤버 미 기능이 내부적으로 UserDetailsService 구현체를 사용해서 사용자 정보를 조회하고 Authentication 인스턴스를 생성하므로, 커스텀 UserDetailsService 구현체를 반환하도록 userDetailsService() 메서드를 재정의한다.

애플리케이션을 시작하고 로그인 화면에 접속하면 remember-me 체크박스가 화면에 표시될 것이다. 체크박스에 체크한 후 로그인에 성공하면 그 이후 요청에 이름이 course-tracker-remember-me인 쿠키가 포함되는 것을 확인할 수 있다.[3]

토론

해시 기반 토큰 방식의 리멤버 미 기능이 어떻게 동작하는지 살펴보자. 사용자가 로그인 페이지에

---

3 옮긴이 소스 코드 리포지터리 https://mng.bz/doRN에 있는 CourseTrackerSpringBootApplication을 실행하면 의존 관계 순환 참조 오류가 발생한다.
CustomUserDetailsService 클래스를 다음과 같이 수정하면 정상 동작한다.

```
@Autowired
private UserService userService;
private UserRepository userRepository;

// 중략

public UserDetails loadUserByUsername(String username) throws UsernameNotFoundException {
    ApplicationUser applicationUser = userService.findByUsername(username);
    ApplicationUser applicationUser = userRepository.findByUsername(username);

// 이하 생략
Base64(username:expirationTime:md5Hex(username:tokenExpiryTime:password:key))
```

있는 remember-me 체크박스에 체크하고 로그인 요청을 보내면 스프링 시큐리티는 사용자 브라우저의 쿠키에 저장할 정보를 반환하고, 이후 서버로 보내는 요청에는 쿠키에 저장된 정보가 항상 포함된다. 그래서 세션 쿠키가 만료되더라도 remember-me 쿠키는 만료되지 않고 서버로 전송되며, 서버는 remember-me 쿠키로부터 사용자 정보를 획득할 수 있으므로, 사용자가 로그인을 위해 인증 정보를 다시 입력하지 않아도 자동으로 인증할 수 있다.

브라우저에서 course-tracker-remember-me 쿠키를 살펴보면 알아보기 어려운 문자열이 쿠키값으로 저장돼 있는 것을 확인할 수 있다. 이 값은 스프링 시큐리티가 사용자 정보를 Base64로 인코딩해서 브라우저에 반환해준 값이다. 인코딩되기 전의 값은 예제 6.38과 같은 형식을 가지고 있다.

예제 6.38 해시 기반 토큰 형식

```
Base64(username:expirationTime:md5Hex(username:tokenExpiryTime:password:key))
```

토큰을 이루는 데이터 항목은 다음과 같다.

- username - UserDetailsService를 통해 획득한 username
- expirationTime - remember-me 토큰의 만료 일시를 밀리세컨드로 나타낸 값이며 기본값은 2주 후다.
- md5Hex - username, tokenExpiry, password, key 값을 MD5로 해시한 값이며 생성된 해시값은 16진수로 표시된다.
- password - UserDetails를 통해 확인한 비밀번호
- key - remember-me 토큰의 변조를 방지하기 위한 비밀 키. 개발자가 설정하지 않으면 스프링 시큐리티가 비밀 키를 생성해준다. 하지만 이렇게 스프링 시큐리티가 생성해준 비밀 키는 애플리케이션 재시작 시 새로 생성되므로, 기존에 정상적으로 생성된 remember-me 쿠키일지라도 달라진 비밀 키에 의해 올바르지 않고 유효하지 않은 쿠키로 판정되어 리멤버 미 기능이 정상 동작하지 않게 된다. 따라서 비밀 키를 지정해주는 것이 일반적이며 예제에서는 SecurityConfiguration 클래스에서 remember-me-key를 비밀 키값으로 지정했다.

해시 기반 토큰 방식의 리멤버 미가 사용자 인증 과정을 편리하게 만들어주기도 하지만 다음과 같은 단점도 있다.

- remember-me 쿠키가 악의적인 공격자에게 도난당하거나 유출되면 쿠키에 저장된 만료 시점이

지나기 전까지 그 악의적인 공격자가 사용자를 사칭할 수 있다.

- 쿠키가 만료되더라도 악의적인 공격자가 쿠키에 저장된 정보를 활용해서 브루트 포스 공격으로 사용자의 key와 password를 획득할 가능성이 생긴다. key와 password를 적절하게 설정하지 않은 경우 악의적인 공격자는 딕셔너리 어택dictionary attack(https://mng.bz/95Y1)을 통해 어렵지 않게 key와 password 정보를 획득할 수 있다.

위와 같은 단점은 2단계 인증을 통해 보완할 수 있다. 2단계 인증을 적용하면 remember-me 쿠키가 유출되더라도 2단계 인증의 두 번째 단계에서 비정상적인 접근을 차단할 수 있다.

스프링 시큐리티는 해시 기반 토큰 외에 퍼시스턴트 토큰 방식도 지원하며 이를 사용하면 브라우저 쿠키를 사용하지 않고 데이터베이스를 사용해서 리멤버 미 기능을 구현할 수 있다.

6.7 리캡차 구현

캡차CAPTCHA는 Completely Automated Public Turing test to tell Computers and Humans Apart의 약자로서 컴퓨터와 사람을 구분할 수 있는 컴퓨터 프로그램이나 애플리케이션을 의미한다. 이런 구분을 통해 정상적인 사용자와 스팸을 유발하는 봇bot을 구별할 수 있다. 캡차는 여러 형식으로 구현된다. 단순한 체크박스일 수도 있고 특정 이미지를 선택하게 하거나 특정 문자열을 입력하게 할 수도 있다.

캡차는 사용자에게 약간의 불편함을 안겨주는 것이 사실이지만 애플리케이션을 보호하는 효과가 있다. 예를 들어 최근에는 애플리케이션의 정상 동작을 방해하는 스팸을 유발하는 인터넷 봇이 굉장히 많아졌다. CourseTracker 애플리케이션에도 봇을 통해 굉장히 많은 가짜 사용자를 등록해서 애플리케이션 리소스를 고갈시키는 서비스 거부 공격denial-of-service이 발생할 수 있다. 캡차를 사용하면 이러한 봇의 스팸 공격을 어느 정도 막을 수 있다.

캡차 서비스 제공자도 여럿 있는데 대표적으로 구글이 제공하는 리캡차reCAPTCHA(https://www.google.com/recaptcha/about/)가 널리 사용되고 있고, HCAPCHA(https://www.hcaptcha.com/)도 사용된다.

이제 CourseTracker 애플리케이션에 봇 공격에 의한 피해가 발생하지 않도록 리캡차를 적용해보자.

6.7.1 기법: 구글 리캡차 적용

6.7.1절의 소스 코드는 https://mng.bz/p2eK**에서 확인할 수 있다. 완성본은** https://mng.bz/OG0w**에서 확인할 수 있다.**

요구 사항

CourseTracker 애플리케이션에 캡차를 적용해서 인터넷 봇 스팸 공격을 예방해야 한다.

해법

가짜 사용자를 대량 생성하고 애플리케이션 리소스를 고갈시키는 인터넷 봇의 스팸 공격이 점점 늘어나고 있으므로 웹 애플리케이션 운영자 입장에서는 이에 대비해야 한다. 구글 리캡차 서비스를 활용하면 봇이 아닌 실제 사용자만 사용자 등록을 할 수 있게 되므로 봇의 스팸 공격을 막을 수 있다.

구글 리캡차를 설정하는 방법은 다음과 같다.[4]

1. 구글에 로그인 후 구글 리캡차 어드민 페이지(https://www.google.com/recaptcha/admin/create)에 접속해서 그림과 같이 설정 후 [Submit]을 클릭한다. 이렇게 하면 리캡차 컴포넌트에 있는 체크박스를 체크해야 봇이 아닌 사용자로 인식한다.

4 옮긴이 다음 부분은 옮긴이가 추가한 부분이다.

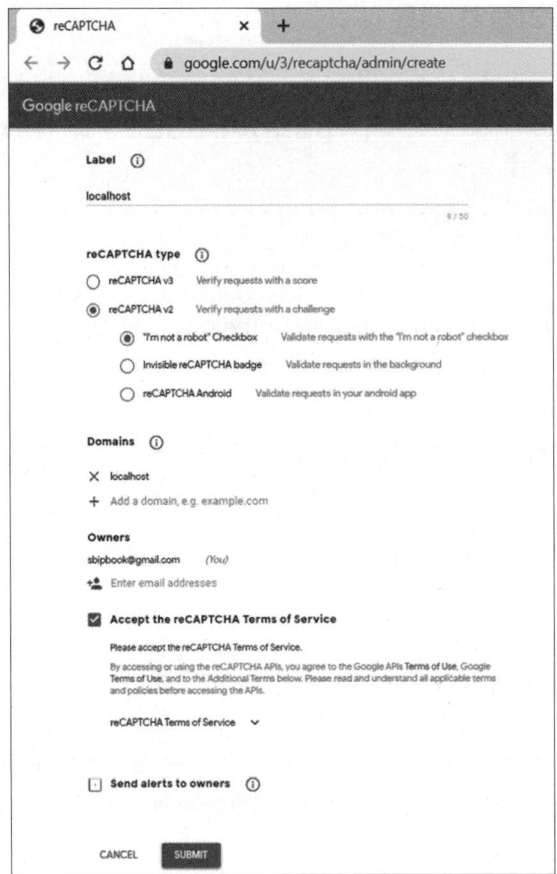

그림 6.6 **구글 리캡차 어드민 페이지**

2. [Submit] 클릭 후 표시되는 화면에서 다음 그림과 같이 사이트 키Site Key와 시크릿 키Secret Key가 표시된다. 이 키값을 CourseTracker 애플리케이션에서 사용한다.

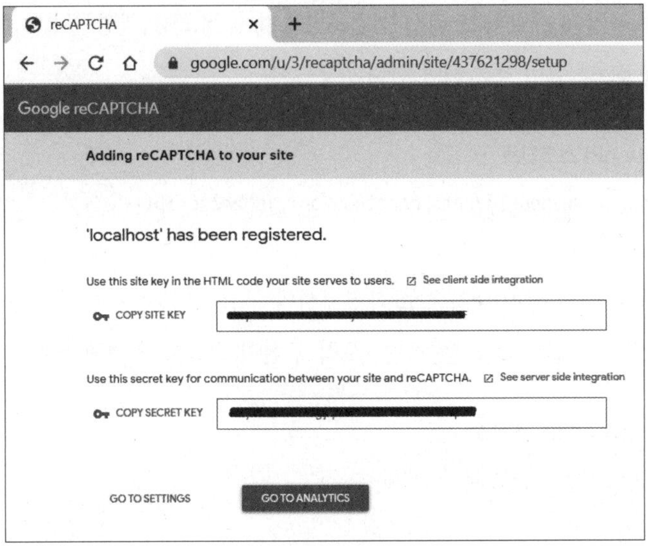

그림 6.7 **키값 확인**

사이트 키는 사용자 등록 HTML 페이지에 명시하고, 시크릿 키는 캡차 응답을 검증하는 데 사용된다. 곧 예제를 통해 알아볼 것이다.

먼저 add-user.html 페이지에 예제 6.39와 같이 사이트 키값을 추가한다.

예제 6.39 **add-user.html 페이지에 사이트 키 추가**

```
// 중략

<div class="form-group">
<label for="confirmPassword">Confirm Password</label>
<input type="password" th:field="*{confirmPassword}" class="form-control"
    id="confirmPassword" placeholder="Confirm Password">
    <span th:if="${#fields.hasErrors('confirmPassword')}"
        th:errors="*{confirmPassword}" class="text-danger"></span>
</div>
<div class="g-recaptcha mb-2" data-sitekey="<구글 사이트 키>"></div>    ❶
<div class="form-group text-center">
    <input type="submit" class="btn btn-dark center" value="Sign Up" />
    <p>Already have an account? <a href="/login">Sign in</a></p>
</div>

// 중략
```

❶ 클래스값이 g-recaptcha인 div 요소를 정의하고, 구글에서 발급받은 사이트 키를 data-sitekey 속성의 값으로 지정한다.

이 div 영역 내부에 구글이 제공하는 리캡차 컴포넌트가 동적으로 생성된다. 그러려면 리캡차 스크립트 코드도 예제 6.40과 같이 추가해야 한다.

예제 6.40 ReCAPTCHA API 스크립트

```
<script src="https://www.google.com/recaptcha/api.js"></script>
```

예제 6.39와 예제 6.40에 설정한 내용으로 화면에서의 구글 리캡차 기능 준비는 모두 마쳤다. 이제 사용자로부터 입력받은 리캡차값을 검증하는 로직 구현이 필요하다. 예제 6.41을 보자.

예제 6.41 구글 리캡차 검증 서비스 클래스

```
package com.manning.sbip.ch06.service.impl;

// import 문 생략

@Service
public class GoogleRecaptchaService {

    private static final String VERIFY_URL =
        "https://www.google.com/recaptcha/api/siteverify"
                + "?secret={secret}&remoteip={remoteip}&response={response}";

    private final RestTemplate restTemplate;

    @Value("${captcha.secret.key}")    ❶
    private String secretKey;

    public RecaptchaDto verify(String ip, String recaptchaResponse) {
        Map<String, String> request = new HashMap<>();
        request.put("remoteip", ip);
        request.put("secret", secretKey);
        request.put("response", recaptchaResponse);

        ResponseEntity<Map> response =
            restTemplate.getForEntity(VERIFY_URL, Map.class, request);    ❷

        Map<String, Object> body = response.getBody();
        boolean success = (Boolean)body.get("success");

        RecaptchaDto recaptchaDto = new RecaptchaDto();
        recaptchaDto.setSuccess(success);

        if(!success) {
           recaptchaDto.setErrors((List)body.get("error-codes"));
```

```
        }

        return recaptchaDto;
    }
}
```

❶ application.properties 파일의 `captcha.secret.key` 프로퍼티값으로 지정된 구글 리캡차 시크릿 키를 읽어온다. 예제에서는 application.properties 파일에 지정했지만 실제 운영 서비스에서는 해시코프 볼트 같은 외부 비밀 정보 저장 도구를 사용하는 것이 좋다.

❷ 구글의 리캡차 API를 호출해서 사용자가 입력한 값을 검증하고 결과를 받아온다.

구글의 리캡차 검증 서비스는 https://www.google.com/recaptcha/api/siteverify에서 제공하고 있으며 시크릿 키, 사용자 IP 주소와 사용자가 입력한 캡차값을 요청 파라미터에 담아 검증 요청을 보낸다. 값이 맞으면 응답 성공이고 값이 맞지 않으면 에러 코드 목록과 함께 실패를 반환한다. 예를 들어 리캡차값이 틀린 경우의 에러 코드는 `invalid-input-response`이다.

구글 리캡차 검증 서비스를 `RestTemplate`을 이용해서 호출하므로 `RestTemplate`도 예제 6.42와 같이 빈으로 등록한다.

예제 6.42 RestTemplate 설정

```
package com.manning.sbip.ch04.configuration;

// import 문 생략

@Configuration
public class CommonConfiguration {

    @Bean
    public RestTemplate restTemplate(RestTemplateBuilder restTemplateBuilder) {
        return restTemplateBuilder.build();
    }
}
```

구글로부터 받은 응답을 담는 `RecaptchaDto` 클래스는 예제 6.43과 같이 정의한다.

예제 6.43 RecaptchaDto 클래스

```
package com.manning.sbip.ch04.dto;
```

```
import java.util.List;

public class RecaptchaDto {

    private boolean success;    ❶

    private List<String> errors;    ❷

    // 게터 및 세터 생략
}
```

❶ 리캡차 성공 여부를 나타낸다.

❷ 리캡차가 실패 하면 실패 원인을 파악할 수 있는 에러 코드가 저장된다.

이제 RegistrationController 클래스에 리캡차 관련 로직을 추가해야 한다. 예제 6.44와 같이 리캡차 성공이면 사용자가 등록되고, 실패면 에러 메시지를 화면에 표시한다.

예제 6.44 **addUser 엔드포인트에 리캡차 관련 로직 추가**

```
@PostMapping("/adduser")
public String register(
    @Valid @ModelAttribute("user") UserDto userDto,
    HttpServletRequest httpServletRequest, BindingResult result) {

    if (result.hasErrors()) {
        return "add-user";
    }

    String response = httpServletRequest.getParameter("g-recaptcha-response");    ❶
    if (response == null) {
        return "add-user";
    }

    String ip = httpServletRequest.getRemoteAddr();    ❷
    RecaptchaDto recaptchaDto = captchaService.verify(ip, response);
    if (!recaptchaDto.isSuccess()) {
        return "redirect:adduser?incorrectCAPTCHA";
    }

    ApplicationUser applicationUser = userService.createUser(userDto);
    if ("Y".equalsIgnoreCase(emailVerification)) {
        eventPublisher.publishEvent(new UserRegistrationEvent(applicationUser));
        return "redirect:adduser?validate";
    }
```

```
    return "redirect:adduser?success";
}
```

❶ 사용자가 리캡차 체크박스를 체크하고 요청을 보냈다면 자동 생성된 긴 문자열이 g-recaptcha-response 파라미터값으로 넘어오고, 체크하지 않고 요청을 보냈다면 g-recaptcha-response 파라미터에는 빈 문자열이 넘어온다.

❷ CaptchaService의 verify() 메서드를 통해 구글 리캡차 서비스에 사용자의 IP 주소와 g-recaptcha-response 값을 전달하면 구글이 리캡차 확인 성공 여부를 회신해준다. 실패하면 바로 에러 메시지와 함께 사용자 등록화면으로 리다이렉트한다.

애플리케이션을 시작하고 [Register] 버튼을 클릭해서 사용자 등록 화면에 접속하면 [Sign Up] 버튼 위에 체크박스를 포함한 리캡차 컴포넌트가 표시되는 것을 확인할 수 있다. 사용자 정보 입력 후 리캡차 체크박스에 체크하면 봇이 아닌 사람임을 확인할 수 있는 그림 퀴즈가 그림 6.8과 같이 표시된다. 퀴즈에 맞지 않는 그림을 선택하고 그림 퀴즈의 [확인] 버튼을 클릭하면 새 그림 퀴즈가 표시되고, 퀴즈에 맞는 그림을 선택하고 [확인]을 클릭하면 '로봇이 아닙니다' 옆에 녹색 체크박스가 표시된다. 이 상태에서 [Sign Up] 버튼을 클릭하면 CourseTracker 애플리케이션은 퀴즈를 거친 요청이 봇이 아닌 사람에 의한 요청이라고 판단하고 사용자 등록 요청을 처리한다.

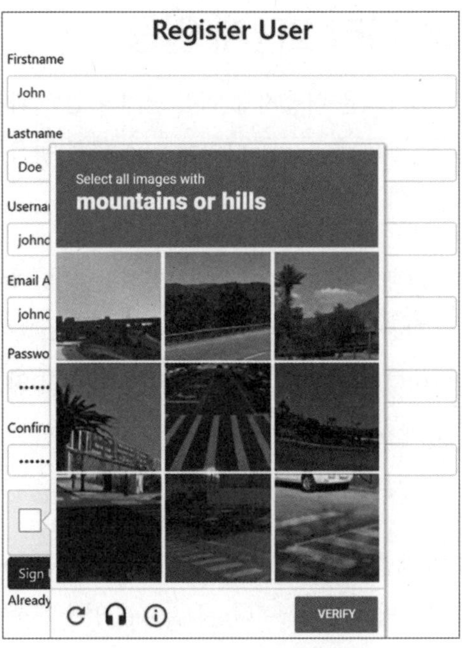

그림 6.8 구글 리캡차 동작 화면

토론

엄밀히 말해 예제에서 적용한 구글 리캡차는 스프링 부트나 스프링 시큐리티의 기능은 아니지만 머신 러닝과 인공 지능 발전에 따라 늘어나는 인터넷 봇 스팸 공격을 막는 데 매우 유용하다.

봇 스팸 공격 방식도 계속 발전하므로 이를 막는 캡차 또한 계속 함께 발전해야 한다. 예제에서는 간단하게 구현하기 위해 구글 리캡차 버전 2를 사용했지만 이미 버전 3가 나와 있다.

예제에서는 리캡차 시크릿 키를 application.properties에 지정했지만 실제 운영하는 서비스에서는 해시코프 볼트 같은 도구를 사용해야 안전성을 높일 수 있다.

마지막으로 보안성과 사용자 경험이 균형을 이뤄야 한다는 점을 강조하고 싶다. 캡차도 마찬가지다. 로그인할 때마다 캡차 확인을 할 수도 있지만 이렇게 하면 사용자는 불편하다. 그래서 대부분의 서비스에서는 로그인 시도가 여러 번 실패했을 때만 캡차를 적용해서, 일반적인 경우 로그인 실패를 하지 않는 정상적인 사용자에게는 불편을 끼치지 않는다. 대신 로그인에 여러 번 실패할 때는 봇이 의심되므로 캡차를 적용해서 보안성을 높일 수 있다. 이처럼 선택적 캡차 적용은 개발자의 실습 과제로 남겨둔다. 힌트를 주자면 로그인 실패 횟수를 캐시에서 관리하면 일정 횟수 이상 로그인이 실패할 때만 캡차가 작동하도록 구현할 수 있다.

6.8 구글 오센티케이터 2단계 인증

다단계 인증mult-factor authentication, MFA은 사용자가 여러 단계의 인증 과정을 거치도록 강제하는 인증 패턴이다. **2단계 인증**two-factor authentication은 다단계 인증의 한 방식으로 서로 다른 수준의 2단계 인증 과정으로 구성된다.

보통 웹 애플리케이션은 아이디/패스워드 기반의 인증을 사용한다. 대부분의 경우 아이디/패스워드 인증은 충분히 잘 동작하지만 아이디나 패스워드가 유출되면 소용이 없어진다. 그래서 다른 수준의 인증 과정이 추가되면 아이디/패스워드 유출에도 쉽게 뚫리지 않으므로 보안성을 확실히 높일 수 있다. 예를 들어 아이디/패스워드 외에 추가로 일회성 비밀번호one time password를 사용해서 아이디/패스워드 인증의 단점을 보완한다.

이번 절에서는 CourseTracker 애플리케이션에 2단계 인증을 적용해본다. 1단계는 기존의 아이디/패스워드 인증이고, 2단계는 구글의 오센티케이터Authenticator 앱을 통해 생성되는 OTP를 사용한다.

6.8.1 기법: 2단계 인증 적용

6.8.1절의 소스 코드는 https://mng.bz/zQW1에서 확인할 수 있다. 완성본은 https://mng.bz/0wDJ에서 확인할 수 있다.

요구 사항

아이디/패스워드 기반 인증을 사용하는 CourseTracker 애플리케이션에 2단계 인증을 적용해서 보안성을 높여야 한다.

해법

구글 오센티케이터 앱을 사용해서 OTP를 생성하고 이를 사용해서 2단계 인증을 구현한다. 먼저 스마트폰으로 구글 플레이 스토어(https://mng.bz/YgBz)나 애플 앱스토어(https://mng.bz/GGaD)에서 구글 오센티케이터 앱을 설치한다. 이 앱은 일정 시간 주기로 계속 값이 달라지는 TOTP time-baased one time password를 생성한다. CourseTracker 애플리케이션에서는 이 OTP 값을 인증에 사용한다. TOTP 알고리즘은 실습 후 토론에서 다시 다룬다.

2단계 인증이 보안성을 높여주기는 하지만 필수는 아니다. 따라서 사용자에게 2단계 인증을 사용할 것인지 선택권을 줄 수 있다. CourseTracker 애플리케이션에서도 마찬가지로 사용자에게 선택권을 주고 2단계 인증을 선택한 사용자에게만 2단계 인증을 적용한다. 주요 흐름은 다음과 같다.

1. 사용자가 등록되면 새 계정이 생성된다.
2. 최초 로그인 시 2단계 인증을 활성화할 것인지 묻는다. 사용자가 활성화를 원하지 않으면 인덱스 페이지로 이동한다.
3. 사용자가 2단계 인증 활성화를 선택하면 QR 코드를 생성해서 화면에 보여주고 스마트폰에 있는 구글 오센티케이터 앱으로 스캔하도록 안내한다.
4. 스캔을 통해 CourseTracker 앱이 구글 오센티케이터 앱에 등록되면 앱에 표시된 OTP 값을 2단계 인증 등록 페이지에서 입력받는다. 이를 통해 해당 사용자는 2단계 인증을 사용하도록 설정된다. 이후 로그인 시 아이디/패스워드뿐만 아니라 구글 오센티케이터 앱에서 생성된 OTP 값도 입력해야 로그인에 성공한다.
5. 2단계 인증을 활성화하지 않은 사용자에 대해서는 로그인할 때마다 2단계 인증 활성화 여부를 묻는다. 예제에서는 이 방식을 사용하지만 실제로는 로그인할 때마다 사용자를 불편하게 만들

지 않고 별도의 메뉴를 두어서 2단계 인증 활성화 여부를 설정할 수 있도록 구현하는 것이 좋다.

이제 실제 구현 작업을 시작해보자. 가장 먼저 해야 할 일은 Google Auth 의존 관계를 추가하는 것이다.

예제 6.45 Google Auth 의존 관계 추가

```
<dependency>
    <groupId>com.warrenstrange</groupId>
    <artifactId>googleauth</artifactId>
    <version>1.4.0</version>
</dependency>
```

Google Auth 라이브러리에는 TOTP 기반의 2단계 인증을 적용하는 데 필요한 기능이 포함돼 있다. 자세한 내용은 깃허브 페이지(https://github.com/wstrange/GoogleAuth)를 참고한다.

다음으로 2단계 인증을 선택한 사용자에게 QR 코드를 보여줘야 한다. 이 QR 코드에는 비밀 정보가 포함돼 있으며 계속 사용되므로 아이디와 함께 `CT_TOTP_DETAILS` 테이블에 저장한다. 이 비밀 정보를 담는 클래스를 예제 6.46과 같이 정의한다.

예제 6.46 TotpDetails 클래스

```
package com.manning.sbip.ch06.model;

// import 문 생략

@Entity
@Data
@NoArgsConstructor
@AllArgsConstructor
@Table(name = "CT_TOTP_DETAILS")
public class TotpDetails {

    @Id
    @GeneratedValue(strategy = GenerationType.IDENTITY)
    private long id;
    private String username;
    private String secret;

    public TotpDetails(String username, String secret) {
        this.username = username;
        this.secret = secret;
```

```
    }
}
```

CT_TOTP_DETAILS 테이블 DDL은 src/main/resources/script.ddl 파일에 예제 6.47과 같이 작성한다.

예제 6.47 CT_TOTP_DETAILS 테이블 DDL

```
create table CT_TOTP_DETAILS (
  id BIGINT NOT NULL auto_increment,
  secret    varchar(255),
  username    varchar(255),
  PRIMARY KEY (id)
);
```

로그인 성공 후에 2단계 인증 활성화를 사용자가 선택할 수 있도록 만들기로 했다. 스프링 시큐리티에서는 AuthenticationSuccessHandler 인터페이스를 통해 로그인 후 로직을 구현할 수 있다. 예제 6.48과 같이 AuthenticationSuccessHandler 인터페이스 구현체인 DefaultAuthenticationSuccessHandler 클래스를 정의한다.

예제 6.48 DefaultAuthenticationSuccessHandler 클래스

```
package com.manning.sbip.ch06.service;

// import 문 생략

@Component
public class DefaultAuthenticationSuccessHandler implements AuthenticationSuccessHandler {

    private RedirectStrategy redirectStrategy = new DefaultRedirectStrategy();

    public void onAuthenticationSuccess(
        HttpServletRequest request,
        HttpServletResponse response,
        Authentication authentication
    ) throws IOException, ServletException {

        if (isTotpAuthRequired(authentication)) {
            redirectStrategy.sendRedirect(request, response, "/totp-login");
        }
        else {
            redirectStrategy.sendRedirect(request, response, "/account");
        }
```

```
    }

    private boolean isTotpAuthRequired(Authentication authentication) {
        Set<String> authorities =
            AuthorityUtils.authorityListToSet(authentication.getAuthorities());
        return authorities.contains("TOTP_AUTH_AUTHORITY");    ❶
    }
}
```

❶ TOTP_AUTH_AUTHORITY와 그 사용 방법은 토론에서 자세히 다룬다.

로그인 성공 후 인증 정보에 TOTP_AUTH_AUTHORITY 권한이 포함돼 있으면 totp-login 엔드포인트로 리다이렉트하고, 포함돼 있지 않으면 account 엔드포인트로 리다이렉트한다.

TOTP_AUTH_AUTHORITY는 2단계 인증을 활성화한 사용자에게만 부여되는 커스텀 권한으로 토론에서 다시 다룬다.

totp-login 엔드포인트는 구글 오센티케이터를 사용해서 OTP 값을 입력할 수 있는 2단계 인증 페이지로 사용자를 리다이렉트한다. account 엔드포인트는 사용자가 2단계 인증을 설정할 수 있는 페이지로 리다이렉트한다. account 엔드포인트와 2단계 인증 설정에 필요한 엔드포인트를 포함하는 AccountController 클래스를 예제 6.49와 같이 정의한다.

예제 6.49 **AccountController 클래스**

```
package com.manning.sbip.ch06.controller;

// import 문 생략

@Controller
@RequiredArgsConstructor
public class AccountController {

    private final TotpService totpService;    ❶

    @GetMapping("/account")    ❷
    public String getAccount(
        Model model,
        @AuthenticationPrincipal CustomUser customUser
    ) {
        if (customUser != null && !customUser.isTotpEnabled()) {
            model.addAttribute("totpEnabled", false);
            model.addAttribute("configureTotp", true);
```

```
    } else {
        model.addAttribute("totpEnabled", true);
    }

    return "account";
}

@GetMapping("/setup-totp")     ❸
public String getGoogleAuthenticatorQrUrl(
    Model model,
    @AuthenticationPrincipal CustomUser customUser
) {
    String username = customUser.getUsername();
    boolean isTotp = customUser.isTotpEnabled();

    if (!isTotp) {     ❹
        model.addAttribute("qrUrl", totpService.generateAuthenticationQrUrl(username));
        model.addAttribute("code", new TotpCode());
        return "account";
    }

    model.addAttribute("totpEnabled", true);
    return "account";
}

@PostMapping("/confirm-totp")     ❺
public String confirmGoogleAuthenticatorSetup(
    Model model,
    @AuthenticationPrincipal CustomUser customUser,
    TotpCode totpCode
) {
    boolean isTotp = customUser.isTotpEnabled();

    if (!isTotp) {
        try {
            totpService.enableTotpForUser(
                customUser.getUsername(),
                Integer.valueOf(totpCode.getCode())
            );
        } catch (InvalidVerificationCode ex) {
            model.addAttribute("totpEnabled", customUser.isTotpEnabled());
            model.addAttribute("confirmError", true);
            model.addAttribute("configureTotp", false);
            model.addAttribute("code", new TotpCode());
            return "account";
        }

        model.addAttribute("totpEnabled", true);
```

```
        }

        customUser.setTotpEnabled(true);
        return "redirect:/logout";
    }
}
```

❶ TotpService 클래스는 TOTP를 생성하고 검증하는 역할을 담당한다.

❷ totpEnabled 파라미터와 configureTotp 파라미터를 설정한 후 2단계 인증을 활성화할 수 있는 account.html 페이지로 리다이렉트한다.

❸ 2단계 인증을 설정할 수 있는 엔드포인트이며, 사용자가 TOTP를 설정하지 않았으면 totpService를 호출하고 QR 코드를 생성해서 사용자가 구글 오센티케이터 앱을 이용해서 CourseTracker 애플리케이션을 등록한다.

❹ TOTP가 활성화돼 있지 않으면 QR 코드를 생성하고 QR 코드값을 저장할 수 있는 TotpCode를 모델에 담아서 account.html 페이지로 리다이렉트한다.

❺ TOTP 활성화를 확정하는 엔드포인트다.

이제 예제 6.50과 같이 TotpService 클래스를 정의한다.

예제 6.50 TotpService 클래스

```
package com.manning.sbip.ch06.service;

// import 문 생략

@Service
public class TotpService {

    private final GoogleAuthenticator googleAuth = new GoogleAuthenticator();
    private final TotpRepository totpRepository;
    private final UserRepository userRepository;
    private static final String ISSUER = "CourseTracker";

    public TotpService(TotpRepository totpRepository, UserRepository userRepository) {
        this.totpRepository = totpRepository;
        this.userRepository = userRepository;
    }

    @Transactional
    public String generateAuthenticationQrUrl(String username){    ❶
        GoogleAuthenticatorKey authenticationKey = googleAuth.createCredentials();
```

```
        String secret = authenticationKey.getKey();
        totpRepository.deleteByUsername(username);
        totpRepository.save(new TotpDetails(username, secret));
        return GoogleAuthenticatorQRGenerator.getOtpAuthURL(ISSUER, username,
authenticationKey);
    }

    public boolean isTotpEnabled(String userName) {
        return userRepository.findByUsername(userName).isTotpEnabled();
    }

    public void enableTotpForUser(String username, int code){      ❷
        if(!verifyCode(username, code)) {
            throw new InvalidVerificationCode("Invalid verification code");
        }

        User user = userRepository.findByUsername(username);
        user.setTotpEnabled(true);
        userRepository.save(user);
    }

    public boolean verifyCode(String userName, int verificationCode) {
        TotpDetails totpDetails = totpRepository.findByUsername(userName);
        return googleAuth.authorize(totpDetails.getSecret(), verificationCode);
    }
}
```

❶ 사용자 username에 맞는 QR URL을 생성한다.

❷ 입력된 OTP가 올바른 값인지 검증하고 2단계 인증을 활성화한다.

TotpService 클래스에는 QR 코드 생성, TOTP 활성화, OTP 값 검증 등 2단계 인증 관련 몇 가지 유용한 메서드가 포함돼 있다.

이제 로그인한 사용자의 2단계 인증 활성화 여부에 따라 TOTP_AUTH_AUTHORITY 권한을 부여하는 CustomUserDetailsService 클래스를 예제 6.51과 같이 정의한다.

예제 6.51 **CustomUserDetailsService 클래스**

```
package com.manning.sbip.ch06.service;

// import 문 생략

@Service
public class CustomUserDetailsService implements UserDetailsService {
```

```
    private UserRepository userRepository;

    @Autowired
    public CustomUserDetailsService(UserRepository userRepository) {
        this.userRepository = userRepository;
    }

    public UserDetails loadUserByUsername(String username) throws UsernameNotFoundException {
        User user = userRepository.findByUsername(username);
        if(user == null) {
            throw new UsernameNotFoundException(username);
        }
        SimpleGrantedAuthority simpleGrantedAuthority = null;
        if(user.isTotpEnabled()) {
            simpleGrantedAuthority = new SimpleGrantedAuthority("TOTP_AUTH_AUTHORITY");  ❶
        }
        else {
            simpleGrantedAuthority = new SimpleGrantedAuthority("ROLE_USER");    ❷
        }
        CustomUser customUser = new CustomUser(
            user.getUsername(), user.getPassword(), true, true, true, true,
            Arrays.asList(simpleGrantedAuthority)
        );
        customUser.setTotpEnabled(user.isTotpEnabled());
        return customUser;
    }
}
```

❶ 2단계 인증 활성화를 선택한 사용자에게는 TOTP_AUTH_AUTHORITY 권한을 부여한다.

❷ 2단계 인증 활성화를 선택하지 않은 사용자에게는 ROLE_USER 권한을 부여한다.

TOTP가 활성화되면 사용자는 이후 로그인할 때마다 OTP를 입력해야 한다. 입력받은 OTP 값을 검증하는 방법은 여러 가지다. 예를 들어 컨트롤러에 검증 로직을 두고 검증 결과에 따라 적절한 페이지로 리다이렉트할 수 있다.

하지만 예제에서는 OTP를 검증하는 로직을 포함하는 필터를 정의하고, 이 필터를 스프링 시큐리티 필터 체인에 포함해서 스프링 시큐리티가 자동으로 검증하도록 구현한다. 예제 6.52를 보자.

예제 6.52 TotpAuthFilter 클래스

```
package com.manning.sbip.ch06.filter;
```

```
// import 문 생략

@Component
public class TotpAuthFilter extends GenericFilterBean {

    private TotpService totpService;
    private static final String ON_SUCCESS_URL = "/index";
    private static final String ON_FAILURE_URL = "/totp-login-error";
    private final RedirectStrategy redirectStrategy = new DefaultRedirectStrategy();

    @Autowired
    public TotpAuthFilter(TotpService totpService) {
        this.totpService = totpService;
    }

    public void doFilter(
        ServletRequest request,
        ServletResponse response,
        FilterChain chain
    ) throws IOException, ServletException {
        Authentication authentication = SecurityContextHolder.getContext().
getAuthentication();    ❶
        String code = request.getParameter("totp_code");

        if (!requiresTotpAuthentication(authentication) || code == null) {
            chain.doFilter(request, response);
            return;
        }

        if (code != null && totpService.verifyCode(authentication.getName(), Integer.
valueOf(code))) {    ❷
            Set<String> authorities = AuthorityUtils.authorityListToSet(authentication.
getAuthorities());
            authorities.remove("TOTP_AUTH_AUTHORITY");    ❸
            authorities.add("ROLE_USER");    ❸
            authentication = new UsernamePasswordAuthenticationToken(
                authentication.getPrincipal(),
                authentication.getCredentials(),
                buildAuthorities(authorities)
            );    ❹
            SecurityContextHolder.getContext().setAuthentication(authentication);
            redirectStrategy.sendRedirect(
                (HttpServletRequest) request,
                (HttpServletResponse) response,
                ON_SUCCESS_URL
            );    ❺
        }
        else {
```

```
            redirectStrategy.sendRedirect(
                (HttpServletRequest) request,
                (HttpServletResponse) response,
                ON_FAILURE_URL
            );
        }
    }

    private boolean requiresTotpAuthentication(Authentication authentication) {
        if (authentication == null) {
            return false;
        }

        Set<String> authorities = AuthorityUtils.authorityListToSet(authentication.
getAuthorities());
        boolean hasTotpAutheority = authorities.contains("TOTP_AUTH_AUTHORITY");

        return hasTotpAutheority && authentication.isAuthenticated();
    }

    private List<GrantedAuthority> buildAuthorities(Collection<String> authorities) {
        List<GrantedAuthority> authList = new ArrayList<GrantedAuthority>(1);
        for (String authority : authorities) {
            authList.add(new SimpleGrantedAuthority(authority));
        }

        return authList;
    }
}
```

❶ SecurityContextHolder 클래스에서 인증 객체를 가져와서 TOTP_AUTH_AUTHORITY 권한이 포함돼 있는지 확인한다.

❷ 사용자가 입력한 OTP를 검증하고 유효하지 않으면 에러 페이지로 리다이렉트한다.

❸ OTP가 맞으면 TOTP_AUTH_AUTHENTICATION 권한을 제거하고 ROLE_USER 권한을 부여한다. TOTP_AUTH_AUTHENTICATION 권한은 TOTP를 활성화할 때만 필요하다. 따라서 TOTP가 활성화되면 TOTP_AUTH_AUTHENTICATION 권한을 제거하고 ROLE_USER 권한을 부여한다.

❹ 새롭게 설정한 권한을 포함하는 UsernamePasswordAuthenticationToken 토큰을 생성하고 SecurityContextHolder에 저장한다.

❺ 사용자를 인덱스 페이지로 리다이렉트한다.

2단계 인증을 활성화하지 않은 사용자인 경우 아무 작업 없이 바로 리턴하고, 2단계 인증을 활성화한 사용자인 경우 입력받은 OTP 값을 검증한 후 올바른 값이면 TOTP_AUTH_AUTHORITY 권한을 제거한다.

이제 TopAuthFilter를 6.53과 같이 시큐리티 설정에 추가한다.

예제 6.53 **SecurityConfiguration 클래스**

```
package com.manning.sbip.ch06.security;

// import 문 생략

@Configuration
public class SecurityConfiguration extends WebSecurityConfigurerAdapter {

    @Autowired
    private TotpAuthFilter totpAuthFilter;

    @Override
    protected void configure(HttpSecurity http) throws Exception {
        http.addFilterBefore(totpAuthFilter, UsernamePasswordAuthenticationFilter.class); ❶
        http.authorizeRequests()
            .antMatchers("/adduser", "/login", "/login-error", "/setup-totp", "/confirm-
totp")
                .permitAll()
            .antMatchers("/totp-login", "/totp-login-error")
                .hasAuthority("TOTP_AUTH_AUTHORITY")    ❷
            .anyRequest().hasRole("USER")
            .and()
            .formLogin().loginPage("/login")
            .successHandler(new DefaultAuthenticationSuccessHandler())
            .failureUrl("/login-error");
    }

    // 이하 생략
}
```

❶ TotpAuthFilter를 스프링 시큐리티 필터 체인상에서 UsernamePasswordAuthenticationFilter보다 앞에 추가한다. 스프링 시큐리티 필터 체인에 속한 필터는 순서에 따라 적용되므로 TotpAuthFilter는 UsernamePasswordAuthenticationFilter보다 먼저 수행된다.

❷ TOTP 관련 엔드포인트는 TOTP_AUTH_AUTHORITY 권한이 있는 사용자만 접근할 수 있도록 설정한다.

NOTE 코드 전체를 담기엔 분량이 너무 많아서 중요 부분만 추려서 책에 담았다. 전체 소스 코드는 소스 코드 리포지터리를 참고하자.

애플리케이션을 시작하고 새 사용자를 등록한 후 로그인하면 그림 6.9와 같이 2단계 인증 활성화 페이지를 확인할 수 있다.

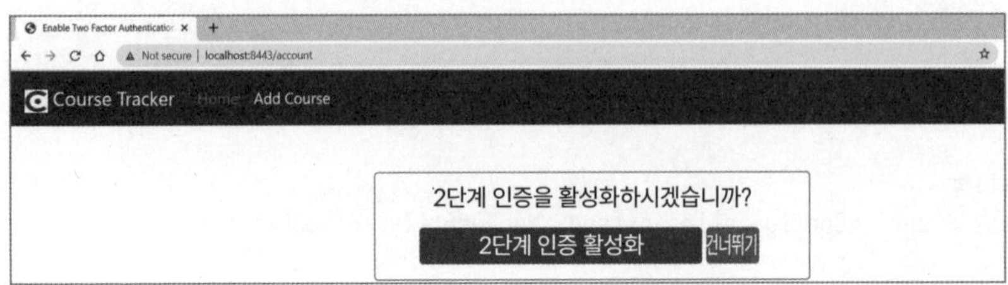

그림 6.9 **2단계 인증 활성화 여부 선택 화면**

2단계 인증을 활성화할 수도 있고, 활성화 단계를 건너뛰고 바로 인덱스 페이지로 이동할 수도 있다. [2단계 인증 활성화] 버튼을 클릭해서 2단계 인증 활성화를 선택하면 그림 6.10과 같이 QR 코드가 표시된다.

그림 6.10 **구글 오센티케이터 애플리케이션에 CourseTracker 애플리케이션을 등록할 수 있는 QR 코드**

구글 오센티케이터 앱을 실행해서 QR 코드를 실행하면 구글 오센티케이터 앱에 검증 코드 Verification Code가 표시된다. 물론 책에 있는 QR 코드가 아니라 CourseTrakcer 애플리케이션 화면에 있는 QR 코드를 스캔해야 한다. 검증 코드를 애플리케이션 입력창에 입력하고 [2단계 인증 활성화] 버튼을 클릭한다. 검증 코드값이 맞으면 로그인 페이지로 리다이렉트되며 다시 로그인하면 그림 6.9와 같이 OTP를 입력하라는 화면이 표시된다.

구글 오센티케이터에 표시된 OTP 값을 입력하면 과정 목록을 보여주는 인덱스 페이지로 리다이렉트되며, 이후 로그인 시 항상 OTP를 입력해야 한다.

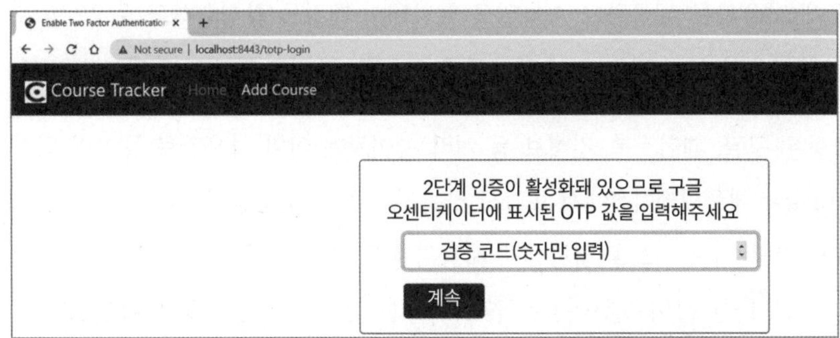

그림 6.11 **2단계 인증을 활성화한 후 로그인할 때마다 표시되는 OTP 입력창**

토론

구글 오센티케이터는 시간 기반 알고리즘TOTP과 HMAC 기반 알고리즘HMAC-based OTP algorithm, HOTP을 사용해서 OTP를 생성한다. 예제에서는 스프링 부트 애플리케이션에서 스프링 시큐리티와 함께 TOTP를 사용해서 2단계 인증을 구현했다.

시간 기반 TOTP 알고리즘은 상대적으로 단순하다. OTP가 생성될 때 CourseTracker 애플리케이션과 구글 오센티케이터 앱을 모두 공유하고 있는 비밀 키와 시간을 사용한다. 2단계 인증을 활성화할 때 CourseTracker 애플리케이션이 QR 코드를 보여주고 이 QR 코드를 구글 오센티케이터 앱으로 스캔했던 장면을 떠올려보자. QR 코드에 비밀 키가 담겨 있었고 스캔할 때 이 비밀 키가 구글 오센티케이터 앱에 저장된다. 이후 OTP 생성 시 비밀 키와 시간 정보가 사용되고 CourseTracker 애플리케이션은 비밀 키와 시간 정보를 사용해서 입력된 OTP가 맞는지 검증한다. 구글 오센티케이서는 일정한 시간 간격으로 계속 다른 OTP를 생성한다.

이번 기법에서는 OTP 검증 과정을 커스텀 필터에 구현하고 이 필터를 스프링 시큐리티 필터 체인에 추가해서 2단계 인증 기능을 적용했다. 예제 6.32에서 구현했던 로그인 횟수 제한 기능도 커스텀 필터를 사용해서 구현할 수도 있다. 필터의 수에는 제한이 없으며 비즈니스상 필요한 커스텀 필터를 얼마든지 만들어서 추가할 수 있다. 커스텀 권한을 정의하고 사용하는 방법도 함께 살펴봤다.

2단계 인증 기능에도 실패 횟수 제한을 둬서 보안성을 높일 수 있다. 정해진 횟수 이상으로 로그인 실패가 반복되면 일정 시간 로그인을 금지하는 것처럼, `/confirm-totp` 페이지에 입력한 OTP 값이 여러 번 틀리면 일정 시간 로그인을 금지할 수 있다. 이 기능은 실습 과제로 남겨둔다.

6.9 OAuth2 인증

앞에서 CourseTracker 애플리케이션에 로그인할 수 있는 여러 가지 방법을 살펴봤다. 사용자 정보를 입력받아 새 사용자를 등록하고, 이메일을 확인해서 계정을 활성화하고 로그인할 수 있는 기능을 만들었는데, 사용자 등록 과정 없이 사용자를 인증할 수 있는 방법도 있다.

대부분의 사람은 구글, 페이스북, 깃허브 등 여러 사이트에 이미 사용자로 등록이 되어 있다. 그래서 CourseTracker 애플리케이션에서 또다시 사용자 정보를 입력받아 새 사용자로 등록하는 대신에 구글, 페이스북 등의 사이트를 활용해서 사용자를 인증할 수 있다. 흥미로운 점은 새 사용자 등록 및 인증 기능과 다른 사이트를 이용한 인증 기능을 함께 사용할 수도 있다는 점이다. 예를 들어 스택 오버플로우(https://stackoverflow.com)는 두 가지 인증 기능을 모두 지원한다.

앞으로 살펴볼 다른 사이트를 이용한 인증 기능에는 공개 표준이 사용된다. 스프링 시큐리티도 이 표준과 연동할 수 있는 독립적인 모듈을 제공한다. 이제 구글 사이트를 이용한 인증 기능을 실제로 구현하면서 알아보자.

6.9.1 기법: 구글 계정으로 로그인

6.9.1절의 소스 코드는 https://mng.bz/9KRj**에서 확인할 수 있다. 완성본은** https://mng.bz/jyQa**에서 확인할 수 있다.**

요구 사항

구글 계정이 있는 사용자는 별도의 사용자 등록 과정 없이 구글 계정을 사용해서 CourseTracker 애플리케이션에 로그인할 수 있어야 한다.

해법

사용자가 구글 계정을 이용해서 CourseTracker 애플리케이션에 로그인하려면 CourseTracker 애플리케이션이 구글의 클라이언트가 돼야 한다. 따라서 구글에 CourseTracker 애플리케이션을 클라이언트로 등록해야 한다. 클라이언트로 등록이 되면 구글은 클라이언트 ID와 비밀 키를 발급해준다. 이 클라이언트 ID와 비밀 키를 사용해서 사용자의 구글 계정 정보를 이용할 수 있고, 구글 계정 정보를 통해 CourseTracker에 로그인할 수 있다.

NOTE 예제에서는 구글 계정을 사용한 인증에 OAuth 2.0을 사용한다. OAuth 2.0은 자원 소유자인 사용자와 HTTP 서비스 간 승인 상호 작용을 조율하거나 CourseTracker 같은 서드파티 애플리케이션이 자원에 접근할 수 있도록 허용함으로써 서드 파티 애플리케이션이 자원 소유자인 사용자를 대신해서 HTTP 서비스에 제한적으로 접근할 수 있게 해주는 인가 프레임워크다.

OAuth 2.0 프레임워크에 대한 상세 내용을 다루는 것은 이 책의 범위를 벗어나므로 더 자세한 내용은 공식 문서(https://datatracker.ietf.org/doc/html/rfc6749)를 참고하자. 스프링 시큐리티와 OAuth 2.0을 사용하는 방법은 스프링 공식 문서(https://docs.spring.io/spring-security/reference/servlet/oauth2/index.html)를 참고하자. 《API Security in Action》(Manning Publications, 2020)과 《스프링 시큐리티 인 액션》(위키북스, 2022)도 도움이 될 것이다.

구글에 CourseTracker 애플리케이션을 등록하고 클라이언트 ID와 시크릿을 발급받는 과정은 다음과 같다.[5]

1. 구글 개발자 콘솔(https://console.developers.google.com/)에 구글 계정으로 로그인한다.
2. [새 프로젝트 생성New Project] 버튼을 클릭하고 필요한 정보를 입력한다.

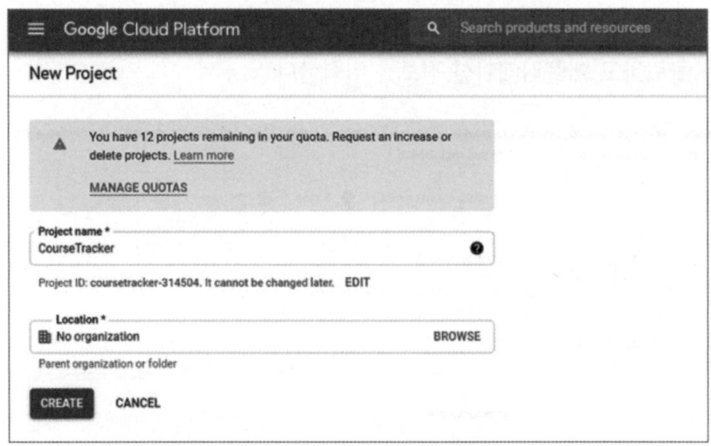

그림 6.12 **새 프로젝트 생성**

5 옮긴이 다음 부분은 옮긴이가 추가한 부분이다.

3. 왼쪽 메뉴에서 [OAuth 동의 화면OAuth consent screen]을 클릭하고 사용자 유형User Type에서 [외부External]를 선택한다.

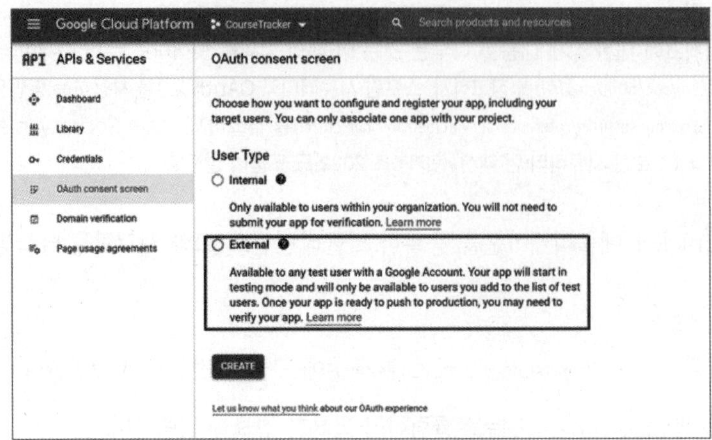

그림 6.13 **사용자 유형 선택**

4. [생성Create]을 클릭하고 애플리케이션 정보를 입력한다.

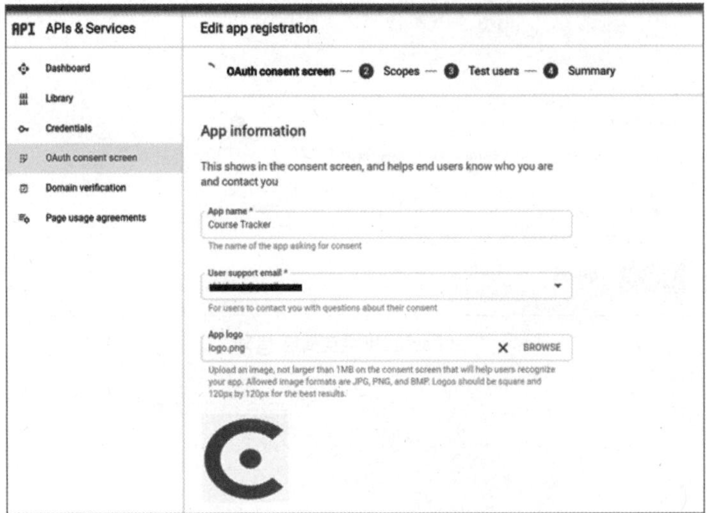

그림 6.14 **애플리케이션 정보 입력**

5. 왼쪽 메뉴에서 [사용자 인증 정보Credentials]를 클릭한 후 [OAuth 클라이언트 ID]를 선택한다.

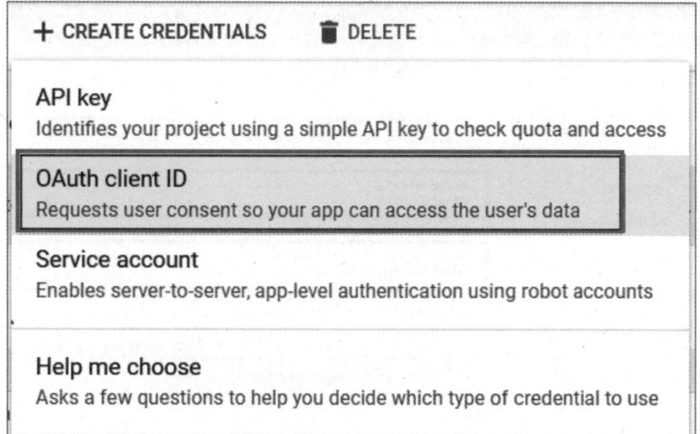

그림 6.15 **사용자 인증 정보 선택**

6. 애플리케이션 유형Application Type에서 [웹 애플리케이션] 선택

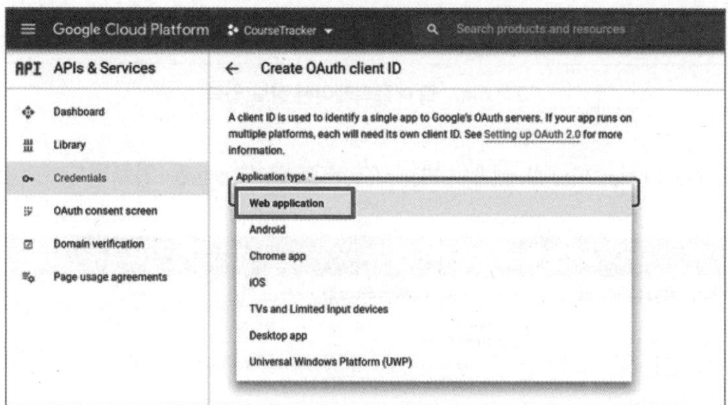

그림 6.16 **애플리케이션 유형 선택**

7. 웹 애플리케이션 정보 입력

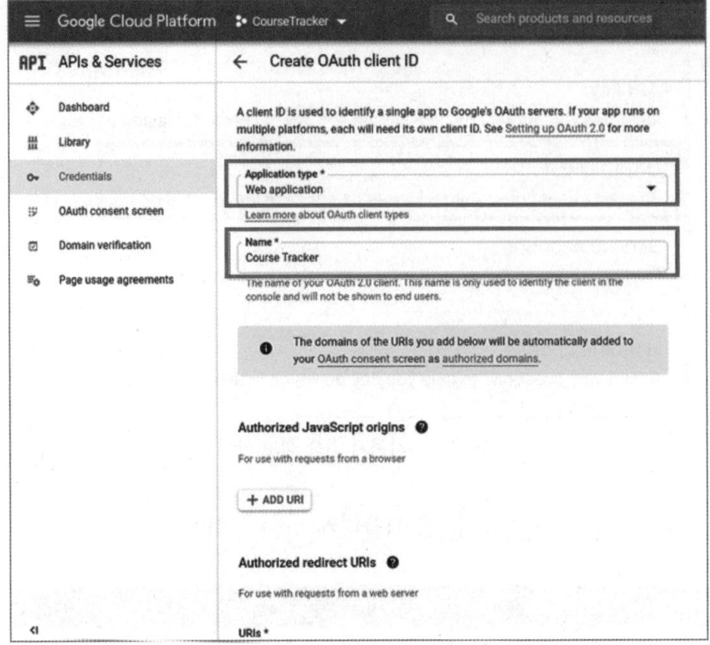

그림 6.17 **웹 애플리케이션 정보 입력**

8. 리다이렉트 URL에 https://localhost:8443/login/oauth2/code/google을 입력한다.

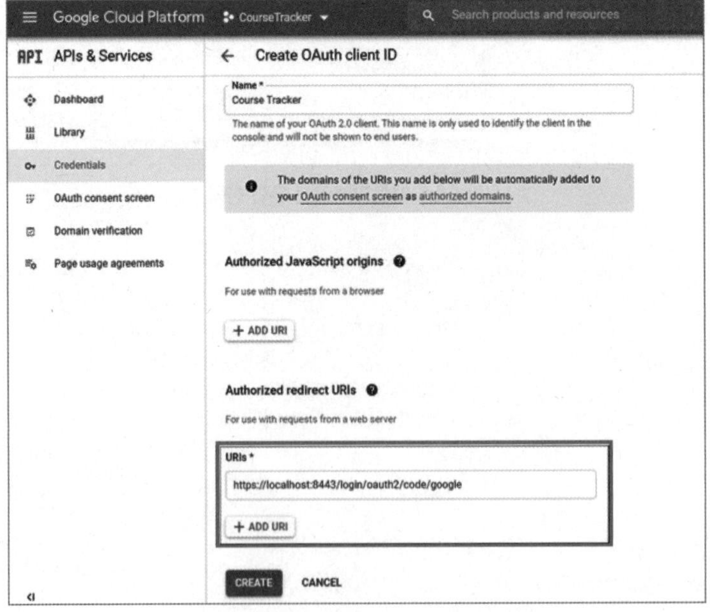

그림 6.18 **라디이렉트 URL 입력**

9. 발급된 클라이언트 ID와 시크릿 복사

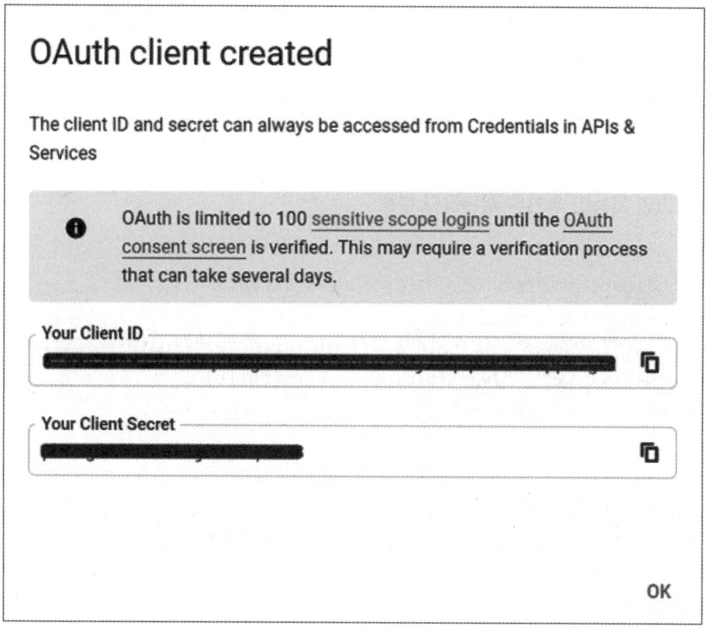

그림 6.19 **클라이언트ID와 시크릿 복사**

OAuth2를 애플리케이션에서 사용하기 위해 먼저 예제 6.54와 같이 pom.xml 파일에 `spring-boot-starter-oauth2-client` 의존 관계를 추가한다.

예제 6.54 **spring-boot-starter-oauth2-client 의존 관계 추가**

```
<dependency>
    <groupId>org.springframework.boot</groupId>
    <artifactId>spring-boot-starter-oauth2-client</artifactId>
</dependency>
```

구글에서 발급받은 클라이언트 ID와 시크릿을 예제 6.55와 같이 application.properties 파일에 지정한다.

예제 6.55 **구글 OAuth2 정보가 추가된 application.properties 파일**

```
spring.security.oauth2.client.registration.google.client-id=<Your client ID>
spring.security.oauth2.client.registration.google.client-secret=<Your Secret>
spring.security.oauth2.client.registration.google.scope=email, profile
```

예제에서는 클라이언트 시크릿값을 application.properties 파일에 지정했지만 실제 서비스에서는 환경 변수를 사용하거나 해시코프 볼트 같은 도구를 사용해서 소스 코드로부터 분리하는 것이 좋다.

이제 시큐리티 설정에 예제 6.56과 같이 OAuth2 로그인 기능을 추가한다.

예제 6.56 OAuth2 로그인 기능이 추가된 시큐리티 설정

```
@Override
protected void configure(HttpSecurity http) throws Exception {
    http.authorizeRequests()
        .antMatchers("/adduser", "/login", "/login-error", "/login-verified",
            "/login-disabled", "/verify/email").permitAll()
        .anyRequest().authenticated()
        .and()
        .formLogin()
            .loginPage("/login")
            .failureHandler(customAuthenticationFailureHandler)
        .and()
        .oauth2Login()
            .loginPage("/login")
            .successHandler(new Oauth2AuthenticationSuccessHandler());
}
```

oauth2Login() 메서드는 내부적으로 OAuth2LoginConfigurer 클래스를 호출해서 OAuth2 관련 기능을 커스터마이징할 수 있게 해준다. 예를 들어 loginPage("/login")를 추가해서 스프링 기본 로그인 페이지 대신에 커스텀 로그인 페이지를 사용할 수 있다. 로그인 성공 시 처리되는 로직을 담고 있는 AuthenticationSuccessHandler 인터페이스를 구현하는 Oauth2AuthenticationSuccessHandler도 등록했다. Oauth2AuthenticationSuccessHandler는 예제 6.57과 같이 정의한다.

예제 6.57 Oauth2AuthenticationSuccessHandler 클래스

```
package com.manning.sbip.ch06.service.impl;

// import 문 생략

@Component
public class Oauth2AuthenticationSuccessHandler
    implements AuthenticationSuccessHandler {

    private RedirectStrategy redirectStrategy = new DefaultRedirectStrategy();
```

```
    public void onAuthenticationSuccess(
        HttpServletRequest request,
        HttpServletResponse response,
        Authentication authentication
    ) throws IOException, ServletException {
        redirectStrategy.sendRedirect(request, response, "/index");
    }
}
```

로그인한 사용자를 인덱스 페이지로 리다이렉트한다. 특별한 로직은 없지만 주목할 부분은 authentication 파라미터는 OAuth2AuthenticationToken 인스턴스라는 점이다. 그래서 authentication으로부터 사용자 이름, 이메일 같은 정보를 획득할 수 있다. 예제에서는 OAuth2 흐름에 집중할 수 있도록 단순화하기 위해 사용자 정보를 획득하는 부분은 구현하지 않았다.

마지막으로 로그인 페이지에 [Login with Google] 버튼을 예제 6.58과 같이 추가한다. 로그인 페이지의 전체 소스 코드는 https://mng.bz/raXB를 참고한다.

예제 6.58 구글 계정으로 로그인 버튼 추가

```
<div class="text-center">
    <button type="submit" class="btn btn-dark">Submit</button>
    <a class="btn btn-success" href="#" th:href="@{/adduser}">Register</a>
</div>
<div class="text-center pt-4">
    <a class="btn btn-block btn-dark" href="/oauth2/authorization/google">Login with
Google</a>
</div>
```

애플리케이션을 시작하면 그림 6.18과 같은 로그인 화면이 표시된다.

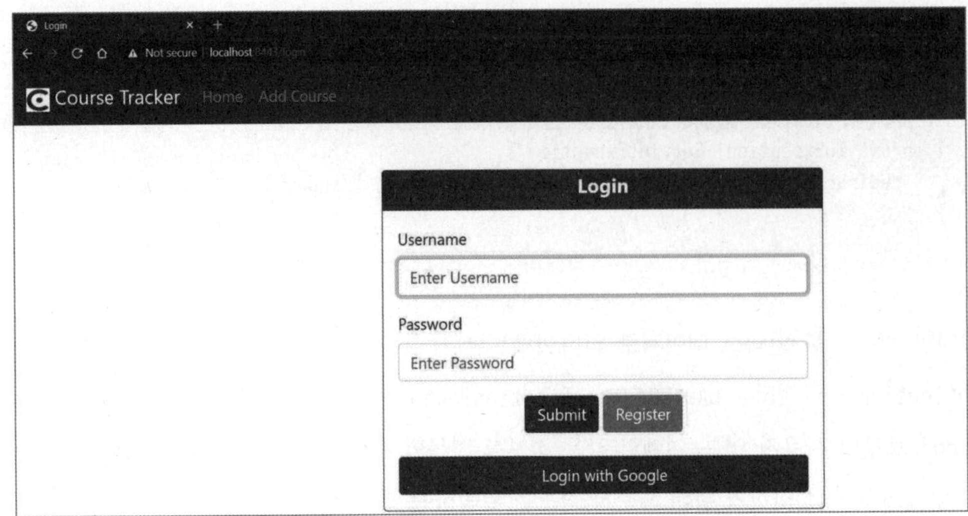

그림 6.20 **Login with Google 버튼이 추가된 로그인 페이지**

[Login with Google] 버튼을 클릭하면 구글 로그인 페이지로 이동한다. URL을 주의 깊게 살펴보면 예제 6.59와 같이 CourseTracker 애플리케이션의 클라이언트 ID, 스코프, 리다이렉트 URL 등이 포함돼 있는 것을 확인할 수 있다.

예제 6.59 **구글 로그인 페이지 URL**

```
https://accounts.google.com/o/oauth2/v2/auth/identifier?response_type=code
&client_id=81684764817-lb9qc6bgsb4o73smdkhfkdj72q7pa6ns.apps.googleusercontent.com
&scope=email%20profile
&state=judvx4EoF8AnPBLSGbqCdpqZCR6xdkX0hbC8D4ub-Co%3D
&redirect_uri=https%3A%2F%2Flocalhost%3A8443%2Flogin%2Foauth2%2Fcode%2Fgoogle
&flowName=GeneralOAuthFlow
```

그림 6.21에는 구글 로그인 페이지가 나와 있다. 로그인 후 Course Tracker 페이지로 이동한다는 메시지가 표시돼 있다. 구글 계정 정보를 입력하고 로그인에 성공하면 CourseTracker 애플리케이션의 인덱스 페이지로 리다이렉트된다.

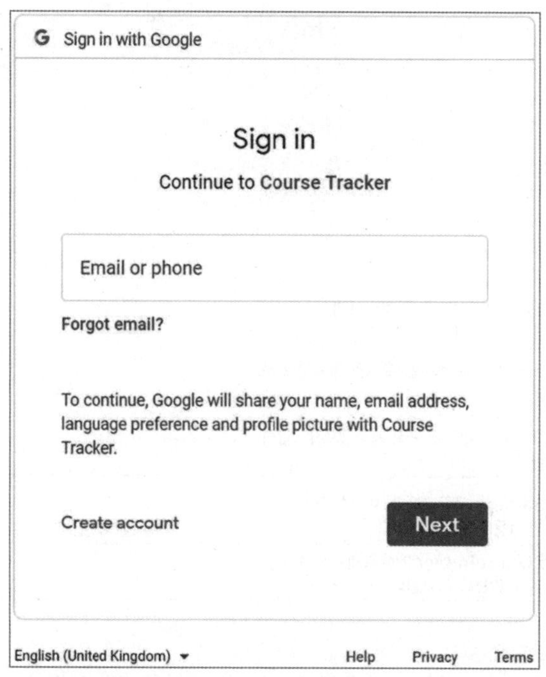

그림 6.21 **CourseTracker 애플리케이션 시스템에 OAuth2로 로그인할 수 있게 해주는 구글 로그인 화면**

토론

스프링 부트 애플리케이션에서 OAuth2 인증을 사용하기 위해 `spring-boot-starter-oauth-client` 의존 관계를 pom.xml 파일에 추가했다. 스프링 부트는 OAuth2 기능을 쉽게 사용할 수 있도록 `OAuth2ClientAutoConfiguration` 클래스를 통한 자동 구성 기능을 제공한다. OAuth2 인증은 `OAuth2LoginAuthenticationFilter` 필터를 통해 처리되며 `OAuth2LoginAuthenticationFilter` 클래스는 `OAuth2wLoginConfigurer` 클래스를 통해 설정된다.

구글 계정을 사용해서 OAuth2 인증을 통과하는 과정을 간략하게 다시 한번 살펴보자. 먼저 CourseTracker 애플리케이션을 구글에 등록하면서 `client_id`와 `secret`을 발급받았다. `client_id`는 CourseTracker 애플리케이션을 나타내는 유일한 식별자다. `secret`은 구글과 CourseTracker 애플리케이션 사이에서 내부적으로 사용되는 비밀 정보다. 그림 6.22에 전체적인 과정이 표시돼 있으며 순서대로 자세히 살펴보자.

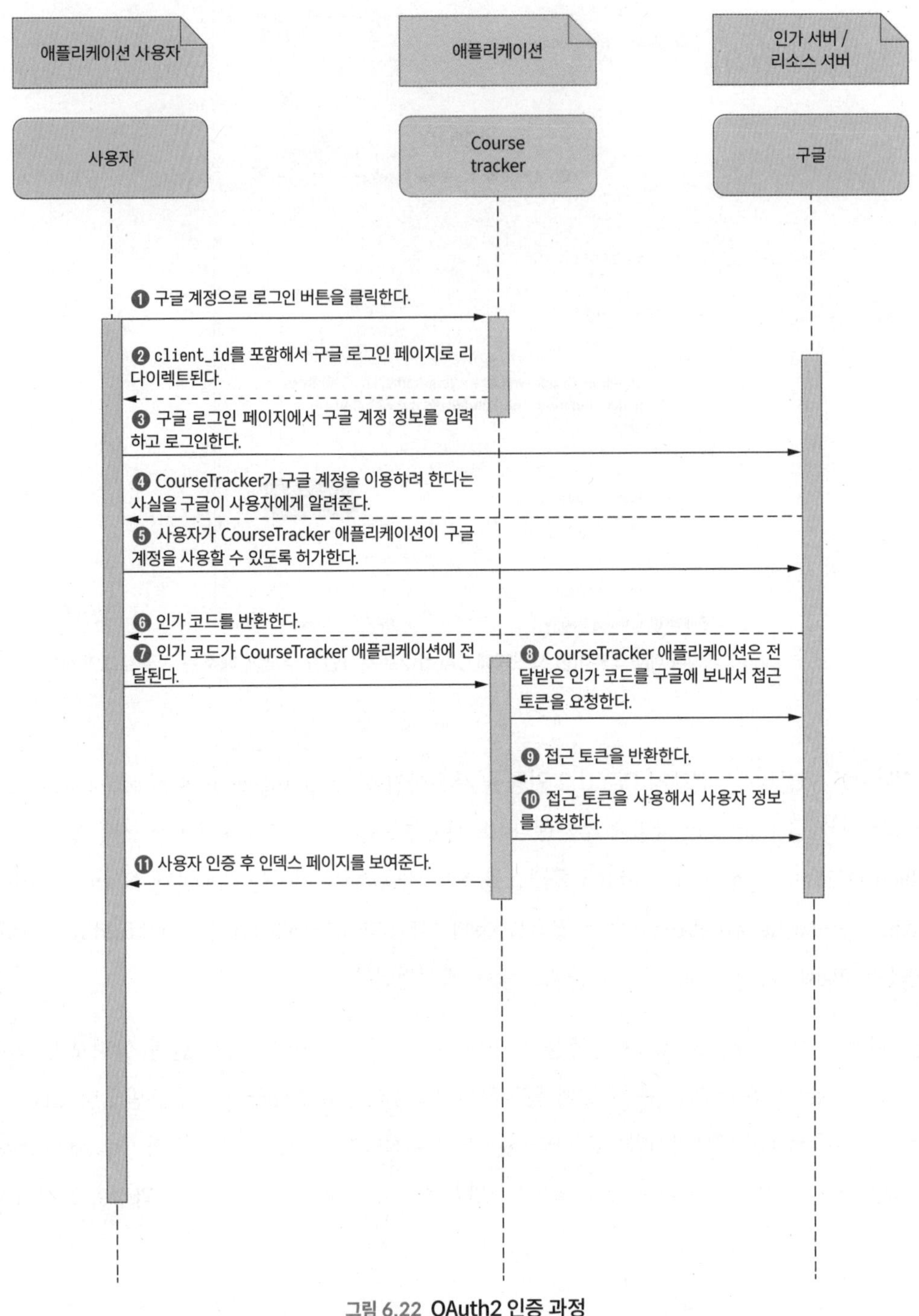

그림 6.22 OAuth2 인증 과정

❶ 사용자가 구글 계정으로 로그인 버튼을 클릭한다.

❷ 애플리케이션은 사용자를 구글 로그인 페이지로 리다이렉트한다. 리다이렉트된 URL에는 `cli-`

ent_id 값이 포함돼 있다.

❸ 사용자가 구글 계정 정보를 입력하고 구글 사이트에 로그인한다.

❹ 구글은 CourseTracker 애플리케이션을 구글에 등록할 때 입력한 스코프에 해당하는 정보가 무엇인지 사용자에게 보여주고, CourseTracker 애플리케이션이 해당 사용자 정보에 접근하려 한다는 사실을 사용자에게 알려주고 허가를 요청한다.

❺ 사용자가 허가하면 구글은 CourseTracker 애플리케이션에게 사용자 정보에 접근할 수 있는 권한을 부여한다.

❻ 구글은 인가 코드authorization code를 사용자의 브라우저에 반환한다.

❼ 브라우저는 인가 코드를 CourseTracker 애플리케이션에 전달한다.

❽ CourseTracker 애플리케이션은 전달받은 인가 코드를 구글에 보내고 구글은 CourseTracker 애플리케이션으로부터 받은 인가 코드를 검증한다.

❾ 검증 결과 올바르면 구글은 접근 토큰access token을 CourseTracker 애플리케이션에게 발급한다.

❿ CourseTracker 애플리케이션은 접근 토큰을 사용해서 사용자 정보를 조회할 수 있다.

⓫ CourseTracker 애플리케이션은 사용자를 인덱스 페이지로 리다이렉트한다.

이 기법을 통해 구글 계정을 사용해서 애플리케이션에 로그인하는 방법을 살펴봤다. 구글 계정뿐만 아니라 페이스북이나 깃허브 계정을 사용해서 로그인하도록 구현할 수도 있다. 어느 사이트 계정을 사용하든 사이트에 애플리케이션을 등록하고 클라이언트 ID와 시크릿을 발급받아야 한다는 점은 동일하다. 스프링 부트 애플리케이션은 클라이언트 ID와 시크릿 정보를 활용해서 인증 과정을 수행한다. 페이스북이나 깃허브 계정을 사용하는 인증 과정 구현은 과제로 남겨둔다.

6.10 액추에이터 엔드포인트 보안

4장에서 스프링 부트 애플리케이션의 관찰 가능성observability을 다루면서 다양한 애플리케이션 측정 지표를 보여주는 스프링 부트 액추에이터 기능을 살펴봤다. 스프링 부트 액추에이터 엔드포인트는 민감한 애플리케이션 상세 정보를 노출하므로 인가되지 않은 접근으로부터 보호돼야 한다. 이를 위해 다음과 같이 두 가지가 보장돼야 한다.

- 액추에이터 엔드포인트는 보호돼야 하며 인증 없이 외부로 노출돼서는 안 된다.
- 애플리케이션 관리자나 모니터링팀처럼 특별 권한이 필요한 사용자들에게만 접근을 허가해야 한다.

이제 액추에이터 엔드포인트 보안을 예제를 통해 알아보자.

6.10.1 기법: 스프링 부트 액추에이터 엔드포인트 보안

6.10.1절의 소스 코드는 https://mng.bz/W7Dg**에서 확인할 수 있다. 완성본은** https://mng.bz/8lZK**에서 확인할 수 있다.**

요구 사항

현재 CourseTracker 애플리케이션에서 액추에이터 엔드포인트는 일반 사용자도 접근할 수 있다. 액추에이터 엔드포인트를 인가되지 않은 접근으로부터 보호해야 한다.

해법

지금까지 스프링 시큐리티의 여러 가지 컨셉을 다뤄왔는데, 이번에도 동일한 개념을 사용해서 액추에이터 엔드포인트는 인가된 사용자만 접근할 수 있도록 구현한다.

이 기법을 사용해서 액추에이터 웹 엔드포인트를 활성화하고 `USER`와 `ENDPOINT_ADMIN` 권한을 가진 사용자들에게만 액추에이터의 `health` 엔드포인트에 대한 접근을 허용한다. 사용자도 애플리케이션의 정상 상태를 볼 수 있도록 하면 문제 발생 시 애플리케이션에 인프라 문제가 있는지 확인하는 데 도움이 되기 때문이다. `health` 외의 엔드포인트는 `ENDPOINT_ADMIN` 권한이 있는 사용자에게만 접근을 허용한다.

먼저 예제 6.60과 같이 변경된 시큐리티 설정 먼저 살펴보자.

예제 6.60 액추에이터 엔드포인트를 보호하기 위한 시큐리티 설정

```
package com.manning.sbip.ch06.security;

// import 문 생략

@Configuration
public class SecurityConfiguration extends WebSecurityConfigurerAdapter {
    @Override
    protected void configure(AuthenticationManagerBuilder auth) throws Exception {
        auth.inMemoryAuthentication()
        .passwordEncoder(passwordEncoder())
        .withUser(User.builder().username("user")    ❶
            .password(passwordEncoder().encode("password"))
```

```
                .roles("USER").build())
            .withUser(User.builder().username("admin")
                .password(passwordEncoder().encode("admin"))
                .roles("ENDPOINT_ADMIN").build());
    }

    @Override
    protected void configure(HttpSecurity http) throws Exception {     ❷
        http.authorizeRequests().requestMatchers(
            EndpointRequest.to("health"))
                .hasAnyRole("USER", "ENDPOINT_ADMIN")
                .requestMatchers(EndpointRequest.toAnyEndpoint())
                .hasRole("ENDPOINT_ADMIN")
                .and().formLogin();     ❸
    }
    @Bean
    public PasswordEncoder passwordEncoder() {
        return new BCryptPasswordEncoder();
    }
}
```

❶ user와 admin 두 개의 계정을 생성하고 각각 USER, ENDPOINT_ADMIN 권한을 부여한다.

❷ health 엔드포인트는 USER 또는 ENDPOINT_ADMIN 권한을 가진 모든 사용자가 접근할 수 있다. 그 외 다른 모든 엔드포인트는 ENDPOINT_ADMIN 권한을 가지고 있는 사용자만 접근할 수 있다.

❸ user와 admin 모두에 폼 기반 인증을 적용한다.

애플리케이션을 시작하고 user 계정으로 로그인하면 health 엔드포인트(http://localhost:8080/actuator/health)에만 접근할 수 있다. 다른 엔드포인트에 접속하면 다음과 같이 HTTP 403 Forbidden이 반환된다. http://localhost:8080/logout에 접속해서 로그인한 후, admin 계정으로 로그인해서 여러 가지 스프링 액추에이터 엔드포인트에 접근해보면 모든 엔드포인트에 접속할 수 있게 된 것을 알게 된다.

요약

6장에서 배운 핵심 내용을 되짚어보자.

- 자가 승인 인증서를 가진 스프링 부트 애플리케이션에서 HTTPS를 활성화하고, HTTP로 들어오는 모든 요청을 HTTPS 요청으로 전환해준다.
- 해시코프 볼트를 사용해서 애플리케이션 비밀 정보를 외부화하여 관리하고, 스프링 부트 애플

리케이션이 볼트에 있는 비밀 정보를 읽어가게 만들었다.

- 새 사용자 등록 모듈을 구현하고 사용자 이메일 횟수 제한 규칙을 정의했다.
- 로그인에 여러 차례 실패하면 일정 시간 동안 로그인을 할 수 없도록 제약을 추가했다.
- 믿을 만한 장비에서 애플리케이션 로그인을 편리하게 수행할 수 있도록 도와주는 리멤버 미 기능을 추가했다.
- 인터넷 봇과 스팸 공격을 막기 위해 구글 리캡차를 적용했다.
- 구글 오센티케이터를 활용한 2단계 인증을 적용했다.
- 구글 서비스를 사용해서 OAuth2 로그인을 스프링 부트 애플리케이션에 구현했다.
- 스프링 부트 액추에이터 엔드포인트를 인가되지 않은 사용자로부터 보호했다.

CHAPTER 7

스프링 부트 RESTful 웹 서비스 개발

7장에서 다루는 내용

- 스프링 부트를 사용한 RESTful 웹 서비스 설계 및 구축
- RESTful 웹 서비스 예외 처리
- RESTful 웹 서비스 단위 테스트
- OpenAPI를 사용한 RESTful 웹 서비스 문서화
- RESTful 웹 서비스 API 버저닝
- RESTful 웹 서비스 보안 기법

마이크로서비스 아키텍처에서는 애플리케이션 기능을 RESTful API로 노출하는 것이 일반적이다. 이런 API는 데스크탑 애플리케이션, 모바일 등 다양한 디바이스에 의해 사용된다.

7장에서는 스프링 부트로 RESTful API를 설계하고 구축하는 방법을 알아본다. 요청, 응답 데이터 규격, HTTP 응답 코드 등 API 사용자에게 필요한 정보를 문서화하여 제공하는 방법도 함께 살펴본다. API를 테스트하기 위해 단위 테스트를 작성하는 방법도 알아보고, RESTful API에 보안을 적용해서 보호하는 방법도 살펴본다.

7.1 스프링 부트 RESTful API 개발

REST API라고 부르기도 하는 RESTful API는 REST 아키텍처 스타일을 따르는 애플리케이션 프로그래밍 인터페이스다. REST는 REpresentational State Transfer[1]의 약자이며 로이 필딩Roy Fielding(https://mng.bz/Exyq)이 창안한 개념이다. REST API에서는 클라이언트가 서버에 있는 자원을 요청하면 서버는 요청된 자원의 상태를 규격에 맞게 표현한 정보representation를 클라이언트에게 반환한다. 이 상태 정보는 JSON, 단순 문자열, HTML 등 여러 가지 형식으로 전달할 수 있다. 하지만 REST API에서는 JSON이 가장 널리 사용된다.

스프링 부트는 REST API 설계와 구축을 프레임워크 차원에서 지원하고 있다. 스프링 부트는 자바 세계에서 REST API를 개발할 때 가장 널리 사용되는 프레임워크 중 하나다. 이번 절에서는 스프링 부트를 사용해서 RESTful API를 만들어본다.

7.1.1 기법: 스프링 부트를 사용한 RESTful API 개발

7.1.1절의 소스 코드는 https://mng.bz/NxzE**에서 확인할 수 있다.**

요구 사항

앞에서 타임리프를 사용한 HTML 페이지를 반환하는 CourseTracker 애플리케이션을 만들었는데, 이번에는 CourseTracker 애플리케이션이 RESTful API를 제공하도록 만들어야 한다.

해법

애플리케이션의 백엔드 기능을 RESTful API로 제공하면 애플리케이션 백엔드와 프런트엔드 UI 사이의 결합을 끊어낼 수 있다. 이렇게 하면 프런트엔드가 백엔드로부터 독립할 수 있으며 앵귤러Angular, 리액트React, 뷰Vue 등 자유롭게 원하는 프런트엔드 프레임워크를 선택해서 사용할 수 있다.

스프링 부트에는 RESTful API 지원 기능이 포함돼 있어서 더 쉽게 RESTful API 설계를 진행할 수 있다. 스프링 부트는 RESTful API를 만드는 데 있어 자바 개발자에게는 사실상 표준처럼 상용되고 있다. 이 책을 지금까지 계속 따라왔다면 스프링 부트를 사용해서 RESTful API를 만드는 데 필요

---

1 옮긴이 REST의 Representational이 아직 우리말 용어로 정립되지 않은 것으로 보인다. RFC-7231에서는 HTTP에서의 Representation을 '주어진 자원의 과거, 현재 또는 기대하는 상태를 규격에 맞추어 표현한 정보'라고 정의하고 있다. 자세한 내용은 https://www.rfc-editor.org/rfc/rfc7231#section-3을 참고하자.

한 내용을 이미 많이 배웠다고 할 수 있다.

3장에서 스프링 데이터를 다루면서 스프링 부트 애플리케이션에서 데이터베이스를 연동해 사용하는 방법을 배웠고, 5장에서는 스프링 컨트롤러와 스프링 데이터 리포지터리를 사용해 스프링 부트 웹 애플리케이션을 만드는 방법을 배웠다. 이제 이런 배경 지식을 바탕으로 표 7.1에 나열된 REST 엔드포인트를 만들어보자.

표 7.1 CourseTracker 애플리케이션 API의 REST 엔드포인트

엔드포인트	메서드	목적
/courses/	GET	모든 과정 반환
/courses/{id}	GET	특정 ID에 해당하는 과정 반환
/courses/category/{name}	GET	특정 카테고리에 해당하는 과정 반환
/courses/	POST	새 과정 생성
/courses/{id}	PUT	특정 ID에 해당하는 과정 수정
/courses/{id}	DELETE	특정 ID에 해당하는 과정 삭제
/courses/	DELETE	모든 과정 삭제

표 7.1에는 CourseTracker 애플리케이션에서 과정에 대한 CRUD 연산을 수행할 수 있는 REST가 나열돼 있다. 예제는 필수적인 REST 엔드포인트만 추려서 간소화했지만 실제 운영 애플리케이션에서는 더 많은 엔드포인트가 필요할 것이다. 예를 들면 특정 조건을 만족하는 과정만 필터링하는 GET 엔드포인트가 더 필요할 것이다. 하지만 예제에서는 기본적인 CRUD를 수행하는 REST 엔드포인트를 다룬다.

CourseTracker 애플리케이션에서는 과정을 의미하는 `Course` 상세 정보를 관리한다. `Course` 엔티티를 예제 7.1과 같이 정의한다.

예제 7.1 Course 엔티티

```
package com.manning.sbip.ch07.model;

// import 문 생략

@Data
@Entity
@Table(name = "COURSES")
public class Course {
    @Id
```

```
    @GeneratedValue(strategy = GenerationType.IDENTITY)
    @Column(name = "ID")
    private Long id;

    @Column(name = "NAME")
    private String name;

    @Column(name = "CATEGORY")
    private String category;

    @Column(name = "RATING")
    private int rating;

    @Column(name = "DESCRIPTION")
    private String description;
}
```

Course 클래스는 ID, 이름, 카테고리, 평점, 설명 등 과정 상세 정보를 나타내는 자바 POJO 객체다. 이제 Course 객체를 데이터베이스에 저장하고 관리하는 CourseRepository 인터페이스를 예제 7.2와 같이 정의한다.

예제 7.2 CourseRepository 인터페이스

```
package com.manning.sbip.ch07.repository;

// import 문 생략

@Repository
public interface CourseRepository extends CrudRepository<Course, Long> {
    Iterable<Course> findAllByCategory(String category);
}
```

CourseRepository 인터페이스는 CrudRepository 인터페이스를 상속받아서 커스텀 메서드인 findAllByCategory() 메서드를 정의한다. 이 메서드는 특정 카테고리에 속한 모든 과정을 조회한다.

이제 애플리케이션의 서비스 계층을 정의해보자. 과정 관리에 필요한 연산을 정의한 CourseService 인터페이스를 예제 7.3와 같이 작성한다.

예제 7.3 CourseService 인터페이스

```
package com.manning.sbip.ch07.service;
```

```
// import 문 생략

public interface CourseService {
    Course createCourse(Course course);

    Optional<Course> getCourseById(long courseId);

    Iterable<Course> getCoursesByCategory(String category);

    Iterable<Course> getCourses();

    void updateCourse(long courseId, Course course);

    void deleteCourseById(long courseId);

    void deleteCourses();
}
```

예제 7.3에 나온 메서드들은 별다른 설명 없이 이름만으로도 Course에 대한 CRUD 연산을 수행한다는 것을 쉽게 알아볼 수 있다. 이제 메서드가 수행하는 실제 작업을 구현해보자.

일반적으로 API에서 제공하는 연산으로 구성된 인터페이스를 정의하고 그에 대한 구현을 따로 작성하는 것이 좋다. 인터페이스는 서비스 계층에서 제공하는 연산에 대한 컨트롤러와의 계약이라고 할 수 있다. 그리고 서비스 계층에서 인터페이스에 대한 구현체를 따로 작성한다. 컨트롤러 클래스에서는 특정 구현 클래스를 지정하는 대신에 인터페이스에 의존해서 사용자의 요청을 처리할 수 있다. 이렇게 하면 나중에 서비스 구현 내용이 변경되더라도 구현체가 아닌 인터페이스에만 의존하는 컨트롤러 쪽은 변경할 필요가 없다. CourseService 인터페이스를 구현하는 CourseServiceImpl 클래스를 예제 7.4와 같이 정의한다.

예제 7.4 CourseServiceImpl 클래스

```
package com.manning.sbip.ch07.service;

// import 문 생략

@Service    ❶
public class CourseServiceImpl implements CourseService {

    @Autowired    ❷
    private CourseRepository courseRepository;
```

```java
    @Override
    public Course createCourse(Course course) {
        return courseRepository.save(course);
    }

    @Override
    public Optional<Course> getCourseById(long courseId) {
        return courseRepository.findById(courseId);
    }

    @Override
    public Iterable<Course> getCoursesByCategory(String category) {
        return courseRepository.findAllByCategory(category);
    }

    @Override
    public Iterable<Course> getCourses() {
        return courseRepository.findAll();
    }

    @Override
    public void updateCourse(Long courseId, Course course) {
        courseRepository.findById(courseId).ifPresent(dbCourse -> {
            dbCourse.setName(course.getName());
            dbCourse.setCategory(course.getCategory());
            dbCourse.setDescription(course.getDescription());
            dbCourse.setRating(course.getRating());
            courseRepository.save(dbCourse);
        });
    }

    @Override
    public void deleteCourses() {
        courseRepository.deleteAll();
    }

    @Override
    public void deleteCourseById(long courseId) {
        courseRepository.deleteById(courseId);
    }
}
```

❶ @Service 애너테이션을 붙여서 이 클래스가 서비스임을 나타낸다.

❷ 데이터베이스 연산을 수행하기 위해 CourseRepository를 주입받는다.

@Service는 스프링 스테레오타입stereotype 애너테이션이며 비즈니스 로직을 처리하는 서비스 역할을 담당하는 클래스에 붙인다. CourseServiceImpl 서비스 클래스는 CourseRepository를 주입받아서 Course와 관련한 데이터베이스 연산을 수행한다.

이제 REST 엔드포인트를 정의하는 CourseController를 정의할 차례다. 스프링 컨트롤러는 하나 이상의 엔드포인트를 포함하며 클라이언트의 요청을 받아들인다. 요청이 들어오면 서비스 계층에서 제공하는 서비스를 사용해서 필요한 작업을 처리하고, 서비스로부터 받은 결과를 뷰 계층에서 사용할 수 있는 모델로 감싼 후 HTTP 응답 본문에 넣는다. 클라이언트는 이 HTTP 응답을 받는다. 예제 7.5와 같이 CourseController를 작성한다.

예제 7.5 CourseController 클래스

```
package com.manning.sbip.ch07.controller;

// import 문 생략

@RestController  ❶
@RequestMapping("/courses/")
public class CourseController {

    @Autowired
    private CourseService courseService;

    @GetMapping    ❷
    public Iterable<Course> getAllCourses() {
        return courseService.getCourses();
    }

    @GetMapping("{id}")    ❸
    public Optional<Course> getCourseById(@PathVariable("id") long courseId) {
        return courseService.getCourseById(courseId);
    }

    @GetMapping("category/{name}")    ❹
    public Iterable<Course> getCourseByCategory(@PathVariable("name") String category) {
        return courseService.getCoursesByCategory(category);
    }

    @PostMapping    ❺
    public Course createCourse(@RequestBody Course course) {
        return courseService.createCourse(course);
    }
```

```
    @PutMapping("{id}")    ❻
    public void updateCourse(@PathVariable("id") long courseId, @RequestBody Course course) {
        courseService.updateCourse(courseId, course);
    }

    @DeleteMapping("{id}")    ❼
    void deleteCourseById(@PathVariable("id") long courseId) {
        courseService.deleteCourseById(courseId);
    }

    @DeleteMapping    ❽
    void deleteCourses() {
        courseService.deleteCourses();
    }
}
```

❶ @RequestMapping 애너테이션으로 API의 기본 경로를 지정한다. /courses/로 지정하면 /courses/ 경로로 들어오는 모든 HTTP 요청이 CourseController로 리다이렉트된다.

❷ @GetMapping은 GET 메서드를 통해 특정 경로로 들어온 요청을 매핑한다. 아무 경로가 지정되지 않았으므로 클래스에서 @RequestMapping으로 지정한 기본 경로인 /courses/로 들어오는 모든 GET 요청은 이 메서드로 전달된다.

❸ /courses/{id}로 들어온 GET 요청을 처리한다. {id}는 경로 변수path variable이며, /courses/1로 들어온 GET 요청이 이 메서드로 전달된다. id 값은 1로 바인딩된다.

❹ /courses/category/{name}으로 들어온 GET 요청을 처리한다. {name}은 경로 변수이며 /courses/category/science로 들어온 GET 요청이 이 메서드로 전달된다. 카테고리 값은 science로 바인딩된다.

❺ /courses/로 들어온 POST 요청을 처리한다. HTTP POST 요청은 요청 본문payload이 있어야 하며, @RequestBody 애너테이션으로 지정한 객체에 요청 본문이 바인딩된다. 요청 본문은 JSON으로 전달되는 경우가 많으며, 이 JSON에 매핑되는 자바 POJO 클래스가 필요하다. 전달받은 JSON을 자바 POJO 객체로 역직렬화deserialization하는 일은 스프링 부트가 자동으로 수행해준다.

❻ /courses/{id}로 들어온 PUT 요청을 처리한다. HTTP PUT 요청은 자원의 상태를 변경할 때 사용되며, /courses/3으로 들어온 PUT 요청은 식별자값이 {id}인 과정의 상태를 변경한다. PUT 요청에서도 @RequestBody를 통해 요청 본문을 전달받고 이를 바탕으로 자원의 상태를 변경한다.

❼ /courses/{id}로 들어온 DELETE 요청을 처리한다. 식별자값이 {id}인 과정을 삭제한다.

❽ /courses/로 들어온 DELETE 요청을 처리한다. 식별자값이 지정되지 않았으므로 모든 과정을 삭제한다.

예제 7.5에는 표 7.1에 나열된 모든 엔드포인트가 구현돼 있다. CourseController에 대한 설명은 이 정도로 줄이고 토론에서 다시 상세히 다루겠지만, @Controller가 아니라 @RestController가 사용됐다는 점은 기억하자.

REST 엔드포인트 테스트

REST 엔드포인트를 테스트하는 데 사용할 만한 도구를 몇 가지 소개한다.

포스트맨Postman(https://www.postman.com)은 GUI를 통해 편리하게 엔드포인트를 호출하고 테스트할 수 있다. 포스트맨의 장점은 관련된 엔드포인트를 모아 그룹으로 관리할 수 있고 이를 내보내서 공유할 수 있다는 점이다. 내보낸 정보는 가져와서 재사용할 수 있다.

GUI 대신 터미널을 사용하는 게 편리하다면 cURL이나 HTTPie를 사용할 수 있다. cURL은 유닉스에 내장된 도구로서 터미널에서 REST 엔드포인트를 호출하고 결과를 확인할 수 있다. HTTPie는 터미널에서 실행되는 HTTP 클라이언트로서 HTTP URL을 호출할 수 있어서 cURL 대신 사용할 수 있다. HTTPie에 대한 자세한 정보는 https://httpie.io/를 참고하자.

애플리케이션을 시작하고 예제 7.6과 같이 HTTPie 명령을 사용해서 새 과정을 생성해보자.

예제 7.6 새 과정을 생성하는 HTTPie 명령

```
> http POST :8080/courses/ name="Mastering Spring Boot" rating=4 \
category=Spring \
description="Mastering Spring Boot intends to teach Spring Boot with practical examples"

HTTP/1.1 200
// HTTP 응답 헤더 생략
{
    "category": "Spring",
    "description": "Mastering Spring Boot intends to teach Spring Boot with practical
examples",
    "id": 1,
    "name": "Mastering Spring Boot",
    "rating": 4
}
```

예제 7.6에서는 응답 본문을 키-밸류 쌍으로 전달했는데, HTTPie가 내부적으로 JSON으로 변환해준다. 터미널에서 명령을 실행하면 새 과정이 생성된다. 예제 7.7과 같이 GET /courses/{id} 엔드포인트에 접속해서 생성된 과정의 상세 정보를 확인해보자. {id} 대신에 방금 새로 생성된 과정의 courseId 값을 사용한다.

예제 7.7 과정 상세 정보를 확인하는 HTTPie 명령

```
> http GET :8080/courses/1 HTTP/1.1 200

// HTTP 응답 헤더 생략
{
    "category": "Spring",
    "description": "Mastering Spring Boot intends to teach Spring Boot with practical
examples",
    "id": 1,
    "name": "Mastering Spring Boot",
    "rating": 4
}
```

상세 정보 외 다른 엔드포인트도 접속하면 결과를 확인할 수 있다.

토론

개념을 쉽게 이해할 수 있도록 최대한 단순하게 구성했지만 기능적으로는 온전하게 동작하는 RESTful API를 만들었다. 이제 REST API를 설계하는 데 적용할 수 있는 모범 사례를 살펴보자.

먼저 요청과 응답 본문에 JSON을 사용했다. REST API에서는 요청 본문을 JSON으로 받고, 응답 본문을 JSON으로 반환해주는 것이 좋다.

JSON은 데이터를 저장하고 전송하는 데 널리 사용된다. 스프링 부트는 JSON과 자바 POJO 객체를 자동으로 매핑해주는 기능을 제공한다. 예를 들어 예제 7.6에서 새 과정을 생성하기 위해 필요한 정보를 JSON으로 작성해서 서버로 전송했지만, 엔드포인트에서는 JSON을 처리하는 과정 없이 바로 Course 인스턴스로 받아서 처리하고 있다. 스프링 부트가 JSON으로부터 Course 인스턴스로 역직렬화하는 작업을 자동으로 처리해준 덕분이다. JSON 변환에는 기본적으로 잭슨Jackson 라이브러리(https://github.com/FasterXML/jackson)가 사용된다.

다음에 살펴볼 모범 사례는 엔드포인트 경로에 명사를 사용했다는 점이다. 경로를 정의할 때 Courses, Persons, Vehicles처럼 명사의 복수형을 사용하는 것이 좋다. HTTP 요청에는 메서드가 정해져 있으므로 행위를 정의하기 위해 엔드포인트 경로에 동사를 사용해서는 안 된다. 경로에 동사를 사용하면 경로가 길어지고 일관성을 유지하기 힘들어진다. 예를 들어 모든 과정 목록 조회를 위해 /getCourses라는 엔드포인트를 사용할 수도 있고, /retrieveCourses라는 엔드포인트를 사용할 수도 있다. 하지만 get이나 retrieve가 나타내는 행위는 요청의 HTTP 메서드인 GET에 이미 내포돼 있으므로 굳이 필요하지 않다. 그래서 모든 과정 정보를 조회할 때는 GET /courses/를 사용하는 것이 좋다. 마찬가지로 새 과정을 생성할 때도 POST /courses/를 사용하는 것이 좋다.

이제 스프링 부트 애플리케이션에서 제공하는 REST API에서 요청과 응답이 처리되는 과정을 그림 7.1과 같이 개략적인 그림으로 살펴보자.

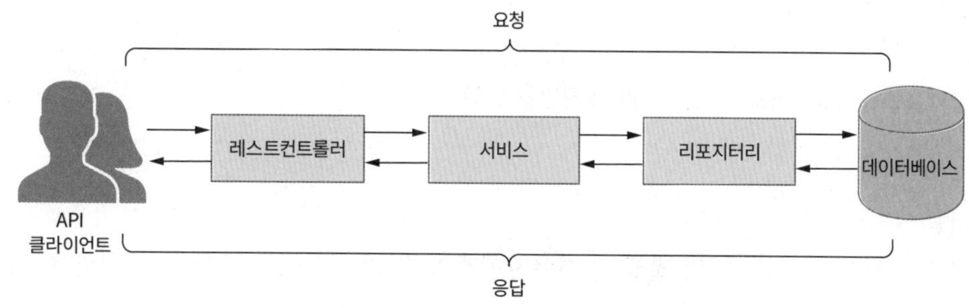

그림 7.1 **REST API의 요청/응답 처리 흐름도**

API 클라이언트가 REST 엔드포인트를 호출하며 요청을 보내면 REST 컨트롤러가 요청을 접수한다. 컨트롤러는 서비스 계층을 사용해서 요청을 처리한다. 서비스 계층은 리포지터리를 통해 데이터베이스와 통신한다. 리포지터리가 데이터베이스로부터 받은 응답은 서비스 계층에 반환되어 처리되고, 컨트롤러로 전달된다. 컨트롤러도 필요한 로직을 처리한 후 최종 응답을 생성해서 API 클라이언트에게 반환한다.

예제 7.5에서는 기존에 사용했던 @Controller 대신에 @RestController 애너테이션을 사용했는데, @RestController는 @Controller와 @ResponseBody를 합쳐 놓은 메타 애너테이션이다. @ResponseBody 애너테이션을 붙이면 메서드의 반환값이 HTTP 응답 본문에 바인딩된다.

앞서 작성한 API는 의도에 맞게 잘 동작하지만, 의도대로 동작하지 않아 예외가 발생할 경우에 대한 처리 로직이 없다. 예를 들어 존재하지 않는 과정에 대해 삭제 요청이 들어왔을 때 처리하는 로직이 없다. 이렇게 되면 예외 발생 시 보기 흉한 대량의 스택 트레이스가 표시될 수 있다. 다음 기법에서는 예외 처리 방법을 살펴본다.

7.2 스프링 부트 RESTful API 예외 처리

소프트웨어 코드에서 예외가 발생하는 일을 피할 수는 없다. 다양한 원인으로 예외 상황이 발생할 수 있다. 예를 들어 앞에서 설계한 RESTful API에서 존재하지 않는 과정 ID에 해당하는 과정을 삭제하는 요청이 들어올 수 있다. POST 엔드포인트를 호출해서 새 과정을 생성할 때 JSON 형식에 맞지 않는 요청이 들어올 수도 있다. 이런 모든 시나리오가 예외를 발생시킨다. 이번 절에서는 예외 발생 시 적절히 처리해서 사용자에게 의미 있는 응답을 반환하는 방법을 알아본다.

7.2.1 기법: RESTful API 예외 처리

7.2.1절의 소스 코드는 https://mng.bz/layj**에서 확인할 수 있다.**

요구 사항

앞서 만든 RESTful API는 예외 발생 시 사용자에게 불필요한 긴 스택 트레이스를 반환하므로 불편하며, 애플리케이션 내부의 세부 내용이 공개되므로 보안상 좋지 않다. 예외 처리 로직을 추가해서 불필요한 정보는 감추고 의미 있는 정보만 사용자에게 반환해야 한다.

해법

RESTful API에서 예외 처리는 매우 중요하다. 일반적으로 API는 다양한 클라이언트가 사용한다. 예외 발생 시 어떤 문제가 생겼는지 알 수 있게 의미 있는 정보를 반환하도록 더 견고하고 사용자 친화적인 API를 구현해야 한다.

7.1절에서 설계한 API에는 예외 처리 로직이 없어 스프링 부트가 기본으로 제공하는 예외 처리 로직에 따라 스택 트레이스가 사용자에게 반환됐다. 예를 들어 존재하지 않는 과정을 삭제하려고 하면 예제 7.8과 같은 예외 메시지가 사용자에게 표시된다.

예제 7.8 스프링 부트 기본 예외 처리 메시지

```
> http DELETE :8080/courses/10

HTTP/1.1 500
{
    "error": "Internal Server Error",
    "message": "No class com.manning.sbip.ch07.model.Course entity with id 10 exists!",
    "path": "/courses/10",
```

```
    "status": 500,
    "timestamp": "2021-06-23T16:38:20.105+00:00",
    "trace": "org.springframework.dao.EmptyResultDataAccessException: No class com.manning.
sbip.ch07.model.Course entity with id 10 exists!
    at org.springframework.data.jpa.repository.support.SimpleJpaRepository.lambda$deleteById
$0(SimpleJpaRepository.java:166)
    at java.base/java.util.Optional.orElseThrow(Optional.java:401)
    at org.springframework.data.jpa.repository.support.SimpleJpaRepository.
deleteById(SimpleJpaRepository.java:165)
    at java.base/jdk.internal.reflect.NativeMethodAccessorImpl.invoke0(NativeMethod)
    at java.base/jdk.internal.reflect.NativeMethodAccessorImpl.
invoke(NativeMethodAccessorImpl.java:64)
    at ...

    // 이하 생략
```

스프링 부트가 기본적으로 표시해주는 에러 메시지는 API 사용자에게 도움이 되는 내용이 아니라 개발자가 버그를 해결하는 데 필요한 내용이다. API 구현에 사용된 내부 기술이나 구현 상세 내용이 너무 많이 노출되므로 보안상 문제가 될 수도 있다. 게다가 HTTP 응답 코드도 단순히 서버 에러를 의미하는 500 Internal Server Error라서 정확한 원인을 알아내거나 현상을 나타내는 데 별로 도움이 되지 않는다. 이번 기법에서는 API 예외 처리 로직을 구현해서 CourseTracker 애플리케이션의 RESTful API를 개선해 볼 것이다.

먼저 애플리케이션에서 발생할 수 있는 예외의 유형에 대해 생각해보자. 구현된 API가 그리 복잡하지 않으므로 예외 시나리오 역시 그리 많지 않다. 예를 들어 사용자가 CourseTracker 애플리케이션에 존재하지 않는 과정에 대해 조회, 수정, 삭제 요청을 보낼 수 있다. 이럴 때는 요청한 자원이 존재하지 않는 상황이므로 HTTP 404 Not Found 응답 코드를 반환해야 한다. 또한 사용자가 보낸 요청 본문에 포함된 JSON이 불완전하거나 오류가 포함돼 있을 수도 있다. 이럴 때는 요청 정보에 오류가 있어 서버가 요청을 해석할 수 없으므로 HTTP 400 Bad Request 응답 코드를 반환해야 한다. 첫 번째 예외 시나리오를 처리하기 위해 예제 7.9와 같이 `CourseNotFoundException` 커스텀 예외를 정의하자.

예제 7.9 CourseNotFoundException 클래스

```
package com.manning.sbip.ch07.exception;

public class CourseNotFoundException extends RuntimeException {

    private static final long serialVersionUID = 5071646428281007896L;
```

```
    public CourseNotFoundException(String message) {
        super(message);
    }
}
```

존재하지 않는 과정에 대해 API 사용자가 접근을 시도하면 CourseNotFoundException이 던져져야 한다. 이를 위해 예제 7.10과 같이 CourseServiceImpl 클래스를 변경한다.

예제 7.10 **CourseServiceImpl 클래스**

```
package com.manning.sbip.ch07.service;

// import 문 생략

@Service
public class CourseServiceImpl implements CourseService {

    // 이상 생략

    @Override
    public Course updateCourse(long courseId, Course course) {
        Course existingCourse = courseRepository.findById(courseId)
            .orElseThrow(() -> new CourseNotFoundException(
                String.format("No course with id %s is available", courseId)
            ));
        existingCourse.setName(course.getName());
        existingCourse.setCategory(course.getCategory());
        existingCourse.setDescription(course.getDescription());
        existingCourse.setRating(course.getRating());
        return courseRepository.save(existingCourse);
    }

    @Override
    public void deleteCourseById(long courseId) {
        courseRepository.findById(courseId)
            .orElseThrow(() -> new CourseNotFoundException(
                String.format("No course with id %s is available", courseId
            ));
        courseRepository.deleteById(courseId);
    }
}
```

과정 정보를 수정하거나 과정을 삭제할 때 사용자가 제공한 courseId에 해당하는 과정이 존재하지 않으면 적절한 메시지와 함께 CourseNotFoundException이 던져지도록 수정했다.

예외를 던지도록 작성했으니 이제 던진 예외를 처리하는 로직이 필요하다. 처리되지 않은 예외에 대해서는 HTTP 500 Internal Server Error가 반환되지만, courseId에 해당하는 과정이 없을 때는 HTTP 404 Not Found가 반환되는 것이 적합하다. HTTP 404 Not Found는 API 사용자가 접근하려고 하는 과정이 존재하지 않기 때문에 예외가 발생했다는 상황을 더 구체적으로 알려줄 수 있다. 이처럼 적절한 예외 처리와 응답 코드를 반환하기 위해 예제 7.11과 같이 CourseTrackerGlobalExceptionHandler 클래스를 정의한다.

예제 7.11 CourseTrackerGlobalExceptionHandler 클래스

```
package com.manning.sbip.ch07.exception.handler;

// import 문 생략

@ControllerAdvice    ❶
public class CourseTrackerGlobalExceptionHandler
    extends ResponseEntityExceptionHandler {    ❷

    @ExceptionHandler(value = {CourseNotFoundException.class})    ❸
    public ResponseEntity<?> handleCourseNotFound(
        CourseNotFoundException courseNotFoundException, WebRequest request) {

        return super.handleExceptionInternal(
            courseNotFoundException,
            courseNotFoundException.getMessage(),
            new HttpHeaders(),
            HttpStatus.NOT_FOUND,
            request
        );
    }
}
```

CourseNotFoundException을 처리하는 예외 핸들러 구현 내용은 다음과 같다.

❶ @ControllerAdvice 애너테이션이 붙어 있는 클래스에 정의된 예외 처리 로직은 기본적으로 모든 컨트롤러에서 발생한 예외에 적용된다. 따라서 전역적으로 적용되는 예외 처리 로직을 구현할 때 편리하게 사용할 수 있다. @ControllerAdvice 애너테이션은 @Component 애너테이션의 특별한 타입이며 이 애너테이션이 붙은 클래스도 스프링 빈으로 등록된다.

❷ ResponseEntityExceptionHandler 클래스는 @ControllerAdvice 애너테이션이 붙은 클래스

가 상속받는 기본 클래스다.[2] `@RequestMapping`이 붙어 있는 모든 메서드에서 발생한 예외를 `@ExceptionHandler`가 붙어 있는 메서드에서 처리할 수 있도록 중앙화된 예외 처리 기능을 제공한다. 애플리케이션에서 발생할 수 있는 다양한 예외에 대한 기본 처리 로직을 포함하고 있으며 필요한 경우 재정의해서 원하는 방식으로 예외를 처리할 수도 있다.

❸ 커스텀 예외인 `CourseNotFoundException`을 처리할 수 있는 예외 처리 로직을 담고 있다. 응답 코드를 HTTP 404 Not Found로 지정하고 수퍼클래스 메서드인 `handleExceptionInternal()` 메서드를 호출해서 예외를 처리한다.

이제 애플리케이션을 재시작해서 예외 처리가 의도대로 동작하는지 확인해보자. 예제 7.12와 같이 존재하지 않는 과정 ID로 과정 삭제 엔드포인트를 호출해보자.

예제 7.12 존재하지 않는 과정 삭제

```
> http DELETE :8080/courses/1
HTTP/1.1 404

// HTTP 응답 헤더 생략

No course with id 1 is available
```

의도한 대로 HTTP 404가 응답 코드로 반환되었고 불필요하게 출력되던 스택 트레이스 대신에 적절한 예외 메시지가 표시된다.

토론

RESTful API에 다양한 예외 처리 로직과 상황에 맞는 HTTP 응답 코드, 적절한 메시지를 반환하는 기능을 추가하면 API가 더 견고해지고, 사용성도 좋아지며, 애플리케이션이 RESTful API 패러다임을 더 잘 준수하게 된다.

API를 설계할 때는 애플리케이션에서 발생할 수 있는 예외 시나리오를 식별하는 것이 우선이다. 그리고 식별된 예외 시나리오에 맞는 커스텀 예외 클래스를 정의한다. 커스텀 예외를 사용하면 애플리케이션에 맞게 적절한 예외 모델을 구축할 수 있고 다양한 예외에 더 유연하게 대처할 수 있다. 커스텀 예외를 정의한 후에는 `ExceptionHandler` 메서드를 정의해서 예외 처리 로직을 구현하고 상

---

2 옮긴이 ResponseEntityExceptionHandler 클래스에 기본 예외 처리 로직이 포함돼 있어 사용하기 편리하지만, @ControllerAdvice가 붙은 클래스가 반드시 ResponseEntityExceptionHandler를 상속받아야 하는 것은 아니다.

황에 맞는 HTTP 응답 코드를 반환한다. 예를 들어 요청 본문에 포함된 JSON에 오류가 있을 때는 HTTP 400 Bad Request를 반환해야 하는데, 이는 과제로 남겨둔다.

7.3 RESTful API 테스트

지금까지 RESTful API를 설계하고 만드는 방법을 알아봤다. 다음에 할 일은 API 엔드포인트가 의도한대로 동작하는지 테스트하는 것이다. REST API를 테스트하는 방법은 그림 7.2와 같이 여러 가지다.

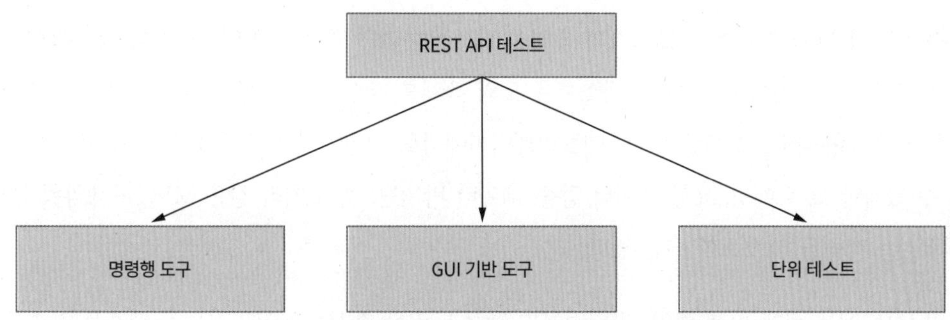

그림 7.2 **RESTful API를 테스트하는 여러 가지 방법**

REST API 테스트에는 cURL, HTTPie 같은 명령행 도구를 사용할 수도 있고, 포스트맨, SoapUI 같은 GUI graphic user interface 도구를 사용할 수도 있다. 스프링 부트 MockMVC와 JUnit을 함께 사용해서 단위 테스트를 수행할 수도 있다.

마이크로소프트 비주얼 스튜디오 코드 에디터(https://code.visualstudio.com/)에는 REST API를 테스트할 수 있는 다양한 확장 플러그인이 있다. 이런 도구의 사용법은 각 도구의 홈페이지 등 인터넷에서도 쉽게 구할 수 있으므로 책에서는 따로 다루지 않는다.

이제 통합 테스트를 통해 REST API를 테스트하는 방법을 알아보자. 테스트를 작성하는 가장 좋은 방법은 API를 만드는 과정에서 엔드포인트를 호출하는 테스트 케이스를 함께 작성하는 것이다.

7.3.1 기법: 스프링 부트 애플리케이션에서 RESTful API 테스트

7.3.1절의 소스 코드는 https://mng.bz/Bx4v**에서 확인할 수 있다.**

요구 사항

API 엔드포인트가 정상적으로 동작하는지 확인하고, 변경이 추가돼도 기존 기능에 영향이 없는지 보장할 수 있는 통합 테스트 케이스를 정의해야 한다.

해법

일반적으로 애플리케이션에서 클래스의 동작을 테스트하려면 클래스의 인스턴스를 생성해서 메서드를 호출하거나 모키토Mockito처럼 테스트용 모의 객체를 생성해서 사용할 수 있는 목mock 프레임워크를 사용해야 한다. 스프링 MVC 애플리케이션에서도 마찬가지 방식으로 테스트 케이스를 작성할 수 있지만 요청 매핑, 요청 데이터 검증, 데이터 바인딩, 예외 처리 같은 MVC 프레임워크에서 제공해주는 기능을 테스트할 수는 없다.

스프링 MVC에는 실제 실행 중인 서버 없이도 앞서 나열한 스프링 MVC 기능을 테스트할 수 있게 해주는 테스트 프레임워크인 MockMVC를 제공한다. MockMVC를 사용하면 모의 요청 객체와 응답 객체를 사용해서 MVC 요청을 처리한다.

이번 기법에서는 스프링 MockMVC 프레임워크를 사용해서 스프링 부트 애플리케이션의 REST API를 통합 테스트하는 방법을 알아본다.

먼저 새 과정을 생성하는 API를 테스트하는 코드를 예제 7.13과 같이 작성한다.

예제 7.13 새 과정을 생성하는 REST API 엔드포인트에 대한 통합 테스트 케이스

```
package com.manning.sbip.ch07;

import static org.hamcrest.Matchers.greaterThan;
import static org.hamcrest.Matchers.hasSize;
import static org.junit.jupiter.api.Assertions.assertNotNull;
import static org.springframework.test.web.servlet.request.MockMvcRequestBuilders.delete;
import static org.springframework.test.web.servlet.request.MockMvcRequestBuilders.get;
import static org.springframework.test.web.servlet.request.MockMvcRequestBuilders.post;
import static org.springframework.test.web.servlet.request.MockMvcRequestBuilders.put;
import static org.springframework.test.web.servlet.result.MockMvcResultHandlers.print;
import static org.springframework.test.web.servlet.result.MockMvcResultMatchers.jsonPath;
```

```
import static org.springframework.test.web.servlet.result.MockMvcResultMatchers.status;
import org.junit.jupiter.api.Test;
import org.junit.jupiter.api.extension.ExtendWith;
import org.springframework.beans.factory.annotation.Autowired;
import org.springframework.boot.test.autoconfigure.web.servlet.AutoConfigureMockMvc;
import org.springframework.boot.test.context.SpringBootTest;
import org.springframework.mock.web.MockHttpServletResponse;
import org.springframework.test.context.junit.jupiter.SpringExtension;
import org.springframework.test.web.servlet.MockMvc;
import com.fasterxml.jackson.databind.ObjectMapper;
import com.jayway.jsonpath.JsonPath;
import com.manning.sbip.ch07.model.Course;
import com.manning.sbip.ch07.service.CourseService;

@SpringBootTest    ❶
@AutoConfigureMockMvc    ❷
@ExtendWith(SpringExtension.class)    ❸
class CourseTrackerApiApplicationTests {

    @Autowired
    private CourseService courseService;    ❹

    @Autowired
    private MockMvc mockMvc;    ❺

    @Test
    public void testPostCourse() throws Exception {
        Course course = Course.builder()    ❻
                .name("Rapid Spring Boot Application Development")
                .category("Spring")
                .rating(5)
                .description("Rapid Spring Boot Application Development").build();

        ObjectMapper objectMapper = new ObjectMapper();    ❼

        MockHttpServletResponse response = mockMvc.perform(post("/courses/")    ❽
                .contentType("application/json")
                .content(objectMapper.writeValueAsString(course)))
                .andDo(print())    ❾
                .andExpect(jsonPath("$.*", hasSize(5)))    ❿
                .andExpect(jsonPath("$.id", greaterThan(0)))
                .andExpect(jsonPath("$.name").value("Rapid Spring Boot Application
Development"))
                .andExpect(jsonPath("$.category").value("Spring"))
                .andExpect(jsonPath("$.rating").value(5))
                .andExpect(status().isCreated()).andReturn().getResponse();    ⓫

        Integer id = JsonPath.parse(response.getContentAsString()).read("$.id");    ⓬
```

```
        assertNotNull(courseService.getCourseById(id));     ⓭
    }
}
```

❶ @SpringBootTest 애너테이션을 붙이면 모든 스프링 부트 빈을 생성하고, 구성된 애플리케이션 컨텍스트를 포함하는 스프링 부트 환경을 사용해서 테스트가 실행된다.

❷ @AutoConfigureMockMvc 애너테이션을 붙이면 MockMVC 프레임워크가 자동 구성되어 편리하게 MocMvc 인스턴스를 주입받아서 테스트에 사용할 수 있다.

❸ @ExtendWith(SpringExtension.class) 애너테이션을 붙이면 JUnit 5의 주피터Jupiter 프로그래밍 모델과 스프링 테스트 컨텍스트 프레임워크를 함께 테스트에 사용할 수 있다. @ExtendWith는 Junit 5에서 제공하는 애너테이션이며 SpringExtension 같은 확장 기능을 지정해서 사용할 수 있다.

❹ CourseService를 주입받아서 테스트에 사용한다.

❺ MockMvc 인스턴스를 주입받아서 테스트에 사용한다.

❻ 새로 생성할 과정의 정보를 담고 있는 Course 인스턴스를 생성한다.

❼ Course 인스턴스를 JSON으로 직렬화할 때 필요한 ObjectMapper 인스턴스를 생성한다.

❽ mockMvc 인스턴스로 엔드포인트를 호출하면서 HTTP POST 요청을 서버로 전송한다. 앞서 생성한 ObjectMapper를 사용해서 Course 인스턴스를 JSON으로 직렬화하고 이를 요청 본문에 담는다.

❾ 테스트 진행 과정을 콘솔에 출력한다.

❿ andExpect()를 사용해서 여러 테스트 조건을 확인하고 단언assert한다. jsonPath()를 사용해서 응답 본문에 담겨 있는 JSON 내용을 검증할 수 있다.

⓫ HTTP 응답 코드로 HTTP 201 Created가 반환되는지 단언한다.

⓬ 새로 생성된 과정의 id를 응답 본문에서 추출한다.

⓭ CourseService 인스턴스를 사용해서 새로 생성된 id에 해당하는 과정이 실제로 존재하는지 확인한다.

특정 ID에 해당하는 과정을 조회하는 API를 예제 7.14와 같이 테스트할 수 있다.

예제 7.14 과정 ID에 해당하는 과정을 조회하는 API 테스트

```
@Test
public void testRetrieveCourse() throws Exception {
```

```
    Course course = Course.builder()
            .name("Rapid Spring Boot Application Development")
            .category("Spring")
            .rating(5)
            .description("Rapid Spring Boot Application Development").build();

    ObjectMapper objectMapper = new ObjectMapper();

    MockHttpServletResponse response = mockMvc.perform(post("/courses/")
            .contentType("application/json")
            .content(objectMapper.writeValueAsString(course)))
            .andDo(print())
            .andExpect(jsonPath("$.*", hasSize(5)))
            .andExpect(jsonPath("$.id", greaterThan(0)))
            .andExpect(jsonPath("$.name").value("Rapid Spring Boot Application
Development"))
            .andExpect(jsonPath("$.category").value("Spring"))
            .andExpect(jsonPath("$.rating").value(5))
            .andExpect(status().isCreated()).andReturn().getResponse();

    Integer id = JsonPath.parse(response.getContentAsString()).read("$.id");
    mockMvc.perform(get("/courses/{id}",id))
            .andDo(print())
            .andExpect(jsonPath("$.*", hasSize(5)))
            .andExpect(jsonPath("$.id", greaterThan(0)))
            .andExpect(jsonPath("$.name").value("Rapid Spring Boot Application
Development"))
            .andExpect(jsonPath("$.category").value("Spring"))
            .andExpect(jsonPath("$.rating").value(5))
            .andExpect(status().isOk());
}
```

테스트의 대략적인 구조와 단언 방법은 예제 7.13에서 자세히 다룬 내용과 거의 동일하다. mockMvc.perform(post("/courses/"))를 통해 새 과정 생성 API를 호출해서 먼저 과정 하나를 생성하고 생성된 과정의 id를 응답 본문에서 추출한 후, 다시 mockMvc.perform(get("/courses/{id}"))를 통해 과정 조회 API를 호출해서 과정 정보를 단언한다.

존재하지 않는 과정 ID로 과정 조회 시 예외 처리 기능을 테스트하고, 과정 정보를 변경하고, 과정을 삭제하는 테스트 코드는 예제 7.15와 같다.

예제 7.15 존재하지 않는 과정 조회, 과정 정보 수정, 과정 삭제 테스트 케이스

```
@Test
public void testInvalidCouseId() throws Exception {
```

```
    mockMvc.perform(get("/courses/{id}",100))
            .andDo(print())
            .andExpect(status().isNotFound());
}

@Test
public void testUpdateCourse() throws Exception {
    Course course = Course.builder()
            .name("Rapid Spring Boot Application Development")
            .category("Spring")
            .rating(3)
            .description("Rapid Spring Boot Application Development")
            .build();

    ObjectMapper objectMapper = new ObjectMapper();

    MockHttpServletResponse response = mockMvc.perform(post("/courses/")
            .contentType("application/json")
            .content(objectMapper.writeValueAsString(course)))
            .andDo(print())
            .andExpect(jsonPath("$.*", hasSize(5)))
            .andExpect(jsonPath("$.id", greaterThan(0)))
            .andExpect(jsonPath("$.name").value("Rapid Spring Boot Application
Development"))
            .andExpect(jsonPath("$.category").value("Spring"))
            .andExpect(jsonPath("$.rating").value(3))
            .andExpect(status().isCreated()).andReturn().getResponse();

    Integer id = JsonPath.parse(response.getContentAsString()).read("$.id");

    Course updatedCourse = Course.builder()
            .name("Rapid Spring Boot Application Development")
            .category("Spring")
            .rating(5)
            .description("Rapid Spring Boot Application Development")
            .build();

    mockMvc.perform(put("/courses/{id}", id)
            .contentType("application/json")
            .content(objectMapper.writeValueAsString(updatedCourse)))
            .andDo(print())
            .andExpect(jsonPath("$.*", hasSize(5)))
            .andExpect(jsonPath("$.id").value(id))
            .andExpect(jsonPath("$.name").value("Rapid Spring Boot Application
Development"))
            .andExpect(jsonPath("$.category").value("Spring"))
            .andExpect(jsonPath("$.rating").value(5))
            .andExpect(status().isOk());
```

```
}

@Test
public void testDeleteCourse() throws Exception {
    Course course = Course.builder()
            .name("Rapid Spring Boot Application Development")
            .category("Spring")
            .rating(5)
            .description("Rapid Spring Boot Application Development").build();

    ObjectMapper objectMapper = new ObjectMapper();

    MockHttpServletResponse response = mockMvc.perform(post("/courses/")
            .contentType("application/json")
            .content(objectMapper.writeValueAsString(course)))
            .andDo(print())
            .andExpect(jsonPath("$.*", hasSize(5)))
            .andExpect(jsonPath("$.id", greaterThan(0)))
            .andExpect(jsonPath("$.name").value("Rapid Spring Boot Application
Development"))
            .andExpect(jsonPath("$.category").value("Spring"))
            .andExpect(jsonPath("$.rating").value(5))
            .andExpect(status().isCreated()).andReturn().getResponse();

    Integer id = JsonPath.parse(response.getContentAsString()).read("$.id");
    mockMvc.perform(delete("/courses/{id}", id))
            .andDo(print())
            .andExpect(status().isOk());
}
```

첫 번째 테스트에서는 존재하지 않는 과정 ID인 100에 해당하는 과정을 조회해서 HTTP 404 Not Found가 반환되는지 확인한다. 두 번째 테스트에서는 새 과정 생성 후 과정 ID를 획득하고, 과정 ID에 해당하는 과정의 정보를 `mockMvc.perform(put("/courses/{id}"))`를 호출해서 수정한 후 수정한 내용이 반영되었는지 확인한다. 세 번째 테스트에서는 새 과정 생성 후 과정 ID를 획득하고, `mockMvc.perform(delete("/courses/{id}"))`를 호출해서 해당 과정을 삭제하고 HTTP 200 Ok를 반환하는지 확인한다.

토론

스프링 MockMVC 프레임워크는 평문형fluent API를 제공해서 직관적인 코드로 스프링 MVC 기반의 애플리케이션을 테스트할 수 있도록 도와준다. 게다가 MockMVC 자동 구성도 지원하기 때문에 더욱 편리하게 API를 테스트할 수 있다. 이번 기법에서는 스프링 MockMVC 프레임워크를 사용해서 REST API를 테스트하는 방법을 알아봤다. MockMVC 관련 더 자세한 내용은 스프링 공식 문서(https://mng.bz/do5D)를 참고하자.

스프링은 MockMVC 프레임워크보다 더 효율적으로 테스트할 수 있는 WebTestClient도 지원한다. WebTestClient는 8장에서 다시 다룬다.

7.4 RESTful API 문서화

API는 애플리케이션의 성공에 결정적 영향을 미친다. 다양한 장비가 애플리케이션 기능을 사용하므로 API를 문서화하는 것은 매우 중요하다. API는 API 제공자와 사용자 사이의 계약이므로 API 사용에 필요한 상세 정보를 사용자에게 친절하게 알려주면 사용자는 더 쉽게 API를 사용하는 코드를 작성할 수 있다. 이러한 상세 정보에는 HTTP 요청과 응답, HTTP 상태 코드, 보안 설정 등이 포함된다. 스프링을 사용한 예제 애플리케이션인 스프링 동물 병원 애플리케이션(https://github.com/spring-projects/spring-petclinic)에 포함된 API에 대한 문서화는 https://petstore.swagger.io/에서 둘러볼 수 있다.

이번 절에서는 RESTful API 문서화에 가장 널리 사용되며 사실상 표준이라고 할 수 있는 OpenAPI(https://swagger.io/specification/)를 사용해서 RESTful API 문서를 만드는 방법을 알아본다.

7.4.1 기법: OpenAPI를 사용한 RESTful API 문서화

7.4.1절의 소스 코드는 https://mng.bz/ra0g**에서 확인할 수 있다.**

요구 사항

OpenAPI를 사용해서 API 문서를 만들어 API 사용에 필요한 상세 정보를 사용자가 쉽게 알 수 있도록 해야 한다.

해법

OpenAPI 명세는 RESTful API를 문서화하는 표준을 제공하므로 이를 사용해서 API 문서를 작성하면 API 사용자가 API의 기능과 사용에 필요한 정보를 일관성 있게 파악할 수 있다.

OpenAPI 명세는 구현 언어나 프레임워크에 의존하지 않는다. 그래서 스프링 부트를 사용해서 만든 애플리케이션이 아니라 ExpressJS(https://expressjs.com/) 등 다른 언어, 다른 프레임워크를 사용해서 만든 API도 OpenAPI를 사용해서 API 문서를 작성할 수 있다.

OpenAPI를 사용하기 위해 pom.xml에 예제 7.16과 같이 의존 관계를 추가한다.

예제 7.16 **OpenAPI 의존 관계 추가**

```
<dependency>
    <groupId>org.springdoc</groupId>
    <artifactId>springdoc-openapi-ui</artifactId>
    <version>1.5.9</version>
</dependency>
```

`springdoc-openapi`(https://springdoc.org/) 라이브러리는 스프링 부트 애플리케이션에서 API 문서를 자동으로 생성해준다. 런타임에 스프링 설정, 클래스 구조, 애너테이션 등을 분석해서 API를 추론한다. `springdoc-openapi-ui` 라이브러리는 스프링 부트와 스웨거Swagger UI를 연동해서 스프링 부트 애플리케이션이 실행되면 http://{server}:{port}/{context-path}/swagger-ui.html을 통해 접속할 수 있는 `swagger-ui` 웹 애플리케이션을 자동으로 만들어준다.

OpenAPI에 대해 얘기하다가 갑자기 스웨거가 나와서 혼동스러울 수 있는데, OpenAPI는 API 문서 작성 가이드라인을 설명하는 명세고, 스웨거는 OpenAPI 명세를 구현해서 만든 도구다. 스웨거는 스웨거 에디터, 스웨거 UI, 스웨거 코드젠Codegen 등 API 문서 관련 여러 모듈로 구성된다. 스웨거와 OpenAPI의 차이에 대한 상세한 설명은 https://mng.bz/VlNX를 참고하자.

이제 CourseTracker 애플리케이션의 API 문서를 만들어보자. API 엔드포인트에 목적, 반환되는 HTTP 상태 코드 등 API 사용에 필요한 여러 정보를 포함하는 여러 가지 애너테이션을 추가해야 한다. 예제 7.17과 같이 `CourseController` 클래스에 OpenAPI에서 제공하는 애너테이션을 추가한다.

예제 7.17 **OpenAPI 애너테이션이 추가된 CourseController 클래스**

```
package com.manning.sbip.ch07.controller;

// import 문 생략

import io.swagger.v3.oas.annotations.Operation;
import io.swagger.v3.oas.annotations.tags.Tag;

@RestController
```

```
@RequestMapping("/courses/")
@Tag(name = "Course Controller", description = "This REST controller provide services to
manage courses in the Course Tracker application")
public class CourseController {

    private CourseService courseService;

    @Autowired
    public CourseController(CourseService courseService) {
        this.courseService = courseService;
    }

    @GetMapping
    @ResponseStatus(code = HttpStatus.OK)
    @Operation(summary = "Provides all courses available in the Course Tracker application")
    public Iterable<Course> getAllCourses() {
        return courseService.getCourses();
    }

    @GetMapping("{id}")
    @ResponseStatus(code = HttpStatus.OK)
    @Operation(summary = "Provides course details for the supplied course id from the Course
Tracker application")
    public Optional<Course> getCourseById(@PathVariable("id") long courseId) {
        return courseService.getCourseById(courseId);
    }

    @GetMapping("category/{name}")
    @ResponseStatus(code = HttpStatus.OK)
    @Operation(summary = "Provides course details for the supplied course category from the
Course Tracker application")
    public Iterable<Course> getCourseByCategory(@PathVariable("name") String category) {
        return courseService.getCoursesByCategory(category);
    }

    @PostMapping
    @ResponseStatus(code = HttpStatus.CREATED)
    @Operation(summary = "Creates a new course in the Course Tracker application")
    public Course createCourse(@Valid @RequestBody Course course) {
        return courseService.createCourse(course);
    }

    @PutMapping("{id}")
    @ResponseStatus(code = HttpStatus.NO_CONTENT)
    @Operation(summary = "Updates the course details in the Course Tracker application for
the supplied course id")
    public void updateCourse(@PathVariable("id") long courseId, @Valid @RequestBody Course
course) {
```

```
        courseService.updateCourse(courseId, course);
    }

    @DeleteMapping("{id}")
    @ResponseStatus(code = HttpStatus.NO_CONTENT)
    @Operation(summary = "Deletes the course details for the supplied course id from the
Course Tracker application")
    public void deleteCourseById(@PathVariable("id") long courseId) {
        courseService.deleteCourseById(courseId);
    }

    @DeleteMapping
    @ResponseStatus(code = HttpStatus.NO_CONTENT)
    @Operation(summary = "Deletes all courses from the Course Tracker application")
    public void deleteCourses() {
        courseService.deleteCourses();
    }
}
```

@Tag 애너테이션은 컨트롤러에 대한 정보를 나타내며, @ResponseStatus 애너테이션은 엔드포인트가 반환하는 HTTP 상태 코드를 나타낸다. API 사용자는 API가 반환하는 HTTP 상태 코드를 바탕으로 로직을 구현하므로 API 사용자에게 매우 중요한 정보다. 따라서 엔드포인트가 반환하는 HTTP 상태 코드는 매우 신중히 고민하고 결정해야 한다. @Operation 애너테이션은 엔드포인트의 목적을 설명한다.

이제 API 버전, 제목, 설명, 라이선스 정보 등 API 전반에 걸친 정보를 문서화해보자. 예제 7.18과 같이 OpenAPI 타입의 스프링 빈을 정의하면 된다. 예제를 단순히 구성하기 위해 스프링 부트 메인 클래스에 직접 빈을 추가했지만 실무적으로는 별도의 설정 클래스에서 빈을 정의하는 것이 좋다.

예제 7.18 OpenAPI 빈 정의

```
package com.manning.sbip.ch07;

// import 문 생략

import io.swagger.v3.oas.models.OpenAPI;
import io.swagger.v3.oas.models.info.Info;
import io.swagger.v3.oas.models.info.License;

@SpringBootApplication
public class CourseTrackerApiApplication {
```

```
    public static void main(String[] args) {
        SpringApplication.run(CourseTrackerApiApplication.class, args);
    }

    @Bean
    public OpenAPI customOpenAPI(
        @Value("${app.description}") String appDescription,
        @Value("${app.version}") String appVersion
    ) {
        return new OpenAPI()
            .info(new Info()
                .title("Course Tracker API")
                .version(appVersion)
                .description(appDescription)
                .termsOfService("http://swagger.io/terms/")
                .license(new License()
                    .name("Apache 2.0")
                    .url("http://springdoc.org")));
    }
}
```

OpenAPI 빈을 정의해서 API의 제목, 버전, 설명, 서비스 조건, 라이선스 정보 등 API 상세 정보를 지정한다. app.description, app.version은 application.yml 파일에 지정한 값을 읽어서 사용한다.

예제 7.19 application.yml 파일

```
app.description=Spring Boot Course Tracker API
app.version=v1
```

이제 애플리케이션을 시작해서 http://localhost:/8080/swagger-ui.html에 접속하면 CourseTracker 애플리케이션의 swagger-ui가 그림 7.3과 같이 화면에 표시된다.

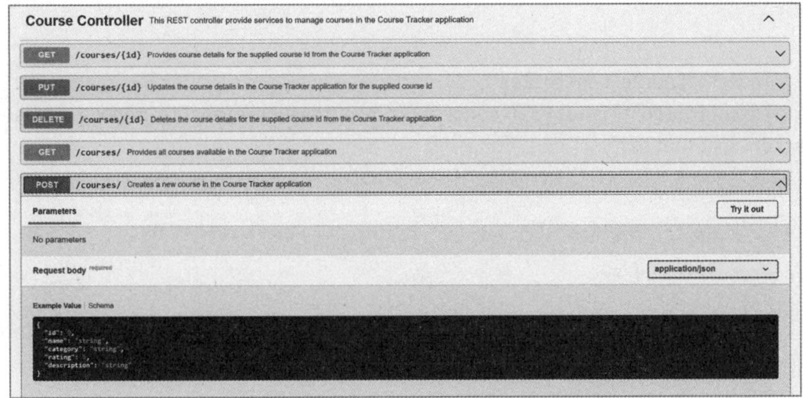

그림 7.3 CourseTracker 애플리케이션 스웨거 문서

토론

OpenAPI는 RESTful API 문서화의 사실상 표준이다. 몇 가지 의존 관계만 추가하면 HTML 기반의 훌륭한 API 문서가 만들어진다. 하지만 HTML로 작성된 문서는 API 사용자에게 공유하기 어렵다는 단점이 있다.[3] 그래서 스웨거는 API 문서를 JSON 형식으로 추출하는 기능을 제공한다. http://localhost:8080/v3/api-docs에 접속하면 예제 7.20과 같은 JSON을 확인할 수 있다.

예제 7.20 **JSON 형식의 API 문서**

```
{
    "openapi":"3.0.1",
    "info": {
        "title":"Course Tracker API",
        "description":"Spring Boot Course Tracker API",
        "termsOfService":"http://swagger.io/terms/",
        "license":{
            "name":"Apache 2.0",
            "url":"http://springdoc.org"
        },
        "version":"v1"
    },
    "servers":[
        {
            "url":"http://localhost:8080",
            "description":"Generated server url"
        }
    ],
```

3 옮긴이 API 사용자는 실무적으로 HTML 파일이 아니라 swagger-ui 웹 사이트를 이용해서 API 문서를 사용할 수 있으므로 큰 불편함은 없다.

```
    "tags":[
        {
            "name":"Course Controller",
            "description":"This REST controller provides services to manage courses in the
Course Tracker application"
        }
    ],
    "paths":{
        "/courses/{id}":{
        "get":{
            "tags":[
                "Course Controller"
            ],

    // 이하 생략
```

스웨거 에디터(https://editor.swagger.io/)를 사용하면 그림 7.4와 같이 JSON으로부터 다시 HTML 화면을 만들어낼 수도 있다.

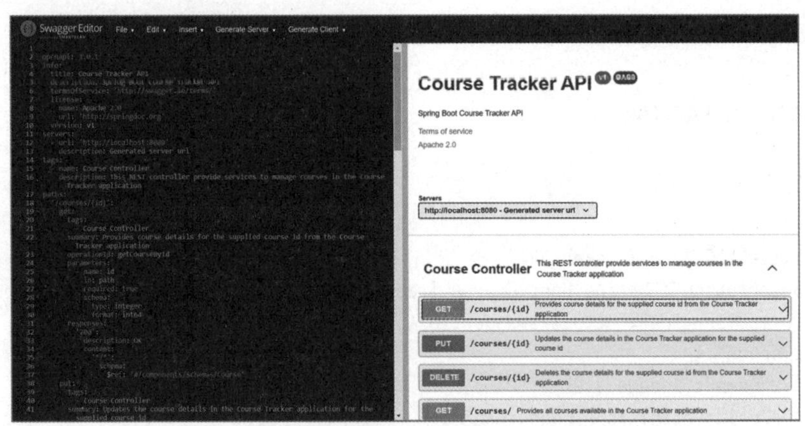

그림 7.4 **스웨거 에디터를 사용한 REST API 문서 렌더링**

스웨거 에디터에 접속해서 JSON 내용을 왼쪽 에디터 창에 붙여넣기 하면 YML로 변환되어 붙여넣기 되고, 이를 바탕으로 오른쪽에 HTML로 렌더링된 화면이 표시된다.

스웨거가 제공하는 코드젠Codegen 유틸리티를 사용하면 JSON으로부터 클라이언트 애플리케이션을 생성할 수도 있다. 예를 들어 API 클라이언트가 NodeJS를 사용하고 있다다면 스웨거 코드젠을 사용해서 API 서버를 호출할 수 있는 NodeJS 기반의 API 클라이언트 객체를 자동으로 생성한다. API 사용자는 이를 통해 편리하게 API를 사용할 수 있다. 스웨거 코드젠은 다양한 언어를 지원한다. 자세한 내용은 https://swagger.io/tools/swagger-codegen/을 참고하자.

스프링 독Spring Doc과 OpenAPI의 연동 관련 자세한 내용은 https://springdoc.org/를 참고하자.

7.5 RESTful API 버저닝

이번 절에서는 RESTful API 버저닝versioning을 구현하는 여러 방법에 대해 알아본다. 하지만 그보다 먼저 REST API 버저닝이 무엇이고 왜 필요한지 알아보자.

쉽게 말해 REST API 버저닝은 말 그대로 여러 버전의 API를 지원하는 것을 의미한다. 애플리케이션 기능은 시간이 지남에 따라 개선되거나 새로 추가된다. 이러한 변경이 발생하는 원인은 다양하다. 새 비즈니스 기능이 추가로 인해 변경될 수도 있고, 새 기술 스택 적용으로 변경될 수도 있고, 기존 API 개선에 의해 변경될 수도 있다.

급격한 API 변경에 따라 발생하는 가장 큰 영향은 API 사용자 쪽 애플리케이션에 오작동을 유발한다는 점이다. API 사용자가 제공하던 API를 사용하던 사용자 쪽 애플리케이션도 계속 전파될 수 있다. 이런 문제를 해결하는 방법 중 하나는 API를 설계할 때 버저닝을 적용하는 것이다. 기존 API 사용자에게 안정적인 기존 API를 제공하면서 동시에 새로운 버전의 API를 함께 제공해서 API 사용자가 점진적으로 API 버전을 올릴 수 있다.

다음과 같이 다양한 API 버저닝 기법을 살펴본다.

- **URI 버저닝** - URI에 버전 번호를 붙인다.
- **요청 파라미터 버저닝** - 버전 번호를 나타내는 HTTP 요청 파라미터를 추가한다.
- **커스텀 HTTP 헤더 버저닝** - 버전을 구분할 수 있는 HTTP 요청 헤더를 추가한다.
- **미디어 타입 버저닝** - 요청에 Accept 헤더를 사용해서 버전을 구분한다.

먼저 각 기법에 대해 알아본 후 장단점을 분석해볼 것이다. 버저닝 기법 설명에 집중할 수 있도록 `CourseController` 클래스를 단순화해서 `GET /courses/`와 `POST /courses/` 엔드포인트만 남겨둔다.

7.5.1 기법: URI 버저닝

7.5.1절의 소스 코드는 https://mng.bz/xv98에서 확인할 수 있다.

요구 사항

API 사용자에게 악영향을 미치지 않으면서 API를 변경할 수 있도록 URI 버저닝을 적용한다.

해법

API URI에 버전 번호를 추가한다. /courses/v1은 API 버전 1을 의미하고 /courses/v2는 API 버전 2를 의미한다.

CourseTracker 애플리케이션에 과정의 가격도 표시하는 기능이 추가되었다. 특정 가격 범위에 속하는 과정만을 검색하거나, 검색 결과를 가격순으로 정렬도 할 수 있어야 하므로 추가적인 API가 필요하다.

NOTE 새 버전의 API 추가에 따른 버저닝을 쉽게 설명할 수 있도록 가격 속성 추가에 따라 새 버전의 API를 설계하지만, 실무적으로는 단순히 속성이 하나 추가된다고 해서 반드시 API 버저닝을 적용해야 하는 것은 아니다.

가격이 추가되면서 CourseController 클래스도 변경돼야 한다. 예제 7.21과 같이 기존 CourseController를 LegacyCourseController로 이름을 변경하고 GET /courses/와 POST /courses/ 만 남기고 나머지 API는 제거한다.

예제 7.21 **LegacyCourseController 클래스**

```
package com.manning.sbip.ch07.controller;

// import 문 생략

@RestController
@RequestMapping("/courses/v1")    ❶
public class LegacyCourseController {

    private CourseService courseService;

    @Autowired
    public LegacyCourseController(CourseService courseService) {
        this.courseService = courseService;
    }
```

```
    @GetMapping
    @ResponseStatus(code = HttpStatus.OK)
    public Iterable<Course> getAllCourses() {
        return courseService.getCourses();
    }

    @PostMapping
    @ResponseStatus(code = HttpStatus.CREATED)
    public Course createCourse(@Valid @RequestBody Course course) {
        return courseService.createCourse(course);
    }
}
```

❶ 요청 매핑 URL에 버전 번호가 포함된다. v1은 첫 번째 버전을 의미한다.

`LegacyCourseController` 클래스에 붙어 있는 `@RequestMapping`에 지정된 경로에 v1을 붙여서 이 클래스에 있는 API는 모두 첫 번째 버전임을 나타낸다. 새로 추가되는 API에 새로운 버전 번호를 붙인다. 예제 7.22와 같이 `ModernCourseController` 클래스에 매핑되는 경로에 v2를 붙여서 두 번째 버전의 API를 추가한다.

예제 7.22 ModernCourseController 클래스

```
package com.manning.sbip.ch07.controller;

//import 문 생략

@RestController
@RequestMapping("/courses/v2")
public class ModernCourseController {
    private ModernCourseRepository modernCourseRepository;

    @Autowired
    public ModernCourseController(ModernCourseRepository modernCourseRepository) {
        this.modernCourseRepository = modernCourseRepository;
    }

    @GetMapping
    @ResponseStatus(code = HttpStatus.OK)
    public Iterable<ModernCourse> getAllCourses() {
        return modernCourseRepository.findAll();
    }

    @PostMapping
    @ResponseStatus(code = HttpStatus.CREATED)
```

```
    public ModernCourse createCourse(@Valid @RequestBody ModernCourse modernCourse) {
        return modernCourseRepository.save(modernCourse);
    }
}
```

/courses/v2가 매핑되는 ModernCourseController에 포함된 API는 새로운 JPA 엔티티 클래스인 ModernCourse를 사용하고 있다. ModernCourse에는 기존 Course에 포함됐던 정보에 가격 정보가 추가되었다. 그리고 ModernCourse 정보를 데이터베이스에 저장하고 관리하는 ModernCourseRepository와 이를 사용하는 ModernCourseService도 필요하지만, API 버저닝에 집중하기 위해 소스 코드는 생략한다.

URI를 활용하는 버저닝은 이걸로 끝이다. 애플리케이션을 시작하고 예제 7.23과 같이 v1 버전의 API를 호출해보자.

예제 7.23 v1 버전 API를 사용한 과정 생성 및 조회

```
> http POST :8080/courses/v1 name="Mastering Spring Boot" rating=4 category=Spring
description="Mastering Spring Boot intends to teach Spring Boot with practical examples"

HTTP/1.1 201
// HTTP 응답 헤더 생략

{
    "category": "Spring",
    "description": "Mastering Spring Boot intends to teach Spring Boot with practical
examples", "id": 1,
    "name": "Mastering Spring Boot",
    "rating": 4
}

> http GET :8080/courses/v1

HTTP/1.1 200
// HTTP 응답 헤더 생략
[
    {
    "category": "Spring",
    "description": "Mastering Spring Boot intends to teach Spring Boot with practical
examples",
    "id": 1,
    "name": "Mastering Spring Boot",
    "rating": 4
    }
```

```
]
```

이제 v2 버전 API를 사용해서 과정을 생성하고 조회해보자.

예제 7.24 **v2 버전 API를 사용한 과정 생성 및 조회**

```
> http POST :8080/courses/v2 name="Mastering Spring Boot" rating=4 category=Spring
description="Mastering Spring Boot intends to teach Spring Boot with practical examples"
price=42.34    ❶

HTTP/1.1 201
// HTTP 응답 헤더 생략
{
    "category": "Spring",
    "description": "Mastering Spring Boot intends to teach Spring Boot with practical
examples",
    "id": 1,
    "name": "Mastering Spring Boot",
    "price": 42.34,
    "rating": 4
}

> http GET :8080/courses/v2
HTTP/1.1 200
// HTTP 응답 헤더 생략
[
    {
        "category": "Spring",
        "description": "Mastering Spring Boot intends to teach Spring Boot with practical
examples",
        "id": 1,
        "name": "Mastering Spring Boot",
        "price": 42.34,
        "rating": 4
    }
]
```

❶ 과정의 가격 정보를 추가하고 v2 버전의 API를 호출한다.

실행 결과에서 확인할 수 있듯이, v1 API와 v2 API 모두 사용 가능하다. 하지만 v1 API에서는 가격 정보를 사용할 수 없다.

7.5.2 기법: HTTP 요청 파라미터를 사용한 버저닝

7.5.2절의 소스 코드는 https://mng.bz/Zzdm에서 확인할 수 있다.

요구 사항

API 사용자에게 악영향을 미치지 않으면서 API를 변경할 수 있도록 HTTP 요청 파라미터를 사용하는 API 버저닝을 적용한다.

해법

REST API 엔드포인트에서 HTTP 요청 파라미터로 호출하는 API의 버전 정보를 받을 수 있도록 변경한다. 예제 7.25와 같이 `RequestParameterVersioningCourseController` 클래스를 추가한다.

예제 7.25 **HTTP 요청 파라미터로 버전 정보를 전달받는 RequestParameterVersioningCourseController 클래스**

```
package com.manning.sbip.ch07.controller;

// import 문 생략

@RestController
@RequestMapping("/courses/")
public class RequestParameterVersioningCourseController {

    @Autowired
    private CourseService courseService;

    @Autowired
    private ModernCourseRepository modernCourseRepository;

    @GetMapping(params = "version=v1")
    @ResponseStatus(code = HttpStatus.OK)
    public Iterable<Course> getAllLegacyCourses() {
        return courseService.getCourses();
    }

    @PostMapping(params = "version=v1")
    @ResponseStatus(code = HttpStatus.CREATED)
    public Course createCourse(@Valid @RequestBody Course course) {
        return courseService.createCourse(course);
    }

    @GetMapping(params = "version=v2")
```

```
    @ResponseStatus(code = HttpStatus.OK)
    public Iterable<ModernCourse> getAllModernCourses() {
        return modernCourseRepository.findAll();
    }

    @PostMapping(params = "version=v2")
    @ResponseStatus(code = HttpStatus.CREATED)
    public ModernCourse createCourse(@Valid @RequestBody ModernCourse modernCourse) {
        return modernCourseRepository.save(modernCourse);
    }
}
```

`@GetMapping` 또는 `@PostMapping` 애너테이션의 `params` 속성에 추가해서 API의 버전 정보를 나타내는 `version=v1`과 `version=v2`를 추가했다. 따라서 API 호출 시 파라미터로 `version=v1`을 지정해서 호출하면 `params` 값이 `version=v1`인 API가 호출되고, `version=v2`를 지정해서 호출하면 `params` 값이 `version=v2`인 API가 호출된다.

참고로 v1에는 `CourseService`가 사용되고 v2에는 `ModernCourseRepository`가 사용되고 있는데, 원론적으로는 v2에도 `ModernCourseService`를 사용하는 것이 맞지만 API 버저닝에 집중할 수 있도록 v2에는 서비스 계층을 생략했다. 실제 운영 애플리케이션에서는 반드시 서비스 계층을 통해서 `Repository`를 호출해야 한다.

애플리케이션을 시작하고 예제 7.26과 같이 가격 정보를 추가하고 v2 API를 호출해보자.

예제 7.26 요청 파라미터에 버전 정보를 지정해서 API 호출

```
>http POST :8080/courses/?version=v2 name="Mastering Spring Boot" rating=4 category=Spring
description="Mastering Spring Boot intends to teach Spring Boot with practical examples"
price=42.34

HTTP/1.1 201
// HTTP 응답 헤더 생략
{
    "category": "Spring",
    "description": "Mastering Spring Boot intends to teach Spring Boot with practical
examples",
    "id": 1,
    "name": "Mastering Spring Boot",
    "price": 42.34,
    "rating": 4
}
```

```
>http GET :8080/courses/?version=v2

HTTP/1.1 201
// HTTP 응답 헤더 생략
[
    {
        "category": "Spring",
        "description": "Mastering Spring Boot intends to teach Spring Boot with practical
examples",
        "id": 1,
        "name": "Mastering Spring Boot",
        "price": 42.45,
        "rating": 4
    }
]
```

가격 정보가 포함돼 있는 ModernCourse를 사용하는 v2 API가 호출되는 것을 확인할 수 있다. 예제로 추가하지는 않았지만 version=v1을 지정해서 호출하면 v1 API가 호출되는 것도 확인할 수 있다. v1 API에는 price 파라미터가 사용되지 않는다.

7.5.3 기법: 커스텀 HTTP 헤더를 사용한 버저닝

7.5.3절의 소스 코드는 https://mng.bz/REjj에서 확인할 수 있다.

요구 사항

API 사용자에게 악영향을 미치지 않으면서 API를 변경할 수 있도록 커스텀 HTTP 헤더를 사용하는 API 버저닝을 적용한다.

해법

호출되는 API 엔드포인트를 식별하는 데 커스텀 HTTP 헤더를 사용할 수 있다. 이 방식은 HTTP 요청 파라미터를 사용하는 방식과 거의 비슷한데, URI에 HTTP 요청 파라미터를 명시하는 대신 HTTP 요청에 커스텀 HTTP 헤더를 추가해서 사용한다는 점만 다르다. 예제 7.27과 같이 CustomHeaderVersioningCourseController 클래스를 정의한다.

예제 7.27 커스텀 HTTP 헤더로 API를 구별할 수 있는 CustomHeaderVersioningCourseController 클래스

```
package com.manning.sbip.ch07.controller;

// import 문 생략

@RestController
@RequestMapping("/courses/")
public class CustomHeaderVersioningCourseController {

    private CourseService courseService;
    private ModernCourseRepository modernCourseRepository;

    @Autowired
    public CustomHeaderVersioningCourseController(CourseService courseService,
ModernCourseRepository modernCourseRepository) {
        this.courseService = courseService;
        this.modernCourseRepository = modernCourseRepository;
    }

    @GetMapping(headers = "X-API-VERSION=v1")
    @ResponseStatus(code = HttpStatus.OK)
    public Iterable<Course> getAllLegacyCourses() {
        return courseService.getCourses();
    }

    @PostMapping(headers = "X-API-VERSION=v1")
    @ResponseStatus(code = HttpStatus.CREATED)
    public Course createCourse(@Valid @RequestBody Course course) {
        return courseService.createCourse(course);
    }

    @GetMapping(headers = "X-API-VERSION=v2")
    @ResponseStatus(code = HttpStatus.OK)
    public Iterable<ModernCourse> getAllModernCourses() {
        return modernCourseRepository.findAll();
    }

    @PostMapping(headers = "X-API-VERSION=v2")
    @ResponseStatus(code = HttpStatus.CREATED)
    public ModernCourse createCourse(@Valid @RequestBody ModernCourse modernCourse) {
        return modernCourseRepository.save(modernCourse);
    }
}
```

@GetMapping 또는 @PostMapping 애너테이션에 커스텀 HTTP 헤더인 X-API-VERSION과 버전 번호

를 명시해서 버전별로 호출할 API를 구분한다. `X-API-VERSION` 헤더가 없는 요청은 위 API을 호출하지 못하므로 API를 호출하려면 예제 7.28과 같이 반드시 `X-API-VERSION`을 HTTP 요청에 포함해야 한다.

예제 7.28 커스텀 HTTP 헤더를 추가해서 v2 버전의 POST /courses/ 엔드포인트 호출

```
> http POST :8080/courses/ X-API-VERSION:v2 name="Mastering Spring Boot" rating=4
category=Spring description="Mastering Spring Boot intends to teach Spring Boot with
practical examples" price=42.34

HTTP/1.1 201
// HTTP 응답 헤더 생략
{
    "category": "Spring",
    "description": "Mastering Spring Boot intends to teach Spring Boot with practical
examples",
    "id": 1,
    "name": "Mastering Spring Boot",
    "price": 42.34,
    "rating": 4
}

> http GET :8080/courses/ X-API-VERSION:v2

// HTTP 응답 헤더 생략
[
    {
        "category": "Spring",
        "description": "Mastering Spring Boot intends to teach Spring Boot with practical
examples",
        "id": 1,
        "name": "Mastering Spring Boot",
        "price": 42.34,
        "rating": 4
    }
]
```

7.5.4 기법: 미디어 타입을 사용한 버저닝

7.5.4절의 소스 코드는 https://mng.bz/1jl1에서 확인할 수 있다.

요구 사항

API 사용자에게 악영향을 미치지 않으면서 API를 변경할 수 있도록 미디어 타입을 사용하는 API 버저닝을 적용한다.

해법

미디어 타입을 사용하는 버저닝은 콘텐트 협상Content Negotiation 버저닝 또는 `Accept Header` 버저닝이라고 부르기도 한다. 커스텀 HTTP 헤더 대신에 HTTP 표준 헤더인 `Accept` 헤더를 사용한다. `Accept` 헤더는 마임MIME 타입을 사용해서 클라이언트가 받아들일 수 있는 콘텐트 타입을 서버에게 알려줄 수 있다. 클라이언트가 `Accept` 헤더를 HTTP 요청에 포함하면 서버는 콘텐트 협상(https://mng.bz/2jB8) 과정에서 내부 알고리듬을 사용해 `Accept` 헤더에 명시된 타입의 데이터를 반환하는 API를 호출하고 응답에 `Content-Type` 헤더를 포함해서 반환한다.

예제 7.29와 같이 `AcceptHeaderVersioningCourseController` 클래스를 정의한다.

예제 7.29 **Accept 헤더 버저닝**

```
package com.manning.sbip.ch07.controller;

// import 문 생략

@RestController
@RequestMapping("/courses/")
public class AcceptHeaderVersioningCourseController {

    private CourseService courseService;
    private ModernCourseRepository modernCourseRepository;

    @Autowired
    public AcceptHeaderVersioningCourseController(CourseService courseService,
        ModernCourseRepository modernCourseRepository) {
        this.courseService = courseService;
        this.modernCourseRepository = modernCourseRepository;
    }

    @GetMapping(produces = "application/vnd.sbip.app-v1+json")
```

```
    @ResponseStatus(code = HttpStatus.OK)
    public Iterable<Course> getAllLegacyCourses() {
        return courseService.getCourses();
    }

    @PostMapping(produces = "application/vnd.sbip.app-v1+json")
    @ResponseStatus(code = HttpStatus.CREATED)
    public Course createCourse(@Valid @RequestBody Course course) {
        return courseService.createCourse(course);
    }

    @GetMapping(produces = "application/vnd.sbip.app-v2+json")
    @ResponseStatus(code = HttpStatus.OK)
    public Iterable<ModernCourse> getAllModernCourses() {
        return modernCourseRepository.findAll();
    }

    @PostMapping(produces = "application/vnd.sbip.app-v2+json")
    @ResponseStatus(code = HttpStatus.CREATED)
    public ModernCourse createCourse(@Valid @RequestBody ModernCourse modernCourse) {
        return modernCourseRepository.save(modernCourse);
    }
}
```

@GetMapping 또는 @PostMapping 애너테이션의 produces 속성을 사용해서 API 엔드포인트가 반환하는 타입을 선언할 수 있다. application/vnd.sbip.app-v1+json은 v1 버전을 의미하는 커스텀 마임 타입이고, application/vnd.sbip.app-v2+json은 v2 버전을 의미한다. 예제 7.30과 같이 Accept 헤더와 함께 요청해보자.

예제 7.30 Accept 헤더를 포함해서 v2 버전의 POST /courses/ 엔드포인트 호출

```
> http POST :8080/courses/ Accept:application/vnd.sbip.app-v2+json name="Mastering Spring
Boot" rating=4 category=Spring description="Mastering Spring Boot intends to teach Spring
Boot with practical examples" price=42.34

HTTP/1.1 201
Connection: keep-alive
Content-Type: application/vnd.sbip.app-v2+json
Date: Fri, 25 Jun 2021 18:42:15 GMT
Keep-Alive: timeout=60
Transfer-Encoding: chunked
{
    "category": "Spring",
    "description": "Mastering Spring Boot intends to teach Spring Boot with practical
examples",
```

```
    "id": 1,
    "name": "Mastering Spring Boot",
    "price": 42.34,
    "rating": 4
}

> http GET :8080/courses/ Accept:application/vnd.sbip.app-v2+json HTTP/1.1 200
Connection: keep-alive
Content-Type: application/vnd.sbip.app-v2+json
Date: Mon, 08 Nov 2021 02:39:29 GMT
Keep-Alive: timeout=60
Transfer-Encoding: chunked
[
    {
        "category": "Spring",
        "description": "Mastering Spring Boot intends to teach Spring Boot with practical
examples",
        "id": 1,
        "name": "Mastering Spring Boot",
        "price": 42.34,
        "rating": 4
    }
]
```

`Accept` 헤더 값으로 `application/vnd.sbip.app-v2+json`을 지정해서 요청하면 v2 버전의 API가 호출된다.

토론

지금까지 4가지의 API 버저닝 기법을 살펴봤다. 아마 지금쯤 자연스럽게 떠오르는 질문은 '언제 어떤 방식을 사용하는 것이 좋을까?'일 것이다. 안타깝게도 아주 명확한 답은 없다. 왜냐하면 앞의 4가지 방법 중 어떠한 것도 완벽하지는 않기 때문이다.

예를 들어 많은 개발자가 엔드포인트 URI에 버전 번호를 포함하는 것을 좋아하지 않는다. 버전은 실제 URI의 일부가 아니기 때문에 URI를 오염시킨다고 생각하기 때문이다. URI에 버전 번호를 포함하는 방식은 여러 버전의 API가 존재한다는 사실을 API 사용자에게 노출한다. API를 외부에 공개하는 많은 조직에서는 이러한 사실을 API 사용자에게 노출하지 않는다.

비슷하게 버저닝 목적으로 `Accept` 헤더를 사용하는 것도 좋아하지 않는데, 원론적으로는 `Accept`는 버저닝 목적으로 사용하는 헤더가 아니기 때문이다. 따라서 `Accept` 헤더를 버저닝에 사용하는 것은 일종의 편법이며 권장할 만한 방식이 아니라고 생각한다. 이런 의견은 나머지 두 가지 방식인

HTTP 요청 파라미터나 커스텀 HTTP 헤더를 사용하는 방식도 마찬가지라고 할 수 있다.

동일한 엔드포인트에 대해 여러 버전의 API가 있다면 API 문서화에도 문제가 생길 수 있다. 동일한 서비스를 호출하는 서로 다른 두 가지 방법이 있다면 API 사용자는 혼란스러울 수밖에 없다.

결국 앞서 다룬 4가지 방법에는 장점과 단점이 섞여 있다. 그러므로 API 설계자나 조직 차원에서 장단점을 고려해서 적절한 방법을 선택하는 것이 중요하다. 참고로 몇 가지 주요 API 제공자들이 선택한 버저닝 전략은 다음과 같다.

- **아마존** - HTTP 요청 파라미터 방식
- **깃허브** - 미디어 타입 방식
- **마이크로소프트** - 커스텀 HTTP 헤더 방식
- **트위터** - URI 방식

7.6 RESTful API 보안

앞선 절에서 개발, 문서화, 테스트, 버저닝 등 RESTful API의 여러 단면에 대해 다각도로 살펴봤다. 하지만 아직도 API 개발의 핵심 부분이 남아 있는데, 바로 API 보안이다. 현재 만들어져 있는 API는 안전하지 않으며 누구든지 API 엔드포인트를 아는 사람이라면 아무 제한 없이 API를 호출할 수 있다.

API에 보안을 적용하는 방법은 여러 가지다. 가장 직관적인 방법은 HTTP 기본 인증을 적용하는 것이다. 사용자 아이디와 비밀번호만으로 사용자를 인증할 수 있으므로 가장 단순하다. 스프링 부트 애플리케이션에서 HTTP 기본 인증을 사용하는 방법은 이미 5장의 5.3.6절에서 다루었다.

단순하고 적용하기 쉽지만 HTTP 기본 인증에는 단점이 있기 때문에 내부 테스트나 개발용으로 제한적으로만 사용하는 것이 좋다. 주의 깊은 독자라면 권장하지 않는 방법을 굳이 책에서 설명하는 이유가 궁금할 것이다. HTTP 기본 인증은 그 단순함과 사용성 때문에 여전히 널리 사용되고 있기 때문이다(https://mng.bz/PWKY). 일부 조직에서 HTTP 기본 인증을 폐기(https://mng.bz/J1pK)하기 시작한 것은 비교적 최근의 일이다.

실제 운영하는 서비스에서 HTTP 기본 인증을 사용하면 안 되는 이유를 알아보자. 먼저 HTTP 기본 인증에 사용되는 아이디와 비밀번호 Base64로 인코딩된 일반 문자열을 사용한다. Base64 인코

딩은 암호화가 아니며 인코딩된 값을 알면 비밀번호도 쉽게 알아낼 수 있다. 그래서 HTTPS와 함께 사용되지 않는다면 비밀번호가 쉽게 유출될 수 있다. 또한 HTTP 기본 인증을 사용하면 인증과 인가를 수행하기 위해 클라이언트 애플리케이션과 서버 애플리케이션 모두 비밀번호를 관리해야 한다. 두 곳에서 관리하면 비밀번호가 누출될 위험도 그만큼 높아진다.

HTTP 기본 인증보다 더 권장할 만한 방법은 사용자 비밀 정보를 서버나 클라이언트 애플리케이션에서 관리하지 말고 중앙화된 인가 서버에서 관리하는 것이다. 인가 서버는 토큰을 발급할 수 있고 이를 인증과 인가 목적으로 사용할 수 있다. 다음 기법에서는 토큰을 사용하는 방법을 알아본다.

7.6.1 기법: JWT를 사용한 RESTful API 요청 인가

7.6.1절의 소스 코드는 https://mng.bz/wn72**에서 확인할 수 있다.**

요구 사항

CourseTracker RESTful API에 아무런 보안 조치가 되어 있지 않아 누구나 애플리케이션 엔드포인트에 접근할 수 있으므로 API에 보안 조치를 해야 한다.

해법

베어러 토큰bearer token을 사용해서 엔드포인트 접근 보안을 강화한다. 앞서 언급했던 것처럼 인가 서버를 사용해서 접근 권한을 부여할 것이다. 구현에 뛰어들기에 앞서 클라이언트의 REST 요청부터 시작해서 REST API 서버, 인가 서버를 거쳐 응답까지의 전체적인 흐름을 개략적으로 살펴보자.

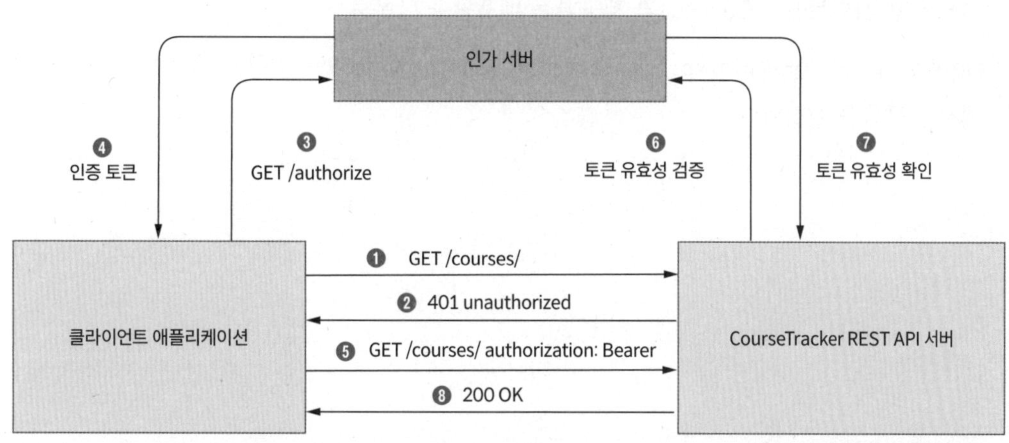

그림 7.5 OAuth2 프레임워크 사용 시 클라이언트 애플리케이션, REST API 서버, 인가 서버 사이의 협업 흐름

❶ 클라이언트가 과정 목록을 조회하기 위해 CourseTracker 애플리케이션의 `/courses` 엔드포인트에 GET 요청을 전송한다.

❷ 클라이언트는 아직 `GET /courses` API에 접근 권한이 없으므로 API는 401 Unauthorized를 반환하고 베어러 토큰이 필요하다는 정보를 HTTP 응답 헤더에 담아 반환한다.

❸ 클라이언트는 인가 서버에 베어러 토큰 발급을 요청한다. 이때 클라이언트는 `client_id`, `username`, `password`, `scope` 같은 추가 정보를 함께 인가 서버에 보낸다. 물론 토큰 요청 처리 이전에 사용자 정보가 이미 존재해야 한다.

❹ 토큰 발급 요청이 유효하면 인가 서버는 `access_token` 값을 JWT JSON web token 형식으로 반환한다.

❺ 클라이언트는 인가 서버로부터 받은 `access_token` 값을 포함해서 CourseTracker REST API 서버에 다시 요청을 보낸다.

❻ CourseTracker REST API 서버는 인가 서버를 통해 토큰 유효성을 검증해서 응답을 반환한다.

❼ 토큰이 유효하면 정상적인 접근이라고 보고 과정 목록을 반환하고, 토큰이 유효하지 않으면 클라이언트에게 에러가 반환된다.

그림 7.5는 API 클라이언트가 JWT 접근 토큰 없이 API를 요청했을 때의 전체 흐름을 나타내며, JWT가 이미 발급된 상황이라면 (5)부터 시작되는 흐름을 따른다.

전체 흐름을 살펴봤으니 이제 실제 구현을 시작해보자. 가장 먼저 해야할 일은 인가 서버 구성이다. 키클록 Keycloak(https://www.keycloak.org/)을 사용해서 인가 서버를 구성하고 `john`과 `steve` 두 사용자를 인가 서버에 추가한다.[4]

1. 키클록 웹 사이트에서 Quarkus가 제공하는 배포판을 다운로드한다.
2. zip 파일 압축을 풀고 `bin/kc.sh start-dev --http-port=9999` 명령을 실행해서 9999 포트에서 키클록을 실행한다.

4 옮긴이 다음 부분은 옮긴이가 추가한 부분이다.

3. 브라우저에서 localhost:9999에 접속 후 Administration Console 부분에서 Username에 `root`, Password에 `password`를 입력해서 계정을 생성한다.

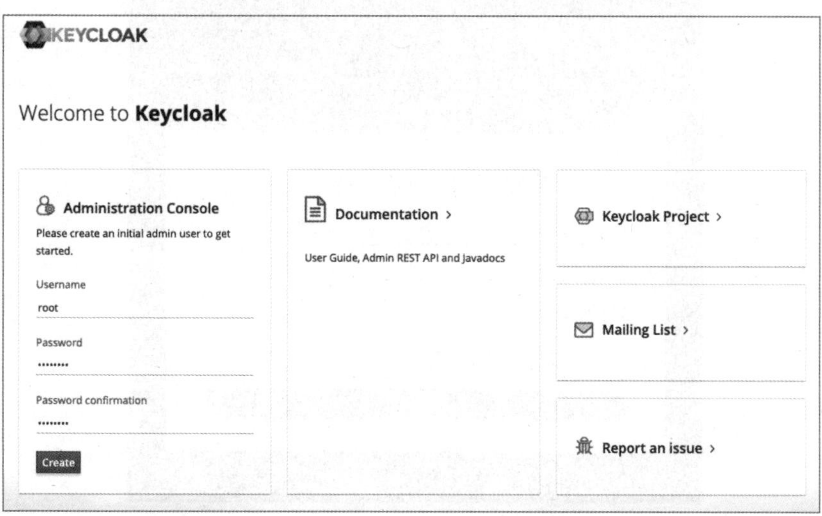

4. 계정 생성 후 [Administration Console]을 클릭한다.

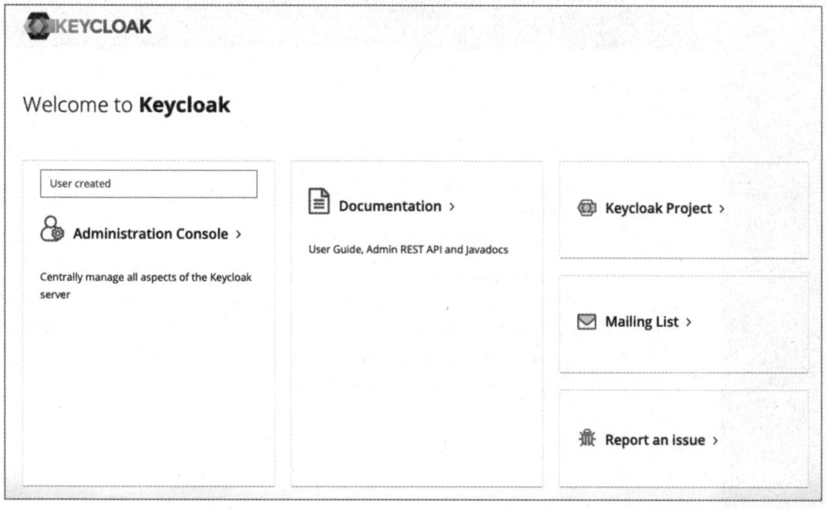

5. Username, Password란에 각각 `root`, `password`를 입력하고 로그인한다.

6. master realm 화면이 나오면 왼쪽 메뉴에서 [Realm settings]를 클릭한다.

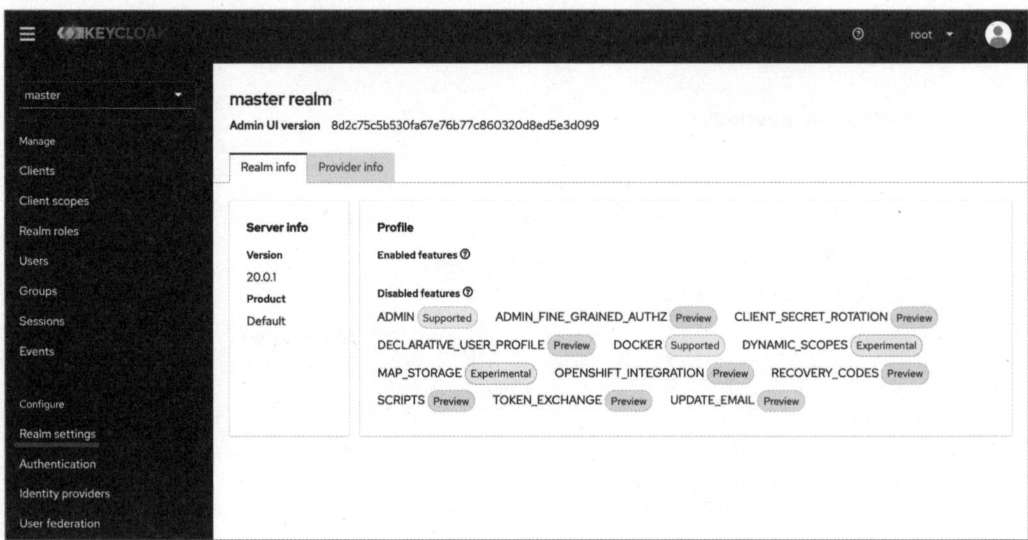

7. 화면 하단 Endpoints에 있는 [OpenID Endpoint Configuration]을 클릭한다.

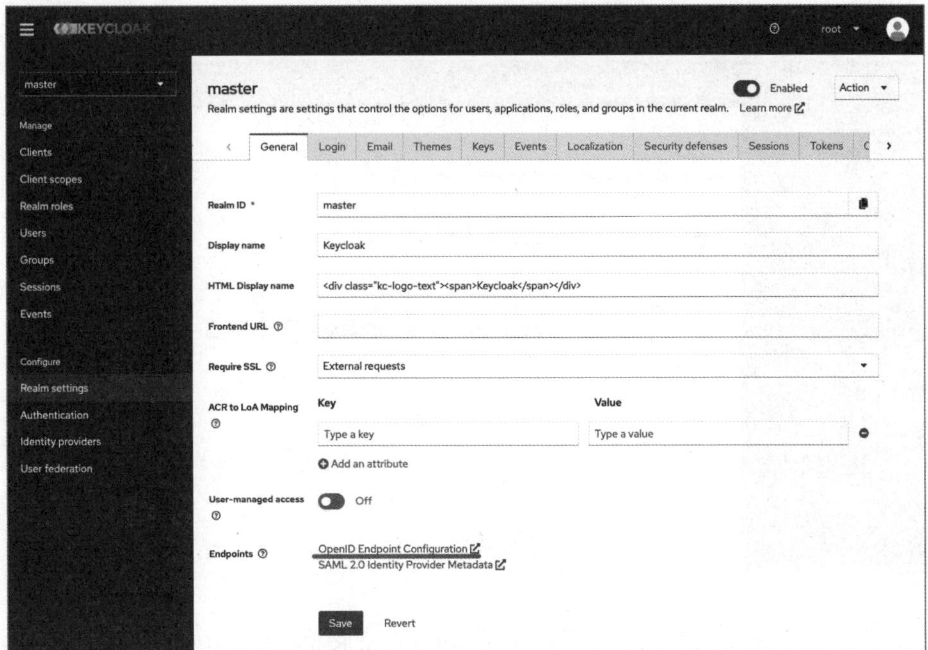

8. 새 창에 OpenID Endpoint 설정 내용이 JSON으로 표시된다. 이 중에서 issuer와 token_endpoint 값을 예제에서 사용한다.

9. 클라이언트를 등록하기 위해 왼쪽 메뉴에서 [Clients]를 클릭 후 오른쪽 화면에서 [Create client]를 클릭한다.

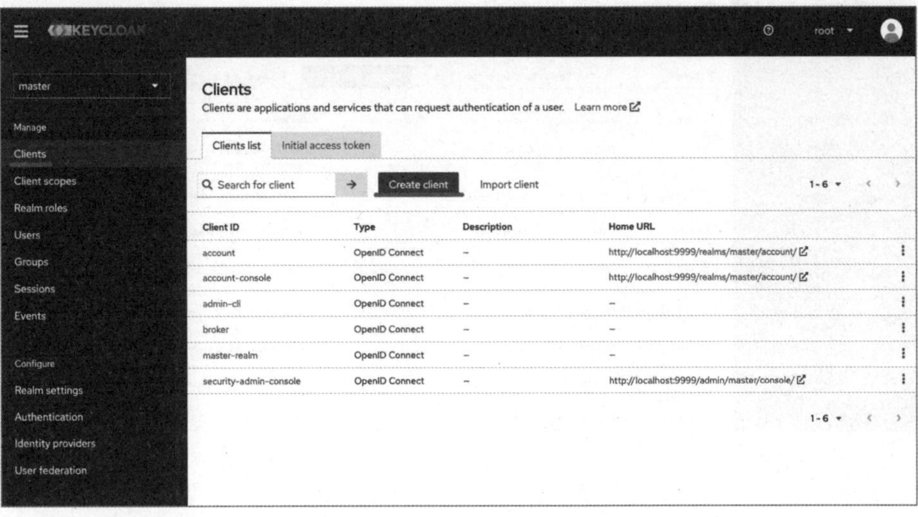

10. Client ID에 `course-tracker`, Name에 `Course Tracker Application`을 입력하고 [Next]를 클릭한다.

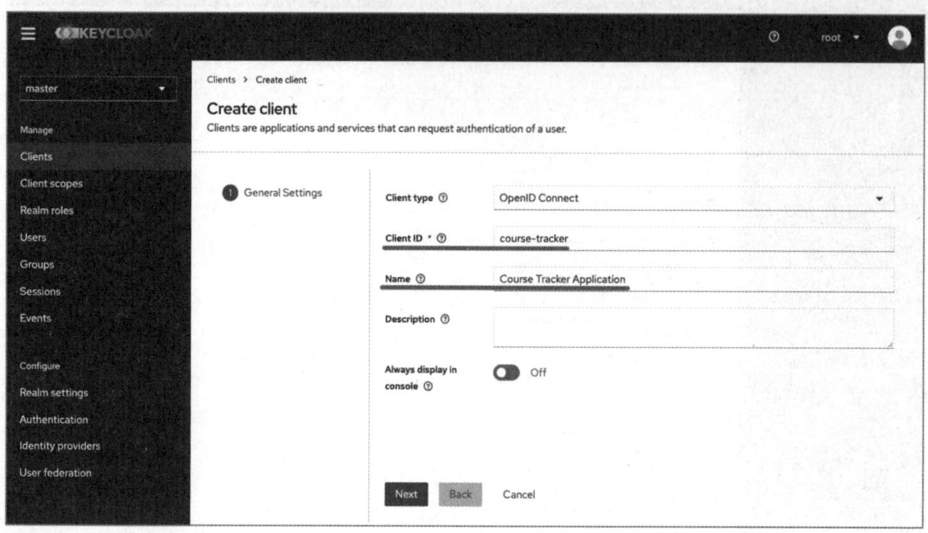

11. [Next]를 클릭한 후 나오는 화면에서는 별다른 변경 없이 [Save]를 클릭해서 course-tracker 클라이언트를 생성한다.

12. 클라이언트 스코프를 설정하기 위해 좌측 메뉴에서 [Client scopes]를 클릭한 후 오른쪽 화면에서 [Create client scope] 버튼을 클릭한다.

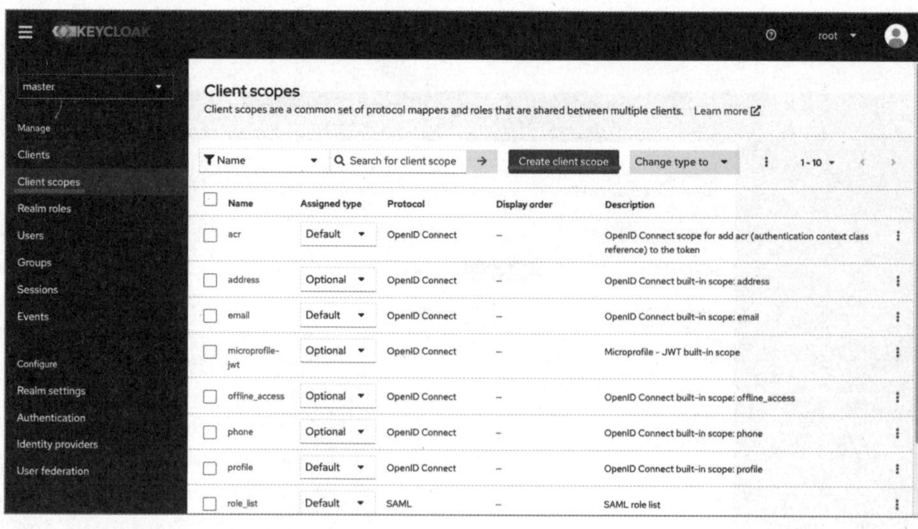

13. Name에 `course:read`를 입력하고 [Save] 버튼을 클릭한다. 동일한 방식으로 `course:write`도 생성한다.

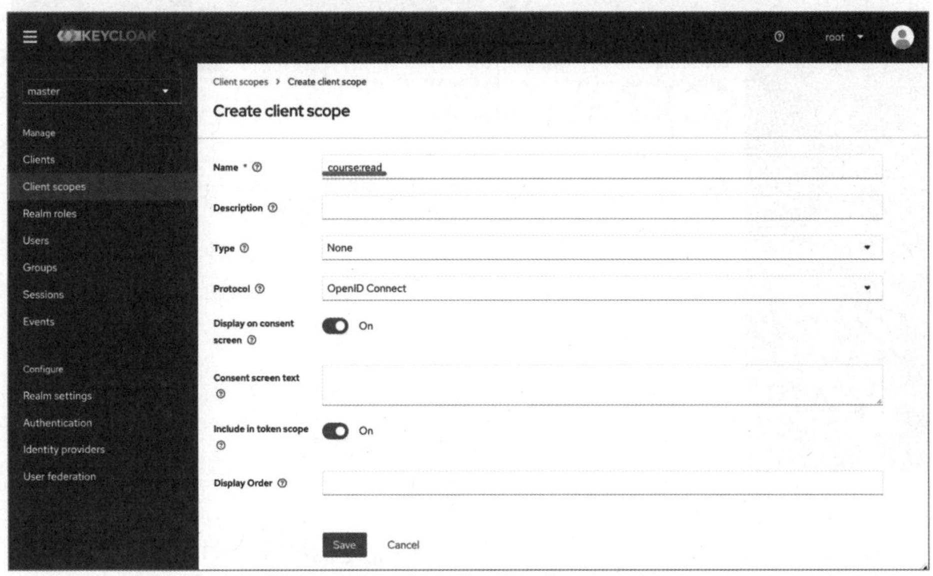

14. 생성한 Client Scope를 course-tracker 클라이언트에 할당하기 위해 왼쪽 메뉴에서 [Clients]를 클릭한 후 오른쪽에 Clients 목록이 표시되면 [coutse-tracker]를 클릭한다.

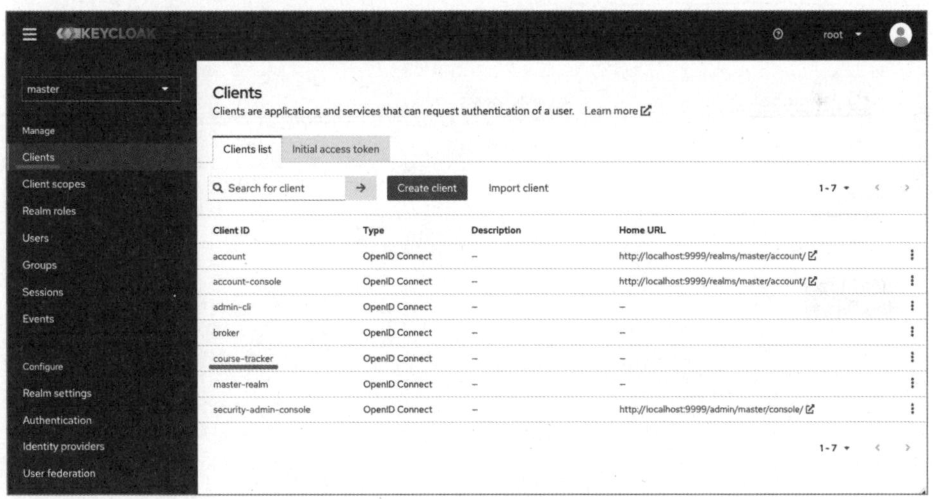

15. Client scopes 탭을 클릭하고 [Add client scope]를 클릭한다.

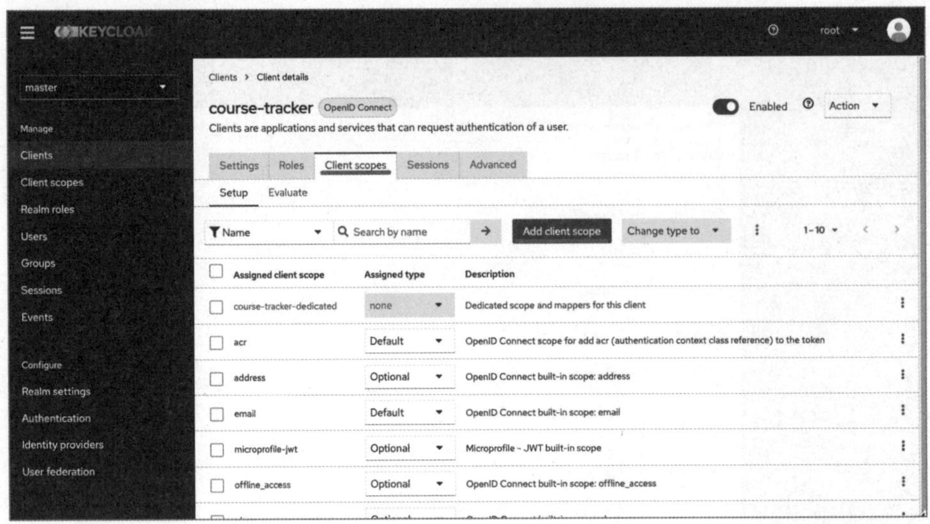

16. `course:read`와 `course:write`를 선택하고 [Ad]d 버튼을 클릭한 후 [Default]를 클릭한다.

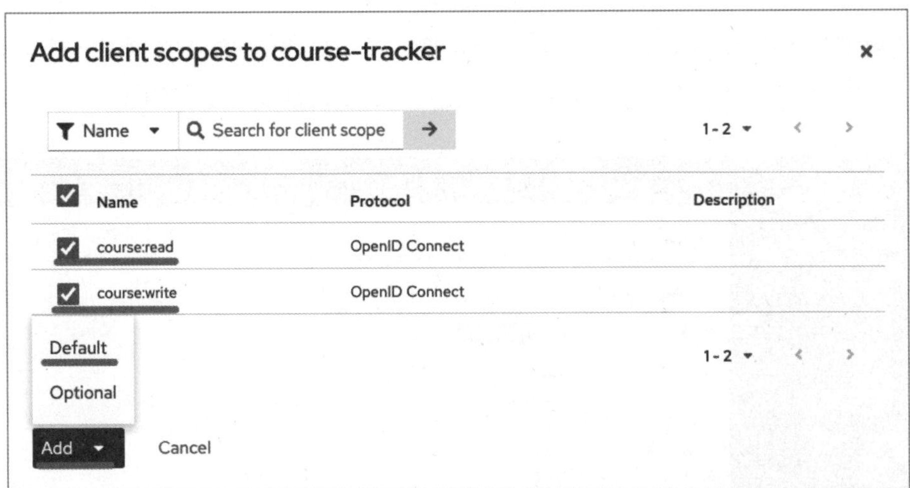

17. course-tracker 클라이언트의 Client scopes에 `course:read`, `course:write`가 Default 타입으로 추가된다.

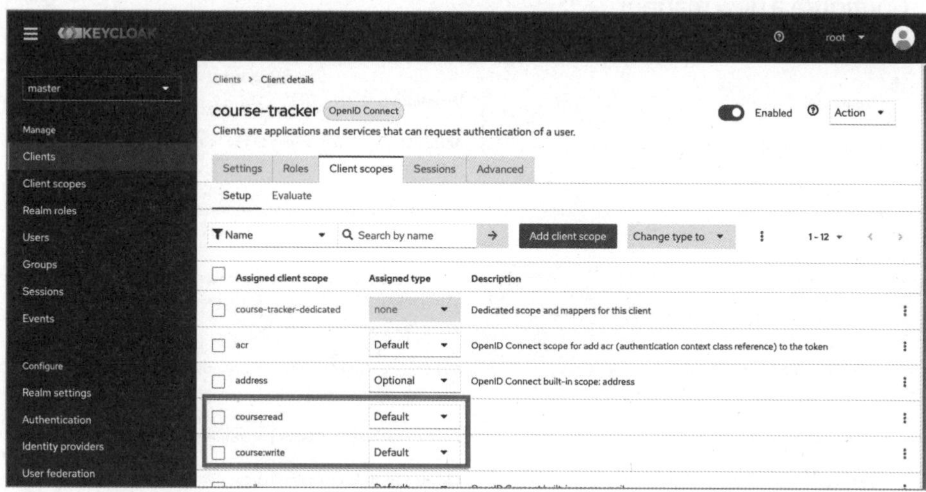

18. 왼쪽 메뉴에서 [Client scopes]를 클릭하고 오른쪽 화면에서 [`course:read`]를 클릭한 후에 Mappers 탭을 클릭해서 [Configure a new mapper]를 클릭한다.

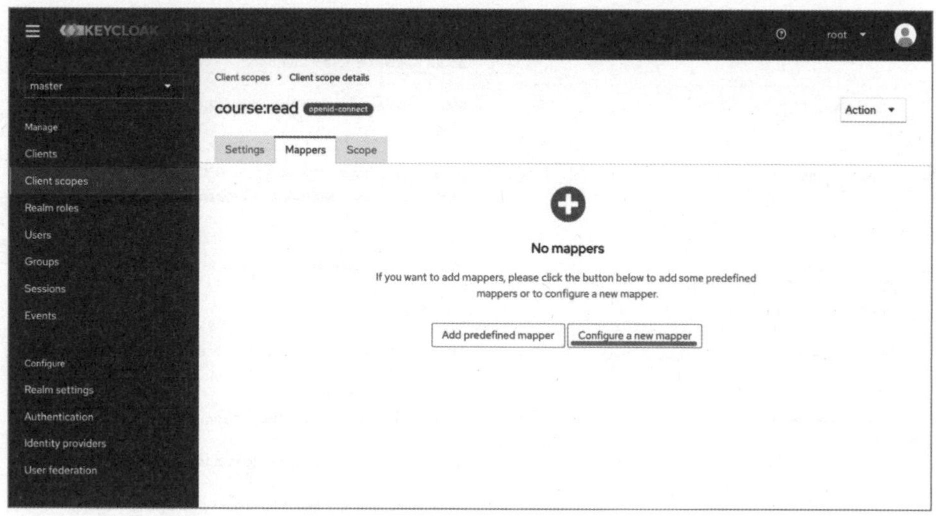

19. 팝업 창이 표시되면 [User Attribute]를 클릭한다.

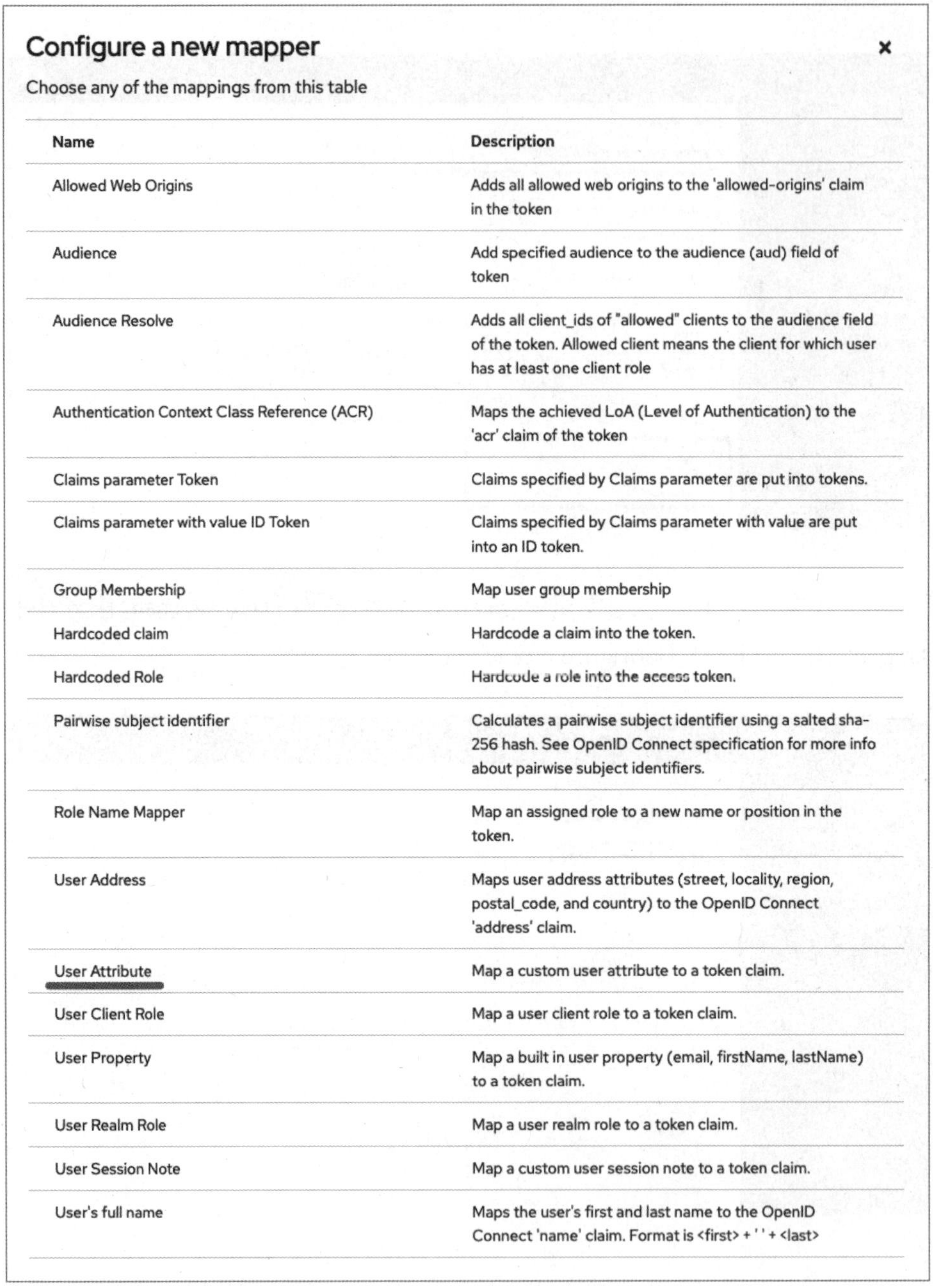

Configure a new mapper

Choose any of the mappings from this table

Name	Description
Allowed Web Origins	Adds all allowed web origins to the 'allowed-origins' claim in the token
Audience	Add specified audience to the audience (aud) field of token
Audience Resolve	Adds all client_ids of "allowed" clients to the audience field of the token. Allowed client means the client for which user has at least one client role
Authentication Context Class Reference (ACR)	Maps the achieved LoA (Level of Authentication) to the 'acr' claim of the token
Claims parameter Token	Claims specified by Claims parameter are put into tokens.
Claims parameter with value ID Token	Claims specified by Claims parameter with value are put into an ID token.
Group Membership	Map user group membership
Hardcoded claim	Hardcode a claim into the token.
Hardcoded Role	Hardcode a role into the access token.
Pairwise subject identifier	Calculates a pairwise subject identifier using a salted sha-256 hash. See OpenID Connect specification for more info about pairwise subject identifiers.
Role Name Mapper	Map an assigned role to a new name or position in the token.
User Address	Maps user address attributes (street, locality, region, postal_code, and country) to the OpenID Connect 'address' claim.
User Attribute	Map a custom user attribute to a token claim.
User Client Role	Map a user client role to a token claim.
User Property	Map a built in user property (email, firstName, lastName) to a token claim.
User Realm Role	Map a user realm role to a token claim.
User Session Note	Map a custom user session note to a token claim.
User's full name	Maps the user's first and last name to the OpenID Connect 'name' claim. Format is <first> + ' ' + <last>

20. Add mapper 화면에서 Name에 `user_name`을, User Attribute에 `username`을, Token Claim Name에 `user_name`을 입력하고 Claim JSON Type 값이 String인 것을 확인한 후 [Save]를 클릭해서 매핑을 생성한다.

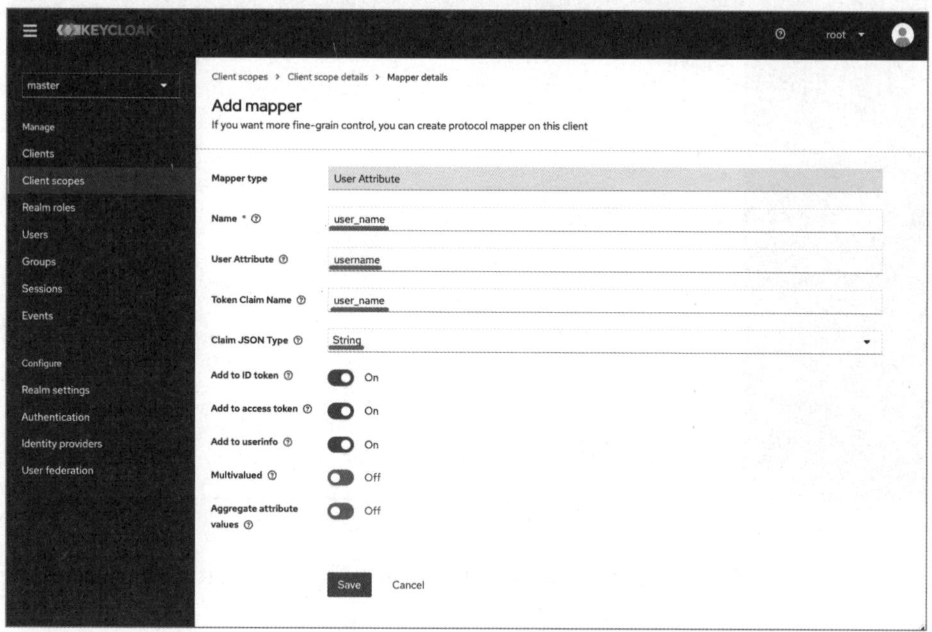

21. `course:write`에도 마찬가지 방식으로 `user_name` 매퍼를 추가한다.

22. 사용자를 추가하기 위해 좌측 메뉴에서 [Users]를 클릭한 후 오른쪽 화면에서 [Add user]를 클릭한다.

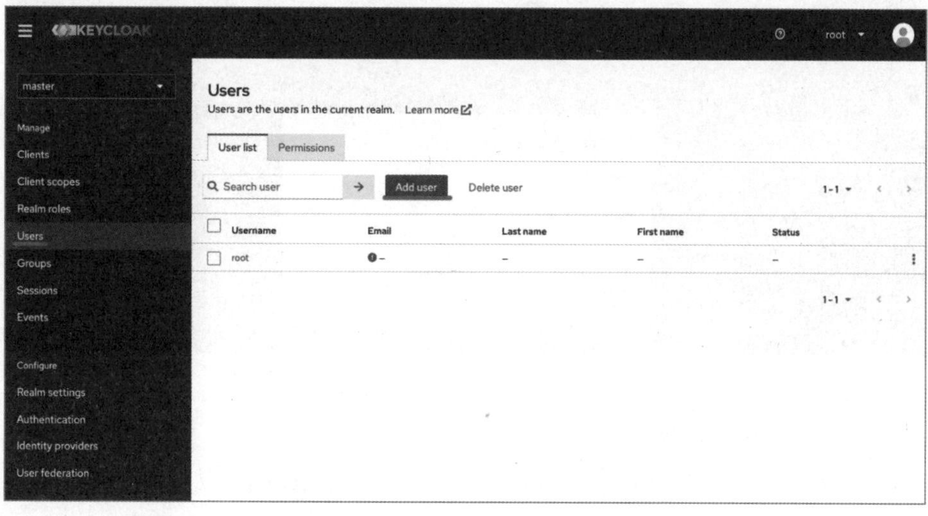

23. Username에 john을 입력하고 Email verified에 체크해서 On 상태로 만든 후 [Create]를 클릭하여 사용자를 생성한다. 동일한 방법으로 steve 사용자도 생성한다.

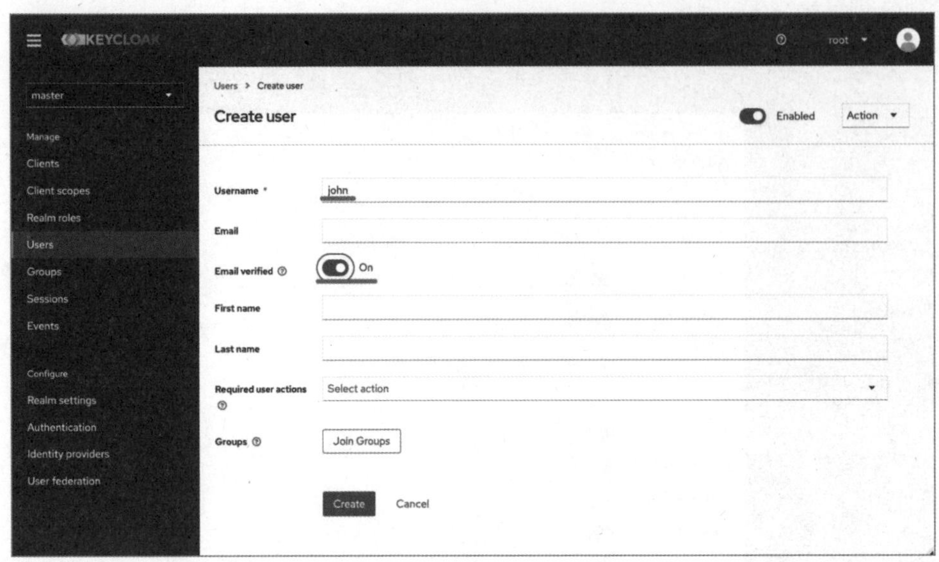

24. Credentials 탭을 클릭하고 [Set password] 버튼을 클릭해서 Password란에 password라고 입력하고, Temporary를 Off로 설정한 다음 [Save]를 클릭한다.

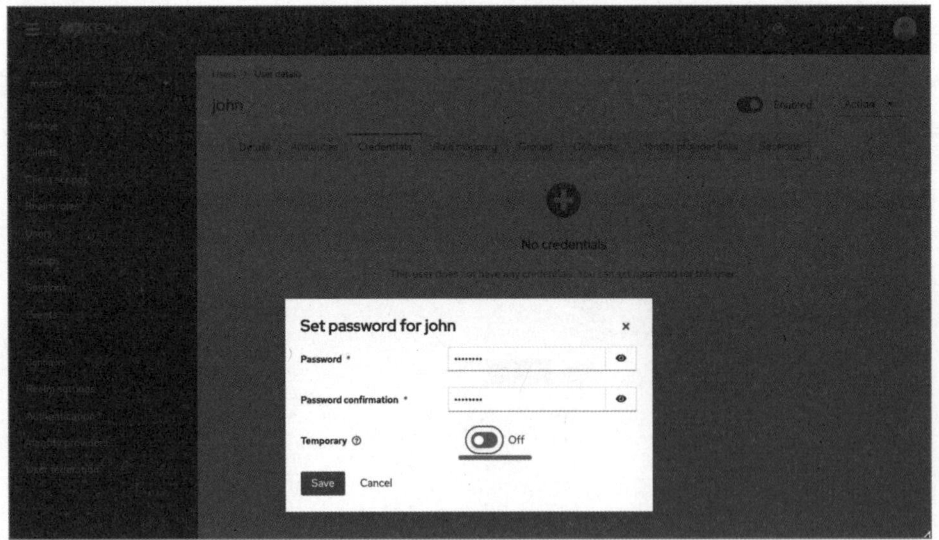

25. 같은 방식으로 사용자 steve도 생성한다.

26. 좌측 메뉴에서 [Realm settings]를 클릭한 후 Tokens 탭을 클릭해서 Access Token Lifespan

값을 30분으로 설정하고 화면 하단의 [Save]를 클릭한다.

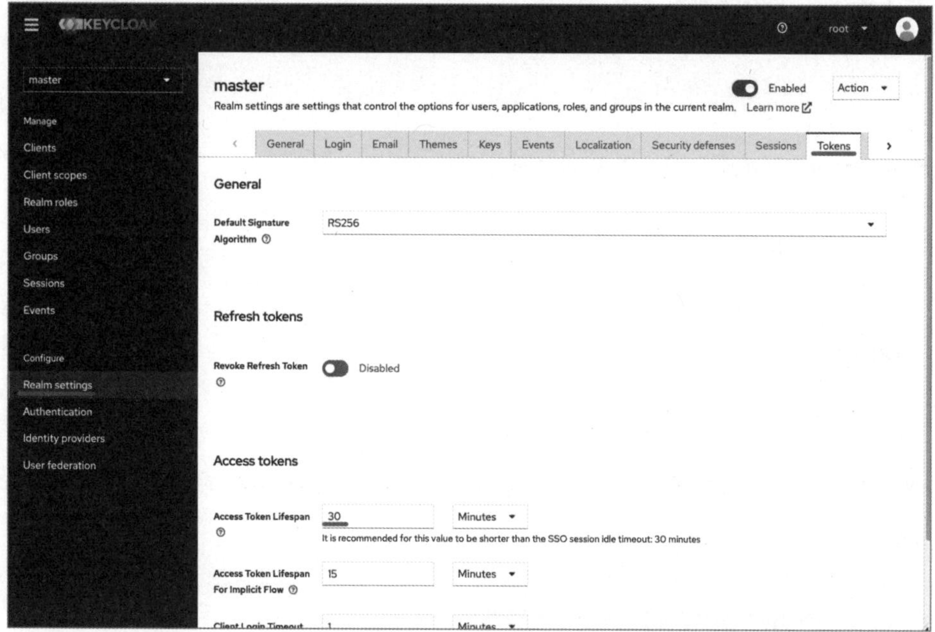

이제 JWT를 사용한 API 보안에 더 집중할 수 있도록 CourseTracker 애플리케이션을 단순화한다. 예제 7.31과 같이 Course 클래스에 과정 ID, `name`, `author` 필드만 남기고 나머지는 제거한다.

예제 7.31 단순화된 Course 엔티티 클래스

```
package com.manning.sbip.ch07.model;

// import 문 생략

@Entity
@Data
@NoArgsConstructor
@AllArgsConstructor
public class Course {

    @Id
    @GeneratedValue(strategy = GenerationType.IDENTITY)
    @Column(name = "ID")
    private Long id;

    @NotEmpty
    @Column(name = "NAME")
    private String name;
```

```
    @NotEmpty
    @Column(name = "AUTHOR")
    private String author;
}
```

CourseController 클래스도 다음과 같이 4개의 엔드포인트만 남겨둔다.

- 강사author별 과정 목록 조회
- 과정 ID로 과정 조회
- 새 과정 신설
- 기존 과정 변경

JSON 웹 토큰JSON Web Token, JWT을 사용하기 위해 pom.xml 파일에 예제 7.32와 같이 의존 관계를 추가한다.

예제 7.32 OAuth2와 JWT 사용에 필요한 의존 관계 추가

```
<dependency>
    <groupId>org.springframework.boot</groupId>
    <artifactId>spring-boot-starter-oauth2-resource-server</artifactId>
</dependency>
<dependency>
    <groupId>org.springframework.security</groupId>
    <artifactId>spring-security-oauth2-jose</artifactId>
</dependency>
```

`spring-boot-starter-oauth2-resource-server` 의존 관계를 추가하면 CourseTracker 애플리케이션에 OAuth2 리소스 서버 기능을 추가할 수 있다. 두 번째 의존 관계는 JWT(https://jwt.io/introduction) 처리에 필요하다. 예제 7.33과 같이 JWT 발급을 담당하는 키클록 서버의 URL을 application.properties 파일에 추가한다. 키클록 서버 URL 값은 앞서 설명한 키클록 설정 내용을 참고한다.

예제 7.33 JWT 발급 URL

```
spring.security.oauth2.resourceserver.jwt.issuer-uri=http://localhost:9999/realms/master
```

예제 7.34와 같이 `CourseController`를 변경한다.

예제 7.34 **변경된 CourseController 클래스**

```
package com.manning.sbip.ch07.controller;

// import 문 생략

@RestController
@RequestMapping("/courses/")
public class CourseController {

    private CourseRepository courseRepository;

    @Autowired
    public CourseController(CourseRepository courseRepository) {
        this.courseRepository = courseRepository;
    }

    @GetMapping
    public Iterable<Course> getAllCourses(@AuthenticationPrincipal Jwt jwt) {      ❶
        String author = jwt.getClaim("user_name");
        return courseRepository.findByAuthor(author);
    }

    @GetMapping("{id}")
    public Optional<Course> getCourseById(@PathVariable("id") long courseId) {
        return courseRepository.findById(courseId);
    }

    @PostMapping
    public Course createCourse(@RequestBody String name,
                               @AuthenticationPrincipal Jwt jwt) {
        Course course = new Course(null, name, jwt.getClaim("user_name"));
        return courseRepository.save(course);
    }
}
```

❶ `user_name`은 키클록 인가 서버에서 설정한 커스텀 클레임claim이며, JWT로부터 강사 이름을 획득하는 데 사용한다.

`@AuthenticationPrincipal` 애너테이션을 사용해서 JWT 토큰에 저장된 값에 접근할 수 있다. JWT 인스턴스에는 사용자 요청 관련 여러 가지 정보가 포함돼 있다. JWT에서 `user_name` 클레임에 저장된 강사 이름을 가져올 수 있다. 이제 예제 7.35와 같이 강사가 `john`인 과정과 강사가 `steve`인 과정을 각각 1개씩 새로 생성해보자.

예제 7.35 과정 생성

```
@Bean
CommandLineRunner createCourse(CourseRepository courseRepository) {
    return (args) -> {
        Course spring = new Course(null, "Spring", "john");
        Course python = new Course(null, "Python", "steve");
        courseRepository.save(spring);
        courseRepository.save(python);
    };
}
```

이제 애플리케이션을 시작하고 예제 7.36과 같이 과정 목록 조회 API를 호출해보자.

예제 7.36 JWT 토큰 없이 과정 목록 조회 API 호출

```
>http GET :8080/courses

HTTP/1.1 401
WWW-Authenticate: Bearer
// HTTP 응답 헤더 생략
```

HTTP 401 Unauthorized 응답이 반환된다. API가 응답 헤더에 `WWW-Authenticate: Bearer`도 함께 반환하면서 HTTP 요청에 베어러 토큰도 함께 보내야 한다는 것을 알려준다. 이는 스프링 시큐리티가 제공해주는 기능이다. 스프링 시큐리티는 `BearerTokenAuthenticationFilter`를 사용해서 요청을 분석하고 JWT 토큰 세부 내용을 담고 있는 `JwtAuthenticationToken`을 생성한다. 나중에 토론 절에서 요청 처리 과정을 더 자세히 다룰 것이며 지금은 일단 스프링 시큐리티의 `BearerTokenAuthenticationFilter`가 인증을 담당한다는 사실만 기억해두자. 이제 `john`에 대한 베어러 토큰을 획득해서 HTTP 요청에 포함시켜보자. 먼저 예제 7.37과 같이 키클록 인가 서버에 `john`에 대한 토큰을 요청한다.

예제 7.37 키클록 인가 서버에 JWT 요청

```
> http --form POST http://localhost:9999/realms/master/protocol/openid-connect/token grant_
type=password client_id=course-tracker scope=course:read username=john password=password
Content-Type:application/x-www-form-urlencoded

HTTP/1.1 200 OK
// HTTP 응답 헤더 생략

{
    "access_token": "eyJhbGciOiJSUzI1NiIsInR5cCIgOiAiSldUIiwia2lkIiA6ICJPT1ZjeVgtUVZpZjZSM
```

```
jNTYkpmNDFtTEtwUHZTMjZzWHppWXF2Q29jTmNvIn0.eyJleHAiOjE2NjkxMjY3NjMsImlhdCI6MTY2OTEyNDk2Myw
ianRpIjoiNWE4ZTVmY2MtMzhhMi00ZjAxLThmODgtZDAyMjQ5OTgxZmNhIiwiaXNzIjoiaHR0cDovL2xvY2FsaG9zd
Do5OTk5L3JlYWxtcy9tYXN0ZXIiLCJzdWIiOiJmZTU4Njc4ZS01ZTBkLTQ4M2MtYmRlYy1iYjJlOTBlMDdhZjciLCJ0
eXAiOiJCZWFyZXIiLCJhenAiOiJjb3Vyc2UtdHJhY2tlciIsInNlc3Npb25fc3RhdGUiOiI1N2ZjNWFhNi05MjA0LT
RlZTktYmQyNy03N2EyY2ExYjE1NTQiLCJhY3IiOiIxIiwic2NvcGUiOiJwcm9maWxlIGVtYWlsIGNvdXJzZTpyZWFk
IGNvdXJzZTp3cml0ZSIsInNpZCI6IjU3ZmM1YWE2LTkyMDQtNGVlOS1iZDI3LTc3YTJjYTFiMTU1NCIsImVtYWlsX3
ZlcmlmaWVkIjp0cnVlLCJ1c2VyX25hbWUiOiJqb2huIiwicHJlZmVycmVkX3VzZXJuYW1lIjoiam9obiIsImdpdmVu
X25hbWUiOiIiLCJmYW1pbHlfbmFtZSI6IiJ9.MWCP79QqslKHZCd_-XVXKx2TYEMF8qBthYYXe1rDjE5kMxkRE11KZ
vNF7Tjb8lvjRzLLclKm3QLtgG8PB8OOVE1O-Y6Ka_3EiWgZKEx-iAliKIPcVvlbkbMsJ23rJqF3A5T0bOuisHvY37up
yDllSGAk-SRrGLg0_Yace6jDBvWLwewlk32_3lmO3HJRR17x6zn91cTJIvTFmiDeSWjyE1GgyuXoTKLY1XXT4K3MY-
8F82pMFyGf1qFM8Xlqo0PmnNXEHodNUyC-3bALvNh-X8L-bGGr2L919z3bFE_1ioB6xh_PxUpBTpIcOR0i2fwci8ciJz
OdKFFaFKkrIh7GzA",
    "expires_in": 1800,
    "not-before-policy": 0,
    "refresh_expires_in": 1800,
    "refresh_token": "eyJhbGciOiJIUzI1NiIsInR5cCIgOiAiSldUIiwia2lkIiA6ICI5NmIwNzc2MS1jNGJlLT
RkYzgtODI0YS03YjJhNzk4NzIzZGQifQ.eyJleHAiOjE2NjkxMjY3NjMsImlhdCI6MTY2OTEyNDk2MywianRpIjoiODQ
1OWQ5NjUtZjIxNi00MTc0LWJmN2YtZTMxZDA5YmEyMjY0IiwiaXNzIjoiaHR0cDovL2xvY2FsaG9zdDo5OTk5L3JlYWx
tcy9tYXN0ZXIiLCJhdWQiOiJodHRwOi8vbG9jYWxob3N0Ojk5OTkvcmVhbG1zL21hc3RlciIsInN1YiI6ImZlNTg2Nzh
lLTVlMGQtNDgzYy1iZGVjLWJiMmU5MGUwN2FmNyIsInR5cCI6IlJlZnJlc2giLCJhenAiOiJjb3Vyc2UtdHJhY2tlciI
sInNlc3Npb25fc3RhdGUiOiI1N2ZjNWFhNi05MjA0LTRlZTktYmQyNy03N2EyY2ExYjE1NTQiLCJzY29wZSI6InByb2Z
pbGUgZW1haWwgY291cnNlOnJlYWQgY291cnNlOndyaXRlIiwic2lkIjoiNTdmYzVhYTYtOTIwNC00ZWU5LWJkMjctNzd
hMmNhMWIxNTU0In0.6i3xqqowd-cnarxtQiwkzt91Yu6AZVa8-BL1pAtdZ6w",
    "scope": "profile email course:read course:write",
    "session_state": "57fc5aa6-9204-4ee9-bd27-77a2ca1b1554",
    "token_type": "Bearer"
}
```


토큰 생성 요청에 사용된 파라미터는 다음과 같다.

- `Content-Type` - 키클록 서버가 파라미터를 `x-www-form-urlencoded` 타입으로 받는다.
- `grant-type` - 클라이언트 애플리케이션에게 접근 토큰access token을 부여하는 방법을 의미한다. `grant-type` 값을 `password`로 지정하면 클라이언트는 비밀번호를 키클록 서버에 전송해서 접근 토큰을 획득할 수 있다.[5]
- `client-id` - 키클록 서버에 클라이언트 애플리케이션을 등록할 때 사용한 클라이언트 식별자
- `scope` - 클라이언트가 요청하고 있는 스코프를 의미하며 공백으로 구분해서 여러 스코프를 지정할 수 있다. 예제에서는 `course:read`만 지정했다.
- `username/password` - 사용자 계정과 비밀번호를 의미한다.

---

5 옮긴이 OAuth 2.0의 여러 grant-type 중에서 pasword는 단순해서 책의 예제로 사용하고 있지만 실무적으로는 사용하지 않는 것이 좋다 (https://oauth.net/2/grant-types/password/). OAuth 2.0 grant-type 관련 정보는 https://oauth.net/2/grant-types/를 참고하자.

토큰 요청의 HTTP 응답에는 키클록 서버가 생성한 access_token과 token_type 등 여러 정보가 포함돼 있다. access_token 값을 CourseTracker의 API를 호출할 때 사용하면 된다. 앞서 키클록 서버 설정 시 실습의 편의를 위해 토큰 유효기간을 30분으로 설정했는데, 실무적으로는 유효기간을 더 짧게 설정하는 것이 좋다. 이제 access_token 값을 Auhorization 헤더에 넣어서 /courses/ API를 예제 7.38과 같이 호출해보자.

예제 7.38 JWT 토큰과 함께 GET /courses/ 엔드포인트 호출

```
>http :8080/courses/ 'Authorization: Bearer eyJhbGciOiJSUzI1NiIs..이하 생략'

HTTP/1.1 200
// HTTP 응답 헤더 생략

[
    {
        "author": "john",
        "id": 1,
        "name": "Spring"
    }
]
```

이번에는 HTTP 200 OK와 함께 강사가 john인 과정 목록이 정상적으로 표시된다.

접근 토큰을 적용해서 보안 조치를 추가했지만 지금까지 구현된 내용에는 여전히 결함이 있다. 접근 토큰만 있다면 누구의 접근 토큰인지를 확인하지 않고 있다. 그래서 예제 7.39처럼 john으로 발급받은 접근 토큰으로 steve가 강사인 과정 목록도 조회할 수 있다.

예제 7.39 john의 토큰으로 steve의 과정 목록 조회

```
>http :8080/courses/2 'Authorization: Bearer eyJhbGciOiJSUzI1NiIs..이하 생략'

HTTP/1.1 200
// HTTP 응답 헤더 생략

{
    "author": "steve",
    "id": 2,
    "name": "Python"
}
```

ID 2인 과정은 강사가 steve인 과정인데도 john의 접근 토큰을 통해서도 조회가 된다. 이런 접근 제어 이슈를 IDOR insecure direct object reference 문제(https://mng.bz/7WBe)라고 부른다.

john으로 발급받은 접근 토큰도 분명히 유효한 토큰이지만 GET /courses/{id} 엔드포인트에는 토큰의 유효성만 체크할 뿐 누구의 토큰인지를 구별하지 않기 때문에 발생하는 문제다. 스프링 시큐리티가 제공하는 메서드 수준 시큐리티를 적용해서 이 문제를 해결할 수 있다. 메서드 수준 시큐리티는 말 그대로 메서드에 대해 보안 조치를 적용하는 기능이다. 스프링 시큐리티가 제공하는 @PreAuthorize나 @PostAuthorize 애너테이션과 스프링 표현 언어 Spring expression language, SpEL를 사용해서 단순한 토큰 유효성 외에 추가적인 접근 제어를 적용할 수 있다.

@PostAuthorize를 사용해서 GET /courses/{id} 엔드포인트에서 발생하는 IDOR 문제를 해결해 보자. 엔드포인트 호출에 사용된 토큰에 들어 있는 user_name 클레임값과 조회된 과정의 강사 이름을 비교해서 두 값이 다르면 과정 정보를 반환하는 대신에 접근을 금지하면 된다.

메서드 수준 시큐리티를 사용하기 위해 예제 7.40과 같이 @EnableGlobalMethodSecurity(prePostEnabled = true) 애너테이션을 스프링 부트 메인 클래스에 추가한다.

예제 7.40 @EnableGlobalMethodSecurity 애너테이션 추가

```
package com.manning.sbip.ch07;

import org.springframework.security.config.annotation.method.configuration.
EnableGlobalMethodSecurity;

// import 문 생략

@SpringBootApplication
@EnableGlobalMethodSecurity(prePostEnabled = true)
public class CourseTrackerApiApplication {
    public static void main(String[] args) {
        SpringApplication.run(CourseTrackerApiApplication.class, args);
    }
}
```

이제 접근 제어를 적용할 메서드에 예제 7.41과 같이 @PostAuthorize 애너테이션과 SpEL을 지정한다.

예제 7.41 @PostAuthorize 애너테이션으로 접근 제어 구현

```
@GetMapping("{id}")
@PostAuthorize("@getAuthor.apply(returnObject, principal.claims['user_name'])")
```

```
public Optional<Course> getCourseById(@PathVariable("id") long courseId) {
    return courseRepository.findById(courseId);
}
```

토큰에 포함되어 있는 user_name 클레임값과 getCourseById() 메서드가 반환하는 Course 객체에 포함돼 있는 author 값을 비교해서 불리언값을 반환하는 SpEL 표현식인 ("@getAuthor.apply(returnObject, principal.claims['user_name'])을 @PostAuthorize 애너테이션에 지정했다. returnObject는 메서드가 반환하는 객체인 Optional<Course> 인스턴스를 의미하고, principal.claims['user_name']은 토큰에 포함된 user_name 클레임값을 의미한다. @getAuthor는 예제 7.42와 같이 BiFunction<Optional<Course>, String, Boolean>을 반환하는 getAuthor 빈을 나타내며, returnObject와 principal.claims['user_name']을 인자로 넘기면서 BiFunction의 apply 메서드를 호출해서 비교 로직이 실행된다.

예제 7.42 인자로 받은 두 값을 비교해서 불리언을 반환하는 BiFunction 빈

```
@Bean
BiFunction<Optional<Course>, String, Boolean> getAuthor() {
    return (course, userId) -> course.filter(c -> c.getAuthor().equals(userId)).isPresent();
}
```

이제 예제 7.43과 같이 ID 2인 과정을 john으로 발급받은 토큰으로 조회해보자.

예제 7.43 john의 토큰으로 steve의 과정 조회

```
>http GET :8080/courses/2 'Authorization: Bearer eyJhbGciOiJSUzI1NiIs..이하 생략'

HTTP/1.1 403
// HTTP 응답 헤더 생략
```

이번에는 HTTP 403 Forbidden이 반환된다. 403은 인증에는 성공했지만 인가되지 않은 접근임을 의미한다.

접근 제어를 적용할 수 있는 또 한 가지 방법은 스코프scope를 활용하는 것이다. 예를 들어 course:read 스코프를 사용하면 해당 스코프를 포함하고 있는 토큰만 엔드포인트에 접근할 수 있게 된다.

스코프는 사용자가 클라이언트 애플리케이션에게 발급을 허용한 토큰 안에 포함돼 있는 접근

수준을 의미한다. 예를 들어 서드파티 클라이언트 애플리케이션에게 특정 강사가 개설한 모든 과정을 조회는 할 수 있게 해주지만, 저장은 할 수 없게 하고 싶을 때 스코프를 사용하면 된다. course:write 스코프가 포함돼 있지 않은 토큰으로 course:write 스코프를 필요로 하는 과정 저장 엔드포인트를 호출하면 HTTP 403 Forbidden 에러가 발생한다. @PreAuthorize 애너테이션을 사용해서 예제 7.44와 같이 스코프를 정의해보자.

예제 7.44 **스코프 기반 접근 제어**

```
@GetMapping("{id}")
@PreAuthorize("hasAuthority('SCOPE_course:read')")
@PostAuthorize("@getAuthor.apply(returnObject, principal.claims['user_name'])")
public Optional<Course> getCourseById(@PathVariable("id") long courseId) {
    return courseRepository.findById(courseId);
}
```

스프링 시큐리티는 스코프 앞에 접두어 SCOPE_를 자동으로 붙인다. 그래서 course:read 스코프가 포함된 토큰을 통한 접근을 허용하려면 SCOPE_course:read라고 지정해줘야 한다. 키클록으로부터 스코프를 포함하는 토큰을 발급받아서 여러 방식으로 접근 제어 테스트를 수행해보는 것은 과제로 남긴다.

토론

이번 기법에서는 인가 서버와 JWT를 사용해서 REST 엔드포인트에 대한 접근 제어를 통해 보안성을 높이는 방법을 살펴봤다. OAuth2와 인가 서버를 상세히 다루는 것은 이 책의 범위를 넘어서며 더 자세한 내용은 각 주제를 전문적으로 다루는 책을 참고할 것을 권장한다. OAuth2는 《OAuth2 in Action》(Manning, 2017), OpenID 커넥트는 《OpenID Connect in Action》(Manning, 2020), 스프링 시큐리티는 《스프링 시큐리티 인 액션》(위키북스, 2022)을 추천한다.

5장에서 스프링 부트 애플리케이션의 보안성을 높이기 위해 스프링 시큐리티를 적용하는 방법을 살펴봤다. 스프링 시큐리티는 FilterChain과 여러 필터를 사용해서 보안성을 높이는데, 베어러 토큰 기반 인증 처리를 위해 BearerTokenAuthenticationFilter를 제공한다. 그림 7.6에는 JWT가 어떤 절차를 거쳐서 처리되어 최종적으로 JwtAuthenticationToken이 생성되는지 보여준다.

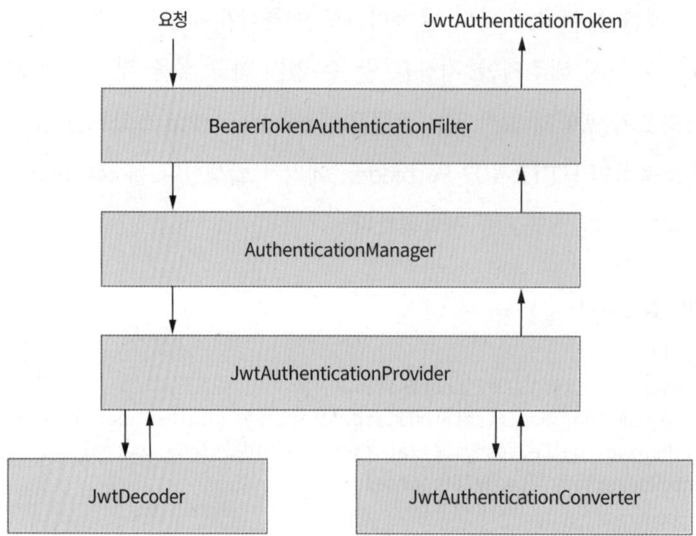

그림 7.6 **JWT가 처리되고 JwtAuthenticationToken이 생성되는 과정**

`BearerTokenAuthenticationFilter`는 JWT 인증 처리를 `AuthenticationManager`에게 위임한다. `AuthenticationManager`는 `JwtAuthenticationProvider`를 사용해서 실제 인증 작업을 수행하고, `JwtDecoder`를 사용해서 JWT를 디코딩한 후 `JwtAuthenticationToken`을 생성한다.

요약

7장의 주요 내용을 정리하면 다음과 같다.

- 스프링 부트 애플리케이션으로 RESTful API를 만들고 몇 가지 모범 사례를 살펴봤다.
- 예외 처리와 적절한 HTTP 응답 코드를 제공하는 방법을 알아봤다.
- OpenAPI를 사용해서 REST API를 문서화하는 방법을 살펴봤다.
- URI 버저닝, 요청 파라미터 버저닝, 커스텀 헤더 버저닝, Accept 헤더 버저닝 등 REST API 버저닝의 다양한 방법을 알아봤다.
- REST API 보안성을 높이기 위해 베어러 토큰 기반 인증과 인가를 구현해봤다.

PART III

3부는 총 1장으로 구성돼 있으며 스프링 부트를 사용하는 리액티브 애플리케이션을 개발에 대한 이야기를 나눈다.

8장에서는 리액티브 프로그래밍을 개략적으로 살펴보고 스프링 웹플럭스를 사용해서 리액티브 애플리케이션을 만드는 방법을 다룬다. 애너테이션을 붙인 컨트롤러와 함수형 엔드포인트를 사용해서 리액티브 API를 개발하고, 리액티브 애플리케이션을 테스트하는 방법을 알아본다. 또 스프링 부트 애플리케이션에서 웹소켓과 R소켓을 사용하는 방법도 배워본다.

CHAPTER 8

리액티브 스프링 부트 애플리케이션 개발

8장에서 다루는 내용

- 리액티브 프로그래밍과 스프링 웹플럭스 소개
- 애너테이션을 붙인 컨트롤러와 함수형 엔드포인트를 사용한 리액티브 RESTful API 개발
- 웹클라이언트를 사용한 리액티브 RESTful API 접근
- R소켓을 사용하는 스프링 부트 애플리케이션 개발
- 웹소켓과 스프링 부트를 사용해서 애플리케이션을 개발하는 방법

7장에서 스프링 부트를 사용해서 RESTful API를 설계하고 구현하는 방법을 살펴봤다. 스프링 프레임워크는 리액티브 애플리케이션을 만들 수 있는 웹플럭스WebFlux 기술 스택을 제공한다. 프로젝트 리액터에 기반한 웹플럭스를 사용하면 논블로킹non-blocking, 백프레셔backpressure[1] 같은 제어 수단을 활용해서 리액티브 애플리케이션을 설계하고, 선언적인 방법으로 코드를 작성할 수 있다. 스프링이 제공하는 웹클라이언트WebClient를 사용하면 평문형fluent API를 사용해서 API를 호출할 수 있다.

8장에서는 양방향 커뮤니케이션을 제공하는 R소켓RSocket과 웹소켓WebSock 프로토콜에 대해서도 알아보고, 스프링 부트 애플리케이션에서 이 두 프로토콜을 어떻게 사용하는지 구체적으로 알아본다. 이제 시작해보자.

1 옮긴이 다른 공학 분야에서 역압 또는 배압이라고 번역되기도 한다.

8.1 리액티브 프로그래밍 소개

리액티브 프로그래밍reactive programming은 **비동기 데이터 스트림**asynchronous data stream을 사용하는 프로그래밍 패러다임이다. 먼저 **비동기**asynchronous와 **데이터 스트림**data stream에 대해 알아보자.

리액티브 프로그래밍에서 말하는 **데이터 스트림**은 데이터가 일정 시간 간격 안에서 한 데이터 포인트씩 차례로 방출되는 데이터 스트림을 의미한다. 데이터 스트림은 사용자 입력, 프로퍼티, 캐시, 데이터베이스 등 기타 여러 소스로부터 생성할 수 있다.

전통적인 데이터 프로세싱과 스트림 데이터 프로세싱을 그림 8.1과 같이 비교해서 살펴보자.

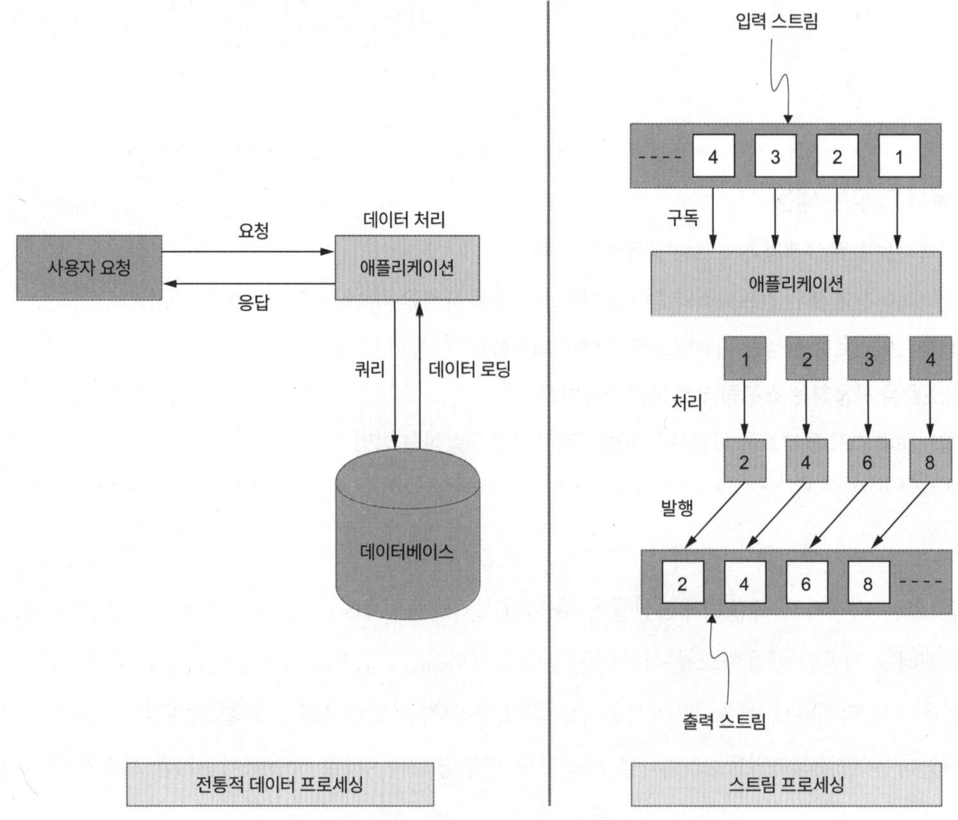

그림 8.1 전통적 데이터 프로세싱 vs. 스트림 데이터 프로세싱

그림 8.1의 왼쪽에는 사용자 요청이 애플리케이션에 도달하고, 요청받은 데이터를 애플리케이션이 데이터베이스에서 조회하고, 애플리케이션이 필요한 처리를 한 후 사용자에게 반환되는 전통적 데이터 프로세싱 과정이 그림으로 표현돼 있다.

오른쪽에는 스트림 프로세싱이 나와 있다. 스트림 프로세싱에서는 애플리케이션이 데이터 스트림을 구독하고 데이터가 발생하여 획득할 수 있게 되면 구독자가 데이터를 받는다. 애플리케이션은 데이터를 처리하고 결과 데이터를 다른 스트림으로 발행한다. 그림 8.1에서는 애플리케이션이 숫자로 된 데이터 스트림을 구독하고, 받은 데이터를 2배로 변환해서 새로운 스트림으로 발행하는 과정이 나와 있다.

이제 **비동기 처리**asynchronous processing 개념을 알아보자. **비동기**라는 용어는 요청에 대한 응답이 올 때까지 스레드가 기다리지 않고, 응답이 준비됐을 때 스레드가 받아서 처리하는 방식을 의미한다. 동기 방식synchronous 처리와 비동기 방식 처리를 비교[2]하면 그림 8.2와 같다.

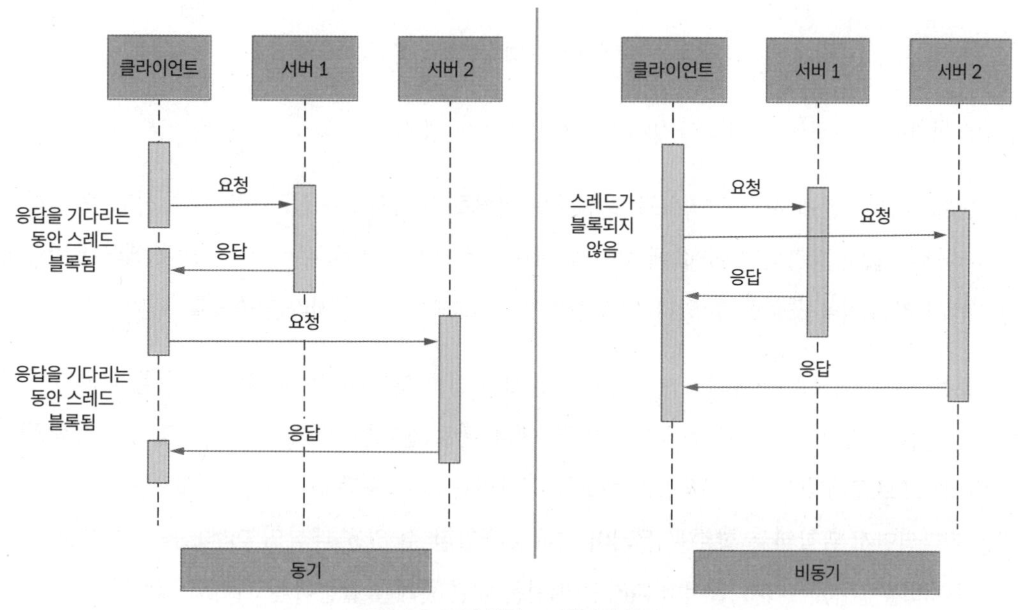

그림 8.2 **동기 처리 vs. 비동기 처리**

동기 방식에서는 호출하는 스레드가 서버로부터 응답을 기다리는 동안 다른 작업을 처리하지 못한다. 비동기 방식에서는 호출하는 스레드가 서버로부터 응답을 기다리지 않고 호출 직후부터 다른 작업을 처리할 수 있으며, 서버는 반환할 데이터가 준비되면 응답을 보낸다.

현실 세계에서 비동기 데이터 스트림의 사례를 생각해보자. 마우스 클릭 이벤트가 전형적인 비동

2 옮긴이 비동기-동기-블로킹-논블로킹은 https://homoefficio.github.io/2017/02/19/Blocking-NonBlocking-Synchronous-Asynchronous/에 잘 설명돼 있다.

기 데이터 스트림이다. 애플리케이션 사용자는 버튼을 클릭해서 이벤트를 생성할 수 있고, 애플리케이션에서 특정 행위를 함으로써 이벤트를 관찰하고 반응할 수 있다. 이러한 이벤트를 비동기 이벤트라고 생각할 수 있다. 그림 8.3과 함께 더 자세히 살펴보자

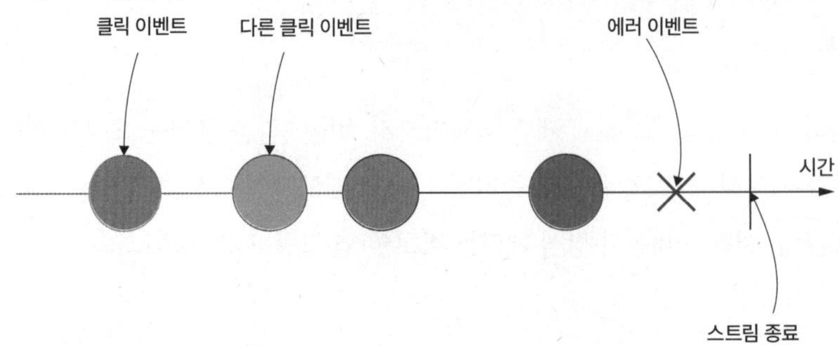

그림 8.3 마우스 클릭 이벤트 비동기 데이터 스트림

4개의 이벤트가 발생한 후 에러가 발생하면서 스트림이 종결된다.

스트림stream은 시간에 따라 연속으로 발생하는 이벤트다. 이벤트는 값, 에러, 완료 신호 중의 하나를 나타낸다. **값**이 방출되면 이 값에 함수를 적용해서 특정 처리를 수행할 수 있다. **에러**가 방출되면 에러 처리 로직을 호출할 수 있다. **완료 신호**가 방출되면 스트림 처리를 종료할 수 있다.

이벤트는 비동기적으로 방출되며 이벤트에 반응해서 이벤트를 처리할 수 있는 함수를 등록해서 이벤트 발생을 기다린다. 이벤트가 발생하면 값, 에러, 완료 신호를 처리할 수 있는 함수가 실행된다. 리액티브 프로그래밍에서는 이처럼 이벤트를 기다리는 것을 **구독**subscribing이라고 한다. 이벤트 발생을 기다리면서 관찰하는 함수는 **옵서버**observer, 관찰할 수 있는 대상인 이벤트를 방출하는 스트림은 **옵서버블**observable이며, 옵서버 디자인 패턴은 이런 관계를 활용하는 디자인 패턴이다.

NOTE 스프링 웹플럭스와 리액티브 프로그래밍은 일반적으로 굉장히 광범위한 주제이며 이를 상세히 다루는 것은 책의 범위를 벗어난다. 8장에서는 리액티브 프로그래밍을 개략적으로 소개하고 스프링 부트를 사용해서 리액티브 애플리케이션을 만드는 구체적인 방법에 집중한다. 8.1절에서는 리액티브 프로그래밍의 주요 개념을 간단하게 설명하고 프로젝트 리액터를 기준으로 리액티브 스트림에 대해 알아본다. 그다음에 프로젝트 리액터를 사용하는 스프링 웹플럭스를 살펴본다.

자세한 내용은 다음을 참고한다.

- 리액티브 스트림: https://mng.bz/qYOA
- 프로젝트 리액터: https://mng.bz/7ydm
- 스프링 웹플럭스: https://mng.bz/mOaP

8.1.1 백프레셔

리액티브 프로그래밍에서 매우 중요한 개념인 백프레셔에 대해 알아보기에 앞서 프로듀서producer와 컨슈머consumer 사이의 **푸시**push와 **풀**pull 개념을 먼저 살펴보자. 그림 8.4에 나와 있는 것처럼 컨슈머는 프로듀서가 만들어내는 이벤트를 구독하고 프로듀서는 컨슈머에게 이벤트를 푸시한다.

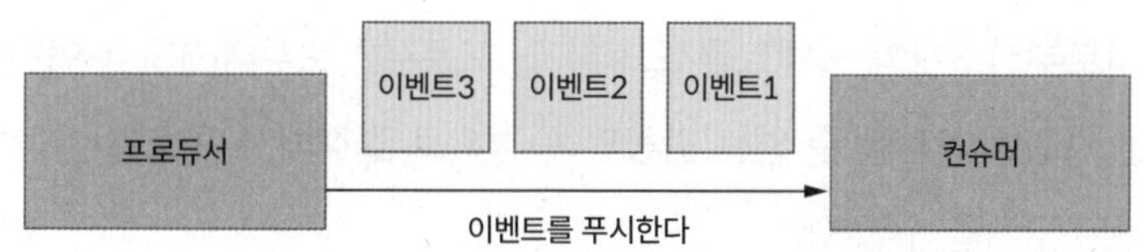

그림 8.4 프로듀서가 컨슈머에게 이벤트를 푸시한다.

컨슈머의 소비율과 프로듀서의 생산율이 같으면 위 구조는 아무런 문제 없이 잘 동작한다. 하지만 프로듀서의 생산율을 컨슈머의 소비율이 따라가지 못하면 어떻게 될까?

그림 8.5 컨슈머 소비율이 프로듀서 생산율을 따라가지 못하는 상황

느린 컨슈머는 소비율을 초과해서 들어오는 이벤트를 **유한**bounded 또는 **무한 버퍼**unbounded buffer에 임시로 담아둬야 한다. 유한 버퍼를 사용한다면 버퍼의 한도를 초과하는 이벤트는 버려진다. 이 경우 프로듀서는 버려진 이벤트를 재전송해야 한다. 이벤트 재전송에는 추가적인 CPU, 네트워크 오버헤드가 발생하고 재전송을 위한 복잡한 로직도 필요하다. 무한 버퍼를 사용하면 애플리케이션 메모리가 빠르게 고갈될 수 있으며 결과적으로 애플리케이션은 사용할 수 없는 상태가 된다.

이 문제를 해결하기 위해 푸시 대신 **풀 방식**을 선택한다. 풀 방식에서는 그림 8.6처럼 컨슈머가 자신의 소비율에 맞게 프로듀서에게 데이터를 요청한다. 이렇게 하면 컨슈머가 자신의 상황에 맞게 동적으로 적절한 양의 데이터를 프로듀서로부터 가져올 수 있는데, 이를 **백프레셔**backpressure라고 부른다.

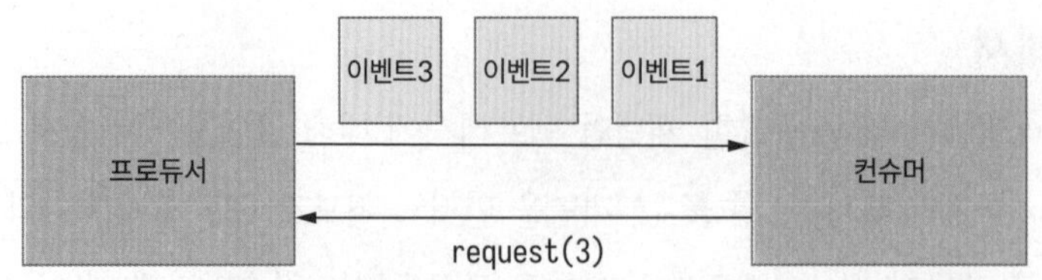

그림 8.6 컨슈머가 풀 방식으로 프로듀서로부터 이벤트를 가져온다.

컨슈머가 프로듀서로부터 3개의 이벤트를 요청하고, 프로듀서로부터 3개의 이벤트를 받는다. 이 과정에서 컨슈머는 자신이 처리할 수 있는 만큼만 동적으로 결정해서 프로듀서에게 그만큼의 데이터만 프로듀서로부터 당겨올 수 있다.

8.1.2 리액티브 프로그래밍의 장점

여러 그림과 함께 리액티브 프로그래밍의 주요 개념을 살펴봤으므로 이제 리액티브 프로그래밍의 장점을 알아보자.

- **논블로킹** - 전통적인 프로그래밍 모델에서 개발자가 작성하는 코드는 대부분 블로킹 코드다. 외부 API나 데이터베이스를 호출하는 스레드는 외부 API나 데이터베이스로부터 데이터가 반환될 때까지 다른 일을 할 수 없도록 블로킹된 채로 기다린다. 블로킹 코드도 물론 잘 동작하지만 확장성이나 성능 관련 이슈가 발생할 수 있고, 다른 일을 하지 못하고 기다리므로 시스템 자원 낭비를 초래한다. 리액티브 프로그맹 모델은 논블로킹 방식으로 동작하므로 블로킹 코드가 유발할 수 있는 병목 현상을 제거할 수 있다.
- **JVM에서 동작하는 더 나은 비동기 프로그래밍 모델** - 자바에서는 **콜백**callback과 **퓨처**future 두 가지 방식으로 비동기 프로그래밍에 접근한다. 콜백 방식에서는 결과를 받으면 실행되는 콜백 파라미터를 비동기 메서드에 추가로 전달한다. 퓨처 방식에서는 비동기 메서드는 호출되는 즉시 Futuer<T>를 반환한다. 비동기 메서드가 결과를 받은 이후에만 반환된 퓨처를 통해 결괏값을 받아 사용할 수 있다. 두 가지 방식 모두 단점이 있다. 비동기 호출이 여러 번 연쇄적으로 필요한 상황에서는 콜백이 계속 중첩되면서 관리하기가 어려워지는데 이를 **콜백 헬**callback hell이라고 부른다. 퓨처는 콜백보다는 상황이 조금 낫긴 하지만 비동기 연산의 조합 관점에서 불편하기는 마찬가지다. 리액티브 프로그래밍 모델은 여러 비동기 연산을 좀 더 매끄럽게 조합할 수 있다.
- **추가 기능** - 리액티브 프로그래밍에서 추가적으로 제공하는 장점은 다음과 같다.
  - 코드를 선언적으로 작성할 수 있다. 어떻게 수행하는지보다 무엇을 수행하는지를 기술하게 되고 이는 코드 조합성과 가독성을 높인다.

- 데이터 스트림에 적용할 수 있는 매우 풍부한 연산 방법이 제공된다.
- 데이터 스트림을 구독할 때만 처리와 연산이 실행된다.
- 백프레셔 개념을 통해 필요한 만큼의 데이터만 요청하고 받아서 처리할 수 있다.

다음 절에서 실제 리액티브 프로그래밍을 실습해보면 장점을 실감할 수 있을 것이다.

8.2 프로젝트 리액터

리액터Reactor는 JVM에서 사용되는 완전한 논블로킹 리액티브 프로그래밍 모델이다. 리액터는 스트림 지향 라이브러리 표준이자 명세인 리액티브 스트림(https://www.reactive-streams.org/)에 바탕을 두고 있다. 리액터를 사용하면 시퀀스에 있는 무한한 수의 요소를 처리할 수 있고, 논블로킹 백프레셔를 사용해서 연산자 사이에 요소를 비동기적으로 전달할 수 있다. 리액티브 스트림 API는 상대적으로 단순하며 예제 8.1에 나온 것처럼 4개의 주요 인터페이스를 제공한다.

예제 8.1 리액티브 스트림 API

```
public interface Publisher<T> {
    public void subscribe(Subscriber<? super T> s);
}

public interface Subscriber<T> {
    public void onSubscribe(Subscription s);
    public void onNext(T t);
    public void onError(Throwable t);
    public void onComplete();
}

public interface Subscription {
    public void request(long n);
    public void cancel();
}

public interface Processor<T, R> extends Subscriber<T>, Publisher<R> {
}
```

4개의 주요 인터페이스를 개략적으로 살펴보자.

- **발행자**publisher - 잠재적으로 무한한 수의 요소를 만들어낼 수 있고 구독자가 요청하는 만큼만 발행한다. `Publisher` 인터페이스의 `subscribe()` 메서드를 통해 구독자가 발행자를 구독할 수

있다.

- **구독자**subscriber - 언제, 얼마만큼의 요소를 처리할 수 있을지 결정하고 구독한다. 구독자는 onSubscribe() 메서드의 파라미터로 구독을 전달받아서 구독에 데이터를 요청하고, 반환 받은 데이터를 onNext() 메서드를 사용해서 처리한다. 에러 발생 시 onError() 메서드로 에러를 처리하고, onComplete() 메서드를 사용해서 처리를 완료한다.
- **구독**subscription - 구독자와 발행자의 관계를 나타낸다. 구독자는 언제 데이터가 필요하고 언제 데이터가 필요하지 않은지 결정한다. request() 메서드를 통해 데이터를 요청하고 cancel() 메서드를 통해 구독을 취소할 수 있다.
- **프로세서**processor - 프로세서는 처리 단계를 나타내며 발행자 인터페이스와 구독자 인터페이스를 상속받는다.

그림 8.7에 구독자, 발행자, 구독 사이의 협업 과정이 나와 있다.

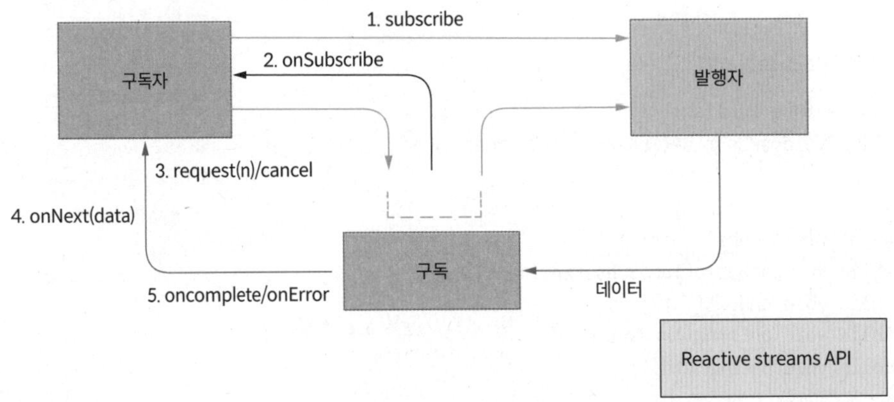

그림 8.7 리액티브 스트림 API의 Subscriber 인터페이스, Publisher 인터페이스, Subscription 인터페이스 사이의 커뮤니케이션

1. 구독자는 Publisher 인터페이스의 subscribe() 메서드를 호출하면서 자신이 구독한다는 사실을 발행자에게 알린다.
2. 발행자는 Subscription을 생성하고 Subscriber 인터페이스의 onSubscribe() 메서드를 호출해서 구독자에게 전달한다.
3. 구독자는 Subscription 인터페이스의 request() 또는 cancel() 메서드를 호출해서 발행자에게 데이터를 요청하거나 구독을 취소한다.
4. 발행자는 Subscriber 인터페이스의 onNext(), onComplete(), onError() 메서드를 호출해서

데이터나 에러 또는 완료 신호를 구독자에게 보낸다

리액터 라이브러리의 핵심 컴포넌트인 reactor core 모듈은 자바 8을 사용하며 리액티브 스트림 명세를 구현한다. 리액터는 리액티브 스트림의 Publisher 인터페이스 구현체인 플럭스Flux와 모노Mono라는 조합성 있는 리액티브 타입을 제공한다.

Flux는 0에서 N개까지의 아이템으로 구성된 비동기 시퀀스를 나타내며, 에러나 완료 신호를 통해 종결된다. Mono는 onNext 시그널을 통해 최대 1개의 아이템을 방출(성공 Mono)하거나, onError 시그널을 통해 1개의 에러를 방출(실패 Mono)하고, onComplete 시그널을 통해 스트림을 종결하는 특수한 발행자다. 그림 8.8에 Flux가 어떻게 아이템을 생산하는지 나와 있다.

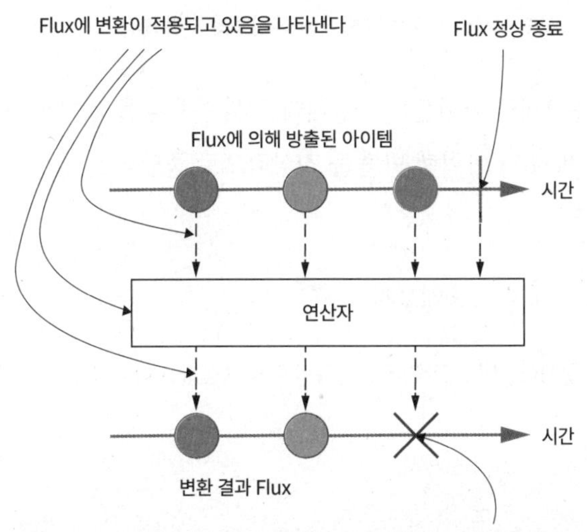

그림 8.8 Flux를 통해 방출된 아이템의 처리 과정

Flux에 의해 방출된 아이템은 사용자가 정의한 변환을 거치게 된다. 변환이 완료되면 새로운 Flux로 전환된다. Flux가 아이템 방출을 정상적으로 중단하는 정상 종료는 세로줄로 표시하고, 에러는 X로 표시한다.

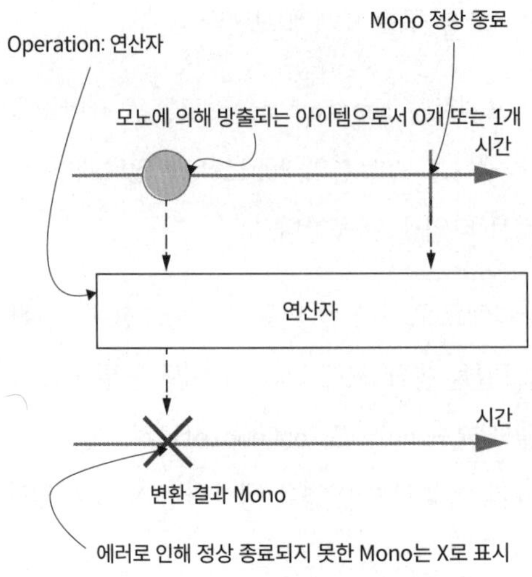

그림 8.9 **Mono를 통해 방출된 아이템의 처리 과정**

Mono에 의해 방출된 0개 또는 1개의 아이템은 사용자가 정의한 변환을 거치게 된다. 변환이 완료되면 새로운 Mono로 전환된다. Mono가 아이템 방출을 정상적으로 중단하는 정상 종료는 세로줄로 표시하고, 에러는 X로 표시한다.

이제 Flux와 Mono를 실제 코드에서 사용해보자.

NOTE 예제 8.2에 나온 코드를 실행하려면 스프링 부트 프로젝트를 생성하고 다음과 같이 웹플럭스 의존 관계를 추가한다.

```
<dependency>
    <groupId>org.springframework.boot</groupId>
    <artifactId>spring-boot-starter-webflux</artifactIf>
</dependency>
```

웹플럭스는 다음 절에서 자세히 다룬다.

Flux와 Mono가 무엇인지 살펴봤으므로 이제 어떻게 생성해서 사용하는지 알아보자.

예제 8.2 Flux와 Mono 생성

```
Flux<Integer> intFlux = Flux.just(1,2,3);
Flux<Integer> intFluxRange = Flux.range(1,10);
Flux<String> stringFlux = Flux.fromIterable(List.of("foo", "bar"));
Flux<String> anotherStringFlux = Flux.fromArray(new String[] {"foo", "bar"});    ❶

Mono<Integer> emptyMono = Mono.empty();
Mono<Integer> intMono = Mono.just(1);    ❷
```

```
intFlux.map(i -> i * 2).subscribe(System.out::println);    ❸
```

❶ Flux 생성

❷ Mono 생성

❸ Flux 사용. intFlux는 1, 2, 3으로 구성된 Flux이며 map 함수와 람다식을 사용해서 각 숫자에 2를 곱한 후 출력한다.

Flux를 만들어 사용할 수 있는 아주 단순한 사례를 살펴봤는데, 앞으로 나올 절에서 Flux와 Mono를 여러 방식으로 생성해서 심도 있게 사용해볼 것이다.

8.3 스프링 웹플럭스 소개

스프링 프레임워크 5.0에서 리액티브 웹 애플리케이션 개발을 지원하는 새로운 스프링 웹플럭스(https://mng.bz/m0aP)가 도입됐다. 웹플럭스는 프로젝트 리액터 기반의 완전한 논블로킹 라이브러리이며 네티Netty, 언더토우Undertow, 서블릿 3.1 이상의 컨테이너에서 동작한다.

스프링 웹플럭스는 애너테이션 컨트롤러와 함수형 엔드포인트라는 두 가지 프로그래밍 모델을 가지고 있다. **애너테이션 컨트롤러 모델**annotated controller model은 스프링 MVC 프레임워크와 호환되며 스프링 MVC에서 사용하는 애너테이션을 그대로 사용할 수 있다.

함수형 엔드포인트 모델functional endpoints model은 람다식 기반의 가벼운 함수형 프로그래밍 모델을 제공한다. 함수형 엔드포인트는 HTTP 요청 처리와 라우팅에 사용할 수 있는 작은 라이브러리를 제공한다.

이제 리액티브 프로그래밍 모델을 사용해서 RESTful API를 설계하는 방법을 알아보자. 먼저 애너테이션 컨트롤러 방식으로 CourseTracker 애플리케이션의 리액티브 RESTful API를 만들어보자.

8.3.1 기법: 애너테이션 컨트롤러 기반의 리액티브 RESTful API 개발

8.3.1절의 소스 코드는 https://mng.bz/5Qlz**에서 확인할 수 있다.**

요구 사항

블로킹 방식의 스프링 MVC 기반으로 작성한 CourseTracker REST API를 리액티브 스택 기반의 스프링 웹플럭스를 사용해서 확장성 있는 논블로킹 API로 전환해야 한다.

해법

이번 기법에서는 스프링 웹플럭스 애너테이션 컨트롤러 방식으로 리액티브 논블로킹 RESTful API를 개발하는 방법을 알아본다. 앞서 설명한 것처럼 스프링 MVC에서 사용하던 친숙한 `@GetMapping`, `@PostMapping` 같은 애너테이션을 사용해서 API를 만들 수 있다.

> **몽고DB 사용**
>
> 8장에서는 리액티브 몽고DB 데이터베이스를 사용한다. 내장형 몽고DB를 사용할 예정이므로 별도의 설치나 설정은 필요하지 않으며, 스프링 데이터 리액티브 몽고DB와 내장형 몽고DB에 대한 의존 관계만 추가하면 된다.
>
> 몽고DB를 사용하고 싶지 않다면 스프링 데이터 R2DBC 의존 관계를 추가하고 H2 데이터베이스를 그대로 사용할 수도 있다. 다만 이 경우 엔티티 POJO 클래스와 리포지터리 인터페이스를 변경해야 한다.

몽고DB를 사용할 예정이므로 프로젝트 구성을 변경해야 한다. 이번 기법에서는 예제 8.3과 같이 pom.xml을 작성하고 새 스프링 부트 프로젝트를 만들어서 진행한다.

예제 8.3 **pom.xml 파일**

```
<?xml version="1.0" encoding="UTF-8"?>
<project xmlns="http://maven.apache.org/POM/4.0.0"
    xmlns:xsi="http://www.w3.org/2001/XMLSchema-instance"
    xsi:schemaLocation="http://maven.apache.org/POM/4.0.0 https://maven.apache.org/xsd/
maven-4.0.0.xsd">
    <modelVersion>4.0.0</modelVersion>
    <parent>
        <groupId>org.springframework.boot</groupId>
        <artifactId>spring-boot-starter-parent</artifactId>
        <version>2.6.3</version>
        <relativePath/><!-- 메이븐 리포지터리에서 parent를 가져온다 -->
    </parent>
```

```
<groupId>com.manning.sbip.ch08</groupId>
<artifactId>course-tracker-api-annotated-controller</artifactId>
<version>0.0.1-SNAPSHOT</version>
<name>course-tracker-api-annotated-controller</name>
<description>Course Tracker REST API</description>
<properties>
    <java.version>17</java.version>
</properties>
<dependencies>
    <dependency>
        <groupId>org.springframework.boot</groupId>
        <artifactId>spring-boot-starter-data-mongodb-reactive</artifactId>
    </dependency>
    <dependency>
        <groupId>org.springframework.boot</groupId>
        <artifactId>spring-boot-starter-webflux</artifactId>
    </dependency>
    <dependency>
        <groupId>org.springframework.boot</groupId>
        <artifactId>spring-boot-devtools</artifactId>
        <scope>runtime</scope>
        <optional>true</optional>
    </dependency>
    <dependency>
        <groupId>org.projectlombok</groupId>
        <artifactId>lombok</artifactId>
        <optional>true</optional>
    </dependency>
    <dependency>
        <groupId>org.springframework.boot</groupId>
        <artifactId>spring-boot-starter-test</artifactId>
        <scope>test</scope>
    </dependency>
    <dependency>
        <groupId>de.flapdoodle.embed</groupId>
        <artifactId>de.flapdoodle.embed.mongo</artifactId>
    </dependency>
    <dependency>
        <groupId>io.projectreactor</groupId>
        <artifactId>reactor-test</artifactId>
        <scope>test</scope>
    </dependency>
</dependencies>
<build>
    <plugins>
        <plugin>
            <groupId>org.springframework.boot</groupId>
            <artifactId>spring-boot-maven-plugin</artifactId>
```

```
            </plugin>
        </plugins>
    </build>
</project>
```

예제 8.3에서 spring-boot-starter-webflux, spring-boot-starter-data-mongodb-reactive와 de.flapdoodle.embed.mongo 의존 관계를 추가했다.

spring-boot-starter-webflux는 스프링 웹플럭스 프레임워크를 사용하는 데 필요하고, mongodb-reactive는 몽고DB를 사용하는 데 필요하다. de.flapdoodle.embed.mongo는 임베디드 몽고DB를 사용할 수 있게 해준다. 임베디드 몽고DB를 사용하면 개발 장비에 몽고DB를 설치하고 설정하지 않아도 된다. reactor-test는 리액티브 애플리케이션을 테스트할 때 필요하다. 이제 예제 8.4와 같이 CourseRepository 인터페이스를 정의한다.

예제 8.4 CourseRepository 인터페이스

```
package com.manning.sbip.ch08.repository;

import org.springframework.data.mongodb.repository.ReactiveMongoRepository;
import org.springframework.stereotype.Repository;
import com.manning.sbip.ch08.model.Course;
import reactor.core.publisher.Flux;

@Repository
public interface CourseRepository extends ReactiveMongoRepository<Course, String> {
    Flux<Course> findAllByCategory(String category);
}
```

CourseRepository는 리액티브 몽고DB에 특화된 스프링 데이터 리포지터리인 ReactiveMongoRepository를 상속받는다. 또한 주어진 카테고리에 해당하는 모든 과정을 담은 Flux를 반환하는 findAllByCategory(String category) 커스텀 메서드를 정의했다. 예제 8.3에 있는 인터페이스는 반환 타입이 Flux라는 것 외에는 기존에 사용했던 인터페이스와 거의 동일하다. ReactiveMongoRepository 인터페이스나 그 부모 인터페이스를 살펴보면 다른 메서드의 반환 타입도 Flux나 Mono이고, 일부 메서드의 파라미터는 Publisher 인스턴스라는 것을 확인할 수 있다. 이제 예제 8.5와 같이 Course 도메인 모델을 정의하자.

예제 8.5 **Course 도메인 모델**

```
package com.manning.sbip.ch08.model;

import org.springframework.data.mongodb.core.mapping.Document;

// 다른 import 문 생략

@Data
@Builder
@Document
@NoArgsConstructor
@AllArgsConstructor
public class Course {

    @Id
    private String id;
    private String name;
    private String category;
    private int rating;
    private String description;
}
```

H2 데이터베이스 대신에 몽고DB를 사용하기 때문에 `@Entity` 대신에 `@Document` 애너테이션을 사용했다는 점 외에는 앞서 작성한 POJO와 동일하다. 몽고DB는 데이터 레코드를 도큐먼트에 저장한다. 몽고DB에 저장된 과정 상세 정보는 도큐먼트다. 이제 `CourseController` 클래스를 예제 8.6과 같이 정의한다.

예제 8.6 **CourseController 클래스**

```
package com.manning.sbip.ch08.controller;

import org.springframework.beans.factory.annotation.Autowired;
import org.springframework.http.ResponseEntity;
import org.springframework.web.bind.annotation.DeleteMapping;
import org.springframework.web.bind.annotation.GetMapping;
import org.springframework.web.bind.annotation.PathVariable;
import org.springframework.web.bind.annotation.PostMapping;
import org.springframework.web.bind.annotation.PutMapping;
import org.springframework.web.bind.annotation.RequestBody;
import org.springframework.web.bind.annotation.RequestMapping;
import org.springframework.web.bind.annotation.RestController;

import com.manning.sbip.ch08.model.Course;
import com.manning.sbip.ch08.repository.CourseRepository;
```

```
import lombok.extern.slf4j.Slf4j;
import reactor.core.publisher.Flux;
import reactor.core.publisher.Mono;

@Slf4j
@RestController
@RequestMapping("/courses/")
public class CourseController {

    private CourseRepository courseRepository;

    @Autowired
    public CourseController(CourseRepository courseRepository) {
        this.courseRepository = courseRepository;
    }

    @GetMapping
    public Flux<Course> getAllCourses() {    ❶
        return courseRepository.findAll();
    }

    @GetMapping("{id}")
    public Mono<ResponseEntity<Course>> getCourseById(@PathVariable("id")
   String courseId) {    ❷
        return courseRepository.findById(courseId)
            .map(course -> ResponseEntity.ok(course))
            .defaultIfEmpty(ResponseEntity.notFound().build());    ❸
    }

    @GetMapping("category/{name}")
    public Flux<Course> getCourseByCategory(@PathVariable("name") String category) {    ❹
        return courseRepository.findAllByCategory(category)
            .doOnError(e -> log.error("Failed to create course", e.getMessage()));    ❺
    }

    @PostMapping
    public Mono<Course> createCourse(@RequestBody Course course) {    ❻
        return courseRepository.save(course)
            .doOnSuccess(updatedCourse -> log.info("Successfully created course",
updatedCourse))
            .doOnError(e -> log.error("Failed to create course", e.getMessage()));
        }

    @PutMapping("{id}")
    public Mono<ResponseEntity<Course>> updateCourse(
        @PathVariable("id") String courseId, @RequestBody Course course) {    ❼
        return this.courseRepository.findById(courseId)
```

```
            .flatMap(existingCourse -> {
                existingCourse.setName(course.getName());
                existingCourse.setRating(course.getRating());
                existingCourse.setCategory(course.getCategory());
                existingCourse.setDescription(course.getDescription());
                return this.courseRepository.save(existingCourse);
            })
            .map(updatedCourse -> ResponseEntity.ok(updatedCourse))
            .defaultIfEmpty(ResponseEntity.notFound().build())
            .doOnError(e -> log.error("Failed to update course", e.getMessage()));
    }

    @DeleteMapping("{id}")
    public Mono<ResponseEntity<Course>> deleteCourseById(@PathVariable("id") String
courseId) {    ❽
        return this.courseRepository.findById(courseId)
            .flatMap(course ->
                this.courseRepository.deleteById(course.getId())
                    .then(Mono.just(ResponseEntity.ok(course))))
            .defaultIfEmpty(ResponseEntity.notFound().build());
    }


    @DeleteMapping
    public Mono<Void> deleteCourses() {    ❾
        return courseRepository.deleteAll();
    }
}
```

❶ 과정 Flux를 반환한다. Flux는 0..N개의 요소를 방출한다는 점을 기억하자. 또한 스프링 MVC에서 사용했던 것과 마찬가지로 @GetMapping 애너테이션을 사용해서 엔드포인트를 지정한다.

❷ ID를 통해 과정을 조회하는데 해당 ID를 가진 과정이 존재하지 않을 수도 있다. 따라서 이 메서드는 0..1개의 요소를 방출할 수 있는 Mono를 사용해서 Mono<ResponseEntity<Course>>를 반환한다. 조회 결과가 있으면 ResponseEntity로 감싸서 HTTP 200을 반환하고, 조회 결과가 없으면 ResponseEntity를 사용해서 HTTP 404를 반환한다.

❸ findById() 메서드로 조회한 과정이 존재하면 map 연산자를 통해 ResponseEntity로 감싸서 성공 응답을 반환하고, 조회 결과가 없으면 defaultIfEmpty 연산자를 통해 ResponseEntity를 사용해서 HTTP 404를 반환한다.

❹ 주어진 카테고리에 해당하는 모든 과정을 Flux로 반환한다.

❺ 처리 과정에 에러가 발생하면 doOnError가 호출되어 에러 메시지를 콘솔 로그에 출력한다.

❻ 새 과정을 생성한다. 새 과정 생성에 성공하면 doOnSuccess가 호출되어 성공 메시지가 로그로 출력되고 Mono<Course>가 반환된다. 생성 과정에 에러가 발생하면 doOnError가 호출되고 에러 메시지가 로그로 출력된다.

❼ ID에 해당하는 과정 정보를 수정한다. 해당 과정이 있으면 변경 내용을 저장하고 HTTP 200을 반환하고, 과정이 존재하지 않으면 HTTP 404를 반환한다. 응답은 Mono 안에 저장되어 반환된다.

❽ ID에 해당하는 과정을 삭제한다. 해당 과정이 있으면 삭제되고 HTTP 200을 반환하고, 해당 과정이 없으면 HTTP 404가 반환된다. 응답은 Mono<ResponseEntity<Course>> 타입으로 반환된다.

❾ 모든 과정을 삭제하고 Mono<Void>를 반환한다.

예제 8.6에는 CourseTracker 애플리케이션에서 과정 정보 CRUD를 수행하는 엔드포인트가 나와 있다. 엔드포인트를 지정하는 방법은 스프링 MVC에서 작성했던 것과 동일하다. 하지만 구현 내용은 선언적 스타일로 map, doOnSuccess, doOnError 등 여러 가지 연산자를 조합해서 작성된다는 점에 주목할 필요가 있다. 마지막으로 예제 8.7과 같이 스프링 컴포넌트 설정 파일에 CommandLineRunner 빈을 작성해서 초기 데이터를 만들어보자.

예제 8.7 새 과정 정보를 생성하는 CommandLineRunner 빈

```
package com.manning.sbip.ch08.config;

import org.springframework.boot.CommandLineRunner;
import org.springframework.context.annotation.Bean;
import org.springframework.context.annotation.Configuration;

import com.manning.sbip.ch08.model.Course;
import com.manning.sbip.ch08.repository.CourseRepository;

import reactor.core.publisher.Flux;

@Configuration
public class CourseConfig {
    @Bean
    public CommandLineRunner init(CourseRepository courseRepository) {
        return args -> {
            Course course1 = Course.builder()
                .name("Mastering Spring Boot")
                .category("Spring")
                .rating(4)
```

```
                .description("Mastering Spring Boot")
                .build();

            Course course2 = Course.builder()
                .name("Mastering Python")
                .category("Python")
                .rating(5)
                .description("Mastering Python")
                .build();

            Course course3 = Course.builder()
                .name("Mastering Go")
                .category("Go")
                .rating(3)
                .description("Mastering Go")
                .build();

            Flux
                .just(course1, course2, course3)
                .flatMap(courseRepository::save)
                .thenMany(courseRepository.findAll())
                .subscribe(System.out::println);    ❶
        };
    }
}
```

❶ Flux API를 호출해서 세 개의 과정을 생성하고 콘솔 로그에 출력하는 과정을 선언적으로 작성한다.

예제 8.7에서는 결과적으로 세 개의 과정 정보를 생성한다. `Flux.just()` 메서드를 사용해서 세 개의 과정 정보를 담은 `Flux`를 생성하고, `flatMap()` 연산자를 사용해서 과정을 저장하고 `thenMany` 연산자를 사용해서 모든 과정을 조회해 `Flux`로 반환하고, 마지막으로 `Flux`를 구독해서 각 과정을 콘솔 로그에 출력한다. 리액티브 프로그래밍은 지연 방식으로 동작하므로 `subscribe()` 메서드를 호출하기 전까지는 아무런 일도 발생하지 않는다는 점을 잊지말자.

application.properies 파일에 `spring.mongodb.embedded.version=3.6.2`를 지정하고 애플리케이션을 실행해서 엔드포인트를 테스트해보자. 애플리케이션이 실행되면서 3개의 과정이 생성되고, 예제 8.8과 같이 `/courses/` 엔드포인트에 접근하면 3개의 과정 정보를 확인할 수 있다.

예제 8.8 모든 과정 정보 조회

```
>http :8080/courses/

HTTP/1.1 200 OK
Content-Type: application/json
transfer-encoding: chunked

[
    {
        "category": "Spring",
        "description": "Mastering Spring Boot",
        "id": "60fa36d47c237777890dca33",
        "name": "Mastering Spring Boot",
        "rating": 4
    },
    {
        "category": "Python",
        "description": "Mastering Python",
        "id": "60fa36d47c237777890dca34",
        "name": "Mastering Python",
        "rating": 5
    },
    {
        "category": "Go",
        "description": "Mastering Go",
        "id": "60fa36d47c237777890dca35",
        "name": "Mastering Go",
        "rating": 3
    }
]
```

ID가 `60fa36d47c237777890dca35`인 `Mastering Go` 과정을 삭제해보면 다음 예제 8.9와 같이 삭제된다.

예제 8.9 과정 ID로 과정 삭제

```
>http DELETE :8080/courses/60fa36d47c237777890dca35

HTTP/1.1 200 OK
Content-Length: 111
Content-Type: application/json
{
    "category": "Go",
    "description": "Mastering Go",
    "id": "60fa36d47c237777890dca35",
```

```
    "name": "Mastering Go",
    "rating": 3
}
```

다른 엔드포인트도 의도한 대로 정상 동작함을 확인할 수 있다.

토론

이번 기법에서는 스프링 웹플럭스를 사용해서 REST API를 만드는 방법을 살펴봤다.

스프링 MVC에서는 `DispatcherServlet`이 프런트 컨트롤러 서블릿으로서 맨 앞에서 요청을 받아 요청을 처리할 수 있는 컴포넌트에게 위임하면, 위임받은 컴포넌트가 요청을 처리하고 응답을 생성해서 반환했다.

스프링 웹플럭스에서는 `DispatcherHandler`가 HTTP 요청을 처리하는 중추 역할을 담당한다. 등록된 매퍼와 핸들러에게 요청을 전달해서 처리한다. `HandlerMapping` 인스턴스는 적합한 핸들러 객체에게 요청을 매핑해주는 역할을 담당한다. `HandlerAdapter`는 지원하는 핸들러 객체를 활용해서 요청을 처리하고 `HandlerResult`를 반환한다. 마지막으로 `HandlerResultHandler`가 `HandlerResult`를 처리한다.

`CourseController`에는 스프링 MVC에서 사용하던 `@GetMapping`, `@PostMapping`, `@PathVariable`, `@RequestBody` 등의 애너테이션을 그대로 사용했다.

`CourseRepository` 인터페이스나 그 부모 인터페이스 또는 더 상위의 인터페이스를 살펴보면 메서드 이름이 리액티브가 아닌 기존의 스프링 데이터 인터페이스에 있던 메서드 이름과 거의 같다는 점을 확인할 수 있다. 하지만 메서드 파라미터와 반환 타입은 기존과 달리 리액티브 타입이다. 예를 들어 `findAll()` 메서드는 `Iterable` 대신에 리액티브 타입인 `Flux`를 반환한다.

다음 기법에서는 스프링 웹플럭스에서 함수형 엔드포인트를 정의하는 방법을 알아본다.

8.3.2 기법: 함수형 엔드포인트를 사용하는 리액티브 RESTful API 개발

8.3.2절의 소스 코드는 https://mng.bz/6X7y**에서 확인할 수 있다.**

요구 사항

함수형 엔드포인트 방식의 리액티브 REST API를 CourseTracker 애플리케이션에 적용한다.

해법

앞 절에서는 스프링 웹플럭스에서 애너테이션 컨트롤러 방식으로 리액티브 REST API를 만들었다. 스프링 웹플럭스는 스프링 MVC나 애너테이션 컨트롤러 방식과는 다른 람다식 기반의 가벼운 함수형 프로그래밍 모델을 지원한다. 함수형 모델은 요청 라우팅에 사용할 수 있는 여러 유틸리티 메서드를 제공한다. 함수형 엔드포인트를 사용하는 REST API를 직접 만들어보면서 함수형 엔드포인트 사용 방법을 더 깊이 있게 알아보자.

앞 절에서 사용한 스프링 부트 프로젝트를 사용해도 되고, 예제 8.3에 나온 의존 관계를 참고해서 새 프로젝트를 만들어도 좋다. 예제 8.4와 예제 8.5를 참고해서 `Course` 도메인 클래스와 `CourseRepository` 인터페이스를 작성한다.

이제 예제 8.10과 같이 `RouteContext` 클래스에 라우트$_{\text{route}}$를 정의한다. 라우트는 CRUD 연산으로 매핑되는 URL을 의미한다.

예제 8.10 라우트가 정의된 RouteContext 클래스

```
package com.manning.sbip.ch08.configuration;

import static org.springframework.http.MediaType.APPLICATION_JSON;
import static org.springframework.web.reactive.function.server.RequestPredicates.DELETE;
import static org.springframework.web.reactive.function.server.RequestPredicates.GET;
import static org.springframework.web.reactive.function.server.RequestPredicates.POST;
import static org.springframework.web.reactive.function.server.RequestPredicates.PUT;
import static org.springframework.web.reactive.function.server.RequestPredicates.accept;
import static org.springframework.web.reactive.function.server.RouterFunctions.route;

import org.springframework.context.annotation.Bean;
import org.springframework.context.annotation.Configuration;
import org.springframework.web.reactive.function.server.RouterFunction; import org.
springframework.web.reactive.function.server.ServerResponse;

import com.manning.sbip.ch08.component.CourseHandler;

@Configuration
public class RouterContext {

    @Bean
    RouterFunction<ServerResponse> routes(CourseHandler courseHandler) {
```

```
        return route(GET("/courses").and(accept(APPLICATION_JSON)),
courseHandler::findAllCourses)
        .andRoute(GET("/courses/{id}").and(accept(APPLICATION_JSON)),
courseHandler::findCourseById)
        .andRoute(POST("/courses").and(accept(APPLICATION_JSON)),
courseHandler::createCourse)
        .andRoute(PUT("/courses").and(accept(APPLICATION_JSON)),
courseHandler::updateCourse)
        .andRoute(DELETE("/courses/{id}").and(accept(APPLICATION_JSON)),
courseHandler::deleteCourse)
        .andRoute(DELETE("/courses").and(accept(APPLICATION_JSON)), courseHandler::deleteAll
Courses);
    }
}
```

예제 8.10에는 하나의 `RouterFunction` 빈을 생성하는 스프링 `@Configuration` 클래스가 나와 있다. `RouterFunction`은 CourseTracker 애플리케이션에서 CRUD 연산을 수행하는 라우트를 정의한다.

라우트에 요청이 들어오면 요청을 처리할 수 있는 핸들러에게 전달되어야 하므로, `RouterFunction` 빈을 정의할 때 `CourseHandler` 인스턴스가 필요하다. `RouterFunction` 빈에 GET 요청을 처리하는 2개의 라우트와 POST, PUT 요청을 처리하는 라우트 각 1개씩, DELETE 요청을 처리하는 라우트 2개, 총 6개의 라우트가 정의돼 있고, 각 라우트는 `CourseHandler` 클래스의 적절한 메서드에 요청 처리를 위임한다.

이제 예제 8.11과 같이 실제 CRUD 처리를 담당하는 `CourseHandler` 클래스를 정의해보자.

예제 8.11 CourseHandler 클래스

```
package com.manning.sbip.ch08.component;

import static org.springframework.http.MediaType.APPLICATION_JSON;
import static org.springframework.web.reactive.function.BodyInserters.fromValue;
import org.springframework.beans.factory.annotation.Autowired;
import org.springframework.http.HttpStatus;
import org.springframework.stereotype.Component;
import org.springframework.web.reactive.function.server.ServerRequest;
import org.springframework.web.reactive.function.server.ServerResponse;

import com.manning.sbip.ch08.model.Course;
import com.manning.sbip.ch08.repository.CourseRepository;
```

```
import reactor.core.publisher.Flux;
import reactor.core.publisher.Mono;

@Component
public class CourseHandler {

    private CourseRepository courseRepository;

    @Autowired
    public CourseHandler(CourseRepository courseRepository) {
       this.courseRepository = courseRepository;
    }

    public Mono<ServerResponse> findAllCourses(ServerRequest serverRequest) {     ❶
        Flux<Course> courses = this.courseRepository.findAll();
        return ServerResponse.ok().contentType(APPLICATION_JSON).body(courses, Course.
class);
    }

    public Mono<ServerResponse> findCourseById(ServerRequest serverRequest){     ❷
        String courseId = serverRequest.pathVariable("id");
        Mono<Course> courseMono = this.courseRepository.findById(courseId);
        return courseMono.flatMap(course ->
            ServerResponse.ok().contentType(APPLICATION_JSON).body(fromValue(course)))
            .switchIfEmpty(notFound());
    }

    public Mono<ServerResponse> createCourse(ServerRequest serverRequest) {     ❸
        Mono<Course> courseMono = serverRequest.bodyToMono(Course.class);
        return courseMono.flatMap(course ->
            ServerResponse.status(HttpStatus.CREATED).contentType(APPLICATION_JSON)
                .body(this.courseRepository.save(course), Course.class));
    }

    public Mono<ServerResponse> updateCourse(ServerRequest serverRequest) {     ❹
        String courseId = serverRequest.pathVariable("id");
        Mono<Course> existingCourseMono = this.courseRepository.findById(courseId);
        Mono<Course> newCourseMono = serverRequest.bodyToMono(Course.class);
        return newCourseMono
            .zipWith(existingCourseMono, (newCourse, existingCourse) ->
                Course.builder().id(existingCourse.getId())
                    .name(newCourse.getName()).category(newCourse.getCategory())
                    .rating(newCourse.getRating()).description(newCourse.getDescription()).
build())
            .flatMap(course ->
                ServerResponse.ok().contentType(APPLICATION_JSON)
                    .body(this.courseRepository.save(course), Course.class))
                .switchIfEmpty(notFound());
```

```
    }

    public Mono<ServerResponse> deleteCourse(ServerRequest serverRequest) {     ❺
        String courseId = serverRequest.pathVariable("id");
        return this.courseRepository.findById(courseId)
            .flatMap(existingCourse ->
                ServerResponse.ok().build(this.courseRepository.deleteById(courseId)))
            .switchIfEmpty(notFound());
    }

    public Mono<ServerResponse> deleteAllCourses(ServerRequest serverRequest) {     ❻
        return ServerResponse.ok().build(this.courseRepository.deleteAll());
    }

    private Mono<ServerResponse> notFound() {
        return ServerResponse.notFound().build();
    }
}
```

❶ 모든 과정을 조회하는 핸들러. ServerRequest는 클라이언트의 요청을 담고 있는 서버 측 HTTP 요청 객체다. 모든 과정을 조회해서 Content-type이 application/json인 과정 목록을 응답 본문으로 ServerResponse에 담는다. ServerResponse는 서버 측 응답 객체다.

❷ ID로 한 개의 과정을 조회하는 핸들러. 경로 변수path variable로 넘어온 ID 값으로 과정을 조회해서 있으면 HTTP 200 OK를, 없으면 HTTP 404 Not Found를 ServerResponse에 담아 반환한다.

❸ 새 과정을 생성하는 핸들러. ServerRequest의 bodyToMono 메서드를 사용해서 HTTP 요청 본문을 추출하고 Mono로 변환한다. 이 Mono가 과정을 생성하는 데 사용된다.

❹ 과정 정보 수정 핸들러. 먼저 경로 변수에 지정된 과정 ID를 통해 수정할 과정을 조회하고, 수정할 내용을 요청 본문으로부터 추출해서 과정 정보를 수정한다. 수정이 성공하면 HTTP 200 OK를 반환하고 과정이 존재하지 않으면 HTTP 404 Not Found를 반환한다.

❺ 과정 단건 삭제 핸들러. ID에 해당하는 과정을 삭제한다.

❻ 모든 과정 삭제 핸들러

이제 앞서 살펴봤던 예제 8.7과 마찬가지로 샘플 과정 데이터를 데이터베이스에 저장한다. application.properties에 spring.mongodb.embedded.version=3.6.2를 지정하는 것도 잊지말자.

이제 애플리케이션을 시작하고 예제 8.12와 같이 모든 과정을 조회하는 엔드포인트를 호출해보자.

예제 8.12 /courses/ 엔드포인트 호출 결과

```
>http :8080/courses/

HTTP/1.1 200 OK
Content-Type: application/json
transfer-encoding: chunked
[
    {
        "category": "Go",
        "description": "Mastering Go",
        "id": "60fa68a55359e82fcc4c3de9",
        "name": "Mastering Go",
        "rating": 3
    },
    {
        "category": "Spring",
        "description": "Mastering Spring Boot",
        "id": "60fa68a55359e82fcc4c3de7",
        "name": "Mastering Spring Boot",
        "rating": 4
    },
    {
        "category": "Python",
        "description": "Mastering Python",
        "id": "60fa68a55359e82fcc4c3de8",
        "name": "Mastering Python",
        "rating": 5
    }
]
```

다른 엔드포인트를 호출해보면 모두 정상적으로 동작하는 것을 확인할 수 있다.

토론

이번 기법에서는 함수형 엔드포인트를 사용해서 리액티브 REST API를 직접 만들어봤다. 스프링 웹플럭스에는 함수형 프로그래밍 모델이 포함돼 있어서 요청을 라우팅하고 처리하는 데 함수를 사용할 수 있다. 프로그래밍 모델은 다르지만 함수형 엔드포인트 방식이든 애너테이션 컨트롤러 방식이든 모두 동일한 리액티브 코어를 기반으로 한다.

함수형 모델에서는 ServerRequest를 받아서 Mono<ServerResponse>를 반환하는 HandlerFunction에 의해 HTTP 요청이 처리된다. HandlerFunction은 애너테이션 컨트롤러 방식에서 사용하는 @RequestMapping 메서드의 본문에 해당한다. 과정 정보를 다루는 모든 핸들러 함수를 CourseHandler 클래스에 정의했다. ServerRequest 객체를 통해 HTTP 메서드, URI, HTTP 헤더, 쿼리 파라미터 같은 정보에 접근할 수 있다. 요청 본문은 여러 가지 body 메서드로 추출할 수 있고, ServerResponse 객체로 HTTP 응답 정보에 접근할 수 있다.

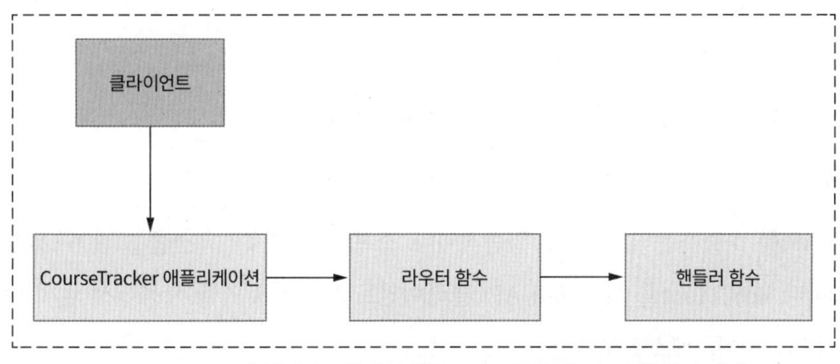

그림 8.10 스프링 웹플럭스 함수형 엔드포인트로 들어오는 요청 처리 과정

그림 8.10에 나온 것처럼 서버로 들어온 요청은 RouterFunction을 통해 HandlerFunction으로 전달된다. HandlerFunction은 ServerRequest를 파라미터로 받아서 HandlerFunction을 반환한다. 요청이 들어온 경로와 라우터 함수가 매칭되면 핸들러 함수가 반환되고, 매칭되지 않으면 비어 있는 Mono가 반환된다. RouterFunction 유틸리티 클래스를 사용하면 라우트를 편리하게 정의할 수 있다. 스프링 웹플럭스는 라우터 함수를 정의할 때 router() 빌더 메서드 사용을 권장한다.

예제 8.11에서 여러 가지 라우트를 정의했다. 스프링 웹플럭스는 라우트를 순서대로 평가한다. 첫 번째 라우트가 매칭되지 않으면 두 번째 라우트가 평가되고, 두 번째 라우트도 매칭되지 않으면 그다음 라우트를 평가하는 방식으로 동작한다. 따라서 가장 구체적인 라우트를 포괄적인 라우트보다 먼저 정의해야 한다.

8.4 리액티브 애플리케이션 테스트

앞 절에서 스프링 웹플럭스에서 리액티브 REST API를 작성하는 두 가지 방식을 살펴봤다. 이번 절에서는 API를 테스트하는 방법을 알아본다. 지금까지 API 엔드포인트를 테스트할 때 HTTPie를 사용했는데 이번에는 WebClient를 사용해서 REST API에 접근하는 API 클라이언트를 만들어보자.

8.4.1 기법: WebClient로 API 클라이언트 작성

8.4.1절의 소스 코드는 https://mng.bz/o2eM에서 확인할 수 있다.

요구 사항

외부 REST API를 테스트할 수 있는 API 클라이언트를 작성해야 한다.

해법

외부 REST API를 호출하는 일은 매우 일반적이다. 스프링은 HTTP 요청을 보낼 수 있는 WebClient를 제공한다. WebClient를 사용해서 API 클라이언트를 만들고 이를 사용해서 앞서 만든 CourseTracker REST API를 테스트해보자.

먼저, 예제 8.13과 같이 의존 관계를 지정하고 새 스프링 부트 프로젝트를 생성한다.

예제 8.13 CourseTracker API 클라이언트 pom.xml

```
<?xml version="1.0" encoding="UTF-8"?>
<project xmlns="http://maven.apache.org/POM/4.0.0"
   xmlns:xsi="http://www.w3.org/2001/XMLSchema-instance"
   xsi:schemaLocation="http://maven.apache.org/POM/4.0.0 https://maven.apache.org/xsd/maven-
4.0.0.xsd">
   <modelVersion>4.0.0</modelVersion>
   <parent>
      <groupId>org.springframework.boot</groupId>
      <artifactId>spring-boot-starter-parent</artifactId>
      <version>2.6.3</version>
      <relativePath/>  <!-- 메이븐 리포지터리에서 parent를 가져온다 -->
   </parent>
   <groupId>com.manning.sbip.ch08</groupId>
   <artifactId>course-tracker-client-api</artifactId>
   <version>0.0.1-SNAPSHOT</version>
   <name>course-tracker-client-api</name>
   <description>Course Tracker REST API</description>
   <properties>
      <java.version>17</java.version>
   </properties>
   <dependencies>
      <dependency>
         <groupId>org.springframework.boot</groupId>
         <artifactId>spring-boot-starter-webflux</artifactId>
      </dependency>
```

```
        <dependency>
            <groupId>org.projectlombok</groupId>
            <artifactId>lombok</artifactId>
            <optional>true</optional>
        </dependency>
    </dependencies>
    <build>
        <plugins>
            <plugin>
                <groupId>org.springframework.boot</groupId>
                <artifactId>spring-boot-maven-plugin</artifactId>
            </plugin>
        </plugins>
    </build>
</project>
```

예제 8.5와 같이 Course 도메인 클래스를 작성하면 준비는 끝난다. 이제 예제 8.14와 같이 여러 가지 REST API를 호출하는 WebClientApi 클래스를 작성한다.

예제 8.14 CourseTracker API를 호출하는 WebClientApi 클래스

```
package com.manning.sbip.ch08.api;

import org.springframework.http.ResponseEntity;
import org.springframework.stereotype.Component;
import org.springframework.web.reactive.function.client.WebClient;

import com.manning.sbip.ch08.model.Course;

import reactor.core.publisher.Flux;
import reactor.core.publisher.Mono;

@Component
public class WebClientApi {

    private static final String BASE_URL = "http://localhost:8080/courses/";

    private WebClient webClient;

    public WebClientApi() {    ❶
        this.webClient = WebClient.builder().baseUrl(BASE_URL).build();
    }

    public Mono<ResponseEntity<Course>> postNewCourse(Course course) {    ❷
        return this.webClient
            .post()
```

```
            .body(Mono.just(course), Course.class)
            .retrieve()
            .toEntity(Course.class)
            .doOnSuccess(result -> System.out.println("POST " + result));
    }

    public Mono<Course> updateCourse(String id, String name, String category, int rating,
String description) {     ❸
        return this.webClient
            .put()
            .uri("{id}", id)
            .body(Mono.just(Course.builder()
                .id(id)
                .name(name)
                .category(category)
                .rating(rating)
                .description(description)
                .build()), Course.class)
            .retrieve()
            .bodyToMono(Course.class)
            .doOnSuccess(result -> System.out.println("Update Course: " + result));
    }

    public Mono<Course> getCourseById(String id) {     ❹
        return this.webClient
            .get()
            .uri("{id}", id)
            .retrieve()
            .bodyToMono(Course.class)
            .doOnSuccess(c -> System.out.println(c))
            .doOnError((e) -> System.err.println(e.getMessage()));
    }

    public Flux<Course> getAllCourses() {     ❺
        return this.webClient
            .get()
            .retrieve()
            .bodyToFlux(Course.class)
            .doOnNext(c -> System.out.println(c))
            .doOnError((e) -> System.err.println(e.getMessage()));
    }

    public Mono<Void> deleteCourse(String id) {     ❻
        return this.webClient
            .delete()
            .uri("{id}", id)
            .retrieve()
            .bodyToMono(Void.class)
```

```
            .doOnSuccess(result -> System.out.println("DELETE " + result))
            .doOnError((e) -> System.err.println(e.getMessage()));
    }
}
```

❶ WebClient 인스턴스 생성. BASE_URL을 지정해두면 엔드포인트 나머지 경로는 상대 경로로 지정할 수 있다.

❷ 새 과정 생성 API 호출. WebClient의 post() 메서드를 사용해서 CourseTracker API의 과정 생성 POST 엔드포인트를 호출한다.

❸ 과정 수정 API 호출. WebClient의 put() 메서드를 사용해서 CourseTracker API의 과정 수정 PUT 엔드포인트를 호출한다.

❹ ID로 과정을 조회하는 API 호출. WebClient의 get() 메서드를 사용해서 CourseTracker API의 과정 조회 GET 엔드포인트를 호출한다.

❺ 모든 과정을 조회하는 API 호출. WebClient의 get() 메서드를 사용해서 CourseTracker API의 모든 과정을 조회하는 GET 엔드포인트를 호출한다.

❻ ID로 과정을 삭제하는 API 호출. WebClient의 delete() 메서드를 사용해서 CourseTracker API의 과정 삭제 DELETE 엔드포인트를 호출한다.

예제 8.14에서는 CourseTracker REST API를 호출하는 API 클라이언트 메서드가 포함된 스프링 컴포넌트를 작성했다. WebClient 인터페이스의 HTTP 메서드를 주목해보자. HTTP GET 메서드로 요청을 보낼 때는 WebClient 인터페이스의 get() 메서드를 사용하고, HTTP POST 메서드로 요청을 보낼 때는 post() 메서드를 사용한다.

이제 이 WebClientApi를 사용해서 CourseTracker REST API 엔드포인트를 호출해보자. 예제 8.15에 새 과정을 생성하고 모든 과정을 조회하는 CommandLineRunner 빈이 나와 있다.

예제 8.15 CourseTracker API를 테스트 하는 API 클라이언트

```
package com.manning.sbip.ch08.client;

import org.springframework.boot.CommandLineRunner;
import org.springframework.context.annotation.Bean;
import org.springframework.context.annotation.Configuration;

import com.manning.sbip.ch08.api.WebClientApi;
import com.manning.sbip.ch08.model.Course;
```

```
@Configuration
public class ApiClient {

    @Bean
    public CommandLineRunner invokeCourseTrackerApi(WebClientApi webClientApi) {
        return args -> {
            Course course = Course.builder()
                .name("Angular Basics")
                .category("JavaScript")
                .rating(3)
                .description("Learn Angular Fundamentals")
                .build();

            webClientApi.postNewCourse(course)
                .thenMany(webClientApi.getAllCourses())
                .subscribe();
        };
    }
}
```

예제 8.15에서 새 과정 인스턴스를 생성하고 `WebClientApi`를 사용해서 CourseTracker의 POST API를 호출한다. 마지막으로 모든 과정을 조회하는 GET API도 호출한다. `postNewCourse()`와 `getAllCourses()` 메서드가 `thenMany` 연산자를 통해 순서대로 연결되는 부분에 주목하자.

직접 실행해보기 전에 앞 절에서 작성한 CourseTracker REST API 애플리케이션이 실행 중인지 확인한다. Client API 애플리케이션을 실행하고 정상적으로 애플리케이션이 시작되면 예제 8.16과 같은 로그가 콘솔에 출력되는 것을 확인할 수 있다.

예제 8.16 Client API 실행 결과

```
POST <201,Course(id=60faacfb400a9a1c3adb1bf7, name=Angular Basics, category=JavaScript,
rating=3, description=Learn Angular Fundamentals),[Content-Type:"application/json", content-
length:"135"]>

Course(id=60faaced400a9a1c3adb1bf5, name=Mastering Python, category=Python, rating=5,
description=Mastering Python)
Course(id=60faaced400a9a1c3adb1bf6, name=Mastering Go, category=Go, rating=3,
description=Mastering Go)
Course(id=60faaced400a9a1c3adb1bf4, name=Mastering Spring Boot, category=Spring, rating=4,
description=Mastering Spring Boot)
Course(id=60faacfb400a9a1c3adb1bf7, name=Angular Basics, category=JavaScript, rating=3,
description=Learn Angular Fundamentals)
```

첫 번째 블록에는 POST 요청 성공 결과가 표시되고, 나머지 블록에는 과정 목록을 조회한 결과가 표시된다.

토론

스프링 웹플럭스에는 HTTP 요청을 보낼 수 있는 `WebClient`가 포함돼 있다. 예제 8.14에서 직접 사용한 `WebClient`는 스레드나 동시성을 직접 처리하지 않고도 비동기 로직을 조합할 수 있게 해주는 리액터 기반의 함수형 평문형fluent API다. 기본적으로 리액터 네티Netty, 제티Jetty 리액티브 HttpClient, 아파치 HttpComponents를 지원한다.

`WebClient` 인스턴스를 만드는 가장 간단한 방법은 정적 메서드인 `create()` 메서드를 호출하는 것이다. HTTP 헤더, 코덱, 쿠키를 설정하거나 특별한 `HttpClient`를 사용해야 할 경우 `builder()` 메서드를 사용할 수 있다. 예제 8.17에는 `builder()` 메서드를 사용해서 복잡한 구성을 포함하는 `WebClient` 인스턴스를 만드는 방법이 나와 있다.

예제 8.17 builder() 메서드를 사용한 WebClient 생성

```
private static final String USER_AGENT = "Mozilla/5.0 (Macintosh; Intel Mac OS X 10_15_7)
AppleWebKit/537.36 (KHTML, like Gecko) Chrome/89.0.4389.114 Safari/537.36";

public WebClientApi() {    ❶
    this.webClient = WebClient.builder()
        .baseUrl(BASE_URL)
        .clientConnector(getClientConnector())
        .defaultHeader(HttpHeaders.USER_AGENT, USER_AGENT)
        .exchangeStrategies(ExchangeStrategies.builder()
            .codecs(configurer -> configurer.defaultCodecs().maxInMemorySize(30 * 1024 *
1024))
            .build())
        .filter(logRequest())
        .filter(logResponse())
        .build();
}

public ReactorClientHttpConnector getClientConnector() {    ❷
    return new ReactorClientHttpConnector(HttpClient.create()
        .followRedirect(true)
        .compress(true)
        .secure()
        .option(ChannelOption.CONNECT_TIMEOUT_MILLIS, 3000));

}
```

```
private static ExchangeFilterFunction logRequest() {    ❸
    return ExchangeFilterFunction.ofRequestProcessor(clientRequest -> {
        System.out.println("Request: " + clientRequest.method() + " " + clientRequest.
url());
        clientRequest.headers()
        .forEach((name, values) -> values.forEach(value ->
            System.out.println(name + " " + value)));
        return Mono.just(clientRequest);
    });
}

private static ExchangeFilterFunction logResponse() {    ❹
    return ExchangeFilterFunction.ofResponseProcessor(clientResponse -> {
        System.out.println("Response: " + clientResponse.statusCode());
        clientResponse.headers().asHttpHeaders()
        .forEach((name, values) -> values.forEach(value ->
            System.out.println(name + " " + value)));
        return Mono.just(clientResponse);
    });
}
```

❶ `WebClient` 인스턴스 생성. 추가적인 설정이 포함된 커스텀 HTTP 클라이언트를 사용했다. 기본 HTTP 헤더에 `USER_AGENT` 헤더를 설정하고, 코덱에 메모리 최대 한도를 지정했다. 코덱은 데이터의 인코딩과 디코딩을 담당하는 컴포넌트다. 마지막으로 필터를 사용해서 HTTP 요청과 응답을 로그에 출력한다.

❷ 커스텀 HTTP 커넥터 생성. 타임아웃, 프록시 설정, SSL 설정 등의 요구 사항이 있어서 HTTP 커넥터를 커스터마이징할 수 있다.

❸ HTTP 요청 로깅. HTTP 요청 메서드, URL, 모든 HTTP 요청 헤더를 출력한다.

❹ HTTP 응답 로깅. HTTP 응답 상태 코드와 모든 HTTP 응답 헤더를 출력한다.

이 외에도 다양한 방법으로 HTTP 클라이언트를 커스터마이징할 수 있다. 자세한 내용은 스프링 웹플럭스 공식 문서(https://mng.bz/m0aP)의 `WebClient` 절을 참고하자.

8.5 R소켓 소개

앞 절에서 WebClient를 스프링 부트에서 사용하는 방법을 알아봤다. 이번 절에서는 스프링 부트에서 R소켓 프로토콜을 사용하는 방법을 알아보자.

R소켓(https://rsocket.io/)은 TCP, 웹소켓, 애런Aeron(https://github.com/real-logic/aeron) 같은 프로토콜 위에서 멀티플렉싱, 듀플렉싱을 지원하는 애플리케이션 프로토콜이다. R소켓은 그림 8.11과 같이 네 가지 통신 모델을 제공한다.

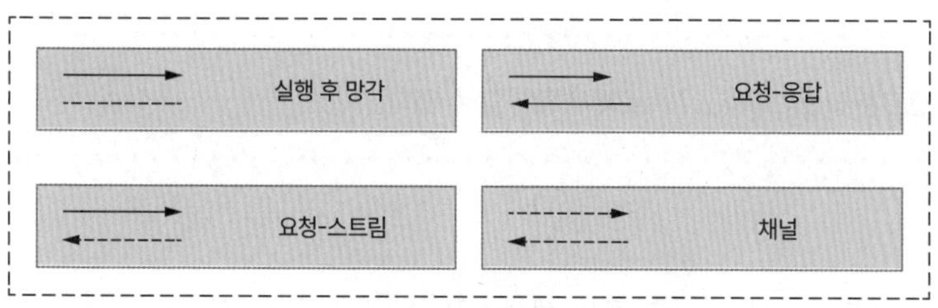

그림 8.11 R소켓 프로토콜의 통신 모델

실행 후 망각fire & forget 패턴은 클라이언트가 메시지 한 개를 전송하고 서버로부터 응답을 기대하지 않는 방식이다. 요청-응답request-response 패턴에서는 클라이언트가 한 개의 메시지를 전송하고 서버로부터 한 개의 메시지를 돌려받는다. 요청-스트림request-stream 패턴에서는 클라이언트가 한 개의 메시지를 전송하고 서버로부터 여러 메시지를 스트림으로 돌려받는다. 채널channel 패턴에서는 클라이언트와 서버가 서로 스트림을 주고받는다.

R소켓에서는 **클라이언트**와 **서버** 사이의 초기 핸드셰이크가 완료된 이후에는 그림 8.11과 같이 클라이언트뿐 아니라 서버도 독립적으로 상호작용을 시작할 수 있으므로 클라이언트와 서버라는 구별이 사라진다.

R소켓 프로토콜에서 중요한 몇 가지 키워드와 장점은 다음과 같다.

- **리액티브 스트림에서 강조하는 스트리밍과 백프레셔** - 요청-스트림 패턴과 채널 패턴에서 스트리밍 처리를 지원하고, 네 가지 패턴 모두에서 백프레셔를 사용할 수 있다. 이를 통해 요청하는 쪽에서는 응답이 들어오는 속도를 조절할 수 있고, 네트워크 계층 혼잡 제어congestion control나 네트워크 수준 버퍼링에 대한 의존도를 낮출 수 있다.
- **요청 스로틀링**throttling - LEASE 프레임을 전송하면 특정 시점에 상대방 쪽에서 수용할 수 있는

요청의 총 개수를 제한할 수 있다.

- **대용량 메시지의 분할**fragmentation **및 재조립**reassembly
- **생존신호**heartbeat **메시지를 통한 Keepalive 유지**

R소켓을 개념적으로 살펴봤으므로 네 가지 통신 패턴을 스프링 부트 애플리케이션에서 사용하는 방법을 알아보자.

8.5.1 기법: R소켓과 스프링 부트를 활용한 애플리케이션 개발

8.5.1절의 소스 코드는 https://mng.bz/nNgK**에서 확인할 수 있다.**

요구 사항

R소켓의 네 가지 패턴을 사용해서 과정을 생성하고 조회할 수 있어야 한다.

해법

스프링 프레임워크에서는 `spring-messaging` 모듈을 통해 R소켓 프로토콜을 지원한다. 스프링 부트에서는 `spring-boot-starter-rsocket` 의존 관계를 추가하면 R소켓을 사용할 수 있다.

새 스프링 부트 프로젝트를 생성하고 예제 8.18과 같이 의존 관계를 구성한다.

예제 8.18 R소켓 의존 관계가 포함된 pom.xml 파일

```
<?xml version="1.0" encoding="UTF-8"?>
<project xmlns="http://maven.apache.org/POM/4.0.0" xmlns:xsi="http://www.w3.org/2001/
XMLSchema-instance"
   xsi:schemaLocation="http://maven.apache.org/POM/4.0.0 https://maven.apache.org/xsd/maven-
4.0.0.xsd">
   <modelVersion>4.0.0</modelVersion>
   <parent>
      <groupId>org.springframework.boot</groupId>
      <artifactId>spring-boot-starter-parent</artifactId>
      <version>2.6.3</version>
      <relativePath/> <!-- 메이븐 리포지터리에서 parent를 가져온다 -->
   </parent>
   <groupId>com.manning.sbip.ch08</groupId>
   <artifactId>spring-boot-rsocket</artifactId>
   <version>0.0.1-SNAPSHOT</version>
   <name>spring-boot-rsocket</name>
```

```xml
    <description>Spring Boot RSocket</description>
    <properties>
        <java.version>17</java.version>
    </properties>
    <dependencies>
        <dependency>
            <groupId>org.springframework.boot</groupId>
            <artifactId>spring-boot-starter-rsocket</artifactId>
        </dependency>

        <dependency>
            <groupId>org.springframework.boot</groupId>
            <artifactId>spring-boot-devtools</artifactId>
            <scope>runtime</scope>
            <optional>true</optional>
        </dependency>
        <dependency>
            <groupId>org.projectlombok</groupId>
            <artifactId>lombok</artifactId>
            <optional>true</optional>
        </dependency>
        <dependency>
            <groupId>org.springframework.boot</groupId>
            <artifactId>spring-boot-starter-test</artifactId>
            <scope>test</scope>
        </dependency>
        <dependency>
            <groupId>io.projectreactor</groupId>
            <artifactId>reactor-test</artifactId>
            <scope>test</scope>
        </dependency>
    </dependencies>

    <build>
        <plugins>
            <plugin>
                <groupId>org.springframework.boot</groupId>
                <artifactId>spring-boot-maven-plugin</artifactId>
                <configuration>
                    <excludes>
                        <exclude>
                            <groupId>org.projectlombok</groupId>
                            <artifactId>lombok</artifactId>
                        </exclude>
                    </excludes>
                </configuration>
            </plugin>
        </plugins>
```

```
    </build>

</project>
```

눈여겨볼 의존 관계는 spring-boot-starter-rsocket이다. 이 의존 관계에는 spring-messaging, rsocket-core 등 R소켓을 사용할 때 필요한 다른 라이브러리도 포함돼 있다.

application.properties 파일을 예제 8.19와 같이 작성해서 R소켓 서버 포트와 지연 초기화를 설정한다.

예제 8.19 R소켓 서버 application.properties 파일

```
spring.rsocket.server.port=9000
spring.main.lazy-initialization=true
```

Course 도메인 클래스를 예제 8.20과 같이 정의한다.

예제 8.20 Course 도메인 클래스

```
package com.manning.sbip.ch08.model;

import java.time.Instant;
import java.util.UUID;
import lombok.Data;
import lombok.NoArgsConstructor;

@Data
@NoArgsConstructor
public class Course {

    private UUID courseId = UUID.randomUUID();
    private long created = Instant.now().getEpochSecond();
    private String courseName;

    public Course(String courseName) {
        this.courseName = courseName;
    }
}
```

Course 클래스는 랜덤 UUID 값을 가지는 courseId와 생성 시점을 나타내는 created, 과정 이름을 나타내는 courseName 필드로 구성된다.

이제 R소켓의 네 가지 통신 패턴을 모두 사용하는 CourseController를 예제 8.21과 같이 작성한다.

예제 8.21 R소켓을 사용하는 CourseController 클래스

```
package com.manning.sbip.ch08.controller;

import java.time.Duration;

import org.springframework.messaging.handler.annotation.MessageMapping;
import org.springframework.stereotype.Controller;

import com.manning.sbip.ch08.model.Course;

import lombok.extern.slf4j.Slf4j;
import reactor.core.publisher.Flux;
import reactor.core.publisher.Mono;

@Slf4j
@Controller
public class CourseController {

    @MessageMapping("request-response")
    public Mono<Course> requestResponse(final Course course) {    ❶
        log.info("Received request-response course details {} ", course);
        return Mono.just(new Course("Your course name: " + course.getCourseName()));
    }

    @MessageMapping("fire-and-forget")
    public Mono<Void> fireAndForget(final Course course) {    ❷
        log.info("Received fire-and-forget course details {} ", course);
        return Mono.empty();
    }

    @MessageMapping("request-stream")
    public Flux<Course> requestStream(final Course course) {    ❸
        log.info("Received request-stream course details {} ", course);
        return Flux.interval(Duration.ofSeconds(1))
                .map(index -> new Course("Your course name: " + course.getCourseName() + ".
Response #" + index))
                .log();
    }

    @MessageMapping("stream-stream")
    public Flux<Course> channel(final Flux<Integer> settings) {    ❹
        log.info("Received stream-stream (channel) request... ");

        return settings.doOnNext(setting -> log.info("Requested interval is {} seconds",
```

```
setting))
                .doOnCancel(() -> log.warn("Client cancelled the channel"))
                .switchMap(setting -> Flux.interval(Duration.ofSeconds(setting)).map(index
-> new Course("Spring. Response #"+index)))
                .log();
    }
}
```

❶ 요청-응답 패턴. 요청자가 과정 정보를 전송하고 엔드포인트는 과정 정보를 요청자에게 반환한다.

❷ 실행 후 망각 패턴. 요청자가 과정 정보를 전송하고 아무 반환값도 기대하지 않으며, 엔드포인트는 비어 있는 Mono를 반환한다.

❸ 요청-스트림 패턴. 요청자가 과정 정보를 전송하면 엔드포인트는 과정 이름을 수정해서 1초 단위로 연달아 반환한다.

❹ 채널 패턴. 요청자가 스트림을 전송하면 엔드포인트는 과정 이름을 수정해서 호출자가 지정한 시간 단위로 연달아 반환한다. 요청자는 Flux의 delayElements() 메서드를 사용해서 시간을 지정할 수 있다. 채널 패턴에서는 요청자와 응답자 모두 스트림 데이터를 전송할 수 있다는 점을 잊지말자.

애플리케이션을 시작하면 TCP 9000 포트에서 실행된다. 두 가지 방법으로 엔드포인트를 테스트해볼 예정인데 먼저 RSC(RSocket Client CLI)을 사용해보자. RSC는 R소켓 엔드포인트를 호출할 수 있는 명령행 도구다. 설치 방법은 https://github.com/making/rsc를 참고하자.[3] 설치가 완료되면 예제 8.22와 같이 request-response 라우트를 지정해서 호출해보자.[4]

예제 8.22 RSC를 사용해서 R소켓 엔드포인트 호출

```
rsc --request --route request-response --data '{"courseName":"Spring"}' --debug --stacktrace
tcp://localhost:7000
2022-12-04 13:56:25.727 DEBUG 95155 --- [actor-tcp-nio-2] io.rsocket.FrameLogger
: sending ->
Frame => Stream ID: 0 Type: SETUP Flags: 0b0 Length: 75
Data:

2022-12-04 13:56:25.773 DEBUG 95155 --- [actor-tcp-nio-2] io.rsocket.FrameLogger
```

3 옮긴이 M1 칩을 사용하는 Mac에서는 homebrew로 rsc 설치가 안 될 수도 있다. 이럴 때는 https://bit.ly/3N9Dmme를 참고해서 설치한다.

4 옮긴이 예제 8.22와 같이 rsc로 호출 시 스프링 부트 2.6.3에서는 CancellationException이 발생한다. 따라서 예제 8.22를 따라하기 전에 pom.xml 파일에서 spring-boot-starter-parent 버전을 2.6.7로 변경해야 한다.

```
: sending ->
Frame => Stream ID: 1 Type: REQUEST_RESPONSE Flags: 0b100000000 Length: 53
Metadata:
         +-------------------------------------------------+
         |  0  1  2  3  4  5  6  7  8  9  a  b  c  d  e  f |
+--------+-------------------------------------------------+----------------+
|00000000| fe 00 00 11 10 72 65 71 75 65 73 74 2d 72 65 73 |.....request-res|
|00000010| 70 6f 6e 73 65                                  |ponse           |
+--------+-------------------------------------------------+----------------+
Data:
         +-------------------------------------------------+
         |  0  1  2  3  4  5  6  7  8  9  a  b  c  d  e  f |
+--------+-------------------------------------------------+----------------+
|00000000| 7b 22 63 6f 75 72 73 65 4e 61 6d 65 22 3a 22 53 |{"courseName":"S|
|00000010| 70 72 69 6e 67 22 7d                            |pring"}         |
+--------+-------------------------------------------------+----------------+
2022-12-04 13:56:25.828 DEBUG 95155 --- [actor-tcp-nio-2] io.rsocket.FrameLogger
: receiving ->
Frame => Stream ID: 1 Type: NEXT_COMPLETE Flags: 0b1100000 Length: 118
Data:
         +-------------------------------------------------+
         |  0  1  2  3  4  5  6  7  8  9  a  b  c  d  e  f |
+--------+-------------------------------------------------+----------------+
|00000000| 7b 22 63 6f 75 72 73 65 49 64 22 3a 22 33 37 36 |{"courseId":"376|
|00000010| 64 38 39 63 65 2d 36 36 34 30 2d 34 33 33 30 2d |d89ce-6640-4330-|
|00000020| 61 38 66 64 2d 65 37 66 32 36 33 39 39 66 66 37 |a8fd-e7f26399ff7|
|00000030| 63 22 2c 22 63 72 65 61 74 65 64 22 3a 31 36 37 |c","created":167|
|00000040| 30 31 32 39 37 38 35 2c 22 63 6f 75 72 73 65 4e |0129785,"courseN|
|00000050| 61 6d 65 22 3a 22 59 6f 75 72 20 63 6f 75 72 73 |ame":"Your cours|
|00000060| 65 20 6e 61 6d 65 3a 20 53 70 72 69 6e 67 22 7d |e name: Spring"}|
+--------+-------------------------------------------------+----------------+
{"courseId":"376d89ce-6640-4330-a8fd-e7f26399ff7c","created":1670129785,"courseName":"Your
course name: Spring"}
```

debug 모드로 명령을 실행하면 프레임 상세 정보를 확인할 수 있다. 첫 번째로 전송된 프레임은 SETUP이고 몇 가지 메타 데이터 및 요청 데이터와 함께 REQUEST_RESPONSE 프레임이 전송된다. 마지막으로 엔드포인트로부터 응답을 반환받는다. 예제 8.22에는 요청-응답 패턴을 사용한 엔드포인트에 대한 호출만 나와 있지만 나머지 통신 패턴을 사용한 엔드포인트도 RSC로 호출할 수 있다. R소켓 프로토콜과 프레임 관련 상세한 내용은 R소켓 공식 문서(https://rsocket.io/about/protocol)를 참고하자.

이번에는 RSC 대신에 spring-messaging에서 제공하는 RSocketRequester를 사용해서 R소켓 엔드포인트를 호출하는 방법을 알아보자. 예제 8.23과 같이 요청-응답 라우트를 테스트하는 통합 테스트 코드를 작성한다.

예제 8.23 request-response 라우트 기능을 확인하는 통합 테스트

```
package com.manning.sbip.ch08;

import static org.assertj.core.api.Assertions.assertThat;

import java.time.Duration;

import org.junit.jupiter.api.BeforeAll;
import org.junit.jupiter.api.Test;
import org.springframework.beans.factory.annotation.Autowired;
import org.springframework.boot.rsocket.context.LocalRSocketServerPort;
import org.springframework.boot.test.context.SpringBootTest;
import org.springframework.messaging.rsocket.RSocketRequester;
import org.springframework.messaging.rsocket.RSocketStrategies;

import com.manning.sbip.ch08.model.Course;

import reactor.core.publisher.Flux;
import reactor.core.publisher.Mono;
import reactor.test.StepVerifier;

@SpringBootTest
class SpringBootRsocketApplicationTests {

    private static RSocketRequester requester;

    @BeforeAll
    public static void setUpOnce(@Autowired RSocketRequester.Builder builder, @
LocalRSocketServerPort Integer port,
            @Autowired RSocketStrategies rSocketStrategies) {    ❶

        requester = builder.tcp("localhost", port);
    }

    @Test
    public void testRequestResponse() {

        Mono<Course> courseMono = requester.route("request-response").data(new
Course("Spring"))
                .retrieveMono(Course.class);    ❷


        StepVerifier.create(courseMono)
                .consumeNextWith(course -> assertThat(course.getCourseName()).
```

```
isEqualTo("Your course name: Spring"))
                .verifyComplete();    ❸
    }
}
```

❶ RSocketRequester 인스턴스를 설정한다. RSocketRequester.Builder 인터페이스를 사용해서 서버에 연결할 requester를 생성한다.

❷ 요청을 전송한다.

❸ 응답을 확인한다.

testRequestReponse() 메서드에서는 request-response 라우트에 요청을 보내고 응답을 검증한다. requester 인스턴스에 라우트 경로와 데이터를 설정하고 응답을 받는다. 요청-응답 패턴에서는 한 개의 응답이 반환되므로 응답을 Mono에 담아둔다. 그러고 나서 StepVerifier를 사용해서 응답을 처리하고 응답에 기대하는 값이 포함돼 있는지 검증한다. 검증이 완료되면 verifyComplete()를 통해 완료한다.

이제 SpringBootRsocketApplicationTests 클래스에 다른 R소켓 엔드포인트에 대한 테스트도 추가해보자. 먼저 예제 8.24와 같이 실행 후 망각 패턴을 사용하는 fire-and-forget 엔드포인트 대한 테스트 케이스를 추가한다.

예제 8.24 **fire-and-forget 엔드포인트 테스트**

```
@Test
public void testFireAndForget() {
    Mono<Void> courseMono = requester
        .route("fire-and-forget")
        .data(new Course("Spring"))
        .retrieveMono(Void.class);    ❶
    StepVerifier
        .create(courseMono)
        .verifyComplete();    ❷
}
```

❶ 요청을 전송하고 응답을 Mono에 담아둔다.

❷ 응답을 검증한다. 실행 후 망각 패턴에서는 응답이 없으므로 별다른 검증 코드 없이 종료한다.

예제 8.25에는 요청-스트림 패턴을 사용하는 request-stream 엔드포인트에 대한 테스트 케이스가 나와 있다.

예제 8.25 request-stream 엔드포인트 테스트

```
@Test
public void testRequestStream() {

    Flux<Course> courseFlux = requester
        .route("request-stream")
        .data(new Course("Spring"))
        .retrieveFlux(Course.class);    ❶

    StepVerifier.create(courseFlux)
        .consumeNextWith(course ->
            assertThat(course.getCourseName()).isEqualTo("Your course name: Spring. Response
#0"))
        .expectNextCount(0)
        .consumeNextWith(course ->
            assertThat(course.getCourseName()).isEqualTo("Your course name: Spring. Response
#1"))
        .thenCancel()
        .verify();    ❷
}
```

❶ 요청을 전송하고 반환받을 과정 정보 스트림을 Flux<Course>에 담는다.

❷ StepVerifier를 사용해서 응답을 검증한다. 스트림에서 2개의 과정 정보를 꺼내서 조회 및 검증하고 thenCancel()을 통해 더 이상의 스트림이 들어오지 않도록 취소 시그널을 보낸다.

예제 8.26에는 채널 패턴을 사용하는 channel 엔드포인트에 대한 테스트가 나와 있다.

예제 8.26 channel 엔드포인트 테스트

```
@Test
public void testChannel() {
    Mono<Integer> setting1 =
        Mono.just(Integer.valueOf(2)).delayElement(Duration.ofMillis(0));    ❶
    Mono<Integer> setting2 =
        Mono.just(Integer.valueOf(1)).delayElement(Duration.ofMillis(2500));    ❷
    Flux<Integer> settings = Flux.concat(setting1, setting2);    ❸

    Flux<Course> stream = requester.route("stream-stream")
        .data(settings)
        .retrieveFlux(Course.class);    ❹

    StepVerifier
        .create(stream)
        .consumeNextWith(course ->
```

```
            assertThat(course.getCourseName()).isEqualTo("Spring. Response #0")) ❺
        .consumeNextWith(course ->
            assertThat(course.getCourseName()).isEqualTo("Spring. Response #0")) ❻
        .consumeNextWith(course ->
            assertThat(course.getCourseName()).isEqualTo("Spring. Response #1")) ❼
        .consumeNextWith(course ->
            assertThat(course.getCourseName()).isEqualTo("Spring. Response #2")) ❽
        .thenCancel()
        .verify();
}
```

❶ 0초 후에 첫 번째 값인 2가 서버로 전송되는 Mono를 생성한다.

❷ 2.5초[5] 후에 두 번째 값인 1이 서버로 전송되는 Mono를 생성한다.

❸ 두 개의 Mono를 하나의 Flux 안에 담는다.

❹ 요청 스트림을 전송한다.

❺ 첫 번째 반환되는 데이터가 Spring. Response #0인지 검증한다.

❻ 두 번째 반환되는 데이터가 Spring. Response #0인지 검증한다.

❼ 세 번째 반환되는 데이터가 Spring. Response #1인지 검증한다.[6]

❽ 네 번째 반환되는 데이터가 Spring. Response #2인지 검증한다.

CourseController의 channel 엔드포인트는 요청자가 지정해준 시간 간격으로 스트림 데이터를 반환한다. ❹가 실행되는 시점을 기준으로 즉시 2가 엔드포인트에 전달되면, 엔드포인트 쪽에는 2초 후에 Spring. Response #0을 반환하는 스트림이 생성된다. 그래서 ❹가 실행된 후 2초 후에 Spring. Response #0이 반환되고 ❺번 검증이 통과한다.

❹가 실행되는 시점을 기준으로 2.5초 후에는 ❷에서 만든 Mono에 의해 1이 엔드포인트로 전송된다. 이때 switchMap이 다시 실행되면서 index 값이 다시 0이 되고 1초 후에, 즉 ❹가 실행된 시점 기준 3.5초 후에 Spring. Response #0을 반환하는 스트림 데이터가 추가된다.

❹가 실행된 시점 기준 3.5초 후에 두 번째 Spring. Response #0가 반환되고 ❻번 검증이 통과하고, ❹가 실행된 시점 기준 4.5초 후에 index가 1이 되면서 Spring. Response #1이 반환되며 ❼번 검증이 통과하고, 마지막으로 ❹가 실행된 시점 기준 5.5초 후에 index가 2가 되면서 Spring.

5 옮긴이 소스 코드 리포지터리에는 3초로 돼 있으나 내용상 3초에 겹쳐서 발생하는 데이터가 2가지가 있어 혼동되므로 2.5초로 변경한다.

6 옮긴이 (7)과 (8)은 소스 코드에는 없지만 설명을 위해 추가한다.

Response #2가 반환되고 ❽번 검증이 통과한다.

토론

이번 기법에서는 스프링 부트 애플리케이션에서 `spring-boot-starter-rsocket` 의존 관계를 추가하고 R소켓 프로토콜을 사용하는 방법을 알아봤다.

스프링 부트에는 그림 8.12와 같이 R소켓을 여러 방법으로 자동 구성할 수 있는 클래스를 제공한다.

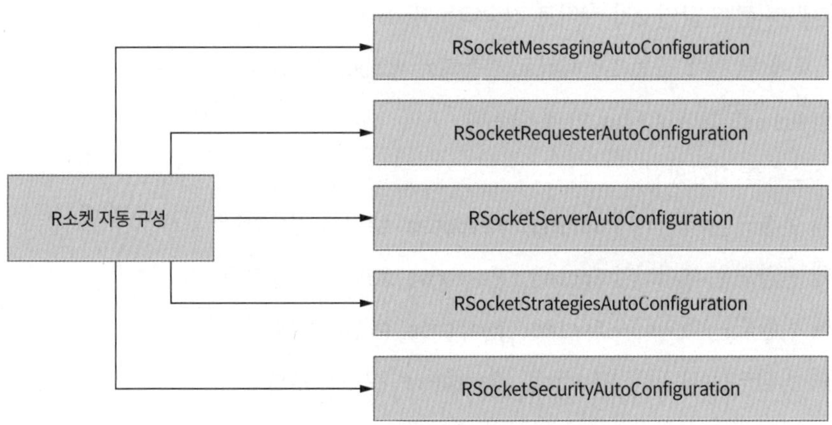

그림 8.12 스프링 부트 R소켓 자동 구성 클래스

`RSocketMessagingAutoConfiguration` 클래스는 `RSocketMessageHandler` 클래스의 자동 구성을 담당한다. `RSocketMessageHandler` 클래스는 `@ConnectMappig`이나 `@MessageMapping` 애너테이션이 붙은 메서드에 들어온 R소켓 요청을 처리한다.

`RSocketRequesterAutoConfiguration` 클래스는 `RSocketRequester` 인터페이스의 자동 구성을 담당한다. `RSocketRequester` 인터페이스는 입력을 받고 결과를 반환할 때 평문형 API를 사용할 수 있게 해준다. 예제 8.23에서 `RSocketRequester` 인터페이스를 사용해봤다.

`RSocketServerAutoConfiguration` 클래스는 R소켓 서버 자동 구성을 담당한다. 앞선 예제에서 `spring.rsocket.server.port` 프로퍼티를 사용해서 R소켓 서버 포트를 9000으로 설정했는데, `spring.rsocket.server.port` 프로퍼티는 `RSocketServerAutoConfiguration` 클래스에 정의되어 있다.

`RSocketStrategiesAutoConfiguration` 클래스는 `RSocketStrategies` 인터페이스의 자동 구성을

담당한다. `RSocketStrategies` 인터페이스에는 메시지 인코더나 디코더와 같이 R소켓 요청자와 응답자가 사용하는 여러 가지 전략이 정의되어 있다.

마지막으로 `RSocketSecurityAutoConfiguration` 클래스는 R소켓 서버에서 사용되는 스프링 시큐리티의 자동 구성을 담당한다. R소켓 서버에 스프링 시큐리티를 적용해서 보안성을 강화하는 방법은 이 책에서는 다루지 않으므로 자세한 내용은 스프링 공식 문서(https://docs.spring.io/spring-security/reference/reactive/integrations/rsocket.html)를 참고하자.

8.6 웹소켓 소개

지금까지 서버에 있는 콘텐츠에 HTTP 프로토콜로 접근할 수 있는 방법을 알아봤다. 예를 들어 브라우저나 HTTPie 같은 CLI 도구를 사용해서 CourseTracker REST API 서버에 HTTP 요청을 보내고 응답을 받았다. HTTP 프로토콜은 대부분의 시나리오에서 완벽히 잘 동작하고, 사실상 웹을 지배하고 있지만 굉장히 큰 단점도 있다. 클라이언트와 서버 사이의 통신을 클라이언트에서만 시작할 수 있다는 점이다. 클라이언트가 URL에 접근해서 서버에게 요청을 보내야 하는 요청-응답 스타일에서는 아무 문제 없이 잘 동작하지만, 서버가 스스로 클라이언트에게 연결을 요청하고 데이터를 보내는 것은 불가능하다. HTTP 스트리밍이나 롱 폴링long polling 같은 우회 방법으로 단점을 어느 정도 보완할 수는 있지만 근본적인 해법은 아니다. 예를 들어 HTTP 롱 폴링에서는 클라이언트가 서버에게 요청을 보내고, 서버는 클라이언트에게 반환해줄 데이터가 있을 때까지 요청을 처리하지 않고 연결도 끊지 않고 붙잡고 있는다. 그 후 반환해줄 데이터가 있으면 붙잡고 있던 연결을 이용해서 클라이언트에게 반환해준다.

이번 절에서는 앞서 살펴본 HTTP의 단점을 해결할 목적으로 만들어진 웹소켓 프로토콜(https://datatracker.ietf.org/doc/html/rfc6455)을 소개한다. 웹소켓은 한 개의 TCP 커넥션상에서 클라이언트와 서버 사이에 전이중full-duplex, 양방향two-way 의사소통 채널을 만들어 사용할 수 있는 표준 프로토콜이다. 표준이라는 말에 주목하자. 웹소켓은 양방향 의사소통이 가능하도록 설계됐으므로 다른 우회 방법을 사용할 필요가 없다. 웹소켓은 HTTP와는 다른 프로토콜이지만 80 포트를 사용하는 HTTP나 443 포트를 사용하는 HTTPS 위에서 동작하도록 설계됐다. 그림 8.13은 HTTP와 웹소켓의 클라이언트-서버 통신 모델을 비교하여 보여준다.

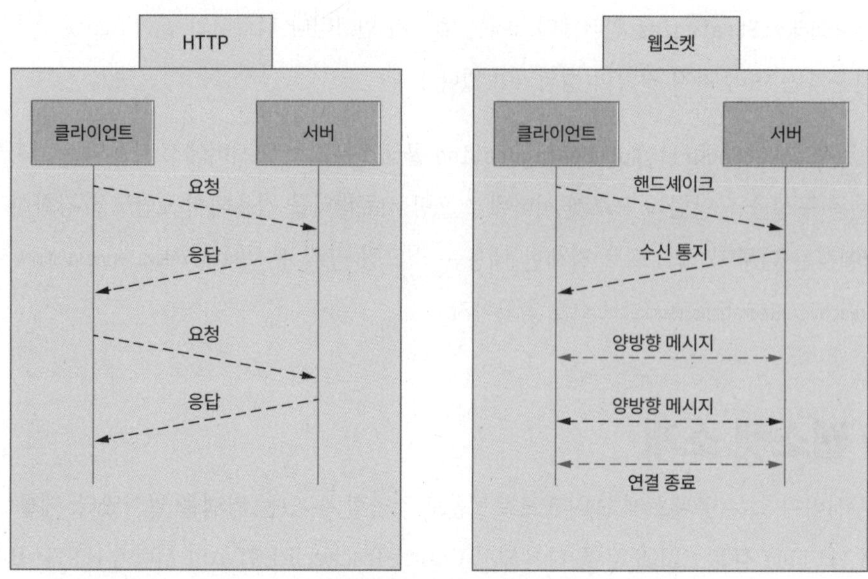

그림 8.13 HTTP와 웹소켓 프로토콜상에서의 클라이언트-서버 통신 모델 비교

웹소켓에서는 초기 핸드셰이크handshake가 성립되면 클라이언트와 서버는 서로에게 데이터를 전송할 수 있다. 초기 핸드셰이크에는 HTTP가 사용되고 핸드셰이크 성립 후에는 HTTP 연결이 웹소켓을 사용할 수 있는 새로운 TCP/IP 연결로 업그레이드된다는 점이 중요하다.

웹소켓은 저수준 프로토콜이며 바이트 스트림이 프레임으로 변환되는 방식을 정의한다. 프레임은 바이너리 메시지나 텍스트 메시지를 포함할 수 있다. 하지만 메시지에는 라우팅이나 메시지 처리에 대한 추가적인 정보는 포함되지 않는다. 그래서 추가적인 코딩 작업 없이 웹소켓 프로토콜을 있는 그대로 사용하기는 어렵다. 하지만 웹소켓 프로토콜 명세는 애플리케이션 수준에서 동작하는 고수준의 서브프로토콜 사용을 허용하고 있다. 스프링에서 지원하는 STOMPsimple(streaming) text oriented messaging protocol가 바로 그런 고수준 서브프로토콜의 예다.

스프링 프레임워크는 웹소켓 메시지를 처리할 수 있는 클라이언트와 서버를 개발하는 데 사용할 수 있는 웹소켓 API를 제공한다. 이제 스프링 부트 애플리케이션에서 웹소켓을 사용하는 방법을 알아보자.

8.6.1 기법: 웹소켓을 사용하는 스프링 부트 애플리케이션 개발

8.6.1절의 소스 코드는 https://mng.bz/v68M**에서 확인할 수 있다.**

요구 사항

웹소켓을 사용해서 클라이언트와 서버 사이의 실시간 통신을 지원해야 한다.

해법

스프링 부트 애플리케이션에 웹소켓과 STOMP를 적용해서 실시간 통신을 지원할 수 있다. 이번 기법에서는 사용자가 보낸 텍스트를 그대로 반환하는 아주 단순한 애플리케이션을 만들고 여기에 웹소켓과 STOMP를 적용해본다. 먼저 새 스프링 부트 프로젝트를 생성하고 예제 8.27과 같이 pom.xml 파일을 작성한다.

예제 8.27 웹소켓 의존 관계가 포함된 pom.xml

```
<?xml version="1.0" encoding="UTF-8"?>
<project xmlns="http://maven.apache.org/POM/4.0.0" xmlns:xsi="http://www.w3.org/2001/
XMLSchema-instance"
  xsi:schemaLocation="http://maven.apache.org/POM/4.0.0 https://maven.apache.org/xsd/maven-
4.0.0.xsd">
  <modelVersion>4.0.0</modelVersion>
  <parent>
    <groupId>org.springframework.boot</groupId>
    <artifactId>spring-boot-starter-parent</artifactId>
    <version>2.6.3</version>
    <relativePath/> <!-- 메이븐 리포지터리에서 parent를 가져온다 -->
  </parent>
  <groupId>com.manning.sbip.ch08</groupId>
  <artifactId>spring-boot-websocket</artifactId>
  <version>0.0.1-SNAPSHOT</version>
  <name>spring-boot-websocket</name>
  <description>Demo project for Spring Boot</description>
  <properties>
    <java.version>17</java.version>
  </properties>
  <dependencies>
    <dependency>
      <groupId>org.springframework.boot</groupId>
      <artifactId>spring-boot-starter-websocket</artifactId>
    </dependency>
    <dependency>
```

```
            <groupId>org.projectlombok</groupId>
            <artifactId>lombok</artifactId>
            <optional>true</optional>
        </dependency>
        <dependency>
            <groupId>org.springframework.boot</groupId>
            <artifactId>spring-boot-starter-test</artifactId>
            <scope>test</scope>
        </dependency>
    </dependencies>

    <build>
        <plugins>
            <plugin>
                <groupId>org.springframework.boot</groupId>
                <artifactId>spring-boot-maven-plugin</artifactId>
                <configuration>
                    <excludes>
                        <exclude>
                            <groupId>org.projectlombok</groupId>
                            <artifactId>lombok</artifactId>
                        </exclude>
                    </excludes>
                </configuration>
            </plugin>
        </plugins>
    </build>

</project>
```

스프링에서 웹소켓 프로토콜을 사용하는 데 필요한 `spring-boot-starter-websocket` 의존 관계가 포함돼 있다. 이제 예제 8.28과 같이 웹소켓과 STOMP를 사용하기 위한 설정을 추가한다.

예제 8.28 웹소켓 및 STOMP 지원 활성화

```
package com.manning.sbip.ch08.config;

import org.springframework.context.annotation.Configuration;
import org.springframework.messaging.simp.config.MessageBrokerRegistry;
import org.springframework.web.socket.config.annotation.EnableWebSocketMessageBroker;
import org.springframework.web.socket.config.annotation.StompEndpointRegistry;
import org.springframework.web.socket.config.annotation.WebSocketMessageBrokerConfigurer;

@Configuration
@EnableWebSocketMessageBroker
public class WebSocketConfiguration implements WebSocketMessageBrokerConfigurer {
```

```
    @Override
    public void registerStompEndpoints(StompEndpointRegistry registry) {     ❶
        registry.addEndpoint("/ws").withSockJS();
    }

    @Override
    public void configureMessageBroker(MessageBrokerRegistry registry) {     ❷
        registry.enableSimpleBroker("/topic");
        registry.setApplicationDestinationPrefixes("/app");
    }
}
```

❶ StompEndpointRegistry 인터페이스를 사용해서 웹소켓 엔드포인트에 STOMP를 등록한다.

❷ MessageBrokerRegistry 클래스를 사용해서 메시지 브로커 옵션을 설정한다.

registerStompEndpoints() 메서드는 웹소켓 엔드포인트인 /ws에 STOMP 엔드포인트를 등록한다. 그리고 withSockJS() 메서드를 호출해서 SockJS 폴백 옵션을 활성화한다. SockJS(https://github.com/sockjs/sockjs-client)를 사용하면 웹소켓 프로토콜을 지원하지 않는 브라우저에서도 웹소켓이 동작하도록 만들어준다.

configureMessageBroker 메서드는 메시지를 주고받을 한 개 이상의 목적지를 가진 인메모리 메시지 브로커를 생성한다. 예제 8.28에서는 /topic으로 시작하는 한 개의 목적지를 생성했다. 그리고 애플리케이션 목적지 접두어를 /app로 지정했다. 이를 통해 @MessagingMapping 애너테이션이 붙어 있는 메서드의 목적지를 필터링할 수 있다. @MessagingMapping 애너테이션이 붙어 있는 메서드는 별개의 컨트롤러 클래스에 정의할 것이다. 메시지 처리 후에는 컨트롤러가 메시지를 브로커에게 보낸다. 예제에서는 인메모리 메시지 브로커를 사용하지만 실제 운영 환경에서는 래빗엠큐RabbitMQ(https://www.rabbitmq.com/) 같은 정식 메시지 브로커를 사용해야 한다. 이제 예제 8.29와 같이 컨트롤러 클래스를 정의한다.

예제 8.29 MessageController 클래스

```
package com.manning.sbip.ch08.controller;

import java.time.Clock;
import java.time.Instant;

import org.springframework.messaging.handler.annotation.MessageMapping;
import org.springframework.messaging.handler.annotation.SendTo;
```

```java
import org.springframework.stereotype.Controller;

import com.manning.sbip.ch08.model.InputMessage;
import com.manning.sbip.ch08.model.OutputMessage;

import lombok.extern.slf4j.Slf4j;

@Slf4j
@Controller
public class MessageController {

    @MessageMapping("/chat")
    @SendTo("/topic/messages")
    public OutputMessage message(InputMessage message) {
        log.info("Input Message " + message);
        return OutputMessage.builder()
            .time(Instant.now(Clock.systemDefaultZone()))
            .content(message.getContent())
            .build();
    }
}
```

@MessageMapping 애너테이션을 사용해서 /chat 엔드포인트를 정의했다. @SendTo 애너테이션은 /topic/messages 엔드포인트를 구독하는 모든 클라이언트에게 메시지를 브로드캐스팅한다. InputMessage와 OutputMessage는 각각 입력 메시지와 출력 메시지를 나타내는 자바 POJO 클래스다.

이제 메시지를 주고받을 클라이언트 HTML 페이지를 작성해보자. src/main/resources 폴더에 예제 8.30과 같이 index.html 페이지를 작성한다.

예제 8.30 index.html 페이지

```html
<!DOCTYPE html>
<html lang="en">

<head>
    <meta charset="UTF-8">
    <meta http-equiv="X-UA-Compatible" content="IE=edge">
    <meta name="viewport" content="width=device-width, initial-scale=1.0">
    <title>Spring Boot WebSocket</title>
</head>

<body>
    <label for="message-input">Enter your message</label>
```

```
    <input type="text" class="form-control" id="message-input">
    <button type="submit" onclick="sendMessage()">Send</button>
    <ul id="message-list"></ul>
    <script src="https://cdnjs.cloudflare.com/ajax/libs/sockjs-client/1.5.1/sockjs.js"></
script> ❶
    <script src="https://cdnjs.cloudflare.com/ajax/libs/stomp.js/2.3.3/stomp.min.js"></
script>
    <script src="js/main.js"></script>
</body>

</html>
```

❶ sock.js와 stomp.js를 CDN으로부터 다운로드받는다.

인덱스 페이지에서 수행한 작업은 다음과 같다.

- 사용자가 메시지를 작성해서 서버로 보낼 수 있도록 텍스트 박스와 버튼을 정의한다.
- id가 message-list인 UL 요소를 정의해서 서버가 브로드캐스팅한 메시지를 출력하는 데 사용한다.
- SockJS와 STOMP JS를 포함한다. 이 둘은 main.js 파일에서 사용할 것이다. main.js 파일은 웹소켓 연결을 시작하고 /topic/messages 엔드포인트를 구독한다.

이제 예제 8.31과 같이 main.js 파일을 작성해서 src/main/resources/js 폴더에 저장한다.

예제 8.31 main.js 파일

```
let sock = new SockJS('http://localhost:8080/ws'); ❶

let client = Stomp.over(sock); ❷

function sendMessage() { ❸
    console.log("Sending message");
    let input = document.getElementById('message-input');
    client.send('/app/chat', {}, JSON.stringify({ content: input.value }));
}

client.connect({}, (frame) => { ❹
    client.subscribe('/topic/messages', (payload) => { ❺
        let message_list = document.getElementById('message-list');
        let message = document.createElement('li');
        let output = JSON.parse(payload.body);
        message.appendChild(document.createTextNode(output.content + " at " + output.time));
        message_list.appendChild(message);
```

```
    });
});
```

❶ http://localhost:8080/ws와 연결하는 웹소켓을 생성한다.

❷ 웹소켓 엔드포인트를 포함하는 `StompClient` 객체(stomp.min.js 라이브러리에 있음)를 생성한다.

❸ 메시지를 전송하는 함수. 이 함수는 HTML 페이지에서 [Send] 버튼을 누를 때 호출되어 'message-input' 텍스트 필드에 입력돼 있는 값을 비어 있는 헤더와 함께 서버로 전송한다.

❹ STOMP 통신을 시작한다. 웹소켓 프로토콜에 정의돼 있는 CONNECTED 프레임이 도착하면 실행할 콜백 함수를 제공한다.

❺ '/topic/message'을 구독한다. 새 메시지가 도착할 때마다 `message-list`에 LI 요소로 추가한다.

이제 애플리케이션을 시작하고 http://localhost:8080에 접근해서, 텍스트 필드에 문자열을 입력하고 타임스탬프와 함께 문자열이 브로드캐스팅되는지 확인할 수 있다. 브라우저에서 새 탭을 열고 http://localhost:8080에 접근해서 텍스트 필드에 문자열을 입력하면 첫 번째 브라우저 탭에도 LI 요소가 추가되는 것을 확인할 수 있다.

토론

이번 기법에서는 스프링 부트로 작성한 간단한 메시징 애플리케이션에서 웹소켓 프로토콜을 사용하는 방법을 알아봤다. 이제 웹소켓 애플리케이션에서 클라이언트와 서버 사이에 핸드셰이크가 어떻게 성립되는지 그림 8.14와 함께 살펴보자.

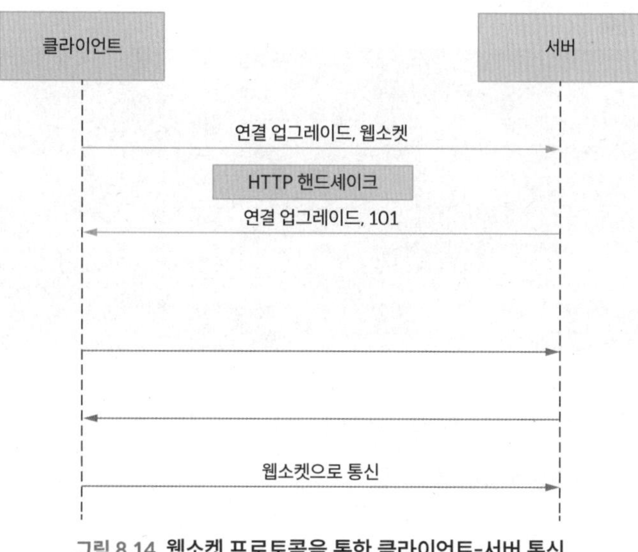

그림 8.14 **웹소켓 프로토콜을 통한 클라이언트-서버 통신**

연결이 맺어지는 초기 단계에서 클라이언트는 예제 8.32와 같이 웹소켓 연결을 요청하는 데 필요한 몇 가지 특수 HTTP 헤더를 서버에 보낸다.

예제 8.32 **HTTP 요청 헤더**

```
GET ws://localhost:8080/ws/257/vktswatd/websocket HTTP/1.1 Host: localhost:8080
Connection: Upgrade
Upgrade: websocket
Origin: http://localhost:8080
Sec-WebSocket-Version: 13
Accept-Encoding: gzip, deflate, br
Accept-Language: en-US,en;q=0.9
Sec-WebSocket-Key: kVE6El0MjfIi4bPZzojWzA==
Sec-WebSocket-Extensions: permessage-deflate; client_max_window_bits
```

최초 요청은 HTTP GET 요청이어야 한다. 그리고 클라이언트는 웹소켓 프로토콜로 업그레이드하거나 전환하기 위해 HTTP `Upgrade` 헤더를 사용해서 서버와 통신을 시작한다. 클라이언트는 `Sec-*` 헤더도 전송한다. `Sec-WebSocket-Key` 헤더는 보안 강화 목적으로 사용하는 헤더다. 그 외 헤더 관련 자세한 내용은 https://datatracker.ietf.org/doc/html/rfc6455를 참고하자.

서버가 웹소켓 프로토콜을 지원하면 HTTP 200 OK 대신에 자동으로 HTTP 101 Switching Protocols 응답 코드를 반환한다. 응답 헤더는 예제 8.33에 나와 있다.

예제 8.33 HTTP 응답 헤더

```
HTTP/1.1 101
Vary: Origin
Vary: Access-Control-Request-Method
Vary: Access-Control-Request-Headers
Upgrade: websocket
Connection: upgrade
Sec-WebSocket-Accept: vNLDQJwTllhnlFr6XKRZdjCX2Vk=
Sec-WebSocket-Extensions: permessage-deflate;client_max_window_bits=15
Date: Wed, 28 Jul 2021 10:30:46 GMT
```

핸드셰이크가 성공하면 HTTP 업그레이드 요청에 사용된 TCP 소켓은 열린 채로 유지되고 클라이언트와 서버가 서로 메시지를 주고받을 수 있다.

요약

8장에서 다룬 내용은 다음과 같다.

- 비동기 데이터 스트림과 리액티브 프로그래밍의 장점에 중점을 두고 리액티브 프로그래밍을 소개했다.
- 리액티브 스트림, 프로젝트 리액터, 스프링 웹플럭스를 소개했다.
- 스프링 웹플럭스에서 애너테이션 컨트롤러를 사용하는 방식과 함수형 엔드포인트를 사용하는 방식으로 리액티브 RESTful API를 설계하는 방법을 살펴봤다.
- `WebClient`를 사용해서 리액티브 애플리케이션을 호출하는 방법을 알아봤다.
- 스프링 부트 애플리케이션에서 웹소켓을 사용하는 방법을 알아봤다.
- R소켓 프로토콜과 통신 패턴을 알아보고, 스프링 부트 애플리케이션에 R소켓을 적용해봤다.

PART IV

4부는 총 1장으로 구성돼 있으며 스프링 부트 애플리케이션 배포에 대한 이야기를 나눈다.

9장은 기본적인 JAR 파일과 WAR 파일 기반의 배포를 다룬 후 허로쿠와 클라우드 파운드리를 사용한 PaaS 스타일 배포를 알아본다. 마지막으로 스프링 부트 애플리케이션을 컨테이너화해서 쿠버네티스 클러스터와 레드햇 오픈시프트에 배포하고 실행해본다.

CHAPTER 9

스프링 부트 애플리케이션 배포

9장에서 다루는 내용

- **스프링 부트 애플리케이션을 JAR 파일로 만들어 실행하거나 WAR 파일로 만들어 배포**
- **스프링 부트 애플리케이션을 클라우드 파운드리와 허로쿠에 배포**
- **스프링 부트 애플리케이션을 도커 컨테이너로 만들어 실행**
- **쿠버네티스 클러스터와 레드햇 오픈시프트 플랫폼에서 스프링 부트 애플리케이션 개발**

애플리케이션 개발과 테스트를 마치면 사용자가 애플리케이션을 사용할 수 있도록 운영 서버에 애플리케이션을 배포해야 한다. 스프링 부트 애플리케이션은 다양한 방식으로 배포할 수 있으므로 애플리케이션의 확장성scalability, 가용성availability, 회복성resilience 요구 사항에 따라 배포 전략을 선택할 수 있다.

9장에서는 스프링 부트 애플리케이션을 배포하는 다양한 방식을 살펴본다. 먼저 실행 가능한 JAR 파일로 만들어 실행하거나 WAR 파일로 만들어 애플리케이션 서버에 배포하는 전통적인 방식을 살펴보고, 피보탈 클라우드 파운드리와 허로쿠에 배포하는 방법을 알아보자. 마지막으로 스프링 부트 애플리케이션을 도커 컨테이너로 만들어서 쿠버네티스 클러스터와 레드햇 오픈시프트에 배포하는 방법도 배워본다.

스프링 부트 프레임워크는 유연성과 사용성 덕분에 수많은 개발자와 조직에서 웹 애플리케이션,

REST API, 마이크로서비스 등 다양한 유형의 애플리케이션을 개발하는 데 널리 사용되고 있다. 어떤 애플리케이션은 작아서 소수의 사용자만 지원하면 되지만 어떤 애플리케이션은 지리적으로 넓은 영역에 걸쳐 수많은 사용자를 지원해야 한다. 전자의 경우 특별한 배포 전략이 필요 없지만 후자의 경우 상황이 매우 복잡하여 신중하게 배포 전략을 결정해야 한다.

스프링 부트는 두 가지 상황 모두를 지원할 수 있도록 다양한 배포 기법을 지원한다. 스프링 부트 애플리케이션은 여러 가지 내장 웹 서버를 지원하므로 실행 가능한 JAR로 만들어서 애플리케이션 서버 없이도 독립적으로 실행할 수 있다. 스프링 부트 내장 기능을 사용하면 쉽게 WAR 파일을 만들 수 있으므로 스프링 부트 애플리케이션을 WAR 파일로 만들어서 애플리케이션 서버에 배포할 수도 있다. 곧 실습을 통해 알아보겠지만 web.xml 파일이나 기타 다른 설정 없이도 스프링 부트 애플리케이션을 WAR 파일로 만드는 작업은 매우 단순하다.

JAR 파일이나 WAR 파일 방식을 사용하려면 스프링 부트 애플리케이션을 JAR나 WAR 로 패키징을 해야 한다. 피보탈 클라우드 파운드리pivotal cloud foundry, PCF(https://www.cloudfoundry.org/)를 사용하면 개발자는 패키징 과정을 PCF에 맡기고 소스 코드에서 곧바로 애플리케이션을 배포할 수 있다. 자체 인프라를 보유하고 있지 않다면 패키징된 애플리케이션을 아마존 웹 서비스AWS, 애저, 구글 클라우드 플랫폼, 허로쿠 같은 클라우드 서비스를 활용해서 배포할 수도 있다. 9장에서는 허로쿠에 애플리케이션을 배포한다.

스프링 부트는 애플리케이션을 컨테이너 이미지로 만드는 기능도 제공하고 있어서 애플리케이션을 컨테이너 이미지화해서 운영해야 하는 환경에서도 문제 없이 사용할 수 있다. 이미지를 만들어서 로컬이나 클라우드 환경에 배포할 수 있다. 확장성, 고가용성, 장애내성fault-tolerance이 필요하다면 쿠버네티스에 애플리케이션을 배포할 수 있다. 9장에서는 스프링 부트 애플리케이션을 쿠버네티스와 레드햇 오픈시프트에 배포한다.

NOTE 애플리케이션을 어떻게 배포해서 사용자에게 서비스를 제공할 것인지는 비즈니스 요구 사항이며 애플리케이션 성능, 확장성, 가용성, 회복성, 법규 준수 등 여러 가지 요소에 대한 고려가 필요하다. 그래서 굉장히 다양한 배포 기법과 전략이 존재하며 그에 따른 도구나 플랫폼도 매우 다양하다.

책에서는 스프링 부트 애플리케이션을 가장 널리 사용되는 플랫폼에 배포해본다. 애플리케이션 배포는 아주 범위가 넓은 주제라서 기술과 플랫폼에 대한 상세한 내용을 책에서 모두 다룰 수는 없다. 그러므로 특정 기술이나 플랫폼에 대한 상세 정보가 필요할 때는 공식 문서나 깃허브 위키 등 참고 자료를 제공하는 것으로 대신한다.

9.1 실행 가능한 JAR 파일로 스프링 부트 애플리케이션 실행

스프링 부트 애플리케이션을 실행 가능한 JAR 파일로 만들어서 로컬 장비나 서버에서 실행하는 작업은 이미 다뤄봤다. 이번 절에서는 그 과정을 좀 더 자세히 살펴본다.

9.1.1 기법: 실행 가능한 JAR 파일로 패키징하고 실행

9.1.1절의 소스 코드는 https://mng.bz/oa7Z에서 확인할 수 있다.

요구 사항

스프링 부트 애플리케이션을 실행 가능한 JAR 파일로 만들어서 실행해야 한다.

해법

애플리케이션 개발을 완료했으면 실행해서 동작을 확인해봐야 한다. 스프링 부트는 애플리케이션을 여러 가지 방식으로 실행하고 배포할 수 있다. 이번 기법에서는 단순하면서도 널리 사용되는 방식인 실행 가능한 JAR 파일을 만들어서 실행해본다.

애플리케이션 컴포넌트가 어떻게 실행 가능한 JAR로 패키징되는지 알아보기 위해 앞서 만든 CourseTracker 애플리케이션을 사용한다.

애플리케이션이 실행 가능한 JAR 파일로 패키징되려면 다음 두 가지 조건을 충족해야 한다.

1. pom.xml 파일의 `packaging` 유형이 JAR로 지정돼야 한다.
2. pom.xml 파일의 `plugins`에 `spring-boot-maven-plugin`이 예제 9.1과 같이 설치돼 있어야 한다.

예제 9.1 스프링 부트 메이븐 플러그인

```
<plugin>
    <groupId>org.springframework.boot</groupId>
    <artifactId>spring-boot-maven-plugin</artifactId>
</plugin>
```

`spring-boot-maven-plugin`은 메이븐의 `package` 단계phase를 실행할 때 실행 가능한 JAR 파일 생

성 준비 작업을 수행한다. 이 과정의 자세한 내용은 곧이어 살펴보기로 하고 먼저 터미널을 열어서 pom.xml 파일이 있는 폴더로 이동한 다음, 예제 9.2와 같이 `mvn package` 명령을 실행해서 애플리케이션 컴포넌트를 빌드하고 실행 가능한 JAR 파일 패키지를 만들어보자.

예제 9.2 mvn package 명령 실행

```
> mvn package

[INFO] Scanning for projects...
[INFO]
[INFO] ------------< com.manning.sbip.ch09:course-tracker-app-jar >------------
[INFO] Building course-tracker-app-jar 1.0.0
[INFO] --------------------------------[ jar ]---------------------------------
[INFO]
[INFO] --- maven-resources-plugin:3.2.0:resources (default-resources) @ course-tracker-app-
jar ---
[INFO] Using 'UTF-8' encoding to copy filtered resources.
[INFO] Using 'UTF-8' encoding to copy filtered properties files.
[INFO] Copying 1 resource
[INFO] Copying 7 resources
[INFO]
[INFO] --- maven-compiler-plugin:3.8.1:compile (default-compile) @ course-tracker-app-jar
---
[INFO] Changes detected - recompiling the module!
[INFO] Compiling 6 source files to /Users/user/sbip/repo/ch09/course-tracker-app-jar/target/
classes
[INFO]
[INFO] --- maven-resources-plugin:3.2.0:testResources (default-testResources) @ course-
tracker-app-jar ---
[INFO] Using 'UTF-8' encoding to copy filtered resources.
[INFO] Using 'UTF-8' encoding to copy filtered properties files.
[INFO] skip non existing resourceDirectory /Users/user/sbip/repo/ch09/course-tracker-app-
jar/src/test/resources
[INFO]
[INFO] --- maven-compiler-plugin:3.8.1:testCompile (default-testCompile) @ course-tracker-
app-jar ---
[INFO] No sources to compile
[INFO]
[INFO] --- maven-surefire-plugin:2.22.2:test (default-test) @ course-tracker-app-jar ---
[INFO] No tests to run.
[INFO]
[INFO] --- maven-jar-plugin:3.2.2:jar (default-jar) @ course-tracker-app-jar ---
[INFO] Building jar: /Users/user/sbip/repo/ch09/course-tracker-app-jar/target/course-
tracker-app-jar-1.0.0.jar
[INFO]
[INFO] --- spring-boot-maven-plugin:2.6.3:repackage (repackage) @ course-tracker-app-jar ---
```

```
[INFO] Replacing main artifact with repackaged archive
[INFO] ------------------------------------------------------------------------
[INFO] BUILD SUCCESS
[INFO] ------------------------------------------------------------------------
```

패키징이 성공하면 pom.xml 파일이 있던 폴더에 `target` 폴더가 생성된 것을 확인할 수 있다. `target` 폴더 안에 실행 가능한 JAR 파일이 생성돼 있다. JAR 파일 이름은 기본적으로 pom.xml 파일의 `<artifactId>`, `<version>` 값을 이용해서 `<artifactId>-<version>.jar`로 만들어지며, CourseTracker 애플리케이션의 실행 가능한 JAR 파일은 course-tracker-app-jar.1.0.0.jar이다. `target` 폴더에서 예제 9.3과 같이 `java -jar <jarName>` 명령으로 JAR 파일을 실행할 수 있다.

예제 9.3 실행 가능한 스프링 부트 JAR 파일 실행

```
target> java -jar course-tracker-app-jar.1.0.0.jar
```

애플리케이션이 8080 포트에서 시작되고 성공적으로 초기화되는 것을 확인할 수 있다. 웹 브라우저를 열고 http://localhost:8080에 접속하면 CourseTracker 애플리케이션 인덱스 페이지가 표시된다.

토론

1장 1.3.3절과 1.3.4절에서 JAR 파일 생성 과정과 파일 구조에 대해 간략하게 설명했다. 메이븐 `package` 단계$_{phase}$에서 `spring-boot-maven-plugin` 훅$_{hook}$의 `repackage` 골을 통해 실행 가능한 JAR 파일이 준비된다. 스프링 부트 프로젝트는 `spring-boot-starter-parent`라는 페어런트$_{parent}$ POM을 가지고 있으며 이 POM 파일에 `repackage` 골 관련 설정이 포함돼 있다.

`target` 폴더에는 `<artifactId>-<version>.jar.original` 이름을 가진 또 하나의 JAR 파일이 있다. 이 파일이 메이븐에 의해 만들어지는 오리지널 JAR 파일이다. 이 파일은 실행 가능한 JAR 파일이 아니고 `spring-boot-maven-plugin`이 이 파일을 이용해서 실행 가능한 JAR 파일을 만들어낸다. 예제 9.4에는 실행 가능한 JAR 파일의 구조[1]가 나와 있다.

예제 9.4 스프링 부트에 의해 만들어진 실행 가능한 JAR 파일의 구조

```
course-tracker-app-jar-1.0.0.jar
  |
  +-META-INF
  |  +-MANIFEST.MF
```

1 옮긴이 실행 가능한 JAR 파일의 전체 내용은 jar tf course-tracker-app-jar-1.0.0.jar 명령을 실행해서 확인할 수 있다.

```
+-org
| +-springframework
|   +-boot
|     +-loader
|       +-<spring boot loader classes>  ❶
+-BOOT-INF
  +-classes
  | +-com
  |   +-manning
  |     +-sbip
  |       +-ch09
  |         +-CourseTrackerSpringBootApplication.class
  +-lib   ❷
  | +-dependency1.jar
  | +-dependency2.jar
  +-classpath.idx
  +-layers.idx
```

❶ 스프링 부트 애플리케이션을 로딩하고 실행하는 데 사용되는 로더 클래스

❷ 스프링 JAR 파일, 로깅 JAR 파일 등 스프링 부트 애플리케이션에 필요한 서드파티 라이브러리

META-INF 폴더에는 MANIFEST.MF 매니페스트$_{\text{manifest}}$ 파일이 있다. 매니페스트 파일은 JAR 파일에 패키징된 파일에 대한 메타 정보를 포함하고 있으며 내용은 예제 9.5와 같다.

예제 9.5 CourseTracker JAR 파일에 포함된 MANIFEST.MF 파일

```
Manifest-Version: 1.0
Created-By: Maven JAR Plugin 3.2.2
Build-Jdk-Spec: 17
Implementation-Title: course-tracker-app-jar
Implementation-Version: 1.0.0
Main-Class: org.springframework.boot.loader.JarLauncher
Start-Class: com.manning.sbip.ch09.CourseTrackerSpringBootApplication
Spring-Boot-Version: 2.6.3
Spring-Boot-Classes: BOOT-INF/classes/
Spring-Boot-Lib: BOOT-INF/lib/
Spring-Boot-Classpath-Index: BOOT-INF/classpath.idx
Spring-Boot-Layers-Index: BOOT-INF/layers.idx
```

`Main-Class` 프로퍼티에는 JAR 파일 실행의 출발점인 `org.springframework.boot.loader.JarLauncher` 클래스가 지정돼 있다. `Start-Class` 프로퍼티에는 스프링 부트 애플리케이션 초기화를 시작하는 메인 클래스가 지정돼 있다.

애플리케이션에 포함된 클래스 파일은 BOOT-INF/classes 폴더에 패키징되고, 의존 관계로 사용되는 서드파티 라이브러리는 BOOT-INF/lib 폴더에 패키징된다.

BOOT-INF 폴더 안에는 두 개의 인덱스 파일이 있다. classpath.idx 파일에는 애플리케이션에 사용되는 JAR 파일의 경로가 클래스패스에 추가되는 순서대로 나열돼 있다.

layers.idx 파일에는 JAR 파일로부터 도커 이미지를 만들 때 핵심적인 역할을 하는 레이어layer와 JAR 파일이 나열돼 있다. 도커 이미지를 만들 때 layers.idx 파일에 지정된 레이어는 서로 다른 레이어로 만들어진다. 도커 이미지와 레이어는 나중에 스프링 부트 애플리케이션을 도커 이미지로 만드는 과정을 설명할 때 상세히 다룬다.

기본적으로 스프링 부트는 다음과 같이 4개의 레이어를 정의한다.

- `dependencies` - SNAPSHOT이 포함되지 않은 버전의 전체 의존 관계를 포함한다.
- `spring-boot-loader` - 스프링 부트 로더 클래스. `JarLauncher` 클래스가 포함된다.
- `snapshot-dependencies` - SNAPSHOT이 포함된 모든 의존 관계를 포함한다.
- `application` - 애플리케이션 클래스와 리소스를 포함한다.

지금까지 설명한 레이어를 `layertools` JAR 모드를 활용해서 확인하고 추출해보자. 실행 가능한 JAR 파일은 `java -jar <jarName>` 명령으로 실행할 수 있었는데, 여기에 예제 9.6처럼 `-Djarmode=layertools` 옵션을 추가하면 `layertools` 모드의 옵션을 확인할 수 있다.

예제 9.6 layertools JAR 모드 사용

```
target> java -Djarmode=layertools -jar course-tracker-app-jar-1.0.0.jar

Usage:
  java -Djarmode=layertools -jar course-tracker-app-jar-1.0.0.jar

Available commands:
  list     List layers from the jar that can be extracted
  extract  Extracts layers from the jar for image creation
  help     Help about any command
```

`layertools` 모드에서는 3개의 명령을 사용할 수 있는데, 아무 명령도 지정하지 않으면 예제 9.6과 같은 도움말을 보여주는 `help`가 기본 명령으로 실행된다. `java -jar` 명령이 실행되면 JAR 실행의 시작점인 `JarLauncher` 클래스가 호출된다. 하지만 `jarmode` 플래그가 설정되면 애플

리케이션을 시작하는 대신에 `layertools`의 명령을 실행한다. `layertools` 명령은 `java -jar -Djarmode=layertools` 명령을 실행할 때마다 호출되는 `JarModeLauncher` 클래스에 포함돼있다.

스프링 부트는 패키징될 때 기본적으로 layers.idx 파일도 만들어준다. layers.idx 파일이 포함돼 있는 실행 가능한 JAR 파일이 생성될 때 스프링 부트는 `layertools` 모드를 지원하는 `spring-boot-jarmode-layertools` JAR 파일도 자동으로 JAR 안에 포함시킨다. `layertools` 모드에서 사용할 수 있는 `list` 명령을 예제 9.7과 같이 실행해보자.

예제 9.7 layertools의 list 명령으로 레이어 확인

```
target> java -Djarmode=layertools -jar course-tracker-app-jar-1.0.0.jar list

dependencies
spring-boot-loader
snapshot-dependencies
application
```

course-tracker-app-jar-1.0.0.jar 파일에 포함돼 있는 레이어가 표시된다. 예제 9.8과 같이 `extract` 명령을 사용하면 레이어별 내용을 추출해서 파일 시스템에 저장한다.

예제 9.8 layertools의 extract 명령으로 레이어 추출해서 layers 폴더에 저장

```
target> java -Djarmode=layertools -jar course-tracker-app-jar-1.0.0.jar extract
--destination layers

target> ls -al layers

total 0
drwxr-xr-x   6 user  staff  192 12 10 11:32 .
drwxr-xr-x  10 user  staff  320 12 10 11:32 ..
drwxr-xr-x   4 user  staff  128 12 10 11:32 application
drwxr-xr-x   3 user  staff   96 12 10 11:32 dependencies
drwxr-xr-x   2 user  staff   64 12 10 11:32 snapshot-dependencies
drwxr-xr-x   3 user  staff   96 12 10 11:32 spring-boot-loader
```

`extract` 명령으로 레이어를 추출하고 `--destination` 옵션으로 지정한 `layers` 폴더에 추출한 레이어를 저장한다. `ls` 명령(윈도우에서는 `dir` 명령)으로 `layers` 폴더의 내용을 살펴보면 실행 가능한 JAR 파일에 포함된 내용이 레이어로 분류되어 저장된 것을 확인할 수 있다.

레이어가 왜 필요한지는 스프링 부트 애플리케이션으로 도커 이미지를 만들 때 다시 상세히 다룬다. 지금은 최적화된 도커 이미지를 만들 때 레이어가 필요하다는 정도만 알고 있으면 된다. 실행 가능한 JAR 파일 생성과 구조를 다루고 있어서 JAR 파일에 포함된 레이어 개념도 먼저 개략적으로 살펴봤다.

9.2 스프링 부트 애플리케이션을 WAR 패키지로 만들어 배포

앞 절에서는 스프링 부트 애플리케이션 컴포넌트를 실행 가능한 JAR 파일로 패키징하고 실행하는 방법을 살펴봤다. 하지만 애플리케이션 컴포넌트를 WAR 파일로 패키징해서 웹 서버나 애플리케이션 서버에 배포해야 할 때도 있다.

컨테이너와 쿠버네티스가 나오기 전까지는 애플리케이션을 웹 서버나 애플리케이션 서버에 배포하는 방식이 사실상 표준이었다. 애플리케이션 서버는 개발자와 애플리케이션 아키텍트를 지원하고 애플리케이션 배포 계획을 수립할 수 있는 여러 가지 엔터프라이즈 기능을 포함하고 있다. 예를 들어 대부분의 애플리케이션 서버는 데이터베이스 연결, 세션 복제, 스티키sticky 세션, 클러스터링 등의 기능을 제공한다. 애플리케이션 서버를 기반으로 한 배포에서는 동일한 애플리케이션 인스턴스를 여러 대의 서버에 배포하고, 앞 단에 로드 밸런서를 두고 들어오는 요청을 받아서 여러 대의 애플리케이션 서버에 분산 전달하는 구조를 갖는다.

그림 9.1에는 여러 대의 애플리케이션 서버로 구성된 클러스터에 스프링 부트 애플리케이션을 배포해서 운영하는 구조가 개략적으로 나와 있다. 클러스터에 배포하는 방식에서는 부하 분산과 고가용성 같은 개념을 도입할 수 있다. 그림에 나와 있는 내용은 전형적인 애플리케이션 서버 배포가 어떻게 구성되고 어떻게 동작하는지 쉽게 알 수 있도록 단순화해서 개략적으로 보여준다는 점에 유의하자.

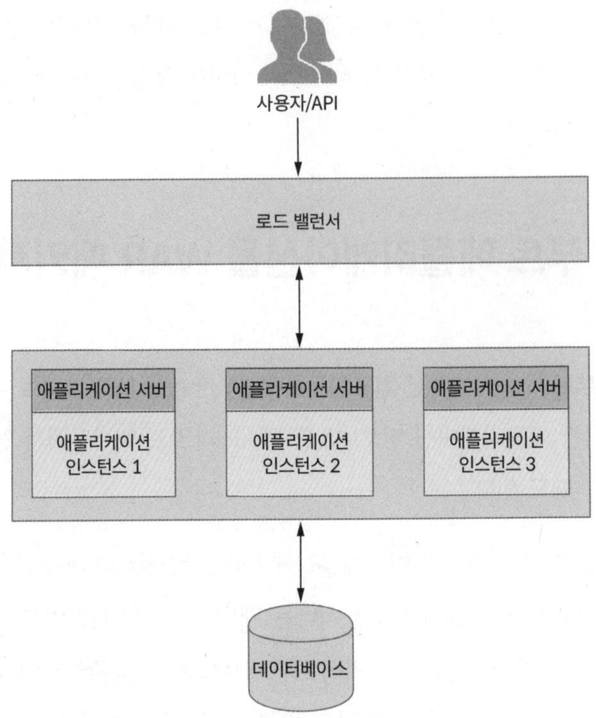

그림 9.1 **애플리케이션 클러스터에 스프링 부트 애플리케이션 배포**

여러 애플리케이션 서버 앞 단에 있는 로드 밸런서가 사용자 요청을 받아서, 로드 밸런서에 설정된 부하 분산 규칙에 따라 여러 애플리케이션 서버 중 하나의 애플리케이션 서버에 요청을 전달한다. 애플리케이션 서버가 반환하는 응답은 로드 밸런서를 거쳐 사용자에게 반환된다.

이제 스프링 부트 애플리케이션을 직접 WAR 파일로 패키징해서 독립 실행형 와일드플라이WildFly 서버(https://www.wildfly.org/)에 배포해보자. 와일드플라이 서버는 널리 사용되는 레드햇 제이보스 엔터프라이즈 애플리케이션 플랫폼RedHat JBoss enterprise application platform 서버의 커뮤니티 버전이며 무료로 사용할 수 있다.

9.2.1 기법: 스프링 부트 애플리케이션을 WAR 파일로 패키징하고 WildFly 애플리케이션 서버에 배포

9.2.1절의 소스 코드는 https://mng.bz/nY75**에서 확인할 수 있다.**

요구 사항

스프링 부트 애플리케이션을 WAR 파일로 패키징하고 와일드플라이 애플리케이션 서버에 배포해야 한다.

해법

스프링 부트 메이븐 플러그인을 통해 CourseTracker 스프링 부트 애플리케이션을 WAR로 패키징할 수 있다. 와일드플라이 서버는 https://www.wildfly.org/downloads/에서 다운로드받아 설치할 수 있다.

먼저 JAR 파일 대신 WAR 파일로 패키징하려면 다음과 같이 두 가지를 변경해야 한다.

1. 예제 9.9와 같이 pom.xml 파일의 `package` 유형을 `war`로 변경한다.

예제 9.9 package 유형을 war로 지정한 pom.xml 파일

```
...
<groupId>com.manning.sbip.ch09</groupId>
<artifactId>course-tracker-app-war</artifactId>
<version>1.0.0</version>
<packaging>war</packaging>
<name>course-tracker-app-war</name>
...
```

2. WAR 배포 환경에서 애플리케이션이 실행될 수 있도록 `WebApplicationInitializer` 인스턴스를 정의한다. `WebApplicationInitializer` 인터페이스는 Servlet 3.0 이상의 환경에서 `ServletContext`를 XML이 아닌 프로그래밍 방식으로 설정할 수 있게 해준다. 스프링 이니셜라이저(https://start.spring.io/)에서 새로 프로젝트를 생성할 때 패키징 유형을 `war`로 선택하면 `WebApplicationInitializer` 인터페이스의 구현체인 `ServletInitializer` 클래스를 자동으로 생성해서 프로젝트에 포함시켜준다. `ServletInitializer` 클래스는 `WebApplicationInitializer` 인터페이스를 구현한 `SpringBootServletInitializer` 클래스를 상속받는다. `SpringBootServletInitializer`는 WAR 배포 환경에서 스프링 부트 애플리케이션을 실행할 수 있도록 스프링 부트에서 제공해주는 클래스다. 스프링 이니셜라이저에서 새로 `war` 프로젝트를 생성하지 않았다면 예제 9.10에 나와 있는 `ServletInitializer` 클래스와 같은 `WebApplicationInitializer` 구현체를 직접 정의해줘야 한다.

예제 9.10 ServletInitializer 클래스

```
package com.manning.sbip.ch09;

import org.springframework.boot.builder.SpringApplicationBuilder;
import org.springframework.boot.web.servlet.support.SpringBootServletInitializer;

public class ServletInitializer extends SpringBootServletInitializer {

    @Override
    protected SpringApplicationBuilder configure(SpringApplicationBuilder application) {
        return application.sources(CourseTrackerSpringBootApplication.class);
    }

}
```

`SpringApplicationBuilder`에 `CourseTrackerSpringBootApplication` 클래스를 추가했다. `SpringApplicationBuilder`는 스프링 부트 애플리케이션을 시작할 때 실행되는 `SpringApplication` 인스턴스를 생성한다.

와일드플라이 서버의 로깅 기능을 담고 있는 slf4j-jboss-logmanager-1.1.0.Final.jar와 충돌이 발생하는 `logback-classic` 의존 관계를 예제 9.11과 같이 `spring-boot-starter-web` 의존 관계로부터 제외한다.

예제 9.11 logback-classic 의존 관계를 spring-boot-starter-web에서 제외

```
<dependency>
    <groupId>org.springframework.boot</groupId>
    <artifactId>spring-boot-starter-web</artifactId>
    <exclusions>
        <exclusion>
            <groupId>ch.qos.logback</groupId>
            <artifactId>logback-classic</artifactId>
        </exclusion>
    </exclusions>
</dependency>
```

src/main/webapp/WEB-INF 폴더에 있는 jboss-web.xml 파일에 애플리케이션 컨텍스트 루트를 `'/'`로 지정한다.

예제 9.12 jboss-web.xml 파일에 컨텍스트 루트 설정

```
<?xml version="1.0" encoding="UTF-8"?>
<jboss-web>
    <context-root>/</context-root>
</jboss-web>
```

WAR로 패키징하기 위한 애플리케이션 설정은 이걸로 모두 마쳤다. pom.xml 파일이 있는 폴더에서 `mvn package` 명령을 실행하면 빌드 과정과 패키징 과정이 진행되고 성공하면 `target` 폴더 안에 WAR 파일이 생성된다. 이 파일을 와일드플라이 서버에 등록하면 CourseTracker 애플리케이션에 접속할 수 있다. 이제 와일드플라이 서버를 설치하고 실행해보자.

설치와 실행은 간단하다. https://www.wildfly.org/downloads/에서 26.1.2.Final[2] 버전의 zip 파일을 다운로드받아서 압축을 푼 후 터미널에서 `bin` 폴더 안에 있는 standalone.sh(윈도우는 standalone.bat) 파일을 실행하면 http://localhost:8080을 통해 와일드플라이 기본 환영 페이지에 접속할 수 있고, http://localhost:9990을 통해 어드민 콘솔에 접근할 수 있다. WAR 파일을 배포하려면 어드민 콘솔에 접근해야 하는데 먼저 사용자 계정을 만들어야 한다.[3]

터미널에서 [CTRL]+[C]로 와일드플라이 서버를 종료하고 `bin` 폴더 안에 있는 add-user.sh(윈도우는 add-user.bat) 파일을 통해 사용자 계정을 만들 수 있다. 그림 9.2와 같이 계정 타입은 `a) Management User`를 선택하고, Username과 Password를 입력한다. 그룹은 지정하지 않고 엔터를 입력하고, 입력한 정보가 맞냐는 물음에는 **yes**, 마지막 물음에는 **no**를 입력한다.

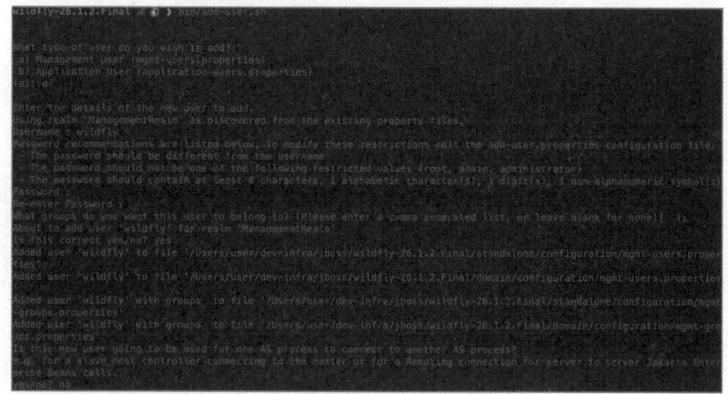

그림 9.2 와일드플라이 어드민 계정 추가

---

2 옮긴이 번역 시점에서 최신 버전은 29.0.0.Final이다.

3 옮긴이 다음 부분은 옮긴이가 추가한 부분이다.

다시 bin 폴더 안에 있는 standalone.sh를 실행하고 http://localhost:9990에 접속하면 나오는 로그인 팝업에서 Username, Password를 입력하고 로그인하면 어드민 콘솔이 화면에 표시된다. 상단 메뉴에 있는 Deployments 탭을 선택해서 그림 9.3과 같이 왼쪽 메뉴에 있는 버튼을 클릭하고 Upload Deployment를 선택하고, target 폴더에 만들어진 course-tracker-app-war-1.0.0.war 파일을 업로드하고 [Next]를 클릭한다.

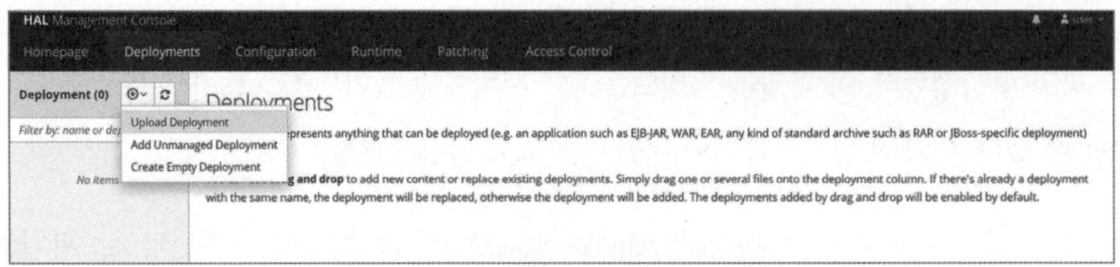

그림 9.3 와일드플라이 서버 Upload Deployment 화면

다음 화면에서 [Finish]를 클릭하면 Deployment processing 메시지가 표시되고 배포가 완료되면 그림 9.4와 같이 업로드 성공 화면과 메시지가 표시된다.[4]

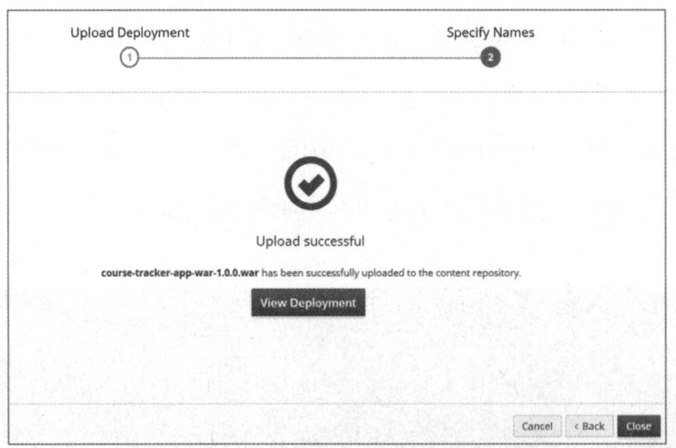

그림 9.4 CourseTracker WAR 파일 업로드 성공 화면

이제 http://localhost:8080/에 접속하면 그림 9.5와 같이 WAR 파일로 배포된 CourseTracker 애플리케이션의 인덱스 페이지를 확인할 수 있다.

4 옮긴이 Java 14를 사용해서 패키징된 WAR 파일까지만 지원하며, Java 14보다 상위 버전을 사용해서 패키징된 WAR 파일은 배포 시 에러가 발생하거나, 배포는 성공해도 인덱스 페이지 접속 시 에러가 발생한다. 따라서 실행이 제대로 되지 않는다면 WAR 파일을 Java 14를 사용해서 다시 패키징한 후 다시 와일드플라이 서버 어드민 콘솔에서 배포하면 된다.

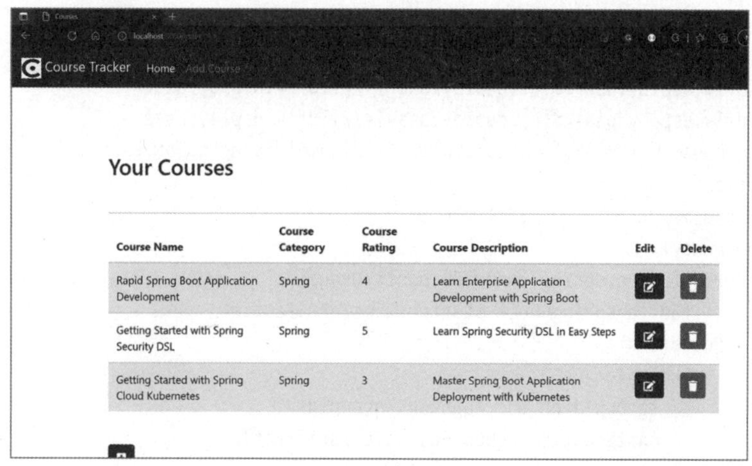

그림 9.5 **와일드플라이 서버 위에서 실행되는 CourseTracker 애플리케이션의 인덱스 페이지**

`wildfly-maven-plugin` 메이븐 플러그인을 사용하면 배포 과정을 자동화할 수 있다.

NOTE `wildfly-maven-plugin` 메이븐 플러그인을 사용한 배포 자동화 예제 코드는 https://mng.bz/44JV에서 확인할 수 있다.

`wildfly-maven-plugin`을 사용하려면 CourseTracker 애플리케이션의 pom.xml 파일을 예제 9.13처럼 변경해야 한다.

예제 9.13 **wildfly-maven-plugin을 사용하도록 변경된 pom.xml 파일**

```
<?xml version="1.0" encoding="UTF-8"?>
<project xmlns="http://maven.apache.org/POM/4.0.0"
    xmlns:xsi="http://www.w3.org/2001/XMLSchema-instance"
    xsi:schemaLocation="http://maven.apache.org/POM/4.0.0 https://maven.apache.org/xsd/
maven-4.0.0.xsd">
    <modelVersion>4.0.0</modelVersion>
    <parent>
        <groupId>org.springframework.boot</groupId>
        <artifactId>spring-boot-starter-parent</artifactId>
        <version>2.6.3</version>
        <relativePath/>
        <!-- 메이븐 리포지터리에서 parent를 가져온다 -->
    </parent>
    <groupId>com.manning.sbip.ch09</groupId>
    <artifactId>course-tracker-app-war-mvn-plugin</artifactId>
    <version>1.0.0</version>
    <packaging>war</packaging>
    <name>course-tracker-app-war-mvn-plugin</name>
    <description>Spring Boot application for Chapter 09</description>
```

```
<properties>
    <java.version>17</java.version>
    <wildfly.deploy.user>${ct.deploy.user}</wildfly.deploy.user>
    <wildfly.deploy.pass>${ct.deploy.pass}</wildfly.deploy.pass>
    <plugin.war.warName>${project.build.finalName}</plugin.war.warName>     ❶
</properties>
<dependencies>
    <dependency>
        <groupId>org.springframework.boot</groupId>
        <artifactId>spring-boot-starter-web</artifactId>
        <exclusions>
            <exclusion>
                <groupId>ch.qos.logback</groupId>
                <artifactId>logback-classic</artifactId>
            </exclusion>
        </exclusions>
    </dependency>
    <dependency>
        <groupId>org.springframework.boot</groupId>
        <artifactId>spring-boot-starter-tomcat</artifactId>
        <scope>provided</scope>
    </dependency>
    <dependency>
        <groupId>org.springframework.boot</groupId>
        <artifactId>spring-boot-starter-data-jpa</artifactId>
    </dependency>
    <dependency>
        <groupId>com.h2database</groupId>
        <artifactId>h2</artifactId>
        <scope>runtime</scope>
    </dependency>
    <dependency>
        <groupId>org.projectlombok</groupId>
        <artifactId>lombok</artifactId>
    </dependency>
    <dependency>
        <groupId>org.springframework.boot</groupId>
        <artifactId>spring-boot-starter-validation</artifactId>
    </dependency>
    <dependency>
        <groupId>org.springframework.boot</groupId>
        <artifactId>spring-boot-starter-thymeleaf</artifactId>
    </dependency>
    <dependency>
        <groupId>org.webjars</groupId>
        <artifactId>bootstrap</artifactId>
        <version>4.4.1</version>
    </dependency>
```

```
    <dependency>
        <groupId>org.webjars</groupId>
        <artifactId>jquery</artifactId>
        <version>3.4.1</version>
    </dependency>
    <dependency>
        <groupId>org.webjars</groupId>
        <artifactId>webjars-locator</artifactId>
        <version>0.38</version>
    </dependency>
    <dependency>
        <groupId>org.springframework.boot</groupId>
        <artifactId>spring-boot-starter-test</artifactId>
        <scope>test</scope>
        <exclusions>
            <exclusion>
                <groupId>org.junit.vintage</groupId>
                <artifactId>junit-vintage-engine</artifactId>
            </exclusion>
        </exclusions>
    </dependency>
</dependencies>
<build>
    <plugins>
        <plugin>
            <groupId>org.springframework.boot</groupId>
            <artifactId>spring-boot-maven-plugin</artifactId>
        </plugin>
        <plugin>
            <groupId>org.wildfly.plugins</groupId>
            <artifactId>wildfly-maven-plugin</artifactId>
            <version>2.1.0.Beta1</version>
            <configuration>
                <hostname>localhost</hostname>
                <port>9990</port>
                <username>${wildfly.deploy.user}</username>
                <password>${wildfly.deploy.pass}</password>     ❷
                <name>${project.build.finalName}.${project.packaging}</name>
            </configuration>
            <executions>
                <execution>
                    <id>undeploy</id>
                    <phase>clean</phase>
                    <goals>
                        <goal>undeploy</goal>
                    </goals>
                    <configuration>
                        <ignoreMissingDeployment>true</ignoreMissingDeployment>
```

```
                </configuration>
            </execution>
            <execution>
                <id>deploy</id>
                <phase>install</phase>
                <goals>
                    <goal>deploy</goal>
                </goals>
            </execution>
        </executions>
    </plugin>
  </plugins>
 </build>
</project>
```

❶ 스프링 부트 WAR 파일 배포를 자동화하려면, 앞선 예제에서 살펴본 것처럼 와일드플라이 서버의 어드민 계정 정보와 WAR 파일 이름이 필요하다. 따라서 `wildfly-maven-plugin` 플러그인을 사용해서 자동화할 때도 동일한 정보가 필요하다.

❷ 와일드플라이 서버의 어드민 계정과 WAR 파일 이름을 사용해서 WAR 파일 배포 자동화를 설정한다.

`wildfly-maven-plugin`을 사용하려면 `host`, `port`, `username`, `password` 같은 와일드플라이 서버 정보가 필요하다. 두 개의 `execution`을 정의했는데, 하나는 메이븐 `install` 단계에서 WAR 파일을 배포하는 `deploy`이고 나머지는 메이븐 `clean` 단계에서 배포를 제거하는 `undeploy`다. 보안을 위해 username, password 정보를 pom.xml에 직접 기재하지 않고 메이븐 settings.xml 파일에서 읽어오도록 구성했다. 따라서 메이븐 settings.xml 파일에 예제 9.14에 나온 내용을 추가해야 한다.

예제 9.14 profile 부분에서 WAR 자동 배포에 필요한 정보를 추가한 메이븐 settings.xml 파일

```
…
<profile>
    <id>course-tracker-prod</id>
    <activation>
        <activeByDefault>true</activeByDefault>
    </activation>
    <properties>
        <ct.deploy.user>user</ct.deploy.user>
        <ct.deploy.pass>password</ct.deploy.pass>
    </properties>
</profile>
…
```

settings.xml 파일에 `ct.deploy.user`, `ct.deploy.pass` 항목으로 작성된 값은 CourseTracker 애플리케이션의 pom.xml 파일에서 참조하여 배포 자동화에 사용된다.

`course-tracker-app-war-mvn-plugin` 애플리케이션의 pom.xml 파일이 있는 폴더에서 `mvn install` 명령을 실행하면 예제 9.15처럼 애플리케이션이 성공적으로 배포되는 것을 확인할 수 있다.

예제 9.15 mvn install 명령으로 자동 수행된 WAR 파일 배포

```
…
[INFO] --- spring-boot-maven-plugin:2.6.3:repackage (repackage) @ course-tracker-app-war-mvn-plugin ---
[INFO] Replacing main artifact with repackaged archive
[INFO]
[INFO] <<< wildfly-maven-plugin:2.1.0.Beta1:deploy (deploy) < package @ course-tracker-app-war-mvn-plugin <<<
[INFO]
[INFO]
[INFO] --- wildfly-maven-plugin:2.1.0.Beta1:deploy (deploy) @ course-tracker-app-war-mvn-plugin ---
[INFO] JBoss Threads version 2.3.3.Final
[INFO] JBoss Remoting version 5.0.12.Final
[INFO] XNIO version 3.7.2.Final
[INFO] XNIO NIO Implementation Version 3.7.2.Final
[INFO] ELY00001: WildFly Elytron version 1.9.1.Final
[INFO] ------------------------------------------------------------------------
[INFO] BUILD SUCCESS
[INFO] ------------------------------------------------------------------------
…
```

`mvn install` 명령 실행이 성공하면 http://localhost:8080/에 접속해서 CourseTracker 인덱스 페이지를 확인할 수 있다. 배포한 애플리케이션을 회수하려면 예제 9.16과 같이 `mvn clean` 명령을 실행하면 된다.

예제 9.16 배포된 애플리케이션을 회수하는 mvn clean 명령

```
> mvn clean
•

[INFO] Scanning for projects...
[INFO]
[INFO] ------< com.manning.sbip.ch09:course-tracker-app-war-mvn-plugin >-------
[INFO] Building course-tracker-app-war-mvn-plugin 1.0.0
[INFO] --------------------------------[ war ]---------------------------------
[INFO]
```

```
[INFO] --- maven-clean-plugin:3.1.0:clean (default-clean) @ course-tracker-app-war-mvn-
plugin ---
[INFO] Deleting /Users/user/gitRepo/translation/jpub/spring-boot-in-practice/ch09/course-
tracker-app-war-mvn-plugin/target
[INFO]
[INFO] --- wildfly-maven-plugin:2.1.0.Beta1:undeploy (undeploy) @ course-tracker-app-war-
mvn-plugin ---
[INFO] JBoss Threads version 2.3.3.Final
[INFO] JBoss Remoting version 5.0.12.Final
[INFO] XNIO version 3.7.2.Final
[INFO] XNIO NIO Implementation Version 3.7.2.Final
[INFO] ELY00001: WildFly Elytron version 1.9.1.Final
[INFO] ------------------------------------------------------------------------
[INFO] BUILD SUCCESS
[INFO] ------------------------------------------------------------------------
```

토론

이번 기법에서는 스프링 부트 애플리케이션을 WAR 파일로 패키징해서 애플리케이션 서버에 배포하는 두 가지 방법을 알아봤다. 첫 번째는 `mvn install` 명령으로 WAR 파일을 생성한 후 애플리케이션 서버의 어드민 웹 페이지를 통해 수동으로 WAR 파일을 배포하는 방식이고, 두 번째는 `wildfly-maven-plugin` 메이븐 플러그인을 사용해서 WAR 파일을 자동으로 애플리케이션 서버에 배포한다.

두 가지 방법 중 어느 쪽을 활용하는 것이 좋을까? 특수한 상황이 아니라면 `wildfly-maven-plugin`을 사용해서 불필요한 일을 줄이고 자동화하는 두 번째 방식을 활용하는 것이 낫다.

9.3 클라우드 파운드리에 스프링 부트 애플리케이션 배포

지금까지 스프링 부트 애플리케이션을 배포하는 전통적인 두 가지 방법인 JAR 배포와 WAR 배포를 살펴봤다. 이번 절에서는 클라우드 파운드리Cloud Foundry를 사용하는 배포 방법을 알아본다.

NOTE 클라우드 파운드리를 사용하면 애플리케이션 빌드, 테스트, 배포를 더 직관적이고 쉽게 수행할 수 있다. 곧 알아보겠지만 클라우드 파운드리를 사용하면 소스 코드를 클라우드 파운드리 서버에 전송하고, 소스 코드를 빌드하고 배포해서 최종적으로 사용자가 활용할 수 있는 애플리케이션을 만들어낸다. 클라우드 파운드리는 상당히 많은 기능을 제공하는데 그 모두를 상세히 다루는 것은 이 책의 범위를 벗어난다. 클라우드 파운드리 관련 자세한 정보는 https://docs.cloudfoundry.org/를 참고하자.

클라우드 플랫폼을 사용하면 애플리케이션을 배포하고 매우 짧은 시간 안에 전 세계 사용자들에게 공개할 수 있다. 또한 인프라스트럭처나 확장성에 대해 지나치게 걱정하지 않고 애플리케이션을 확장할 수 있다. 그림 9.6에는 애플리케이션에 사용하는 다양한 기술 계층이 나와 있다.

그림 9.6 **애플리케이션에 사용되는 기술 계층**

전통적인 IT 환경에서는 인프라스트럭처를 포함한 모든 기술 계층을 개발자가 관리해야 했다. IaaS 모델에서는 핵심 인프라스트럭처 계층이 서비스로 제공된다. PaaS 모델에서 개발자는 데이터와 애플리케이션만 관리하면 되고 나머지는 모두 서비스로 제공된다. SaaS 모델에서는 전부 다 서비스로 제공된다.

클라우드 파운드리는 PaaSPlatform-as-a-Service 모델에 속하며, PaaS를 사용하면 개발자는 데이터와 애플리케이션만 관리하면 되고, 나머지 계층은 모두 클라우드 파운드리가 관리한다. 그렇다면 클라우드 파운드리는 대체 무엇일까? 클라우드 파운드리는 오픈소스 클라우드 애플리케이션 플랫폼으로, 클라우드 파운드리를 통해 원하는 클라우드 플랫폼을 선택해서 사용할 수 있으며, 다양한 프레임워크와 애플리케이션 서비스를 제공한다. 전통적인 배포 방식에 비해 클라우드 파운드리가 가진 장점은 애플리케이션 빌드, 테스트, 배포, 확장을 더 빠르고 쉽게 수행할 수 있다는 점이다. 다음 기법에서는 스프링 부트 애플리케이션을 클라우드 파운드리에 배포하는 방법을 알아본다.

9.3.1 기법: 클라우드 파운드리에 스프링 부트 애플리케이션 배포

9.3.1절의 소스 코드는 https://mng.bz/4jNR에서 확인할 수 있다.

요구 사항

유닉스 서버에서 JAR 파일로 실행하는 스프링 부트 애플리케이션을 클라우드 파운드리를 사용해서 클라우드 플랫폼에 배포해야 한다.

해법

클라우드 파운드리에 배포하려면 먼저 클라우드 파운드리 인스턴스가 필요하다. 클라우드 파운드리는 직접 설치할 수도 있고, 회사에서 제공하는 인스턴스를 사용할 수도 있으며, 애니나인 anynine(https://paas.anynines.com/)이나 SAP(https://mng.bz/vo7p/) 같은 외부 호스팅 솔루션을 사용할 수도 있다. 외부 호스팅 솔루션은 무료 시험 버전을 제공하기도 하는데 이 기법에서는 SAP 클라우드 파운드리 인스턴스를 사용한다.

SAP 웹 페이지(https://mng.bz/vo7p/)의 설명에 따라 클라우드 파운드리 인스턴스 설정을 마치면 클라우드 파운드리 명령행 인터페이스CF CLI를 설치해야 한다. CF CLI를 사용해서 클라우드 파운드리 인스턴스를 사용할 수 있다. CF CLI는 터미널에서 동작하며 클라우드 파운드리 API에 REST 요청을 보낸다.

https://github.com/cloudfoundry/cli#downloads에서 CF CLI를 내려받고 설치한다. 터미널에서 `cf login` 명령을 실행해서 CF CLI 버전이 에러 없이 표시되면 성공적으로 설치된 것이다.

이제 `cf login` 명령을 사용해서 예제 9.17처럼 클라우드 파운드리 인스턴스에 로그인한다.

예제 9.17 클라우드 파운드리 로그인

```
cf login -a <CLOUDFOUNDRY_API_ENDPOINT> -u <USERNAME>
```

`CLOUDFOUNDRY_API_ENDPOINT`는 클라우드 파운드리 인스턴스 URL이며, SAP 계정 페이지에서 확인할 수 있다. `USERNAME`은 SAP 계정을 만들 때 사용한 이메일이다. 명령을 실행하면 비밀번호를 묻는데 계정 생성 시 지정한 비밀번호를 입력하고 로그인에 성공하면 예제 9.18과 같은 결과가 화면에 표시된다.

예제 9.18 클라우드 파운드리 로그인 성공

```
> cf login -a https://api.cf.eu10.hana.ondemand.com/ -u ****@gmail.com

API endpoint: https://api.cf.eu10.hana.ondemand.com/
Password:

Authenticating...
OK

Targeted org 6****986trial.

Targeted space dev.

API endpoint:   https://api.cf.eu10.hana.ondemand.com
API version:    3.102.0
user:           ****@gmail.com
org:            6****86trial
space:          dev
```

이제 `mvn clean install` 명령을 실행해서 실행 가능한 JAR 파일을 생성하고 이를 클라우드 파운드리 인스턴스에 푸시한다. 다만 직접 푸시하는 것이 아니라 애플리케이션 루트 디렉터리에 예제 9.19와 같은 manifest.yml 파일을 작성하면 CF CLI가 이 파일을 읽고 JAR 파일을 푸시하고 배포 작업을 시작한다.

예제 9.19 클라우드 파운드리 배포에 사용되는 manifest.yml 파일

```
applications:
- name: course-tracker-app-cf
  instances: 1
  memory: 1024M
  path: target/course-tracker-app-cf-1.0.0.jar
  random-route: true
  buildpacks:
  - java_buildpack
```

파일 내용은 상대적으로 단순하다. 애플리케이션 이름, 생성할 애플리케이션 인스턴스 개수, 할당할 메모리 양, 실행 가능한 JAR 파일 경로를 지정했다. `random-route: true`로 지정하면 배포한 애플리케이션에 접속할 수 있는 경로를 클라우드 파운드리가 랜덤하게 생성한다. `buildpacks` 항목은 애플리케이션 실행에 필요한 프레임워크나 런타임 환경을 제공한다. `java_buildpack`이라고 지정하면 스프링 부트, 서블릿, 플레이play 프레임워크 등 JVM 기반의 여러 가지 프레임워크를 쉽게 사용할 수 있다. 자세한 내용은 https://github.com/cloudfoundry/java-buildpack을 참고하자.

이제 예제 9.20과 같이 `cf push` 명령을 실행하면 배포가 시작된다.

예제 9.20 cf push 명령으로 배포 시작

```
cf push
```

명령이 실행되면 필요한 정보가 업로드되는 데 시간이 꽤 소요되고, 배포가 시작된다. 배포가 완료되면 예제 9.21과 같이 `cf apps` 명령을 실행해서 배포한 애플리케이션 정보를 확인할 수 있다.

예제 9.21 cf apps 명령으로 배포한 애플리케이션 정보 확인

```
> cf apps

Getting apps in org 6****986trial / space dev as ****@gmail.com...

name                    requested state     processes           routes
course-tracker-app-cf   started             web:1/1, task:0/0   course-tracker-app-cf-
active-genet-qh.cfapps.eu10.hana.ondemand.com
```

`routes`에 `course-tracker-app-cf-active-genet-qh.cfapps.eu10.hana.ondemand.com`이라고 표시되는데 이 값은 예제 9.19 설명에서 살펴본 것처럼 클라우드 파운드리 인스턴스가 랜덤하게 생성해준 값이므로 실행할 때마다 달라질 수 있다. 브라우저 주소창에 `course-tracker-app-cf-active-genet-qh.cfapps.eu10.hana.ondemand.com`을 입력하면 CourseTracker 애플리케이션 인덱스 페이지가 표시되는 것을 확인할 수 있다.

토론

이번 기법에서는 스프링 부트 애플리케이션을 클라우드 파운드리에 배포하는 방법을 살펴봤다. 설명의 단순함을 위해 인메모리 데이터베이스를 사용하는 CourseTracker 애플리케이션을 배포했지만 실제로는 데이터베이스, 메시징, 캐시 등 다양한 외부 서비스도 함께 사용하게 될 것이다.

이런 서비스도 클라우드 파운드리 서비스 프로바이더가 제공하는 것을 사용할 수 있으며, `cf marketplace` 명령을 실행하면 사용할 수 있는 서비스 목록과 정보를 확인할 수 있다. 각 컴포넌트에 대한 상세 정보는 `cf marketplace -e <서비스이름>` 명령으로 확인할 수 있다.

새로운 서비스를 생성하려면 `cf create-service <SERVICE> <SERVICE_PLAN> <SERVICE_IN-`

STANCE> 명령을 실행한다. 서비스 목록은 cf services 명령으로도 확인할 수 있다. 생성한 서비스는 cf bind-service <APP_NAME> <SERVICE_INSTANCE> 명령으로 연동해서 사용할 수 있다. APP_NAME은 cf apps 명령에서 확인할 수 있고, SERVICE_INSTANCE는 cf create-servcie 명령에서 지정했던 서비스 인스턴스 이름이다. cf bind-service로 실행 중인 애플리케이션에 서비스를 연동했다면 cf restage <APP_NAME> 명령으로 애플리케이션을 다시 시작해야 한다.

사용할 서비스를 생성했다면 해당 서비스 관련 한경 변수에 접근할 수 있어야 한다. 예를 들어 데이터베이스 서비스를 생성했다면 데이터베이스 URL, username, password 등의 정보를 알아야 데이터베이스에 연결해서 사용할 수 있다. 스프링은 CouldFoundryVcapEnvironmentPostProcessor(https://mng.bz/QW06) 클래스로 클라우드 파운드리 환경 변수 정보를 읽고 스프링의 Environment를 통해 접근할 수 있다. 스프링의 spring-boot-starter-actuator를 사용하도록 구성하고 env 액추에이터 엔드포인트를 활성화하면 /actator/env 엔드포인트로 클라우드 파운드리 프로퍼티를 확인할 수 있다. 클라우드 파운드리 환경 변수 사용 관련 자세한 내용은 java-cfenv 라이브러리(https://github.com/pivotal-cf/java-cfenv)를 참고하자.

9.4 허로쿠에 스프링 부트 애플리케이션 배포

이번 절에서는 스프링 부트 애플리케이션을 허로쿠Heroku(https://www.heroku.com/)에 배포하는 방법을 알아본다. 허로쿠도 클라우드 파운드리와 마찬가지로 애플리케이션을 빌드하고 실행하고 운영할 수 있는 PaaS 솔루션이다. 허로쿠는 루비Ruby, 노드제이에스Node.js, 자바Java, 파이썬Python, 클로저Clojure, 스칼라Scala, 고Go, PHP로 작성된 애플리케이션을 지원한다.

허로쿠는 애플리케이션 소스 코드와 애플리케이션이 사용하는 의존 관계를 함께 가져와서 실행할 수 있는 산출물artifact을 준비한다. 예를 들어 스프링 부트 애플리케이션이라면 스프링 부트 애플리케이션 소스 코드와 의존 관계가 지정돼 있는 pom.xml 파일을 함께 가져온다. 허로쿠는 애플리케이션 배포에 깃Git 분산 버전 관리 시스템을 사용한다. 마지막으로 허로쿠는 다이노스Dynos(https://devcenter.heroku.com/articles/dynos)를 사용해서 애플리케이션을 실행한다. 다이노스는 허로쿠가 애플리케이션을 실행할 수 있는 경량 리눅스 컨테이너다. 예제를 통해 스프링 부트 애플리케이션을 허로쿠에 배포하는 방법을 알아보자.

9.4.1 기법: 허로쿠에 스프링 부트 애플리케이션 배포

9.4.1절의 소스 코드는 https://mng.bz/XWj9에서 확인할 수 있다.

요구 사항

스프링 부트 애플리케이션을 허로쿠 클라우드 플랫폼에 배포해야 한다.

해법

허로쿠는 PaaS 솔루션이며 스프링 부트 애플리케이션 배포를 지원하므로 간단하게 몇 단계의 작업만 수행하면 쉽게 허로쿠 클라우드 플랫폼에 배포할 수 있다. 앞 절에서 클라우드 파운드리에 배포했던 CourseTracker 애플리케이션을 이번에는 허로쿠에 배포해보자.

먼저 허로쿠에 사용자 계정을 만들어야 한다. https://signup.heroku.com/에 방문해서 새 사용자 계정을 만들고 https://devcenter.heroku.com/articles/heroku-cli를 참고해서 허로쿠 CLI(Heroku command line interface)를 설치한다. 허로쿠 CLI를 사용해서 허로쿠 클라우드 플랫폼에 요청을 보낼 수 있는 명령을 실행할 수 있고, 애플리케이션도 배포할 수 있다.

허로쿠 CLI를 사용해서 애플리케이션을 배포하려면 터미널로 허로쿠에 로그인해야 한다. `heroku login` 명령을 실행하면 예제 9.22와 같이 브라우저를 통해 로그인할 수 있도록 URL을 알려준다.

예제 9.22 허로쿠 로그인

```
> heroku login

heroku: Press any key to open up the browser to login or q to exit: Opening
browser to https://cli-auth.heroku.com/auth/cli/browser/d4da08df-3725-44b6-bf28-
c0a78fbe54e3?requestor=SFMyNTY.g2gDbQAAAA8xMDMuMjE1LjIyNC4xNTFuBgDw-iCkewFiAAFRgA.6fS4ju_
OBxvr9_YQNkSn5Z7UK68CQNULUhh9VEzCVxQ
Logging in... done
Logged in as *****@gmail.com
```

허로쿠는 깃을 사용해서 배포하므로 CourseTracker 애플리케이션에 대한 깃 리포지터리를 만들어야 한다. CourseTracker 애플리케이션의 루트 디렉터리로 이동해서 예제 9.23과 같이 깃 리포지터리를 생성한다.

예제 9.23 CourseTracker 애플리케이션 깃 리포지터리 생성

```
git init ❶
git add . ❷
git commit -am "Course Tracker first commit" ❸
```

❶ 비어 있는 로컬 깃 리포지터리를 생성한다.

❷ CourseTracker 루트 디렉터리에 있는 모든 파일을 추가한다.

❸ 변경 내용을 로컬 깃 리포지터리에 커밋한다.

다음 단계로는 애플리케이션을 배포하기 위해 새 허로쿠 애플리케이션을 프로비저닝provisioning[5]해야 한다. 예제 9.24와 같이 `heroku create` 명령을 실행한다.

예제 9.24 허로쿠 애플리케이션 프로비저닝

```
> heroku create

Creating app... done, • secure-journey-03985
https://secure-journey-03985.herokuapp.com/ | https://git.heroku.com/secure-journey-03985.git
```

`heroku create` 명령을 실행하면 로컬 깃 리포지터리에서 `heroku`라는 이름으로 참조할 수 있는 원격 깃 리포지터리가 생성된다. 그리고 스프링 부트 애플리케이션에 임의의 이름(예제에서는 `secure-journey-03985`)을 생성한다.

허로쿠 배포에 집중할 수 있도록 CourseTracker 애플리케이션을 단순화하기 위해 H2 인메모리 데이터베이스를 사용했지만, 실제 운영 환경에서 인메모리 데이터베이스를 사용하는 일은 극히 드물다. 따라서 주로 사용하는 데이터베이스를 연동하는 방법을 알아보기 위해 H2 대신 포스트그레스큐엘PostgresQL[6]을 사용한다. 관련 설정은 pom.xml 파일을 참고하자. 허로쿠 환경에서 포스트그레스큐엘과 애플리케이션을 연동하려면 먼저 애드온을 추가해야 한다. `heroku addons:create heroku-postgresql` 명령을 실행하면 포스트그레스큐엘 데이터베이스 애드온이 생성된다. 애드온이 생성되면 허로쿠는 자동으로 `SPRING_DATASOURCE_URL`, `SPRING_DATASOURCE_USERNAME`,

---

5 옮긴이 배포(deployment)와 프로비저닝은 명확히 구분하기 어려운 면이 있다. 프로비저닝은 주로 컴퓨터나 가상 호스트 등 전산 자원을 할당해서 사용할 수 있도록 실체화하는 것을 의미한다. 따라서 대략 '프로비저닝된 서버에 애플리케이션을 배포한다'라고 이해하면 둘을 구분하는 데 도움이 된다.

6 옮긴이 포스트그레스, 포스트그레시퀄, 포스트그레에스큐엘 등 현업에서 여러 가지 방식으로 발음하고 있지만 포스트그레스큐엘이 정확한 발음이다. https://wiki.postgresql.org/wiki/FAQ#What_is_PostgreSQL.3F_How_is_it_pronounced.3F_What_is_Postgres.3F 참고

SPRING_DATASOURCE_PASSWORD 이렇게 3개의 환경변수를 생성한다. CourseTracker 애플리케이션의 application.properties 파일에서 데이터베이스 연동 정보를 지정할 때 spring.datasource.url=${SPRING_DATASOURCE_URL}와 같이 작성하면 SPRING_DATASOURCE_URL 환경변수의 값이 spring.datasource.url의 값으로 사용된다.

이제 예제 9.25와 같이 원격 heroku 리포지터리에 마스터 브랜치를 푸시하면 애플리케이션이 허로쿠에 배포된다.

예제 9.25 허로쿠에 스프링 부트 애플리케이션 배포

```
> git push heroku master

Enumerating objects: 41, done.
Counting objects: 100% (41/41), done.
Delta compression using up to 8 threads
Compressing objects: 100% (30/30), done.
Writing objects: 100% (41/41), 64.32 KiB | 5.85 MiB/s, done.
Total 41 (delta 3), reused 0 (delta 0)
remote: Compressing source files... done.
remote: Building source:
remote:
remote: -----> Building on the Heroku-20 stack
remote: -----> Determining which buildpack to use for this app
remote: -----> Java app detected
remote: -----> Installing JDK 11... done
remote: -----> Executing Maven
remote:        $ ./mvnw -DskipTests clean dependency:list Installing
...
remote:        https://secure-journey-03985.herokuapp.com/ deployed to Heroku-20
remote:
remote: Verifying deploys... done.
To https://git.heroku.com/secure-journey-03985.git
 * [new branch]      master -> master
```

예제 9.25를 보면 허로쿠가 메이븐 래퍼(.mvnw)를 사용해서 애플리케이션을 배포하는 것을 확인할 수 있다. 애플리케이션이 빌드되고 배포되면 https://secure-journey-03985.herokuapp.com/을 통해 접속할 수 있다. 물론 허로쿠가 임의의 이름을 생성해서 사용하므로 예제를 따라 하면서 실제 생성한 URL은 책에 나온 것과 다를 수 있다. heroku open 명령을 실행하면 자동으로 기본 브라우저를 실행해서 위 URL에 접속하고 화면이 표시된다. 스프링 부트 시작 로그는 heroku logs 명령을 실행해서 확인할 수 있다.

토론

예제를 통해 느낄 수 있었겠지만 허로쿠를 활용하면 스프링 부트 애플리케이션을 굉장히 쉽게 빌드하고 배포할 수 있다. 몇 가지 명령만 실행하면 소스 코드에서 HTTPS URL을 가진 애플리케이션이 실행된다. 빌드, 패키지, 배포 과정에 필요한 복잡한 일은 플랫폼이 모두 처리해준다. 메이븐 프로젝트를 기반으로 만들어진 애플리케이션은 허로쿠가 제공하는 `heroku-maven-plugin`(https://github.com/heroku/heroku-maven-plugin)을 사용하면 더 쉽게 작업을 수행할 수 있다. 허로쿠 메이븐 플러그인을 사용하면 깃 리포지터리 없이도 애플리케이션을 배포할 수 있다. 자세한 플러그인 사용 방법은 https://mng.bz/y47p를 참고한다. 허로쿠 개발자 센터 홈페이지(https://devcenter.heroku.com/)를 통해서도 여러 정보를 얻을 수 있다.

9.5 도커 컨테이너로 스프링 부트 애플리케이션 배포

지금까지 JAR이나 WAR 패키지를 만들어 배포하는 전통적인 방법부터, 실행 가능한 파일을 클라우드 플랫폼에 올리고 배포하는 클라우드 파운드리, 소스 코드를 클라우드 플랫폼에 올리고 빌드, 배포, 실행까지 모두 처리해주는 허로쿠까지 여러 가지 배포 기법을 배웠다.

이번 절에서는 컨테이너로 눈길을 돌리고 가장 널리 사용되는 컨테이너 구현체인 도커Docker를 사용해서 CourseTracker 애플리케이션을 컨테이너화해보자. 시작하기 전에 컨테이너가 무엇이고 왜 알아야 하는지 생각해보자.

컨테이너 이미지는 애플리케이션을 실행하는 데 필요한 모든 것을 포함하는 가벼운lightweight 독립 실행형standalone 실행 소프트웨어 패키지다. 컨테이너에는 애플리케이션 컴포넌트, 런타임, 시스템 도구, 설정, 라이브러리가 모두 포함된다. 컨테이너 이미지는 그림 9.7과 같이 런타임에 컨테이너로 변환된다.

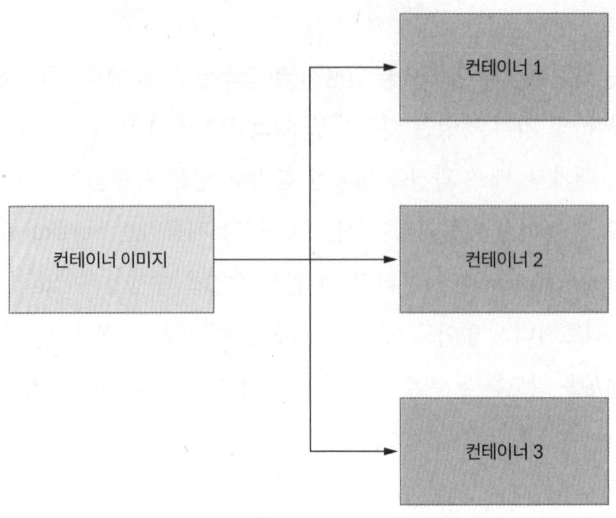

그림 9.7 한 개 이상의 컨테이너를 생성할 수 있는 컨테이너 이미지

컨테이너를 실행하는 데 필요한 다양한 컴포넌트는 그림 9.8에 나와 있다.

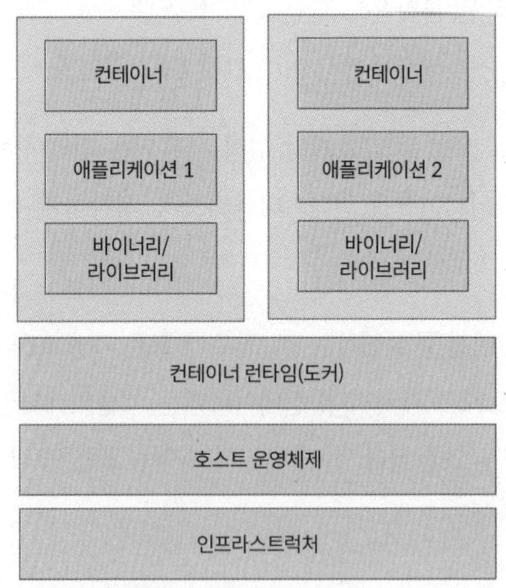

그림 9.8 컨테이너를 실행하는 데 필요한 여러 컴포넌트

인프라스트럭처가 가장 아래에서 바탕을 이루고 있고 호스트 운영체제가 인프라스트럭처 바로 위에 위치한다. 도커 같은 컨테이너 런타임은 호스트 운영체제 바로 위에 있고, 컨테이너 런타임이 컨테이너를 실행한다.

컨테이너를 사용하는 가장 중요한 이유는 무엇보다도 하나의 환경에서 다른 환경으로 실행 환경이 달라져도 안정적인 실행이 보장된다는 점이다. 전통적인 인프라스트럭처에서는 애플리케이션이 실행 환경마다 다르게 동작하는 일이 흔하다. 예를 들어 개발 환경에서는 완벽하게 동작하던 애플리케이션이 사용자 인수 테스트user acceptance test, UAT 환경에서는 제대로 동작하지 않을 때가 있다. 컨테이너는 애플리케이션이 실행하는 데 필요한 모든 것을 독립 실행형 패키지에 모두 담는 방식으로 이 문제를 해결했다. 애플리케이션을 실행하는 데 사용한 컨테이너 이미지가 동일하다면 개발 환경이든 사용자 인수 테스트 환경이든 상관없이 일관성 있게 동작한다.

도커는 가장 인기 있고 지배적인 컨테이너 기술 플랫폼으로서 컨테이너와 컨테이너 이미지를 다루는 데 사용된다. 도커는 인기가 너무 많아서 컨테이너나 컨테이너 기술과 거의 동의어처럼 인식되고 있을 정도다. 하지만 도커 외에도 레드햇과 렉스디LXD의 라킷rkt 같은 다른 컨테이너 플랫폼도 있다. 이번 절에서는 도커에 집중해서 도커 이미지와 도커 이미지로 컨테이너로 만들어 실행하는 방법을 알아본다.

9.5.1 기법: 컨테이너 이미지 생성과 스프링 부트 애플리케이션을 컨테이너로 만들어 실행하기

9.5.1절의 소스 코드는 https://mng.bz/aDrj**에서 확인할 수 있다.**

요구 사항

CourseTracker 애플리케이션을 유닉스 서버에서 실행하는 와일드플라이 애플리케이션에 배포해서 운영하고 있는데, 컨테이너가 장점이 많다고 하니 컨테이너로 만들어 실행해보려 한다.

해법

도커를 사용해서 CourseTracker 애플리케이션을 도커 컨테이너로 만들 수 있다. 먼저 도커 시작하기 문서(https://www.docker.com/get-started/)를 참고해서 도커를 설치하고 설정한다. 도커를 심도 있게 이해하고 싶다면 《예제로 배우는 도커 2/e》(에이콘출판사, 2020)를 참고하는 것도 좋다.

이번 기법에서는 CourseTracker 애플리케이션을 도커 컨테이너로 만들 수 있는 두 가지 방법을 알아본다.

1. `Dockerfile`을 사용해서 컨테이너 이미지를 만들고 컨테이너 이미지로부터 컨테이너를 생성하는 방법

2. 스프링 부트 2.3부터 제공하는 컨테이너화 도구인 페이키토 빌드팩Paketo buildpacks(https://paketo.io/)을 사용해서 이미지를 만드는 방법

애플리케이션은 H2 인메모리 데이터베이스를 사용하도록 단순화해서 컨테이너 관련 내용에 집중한다.

먼저 `Dockerfile`을 사용해서 CourseTracker 애플리케이션의 도커 이미지를 만드는 방법부터 알아보자. `Dockerfile`을 정의하기 전에 `mvn clean install` 명령을 실행해서 새 JAR 파일을 만든다.

이제 CourseTracker 애플리케이션을 도커 이미지로 만들 수 있는 `Dockerfile`을 작성해보자. `Dockerfile`은 컨테이너 이미지를 조립해서 만들 수 있는 데 필요한 모든 명령을 포함하고 있는 텍스트 파일이다. `Dockerfile` 관련 자세한 내용은 공식 문서(https://docs.docker.com/engine/reference/builder/)를 참고하자. CourseTracker의 루트 디렉터리에 예제 9.26과 같이 간단한 `Dockerfile`을 작성한다.

예제 9.26 CourseTracker 애플리케이션의 도커 이미지를 만드는 Dockerfile

```
FROM adoptopenjdk:11-jre-hotspot
ADD target/*.jar application.jar
ENTRYPOINT ["java", "-jar","application.jar"]
EXPOSE 8080
```

작성에 사용된 네 가지 요소는 각각 다음과 같다.

- `FROM` - `adoptopenjdk:11-jre-hotspot`을 바탕 이미지base image로 사용한다. CourseTracker 애플리케이션의 도커 이미지는 바탕 이미지를 사용하거나 바탕 이미지 위에 만들어진다.
- `ADD` - `target` 디렉터리에 만들어진 application.jar 파일을 이미지에 추가한다.
- `ENTRYPOINT` - 이미지를 실행하는 시작점entry point을 지정한다.
- `EXPOSE` - 8080 포트를 외부로 노출한다.

`Dockerfile`이 작성되면 CourseTracker 애플리케이션의 이미지를 빌드할 수 있다. 예제 9.27과 같이 `Dockerfile`이 있는 위치에서 `docker build` 명령을 실행하면 도커 이미지가 만들어진다.

예제 9.27 CourseTracker 애플리케이션 도커 이미지 생성

```
docker build --tag course-tracker:v1 .
```

명령 맨 뒤에 있는 '.'은 현재 디렉터리에서 Dockerfile을 찾을 수 있다는 것을 의미한다. 또한 이미지에 course-tracker:v1라는 태그를 함께 생성했다. 명령이 실행되면 이미지가 빌드되는 데 시간이 꽤 걸린다. 이미지가 성공적으로 빌드되면 예제 9.28과 같이 도커 이미지 목록을 확인할 수 있다.

예제 9.28 도커 이미지 목록 조회

```
docker image ls
```

이제 이미지를 사용해서 도커 컨테이너를 만들 수 있다. 예제 9.29와 같이 docker run 명령을 실행한다.

예제 9.29 course-tracker 이미지를 사용해서 도커 컨테이너 생성

```
docker run -p 8080:8080 course-tracker:v1
```

docker run 명령을 실행해서 컨테이너 이미지를 실행했다. 또한 -p 옵션을 통해 로컬 장비의 HTTP 8080 포트를 컨테이너의 HTTP 8080 포트로 매핑했다. 이렇게 하면 로컬 장비의 HTTP 8080 포트로 들어오는 요청이 컨테이너의 8080 포트로 전달된다.

명령이 성공적으로 실행되면 CourseTracker 애플리케이션의 콘솔 로그를 확인할 수 있다. 브라우저를 열고 http://localhost:8080에 접속하면 CourseTracker 애플리케이션의 인덱스 페이지로 리다이렉트된다.

이제 예제 9.26에서 생성한 컨테이너 이미지의 구조를 간략하게 살펴보자. CourseTracker 애플리케이션의 도커 이미지는 여러 레이어layer로 구성되어 있다. 가장 먼저 Dockerfile에서 바탕 이미지인 adoptopenjdk:11-jre-hotspot 위에 target 디렉터리에 만들어진 JAR 파일을 추가했다. 그림 9.9에 이런 레이어 개념이 잘 나와 있다.

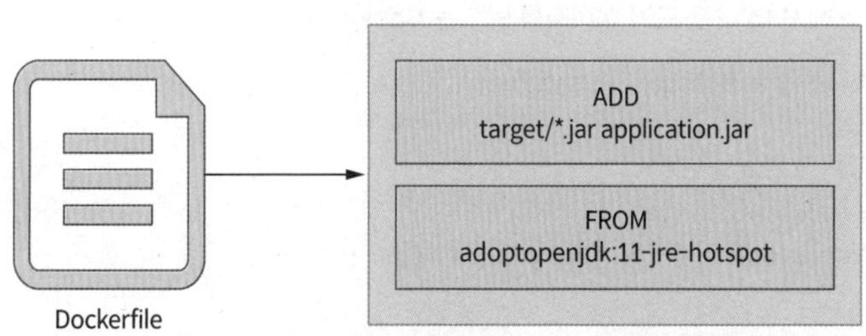

그림 9.9 컨테이너 이미지를 구성하는 여러 레이어

가장 아래에 있는 바탕 이미지를 시작으로 `Dockerfile`에 지정한 대로 레이어가 바탕 이미지 위에 하나씩 올라간다. 예제에서는 `adoptopenjdk:11-jre-hotspot`이 바탕 이미지로 사용됐고 스프링 부트 애플리케이션 JAR가 바탕 이미지 위에 올라간다.

도커 이미지에 포함돼 있는 다양한 레이어가 궁금하다면 다이브dive(https://github.com/wagoodman/dive)를 사용해서 확인할 수 있다. dive를 설치하고 `dive course-tracker:latest` 명령을 실행하면 그림 9.10과 같이 레이어를 자세하게 확인할 수 있다.

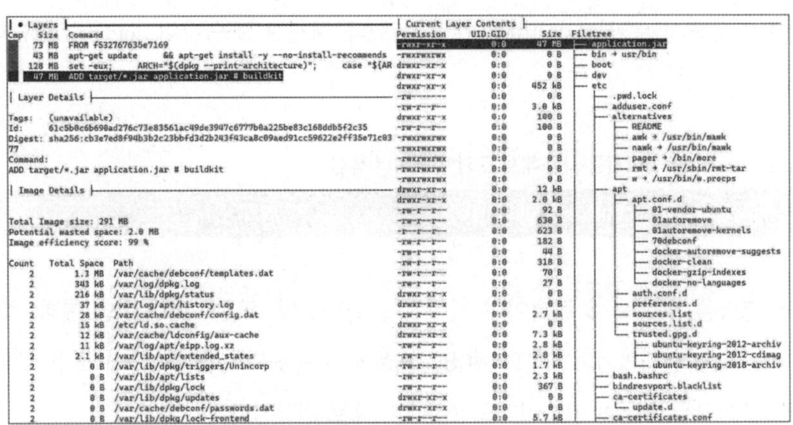

그림 9.10 다이브를 사용해서 도커 이미지에 포함돼 있는 레이어 확인

왼쪽 상단에 레이어 목록이 표시된다. 처음 몇 개의 레이어는 OpenJDK로부터 가져온 것이고 마지막 레이어는 target 디렉터리에 있는 jar 파일을 추가하면서 만들어진다.

`Dockerfile`에서 간단하게 바탕 이미지에 JAR 파일을 추가했는데, 이 부분은 더 개선할 수 있다. JAR 파일 전체를 한 덩어리로 추가하지 않고 레이어로 나눠서 추가할 수 있다. 9.1절에서 살펴봤던 것처럼 스프링 부트는 layers.xml 파일을 통해 JAR 파일을 레이어로 나눌 수 있다. 예제 9.30에 개선된 `Dockerfile` 내용이 나와 있다.

예제 9.30 레이어를 사용해서 더 나은 도커 이미지를 만드는 Docker 파일

```
FROM adoptopenjdk:11-jre-hotspot as builder
WORKDIR application
ARG JAR_FILE=target/*.jar
COPY ${JAR_FILE} application.jar
RUN java -Djarmode=layertools -jar application.jar extract

FROM adoptopenjdk:11-jre-hotspot
```

```
WORKDIR application
COPY --from=builder application/dependencies/ ./
COPY --from=builder application/spring-boot-loader/ ./
COPY --from=builder application/snapshot-dependencies/ ./
COPY --from=builder application/application/ ./
ENTRYPOINT ["java", "org.springframework.boot.loader.JarLauncher"]
```

처음 작성했던 `Dockerfile`과는 다르게 `FROM`이 한 번이 아니라 두 번 나온다. 이처럼 `FROM`을 여러 번 사용하는 도커 이미지 빌드 방식을 멀티 스테이지multi-stage 빌드라고 한다. 첫 번째 줄 맨 마지막에 `as builder`는 첫 번째 스테이지 이름을 `builder`로 지정하는 구문이다. `builder` 스테이지의 마지막에는 `extract` 명령을 사용해서 레이어를 추출한다. 여기에서 추출된 레이어는 두 번째 스테이지에서 `--from=builder` 옵션을 통해 참조되어 사용된다.

두 번째 스테이지에서는 첫 번째 스테이지와 동일한 바탕 이미지를 사용하지만 첫 번째 `builder` 스테이지에서 추출한 레이어를 복사해와서 이미지를 만들고, `ENTRYPOINT`로 `java -jar` 대신에 `org.springframework.boot.loader.JarLauncher`를 사용했다. `JarLauncher`를 사용하면 애플리케이션 시작 시 불필요한 JAR 파일 압축 해제를 하지 않으므로 효율적이다.

멀티 스테이지 방식으로 작성된 `Dockerfile`도 이미지를 빌드하는 명령은 동일하다. 생성된 이미지의 레이어를 다이브를 사용해서 확인해보면 그림 9.11과 같다.

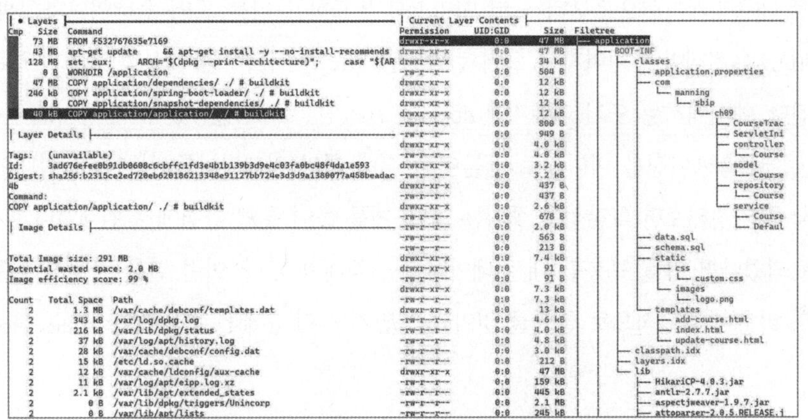

그림 9.11 course-tracker:v2 도커 이미지의 레이어

하나의 fat JAR 대신 필요한 디렉터리가 레이어로 추가된 것을 확인할 수 있다.

이제 스프링 부트 기능을 사용해서 도커 이미지를 만드는 방법을 알아보자. 허로쿠와 클라우드 파운드리를 사용해서 배포하는 방법을 앞서 배웠는데, 허로쿠를 사용하면 소스 코드만 푸시하면 빌드, 런타임 추가, 애플리케이션 배포까지 플랫폼이 나머지 작업을 알아서 다 해준다. 스프링 부트도 스프링 부트 메이븐(또는 그레이들) 플러그인을 통해 소스 코드로부터 도커 이미지를 자동으로 만들어준다. 이를 위해 스프링 부트는 클라우드 네이티브 빌드팩(https://buildpacks.io/)을 사용한다.

빌드팩은 클라우드 파운드리 같은 플랫폼의 일부로서, 애플리케이션 소스 코드를 받아서 플랫폼이 실행할 수 있는 형태로 변환하는 작업을 담당한다. 예를 들어 클라우드 파운드리에서는 자바 빌드팩이 JAR 파일을 감지해서 자동으로 적절한 JRE를 붙여준다. 빌드팩을 사용하면 도커 런타임에서 실행할 수 있는 도커 호환 이미지를 만들 수 있다. 예제 9.31에는 스프링 부트 메이븐 플러그인을 사용해서 도커 이미지를 만드는 명령이 나와 있다.

예제 9.31 스프링 부트 메이븐 플러그인으로 도커 이미지 빌드

```
mvn spring-boot:build-image -Dspring-boot.build-image.imageName=course-tracker:v3
```

스프링 부트는 기본적으로 이미지 이름을 `artifactId:version`으로 생성하지만 예제 9.31에서는 `-Dspring-boot.build-image.imageName` 옵션을 사용해서 이미지 이름을 `course-tracker:v3`로 지정했다. 이렇게 만든 이미지도 `docker run` 명령으로 실행할 수 있다.

토론

스프링 부트 애플리케이션으로부터 도커 이미지를 빌드하고 이를 도커 컨테이너화해서 실행하는 방법을 살펴봤다. 컨테이너 이미지는 도커 런타임만 있으면 어디에서나 실행 가능하므로 이식성이 매우 좋아진다. 예제에서는 도커 이미지를 `docker run` 명령으로 실행했다. 이 방식도 문제 없이 잘 동작하지만, 애플리케이션을 이미지로 만들어서 수백 개의 컨테이너를 실행하고 업데이트하고 관리하는 상황을 가정해보면 확장성이 좋지는 않다. 예를 들어 운영 환경에서 컨테이너 한 개가 어떤 이유로 종료되었다면 이를 보충할 새 컨테이너를 실행해야 한다. 이런 일을 자동화해주는 도구가 있다면 관리 비용이 획기적으로 줄어들 것이다. 고맙게도 이 문제는 쿠버네티스Kubernetes가 해결해준다.

9.6 쿠버네티스 클러스터에 스프링 부트 애플리케이션 배포

최근에는 컨테이너를 사용해서 애플리케이션을 패키징하고 배포하는 것이 대세가 됐다. 특히 컨테이너는 마이크로서비스와 그 의존 관계 및 설정을 패키징하는 작업과 잘 어울린다. 마이크로서비스를 많이 사용할수록 컨테이너의 수도 늘어나게 마련이다. 하지만 애플리케이션이 여러 개의 컨테이너로 만들어지고 여러 개의 서버에 분산 배포되면서 관리하기가 매우 어려워졌다.

쿠버네티스는 컨테이너를 어떻게 관리하고 어디에서 실행할지 관리할 수 있는 오픈소스 API를 제공하며, 컨테이너가 스케줄링되고 실행되는 쿠버네티스 클러스터라고 하는 일군의 가상 머신을 지휘하는 역할을 담당한다. 컨테이너는 쿠버네티스의 기본 운영 단위인 파드$_{pod}$로 패키징된다.

NOTE 이번 절에서는 로컬 장비에 싱글 노드 쿠버네티스 클러스터를 설치해서 사용하고 스프링 부트 애플리케이션을 쿠버네티스 클러스터에 배포하는 과정에 집중한다. 쿠버네티스 관련 자세한 내용은 https://kubernetes.io/를 참고하자.

9.6.1 기법: 쿠버네티스에 스프링 부트 애플리케이션 배포

9.6.1절의 소스 코드는 https://mng.bz/xvpW**에서 확인할 수 있다.**

요구 사항

대규모 애플리케이션을 수많은 컨테이너로 만들어 수동으로 관리하는 작업은 매우 고통스럽다. 쿠버네티스를 통해 컨테이너 관리를 자동화하고, 편리하게 작업할 수 있어야 하고, 이를 위해 CourseTracker 애플리케이션을 쿠버네티스에 배포할 수 있어야 한다.

해법

도커 이미지를 도커 레지스트리에 올리고 쿠버네티스에서 이미지를 읽어서 파드를 만들고 배포하면 된다. 앞 절에서 스프링 부트 메이븐 플러그인을 사용해서 만든 `course-tracker:v3` 이미지를 사용해서 배포 과정을 살펴보자. 먼저 예제 9.32와 같이 이미지에 태그를 붙여보자.

예제 9.32 **도커 이미지에 태그 추가**

```
docker tag course-tracker:v3 musibs/course-tracker
```

docker tag 명령을 사용해서 course-tracker:v3 이미지에 musibs/course-tracker라는 태그를 붙였다. musibs는 리포지터리를 의미하고 course-tracker는 이미지를 의미한다. 태그에 버전을 지정하지는 않았으므로 기본적으로 latest가 사용된다.

태그를 붙였으면 이제 이미지를 도커 레지스트리registry에 푸시해보자. 도커 레지스트리는 도커 이미지를 저장해두는 저장소이자 분배distribution 시스템이다. 도커 레지스트리에 저장돼 있는 이미지를 로컬 장비에 가져와서 사용할 수 있고, 반대로 로컬 장비에 있는 이미지를 도커 레지스트리에 저장할 수도 있다.

도커에서 제공하는 레지스트리인 도커 허브(https://hub.docker.com/)에 이미지를 저장하고, 도커 허브에 저장돼 있는 도커 이미지를 쿠버네티스 큐블렛kublet에 내려받아 사용할 수 있다. 큐블렛은 클러스터의 각 노드에서 실행되는 에이전트이며 일반적으로 도커 데몬daemon에 연결되지 않는다.

예제에서는 쿠버네티스 클러스터를 로컬 장비에 설치하므로 도커 이미지 푸시 단계는 생략할 수 있다. 참고로 도커 허브에 이미지를 푸시하려면 docker push musibs/course-tracker와 같이 docker push 명령을 사용하면 된다.

도커 이미지는 이미 로컬 장비에 만들어져 있으므로 쿠버네티스를 설치하고 실행해야 한다. 이를 위해 다음과 같이 두 가지를 준비해야 한다.

1. 쿠버네티스 CLI인 kubectl
2. 애플리케이션을 배포할 쿠버네티스 클러스터

쿠버네티스와 상호작용하려면 쿠버네티스 CLI인 kubectl을 사용해서 쿠버네티스에 명령을 내려야 한다. https://kubernetes.io/docs/tasks/tools/를 참고해서 kubectl을 설치한다. 로컬 장비에 쿠버네티스 클러스터를 구성하기 위해 카인드Kind(https://kind.sigs.k8s.io/)를 설치한다. 카인드가 설치되면 예제 9.33과 같이 kind create cluster 명령을 실행해서 쿠버네티스 클러스터를 생성한다.

예제 9.33 Kind를 사용해서 로컬 쿠버네티스 클러스터 생성

```
> kind create cluster

Creating cluster "kind" ...
✓ Ensuring node image (kindest/node:v1.20.2) ✓ Preparing nodes
✓ Writing configuration
✓ Starting control-plane
✓ Installing CNI
```

```
✓ Installing StorageClass

Set kubectl context to "kind-kind"

You can now use your cluster with:
kubectl cluster-info --context kind-kind

Thanks for using kind!
```

클러스터가 생성되면 카인드는 자동으로 쿠버네티스 CLI가 새로 생성된 클러스터에 연결되도록 설정한다. 모든 설정이 제대로 됐는지 예제 9.34와 같이 `kubectl cluster-info` 명령으로 확인할 수 있다.

예제 9.34 쿠버네티스 클러스터 정보 확인

```
> kubectl cluster-info

Kubernetes control plane is running at https://127.0.0.1:49672
KubeDNS is running at https://127.0.0.1:49672/api/v1/namespaces/kube-system/services/kube-dns:dns/proxy

To further debug and diagnose cluster problems, use 'kubectl cluster-info dump'.
```

애플리케이션을 쿠버네티스에 배포하려면 YAML 파일로 설정 내용을 작성해야 한다. 하지만 `kubectl` 명령으로 YAML 파일을 만들어낼 수도 있다. 아무 디렉터리에서나 `k8s` 디렉터리를 새로 만들고 예제 9.35와 같이 `deployment`를 생성하는 명령을 실행하자.

예제 9.35 deployment.yaml 파일 생성

```
> kubectl create deployment course-tracker --image musibs/course-tracker --dry-run=client
-o=YAML > deployment.yaml
```

명령이 실행되면 k8s 디렉터리에 deployment.yaml 파일이 생성된다. `--dry-run=client` 옵션을 사용하면 `kubectl create deployment` 명령이 만들어낼 `deployment` 객체를 미리볼 수 있다. `-o=YAML` 옵션을 사용하면 결과물이 YAML 형식으로 저장된다. 예제 9.36에 deployment.yaml 파일 내용이 나와 있다.

예제 9.36 kubectl 명령으로 만든 deployment.yaml 파일

```
apiVersion: apps/v1
kind: Deployment
metadata:
  creationTimestamp: null
  labels:
    app: course-tracker
  name: course-tracker
spec:
  replicas: 1
  selector:
    matchLabels:
      app: course-tracker
  strategy: {}
  template:
    metadata:
      creationTimestamp: null
      labels:
        app: course-tracker
    spec:
      containers:
      - image: musibs/course-tracker
        name: course-tracker
        resources: {}
status: {}
```

deployment.yaml 파일에는 사용할 이미지, 실행할 컨테이너의 개수 등의 명세가 지정돼 있다. deployment.yaml 파일에 사용된 여러 태그에 대한 자세한 내용은 쿠버네티스 문서를 참고한다.

deployment.yaml 파일은 애플리케이션을 어떻게 배포하고 관리할지 쿠버네티스에게 알려준다. 하지만 배포된 애플리케이션을 네트워크에 연동하는 내용은 포함돼 있지 않다. 네트워크와 연동하려면 쿠버네티스 서비스 리소스가 필요하다. 서비스 리소스를 정의하는 YAML파일도 예제 9.37과 같이 `kubectl` 명령을 사용해서 만들 수 있다.

예제 9.37 service.yaml 파일을 생성하는 kubectl 명령

```
> kubectl create service clusterip course-tracker-service --tcp 80:8080 -o yaml --dry-run=client > service.yaml
```

생성된 yaml 파일은 예제 9.38과 같다.

예제 9.38 service.yaml 파일

```
apiVersion: v1
kind: Service
metadata:
  creationTimestamp: null
  labels:
    app: course-tracker-service
  name: course-tracker-service
spec:
  ports:
  - name: 80-8080
    port: 80
    protocol: TCP
    targetPort: 8080
  selector:
    app: course-tracker-service
  type: ClusterIP
status:
loadBalancer: {}
```

이제 이 두 yaml 파일을 쿠버네티스에 적용해보자.

예제 9.39 kubectl 명령을 사용해서 yaml 파일을 쿠버네티스 클러스터에 적용

```
> kubectl apply -f .
```

명령을 실행하면 현재 디렉터리인 k8s 디렉터리에 있는 deployment.yaml 파일과 service.yaml 파일 내용이 쿠버네티스에 전송되면서 쿠버네티스 리소스가 생성된다. 생성된 쿠버네티스 리소스는 예제 9.40 명령어를 통해 예제 9.41과 같이 확인할 수 있다.

예제 9.40 쿠버네티스 리소스 목록 조회

```
> kubectl get all
```

생성된 쿠버네티스 리소스는 다음과 같다.

예제 9.41 쿠버네티스 리소스 목록

```
NAME                                   READY   STATUS    RESTARTS   AGE
pod/course-tracker-84f4d94d5d-gbw99   1/1     Running   0          25m

NAME                              TYPE        CLUSTER-IP     EXTERNAL-IP   PORT(S)   AGE
service/course-tracker-service   ClusterIP   10.96.54.100   <none>        80/TCP    25m
```

```
service/kubernetes              ClusterIP   10.96.0.1       <none>        443/TCP    3h36m

NAME                            READY   UP-TO-DATE  AVAILABLE   AGE
deployment.apps/course-tracker  1/1     1           1           25m

NAME                                        DESIRED CURRENT READY   AGE
replicaset.apps/course-tracker-84f4d94d5d   1       1       1       25m
```

마지막으로 해야 할 일은 포트 포워딩이다. 쿠버네티스 클러스터 외부에서 HTTP로 CourseTracker 애플리케이션에 요청을 전송하면 쿠버네티스 클러스터 내부에 배포된 CourseTracker 애플리케이션이 받아서 처리할 수 있어야 한다. 앞서 만든 서비스 리소스는 쿠버네티스 클러스터 내부에서 애플리케이션에 접근할 수 있게 해주지만 외부로부터 접근할 수 있게 하려면 포트 포워딩이 필요하다. 예제 9.42와 같이 `kubectl` 명령으로 포트 포워딩을 설정할 수 있다. 이 명령은 계속 실행되며 커서를 반환하지 않으므로 이후 진행되는 예제는 새 터미널을 실행해서 수행해야 한다.

예제 9.42 HTTP 요청을 쿠버네티스 클러스터 내부의 애플리케이션에 전달하는 포트 포워딩 설정

```
> kubectl port-forward pod/course-tracker-84f4d94d5d-gbw99 8080:8080
```

명령에 사용된 파드 이름은 예제 9.41에서 확인할 수 있으며 실습 환경에 따라 다르다. 명령이 실행되면 예제 9.43과 같이 포트 포워딩 설정 결과가 표시된다.

예제 9.43 포트 포워딩 결과

```
Forwarding from 127.0.0.1:8080 -> 8080
Forwarding from [::1]:8080 -> 8080
```

이제 모든 과정을 마쳤다. 브라우저를 열고 http://localhost:8080에 접속하면 CourseTracker 애플리케이션의 인덱스 페이지가 표시되는 것을 확인할 수 있다.

토론

이번에는 스프링 부트 애플리케이션 컨테이너 이미지를 쿠버네티스 클러스터에 배포해서 실행해봤다. 카인드를 사용해서 로컬 쿠버네티스 클러스터를 구성하고 `kubectl` 명령을 사용해서 `deployment`와 `service`를 생성할 수 있는 YAML 파일을 만들었다. 이를 쿠버네티스 클러스터에 적용해서 YAML 파일에 기술된 쿠버네티스 리소스를 생성했다. 마지막으로 포트 포워딩을 적용해서 쿠버네티스 클러스터 외부에서 쿠버네티스 클러스터 내부에 배포된 애플리케이션에 요청을 보낼 수 있다.

9.7 레드햇 오픈시프트에 스프링 부트 애플리케이션 배포

레드햇 오픈시프트Red Hat OpenShift는 여러 클라우드 서비스 제공자를 지원하는 엔터프라이즈 쿠버네티스 플랫폼이다. 앞 절에서 도커 컨테이너를 로컬 쿠버네티스 클러스터에 배포하는 방법을 살펴봤는데, 레드햇 오픈시프트는 애플리케이션을 배포할 수 있는 관리형managed 쿠버네티스 플랫폼 기능을 제공한다. 레드햇 오픈 시프트의 다양한 기능과 자세한 정보는 https://cloud.redhat.com/learn/what-is-openshift를 참고하자. 이번 절에서는 레드햇 오픈시프트 개발자 콘솔을 통해 스프링 부트 애플리케이션을 레드햇 오픈시프트 플랫폼에 배포하는 방법을 알아본다.

9.7.1 기법: 레드햇 오픈시프트 플랫폼에 스프링 부트 애플리케이션 배포

9.7.1절의 소스 코드는 https://mng.bz/g42e**에서 확인할 수 있다.**

요구 사항

애플리케이션을 생성, 수정, 배포할 수 있는 셀프 서비스 플랫폼 기능을 제공하는 오픈시프트를 사용하면 개발과 출시 사이클을 단축할 수 있다. CourseTracker 애플리케이션을 레드햇 오픈시프트 플랫폼에 배포한다.

해법

스프링 부트를 레드햇 오픈시프트에 배포하는 방법은 `Dockerfile` 방식, 컨테이너 이미지 방식, Git 등 여러 가지다. 이 중에서 깃허브GitHub를 사용해서 배포하는 방법을 알아본다.

본격적으로 시작하기 전에 먼저 오픈시프트 플랫폼에 접근할 수 있는 레드햇 계정을 만들어야 한다. 아직 레드햇 계정이 없다면 https://mng.bz/enZ9에서 개발자 샌드박스sandbox 계정을 만들 수 있다. 계정 생성 후 로그인하면 그림 9.12와 같이 오픈시프트 개발자 샌드박스 페이지에 접근할 수 있다. 레드햇은 기본적으로 `dev`, `stage`, 이렇게 2개의 프로젝트를 만들어준다.

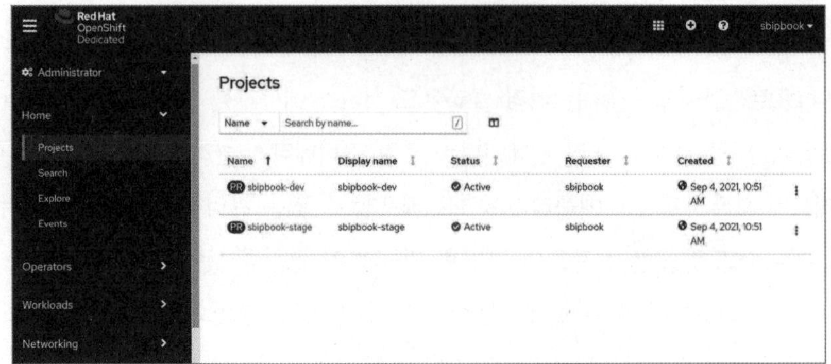

그림 9.12 **레드햇 개발자 샌드박스 계정 홈 화면**

왼쪽 상단 메뉴를 통해 Administrator View에서 Developer View로 전환하면 그림 9.13과 같은 화면이 표시된다.

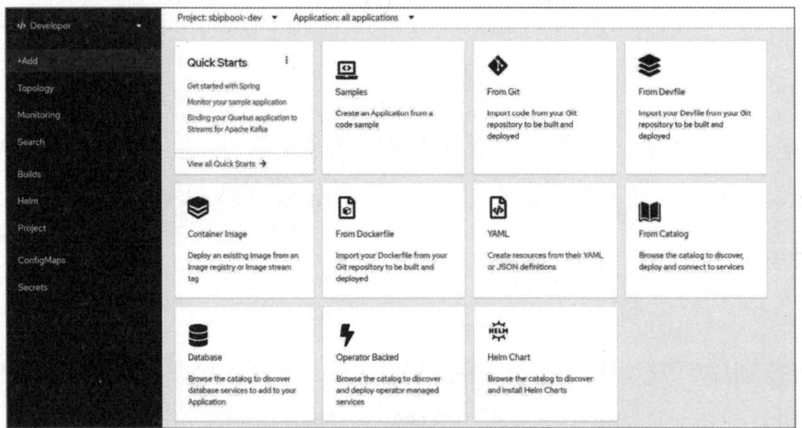

그림 9.13 **레드햇 개발자 샌드박스 계정 Developer View 화면**

이 화면에서 배포에 사용할 애플리케이션 설정을 선택할 수 있다. 예를 들어 From Git을 선택하면 그림 9.14 같은 화면이 표시되고 깃 리포지터리 경로를 지정할 수 있다.

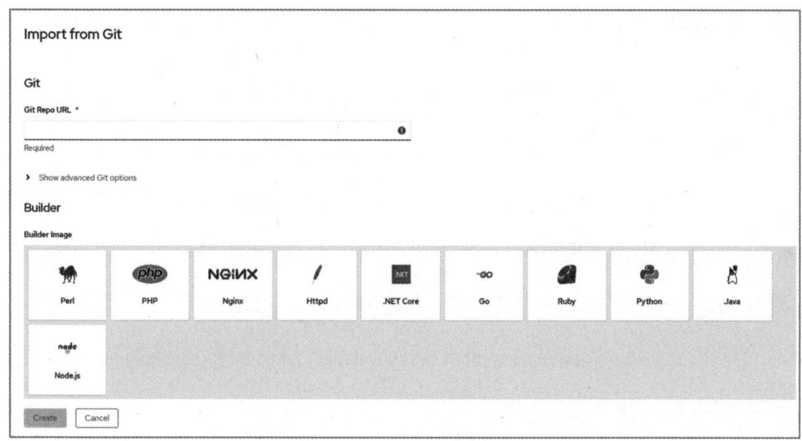

그림 9.14 깃을 통해 배포할 수 있도록 깃 리포지터리 경로를 입력하는 화면

Git Repo URL 입력란에 https://github.com/spring-boot-in-practice/course-tracker-app-openshift를 입력하고 [Create]를 클릭하면 애플리케이션이 배포되고 그림 9.15와 같은 화면이 표시된다.

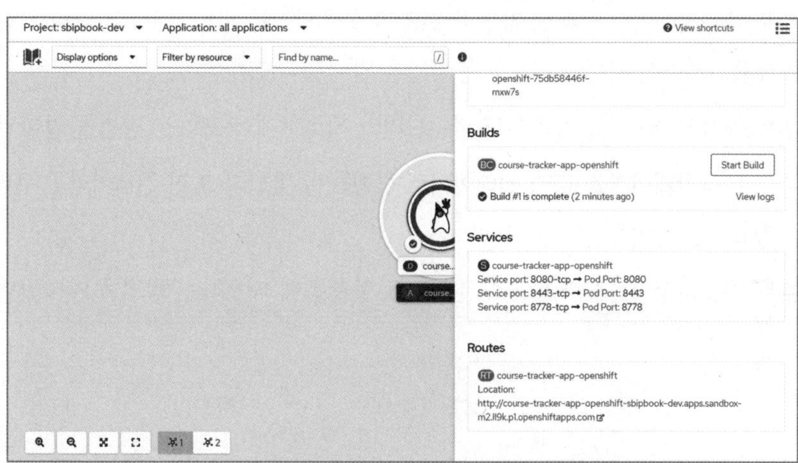

그림 9.15 CourseTracker 애플리케이션 배포 성공 화면

화면 오른쪽 아래에 있는 Routes의 Location에 표시된 링크를 클릭하면 CourseTracker 애플리케이션 인덱스 페이지가 표시된다.

토론

스프링 부트 애플리케이션은 여러 가지 방법으로 레드햇 오픈시프트 플랫폼에 배포할 수 있다. 이번 기법에서는 깃허브 리포지터리 경로를 알려주면 오픈시프트가 소스 코드를 가져와서 컨테이너 이미지로 빌드하고, 쿠버네티스 파드로 배포하고, 인터넷에 연결하기까지의 모든 작업을 알아서 수행하는 예제를 살펴봤다.

오픈시프트는 이 외에도 애플리케이션에서 사용할 수 있는 여러 기능과 설정을 제공한다. 예를 들어 시작 프로브startup probe, 준비 상태 프로브readiness probe, 활성 상태 프로브liveness probe 같은 애플리케이션 헬스 체크 기능을 추가할 수 있다. 이 프로브로 애플리케이션의 상태를 점검할 수 있다. 예를 들어 활성 상태 프로브로 애플리케이션 컨테이너가 실행 중인지 점검하고, 활성 상태 프로브가 정상적인 값을 반환하지 않으면 컨테이너가 동작하지 않고 있다는 사실을 알 수 있다. 오픈시프트 개발자 샌드박스(https://developers.redhat.com/developer-sandbox)를 활용해서 직접 실습해보면서 오픈시프트의 다양한 기능을 익힐 수 있다.

요약

9장의 주요 내용을 정리하면 다음과 같다.

- 스프링 부트 애플리케이션을 실행 가능한 JAR 파일로 만드는 방법과 WAR 파일로 만들어 와일드플라이 애플리케이션 서버에 배포하는 방법을 알아봤다.
- 스프링 부트 애플리케이션을 클라우드 파운드리와 허로쿠에 배포하는 방법을 알아봤다.
- 스프링 부트 애플리케이션을 도커 컨테이너로 실행하는 방법과 도커 컨테이너를 쿠버네티스 클러스터에 배포하는 방법을 알아봤다.
- 스프링 부트 애플리케이션을 레드햇 오픈시프트 플랫폼에 배포하는 방법을 알아봤다.

PART V

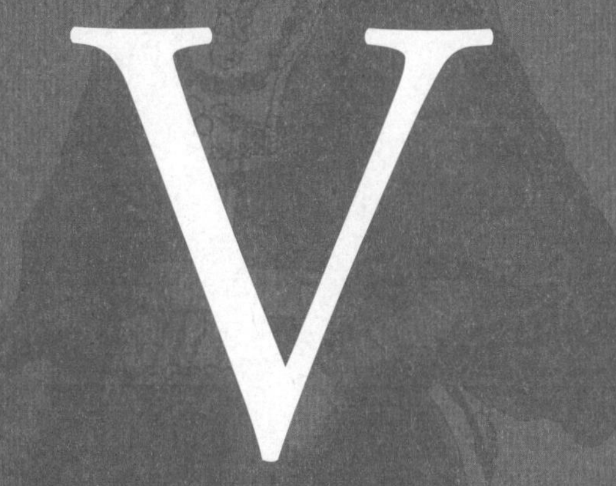

5부는 총 1장으로 구성돼 있으며 스프링 부트와 코틀린, 네이티브 이미지, GraphQL에 대한 이야기를 나눈다.

10장에서는 코틀린과 코틀린 DSL을 스프링 부트에서 사용하는 방법을 알아보고, 네이티브 이미지를 사용해서 GraalVM 네이티브 이미지를 만드는 방법을 살펴본다. 마지막으로 스프링 부트 애플리케이션에서 REST 스타일 API의 대안으로 활용할 수 있는 GraphQL 사용법을 배워본다.

CHAPTER 10

스프링 부트와 코틀린, 네이티브 이미지, GraphQL

10장에서 다루는 내용

- **스프링 부트에서 코틀린과 코틀린 DSL 사용**
- **스프링 부트에서 네이티브 이미지와 GraalVM 사용**
- **스프링 부트와 GraphQL 사용**

9장에서는 스프링 부트 애플리케이션을 여러 다양한 플랫폼에 배포하는 방법을 살펴봤다. 이 책의 마지막 장인 10장에서는 스프링 부트 애플리케이션에서 코틀린Kotlin, GraalVM[1] 네이티브 이미지, GraphQL(그래프QL)을 사용하는 방법을 알아본다.

스프링 프레임워크 5.0부터 코틀린 언어를 폭넓게 지원하기 시작해서 이제는 단 한 줄의 자바 코드 없이 오직 코틀린 코드만으로 스프링 부트 애플리케이션을 만들 수 있다. 게다가 스프링 부트는 여러 가지 도메인 특화 언어domain specific languages, DSL를 제공해서 더 간결한 문법을 사용할 수 있다.

GraalVM 네이티브 이미지와 GraphQL도 스프링 부트가 지원하기 시작한 주요 기술이다. 현재 이 기술은 실험 단계이며 계속 개발 중이다. GraalVM 네이티브 이미지를 사용하면 스프링 부트 애플리케이션이 배포된 장비의 하드웨어 아키텍처에 특화된 네이티브 실행 파일을 만들 수 있다. 네이

1 옮긴이 그랄브이엠이라고 읽는다.

티브 실행 파일은 시작 시간이 훨씬 빠르고 메모리 사용량도 줄어든다.

GraphQL은 효율적인 API를 개발할 때 REST API 대신 사용할 수 있다. 이제 직접 실습을 통해 살펴보자.

NOTE 10장에서는 스프링 부트에서 코틀린, GraalVM, GraphQL을 사용하는 방법을 살펴본다. 모두 개별적으로 책 한 권의 분량이 필요할 만큼 많은 내용이 포함된 큰 주제다. 그래서 이 책에서는 개별 기술을 심도 있게 살펴보는 대신에 스프링 부트 컨텍스트 관점에서 개략적으로 소개하고 사용하는 방법에 중점을 둔다. 이 책을 통해 기본적인 내용을 이해하게 된다면 개별 주제에 대해 더 깊이 탐구해 볼 것을 권장한다. 다음 자료가 도움이 될 것이다.

- 코틀린 - https://kotlinlang.org/docs/home.html
- GraalVM - https://www.graalvm.org/latest/docs/introduction/
- 스프링 네이티브 - https://mng.bz/Dx6n
- GraphQL - https://graphql.org/learn/
- 스프링 GraphQL - https://mng.bz/la76

10.1 스프링 부트와 코틀린

스프링은 처음부터 자바 기반의 프레임워크였고 개발자는 스프링 애플리케이션을 개발할 때 주로 자바를 사용한다. 스프링 프레임워크 5.0부터 코틀린 프로그래밍 언어(https://mng.bz/Bxp0)를 전폭적으로 지원하기 시작했고 이제는 자바를 사용하지 않고 코틀린만 사용해서 스프링 부트 애플리케이션을 개발할 수 있다. 이번 절에서는 코틀린을 사용해서 스프링 부트 애플리케이션을 만드는 방법을 살펴본다.

스프링은 코드를 깨끗하고 간결하게 작성할 수 있도록 여러 가지 코틀린 DSL을 제공하며 그중 몇 가지는 예제를 통해 알아볼 예정이다. 코틀린 DSL을 살펴보기 전에 코틀린을 사용해서 스프링 부트 애플리케이션을 만들어보자. 지금까지 만든 CourseTracker 애플리케이션을 코틀린으로 다시 작성해보자.

NOTE 코틀린은 유용한 기능을 많이 갖추고 있는 프로그래밍 언어다. 코틀린을 심도 있게 다루는 일은 이 책의 범위를 넘어선다. 10장에서는 스프링 부트와 스프링 부트 코틀린 DSL에서 코틀린을 사용하는 방법에 중점을 두며, 코틀린의 기능을 깊게 파고들지는 않는다. 그래서 코틀린 언어에 대한 내용은 코틀린 문서를 참고하는 것이 좋다.

코틀린을 배우려면 공식 문서(https://kotlinlang.org/docs/home.html)를 참고하는 것이 좋다. 코틀린은 웹에서 쉽게 문법과 여러 기능을 테스트해볼 수 있는 놀이터playground 사이트(https://play.kotlinlang.org/)도 제공한다. 코틀린을 완전히 처음 접한다면 놀이터에서 예제를 통해 배울 수 있는 https://play.kotlinlang.org/byExample/overview에서 시작해보는 것도 좋다.

매닝 출판사에서 나온 마르코 베르뮬렌Marco Vermeulen, 루나 비야나손Runar Bjarnason, 폴 키우사노Paul Chiusano의 《Functional Programming in Kotlin》(Manning, 2021)(https://mng.bz/VlAP)도 참고할 만하다.

10.1.1 기법: 코틀린으로 스프링 부트 애플리케이션 개발

10.1.1절의 소스 코드는 https://mng.bz/Axez**에서 확인할 수 있다.**

요구 사항

간결성, 널 안전성null safety, 확장extension 등 강력한 기능을 가진 코틀린을 사용해서 스프링 부트 애플리케이션을 개발한다.

해법

지금까지 만든 CourseTracker 애플리케이션을 코틀린으로 재작성한다. 애플리케이션의 기능보다 코틀린을 사용하기 위해 필요한 변경 내용에 초점을 맞춘다.

먼저 스프링 이니셜라이저(https://start.spring.io/)로 새 스프링 부트 프로젝트를 생성한다. `Web`, `Validation`, `JPA`, `H2`, `Thymeleaf` 의존 관계를 선택한다. 스프링 이니셜라이저 관련 자세한 내용은 부록 A를 참고한다. UI를 만들기 위해 Web JAR 의존 관계도 필요하다. 프로젝트를 생성하면 예제 10.1과 같은 pom.xml 파일이 만들어진다.

예제 10.1 **메이븐 pom.xml 파일**

```
<?xml version="1.0" encoding="UTF-8"?>
<project xmlns="http://maven.apache.org/POM/4.0.0" xmlns:xsi="http://www.w3.org/2001/
XMLSchema-instance"
    xsi:schemaLocation="http://maven.apache.org/POM/4.0.0 https://maven.apache.org/xsd/
maven-4.0.0.xsd">
    <modelVersion>4.0.0</modelVersion>
    <parent>
        <groupId>org.springframework.boot</groupId>
        <artifactId>spring-boot-starter-parent</artifactId>
        <version>2.6.3</version>
        <relativePath/> <!-- 메이븐 리포지터리에서 parent를 가져온다 -->
    </parent>
    <groupId>com.manning.sbip.ch10</groupId>
    <artifactId>course-tracker-kotlin-app</artifactId>
    <version>0.0.1-SNAPSHOT</version>
    <name>course-tracker-kotlin-app</name>
    <description>Course Tracker Kotlin Application</description>
    <properties>
        <java.version>17</java.version>
        <kotlin.version>1.6.10</kotlin.version>
    </properties>
```

```
<dependencies>
    <dependency>
        <groupId>org.springframework.boot</groupId>
        <artifactId>spring-boot-starter-thymeleaf</artifactId>
    </dependency>
    <dependency>
        <groupId>org.springframework.boot</groupId>
        <artifactId>spring-boot-starter-data-jpa</artifactId>
    </dependency>
    <dependency>
        <groupId>org.springframework.boot</groupId>
        <artifactId>spring-boot-starter-validation</artifactId>
    </dependency>
    <dependency>
        <groupId>org.springframework.boot</groupId>
        <artifactId>spring-boot-starter-web</artifactId>
    </dependency>
    <dependency>
        <groupId>com.fasterxml.jackson.module</groupId>
        <artifactId>jackson-module-kotlin</artifactId>
    </dependency>
    <dependency>
        <groupId>org.jetbrains.kotlin</groupId>
        <artifactId>kotlin-reflect</artifactId>
    </dependency>
    <dependency>
        <groupId>org.jetbrains.kotlin</groupId>
        <artifactId>kotlin-stdlib-jdk8</artifactId>
    </dependency>
    <dependency>
        <groupId>org.webjars</groupId>
        <artifactId>bootstrap</artifactId>
        <version>4.4.1</version>
    </dependency>
    <dependency>
        <groupId>org.webjars</groupId>
        <artifactId>jquery</artifactId>
        <version>3.4.1</version>
    </dependency>
    <dependency>
        <groupId>org.webjars</groupId>
        <artifactId>webjars-locator</artifactId>
        <version>0.38</version>
    </dependency>

    <dependency>
        <groupId>com.h2database</groupId>
        <artifactId>h2</artifactId>
```

```
            <scope>runtime</scope>
        </dependency>
        <dependency>
            <groupId>org.springframework.boot</groupId>
            <artifactId>spring-boot-starter-test</artifactId>
            <scope>test</scope>
        </dependency>
    </dependencies>

    <build>
        <sourceDirectory>${project.basedir}/src/main/kotlin</sourceDirectory>
        <testSourceDirectory>${project.basedir}/src/test/kotlin</testSourceDirectory>
        <plugins>
            <plugin>
                <groupId>org.springframework.boot</groupId>
                <artifactId>spring-boot-maven-plugin</artifactId>
            </plugin>
            <plugin>
                <groupId>org.jetbrains.kotlin</groupId>
                <artifactId>kotlin-maven-plugin</artifactId>
                <configuration>
                    <args>
                        <arg>-Xjsr305=strict</arg>
                    </args>
                    <compilerPlugins>
                        <plugin>spring</plugin>
                    </compilerPlugins>
                </configuration>
                <dependencies>
                    <dependency>
                        <groupId>org.jetbrains.kotlin</groupId>
                        <artifactId>kotlin-maven-allopen</artifactId>
                        <version>${kotlin.version}</version>
                    </dependency>
                </dependencies>
            </plugin>
        </plugins>
    </build>

</project>
```

코틀린 언어를 사용하기 위해 추가된 주요 내용은 다음과 같다.

- jackson-module-kotlin - 코틀린 클래스와 데이터 클래스(https://kotlinlang.org/docs/data-classes.html)의 직렬화와 역직렬화에 필요한 라이브러리. spring-boot-starter-web 의존 관계를 사용

하면 자동으로 함께 포함된다. `jackson-module-kotlin` 관련 자세한 내용은 https://github.com/FasterXML/jackson-module-kotlin를 참고하자.

- `kotlin-reflect` - 코틀린 리플렉션reflection 라이브러리. 자바처럼 코틀린도 리플렉션을 통해 런타임에 코틀린 프로그램 내부 구조를 파악introspect할 수 있다. 런타임 라이브러리의 불필요한 범람을 막기 위해 `kotlin-reflect` 라이브러리가 따로 만들어졌다. 자세한 내용은 https://kotlinlang.org/docs/reflection.html를 참고하자.
- `kotlin-stdlib-jdk8` - `kotlin-stdlib`의 자바 8 지원 라이브러리. `kotlin-stdlib`은 코틀린 표준 라이브러리이며 자세한 내용은 https://kotlinlang.org/api/latest/jvm/stdlib/를 참고하자.
- `kotlin-maven-plugin` - 코틀린 소스와 모듈을 컴파일하는 데 필요한 플러그인. `-Xjsr305=strict` 옵션을 지정하면 널 안전성(https://kotlinlang.org/docs/null-safety.html)을 담당하는 JSR-305의 엄격한 준수를 강제한다.

예제 10.2와 같이 `Course` 클래스를 정의하자.

예제 10.2 Course JPA 엔티티

```
package com.manning.sbip.ch10.model

import javax.persistence.*;     ❶
import javax.validation.constraints.*;     ❷

@Entity
@Table(name = "Courses")
class Course(

    @Id
    @GeneratedValue(strategy = GenerationType.IDENTITY)
    @Column(name = "ID")
    var id: Long? = 0,     ❸

    @Column(name = "NAME")
    @NotEmpty(message = "Course name field can't be empty")
    var name: String? = "",

    @Column(name = "CATEGORY")
    @NotEmpty(message = "Course category field can't be empty")
    var category: String? = "",

    @Column(name = "RATING")
    @Min(value = 1)
    @Max(value = 5)
```

```
    var rating : Int? = 0,    ❸

    @Column(name = "DESCRIPTION")
    @NotEmpty(message = "Course description field can't be empty")
    var description: String? = ""
)
```

❶ JPA 애너테이션인 @Entity, @Table, @Id, @GeneratedValue, @GeneratedType을 사용할 수 있도록 임포트한다.

❷ 밸리데이션 애너테이션인 @NotEmpty, @Min, @Max를 사용할 수 있도록 임포트한다.

❸ var 키워드를 사용해서 변수를 선언한다. 변수의 타입이 변수의 이름 뒤에 위치한다. 타입 뒤에 ?가 붙어 있으면 널값을 가질 수 있는 타입을 의미한다. 코틀린에서는 이처럼 기본적으로는 널값을 가질 수 없으며, 가질 수 있도록 하려면 명시적으로 ?를 추가해야 한다.

이제 데이터 접근 계층으로 넘어가서 CourseRepository 인터페이스를 예제 10.3과 같이 정의한다.

예제 10.3 CourseRepository 인터페이스

```
package com.manning.sbip.ch10.repository

import com.manning.sbip.ch10.model.Course
import org.springframework.data.repository.CrudRepository
import org.springframework.stereotype.Repository

@Repository
interface CourseRepository : CrudRepository<Course, Long>
```

다음은 서비스 계층이다. 서비스 계층에서 필요한 메서드를 예제 10.4와 같이 CourseService 인터페이스에 정의한다.

예제 10.4 CourseService 인터페이스

```
package com.manning.sbip.ch10.service

import com.manning.sbip.ch10.model.Course

interface CourseService {
    fun createCourse(course: Course): Course    ❶
    fun findCourseById(courseId: Long): Course
    fun findAllCourses(): Iterable<Course>
    fun updateCourse(courseId: Long, updatedCourse: Course): Course
```

```
    fun deleteCourseById(courseId: Long)
}
```

❶ 코틀린에서는 fun 키워드를 사용해서 함수를 선언한다.

서비스 인터페이스의 구현체인 DefaultCourseService 클래스를 예제 10.5와 같이 정의한다.

예제 10.5 DefaultCourseService 클래스

```
package com.manning.sbip.ch10.service

import com.manning.sbip.ch10.exception.CourseNotFoundException
import com.manning.sbip.ch10.model.Course
import com.manning.sbip.ch10.repository.CourseRepository
import org.springframework.http.HttpStatus
import org.springframework.stereotype.Service

@Service
class DefaultCourseService (private val courseRepository: CourseRepository) : CourseService {

    override fun createCourse(course: Course): Course =  courseRepository.save(course)

    override fun findCourseById(courseId: Long): Course = courseRepository.
findById(courseId)
            .orElseThrow { CourseNotFoundException(HttpStatus.NOT_FOUND, "No course with
supplied course id was found") }

    override fun findAllCourses(): Iterable<Course> =  courseRepository.findAll()

    override fun updateCourse(courseId: Long, updatedCourse: Course): Course  {
        return if(courseRepository.existsById(courseId)) {
            courseRepository.save(
                    Course(
                            id = updatedCourse.id,
                            name = updatedCourse.name,
                            category = updatedCourse.category,
                            rating = updatedCourse.rating,
                            description = updatedCourse.description
                    )
            )
        }
        else throw CourseNotFoundException(HttpStatus.NOT_FOUND, "No course with supplied
course id was found")
    }

    override fun deleteCourseById(courseId: Long) {
```

```
        return if (courseRepository.existsById(courseId)) {
            courseRepository.deleteById(courseId)
        } else throw CourseNotFoundException(HttpStatus.NOT_FOUND, "No course with supplied
course id was found")
    }
}
```

이제 존재하지 않는 과정을 삭제하거나 수정하려 할 때 던지는 커스텀 예외인 CourseNotFoundException 클래스를 예제 10.6과 같이 정의한다.

예제 10.6 CourseNotFoundException 클래스

```
package com.manning.sbip.ch10.exception

import org.springframework.http.HttpStatus

class CourseNotFoundException(status: HttpStatus, message: String) : RuntimeException()
```

CourseTracker 애플리케이션 화면을 구성하는 HTML과 CSS 파일은 기존과 동일하므로 깃허브 소스 코드 저장소를 참고한다. `mvn spring-boot:run` 명령으로 애플리케이션을 실행하고 브라우저에서 http://localhost:8080에 접속하면 애플리케이션 인덱스 페이지가 표시되는 것을 확인할 수 있다.

토론

이번 기법에서는 스프링 부트 애플리케이션에서 코틀린을 사용하는 방법을 알아봤다. 기존에 자바로 작성된 CourseTracker 애플리케이션을 코틀린으로 재작성했는데, 예제를 보면 알 수 있듯이 애플리케이션 설계 관점에서는 자바로 작성한 것과 크게 차이가 나지 않는다. 따라서 스프링 부트 애플리케이션에서 코틀린을 사용하는 것은 순전히 개발자의 취향에 달려 있다고 볼 수 있다.

자바와 비교해서 코틀린이 가지는 주요 장점은 널 안전성, `when` 표현식 등 언어에 내장된 기능과 코드의 간결성이다. 코틀린 DSL을 사용하면 코드를 더 간결하고 깨끗하게 만들 수 있다. 이제 코틀린 DSL 사용법도 알아보자.

10.1.2 기법: 스프링 부트 코틀린 애플리케이션에 스프링 시큐리티 적용

10.1.2절의 소스 코드는 https://mng.bz/Zz1P에서 확인할 수 있다.

요구 사항

코틀린으로 작성한 스프링 부트 애플리케이션에 스프링 시큐리티를 적용해서 보안성을 높여야 한다.

해법

앞서 만든 스프링 부트 코틀린 애플리케이션은 잘 동작하지만 보안이 전혀 적용돼 있지 않다. 폼 기반의 로그인 기능을 추가해서 애플리케이션 접근 보안성을 높여보자.

스프링 시큐리티 적용을 위해 `spring-boot-starter-security` 의존 관계가 필요하므로 예제 10.7과 같이 pom.xml 파일에 추가한다.

예제 10.7 spring-boot-starter-security 의존 관계 추가

```
<dependency>
    <groupId>org.springframework.boot</groupId>
    <artifactId>spring-boot-starter-security</artifactId>
</dependency>
```

이제 폼 기반 로그인 기능을 적용하는 스프링 시큐리티 설정 클래스인 `KotlinSecurityConfiguration`을 예제 10.8과 같이 작성한다.

예제 10.8 KotlinSecurityConfiguration 클래스

```
package com.manning.sbip.ch10.security

// import 문 생략

@EnableWebSecurity
class KotlinSecurityConfiguration : WebSecurityConfigurerAdapter(), ApplicationContextInitia
lizer<GenericApplicationContext> {    ❶

    val beans = beans {    ❷
        bean("passwordEncoder") {
            BCryptPasswordEncoder()
        }
```

```
        bean {
            fun user(user : String, password: String, vararg  roles : String) = User.
builder().username(user).password(ref<PasswordEncoder>().encode(password)).roles(*roles).
build()
            InMemoryUserDetailsManager(user("user", "password", "USER"), user("admin",
"password", "ADMIN"))
        }
    }

    override fun initialize(applicationContext: GenericApplicationContext) {     ❸
        beans.initialize(applicationContext)
    }

    override fun configure(http: HttpSecurity?) {     ❹
        http {
            formLogin {
                loginPage = "/login"
                failureUrl = "/login-error"
            }
            authorizeRequests {
                authorize("/login", permitAll)
                authorize("/login-error", permitAll)
                authorize(anyRequest, authenticated)
            }
        }
    }
}
```

❶ WebSecurityConfigurerAdapter 클래스를 상속받고 ApplicationContextInitializer 인터페이스를 구현한다.

❷ 스프링 부트 코틀린 DSL을 사용해서 더 간결하게 passwordEncoder, InMemoryUserDetails-Manager 스프링 빈을 추가할 수 있다.

❸ ApplicationContextInitializer 인터페이스의 메서드를 재정의한다. ❷에서 정의한 빈을 초기화할 때 필요하다.

❹ WebSecurityConfigurerAdapter 클래스의 메서드를 재정의한다. 스프링 시큐리티 코틀린 빈 DSL을 사용해서 더 간결하게 보안 설정 내용을 작성할 수 있다.

5장의 5.3.2절 기법을 잘 따라했다면 예제 10.8의 코드가 그리 낯설지 않을 것이다. CourseTracker 애플리케이션에 폼 기반 인메모리 인증을 적용하는 스프링 시큐리티 설정 클래스인데 이번에는 코틀린의 스프링 빈과 스프링 시큐리티 DSL을 사용했다. DSL은 기존 API에 문법 설탕syntactic sugar[2]을 사용해서 더 표현력이 좋고 간결하고 읽기 쉬운 코드를 작성할 수 있게 해준다.

예제 10.8에서는 DSL을 사용해서 passwordEncoder 빈과 InMemoryUserDetailsManager 빈을 정의했다. BCryptPasswordEncoder를 생성해서 passwordEncoder 빈을 정의하는 코드는 매우 직관적이다. passwordEncoder는 일반 문자열을 보안 목적으로 난독화하는 역할을 담당한다. InMemoryUserDetailsManager 빈 정의 부분은 예제 10.9에서 다시 자세히 살펴보자.

예제 10.9 InMemoryUserDetailsManager 빈 정의

```
bean {
    fun user(user : String, password: String, vararg roles : String) = User.builder()
        .username(user)
        .password(ref<PasswordEncoder>().encode(password))
        .roles(*roles)
        .build()

    InMemoryUserDetailsManager(
        user("user", "password", "USER"),
        user("admin", "password", "ADMIN")
    )
}
```

InMemoryUserDetailsManager 빈을 정의하기 위해 먼저 스프링 시큐리티의 User 인스턴스를 정의하는 user 함수를 만들었다. 이 과정에서 passwordEncoder 빈이 필요한데 코드에서 passwordEncoder 빈을 어떻게 참조하는지 눈여겨보자. 두 개의 User 인스턴스인 user, admin을 생성해서 InMemoryUserDetailsManager에 등록했다.

KotlinSecurityConfiguration 클래스도 WebSecurityConfigurerAdapter 클래스를 상속받으며 HttpSecurity 설정을 커스터마이징할 수 있다. 폼 기반 로그인 기능을 적용하기 위해 configure() 메서드를 예제 10.10과 같이 재정의한다.

예제 10.10 HttpSecurity 설정 커스터마이징

```
override fun configure(http: HttpSecurity?) {
    http {
        formLogin {
```

2 옮긴이 프로그래밍 언어에서 코드 작성을 쉽게 해주거나 읽기 쉽게 해주는 구문이나 문법을 의미한다.

```
            loginPage = "/login"
            failureUrl = "/login-error"
        }
        authorizeRequests {
            authorize("/login", permitAll)
            authorize("/login-error", permitAll)
            authorize(anyRequest, authenticated)
        }
    }
}
```

폼 로그인에 사용할 URL을 `/login`으로 지정하고 로그인 실패 시 `/login-error`로 리다이렉트되도록 설정한다. 또한 로그인하지 않은 사용자도 `/login`, `/login-error`에 접속할 수 있도록 설정하고 그 외의 URL에는 로그인한 사용자만 접근할 수 있도록 설정한다.

이제 스프링 시큐리티 설정 클래스에 정의한 빈이 생성되도록 예제 10.11과 같이 `context.initializer.classes` 프로퍼티를 application.properties 파일에 추가한다.

예제 10.11 context.initializer.classes 프로퍼티 추가

```
context.initializer.classes=com.manning.sbip.ch10.security.KotlinSecurityConfiguration
```

다음은 로그인 요청을 처리할 `LoginController`를 예제 10.12와 같이 작성한다.

예제 10.12 LoginController 클래스

```
package com.manning.sbip.ch10.controller

import org.springframework.stereotype.Controller
import org.springframework.ui.Model
import org.springframework.ui.set
import org.springframework.web.bind.annotation.GetMapping

@Controller
class LoginController {

    @GetMapping("/login")
    fun login(): String {
        return "login"
    }

    @GetMapping("/login-error")
    fun loginError(model: Model): String {
```

```
        model["loginError"] = true
        return "login"
    }
}
```

`/login` 엔드포인트는 사용자에게 login.html 페이지를 반환하고, `/login-error` 엔드포인트는 `loginError` 플래그에 `true`를 저장한 후 로그인 페이지로 리다이렉트한다. 로그인 페이지에서는 `loginError` 값이 `true`이면 로그인 실패 관련 메시지를 화면에 표시한다.

이제 애플리케이션을 시작하고 브라우저에서 http://localhost:8080에 접속하면 로그인 페이지로 리다이렉트될 것이다. 스프링 시큐리티 설정 클래스에서 `User` 인스턴스를 만들 때 사용했던 `username`, `password`를 입력하고 로그인하면 애플리케이션 인덱스 페이지가 표시된다.

토론

이번 기법에서는 스프링 부트 코틀린 애플리케이션에 스프링 시큐리티 DSL을 사용해서 스프링 시큐리티 기능을 추가했다. 또한 스프링 코틀린 빈 DSL을 사용해서 빈을 정의하는 방법도 살펴봤다. DSL을 사용하면 단정하고 깔끔한 코드를 작성할 수 있다. REST 엔드포인트를 정의할 때 사용할 수 있는 스프링 라우터 코틀린 DSL도 있으며 https://mng.bz/REdK에서 예제를 확인할 수 있다.

10.2 스프링 네이티브

스프링 네이티브Native를 사용하면 GraalVM 네이티브 이미지 컴파일러를 활용해서 스프링 애플리케이션을 실행할 하드웨어 아키텍처에 특화된 네이티브 실행 파일을 만들 수 있다. 네이티브 이미지를 사용하면 전통적인 JVM 방식에 비해 애플리케이션 시작 시간이나 메모리 사용량에서 장점이 있다. GraalVM 같은 네이티브 이미지 플랫폼은 애플리케이션 소스 코드와 클래스패스를 컴파일 타임에서 정적으로 분석해서 런타임에 사용할 코드베이스만 남기고 나머지는 버린다. 결과적으로 네이티브 이미지에는 런타임에 필요한 내용만 포함된다.

이번 절에서는 GraalVM(https://www.graalvm.org/)을 사용하는 스프링 네이티브와 GraalVM을 사용해서 스프링 부트 애플리케이션의 네이티브 이미지를 만드는 방법을 알아본다. 먼저 GraalVM이 무엇인지 살펴보자.

10.2.1 GraalVM

GraalVM은 자바를 포함한 JVM 애플리케이션의 실행 속도 개선을 목적으로 오라클에서 내놓은 고성능 JDK 배포판이다. GraalVM은 자바스크립트, 루비, 파이썬 같은 JVM 기반이 아닌 언어도 지원한다. 이런 폴리글랏polyglot 특성 덕분에 GraalVM을 사용하면 하나의 애플리케이션을 만들 때 여러 언어를 섞어서 사용할 수도 있다. 이런 기능을 알아보기 전에 먼저 그림 GraalVM의 아키텍처를 그림 10.1과 같이 개괄적으로 살펴보자.

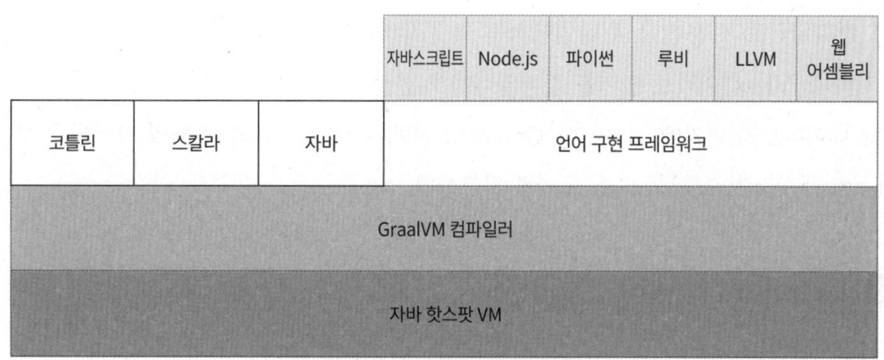

그림 10.1 GraalVM 아키텍처

GraalVM은 핫스팟 가상머신에 향상된 JITjust-in-time 컴파일러를 포함하고 있다. 그 위에 언어 구현 프레임워크인 트러플Truffle(https://mng.bz/2jP0)이 놓인다. 트러플 덕분에 GraalVM이 Node.js나 파이썬 같은 다른 언어나 다른 런타임을 실행할 수 있어서, 자바와 다른 언어가 직접적으로 상호작용할 수 있다. 트러플에서 다른 언어를 지원하는 데 사용되는 번역기interpreter는 JVM 위에서 실행되는 자바 프로그램이다. 그래서 자바 애플리케이션 안에서 자바스크립트 코드를 작성하고 호출할 수 있다. 예제 10.13을 보자.

예제 10.13 자바 코드에서 자바스크립트 코드 호출

```
import org.graalvm.polyglot.*;
import java.io.PrintStream;
import java.util.Set;

public class Polyglot {

    public static void main(String[] args) {
        Context context = Context.newBuilder().allowAllAccess(true).build();
        Set<String> languages = context.getEngine().getLanguages().keySet();
        System.out.println("Languages available in GraalVM: " + languages);
```

```
        System.out.println("Java: Hello World");

        context.eval("js","console.log('JavaScript: Hello World')");
    }
}
```

GraalVM은 JVM 모드, 네이티브 이미지, 자바 트러플Java on Truffle, 이렇게 3가지 모드로 실행할 수 있다. 핫스팟 JVM 위에서 애플리케이션이 실행되는 동안 GraalVM은 GraalVM 컴파일러를 최우선 JIT 컴파일러로 사용한다. 런타임에서는 애플리케이션을 일반적으로 JVM 위에서 실행한다. JVM이 자바나 JVM 네이티브 언어를 컴파일러에게 전달하면 기계어 코드가 만들어진다. 책에서는 GraalVM 네이티브 이미지에 집중한다. GraalVM 전반에 대한 내용과 주제별 자세한 정보는 공식 문서(https://www.graalvm.org/docs/introduction/)를 참고한다.

10.2.2 GraalVM 네이티브 이미지

GraalVM은 네이티브 이미지 빌드 도구를 포함하고 있다. 네이티브 이미지는 자바 코드를 직접적으로 독립 실행 바이너리로 만들거나 네이티브 공유 라이브러리로 만들 수 있는 새로운 기술이다. 네이티브 이미지 빌드에는 애플리케이션 런타임에 필요한 애플리케이션 클래스, 의존 관계, 서드파티 라이브러리, JDK 클래스를 포함한다. 이렇게 만들어진 네이티브 실행 파일은 특정 운영체제와 하드웨어 아키텍처에 특화돼 있으며 JVM 없이 실행된다.

일반적인 자바 애플리케이션 컴파일 과정에서는 먼저 자바 소스 코드가 바이트코드로 컴파일되고, 바이트코드가 JVM에 의해 바이너리 코드로 번역된다. JIT 컴파일러는 자주 사용되는 바이트코드를 식별해서 네이티브 아키텍처에 특화된 바이너리로 컴파일해두고 이를 재사용해서 성능을 향상시킨다.

네이티브 이미지 빌더에 포함된 AOTahead-of-time 컴파일러는 애플리케이션 컴포넌트를 정적으로 분석해서 런타임에 필요 없는 것들은 폐기한다. AOT 컴파일은 소스 코드와 클래스패스를 모두 검사하므로 시간이 매우 오래 걸린다. 대신에 컴파일 결과물에는 최소한의 JRE, 클래스패스에 포함된 라이브러리에 작성된 모든 타입 중에서 최소한의 타입만 포함하므로 상대적으로 크기가 작아진다. 웹 서버, 데이터 접근 기능과 최소한의 JRE를 포함하는 네이티브 이미지를 실제로 만들어볼 것이다.

NOTE **GraalVM 에디션과 설치_** GraalVM은 커뮤니티 에디션과 엔터프라이즈 에디션이 있고, 자바 8, 자바 11,

자바 17을 지원한다. 커뮤니티 에디션은 OpenJDK 기반이고 엔터프라이즈 에디션은 Oracle JDK 기반이다. https://www.graalvm.org/downloads/에서 다운로드할 수 있으며 설치 과정은 https://mng.bz/1j1j를 참고하자.

10.2.3 스프링 부트 네이티브 이미지

스프링 네이티브 프로젝트를 통해 스프링 애플리케이션을 네이티브 이미지로 만들 수 있다. 스프링 부트 애플리케이션을 네이티브 이미지로 만드는 방법은 두 가지가 있다.

- **스프링 부트 빌드팩** - 네이티브 실행 파일을 포함하는 경량 컨테이너 생성
- **GraalVM 네이티브 이미지 메이븐 플러그인** - 네이티브 실행 파일을 만드는 메이븐 플러그인

먼저 스프링 부트 빌드팩 방식부터 알아보자.

10.2.4 기법: 빌드팩으로 스프링 부트 네이티브 이미지 생성

10.2.4절의 소스 코드는 https://mng.bz/PWln**에서 확인할 수 있다.**

요구 사항

전통적인 방식으로 빌드되어 실행되는 CourseTracker 애플리케이션을 네이티브 이미지로 만들어 실행한다.

해법

스프링 네이티브를 사용하면 빌드팩buildpack으로 스프링 부트 애플리케이션을 네이티브 이미지로 만들 수 있다. 빌드팩은 소스 코드를 컨테이너 이미지로 변환해준다. 자세한 내용은 https://buildpacks.io/docs/concepts/를 참고하자.

이번 예제는 이미지 빌드 과정에서 도커 데몬이 필요하므로 도커가 설치돼 있어야 한다.

다음 의존 관계를 추가하고 새 스프링 부트 프로젝트를 만든다.

- 스프링 네이티브
- 스프링 웹
- 롬복Lombok

예제 10.14에 pom.xml 파일이 나와 있다.

예제 10.14 스프링 네이티브 의존 관계가 포함된 pom.xml

```
<?xml version="1.0" encoding="UTF-8"?>
<project xmlns="http://maven.apache.org/POM/4.0.0" xmlns:xsi="http://www.w3.org/2001/
XMLSchema-instance"
    xsi:schemaLocation="http://maven.apache.org/POM/4.0.0 https://maven.apache.org/xsd/
maven-4.0.0.xsd">
    <modelVersion>4.0.0</modelVersion>
    <parent>
        <groupId>org.springframework.boot</groupId>
        <artifactId>spring-boot-starter-parent</artifactId>
        <version>2.6.3</version>
        <relativePath/> <!-- 메이븐 리포지터리에서 parent를 가져온다 -->
    </parent>
    <groupId>com.manning.sbip.ch10</groupId>
    <artifactId>course-tracker-native-app</artifactId>
    <version>0.0.1-SNAPSHOT</version>
    <name>native</name>
    <description>course-tracker-native-app</description>
    <properties>
        <java.version>17</java.version>
        <repackage.classifier/>
        <spring-native.version>0.11.2</spring-native.version>
    </properties>
    <dependencies>
        <dependency>
            <groupId>org.springframework.boot</groupId>
            <artifactId>spring-boot-starter-web</artifactId>
        </dependency>
        <dependency>
            <groupId>org.springframework.experimental</groupId>
            <artifactId>spring-native</artifactId>
            <version>${spring-native.version}</version>
        </dependency>
        <dependency>
            <groupId>org.projectlombok</groupId>
            <artifactId>lombok</artifactId>
        </dependency>

        <dependency>
            <groupId>org.springframework.boot</groupId>
            <artifactId>spring-boot-starter-test</artifactId>
            <scope>test</scope>
        </dependency>
    </dependencies>
```

```
<build>
    <plugins>
        <plugin>
            <groupId>org.springframework.boot</groupId>
            <artifactId>spring-boot-maven-plugin</artifactId>
            <configuration>
                <classifier>${repackage.classifier}</classifier>
                <image>
                    <builder>paketobuildpacks/builder:tiny</builder>
                    <env>
                        <BP_NATIVE_IMAGE>true</BP_NATIVE_IMAGE>
                    </env>
                </image>
            </configuration>
        </plugin>

        <plugin>
            <groupId>org.springframework.experimental</groupId>
            <artifactId>spring-aot-maven-plugin</artifactId>
            <version>${spring-native.version}</version>
            <executions>
                <execution>
                    <id>test-generate</id>
                    <goals>
                        <goal>test-generate</goal>
                    </goals>
                </execution>
                <execution>
                    <id>generate</id>
                    <goals>
                        <goal>generate</goal>
                    </goals>
                </execution>
            </executions>
        </plugin>
    </plugins>
</build>
<repositories>
    <repository>
        <id>spring-releases</id>
        <name>Spring Releases</name>
        <url>https://repo.spring.io/release</url>
        <snapshots>
            <enabled>false</enabled>
        </snapshots>
    </repository>
</repositories>
```

```
<pluginRepositories>
    <pluginRepository>
        <id>spring-releases</id>
        <name>Spring Releases</name>
        <url>https://repo.spring.io/release</url>
        <snapshots>
            <enabled>false</enabled>
        </snapshots>
    </pluginRepository>
</pluginRepositories>

<profiles>
    <profile>
        <id>native</id>
        <properties>
            <repackage.classifier>exec</repackage.classifier>
            <native-buildtools.version>0.9.9</native-buildtools.version>
        </properties>
        <dependencies>
            <dependency>
                <groupId>org.graalvm.buildtools</groupId>
                <artifactId>junit-platform-native</artifactId>
                <version>${native-buildtools.version}</version>
                <scope>test</scope>
            </dependency>
        </dependencies>
        <build>
            <plugins>
                <plugin>
                    <groupId>org.graalvm.buildtools</groupId>
                    <artifactId>native-maven-plugin</artifactId>
                    <version>${native-buildtools.version}</version>
                    <executions>
                        <execution>
                            <id>test-native</id>
                            <phase>test</phase>
                            <goals>
                                <goal>test</goal>
                            </goals>
                        </execution>
                        <execution>
                            <id>build-native</id>
                            <phase>package</phase>
                            <goals>
                                <goal>build</goal>
                            </goals>
                        </execution>
                    </executions>
```

```
                    </plugin>
                </plugins>
            </build>
        </profile>
    </profiles>

</project>
```

스프링 네이티브 프로젝트는 아직도 개발 중인 프로젝트로서 아직 정식 지원은 아니고 실험 지원 중이다. 예제 10.14에 있는 `spring-boot-maven-plugin`과 `spring-boot-aot-plugin` 플러그인 설정을 집중적으로 살펴보자. `spring-boot-maven-plugin`에는 도커 이미지를 만들기 위해 페이키토Paketo 빌드팩을 사용한다. `BP_NATIVE_IMAGE` 값을 `true`로 설정해서 네이티브 이미지가 빌드되도록 한다. `spring-aot-maven-plugin`은 AOT 컴파일러로 코드를 컴파일한다. `spring-aot-maven-plugin`도 아직 정식 버전이 아니라 실험 버전임에 유의하자. 이 플러그인의 역할과 동작 방식은 나중에 다른 절에서 다시 다룬다.

`Course` 도메인 클래스를 정의하고 두 개의 과정을 생성했다. 소스 코드 내용 자체는 이번 절에서 중요하지 않아서 예제 코드로 보여주는 대신 소스 코드 리포지터리를 참고하는 것으로 대체한다. 예제 10.15와 같이 `mvn` 명령으로 네이티브 이미지를 만들어보자.

예제 10.15 네이티브 이미지 생성

```
mvn clean package spring-boot:build-image
```

컨테이너 이미지를 만드는 데 꽤 오랜 시간이 걸릴 것이다. 빌드에 성공하면 그림 10.2와 유사한 결과가 화면에 표시될 것이다.

```
[INFO]     [creator]         web:          /workspace/com.manning.sbip.ch10.CourseTrackerNativeApplication (direct)
[INFO]     [creator]     ===> EXPORTING
[INFO]     [creator]     Adding layer 'paketo-buildpacks/ca-certificates:helper'
[INFO]     [creator]     Adding 1/1 app layer(s)
[INFO]     [creator]     Adding layer 'launcher'
[INFO]     [creator]     Adding layer 'config'
[INFO]     [creator]     Adding layer 'process-types'
[INFO]     [creator]     Adding label 'io.buildpacks.lifecycle.metadata'
[INFO]     [creator]     Adding label 'io.buildpacks.build.metadata'
[INFO]     [creator]     Adding label 'io.buildpacks.project.metadata'
[INFO]     [creator]     Adding label 'org.opencontainers.image.title'
[INFO]     [creator]     Adding label 'org.opencontainers.image.version'
[INFO]     [creator]     Adding label 'org.springframework.boot.version'
[INFO]     [creator]     Setting default process type 'web'
[INFO]     [creator]     Saving docker.io/library/course-tracker-native-app:0.0.1-SNAPSHOT...
[INFO]     [creator]     *** Images (e6ec00546e08):
[INFO]     [creator]           docker.io/library/course-tracker-native-app:0.0.1-SNAPSHOT
[INFO]     [creator]     Adding cache layer 'paketo-buildpacks/graalvm:jdk'
[INFO]     [creator]     Adding cache layer 'paketo-buildpacks/native-image:native-image'
[INFO]
[INFO] Successfully built image 'docker.io/library/course-tracker-native-app:0.0.1-SNAPSHOT'
[INFO]
[INFO] ------------------------------------------------------------------------
[INFO] BUILD SUCCESS
[INFO] ------------------------------------------------------------------------
[INFO] Total time:  29:51 min
[INFO] Finished at: 2021-10-30T15:25:46+05:30
[INFO] ------------------------------------------------------------------------
```

그림 10.2 CourseTracker 애플리케이션의 네이티브 이미지 생성

이미지가 빌드되면 예제 10.16과 같이 docker 명령으로 실행할 수 있다.

예제 10.16 생성된 이미지를 컨테이너로 실행

```
docker run -p 8080:8080 course-tracker-native-app:0.0.1-SNAPSHOT
```

실행 결과는 그림 10.3과 같다.

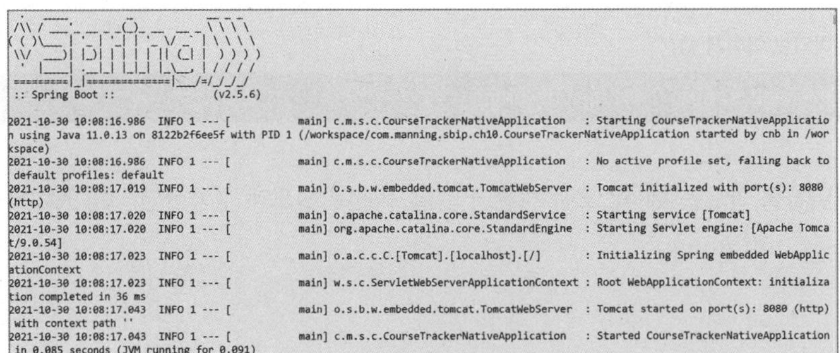

:: Spring Boot ::   (v2.5.6)
2021-10-30 10:08:16.986 INFO 1 --- [main] c.m.s.c.CourseTrackerNativeApplication   : Starting CourseTrackerNativeApplication using Java 11.0.13 on 8122b2f6ee5f with PID 1 (/workspace/com.manning.sbip.ch10.CourseTrackerNativeApplication started by cnb in /workspace)
2021-10-30 10:08:16.986 INFO 1 --- [main] c.m.s.c.CourseTrackerNativeApplication   : No active profile set, falling back to default profiles: default
2021-10-30 10:08:17.019 INFO 1 --- [main] o.s.b.w.embedded.tomcat.TomcatWebServer : Tomcat initialized with port(s): 8080 (http)
2021-10-30 10:08:17.020 INFO 1 --- [main] o.apache.catalina.core.StandardService   : Starting service [Tomcat]
2021-10-30 10:08:17.020 INFO 1 --- [main] org.apache.catalina.core.StandardEngine : Starting Servlet engine: [Apache Tomcat/9.0.54]
2021-10-30 10:08:17.023 INFO 1 --- [main] o.a.c.c.C.[Tomcat].[localhost].[/]   : Initializing Spring embedded WebApplicationContext
2021-10-30 10:08:17.023 INFO 1 --- [main] w.s.c.ServletWebServerApplicationContext : Root WebApplicationContext: initialization completed in 36 ms
2021-10-30 10:08:17.043 INFO 1 --- [main] o.s.b.w.embedded.tomcat.TomcatWebServer : Tomcat started on port(s): 8080 (http) with context path ''
2021-10-30 10:08:17.043 INFO 1 --- [main] c.m.s.c.CourseTrackerNativeApplication   : Started CourseTrackerNativeApplication in 0.085 seconds (JVM running for 0.091)

그림 10.3 CourseTracker 애플리케이션의 네이티브 이미지 실행 로그

그림 맨 아래에 표시된 시작 소요 시간을 주목해보자. 겨우 85밀리초 만에 애플리케이션이 시작 완료됐다. http://localhost:8080/courses에 접속하면 과정 목록을 확인할 수 있다.

토론

이번 기법에서는 스프링 부트 애플리케이션을 네이티브 이미지로 만드는 방법을 살펴봤다. 스프링 부트는 페이키토 빌드팩(https://paketo.io/)을 사용해서 이미지를 만들어낸다. 먼저 AOT 컴파일러

가 소스 코드를 컴파일하고 런타임에 실제로 사용되는 최소한의 코드를 식별해낸다. `spring-boot-maven-plugin`은 이 최소한의 코드를 사용해서 도커 이미지를 만들어낸다.

`native-maven-plugin`을 사용하면 중간에 컨테이너 이미지를 만들지 않고도 네이티브 이미지를 만들 수 있으며 다음 기법에서 다룬다.

10.2.5 기법: 메이븐 플러그인으로 스프링 부트 네이티브 이미지 생성

10.2.5절의 소스 코드는 10.2.4절의 소스 코드와 동일하며 https://mng.bz/PWln**에서 확인할 수 있다.**

요구 사항

도커 설정이 필요 없는 방식으로 네이티브 이미지를 만들어야 한다.

해법

`native-maven-plugin`을 사용하면 도커 설정 없이도 메이븐 빌드 과정으로 네이티브 이미지를 만들 수 있다.

예제 10.14에는 10.2.4절에서 사용한 프로젝트의 pom.xml 파일이 나와 있는데, 거의 마지막 부분에 `native`라는 프로파일로 `native-maven-plugin`이 추가돼 있다. `mvn` 명령 실행 시 `native` 프로파일을 지정하면 `native-maven-plugin`을 사용해서 네이티브 이미지가 만들어진다.

NOTE 윈도우에서는 GraalVM 네이티브 이미지 사전 요건(https://www.graalvm.org/22.0/reference-manual/native-image/#prerequisites)에서 추천하고 있는 x64 Native Tools Command Prompt가 필요하다.

예제 10.17과 같이 `native` 프로파일을 지정하고 `skipTests` 옵션을 지정해서 테스트 실행 과정을 건너뛰고 패키지를 만들어보자.

예제 10.17 native-maven-plugin을 사용해서 네이티브 이미지 생성

```
mvn -Pnative -DskipTests package
```

빌드가 성공하면 그림 10.4와 같은 결과가 표시된다.

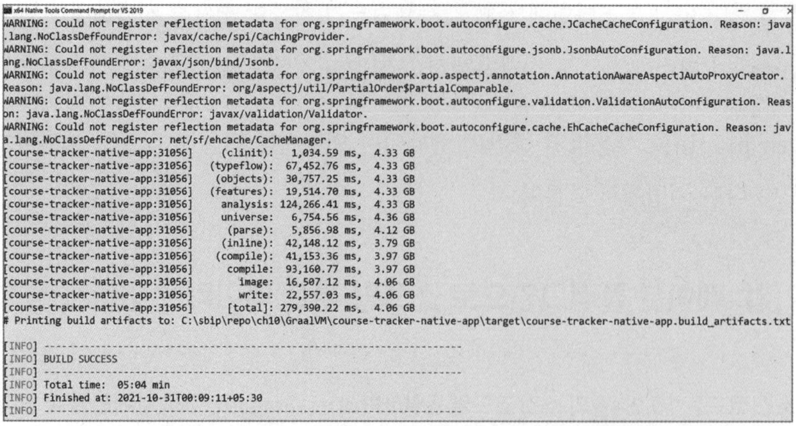

```
x64 Native Tools Command Prompt for VS 2019
WARNING: Could not register reflection metadata for org.springframework.boot.autoconfigure.cache.JCacheCacheConfiguration. Reason: java
.lang.NoClassDefFoundError: javax/cache/spi/CachingProvider.
WARNING: Could not register reflection metadata for org.springframework.boot.autoconfigure.jsonb.JsonbAutoConfiguration. Reason: java.l
ang.NoClassDefFoundError: javax/json/bind/Jsonb.
WARNING: Could not register reflection metadata for org.springframework.aop.aspectj.annotation.AnnotationAwareAspectJAutoProxyCreator.
Reason: java.lang.NoClassDefFoundError: org/aspectj/util/PartialOrder$PartialComparable.
WARNING: Could not register reflection metadata for org.springframework.boot.autoconfigure.validation.ValidationAutoConfiguration. Reas
on: java.lang.NoClassDefFoundError: javax/validation/Validator.
WARNING: Could not register reflection metadata for org.springframework.boot.autoconfigure.cache.EhCacheCacheConfiguration. Reason: jav
a.lang.NoClassDefFoundError: net/sf/ehcache/CacheManager.
[course-tracker-native-app:31056]     (clinit):   1,034.59 ms,  4.33 GB
[course-tracker-native-app:31056]   (typeflow):  67,452.76 ms,  4.33 GB
[course-tracker-native-app:31056]    (objects):  30,757.25 ms,  4.33 GB
[course-tracker-native-app:31056]   (features):  19,514.70 ms,  4.33 GB
[course-tracker-native-app:31056]     analysis: 124,266.41 ms,  4.33 GB
[course-tracker-native-app:31056]     universe:   6,754.56 ms,  4.36 GB
[course-tracker-native-app:31056]      (parse):   5,856.98 ms,  4.12 GB
[course-tracker-native-app:31056]     (inline):  42,148.12 ms,  3.79 GB
[course-tracker-native-app:31056]    (compile):  41,153.36 ms,  3.97 GB
[course-tracker-native-app:31056]      compile:  93,160.77 ms,  3.97 GB
[course-tracker-native-app:31056]        image:  16,507.12 ms,  4.06 GB
[course-tracker-native-app:31056]        write:  22,557.03 ms,  4.06 GB
[course-tracker-native-app:31056]      [total]: 279,390.22 ms,  4.06 GB
# Printing build artifacts to: C:\sbip\repo\ch10\GraalVM\course-tracker-native-app\target\course-tracker-native-app.build_artifacts.txt

[INFO] ------------------------------------------------------------------------
[INFO] BUILD SUCCESS
[INFO] ------------------------------------------------------------------------
[INFO] Total time:  05:04 min
[INFO] Finished at: 2021-10-31T00:09:11+05:30
[INFO] ------------------------------------------------------------------------
```

그림 10.4 native-maven-plugin으로 네이티브 이미지를 생성한 결과

target 디렉터리를 확인해보면 그림 10.5와 같이 네이티브 실행 파일이 생성된 것을 확인할 수 있다.

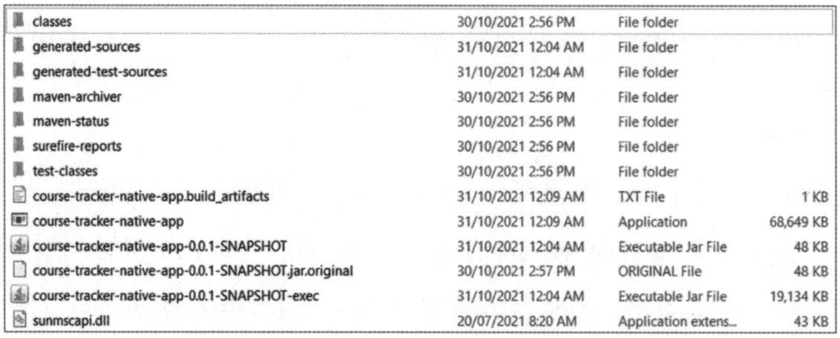

classes	30/10/2021 2:56 PM	File folder	
generated-sources	31/10/2021 12:04 AM	File folder	
generated-test-sources	31/10/2021 12:04 AM	File folder	
maven-archiver	30/10/2021 2:56 PM	File folder	
maven-status	30/10/2021 2:56 PM	File folder	
surefire-reports	30/10/2021 2:56 PM	File folder	
test-classes	30/10/2021 2:56 PM	File folder	
course-tracker-native-app.build_artifacts	31/10/2021 12:09 AM	TXT File	1 KB
course-tracker-native-app	31/10/2021 12:09 AM	Application	68,649 KB
course-tracker-native-app-0.0.1-SNAPSHOT	31/10/2021 12:04 AM	Executable Jar File	48 KB
course-tracker-native-app-0.0.1-SNAPSHOT.jar.original	30/10/2021 2:57 PM	ORIGINAL File	48 KB
course-tracker-native-app-0.0.1-SNAPSHOT-exec	31/10/2021 12:04 AM	Executable Jar File	19,134 KB
sunmscapi.dll	20/07/2021 8:20 AM	Application extens...	43 KB

그림 10.5 target 디렉터리에 생성된 네이티브 실행 파일

실행 파일을 더블 클릭하거나 터미널에서 실행 파일을 실행하면 애플리케이션이 실행된다. 시작 로그를 확인할 수 있도록 터미널에서 실행하면 그림 10.6과 같이 표시되는데, 387밀리초 만에 시작된 것을 확인할 수 있다.

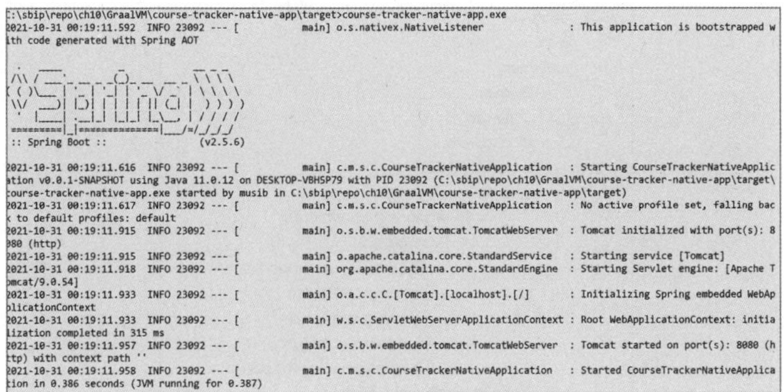
```
C:\sbip\repo\ch10\GraalVM\course-tracker-native-app\target>course-tracker-native-app.exe
2021-10-31 00:19:11.592  INFO 23092 --- [           main] o.s.nativex.NativeListener               : This application is bootstrapped with code generated with Spring AOT

  :: Spring Boot ::                (v2.5.6)

2021-10-31 00:19:11.616  INFO 23092 --- [           main] c.m.s.c.CourseTrackerNativeApplication   : Starting CourseTrackerNativeApplication v0.0.1-SNAPSHOT using Java 11.0.12 on DESKTOP-VBH5P79 with PID 23092 (C:\sbip\repo\ch10\GraalVM\course-tracker-native-app\target\course-tracker-native-app.exe started by musib in C:\sbip\repo\ch10\GraalVM\course-tracker-native-app\target)
2021-10-31 00:19:11.617  INFO 23092 --- [           main] c.m.s.c.CourseTrackerNativeApplication   : No active profile set, falling back to default profiles: default
2021-10-31 00:19:11.915  INFO 23092 --- [           main] o.s.b.w.embedded.tomcat.TomcatWebServer  : Tomcat initialized with port(s): 8080 (http)
2021-10-31 00:19:11.915  INFO 23092 --- [           main] o.apache.catalina.core.StandardService   : Starting service [Tomcat]
2021-10-31 00:19:11.918  INFO 23092 --- [           main] org.apache.catalina.core.StandardEngine  : Starting Servlet engine: [Apache Tomcat/9.0.54]
2021-10-31 00:19:11.933  INFO 23092 --- [           main] o.a.c.c.C.[Tomcat].[localhost].[/]       : Initializing Spring embedded WebApplicationContext
2021-10-31 00:19:11.933  INFO 23092 --- [           main] w.s.c.ServletWebServerApplicationContext : Root WebApplicationContext: initialization completed in 315 ms
2021-10-31 00:19:11.957  INFO 23092 --- [           main] o.s.b.w.embedded.tomcat.TomcatWebServer  : Tomcat started on port(s): 8080 (http) with context path ''
2021-10-31 00:19:11.958  INFO 23092 --- [           main] c.m.s.c.CourseTrackerNativeApplication   : Started CourseTrackerNativeApplication in 0.386 seconds (JVM running for 0.387)
```

그림 10.6 **네이티브 이미지 실행 로그**

토론

이번 기법에서는 스프링 부트 애플리케이션의 네이티브 이미지를 생성하기 위해 `native-maven-plugin`을 사용하는 방법을 살펴봤다. pom.xml 파일의 네이티브 프로파일 설정을 통해 `native-maven-plugin`을 설정할 수 있다.

이제 `spring-aot-maven-plugin`에 대해 알아보자.

10.2.6 스프링 AOT 메이븐 플러그인

10.2.6절의 소스 코드는 10.2.4절의 소스 코드와 동일하며 https://mng.bz/PWln**에서 확인할 수 있다.**

스프링 AOT 플러그인은 AOT 컴파일을 지원한다. AOT 컴파일러는 애플리케이션 소스 코드와 클래스패스를 정적으로 분석해서 애플리케이션 런타임에 필요한 타입을 결정한다. 앞서 사용했던 CourseTracker 애플리케이션 소스 코드를 대상으로 AOT 컴파일러를 적용해보고 결과를 살펴보자. 예제 10.18과 같이 `mvn` 명령을 실행하면 스프링 AOT 플러그인의 `generate` 골$_{\text{goal}}$이 실행된다.

예제 10.18 스프링 AOT generate 골 실행

```
mvn clean package spring-aot:generate
```

명령 실행에 성공하면 target/generated-sources/spring-aot 디렉터리에 그림 10.7과 같은 파일이 생성된 것을 확인할 수 있다.

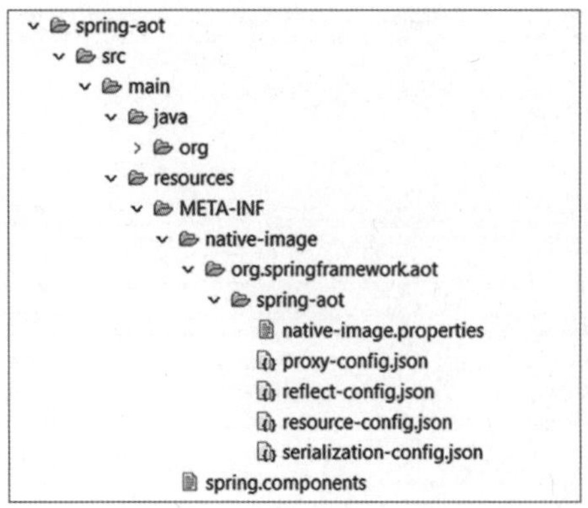

그림 10.7 스프링 AOT 플러그인이 생성해낸 소스 코드

target/generated-sources/spring-aot 디렉터리 아래에 있는 src/main/java 디렉터리에는 애플리케이션 실행에 필요한 최소한의 소스 코드가 포함돼 있다. `StaticSpringFactories` 클래스에는 스프링 부트 팩토리Factory 클래스와 인터페이스 등이 포함돼 있다. `boot`와 `core.io.support` 패키지에는 스프링 부트 및 여러 컴포넌트에 대한 설정 내용이 포함돼 있다. resources 디렉터리 아래에 있는 spring-aot 디렉터리에는 GraalVM 네이티브 이미지 빌더가 사용하는 여러 중요한 설정 파일이 들어 있다.

- native-image.propertes
- proxy-config.json
- reflect-config.json
- resource-config.json
- serialization-config.json

native-image.properties 파일에는 `native-image` 빌더가 이미지를 생성할 때 사용되는 인자값이 들어 있다. 나머지 4개의 설정 파일에는 `proxy`, `reflect`, `resource`, `serialization` 관련 설정 정보가 들어 있다. 이 모든 값은 애플리케이션 런타임 동작과 관련이 있다. 예를 들어 `native-image` 빌더는 기본적으로는 클래스패스에 있는 파일이나 이미지 같은 리소스를 실행 파일에 포함하지 않는다. 그래서 애플리케이션 런타임에서 이런 리소스를 사용하려면 에러가 발생할 수 있다. AOT 컴파일러에게 리소스에 대해 미리 알려줘야 리소스가 실행 파일에 포함되어 문제 없이 동작할 수 있다.

마찬가지로 자바 리플렉션 API는 클래스, 메서드, 필드 정보를 런타임에 확인하고 이용할 수 있도록 해주는데 이 또한 AOT 컴파일러에게 미리 알려줘야 `native-image` 빌더가 리플렉션을 사용한 프로그램 요소도 실행 파일에 포함할 수 있다.

NOTE 네이티브 이미지와 다양한 설정 관련 자세한 내용은 GraalVM 공식 문서(https://www.graalvm.org/reference-manual/native-image/)를 참고한다.

10.3 스프링 부트와 GraphQL

이번 절에서는 GraphQL이 무엇인지 알아보고 스프링 부트에서 GraphQL을 사용하는 방법을 알아본다.

10.3.1 REST의 문제

8장에서는 스프링 부트를 사용해서 REST API를 만드는 방법을 살펴봤다. REST API를 사용하면 애플리케이션의 기능을 API 엔드포인트로 외부에 노출할 수 있다. API 클라이언트는 노출된 API 엔드포인트에 접근해서 애플리케이션과 상호작용할 수 있다. 예를 들어 8장에서는 REST API를 통해 API 클라이언트가 과정을 만들고 조회할 수 있는 CourseTracker 애플리케이션을 만들었다. 과정 목록을 조회하려면 `GET /courses` 엔드포인트를 호출하면 되고, 과정을 생성하려면 생성할 과정의 정보를 요청 본문에 담아 `POST /courses` 엔드포인트를 호출하면 된다.

REST API 방식은 아주 잘 동작하며 API를 만드는 사실상의 표준이 되었다. REST가 널리 사용되고 있지만 문제가 없는 것은 아니다. 가장 먼저 꼽을 수 있는 문제는 필요 이상의 애플리케이션 데이터를 조회한다는 점이고, 두 번째로는 필요한 데이터를 조회하기 위해 API를 여러 번 호출해야 한다는 점이다. 이 문제를 자세히 짚어보자.

REST API에서는 리소스별로 엔드포인트를 정의한다. 하나의 리소스는 애플리케이션의 특정 부분이나 기능을 나타낸다. 예를 들어 CourseTracker 애플리케이션에서는 과정이 우리가 관리하는 리소스다. 그래서 API 클라이언트가 과정 ID 123에 대한 정보 조회 요청을 보내면 ID가 123인 과정의 ID, 이름, 설명, 카테고리, 평점 등 모든 상세 정보를 클라이언트에게 반환한다. 필요 이상의 데이터를 조회한다는 문제는 바로 이 부분에서 발생한다. API 클라이언트는 상세 정보 중에 일부 몇 가지만 필요하더라도 이를 API 서버에게 알려줄 방법이 없으므로 항상 모든 상세 정보를 조회한 후 그 중에서 필요한 정보만을 선택해서 사용해야 한다. GraphQL이 이 문제를 어떻게 해결하는지 곧 확인할 수 있다.

필요한 데이터를 얻기 위해 API 호출을 여러 번 해야 하는 문제도 살펴보자. 앞에서 살펴본 것처럼 REST API 엔드포인트는 리소스 단위로 정의된다. 리소스가 많아질수록 엔드포인트도 많아진다. 그림 10.8과 같이 과정 상세 정보에 추가로 리뷰review를 관리하는 시나리오를 상상해보자. 이제 관리해야 할 리소스가 하나 늘어났으므로 리뷰와 관련된 엔드포인트를 정의해야 한다.

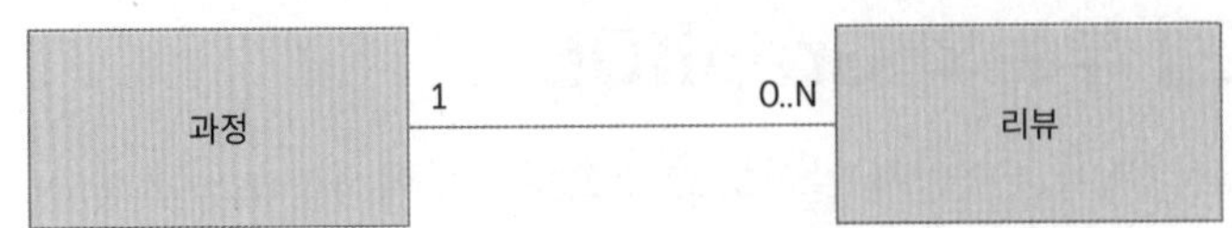

그림 10.8 하나의 과정은 0개 이상의 리뷰를 가질 수 있다.

이제 API 과정 이름을 알고 있는 클라이언트가 해당 과정에 대한 리뷰를 알고 싶어 한다고 해보자. 클라이언트는 먼저 과정 이름으로 과정 상세 정보 조회 API를 호출해서 과정 ID를 알아내야 하고, 그 ID 값을 사용해서 해당 과정의 리뷰를 조회하는 API를 호출해야 한다. 이 과정이 그림 10.9에 나와 있다.

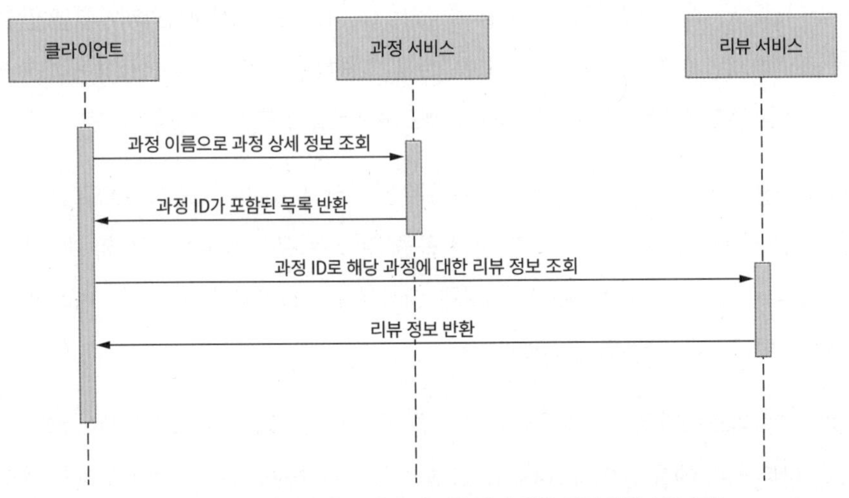

그림 10.9 특정 과정의 리뷰 상세 정보를 얻기 위해 여러 번의 API 호출

API 클라이언트가 필요로 하는 모든 정보를 한 번의 API 호출로 획득할 수 있다면 훨씬 나을 것이다. 이어지는 절에서 GraphQL을 사용해서 REST API가 가진 문제를 해결하는 방법을 알아보자.

10.3.2 GraphQL 소개

NOTE GraphQL의 전체 내용을 자세히 다루는 것은 이 책의 범위를 넘어선다. 따라서 이번 절에서는 스프링 부트에서 GraphQL을 다루는 방법을 알아보는 데 집중한다. GraphQL에 대한 자세한 정보는 공식 문서(https://graphql.org/learn/)를 참고하자.

GraphQL은 API에 사용할 수 있는 쿼리 언어이며 쿼리를 실행하는 서버 런타임이기도 하다. GraphQL은 애플리케이션 데이터 모델을 정의하기 위해 타입 시스템을 사용한다. 예를 들어 GraphQL Query 타입과 일반 데이터 객체 타입을 정의하면 모든 과정 정보를 반환하는 GraphQL 서비스를 만들 수도 있다.

src/main/resources 디렉터리 아래에 `graphql` 폴더를 만들고 그 안에 schema.graphql 파일을 만들어서 예제 10.19와 같이 `Course` 타입을 정의한다.

예제 10.19 쿼리 타입과 데이터 객체 타입

```
type Query {
    courses: [Course]
}

type Course {    ❶
    id: ID
    name: String
    category: String
    description: String
    reviews: [Review]
}
```

❶ 설명의 편의를 위해 `Review`는 일단 제외하고 `Course`만 표시했다.

예제 10.19에서 GraphQL 타입인 `Query`를 정의했다. `Query`는 GraphQL에서 사용하는 특수한 타입으로서 GraphQL 서버로부터 데이터를 조회하는 쿼리 서비스를 정의하는 데 사용된다. `Query` 타입 안에서 과정 정보 배열을 반환하는 `courses` 서비스를 정의했다. 그다음에 클라이언트에게 반환되는 `Course` 데이터를 나타내는 GraphQL 타입을 정의했다.

클라이언트가 GraphQL 서버로부터 데이터를 조회할 때 `Query` 타입이 사용된다. GraphQL은 `Query` 타입 외에 `Mutation`과 `Subscription`이라는 특수한 타입을 제공한다. 이름에서 알 수 있듯이, `Mutation` 타입은 GraphQL 서버에서 데이터를 수정하는 서비스를 정의하는 데 사용되고, `Subscription` 타입은 GraphQL 서버의 이벤트를 구독하는 데 사용된다. 예제 10.20에는 `Mutation`과 `Subscription` 타입을 정의하는 간단한 예제가 나와 있다.

예제 10.20 GraphQL Mutation과 Subscription 타입 정의

```
type Mutation {
    addCourse(name: String, category: String, description: String) : Course
}

type Subscription {
    reviewEvents (courseId: Int) : Review
}
```

Mutation 타입에는 새 과정을 추가할 수 있는 addCourse 서비스가 정의돼 있다. addCourse 서비스는 새 과정을 생성하는 데 필요한 여러 가지 정보를 인자로 받는다. 비슷하게 Subscription 타입에는 courseId에 해당하는 과정의 리뷰 스트림을 반환하는 구독 서비스인 reviewEvents가 정의돼 있다.

10.3.3 스프링 부트에서 GraphQL 사용

GraphQL 소개는 여기까지 하고 이제 스프링 부트에서 GraphQL을 사용하는 방법을 두 가지 기법을 통해 알아보자. 첫 번째 기법에서는 데이터를 조회하고 새 리소스를 생성하거나 기존 리소스를 수정할 수 있는 API를 GraphQL을 사용해서 만들어본다. 두 번째 기법에서는 GraphQL과 웹소켓을 사용해서 GraphQL 구독의 개념을 살펴본다.

10.3.4 기법: 스프링 부트 애플리케이션에서 GraphQL API 개발

10.3.4절의 소스 코드는 https://mng.bz/J1jV**에서 확인할 수 있다.**

요구 사항

CourseTracker 애플리케이션의 REST API를 GraphQL로 다시 설계한다.

해법

먼저 스프링 이니셜라이저에서 다음 의존 관계를 추가해서 새 스프링 부트 프로젝트를 생성한다.

- Spring Data R2DBC
- Spring Reactive Web
- Lombok

• H2 Database

스프링 부트의 GraphQL 지원은 아직 실험 단계이며 계속 개발 중이다. 그래서 스프링 이니셜라이저에 Spring Boot GraphQL 의존 관계는 표시되지 않는다. GraphQL 의존 관계는 예제 10.21과 같이 직접 지정해야 한다.[3]

예제 10.21 스프링 부트 GraphQL 애플리케이션의 pom.xml 파일

```
<?xml version="1.0" encoding="UTF-8"?>
<project xmlns="http://maven.apache.org/POM/4.0.0" xmlns:xsi="http://www.w3.org/2001/
XMLSchema-instance"
         xsi:schemaLocation="http://maven.apache.org/POM/4.0.0 https://maven.apache.org/xsd/
maven-4.0.0.xsd">
    <modelVersion>4.0.0</modelVersion>
    <parent>
        <groupId>org.springframework.boot</groupId>
        <artifactId>spring-boot-starter-parent</artifactId>
        <version>2.6.0</version>
        <relativePath/> <!-- 메이븐 리포지터리에서 parent를 가져온다 -->
    </parent>
    <groupId>com.manning.sbip.ch10</groupId>
    <artifactId>course-tracker-graphql-api</artifactId>
    <version>0.0.1-SNAPSHOT</version>
    <name>course-tracker-graphql-api</name>
    <description>Course Tracker GraphQL API</description>
    <properties>
        <java.version>17</java.version>
    </properties>
    <dependencies>

        <dependency>
            <groupId>org.springframework.experimental</groupId>
            <artifactId>graphql-spring-boot-starter</artifactId>
            <version>1.0.0-M2</version>
        </dependency>
        <dependency>
            <groupId>org.springframework.boot</groupId>
            <artifactId>spring-boot-starter-webflux</artifactId>
        </dependency>
        <dependency>
            <groupId>org.springframework.boot</groupId>
            <artifactId>spring-boot-starter-data-r2dbc</artifactId>
```

3 옮긴이 2022년 12월에 Spring GraphQL은 정식 버전인 1.1.1가 출시된 상태이며, 스프링 이니셜라이저에서도 Spring for GraphQL을 의존 관계로 선택할 수 있다.

```
        </dependency>
        <dependency>
            <groupId>io.r2dbc</groupId>
            <artifactId>r2dbc-h2</artifactId>
            <scope>runtime</scope>
        </dependency>
        <dependency>
            <groupId>org.projectlombok</groupId>
            <artifactId>lombok</artifactId>
            <optional>true</optional>
        </dependency>
        <dependency>
            <groupId>org.springframework.boot</groupId>
            <artifactId>spring-boot-starter-test</artifactId>
            <scope>test</scope>
        </dependency>
    </dependencies>

    <build>
        <plugins>
            <plugin>
                <groupId>org.springframework.boot</groupId>
                <artifactId>spring-boot-maven-plugin</artifactId>
                <configuration>
                    <excludes>
                        <exclude>
                            <groupId>org.projectlombok</groupId>
                            <artifactId>lombok</artifactId>
                        </exclude>
                    </excludes>
                </configuration>
            </plugin>
        </plugins>
    </build>

    <repositories>
        <repository>
            <id>spring-milestones</id>
            <name>Spring Milestones</name>
            <url>https://repo.spring.io/milestone</url>
            <snapshots>
                <enabled>false</enabled>
            </snapshots>
        </repository>
        <repository>
            <id>spring-snapshots</id>
            <name>Spring Snapshots</name>
            <url>https://repo.spring.io/snapshot</url>
```

```
            <releases>
                <enabled>false</enabled>
            </releases>
        </repository>
    </repositories>
    <pluginRepositories>
        <pluginRepository>
            <id>spring-milestones</id>
            <name>Spring Milestones</name>
            <url>https://repo.spring.io/milestone</url>
            <snapshots>
                <enabled>false</enabled>
            </snapshots>
        </pluginRepository>
        <pluginRepository>
            <id>spring-snapshots</id>
            <name>Spring Snapshots</name>
            <url>https://repo.spring.io/snapshot</url>
            <releases>
                <enabled>false</enabled>
            </releases>
        </pluginRepository>
    </pluginRepositories>
</project>
```

pom.xml 파일에 graphql-spring-boot-starter 의존 관계를 추가했다. 의존 관계의 groupId 값이 org.springframework.experimental이고, artifactId 역시 다른 정식 스프링 부트 스타터 의존 관계와는 이름 형식이 다르다. 아직 실험 단계이므로 spring-milestones와 spring-snapshots 리포지터리를 추가해야 다운로드받을 수 있다.

이제 Course 도메인 객체를 예제 10.22와 같이 정의한다. 이번에는 평점을 의미하는 rating 필드가 빠져 있다.

예제 10.22 Course 도메인 객체

```
package com.manning.sbip.ch10.model;

import lombok.AllArgsConstructor;
import lombok.Data;
import org.springframework.data.annotation.Id;

@Data
@AllArgsConstructor
public class Course {
```

```
    @Id
    private Integer id;
    private String name;
    private String category;
    private String description;
}
```

각 과정은 사용자들이 리뷰를 작성할 수 있으므로 리뷰 상세 정보를 담을 수 있는 Review 도메인 객체를 예제 10.2과 같이 정의한다.

예제 10.23 Review 도메인 객체

```
package com.manning.sbip.ch10.model;

import lombok.AllArgsConstructor;
import lombok.Data;
import org.springframework.data.annotation.Id;

@Data
@AllArgsConstructor
public class Review {

    @Id
    private Integer id;
    private Integer courseId;      ❶
    private String reviewerName;
    private Integer rating;
    private String comment;
}
```

❶ 하나의 리뷰는 하나의 과정에 속하므로, 리뷰에 courseId를 추가한다.

이제 과정 정보와 리뷰 정보를 관리하는 리포지터리 인터페이스를 정의해야 한다. 먼저 예제 10.24와 같이 과정 정보를 관리하는 CourseRepository 인터페이스를 정의하자.

예제 10.24 CourseRepository 인터페이스

```
package com.manning.sbip.ch10.repository;

import com.manning.sbip.ch10.model.Course;
import org.springframework.data.repository.reactive.ReactiveCrudRepository;
import org.springframework.stereotype.Repository;
import reactor.core.publisher.Flux;
```

```
@Repository
public interface CourseRepository extends ReactiveCrudRepository<Course, Integer> {
    Flux<Course> findByCategory(String category);
}
```

`CourseRepository` 인터페이스는 리액티브 방식으로 도메인 객체 정보에 대한 CRUD 연산을 수행할 수 있는 `ReactiveCrudRepository` 인터페이스를 상속받고, 주어진 카테고리에 해당하는 과정을 `Flux`로 반환하는 `findByCategory()` 메서드를 포함하고 있다. 리액티브 스프링 부트 애플리케이션 관련 내용을 8장에서 다룬 바 있다. 이제 예제 10.25와 같이 `ReviewRepository` 인터페이스를 정의한다.

예제 10.25 ReviewRepository 인터페이스

```
package com.manning.sbip.ch10.repository;

import com.manning.sbip.ch10.model.Review;
import org.springframework.data.repository.reactive.ReactiveCrudRepository;
import org.springframework.stereotype.Repository;
import reactor.core.publisher.Flux;

@Repository
public interface ReviewRepository extends ReactiveCrudRepository<Review, Integer> {
    Flux<Review> findByCourseId(Integer courseId);
}
```

주어진 과정 ID에 대한 리뷰들을 `Flux`로 반환하는 `findByCourseId()` 메서드가 포함돼 있다.

도메인 객체와 리포지터리 인터페이스를 정의했으므로 이제 GraphQL 스키마를 정의할 차례다. src/main/resources/graphql 폴더에 schema.graphql을 생성하고 예제 10.26과 같이 작성한다.

예제 10.26 GraphQL 스키마 파일

```
type Query {
    courses : [Course]
    coursesByCategory (category: String) : [Course]!
    reviews (courseId: Int) : [Review]!
}

type Course {
    id: ID
    name: String
```

```
    category: String
    description: String
    reviews: [Review]
}

type Review {
    id: ID,
    courseId: Int,
    reviewerName: String
    rating: Int,
    comment: String
}

type Mutation {
    addCourse(name: String, category: String, description: String) : Course
    addReview(courseId: Int, reviewerName: String, rating: Int, comment: String) : Review
}
```

Query, Course, Review, Mutation GraphQL 타입을 정의했다. Query와 Mutation은 특수 GraphQL 타입이고 Course, Review는 일반적인 데이터를 나타내는 GraphQL 타입이다. 특수 GraphQL은 GraphQL 스키마에 대한 진입점 역할을 한다는 점에서 일반적인 데이터 GraphQL 타입과 다르다. 예를 들어 Query 타입은 서버로부터 데이터를 조회할 수 있는 진입점을 제공하고 Mutation 타입은 서버에 저장된 데이터를 변경할 수 있는 진입점을 제공한다.

예제 10.26에 있는 Query 타입에는 다음과 같은 쿼리가 정의돼 있다.

- courses: [Course] - 과정 목록 배열인 [Course]를 반환한다.
- coursesByCategory (category: String): [Course]! - String 타입의 category를 인자로 받아서 카테고리에 해당하는 과정 목록 배열을 반환한다. [Course] 뒤에 붙어 있는 느낌표는 비어 있는 배열이 반환될 수는 있어도 null이 반환될 수는 없음을 의미한다.
- reviews (coursed: Int): [Review]! - Int 타입의 courseId를 인자로 받아서 해당 과정에 대한 리뷰 목록을 배열로 반환한다.

Query 타입 다음에는 Course 타입을 정의했다. 예제 10.22에서 정의했던 Course 도메인 객체에 포함된 모든 필드가 Course 타입에 포함돼 있고, 리뷰 목록을 나타내는 reviews 필드가 추가돼 있다. 이처럼 GraphQL 타입은 자바로 정의한 도메인 클래스인 Course와 약간 다르다는 점에 유의하자. id 필드는 GraphQL의 ID 타입으로 정의돼 있고, reviews 필드는 Review 타입을 원소로 가지는 배열이다. 다른 필드는 GraphQL String 타입이다.

Review 타입은 Review 도메인 객체의 필드와 동일한 필드로 구성된다. id 필드는 GraphQL ID 타입, coursed와 rating은 Int 타입, 나머지는 String 타입이다.

마지막으로 정의한 Mutation 타입에는 addCourse와 addReview 필드가 정의돼 있다. addCourse는 name, category, description을 인자로 받아서 새 과정을 생성하고 생성된 정보를 Course 타입에 담아 반환한다. 비슷한 방식으로 addReview는 courseId, reviewerName, rating, comment를 인자로 받아서 새 리뷰를 생성하고 Review 타입에 담아 반환한다.

NOTE GraphQL 스키마와 타입 관련 자세한 정보는 GraphQL 공식 문서(https://graphql.org/learn/schema/)를 참고하자.

이제 예제 10.27과 같이 GraphQL 엔드포인트를 스프링 컨트롤러에 정의한다.

예제 10.27 GraphQL 스프링 컨트롤러

```
package com.manning.sbip.ch10.controller;

import org.springframework.graphql.data.method.annotation.Argument;
import org.springframework.graphql.data.method.annotation.MutationMapping;
import org.springframework.graphql.data.method.annotation.QueryMapping;
import org.springframework.graphql.data.method.annotation.SchemaMapping;
import org.springframework.stereotype.Controller;

import com.manning.sbip.ch10.model.Course;
import com.manning.sbip.ch10.model.Review;
import com.manning.sbip.ch10.repository.CourseRepository;
import com.manning.sbip.ch10.repository.ReviewRepository;

import lombok.RequiredArgsConstructor;
import reactor.core.publisher.Flux;
import reactor.core.publisher.Mono;

@Controller
@RequiredArgsConstructor
public class GraphqlCourseController {

    private final CourseRepository courseRepository;
    private final ReviewRepository reviewRepository;

    @QueryMapping
    Flux<Course> courses() {
        return this.courseRepository.findAll();
```

```
    }

    @QueryMapping
    Flux<Review> reviews(@Argument Integer courseId) {
        return this.reviewRepository.findByCourseId(courseId);
    }

    @QueryMapping
    Flux<Course> coursesByCategory(@Argument String category) {
        return this.courseRepository.findByCategory(category);
    }

    @MutationMapping
    Mono<Course> addCourse(@Argument String name, @Argument String category, @Argument
String description) {
        return this.courseRepository.save(new Course(null, name, category, description));
    }

    @MutationMapping
    Mono<Review> addReview(@Argument Integer courseId, @Argument String reviewerName, @
Argument Integer rating, @Argument String comment) {
        return this.reviewRepository.save(new Review(null, courseId, reviewerName, rating,
comment));
    }
}
```

GraphQL 스키마에서 `Query` 타입에 3개의 필드, `Mutation` 타입에 2개의 필드를 정의했는데 각각에 매핑되는 3개의 `QueryMapping`과 2개의 `MutationMapping`이 컨트롤러에 정의돼 있다.

이제 데이터베이스에 `course` 테이블과 `review` 테이블을 생성한다. src/main/resources 폴더에 schema.sql 파일을 생성하고 예제 10.28과 같이 작성한다.

예제 10.28 schema.sql 파일

```
CREATE TABLE COURSE (
    ID              INT auto_increment,
    NAME            VARCHAR(255),
    CATEGORY        VARCHAR(255),
    DESCRIPTION     VARCHAR(255),
    PRIMARY KEY (id)
);

CREATE TABLE REVIEW
(
    ID              INT auto_increment,
```

```
    COURSE_ID       INT,
    REVIEWER_NAME   VARCHAR(100),
    RATING          INT,
    COMMENT         VARCHAR(2000)
)
```

샘플 데이터를 입력하기 위해 src/main/resources 폴더에 예제 10.29와 같이 data.sql 파일을 생성한다.

예제 10.29 **data.sql 파일**

```
INSERT INTO COURSE(ID, NAME, CATEGORY, DESCRIPTION)  VALUES(1, 'Rapid Spring Boot
Application Development', 'Spring', 'Learn Enterprise Application Development with Spring
Boot');
INSERT INTO COURSE(ID, NAME, CATEGORY, DESCRIPTION)  VALUES(2, 'Getting Started with Spring
Security DSL', 'Spring', 'Learn Spring Security DSL in Easy Steps');
INSERT INTO COURSE(ID, NAME, CATEGORY, DESCRIPTION)  VALUES(3, 'Getting Started with Spring
Cloud Kubernetes', 'Spring', 'Master Spring Boot Application Deployment with Kubernetes');

INSERT INTO REVIEW(ID, COURSE_ID, REVIEWER_NAME, RATING, COMMENT)  VALUES(1,1, 'John', 4,
'Excellent Course');
INSERT INTO REVIEW(ID, COURSE_ID, REVIEWER_NAME, RATING, COMMENT)  VALUES(2,1, 'Jane', 5,
'Awesome Course');
INSERT INTO REVIEW(ID, COURSE_ID, REVIEWER_NAME, RATING, COMMENT)  VALUES(1,2, 'Mark', 4,
'Useful');
INSERT INTO REVIEW(ID, COURSE_ID, REVIEWER_NAME, RATING, COMMENT)  VALUES(2,2, 'Josh', 4,
'Recommended Course for all');
INSERT INTO REVIEW(ID, COURSE_ID, REVIEWER_NAME, RATING, COMMENT)  VALUES(1,3, 'Stephen', 3,
'Good for beginners');
INSERT INTO REVIEW(ID, COURSE_ID, REVIEWER_NAME, RATING, COMMENT)  VALUES(2,3, 'Laura', 4,
'Engaging Content');
```

이걸로 GraphQL 엔드포인트를 테스트하기 위한 모든 준비가 끝났다. GraphQL 엔드포인트를 호출하는 방법은 여러 가지가 있는데 다음과 같이 3가지 방법을 살펴보자.

- GraphiQL
- Postman
- Httpie

GraphQL 재단의 공식 프로젝트인 GraphiQL(https://github.com/graphql/graphiql)은 GraphQL 엔드포인트를 호출할 수 있는 브라우저 기반 IDE다. 애플리케이션을 시작한 후 브라우저를 열고 http://

localhost:8080/graphiql?path=/graphql에 접속하면 그림 10.10과 같은 화면을 확인할 수 있다.

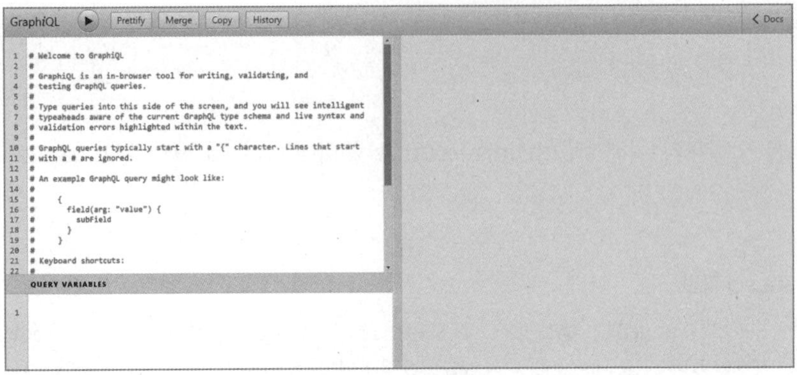

그림 10.10 GraphiQL IDE 화면

왼쪽 위에 있는 창에 GraphQL 쿼리Query와 뮤테이션Mutation을 입력할 수 있고, 왼쪽 아래 창에는 GraphQL 쿼리에 사용하는 변수를 정의할 수 있다. 오른쪽 창에는 결과가 표시된다. `id`, `name`, `category`, `description` 필드를 쿼리에 지정해서 오른쪽 결과 창에도 `id`, `name`, `category`, `description` 필드가 표시된다.

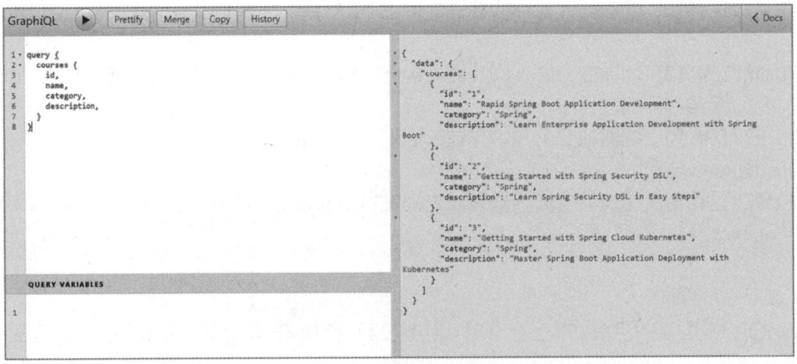

그림 10.11 GraphiQL IDE를 통해 courses 엔드포인트 호출

필요한 데이터만 조회할 수 있는 것이 GraphQL의 가장 큰 장점이라는 사실을 확인해보자. 그림 10.12와 같이 `name`, `category` 필드만 쿼리에 지정하면 오른쪽 결과 창에도 `name`, `category` 필드만 표시된다.

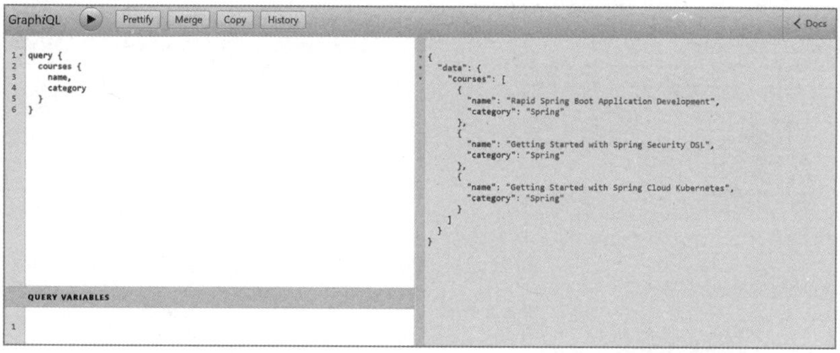

그림 10.12 name과 category 필드만 지정해서 courses 엔드포인트 호출

이번에는 포스트맨Postman을 사용해서 `courses` 엔드포인트를 호출해보자. 포스트맨을 실행해서 URL 입력란에 http://localhost:8080/graphql을 입력하고 요청 본문에 예제 10.30과 같이 쿼리를 입력하자.

예제 10.30 courses 엔드포인트에 전송하는 GraphQL 쿼리

```
query {
  courses {
    id,
    name,
    category,
    description,
  }
}
```

쿼리를 입력할 때는 그림 10.13에 나온 것처럼 [GraphQL 라디오] 버튼을 클릭해서 요청 본문이 GraphQL 쿼리임을 포스트맨에게 알려줘야 한다. [Send] 버튼을 클릭하면 과정 정보 배열이 표시된다.

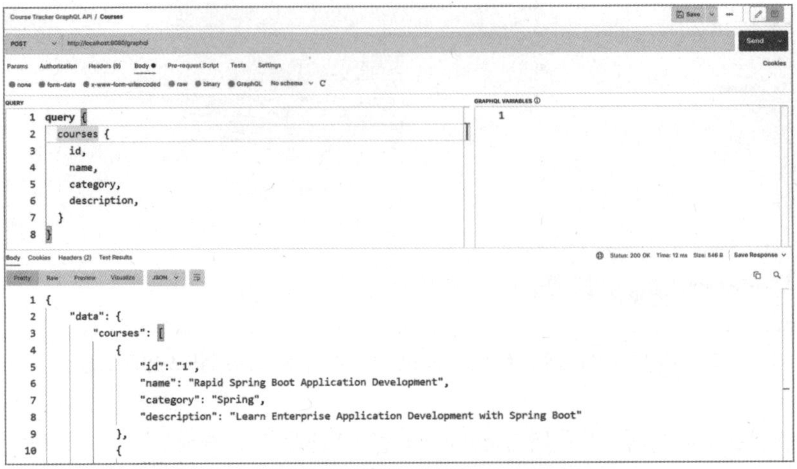

그림 10.13 포스트맨에서 GraphQL 쿼리 요청 전송 및 결과

이제 HTTPie(https://httpie.io/)를 사용해서 GraphQL 엔드포인트를 호출해보자. 터미널을 열고 예제 10.31과 같이 입력한다.

예제 10.31 courses GraphQL 엔드포인트에 GraphQL 쿼리 요청을 전송하는 httpie 명령

```
http POST :8080/graphql query="{courses{id,name,category,description}}"
```

실행하면 예제 10.32와 같은 결과가 표시된다.

예제 10.32 course GraphQL 엔드포인트 호출 결과

```
HTTP/1.1 200 OK
Content-Length: 474
Content-Type: application/json

{
    "data": {
        "courses": [
            {
                "category": "Spring",
                "description": "Learn Enterprise Application Development with Spring Boot",
                "id": "1",
                "name": "Rapid Spring Boot Application Development"
            },
            {
                "category": "Spring",
                "description": "Learn Spring Security DSL in Easy Steps",
                "id": "2",
                "name": "Getting Started with Spring Security DSL"
```

```
            },
            {
                "category": "Spring",
                "description": "Master Spring Boot Application Deployment with Kubernetes",
                "id": "3",
                "name": "Getting Started with Spring Cloud Kubernetes"
            }
        ]
    }
}
```

이제 reviews GraphQL 엔드포인트에도 접속해보자. reviews 엔드포인트는 courseId 인자를 받으므로 그림 10.14와 같이 쿼리에 courseId 값을 지정해줘야 한다.

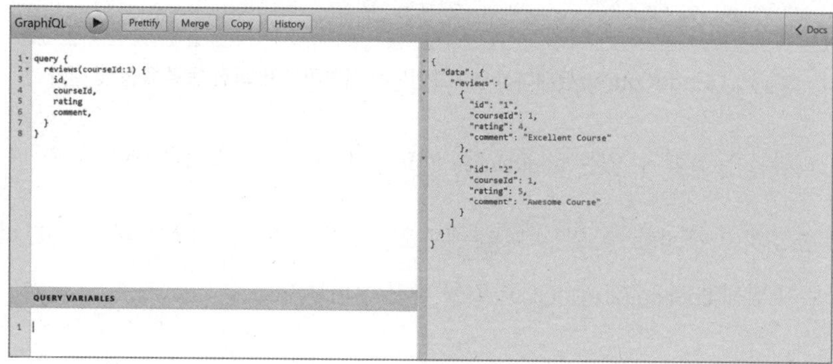

그림 10.14 courseId 값으로 1을 지정하고 reviews GraphQL 엔드포인트 호출 및 결과

coursesByCategory 엔드포인트 호출은 연습 과제로 남겨두고 이제 뮤테이션 엔드포인트를 호출해보자. 먼저 addCourse 뮤테이션을 호출해서 새 과정을 등록해보자. 예제 10.33과 같이 뮤테이션을 작성한다.

예제 10.33 새 과정을 등록하기 위해 addCourse GraphQL 엔드포인트에 보내는 뮤테이션 요청

```
mutation {
  addCourse(name: "GraphQL in Action", category: "GraphQL",
    description:"GraphQL in Action gives you a solid overview of GraphQL") {
      id,
      name,
      description
  }
}
```

mutation으로 시작해서 뮤테이션 요청임을 명시하고 addCourse에 name, category, description 정보를 인자로 전달한다. 동일한 뮤테이션 요청에 id, name, description 필드를 지정해서 생성된 과정에 대한 정보 조회도 함께 요청할 수 있다. 예제 10.33에 있는 뮤테이션 요청을 그림 10.15와 같이 GraphiQL IDE에 입력해보자.

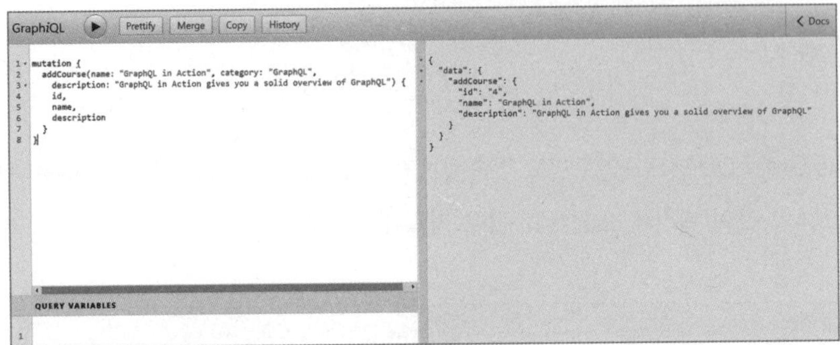

그림 10.15 addCourse 뮤테이션 엔드포인트에 접속해서 새 과정 등록 요청 및 결과

과정에 대한 리뷰를 등록할 수 있는 addReview 엔드포인트는 연습 과제로 남겨둔다.

이제 과정을 조회하고 생성할 수 있는 기본 엔드포인트 호출 방법을 알게 됐으니 또 다른 중요한 개념을 알아보기 위해 Course GraphQL 타입을 다시 살펴보자.

예제 10.34 Course GraphQL 타입

```
type Course {
    id: ID
    name: String
    category: String
    description: String
    reviews: [Review]
}
```

예제 10.34에는 도메인 객체 Course에 정의돼 있는 id, name, category, description 외에 추가로 reviews 필드가 있다. 그래서 과정 정보를 조회할 때 예제 10.35와 같이 요청을 보내면 reviews 필드로 리뷰 정보도 조회할 수 있다.

예제 10.35 리뷰 조회를 포함하는 GraphQL 쿼리 요청

```
query {
  courses {
```

```
      id,
      name,
      category,
      description,
      reviews {
        id,
        courseId,
        rating,
        comment
      }
    }
  }
```

하지만 예제 10.35와 같이 쿼리 요청을 보내면 그림 10.16과 같이 `reviews` 필드값이 모두 `null`로 표시된다.

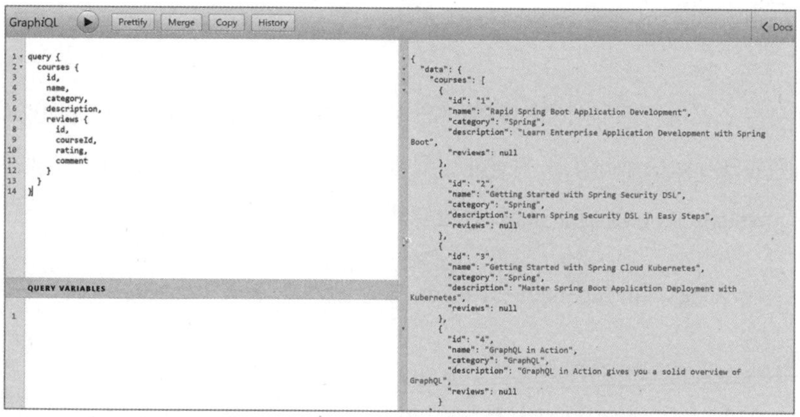

그림 10.16 reviews 필드를 지정해서 쿼리 요청을 보냈지만 reviews 값이 null

과정에는 리뷰 데이터가 있음에도 불구하고 과정에 속한 리뷰에 대한 매핑이 없기 때문에 `reviews` 값이 `null`로 표시된다. 따라서 예제 스프링 컨트롤러 클래스에 10.36과 같이 `SchemaMapping`을 추가해줘야 한다.

예제 10.36 과정과 리뷰를 연결해주는 스키마 매핑

```
@SchemaMapping(typeName = "Course")
Flux<Review> reviews(Course course) {
    return this.reviewRepository.findByCourseId(course.getId());
}
```

애플리케이션을 다시 시작하고 GraphiQL IDE를 통해 그림 10.17과 같이 쿼리 요청을 보내면 `reviews` 필드값이 정상적으로 표시된다.

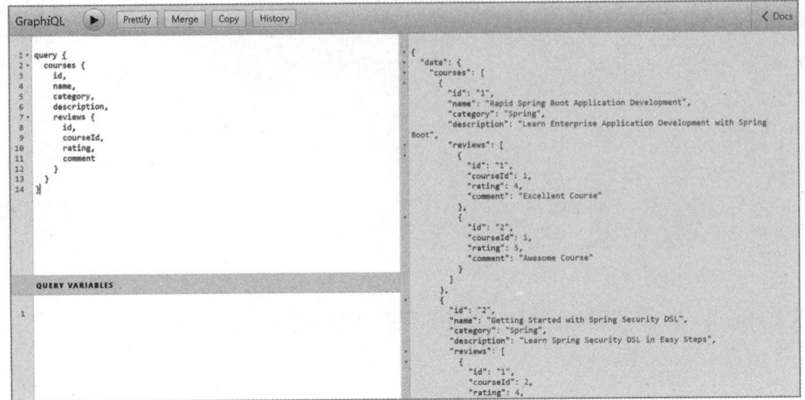

그림 10.17 **스키마 매핑 후 과정 정보와 과정에 대한 리뷰 정보가 함께 표시**

토론

이번 기법에서는 스프링 부트에서 GraphQL API를 개발하는 방법을 살펴봤다. Spring GraphQL은 스프링 프레임워크에서 GraphQL을 지원하기 위해 만들어진 프로젝트로 GraphQL의 자바 구현체인 `graphql-java`(https://www.graphql-java.com/) 프로젝트에 바탕을 두고 있다.

스프링 부트는 `graphql-spring-boot-starter` 의존 관계를 통해 GraphQL 자동 구성을 지원한다.[4]

GraphQL 스프링 부트 애플리케이션을 만들려면 src/main/resources/graphql 디렉터리에 GraphQL 스키마 파일을 만들어야 하는데 `spring.graphql.schema.locations` 프로퍼티를 사용하면 다른 디렉터리에 스키마 파일을 저장할 수도 있다. 예제에서는 GraphQL 타입을 전부 하나의 파일에 정의했는데 여러 파일로 나누어 정의할 수도 있다. 스프링 부트 GraphQL 애플리케이션은 기본적으로 `/graphql` 경로를 통해 접근할 수 있지만 `spring.graphql.path` 프로퍼티로 다른 경로를 지정할 수도 있다.

이번 기법에서는 HTTP 프로토콜로 스프링 부트 GraphQL 애플리케이션 기능을 제공했지만 웹소켓 같은 다른 전송 프로토콜을 사용할 수도 있다. 또한 이번 기법에서는 `Query` 타입과 `Mutation` 타

4 옮긴이 정식 버전이 출시되어 spring-boot-starter-graphql 의존 관계를 사용할 수 있다.

입에 대해서만 살펴봤지만 Subscription 타입도 있다. 다음 기법에서 Subscription 타입을 알아본다.

10.3.5 기법: 웹소켓을 사용하는 스프링 부트 GraphQL API 개발

10.3.5절의 소스 코드는 https://mng.bz/wnNP**에서 확인할 수 있다.**

요구 사항

CourseTracker 애플리케이션에 웹소켓 프로토콜 위에서 동작하는 GraphQL의 Subscription 기능을 추가한다.

해법

스프링 부트 GraphQL은 HTTP 대신에 웹소켓 같은 다른 전송 프로토콜을 사용할 수도 있다. 8장에서 살펴봤던 것처럼 웹소켓은 클라이언트와 서버 사이에 양방향 커뮤니케이션을 제공하는 프로토콜이다. CourseTracker 애플리케이션에서 웹소켓을 사용하는 방법을 알아보자.

이번 기법은 10.3.4절에서 사용한 스프링 부트 프로젝트에서 시작한다. 먼저 application.properties 파일에 예제 10.37과 같이 웹소켓 관련 설정 내용을 추가한다.

예제 10.37 웹소켓 활성화 설정

```
spring.graphql.websocket.connection-init-timeout=60
spring.graphql.websocket.path=/graphql
```

먼저 연결 시작 후 60초 안에 클라이언트로부터 CONNECTION_INIT 메시지를 받지 못하면 타임아웃이 발생하도록 설정했다. 그리고 웹소켓 연결이 사용될 경로를 /graphql로 지정했다. 이미 웹플럭스를 사용하고 있으므로 spring.graphql.websocket.path 프로퍼티만 지정해도 웹플럭스가 적용되지만, 웹 MVC 기반 애플리케이션에서는 spring-boot-starter-websocket 의존 관계를 추가해야 웹소켓을 사용할 수 있다.

이제 GraphQL 스키마에 Subscription 타입을 정의한다. src/main/resources/graphql 폴더에 있는 schema.graphqls 파일을 열고 예제 10.38에 있는 Subscription 타입 정의 내용을 추가한다.

예제 10.38 Subscription 타입 정의

```
type Subscription {
    reviewEvents (courseId: Int) : Review
}
```

GraphQL `Int` 타입의 `courseId`를 인자로 받아서 해당 과정에 등록된 `Review`를 반환하는 이벤트를 구독할 수 있는 `reviewEvents` 필드를 정의했다.

이제 스프링 컨트롤러에 구독 매핑을 정의해야 한다. `GraphqlCourseController` 클래스를 열어서 예제 10.39와 같이 `SubscriptionMapping`을 추가한다.

예제 10.39 reviewEvents 구독 매핑

```
@SubscriptionMapping
Flux<Review> reviewEvents(@Argument Integer courseId) {
    return this.courseRepository.findById(courseId)
            .flatMapMany(course5 ->
                this.reviewRepository.findByCourseId(course.getId())
            )
            .delayElements(Duration.ofSeconds(1))
            .take(5);
}
```

`reviewsEvents` 매핑은 `courseId` 값에 해당하는 과정을 찾는다. `@Argument` 애너테이션은 GraphQL 요청에서 입력받은 `courseId` 인자값을 자바의 `Integer` 변수인 `courseId`에 바인딩한다. ID가 `coursed` 값과 같은 과정을 찾으면 해당 과정에 등록된 리뷰를 조회해서 1초에 한 개씩 반환한다. 예제에서는 간단하게 최대 5개를 반환하도록 작성했다.

이제 GraphQL `Subscription` 엔드포인트를 테스트해볼 준비가 됐다. `Query`와 `Mutation`에 사용했던 GraphQL 클라이언트는 `Subscription` 엔드포인트를 호출하기에는 적합하지 않다. 그래서 예제 10.40와 같이 웹소켓으로 GraphQL을 사용할 수 있는 `graphql-ws` 라이브러리를 사용해서 별도의 자바스크립트 기반의 HTML 클라이언트를 src/main/resources/static/index.html 안에 만들어 두었다.

---

5 옮긴이 소스 코드 리포지터리에는 review라고 나와 있지만 courseRepository에서 조회한 결과이므로 course로 표기하는 것이 맞다.

예제 10.40 reviewEvents를 구독하는 웹소켓 클라이언트

```
<!DOCTYPE html>
<html lang="en">
<head>
    <meta charset="UTF-8">
    <title>Course Tracker Review Subscription</title>
    <script type="text/javascript" src="https://unpkg.com/graphql-ws/umd/graphql-ws.min.js"
></script>
    <script>
        class Graphql {
            constructor(url) {
                this.client = graphqlWs.createClient({url: url})
            }

            subscribe(query, callback) {
                this.client.subscribe(
                    {query: query},
                    {
                        next: callback,
                        error: (err) => console.error('Error occurred', err),
                        complete: () => console.log('Subscription completed'),
                    },
                );
            }

            async query(queryString) {
                return await new Promise((resolve, reject) => {
                    let result;
                    this.client.subscribe(
                        {
                            query: queryString
                        },
                        {
                            next: (data) => (result = data),
                            error: reject,
                            complete: () => resolve(result)
                        }
                    );
                })
            }
        }

        class CourseReviewSubscription {

            constructor() {
                this.client = new Graphql('ws://localhost:8080/graphql')
            }
```

```
        async getCourses() {
            const q = `{ courses { id, name } }`
            return (await this.client.query(q)) ['data']['courses']
        }

        async addCourse(name, category, description) {
            const q =
                `mutation {
                    addCourse(name: "${name}", category: "${category}", description:
"${description}") {
                      name
                    }
                }`
            return (await this.client.query(q)) ['data']['addCourse']
        }

        async addReview(courseId, reviewerName, rating, comment) {
            const q =
                `mutation {
                    addReview(courseId: ${courseId}, reviewerName: "${reviewerName}",
rating: ${rating}, comment: "${comment}") {
                      id,
                      reviewerName,
                      comment,
                      rating
                    }
                }`
            return (await this.client.query(q)) ['data']['addReview']
        }

        subscribeToCourseReviews(courseId, callback) {
            const q = `
                subscription {
                    reviewEvents(courseId: ${courseId}) {
                        id,
                        reviewerName,
                        comment,
                        rating
                    }
                }
            `

            this.client.subscribe(q, (next) => {
                const result = next ['data']['reviewEvents']
                callback(result)
            });
        }
```

```
        }

        window.addEventListener('load', async () => {
            const crs = new CourseReviewSubscription();
            await crs.addReview(1, 'Leena', 5, 'A 5-star course')
            await crs.subscribeToCourseReviews(1, (event) => {
                console.log(JSON.stringify({reviewId: event.id, reviewerName: event.
reviewerName, comment: event.comment, rating: event.rating}));
            })
        });

    </script>
</head>
<body>
</body>
</html>
```

`async`, `await` 등 친숙하지 않은 자바스크립트 문법이 나오지만 웹소켓과 GraphQL 관련 내용에만 집중해보자. Graphql 클래스는 웹소켓 서버에 요청을 보내고 응답을 받아오는 역할을 담당하며 `RestTemplate`과 비슷하다고 생각하면 된다. `CourseReviewSubscription` 클래스는 Graphql 클래스를 이용해서 실제 과정 등록/조회, 리뷰 등록/구독 요청을 보내고 응답을 받는다.

마지막 부분에 있는 `window.addEventListener()`를 통해 화면이 로딩되면 `addReview()`를 통해 ID 1에 해당하는 과정에 대한 새 리뷰를 등록하고, ID 1에 해당하는 과정에 대한 `reviewEvents` 구독 요청을 보낸다.

애플리케이션을 시작하고 브라우저를 열어서 개발자 도구의 Console을 활성화해두고 http://localhost:8080/index.html에 접속하면 그림 10.18과 같이 연결 후 1초 후부터 ID 1에 해당하는 과정에 대한 리뷰가 1초에 하나씩 콘솔에 표시되는 것을 확인할 수 있다.

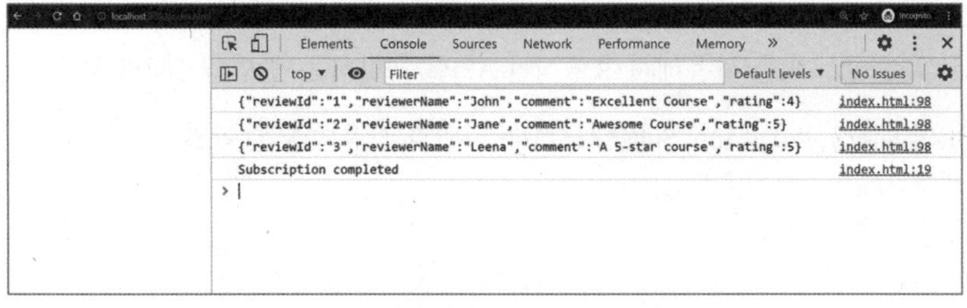

그림 10.18 **GraphQL Subscription 테스트 결과**

토론

이번 기법에서는 스프링 부트 GraphQL 애플리케이션에서 웹소켓을 사용해서 GraphQL Subscription API를 만드는 방법을 알아봤다. 클라이언트가 특정 이벤트를 구독하면 이벤트가 클라이언트에게 스트리밍 방식으로 전달된다. 스프링 부트는 `@QueryMapping`과 `@MutationMapping`으로 쿼리와 뮤테이션 매핑을 제공했던 것처럼 `@SubscriptionMapping`으로 구독 매핑을 지원한다.

예제에서는 등록create과 조회read만 다뤘지만 수정update과 삭제delete도 GraphQL `Mutation`을 타입을 통해 구현할 수 있으며 이 부분은 연습 과제로 남겨둔다.

또 한 가지 중요한 점은 GraphQL API 보안이다. REST API에 보안을 적용할 수 있었던 것처럼 GraphQL API에도 보안을 적용할 수 있다. GraphQL API에 스프링 시큐리티를 적용하는 것은 연습 과제로 남겨둔다. HTTP 기본 인증을 적용한 예제 애플리케이션은 https://mng.bz/7Wov에서 확인할 수 있다.

요약

10장의 주요 내용을 정리하면 다음과 같다.

- 코틀린 언어를 사용해서 스프링 부트 애플리케이션을 만드는 방법을 알아봤다.
- 코틀린 DSL을 스프링 부트 애플리케이션에 사용하는 방법을 알아봤다.
- GraalVM 네이티브 이미지를 사용해서 스프링 부트 애플리케이션을 네이티브 이미지로 만드는 방법을 살펴봤다.
- 스프링 부트 네이티브 이미지를 만드는 데 필요한 빌드팩 사용 방법을 살펴봤다.
- GraalVM 네이티브 빌드 도구를 사용해서 스프링 부트 애플리케이션의 네이티브 이미지를 만들었다.
- 스프링 부트 GraphQL을 사용해서 효율적인 API를 개발하는 방법을 살펴봤다.
- GraphQL의 `Query`, `Mutation`, `Subscription` 타입과 사용법을 알아봤다.

APPENDIX A

스프링 이니셜라이저와 스프링 부트 CLI

1장에서 스프링 부트의 필요성과 기능, 다양한 컴포넌트에 대해 알아봤다. 이번 절에서는 스프링 이니셜라이저와 스프링 부트 명령행 인터페이스CLI 사용법을 살펴본다.

A.1 스프링 이니셜라이저로 스프링 부트 애플리케이션 생성

이번 절에서는 스프링 이니셜라이저를 소개하고 스프링 이니셜라이저를 사용해서 스프링 부트 프로젝트를 생성하는 방법을 알아본다.

A.1.1 스프링 이니셜라이저 소개

스프링 이니셜라이저(https://start.spring.io/)는 스프링 부트 프로젝트 생성을 도와주는 도구다. 생성된 프로젝트를 다운로드하거나 공유하기 전에 프로젝트 구조를 검사해볼 수도 있다. 생성된 프로젝트에는 스프링 부트 버전 같은 상세 정보, 자바나 코틀린, 그루비 같은 프로젝트에서 사용할 언어, 메이븐이나 그레이들 같은 빌드 프레임워크와 기타 여러 설정 파라미터가 포함된다.

스프링 이니셜라이저는 확장 가능한 API라서 필요에 맞게 커스터마이징할 수 있다. 그래서 웹 버전의 스프링 이니셜라이저를 https://start.spring.io/에서 사용할 수 있고, 인텔리제이나 스프링 툴 스위트Spring Tool Suite, 마이크로소프트 비주얼 스튜디오 코드 같은 인기 있는 IDE에 확장 기능으로 통합되어 있다.

메이븐을 쓸까 그레이들을 쓸까?

스프링 이니셜라이저를 사용해서 스프링 부트 프로젝트를 만들 때 빌드 프레임워크를 선택할 수 있다. 가장 널리 사용되는 두 개의 빌드 프레임워크인 아파치 메이븐(https://maven.apache.org/)과 그레이들(https://gradle.org/) 중에서 한 가지를 선택할 수 있는데 각각 장단점이 있다. 많은 개발자가 XML 기반 문법을 사용하고 널리 사용되는 메이븐에 친숙하지만, 간결함과 유연성, 성능 때문에 그레이들을 선택하는 개발자도 많다.

어느 쪽이든 편한 것을 선택하면 된다. 책에서는 빌드 도구보다는 스프링 부트의 기능에 초점을 맞추고 있으므로 어느 쪽을 선택하더라도 책에 나오는 기법을 익히는 데 아무런 문제가 없다.

책에서는 모든 기법에서 대부분의 개발자가 친숙하게 느낄 아파치 메이븐을 사용했지만 그레이들을 선호한다고 해도 메이븐 기반 프로젝트를 그레이들 기반 프로젝트로 큰 어려움 없이 바꿀 수 있다.

A.1.2 기법: 스프링 이니셜라이저 웹으로 스프링 부트 애플리케이션 생성

이번 기법에서는 웹 브라우저에서 사용할 수 있는 스프링 이니셜라이저 웹으로 스프링 부트 애플리케이션을 만드는 방법을 살펴본다.

요구 사항

스프링 이니셜라이저 웹 인터페이스를 사용해서 스프링 부트 프로젝트를 만들어야 한다.

해법

스프링 부트는 스프링 이니셜라이저 기본 인스턴스인 스프링 이니셜라이저를 https://start.spring.io/에서 제공한다. 스프링 이니셜라이저는 스프링 부트 프로젝트를 구성할 때 메이븐이나 그레이들 같은 빌드 도구, 자바, 코틀린, 그루비 같은 언어, 스프링 부트 출시 버전 등 여러 가지 옵션을 웹 기반 사용자 인터페이스를 통해 제공한다.

스프링 부트와 자바 버전

스프링 부트와 자바 버전은 각자의 일정에 따라 출시된다. 따라서 실제 스프링 이니셜라이저를 사용할 때 표시되는 스프링 부트나 자바 버전이 부록에 나온 버전과 다를 수 있다. 따라서 실제 스프링 이니셜라이저 사용 시점에 선택할 수 있는 버전 중에서 적절한 버전을 선택하면 된다.

그림 A.1에 https://start.spring.io/ 웹 페이지 화면이 나와 있다. 스프링 부트 버전을 선택할 수 있고 프로젝트 메타데이터를 입력할 수 있으며, 웹 애플리케이션 개발에 필요한 `Spring Web`과 `Thymeleaf` 같은 의존 관계를 선택할 수 있다.

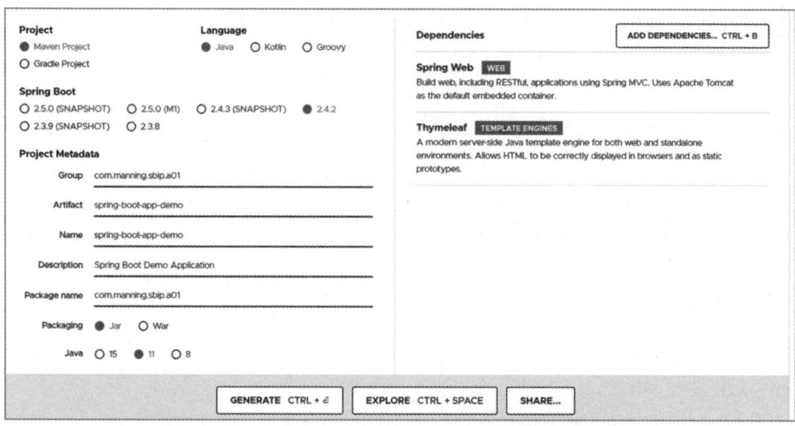

그림 A.1 스프링 이니셜라이저 웹 사용자 인터페이스

스프링 이니셜라이저 웹의 모양새는 주기적으로 바뀐다. 따라서 책을 읽는 시점에는 그림 A.1과 약간 다를 수도 있으며, 앞서 언급한 것처럼 자바나 스프링 부트 버전도 다르게 표시될 수 있다.

주요 옵션에 대한 설명은 다음과 같다.

- **스프링 부트 버전** - 프로젝트에 사용할 스프링 부트 버전을 선택할 수 있다. 스프링 이니셜라이저는 현재 안정 버전, 과거 안정 버전, 스냅샷 버전을 제공하며 현재 안정 버전이 기본값으로 선택된다.
- **빌드 시스템** - 프로젝트에 사용할 빌드 시스템을 선택할 수 있다. 현재 아파치 메이븐과 그레이들을 선택할 수 있으며 기본값으로 메이븐이 선택된다.
- **JVM 언어** - 프로젝트에 사용할 JVM 언어를 선택할 수 있다. 자바, 코틀린, 그루비 중에 선택할 수 있으며 자바가 기본값으로 선택된다.
- **패키징** - 프로젝트는 WAR 또는 JAR로 패키징될 수 있다. 스프링 이니셜라이저에서 선택한 방법에 따라 프로젝트 패키징 방식이 설정된다.
- **자바 버전** - 프로젝트에 사용할 자바 버전을 선택할 수 있다. 현재 선택할 수 있는 버전은 15, 11, 8인데 스프링 이니셜라이저를 실제로 사용하는 시점에 따라 달라질 수 있다.
- **의존 관계** - 스프링 이니셜라이저 화면에서 [Add Dependencies]를 클릭하면 자주 사용되는 스프링 부트 스타터 및 서드파티 의존 관계 목록이 표시된다. 필요에 따라 적절한 의존 관계를 여러 개 선택해서 프로젝트에 추가할 수 있다. 예를 들어 스프링 부트 웹 프로젝트에 타임리프(https://www.thymeleaf.org/)를 사용한다면 `Spring Web`과 `Thymeleaf` 의존 관계를 추가하면 된다.

스프링 이니셜라이저 웹에서 프로젝트 생성에 필요한 정보 입력과 의존 관계 추가 작업을 마친 후에 그림 A.1 아래쪽에 있는 [Generate] 버튼을 클릭하면 프로젝트가 생성되고 ZIP으로 압축된 프로젝트 파일을 다운로드받을 수 있다. 생성된 스프링 부트 메이븐 프로젝트의 구조는 그림 A.2와 같다.

```
C:\sbip\repo\appendix01\spring-boot-app-demo>tree /f
Folder PATH listing for volume OS
Volume serial number is 8EF3-F5B9
C:.
│   .gitignore
│   HELP.md
│   mvnw
│   mvnw.cmd
│   pom.xml
│
├───.mvn
│   └───wrapper
│           maven-wrapper.jar
│           maven-wrapper.properties
│           MavenWrapperDownloader.java
│
└───src
    ├───main
    │   ├───java
    │   │   └───com
    │   │       └───manning
    │   │           └───sbip
    │   │               └───a01
    │   │                       SpringBootAppDemoApplication.java
    │   │
    │   └───resources
    │       │   application.properties
    │       │
    │       ├───static
    │       └───templates
    └───test
        └───java
            └───com
                └───manning
                    └───sbip
                        └───a01
                                SpringBootAppDemoApplicationTests.java
```

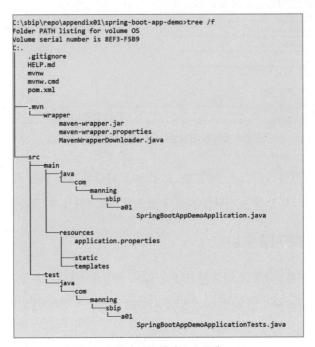

그림 A.2 스프링 부트 메이븐 프로젝트 구조

생성된 프로젝트는 다음과 같이 4개의 컴포넌트로 구성돼 있다.

- 메이븐 래퍼wrapper
- 프로젝트 소스 코드
- 프로젝트 테스트 코드
- 프로젝트 리소스

스프링 이니셜라이저는 생성된 프로젝트를 빌드할 수 있는 메이븐 래퍼를 제공한다. 메이븐 래퍼가 있으면 로컬 장비에 메이븐을 설치하지 않고도 스프링 부트 애플리케이션을 메이븐으로 빌드할 수 있다. 그림 A.3에는 `mvnw intall` 명령으로 애플리케이션을 빌드하는 내용이 표시돼 있다. 그레이들에도 래퍼가 있으며 그레이들을 따로 설치하지 않고도 그레이들을 사용해서 프로젝트를 빌드할 수 있다.

```
C:\sbip\repo\appendix01\spring-boot-app-demo>mvnw install
[INFO] Scanning for projects...
[INFO]
[INFO] ------------< com.manning.sbip.a01:spring-boot-app-demo >-------------
[INFO] Building spring-boot-app-demo 0.0.1-SNAPSHOT
[INFO] ------------------------------[ jar ]-------------------------------
[INFO]
[INFO] --- maven-resources-plugin:3.2.0:resources (default-resources) @ spring-boot-app-demo ---
[INFO] Using 'UTF-8' encoding to copy filtered resources.
[INFO] Using 'UTF-8' encoding to copy filtered properties files.
[INFO] Copying 1 resource
[INFO] Copying 0 resource
[INFO]
[INFO] --- maven-compiler-plugin:3.8.1:compile (default-compile) @ spring-boot-app-demo ---
[INFO] Changes detected - recompiling the module!
[INFO] Compiling 1 source file to C:\sbip\repo\appendix01\spring-boot-app-demo\target\classes
[INFO]
[INFO] --- maven-resources-plugin:3.2.0:testResources (default-testResources) @ spring-boot-app-demo ---
[INFO] Using 'UTF-8' encoding to copy filtered resources.
[INFO] Using 'UTF-8' encoding to copy filtered properties files.
[INFO] skip non existing resourceDirectory C:\sbip\repo\appendix01\spring-boot-app-demo\src\test\resources
[INFO]
[INFO] --- maven-compiler-plugin:3.8.1:testCompile (default-testCompile) @ spring-boot-app-demo ---
[INFO] Changes detected - recompiling the module!
[INFO] Compiling 1 source file to C:\sbip\repo\appendix01\spring-boot-app-demo\target\test-classes
[INFO]
[INFO] --- maven-surefire-plugin:2.22.2:test (default-test) @ spring-boot-app-demo ---
[INFO]
```

그림 A.3 **메이븐 래퍼를 사용해서 프로젝트 빌드**

프로젝트 소스 코드에는 스프링 이니셜라이저가 생성한 스프링 부트 애플리케이션 메인 클래스 파일인 SpringBootAppDemoApplication.java가 포함돼 있다. 이 클래스를 통해 애플리케이션을 시작할 수 있다. IDE에서는 이 파일을 직접 실행할 수 있고 실행하면 8080 포트에서 스프링 부트 애플리케이션이 시작된다.

프로젝트 테스트 코드에는 비어 있는 테스트 클래스 파일(`SpringBootAppDemoApplicationTests.java`)이 포함돼 있다. 이 파일에 테스트 코드를 추가해서 테스트를 실행할 수 있다. 스프링 부트는 JUnit, 모키토Mockito(https://site.mockito.org/), XMLUnit(https://www.xmlunit.org/) 같은 널리 사용되는 테스트 도구를 자동으로 프로젝트에 포함한다.

리소스 폴더에는 비어 있는 application.properties 파일이 들어 있다. 애플리케이션 동작을 제어할 수 있는 여러 설정 정보를 이 파일에 추가할 수 있다. 예를 들어 애플리케이션을 8080 포트가 아닌 다른 포트에서 실행하려면 `server.port` 프로퍼티로 다른 포트 번호를 지정해주면 된다. `Spring Web` 의존 관계를 추가했기 때문에 CSS 파일, 이미지 파일과 HTML 템플릿 파일도 리소스 폴더에 포함돼 있다.

스프링 이니셜라이저는 생성된 프로젝트 구조를 미리 살펴보고 공유할 수 있는 두 가지 기능을 추가로 제공한다.

- Explorer - 그림 A.1 아래쪽에 있는 [Explorer]를 클릭하면 [Generate] 버튼을 눌러 프로젝트를 다운로드하기 전에 그림 A.4와 같이 프로젝트 구조를 미리 살펴볼 수 있다.

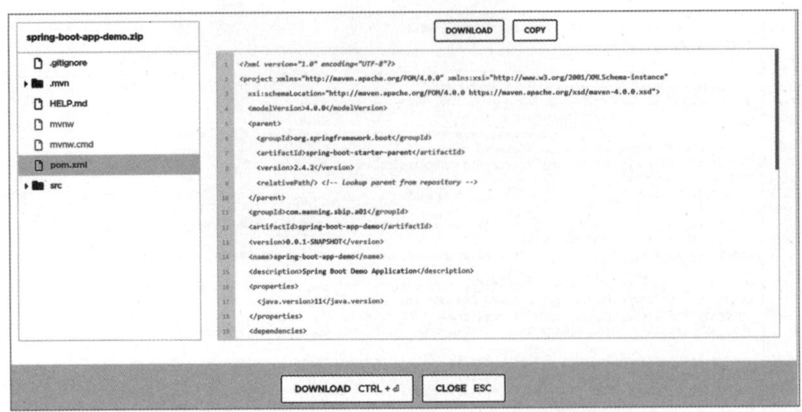

그림 A.4 Explorer를 클릭해서 프로젝트 구조 미리 탐색하기

- Share - 그림 A.1 아래쪽에 있는 [Share]를 클릭하면 현재 설정한 프로젝트와 동일하게 설정된 스프링 이니셜라이저 화면을 볼 수 있는 URL이 생성되며 이를 복사해서 공유할 수 있다. 예를 들어 그림 A.1과 같이 설정한 상태에서 [Share]를 클릭하면 예제 A.1과 같은 URL이 생성되며 이를 복사해서 공유할 수 있다.

예제 A.1 현재 설정된 스프링 부트 프로젝트를 확인할 수 있는 URL

```
https://start.spring.io/#!type=maven-project&language=java&platformVersion=2.7.7&packaging=j
ar&jvmVersion=17&groupId=com.manning%2Csbip.a01&artifactId=spring-boot-app&name=spring-boot-
app&description=Spring%20Boot%20project%20for%20Appendix%20A&packageName=com.manning%2Csbip.
a01.spring-boot-app&dependencies=web,thymeleaf
```

토론

스프링 이니셜라이저는 스프링 부트 프로젝트를 아주 쉽게 구성할 수 있게 해주는 환상적인 도구다. 웹 기반 UI를 사용해서 프로젝트 구성에 필요한 정보를 쉽게 입력할 수 있고 클릭 한 번으로 스프링 프로젝트가 만들어진다. 또한 만들어진 프로젝트를 다운로드하기 전에 프로젝트 구조를 미리 확인해보고 공유까지 할 수 있는 기능도 제공한다.

웹 버전도 충분히 쓸모 있지만 결국 개발을 진행하려면 IDE에서 프로젝트를 가져오기import 해야 한다. 이 작업마저도 간소화할 수 있도록 스프링 이니셜라이저는 확장 가능한 API를 제공한다. 주요 IDE에서는 내부적으로 이 API를 활용한 기능을 IDE에 통합해서, 개발자는 웹이 아니라 IDE 안에서도 스프링 이니셜라이저를 사용할 수 있다. 다음 기법에서는 IDE에서 스프링 이니셜라이저를 사용하는 방법을 알아보자.

A.1.3 기법: 인텔리제이에서 스프링 이니셜라이저로 스프링 부트 프로젝트 생성

요구 사항

인텔리제이 IDE에서 스프링 이니셜라이저를 사용해 스프링 부트 프로젝트를 생성한다.

해법

스프링 이니셜라이저는 유연한 API를 제공하며 웹이나 CLI를 통해 스프링 부트 프로젝트를 생성할 수 있다. 하지만 주요 IDE는 스프링 이니셜라이저 API를 활용해서 스프링 이니셜라이저 기능을 IDE에 통합해서 제공하므로 이를 사용하면 더 간편하게 프로젝트 생성과 개발을 시작할 수 있다. 이번 기법에서는 인텔리제이IntelliJ IDEA IDE를 사용해서 스프링 부트 프로젝트를 만들어본다. 만든 프로젝트 소스 코드는 https://mng.bz/KByP에서 확인할 수 있다.

> **인텔리제이 배포판**
>
> 인텔리제이는 https://www.jetbrains.com/idea/download/)에서 다운로드할 수 있으며 커뮤니티 버전과 얼티밋Ultimate 버전이 있다. 무료 버전인 커뮤니티 버전에는 스프링 이니셜라이저 기능이 포함돼 있지 않고 유료 버전인 얼티밋 버전에만 스프링 이니셜라이저 기능이 포함돼 있다. 이번 기법을 따라 해보려면 얼티밋 버전이 필요하다. 유료지만 30일간 무료로 사용할 수 있다.
>
> 얼티밋 버전을 사용할 수 없으면 이번 기법을 따라 해볼 수는 없지만, 스프링 이니셜라이저 웹에서 다운로드받은 프로젝트 파일을 커뮤니티 버전에서 가져오기 해서 개발을 진행할 수 있다.

인텔리제이 메인 메뉴에서 [File] > [New] > [Project]를 클릭하고 [Spring Initializr]를 선택하면 그림 A.5와 같이 스프링 이니셜라이저 화면이 표시된다. 기본으로 스프링 이니셜라이저 웹 URL인 https://start.spring.io가 선택돼 있지만 커스터마이징한 스프링 이니셜라이저를 사용할 수도 있다.

New Project
Java
Java Enterprise
JBoss
Clouds
Spring
Java FX
Android
IntelliJ Platform Plugin
Spring Initializr
Maven
Gradle
Groovy
Grails
Application Forge
Kotlin
Static Web
Node.js and NPM
Flash
Empty Project
Project SDK:
14 (java version "14")
New...
Choose Initializr Service URL.
Default: https://start.spring.io
Custom:
Make sure your network connection is active before continuing.
Previous
Next
Cancel
Help

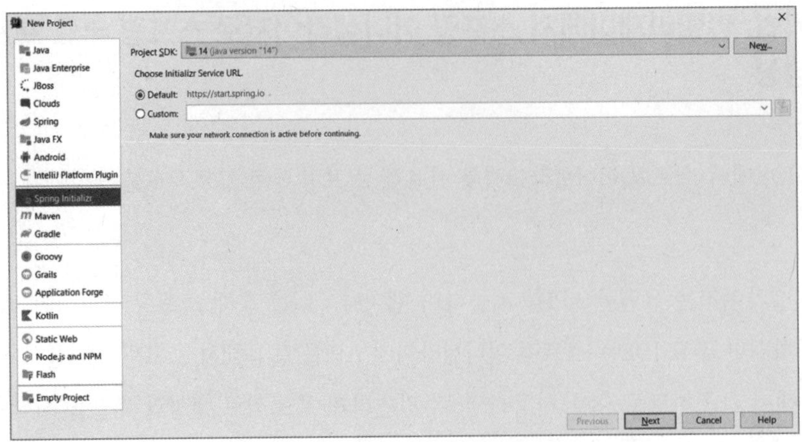

그림 A.5 인텔리제이 스프링 이니셜라이저

[Next]를 클릭하면 그림 A.6과 같이 `Group ID`, `Artifact ID`, 버전 등 프로젝트 메타데이터 입력과 언어, 패키징 방법, 자바 버전 등의 정보를 지정할 수 있는 화면이 표시된다. `group ID`와 `artifact ID`와 버전은 애플리케이션을 유일하게 식별할 수 있는 식별자다. 일반적으로 `group ID`에는 애플리케이션이 속한 그룹이나 단위 조직을 나타낸다. `artifact ID`는 애플리케이션 이름을 의미하고 `version`은 애플리케이션 버전을 의미한다. 새 기능이 추가될수록 버전 번호를 높일 수 있다.

`Type`은 프로젝트에서 사용할 빌드 유형을 의미한다. 아파치 메이븐이나 그레이들을 선택할 수 있다. `Language`는 프로젝트에서 사용할 언어를 의미하며 자바, 코틀린, 그루비 중에서 선택할 수 있다. `Packaging`은 애플리케이션을 패키징할 방법을 의미하며 JAR나 WAR 중에서 선택할 수 있다.

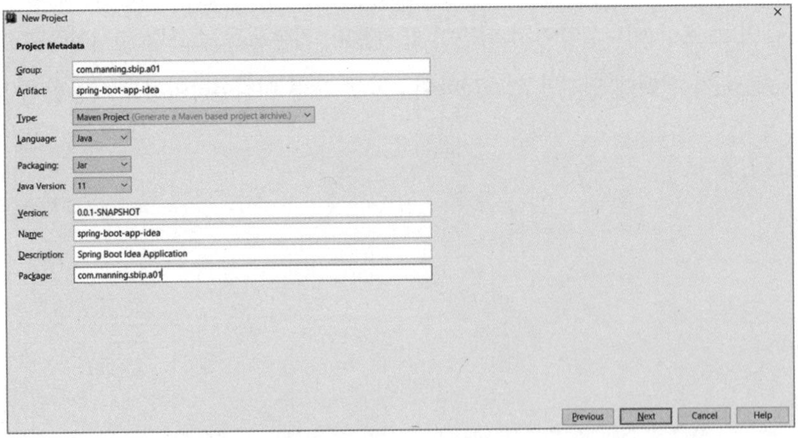

New Project
Project Metadata
Group: com.manning.sbip.a01
Artifact: spring-boot-app-idea
Type: Maven Project (Generate a Maven based project archive.)
Language: Java
Packaging: Jar
Java Version: 11
Version: 0.0.1-SNAPSHOT
Name: spring-boot-app-idea
Description: Spring Boot Idea Application
Package: com.manning.sbip.a01
Previous
Next
Cancel
Help

그림 A.6 인텔리제이 스프링 이니셜라이저에서 프로젝트 메타데이터 입력

[Next]를 클릭하면 그림 A.7과 같이 프로젝트에서 사용할 의존 관계를 선택할 수 있는 화면이 표시된다.

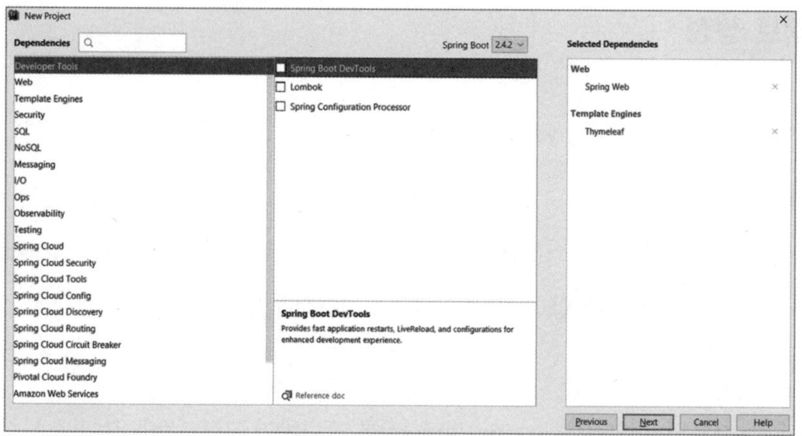

그림 A.7 **인텔리제이 스프링 이니셜라이저에서 스프링 부트 의존 관계 추가**

선택할 수 있는 의존 관계가 적절한 카테고리로 분류돼 있다. 의존 관계 추가를 마치고 [Next]를 클릭하면 프로젝트 이름과 프로젝트 파일을 생성할 위치를 지정할 수 있다.

모든 과정을 마치면 IDE가 중앙 리포지터리에서 필요한 의존 관계를 다운로드하고 프로젝트를 구성한다. 그림 A.8에는 인텔리제이 스프링 이니셜라이저가 모든 과정을 마치고 자동 생성한 `SpringBootAppIdeaApplication` 클래스 파일이 나와 있다. IDE 기능을 통해 실행하면 HTTP 8080 포트에서 스프링 부트 애플리케이션이 시작된다.

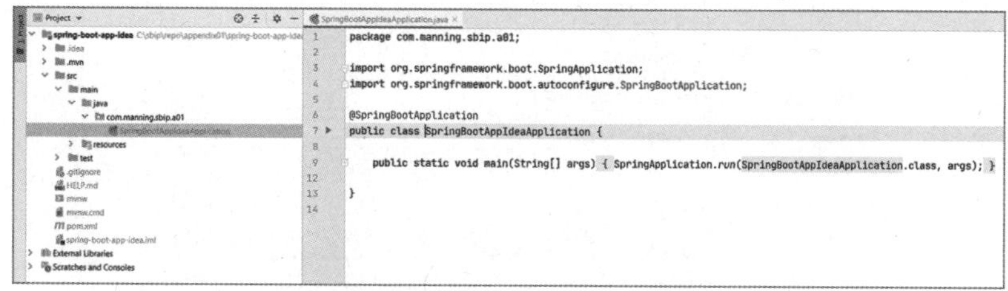

그림 A.8 **인텔리제이에 생성된 스프링 부트 프로젝트**

토론

이번 기법에서는 인텔리제이의 스프링 이니셜라이저 기능을 활용해서 스프링 부트 프로젝트를 생성하는 방법을 알아봤다. IDE에서도 웹에서와 마찬가지로 프로젝트 생성에 필요한 옵션을 입력하고 선택할 수 있다. 모든 정보 입력 작업을 마치면 프로젝트를 자동으로 가져오고 IDE 탐색기에 표시된다. 다음 기법에서는 스프링 툴 스위트에서 스프링 이니셜라이저를 사용하는 법을 알아본다.

A.1.4 기법: 스프링 툴 스위트에서 스프링 이니셜라이저로 스프링 부트 프로젝트 생성

요구 사항

스프링 툴 스위트 IDE에서 스프링 이니셜라이저를 사용해 스프링 부트 프로젝트를 생성한다.

해법

스프링 툴 스위트Spring Tool Suite, STS(https://spring.io/tools/)는 스프링 기반 애플리케이션에 사용할 수 있도록 스프링 팀에서 만든 이클립스 기반의 IDE다. 인텔리제이와 마찬가지로 STS도 스프링 이니셜라이저 기능을 제공한다.

STS에서 [File] > [New] > [Spring Starter Project]를 클릭하면 그림 A.9와 같이 스프링 부트 프로젝트 생성 화면이 표시된다.

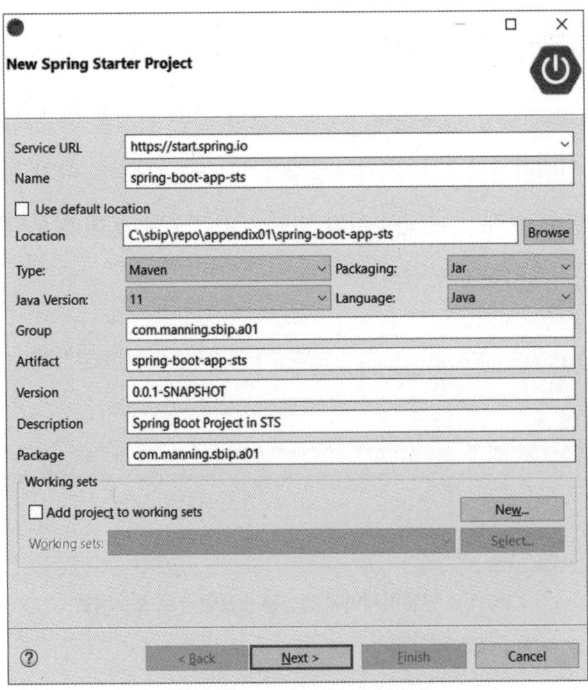

그림 A.9 STS에서 스프링 부트 프로젝트 생성

STS는 https://start.spring.io에서 파라미터를 읽고 기본값을 화면에 표시한다. [Next]를 클릭하면 그림 A.10과 같이 스프링 부트 버전을 지정하고 의존 관계를 추가할 수 있다.

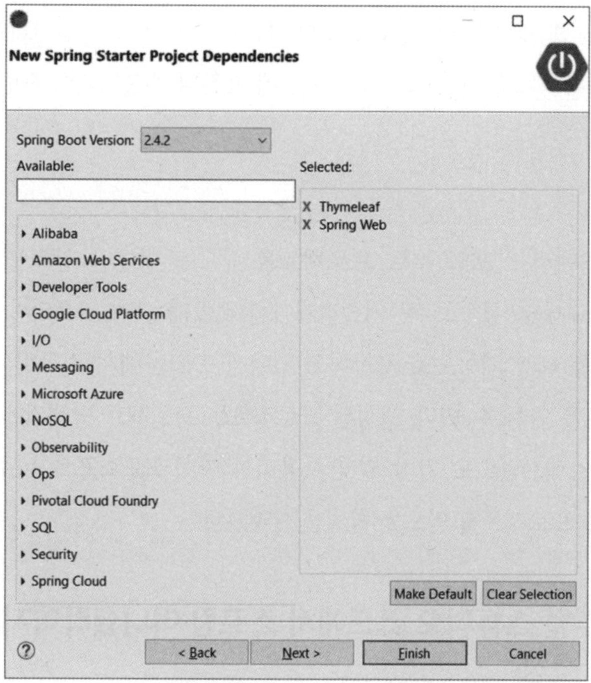

그림 A.10 스프링 부트 버전과 의존 관계 목록 지정

의존 관계 추가 후 [Finish]를 클릭하면 스프링 부트 프로젝트는, STS는 스프링 부트 프로젝트를 생성하고 그림 A.11과 같이 프로젝트를 화면에 표시한다. 생성된 프로젝트는 https://mng.bz/9Krx에서 확인할 수 있다.

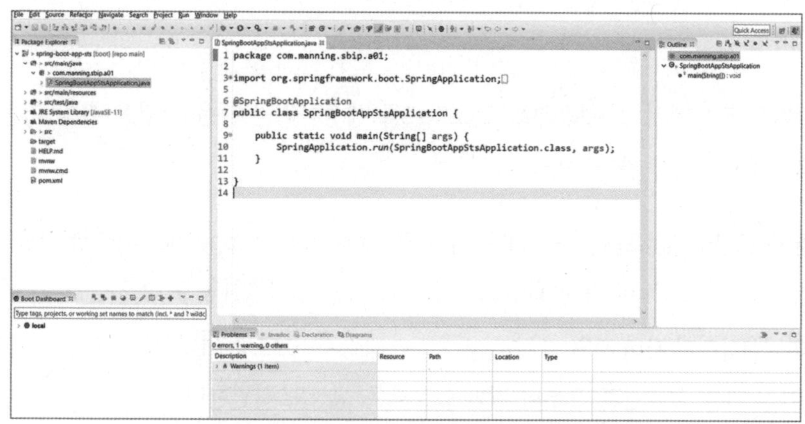

그림 A.11 생성된 스프링 부트 프로젝트와 스프링 부트 대시보드

STS는 개발자 편의를 위해 부트 대시보드를 제공한다. 대시보드에서는 워크스페이스에서 사용할 수 있는 모든 스프링 부트 프로젝트를 표시하며, 대시보드를 통해 애플리케이션 재시작과 디버깅 같은 작업을 쉽고 빠르게 수행할 수 있게 해준다. IDE의 실행run 기능을 통해 `SpringBootAppStsApplication` 클래스를 실행하면 생성된 프로젝트에 포함된 애플리케이션이 HTTP 8080 포트에서 실행된다.

토론

이번 기법에서는 STS에서 스프링 부트 프로젝트를 만드는 방법을 알아봤다. STS는 이클립스(https://www.eclipse.org/downloads/)를 스프링 애플리케이션 개발에 맞게 커스터마이징한 IDE다. STS도 스프링 이니셜라이저를 내장 기능으로 포함하고 있어서 IDE 안에서 스프링 이니셜라이저를 통해 스프링 부트 프로젝트를 만들 수 있다. 생성된 프로젝트는 프로젝트 탐색기에 표시된다. 다음 기법에서는 다양한 기술 스펙트럼으로 가장 널리 사용되는 마이크로소프트 비주얼 스튜디오 코드를 사용해서 스프링 부트 프로젝트를 만드는 방법을 살펴본다.

A.1.5 기법: 비주얼 스튜디오 코드에서 스프링 이니셜라이저로 스프링 부트 프로젝트 생성

요구 사항

비주얼 스튜디오 코드에서 스프링 이니셜라이저를 사용해 스프링 부트 프로젝트를 생성한다.

해법

비주얼 스튜디오 코드(https://code.visualstudio.com/)는 마이크로소프트에서 만든 확장 기능extension 기반 텍스트 에디터다. 비주얼 스튜디오 코드는 스프링 부트 애플리케이션을 개발할 수 있는 다른 IDE에 비해 가볍다.

비주얼 스튜디오 코드에서 스프링 부트 프로젝트를 생성하려면 다음과 같은 확장 기능을 비주얼 스튜디오 코드에 설치해야 한다.

- **스프링 부트 도구**Spring Boot tools - 스프링 부트의 application.properties 파일과 자동 완성 및 밸리데이션을 지원하고 자바 파일에서 스프링 부트 기능을 지원하는 확장 기능
- **스프링 이니셜라이저 자바 지원**Spring Initializr Java Support - 스프링 이니셜라이저를 사용할 수 있게 해주는 확장 기능. 코틀린과 그루비 기반 프로젝트 생성도 지원한다.
- **스프링 부트 대시보드**Spring Boot dashboard - 워크스페이스에 있는 모든 스프링 부트 애플리케이션

에 대해 시작, 중지, 디버깅을 포함한 관리 작업을 할 수 있는 확장 기능

JAVA_HOME 설정

비주얼 스튜디오 코드가 특정 자바 버전을 사용하게 하려면 `JAVA_HOME` 환경변수를 설정해야 한다. 비주얼 스튜디오 코드에서 [File] > [Preferences] > [Settings] > [Workspace]를 선택하고 `java.home`을 검색하면 `Edit`의 `settings.json`에서 `java.home` 값을 설정할 수 있다.

비주얼 스튜디오 코드는 스프링 부트 프로젝트 생성 시 자바 버전을 지정할 수 없으며 기본값으로 Java 1.8이 선택된다. 프로젝트 생성 완료 후에 pom.xml이나 build.gradle 파일에서 `java.home`으로 지정한 버전과 같은 버전을 지정할 수 있다.

스프링 프레임워크를 개발하고 있는 피보탈Pivotal에서도 비주얼 스튜디오 코드에서 스프링 부트 애플리케이션을 개발할 수 있는 확장 기능 패키지인 스프링 부트 확장팩Spring Boot Extension Pack을 제공한다. 이 패키지에는 앞서 언급한 세 개의 확장 기능으로 구성돼 있으므로 그림 A.12와 같이 확장 기능 검색에서 `Spring Boot`를 검색해서 설치하면 된다.

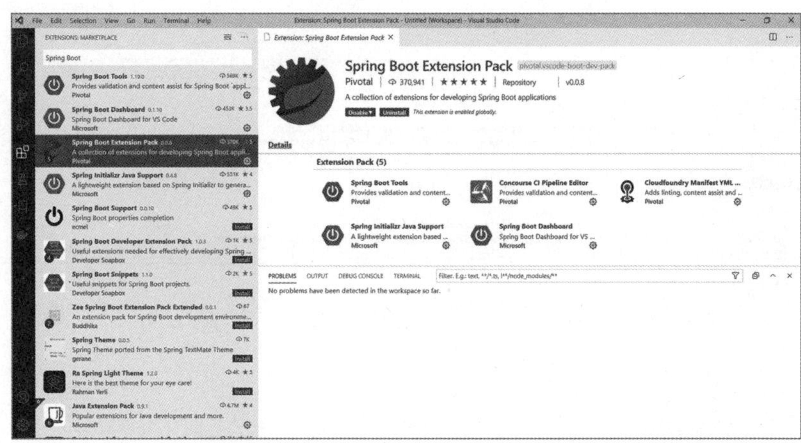

그림 A.12 **비주얼 스튜디오 코드에서 사용할 수 있는 스프링 부트 확장 기능**

확장팩이 설치되면 에디터에서 스프링 부트 프로젝트를 생성할 수 있다. [View] > [Command Palette]에서 `Spring Initializr`를 입력하면 그림 A.13과 같이 메이븐 또는 그레이들 기반 스프링 부트 프로젝트를 생성할 수 있다.

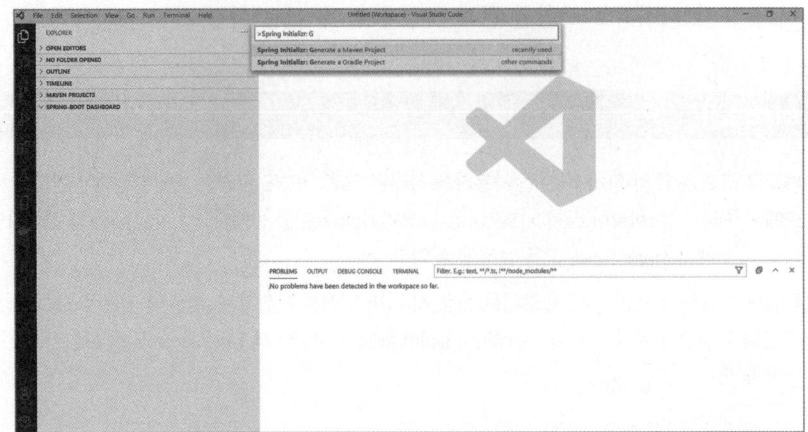

그림 A.13 비주얼 스튜디오 코드에서 메이븐 또는 그레이들 기반 스프링 부트 프로젝트 생성

둘 중 하나를 선택해서 프로젝트 생성에 필요한 정보를 입력하고 프로젝트를 생성하면 그림 A.14와 같이 프로젝트 폴더 구조가 만들어진다. 왼쪽 아래에는 스프링 부트 대시보드 메뉴가 있고 이를 통해 애플리케이션을 시작/중지할 수 있고, 에디터를 통해 프로젝트 컴포넌트 내용을 확인할 수 있다.

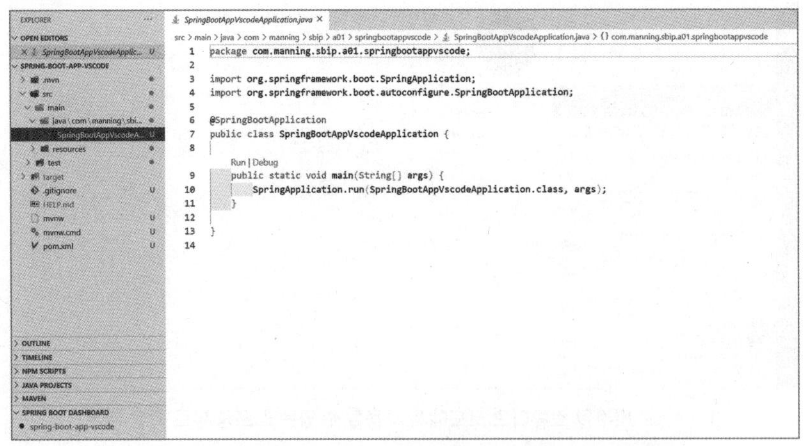

그림 A.14 비주얼 스튜디오 코드에서 생성한 스프링 부트 프로젝트

생성한 프로젝트 소스 코드는 https://mng.bz/jyJz에서 확인할 수 있다. 프로젝트 생성 후에 의존 관계를 추가 해야할 때 pom.xml 파일을 우클릭해서 [Edit Starters] 옵션을 선택하면 그림 A.15와 같이 이미 추가된 의존 관계가 체크 표시와 함께 나타나고 다른 의존 관계를 선택해서 추가할 수 있다. 이번에는 `Spring Boot DevTools Developer Tools` 의존 관계를 추가한다.

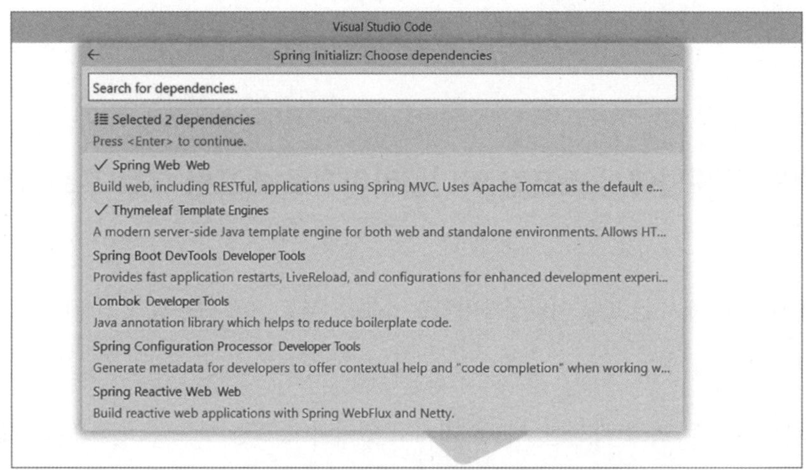

그림 A.15 **비주얼 스튜디오 코드에서 스프링 부트 스타터 의존 관계 편집**

그림 A.16에 나온 것처럼 스프링 부트 대시보드에서 [시작] 버튼을 클릭하면 생성된 프로젝트에 포함된 애플리케이션이 HTTP 8080 포트에서 실행되고 시작 로그가 디버그 콘솔에 표시된다.

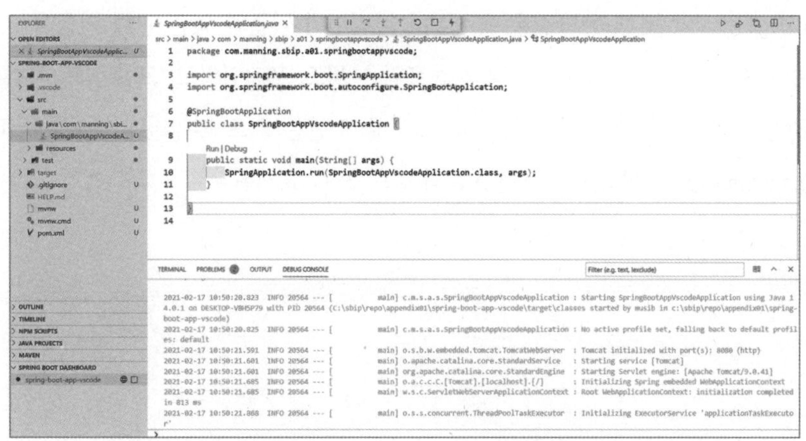

그림 A.16 **비주얼 스튜디오 코드의 스프링 부트 대시보드와 디버그 콘솔**

토론

이번 기법에서는 비주얼 스튜디오 코드에서 스프링 부트 지원 기능을 활성화하는 방법과 스프링 부트 프로젝트를 생성하는 방법을 알아봤다. 비주얼 스튜디오 코드는 인기 있는 코드 에디터이며 가볍기 때문에 스프링 부트 애플리케이션 개발에도 널리 사용된다.

지금까지 스프링 부트 프로젝트를 GUIgraphical user interface를 통해 생성하는 방법을 살펴봤다. 하지만 일부 개발자는 GUI 없이 터미널을 통해 간결하게 처리하는 것을 선호하기도 한다. 다음 기법에서는 명령행 도구로 스프링 이니셜라이저를 사용해서 스프링 부트 프로젝트를 만드는 방법을 알아본다.

A.1.6 기법: 터미널에서 스프링 이니셜라이저로 스프링 부트 프로젝트 생성

요구 사항

명령행 인터페이스CLI에서 스프링 이니셜라이저로 스프링 부트 프로젝트를 생성한다.

해법

스프링 이니셜라이저는 확장 가능한 API를 가지고 있어서 스프링 부트 프로젝트를 만들 수 있는 여러 가지 방법을 제공한다. 스프링 이니셜라이저 웹을 많이 사용하지만 터미널에서 명령행 도구로 간편하게 프로젝트를 생성하는 것을 선호하는 개발자도 많다. 스프링 이니셜라이저는 cURL, HTTPie(https://httpie.org/) 같은 인기 있는 서드파티 명령행 도구를 지원하고, 스프링에서 자체적으로 만든 스프링 부트 CLI도 제공한다.

하지만 CLI 방식을 사용할 때의 단점은 옵션이나 파라미터 이름과 의존 관계 이름을 미리 알아야 한다는 점이다. 이런 단점을 극복하기 위해 스프링은 빌드 프레임워크, 프로젝트 파라미터, 의존 관계 이름 같은 스프링 이니셜라이저 옵션을 보기 좋게 만든 표로 터미널에 보여준다. 터미널에서 curl https://start.spring.io를 실행하면 그림 A.17과 같이 표가 표시된다.

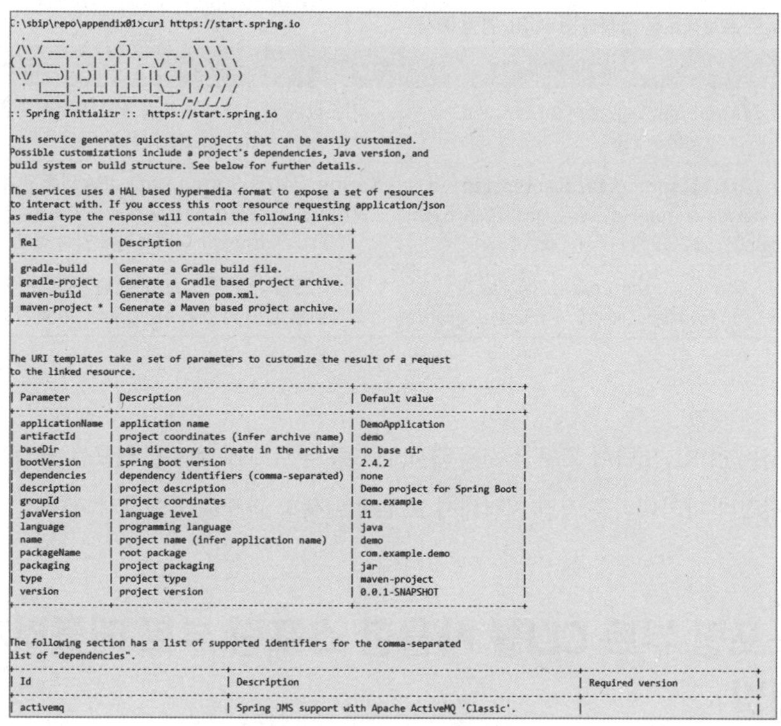
```
C:\sbip\repo\appendix01>curl https://start.spring.io
:: Spring Initializr ::  https://start.spring.io

This service generates quickstart projects that can be easily customized.
Possible customizations include a project's dependencies, Java version, and
build system or build structure. See below for further details.

The services uses a HAL based hypermedia format to expose a set of resources
to interact with. If you access this root resource requesting application/json
as media type the response will contain the following links:
+-----------------+------------------------------------------+
| Rel             | Description                              |
+-----------------+------------------------------------------+
| gradle-build    | Generate a Gradle build file.            |
| gradle-project  | Generate a Gradle based project archive. |
| maven-build     | Generate a Maven pom.xml.                |
| maven-project * | Generate a Maven based project archive.  |
+-----------------+------------------------------------------+

The URI templates take a set of parameters to customize the result of a request
to the linked resource.
+-----------------+------------------------------------------+------------------------------+
| Parameter       | Description                              | Default value                |
+-----------------+------------------------------------------+------------------------------+
| applicationName | application name                         | DemoApplication              |
| artifactId      | project coordinates (infer archive name) | demo                         |
| baseDir         | base directory to create in the archive  | no base dir                  |
| bootVersion     | spring boot version                      | 2.4.2                        |
| dependencies    | dependency identifiers (comma-separated) | none                         |
| description     | project description                      | Demo project for Spring Boot |
| groupId         | project coordinates                      | com.example                  |
| javaVersion     | language level                           | 11                           |
| language        | programming language                     | java                         |
| name            | project name (infer application name)    | demo                         |
| packageName     | root package                             | com.example.demo             |
| packaging       | project packaging                        | jar                          |
| type            | project type                             | maven-project                |
| version         | project version                          | 0.0.1-SNAPSHOT               |
+-----------------+------------------------------------------+------------------------------+

The following section has a list of supported identifiers for the comma-separated
list of "dependencies".
+--------------------------+------------------------------------------------+------------------+
| Id                       | Description                                    | Required version |
+--------------------------+------------------------------------------------+------------------+
| activemq                 | Spring JMS support with Apache ActiveMQ 'Classic'. |              |
```
그림 A.17 cURL로 https://start.spring.io에 접근

표는 다음과 같이 크게 세 가지로 구분된다.

1. 프로젝트 타입 옵션 - 스프링 이니셜라이저가 지원하는 네 가지 타입의 프로젝트(gradle-build, gradle-project, maven-build, maven-project)가 표시된다.
2. 프로젝트 메타데이터 - 프로젝트 메타데이터를 지정할 때 필요한 파라미터와 간략한 설명, 기본값이 표시된다. 대부분의 파라미터는 스프링 이니셜라이저 웹에서 본 것과 동일하지만 applicationName과 baseDir이 추가돼 있다. name 값에서 유추해서 애플리케이션 이름이 정해지는 대신 원하는 애플리케이션 이름을 지정하고 싶으면 applicationName을 지정하면 된다. 기본적으로는 ZIP 파일 압축 전에 프로젝트 디렉터리를 만들고 그 안에서 압축을 해제해야 하지만 baseDir을 입력하면 정해진 이름의 디렉터리에서 압축이 해제된다.
3. 의존 관계 - 프로젝트에 추가해서 사용할 수 있는 의존 관계 목록이 표시된다.

이제 cURL로 프로젝트를 생성해보자. -d 옵션을 사용해서 필요한 정보를 지정해주면 된다. 표 A.1에 몇 가지 예시가 정리돼 있다.

표 A.1 스프링 부트 프로젝트를 생성하는 cURL 명령 예시

명령	설명
curl https://start.spring.io/starter.zip -o demo.zip	기본값을 사용해서 스프링 부트 프로젝트를 생성하고 demo.zip 파일로 다운로드
curl https://start.spring.io/starter.zip -d dependencies=web,data-jpa -d type=gradle-project -d baseDir=my-dir | tar -xzvf -	Spring Web과 Spring Data JPA 의존 관계를 추가하고 그레이들 프로젝트 생성해서 ZIP 파일을 다운로드하고 my-dir 디렉터리에 압축 해제
curl https://start.spring.io/build.gradle -d packaging=war -d javaVersion=15 -o build.gradle	자바 15를 사용하고 WAR로 패키징하는 프로젝트의 그레이들 빌드 파일을 build.gradle 파일로 다운로드

토론

이번 기법에서는 cURL 명령행 도구를 사용해서 스프링 부트 프로젝트를 만드는 방법을 살펴봤다. CLI 방식은 적절한 파라미터를 직접 지정해서 프로젝트 생성 과정을 유연하게 제어할 수 있다.

A.2 스프링 부트 CLI를 사용한 스프링 부트 애플리케이션 개발

앞 절에서 IDE와 명령행 도구를 사용해서 스프링 이니셜라이저로 스프링 부트 프로젝트를 만드는 방법을 알아봤다. 이번 절에서는 스프링 부트 CLI에 대해 알아보자.

A.2.1 스프링 부트 CLI 소개

스프링 부트 CLI는 스프링 애플리케이션 프로토타입을 만들 수 있게 해주는 명령행 도구다. 스프링 부트 CLI를 사용하면 메이븐이나 그레이들 같은 의존 관계 관리 도구 없이도 스프링 부트 애플리케이션 프로젝트를 신속하게 구성해서 개발할 수 있으므로 프로토타이핑에 적합하다. 스프링 부트 애플리케이션 개발을 위해 스프링 부트 CLI를 반드시 사용해야 하는 것은 아니지만 IDE 없이도 신속하게 프로젝트 개발을 시작할 수 있다.

스프링 부트 CLI에서는 자바와 문법이 비슷하지만 조금 더 간결한 그루비Groovy(https://groovy-lang.org/) 스크립트를 사용할 수 있다. 예를 들어 그루비는 예제 A.2와 같이 여러 자바 패키지를 자동으로 포함시켜주므로 소스 코드에 해당 패키지에 대한 import 문을 작성할 필요가 없다.

예제 A.2 그루비가 기본으로 포함하는 import 문

```
import java.lang.*
import java.util.*
import java.io.*
import java.net.*
```

먼저 설치부터 시작해보자.

A.2.2 설치

스프링 부트 CLI는 배포 파일을 다운로드해서 설치할 수 있고, OS별 주요 패키지 관리자를 통해 설치할 수 있다.

1. 스프링 부트 CLI 배포 파일로 수동 설치
   - https://bit.ly/3ZfIV8i에서 다운로드받아 압축을 해제하면 그림 A.18과 같은 폴더와 파일을 확인할 수 있다.

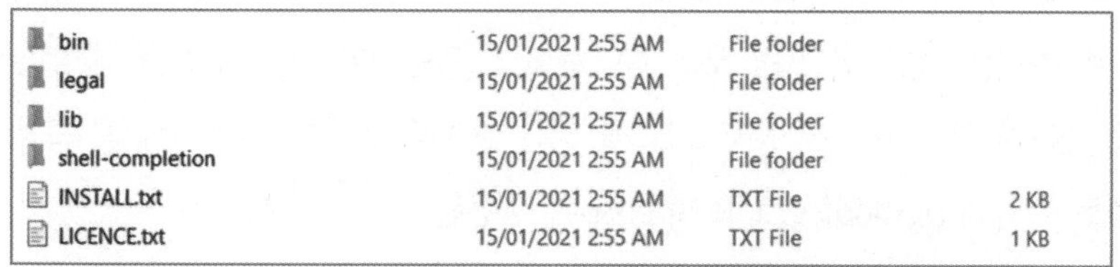

그림 A.18 **스프링 부트 CLI 배포 파일 압축 해제**

   - bin 폴더 아래에 스프링 부트 CLI 실행 파일이 있다. 시스템의 PATH 환경 변수에 bin 폴더를 등록하면 전체 경로를 입력하지 않고도 간편하게 스프링 부트 CLI 명령을 실행할 수 있다.

2. 패키지 관리자로 설치
   - 맥OS에서는 홈브루Homebrew(https://brew.sh/)를 통해 다음 명령으로 쉽게 설치할 수 있다.

예제 A.3 홈브루로 스프링 부트 CLI 설치

```
brew tap spring-io/tap
brew install spring-boot
```

   - 윈도우 사용자는 초콜레티Chocolatey(https://chocolatey.org/)를 통해 다음 명령으로 쉽게 설치할 수 있다.

예제 A.4 초콜레티로 스프링 부트 CLI 설치

```
choco install spring-boot-cli
```

- SDKMAN(https://sdkman.io/)을 통해 다음 명령으로 쉽게 설치할 수 있다.

예제 A.5 SDKMAN으로 스프링 부트 CLI 설치

```
sdk install springboot
```

다음 명령으로 스프링 부트 CLI 버전이 표시되면 설치가 완료된 것이다.

예제 A.6 스프링 부트 CLI 버전 확인

```
> spring --version

Spring CLI v3.0.1
```

A.2.3 스프링 부트 프로젝트 생성

스프링 이니셜라이저를 통해 스프링 부트 CLI로도 스프링 부트 프로젝트를 생성할 수 있다. 예제 A.7 명령을 실행하면 스프링 웹 MVC, H2를 의존 관계로 추가하고, 자바 15와 그레이들 기반의 WAR 프로젝트 파일 sprig-boot-gradle-app.zip이 생성된다.

예제 A.7 스프링 부트 CLI로 스프링 부트 프로젝트 생성

```
> spring init --dependencies=web,h2 --type=gradle-project --java-version=15 --packaging=war
spring-boot-gradle-app.zip

Using service at https://start.spring.io
```

A.2.4 간단한 스프링 부트 프로젝트 개발

이제 스프링 부트 CLI를 사용해서 간단한 스프링 부트 프로젝트를 개발해보자.

cli-introduction이라는 폴더를 새로 만들고 그 안에 예제 A.8과 같이 작성한 application.groovy 파일을 저장한다.

예제 A.8 Groovy REST 컨트롤러

```
@RestController ❶
class DemoRestController {
    @GetMapping("/") ❷
    def hello() {
        "Welcome to Spring Boot CLI" ❸
    }
}
```

❶ 스프링 부트 REST 컨트롤러임을 선언한다.

❷ '/'로 들어오는 HTTP GET 요청을 매핑한다.

❸ 요청 응답을 반환한다. return 문 생략 가능하다.

예제 A.9와 같이 스프링 부트 CLI 명령으로 application.groovy 파일을 실행하면 애플리케이션이 실행된다.[1]

예제 A.9 스프링 부트 CLI 명령으로 스프링 부트 애플리케이션 실행

```
spring run application.groovy
```

브라우저에서 http://localhost:8080에 접속하면 그림 A.19와 같이 응답이 표시된다.

1 옮긴이 spring run 명령은 스프링 부트 CLI 3.0부터 제외되었다. https://github.com/spring-projects/spring-boot/issues/32263 참고

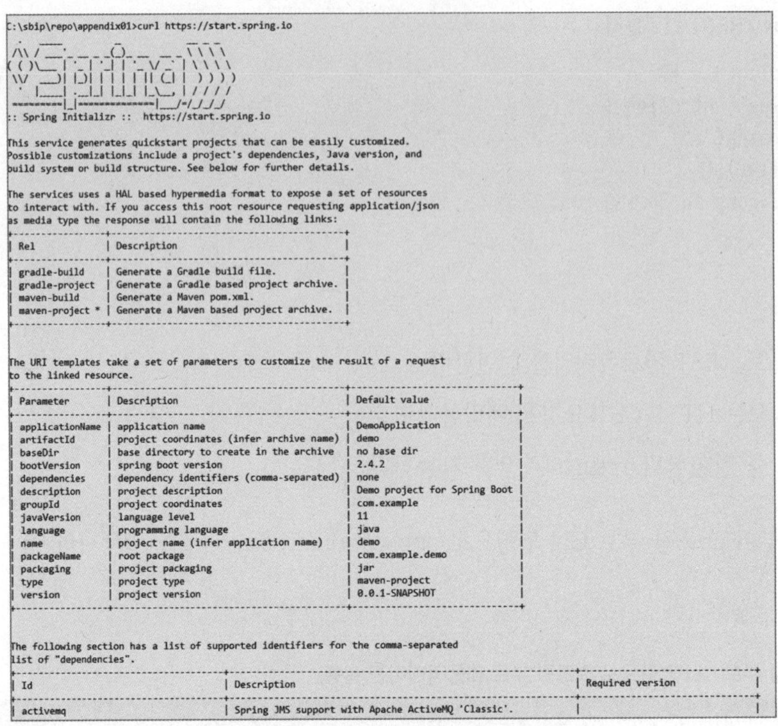

```
C:\sbip\repo\appendix01>curl https://start.spring.io
:: Spring Initializr ::  https://start.spring.io

This service generates quickstart projects that can be easily customized.
Possible customizations include a project's dependencies, Java version, and
build system or build structure. See below for further details.

The services uses a HAL based hypermedia format to expose a set of resources
to interact with. If you access this root resource requesting application/json
as media type the response will contain the following links:
+-----------------+------------------------------------------+
| Rel             | Description                              |
+-----------------+------------------------------------------+
| gradle-build    | Generate a Gradle build file.            |
| gradle-project  | Generate a Gradle based project archive. |
| maven-build     | Generate a Maven pom.xml.                |
| maven-project * | Generate a Maven based project archive.  |
+-----------------+------------------------------------------+


The URI templates take a set of parameters to customize the result of a request
to the linked resource.
+-----------------+------------------------------------------+------------------------------+
| Parameter       | Description                              | Default value                |
+-----------------+------------------------------------------+------------------------------+
| applicationName | application name                         | DemoApplication              |
| artifactId      | project coordinates (infer archive name) | demo                         |
| baseDir         | base directory to create in the archive  | no base dir                  |
| bootVersion     | spring boot version                      | 2.4.2                        |
| dependencies    | dependency identifiers (comma-separated) | none                         |
| description     | project description                      | Demo project for Spring Boot |
| groupId         | project coordinates                      | com.example                  |
| javaVersion     | language level                           | 11                           |
| language        | programming language                     | java                         |
| name            | project name (infer application name)    | demo                         |
| packageName     | root package                             | com.example.demo             |
| packaging       | project packaging                        | jar                          |
| type            | project type                             | maven-project                |
| version         | project version                          | 0.0.1-SNAPSHOT               |
+-----------------+------------------------------------------+------------------------------+


The following section has a list of supported identifiers for the comma-separated
list of "dependencies".
+----------------------------+--------------------------------------------------+------------------+
| Id                         | Description                                      | Required version |
+----------------------------+--------------------------------------------------+------------------+
| activemq                   | Spring JMS support with Apache ActiveMQ 'Classic'. |                |
```

그림 A.19 스프링 부트 REST 엔드포인트 응답

APPENDIX B
스프링 MVC와 타임리프 템플릿 엔진

스프링 MVC를 되짚어보고 타임리프 템플릿 엔진을 살펴본다.

B.1 스프링 MVC 복습

스프링 MVC는 스프링 프레임워크에서 중요한 모듈 중 하나다. 모델-뷰-컨트롤러MVC는 UI 기반의 웹 애플리케이션을 만들 때 가장 널리 사용되는 디자인 패턴이다. MVC 패턴을 사용하면 애플리케이션을 모델, 뷰, 컨트롤러로 나누어 설계해서 불필요한 결합을 막을 수 있다. 모델은 뷰에 의해 표현되는 비즈니스 데이터를 캡슐화하고, 컨트롤러는 사용자 요청을 받아서 백엔드 비즈니스 서비스를 호출한다. 비즈니스 서비스 호출 후에 컨트롤러는 데이터를 모델에 담고, 모델은 뷰를 통해 화면 UI로 렌더링된다.

스프링 MVC는 MVC 디자인 패턴을 스프링 프레임워크에서 구현한 것이다. 스프링 MVC의 가장 강력하고 핵심적인 장점은 스프링 IoC 컨테이너를 기반으로 하고 있어서 단순한 설정을 통해 사용할 수 있다는 점이다.

이번 절에서는 사용자 요청을 처리할 때 스프링 MVC가 사용하는 여러 컴포넌트와 프런트 컨트롤러 디자인 패턴 같은 스프링 MVC의 중요한 개념을 되짚어본다. 스프링 MVC에 익숙하지 않다면 스프링 MVC 공식 문서(http://mng.bz/YgWo)나 스프링 MVC 소개 자료를 먼저 훑어보는 것도 도움이 될 것이다. 스프링 MVC에 대한 심도 있는 설명은 이 책의 범위를 넘어선다.

B.1.1 프런트 컨트롤러 디자인 패턴

스프링 MVC는 프런트 컨트롤러 디자인 패턴을 따라 설계됐다. 프런트 컨트롤러 패턴에서는 서블릿 하나가 모든 요청을 처리하는 중추 역할을 담당한다. 스프링에서는 이 중심 서블릿을 디스패처 서블릿disapatcher servlet이라고 부른다. 모든 요청이 디스패처 서블릿을 거쳐 가기는 하지만 요청의 실제 처리는 설정 가능한 여러 컴포넌트에 위임된다.

전형적인 스프링 MVC 애플리케이션에서는 `DispatcherServlet`을 애플리케이션 배포 구성 파일(web.xml)이나 `ServletContainerInitializer` 인터페이스를 구현하는 클래스에서 설정해야 한다. 예제 B.1에는 XML 대신 프로그래밍 방식으로 `DispatcherServlet`을 설정하는 사례가 나와 있다.

예제 B.1 프로그래밍 방식으로 DispatcherServlet 설정

```
public class CourseCourtServletContainerInitializer implements ServletContainerInitializer {

    @Override
    public void onStartup(Set<Class<?>> set,
                          ServletContext servletContext) throws ServletException {

        AnnotationConfigWebApplicationContext applicationContext =
            new AnnotationConfigWebApplicationContext();    ❶

        applicationContext.register(CourseConfiguration.class);

        DispatcherServlet dispatcherServlet = new DispatcherServlet(applicationContext); ❷

        ServletRegistration.Dynamic servletRegistration =
            servletContext.addServlet("course", dispatcherServlet);    ❸

        servletRegistration.setLoadOnStartup(1);
        servletRegistration.addMapping("/");
    }
}
```

❶ `ApplicationContext` 인스턴스를 생성한다.

❷ 생성된 `ApplicationContext`를 사용해서 `DispatcherServlet` 인스턴스를 생성한다.

❸ `DispatcherServlet`을 동적으로 `ServletContext`에 등록한다.

B.1.2 요청 처리 과정 이해

디스패처 서블릿 설정 과정을 알게 되었으니 이제 들어오는 요청을 처리하는 과정을 알아보자. 이번 절에서는 서버로 들어온 요청이 디스패처 서블릿을 거쳐 어떤 단계로 처리되는지 그림 B.1과 함께 살펴본다.

그림 B.1에는 디스패처 서블릿에 의해 요청이 처리되는 과정을 개략적으로 살펴볼 수 있도록 단순화한 다이어그램이 나와 있다.

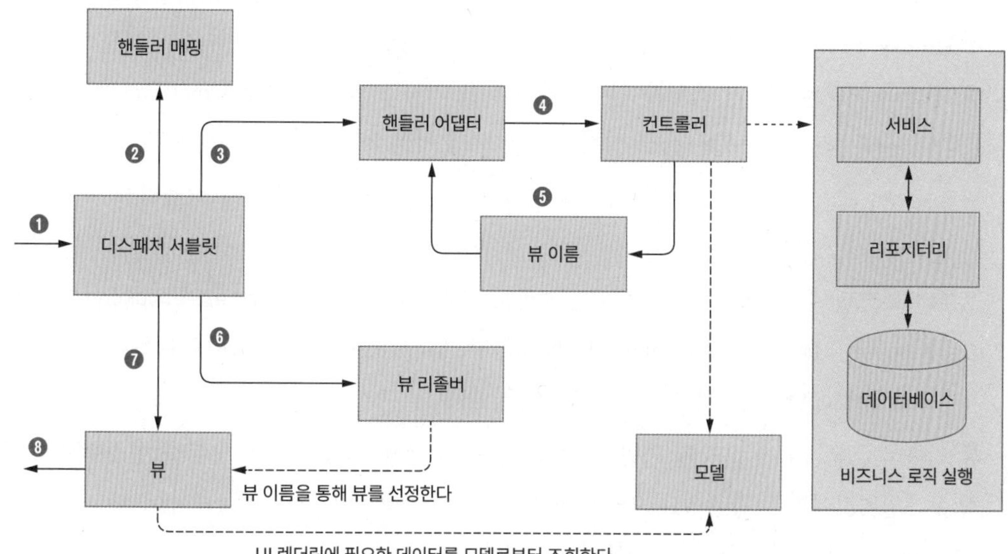

그림 B.1 스프링 MVC 디스패처 서블릿과 컴포넌트의 요청 처리 과정

❶ 스프링 MVC 애플리케이션으로 들어오는 모든 요청은 디스패처 서블릿으로 들어온다.

❷ 디스패처 서블릿은 요청을 받으면 가장 먼저 핸들러 매핑HandlerMapping에게 요청 처리를 위임하고, 핸들러 매핑은 요청을 처리할 스프링 컨트롤러를 찾아낸다.

❸ 컨트롤러가 발견되면 디스패처 서블릿은 컨트롤러를 호출하는 핸들러 어댑터HandlerAdapter에게 요청 처리를 위임한다.

❹ 컨트롤러는 비즈니스 서비스를 호출하고 애플리케이션 데이터를 조회한다.

❺ 컨트롤러는 비즈니스 서비스 호출 후 반환받은 데이터를 담을 모델을 준비하고 논리적 뷰 이름을 디스패처 서블릿에게 반환한다.

❻ 디스패처 서블릿은 뷰 리졸버ViewResolver를 호출해서 논리적인 뷰 이름을 실제 뷰와 매핑해 실제 뷰를 반환한다.

❼ 반환된 뷰는 모델 데이터를 화면에 렌더링한다.

❽ 뷰가 화면에 렌더링되면 요청 처리가 완료된다.

이제 요청을 처리하기 위해 디스패처 서블릿으로부터 요청 처리를 위임받는 스프링 MVC 컴포넌트를 살펴보자.

- 핸들러 매핑HandlerMapping - 요청 URL과 핸들러 객체를 매핑하는 인터페이스. 스프링 MVC에는 `HandlerMapping` 인터페이스의 두 가지 주요 구현체인 `BeanNameUrlHandlerMapping` 클래스와 `RequestMappingHandlerMapping` 클래스가 있다. `BeanNameUrlHandlerMapping` 클래스는 요청 URL과 동일한 이름의 빈 이름과 매핑하며 스프링 MVC에서 사용하는 기본 핸들러 매핑이다. 핸들러 매핑은 핸들러 객체와 인터셉터 목록을 가지고 있는 `HandlerExecutionChain`을 반환한다. 인터셉터는 `pre` 또는 `post` 설정에 따라 요청 처리 과정 전/후에 호출된다.
- 핸들러 어댑터HandlerAdapter - 디스패처 서블릿이 요청에 매핑된 핸들러를 호출하는 작업을 돕는 인터페이스. 핸들러 어댑터 인터페이스 덕분에 디스패처 서블릿을 핸들러 구현 상세 로직으로부터 보호할 수 있다. 스프링 MVC는 `RequestMappingHandlerAdapter`, `HttpRequestHandlerAdapter`, `SimpleControllerHandlerAdapter`, `SimpleServletHandlerAdapter`, 이렇게 네 개의 `HandlerAdpter` 인터페이스 구현체를 제공한다.
- 뷰 리졸버ViewResolver - 문자열 기반의 논리적인 뷰 이름을 해석해서 실제 뷰를 선정한다. 스프링 프레임워크에는 다양한 `ViewResolver`와 `View` 구현체가 있으며, `ViewResolver` 구현체는 https://mng.bz/GGvM에서 그림으로 확인할 수 있다.
- 로케일 리졸버LocaleResolver - 디스패처 서블릿이 클라이언트의 로케일locale 설정에 따라 메시지를 해석할 수 있도록 돕는 인터페이스. 요청이 들어오면 디스패처 서블릿은 설정된 `LocaleResolver` 구현체에게 로케일을 해석해서 `HttpServletResponse`에 설정하도록 요청한다. 스프링 프레임워크는 그림 B.2와 같이 다양한 `LocaleResolver` 구현체를 제공한다. 스프링 MVC에서 기본으로 사용하는 구현체는 `AcceptHeaderLocaleResolver` 클래스다.

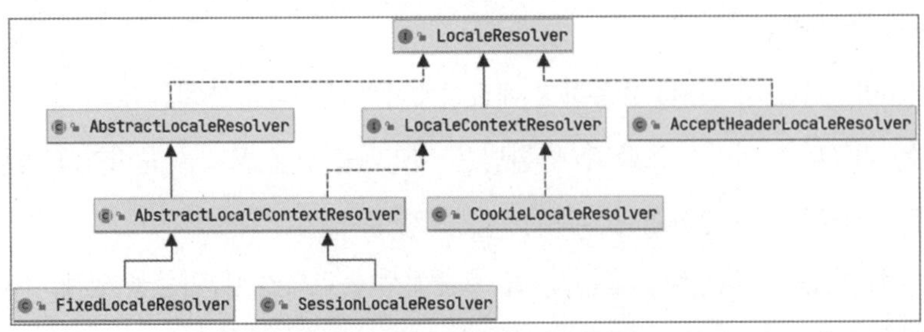

그림 B.2 스프링 MVC LocaleResolver 클래스 위계 구조

- 핸들러 예외 리졸버HandlerExceptionResolver - 핸들러 매핑이나 요청 처리 과정에서 던져진 예외를 해석하는 인터페이스. 요청 처리 과정 중 예외가 발생하면 디스패처 서블릿은 HandlerExceptionResolver 체인chain에 예외 처리를 위임한다. 체인상에 있는 주요 예외 리졸버는 SimpleMappingExceptionResolver, ExceptionHandlerExceptionResolver, ResponseStatusExceptionResolver, DefaultHandlerExceptionResolver다. 체인상에 있는 예외 리졸버는 예외를 직접 처리하거나 다른 리졸버에게 처리를 위임한다. 핸들러 예외 리졸버는 다음 값을 반환한다.
  - 에러 뷰를 가리키는 ModelAndView를 반환한다.
  - 예외가 이미 처리됐다면 비어 있는 ModelAndView를 반환한다.
  - 예외가 처리되지 않았다면 null을 반환하고, 후속 리졸버가 예외 처리를 시도한다. 체인상의 모든 예외 리졸버를 거쳤는데도 예외가 처리되지 않으면 최종적으로 서블릿 컨테이너가 처리한다.

스프링 MVC 개념과 요청을 처리하는 다양한 컴포넌트를 살펴봤으니 이제 타임리프 템플릿 엔진을 만나보자.

B.2 타임리프 템플릿 엔진

이번 절에서는 타임리프의 기초 지식과 스프링 부트에서의 사용법을 다룬다. 타임리프는 여러 가지 타입의 템플릿을 정의해서 사용할 수 있는 서버 사이드 템플릿 엔진이다. 예를 들어 타임리프 HTML 템플릿은 HTML 태그와 특수 타임리프 태그를 포함하는 HTML 페이지다. 타임리프 태그는 타임리프 프로세싱 엔진Thymeleaf processing engine에 의해 런타임에 템플릿에 제공된 데이터와 함께 일반적인 HTML 컴포넌트로 변환되어 화면에 렌더링된다.

타임리프는 HTML, XML, TEXT, JAVASCRIPT, CSS, RAW, 이렇게 6가지 유형의 템플릿을 지원하며 자바 기반의 웹 애플리케이션에서는 HTML 템플릿이 가장 자주 사용된다. 이번 절과 이어지는 기법에서는 스프링 부트 애플리케이션에서 타임리프 HTML 템플릿을 사용하는 방법을 다룬다.

타임리프에 대한 자세한 설명은 이 책의 범위를 벗어나므로 타임리프 공식 문서(https://www.thymeleaf.org/documentation.html)를 참고하고, 타임리프의 필수 컴포넌트 먼저 살펴보자.

B.2.1 속성 표시

스프링 컨트롤러가 비즈니스 서비스로부터 반환받은 데이터는 모델을 거쳐 뷰 계층에 전달되고, 뷰는 데이터를 UI로 렌더링한다. 모델에는 뷰 이름이 포함되어 모델을 적절한 HTML 페이지에 매핑할 수 있고, 타임리프 프로세싱 엔진이 타임리프 태그와 데이터를 HTML 태그로 변환한다. 그림 B.3에 이 과정이 나와 있다.

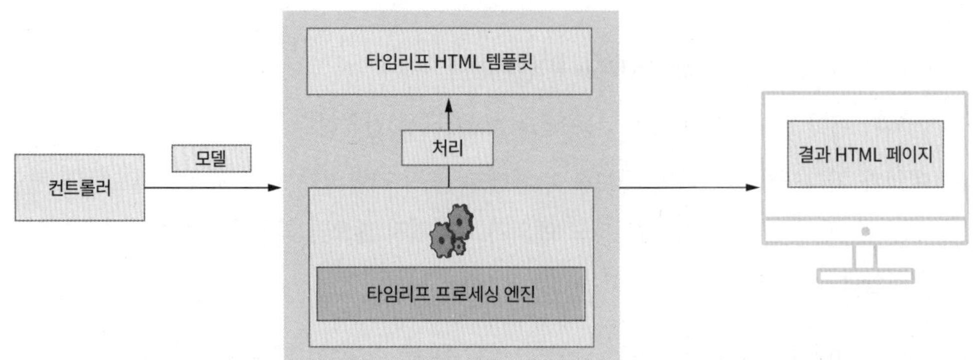

그림 B.3 스프링 모델이 타임리프 처리 엔진에 의해 HTML 페이지로 변환되는 과정

스프링 MVC에서는 데이터가 kev-value 형식으로 모델에 저장된다. value가 기본 타입이면 UI에서 key로 직접 접근할 수 있다. 예제 B.2는 타임리프 템플릿에서 모델에 저장된 데이터를 key를 통해 접근하는 방법을 보여준다.

예제 B.2 th:text 타임리프 태그 사용

```
<span th:text="${key}" />
```

- <span> HTML 태그는 문자열을 표시할 수 있다.
- th는 text 같은 모든 타임리프 태그가 정의돼 있는 XML 네임스페이스를 가리킨다. HTML 문서에서 다음과 같이 th 태그를 정의할 수 있다.

예제 B.3 타임리프 네임스페이스

```
<html xmlns:th="http://www.thymeleaf.org">
```

- ${key}는 모델에 있는 key에 해당하는 값으로 대체된다.

예를 들어 로그인한 사용자의 이름을 UI에 표시한다면, 컨트롤러에서 userName이라는 키에 사용자 이름을 value로 모델에 추가할 수 있다. 예제 B.4에 스프링 컨트롤러에서 HTTP 엔드포인트를 정의하고 모델에 키-값을 추가하는 과정이 나와 있다.

예제 B.4 스프링 컨트롤러에서 스프링 모델 사용

```
@GetMapping    ❶
public String getLoggedInUserName(Model model) {
    model.addAttribute("userName", user.getName());    ❷
    return "index";    ❸
}
```

❶ HTTP GET 엔드포인트를 정의한다.

❷ userName 속성에 username을 지정하고, 사용자 이름을 값으로 지정해서 모델에 추가한다.

❸ 뷰 이름을 나타내는 문자열 index를 반환한다.

HTML 코드에서 이 username 속성은 **로그인 한 사용자:** <span th:text="${userName}" />와 같이 사용되며 모델에 저장된 userName이라는 키로 저장된 값이 표시된다. 단순한 문자열이 아니라 객체의 컬렉션을 HTML에서 표시해야 할 때는 예제 B.5에 나온 코드처럼 모델에 저장하고, HTML에서 사용할 수 있다.

예제 B.5 객체 컬렉션을 모델에 저장하고 타임리프 템플릿에서 사용

```
List<Course> courseList = // Business service returns a list of course
model.addAttribute("courses", courseList);

<tbody>    ❶
    <tr th:each="course: ${courses}">    ❷
        <td th:text="${course.id}" />    ❸
        <td th:text="${course.name}" />
        <td th:text="${course.description}" />
    </tr>
</tbody>
```

❶ HTML Table Body 태그

❶ tr 태그는 HTML 테이블 행row을 의미한다. 타임리프 태그인 th:each는 반복을 나타낸다. 과정 목록에 포함된 하나의 과정이 하나의 행으로 표시된다.

❶ td 태그는 하나의 행에 포함되는 열column을 의미한다. 하나의 과정에 대한 id, name, description 정보가 각각 하나의 열에 표시된다. id, name, description 값은 th:text 태그로 읽어올 수 있다.

B.2.2 조건 평가

조건에 따라 화면 렌더링 여부를 분기해야 할 때는 조건 태그를 사용할 수 있다. 어떤 조건이 충족될 때만 렌더링해야 한다면 `th:if` 타임리프 태그를 사용하면 되고, 반대로 조건이 충족되지 않을 때만 렌더링해야 한다면 `th:unless` 타임리프 태그를 사용하면 된다.

```
th:if="${condition}"
th:unless="${condition}"
```

예를 들어 CourseTracker 애플리케이션에 `M`과 `F` 중 한 가지 값을 가지는 `gender`라는 프로퍼티를 포함하는 `Author` 엔티티가 있다고 하자. 강사의 `gender` 값이 `M`일 때는 화면에 `Male`이라는 문자열을 표시하고, `F`일 때는 `Female`이라는 문자열을 표시해야 할 때는 예제 B.6과 같이 작성하면 된다.

예제 B.6 타임리프의 th:if 태그와 th:unless 태그

```
<td>
    <span th:if="${author.gender} == 'M'" th:text="Male" />
    <span th:unless="${author.gender} == 'M'" th:text="Female" />
</td>
```

`if`나 `unless` 대신에 `switch`와 `case`를 사용해서 조건에 맞게 데이터를 렌더링하고 싶다면 `th:switch`와 `th:case` 태그를 사용하면 된다. 예를 들어 과정 카테고리별로 정보를 렌더링해야 한다면, 예제 B.7과 같이 `switch`, `case`를 사용할 수 있다.

예제 B.7 타임리프의 th:switch 태그와 th:case 태그

```
<div th:switch="${course.category}">    ❶
    <div th:case="'Spring'">
        <h2>Spring Course</h2>
    </div>
    <div th:case="'Python'">
        <h2>Python Course</h2>
    </div>
    <div th:case="'JavScript'">
        <h2>JavaScript Course</h2>
    </div>
    <div th:case="*">
        <h2>Some other course:</h2>
    </div>
</div>
```

❶ 타임리프의 th:switch, th:case를 사용해서 카테고리에 따라 렌더링할 수 있다.

switch-case의 default에 해당하는 부분은 타임리프 태그로는 th:case="*"로 표시할 수 있다. course.category 값이 Spring이면 화면에는 Spring Course라고 표시되며, Python, JavaScript 일 때는 각각 Python Course, JavaScript Course가 표시되고, 그 외의 모든 카테고리는 Some other course라고 표시된다.

B.2.3 폼 관리

웹 애플리케이션에서 HTML 폼form은 필수적이다. 폼을 이용해서 데이터를 수집하고 애플리케이션 백엔드에 한꺼번에 묶어서 전달할 수 있다. 폼을 통해 입력받은 데이터는 올바르게 입력됐는지 검증해야 한다.

폼 데이터 관리와 유효성 검사validation 에러는 예제 B.8과 같이 타임리프의 th:action과 th:object를 사용해서 쉽게 적용할 수 있다.

예제 B.8 타임리프 th:action, th:object 태그 문법

```
th:action="@{url}"
th:object="${object}"
```

HTML 폼 태그의 action 속성에 지정하는 URL을 th:action 태그로 지정할 수 있고, 이 URL로 데이터가 전송된다. th:object 태그는 폼 데이터가 바인드되는 객체를 지정할 수 있다.

폼 데이터의 개별 필드는 th:field="*{name}" 속성으로 매핑된다. name은 자바 객체의 프로퍼티 이름과 같아야 한다. 예를 들어 th:object="${course}"로 Course 객체를 바인딩하면 course 객체의 모든 필드에 th:field로 접근할 수 있다.

사용자가 입력한 값에 오류가 있다면 밸리데이션 오류 메시지를 표시해줘야 한다. 이를 위해 타임리프가 #fields 객체에 정의해둔 함수와 th:errors 속성을 사용할 수 있다. #fields 객체의 hasErrors() 메서드는 name 같은 필드 이름을 인자로 받아서 name에 입력한 값에 오류가 있으면 false를, 오류가 없으면 true를 반환한다. 오류 목록은 th:errors 태그로 접근할 수 있으며
 태그로 구분된다. 예제 B.9에 hasErrors()와 th:errors의 사용법이 나와 있다.

예제 B.9 **타임리프 #fields.hasErrors()와 th:errors 사용 문법**

```
<span th:if="${#fields.hasErrors('name')}" th:errors="*{name}" class="text-danger"></span>
```

이제 HTML 폼에 여러 가지 타임리프 태그를 사용해서 과정 생성 요청을 보내는 종합 예제를 살펴보자.

예제 B.10 **타임리프 태그를 사용한 과정 생성 폼**

```
<form action="#" th:action="@{/addcourse}" th:object="${course}" method="post">     ❶
    <div class="row">    ❷
        <div class="form-group col-md-6">
            <label for="name" class="col-form-label">Name</label>
            <input type="text" th:field="*{name}" class="form-control" id="name"
placeholder="Name">
            <span th:if="${#fields.hasErrors('name')}" th:errors="*{name}" class="text-
danger"></span>    ❸
        </div>
        <div class="form-group col-md-6">
            <label for="email" class="col-form-label">Description</label>
            <input type="text" th:field="*{description}" class="form-control" id="email"
placeholder="Description">
            <span th:if="${#fields.hasErrors('description')}" th:errors="*{description}"
class="text-danger"></span>
        </div>
    </div>
    <div class="row">
        <div class="col-md-6 mt-5">
            <input type="submit" class="btn btn-primary" value="Add Course">
        </div>
    </div>
</form>
```

❶ HTML 폼을 정의한다. th:action에는 스프링 컨트롤러에 정의된 HTTP 엔드포인트 URL을 지정한다. 폼에 입력된 데이터는 th:object로 지정한 course 객체로 바인딩되어 서버로 전송된다.

❷ class 속성값으로 부트스트랩(https://getbootstrap.com/)에 정의된 row를 지정해서 폼을 꾸민다.

❸ name 필드에 입력된 값에 오류가 있는지 확인해서 th:errors로 표시한다.

/addcourse는 폼의 action URL이다. 사용자가 폼에 입력한 데이터는 th:object로 지정한 course 객체에 바인딩되어 서버로 전송된다. 이제 이 데이터를 전송받아 과정을 생성하는 컨트롤러 소스 코드를 살펴보자.

예제 B.11 **HTTP POST /addcourse 엔드포인트**

```
@PostMapping("/addcourse")    ❶
public String addCourse(@Valid Course course, BindingResult result, Model model) {    ❷
    if (result.hasErrors()) {
        return "add-course";
    }

    // 과정 상세 정보를 데이터베이스에 저장

    model.addAttribute("courses", // 데이터베이스에 저장된 과정 전체 목록);
    return "redirect:/index";
}
```

❶ HTTP POST `/addcourse` 엔드포인트를 정의한다.

❷ `@Valid` 애너테이션을 붙여서 `Course` 클래스에 정의돼 있는 제약 사항 준수 여부를 검증한다. 검증 에러는 `BindingResult`에 저장된다.

코드는 짧지만 다음과 같이 여러 기능이 관련된다.

- `@PostMapping` 애너테이션을 추가해서 HTTP POST 요청만 처리한다. HTML 폼에 `method="post"` 속성을 지정했으므로 요청은 HTTP POST 방식으로 서버에 전송된다. HTTP POST 방식으로 서버에 전송되므로 폼에 입력된 여러 데이터는 URL이 아니라 요청 본문을 통해 서버로 전송된다.
- `@Valid` 애너테이션이 붙으면 스프링에 설정한 검증기validator로 요청 본문을 통해 들어온 데이터의 유효성 검사를 수행한다.
- `BindingResult`는 유효성 검사 결과와 바인딩을 저장하는 스프링 객체다. `BindingResult`에 저장된 에러 정보는 뷰에 반환되고, HTML 페이지에서 이 정보를 이용해서 폼에 있는 필드별 오류 메시지를 화면에 표시할 수 있다.
- 폼을 통해 입력받은 데이터에 오류가 없으면 데이터베이스에 저장한 후, 과정 전체 목록을 조회해서 `courses` 키와 함께 스프링 부트가 자동으로 주입해준 모델에 저장한다.
- `redirect` 접두어를 사용해서 이름이 index인 뷰로 리다이렉트한다. `index` 뷰로 리다이렉트되면 UI가 렌더링된다.

이번 절에서는 타임리프의 기초 정보와 스프링 부트에서 타임리프를 사용할 때 주로 사용하는 몇 가지 타임리프 태그 사용 방법을 살펴봤다. 다음 절에서는 본격적으로 타임리프를 사용해서 애플리케이션을 완성해보자.

B.3 스프링 부트에서 템플릿 엔진 활성화

스프링 부트는 웹 기반 애플리케이션을 만드는 데 주로 사용된다. 스프링 부트와 잘 어울리는 웹 애플리케이션 개발은 주로 두 가지 패턴으로 나눌 수 있다.

첫 번째 패턴에서는 스프링 부트 애플리케이션이 백엔드 애플리케이션으로 사용되고 화면 쪽은 앵귤러Angular(https://angular.io/)나 리액트React(https://reactjs.org/), 뷰JSVueJS(https://vuejs.org/) 같은 프런트엔드 프레임워크를 사용해서 싱글 페이지 애플리케이션single page application, SPA으로 만든다. 이 패턴에서는 스프링 부트 애플리케이션에 REST 웹 서비스가 구성되며 프런트엔드가 렌더링할 데이터를 제공한다.

그림 B.4에는 SPA가 HTTP 라이브러리를 사용해서 데이터를 요청하고, 요청이 스프링 부트 REST 컨트롤러에 들어온다. REST 컨트롤러는 스프링 데이터(JPA)를 통해 데이터베이스와 데이터를 주고받는다. 결과는 다시 HTTP 라이브러리를 통해 프런트엔드 애플리케이션 UI로 전달된다.

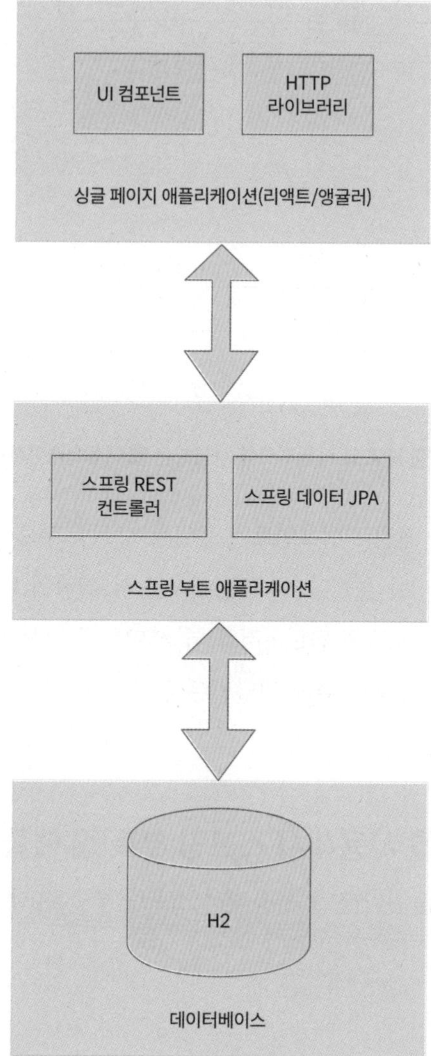

그림 B.4 **SPA 프런트엔드와 스프링 부트 애플리케이션으로 구성되는 웹 애플리케이션 디자인 패턴**

두 번째 패턴에서는 백엔드와 프런트엔드 모두 온전히 자바 기반의 기술을 사용하고, 자바스크립트 기반의 기술은 사용하지 않는다. 이 패턴에서는 스프링 MVC와 타임리프(https://www.thymeleaf.org/), 프리마커FreeMarker(https://freemarker.apache.org/), 머스태쉬Mustache(https://mustache.github.io/) 같은 템플릿 엔진을 사용한다. 이 중에서 타임리프가 스프링 부트 애플리케이션과 함께 가장 널리 사용된다. 그림 B.5를 보자.

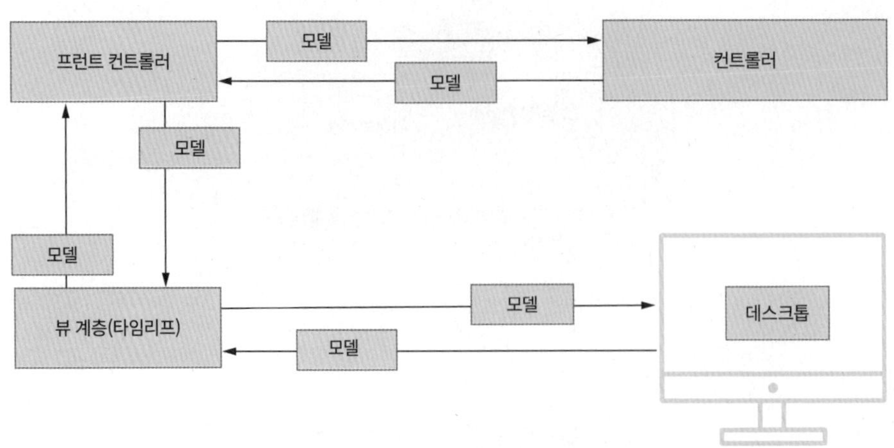

그림 B.5 **스프링 MVC와 타임리프를 사용하는 웹 애플리케이션 디자인 패턴**

애플리케이션의 프런트엔드와 백엔드 컴포넌트가 동일한 스프링 부트 애플리케이션의 일부로 구성되는 전형적인 스프링 MVC 기반 설계다. 이 패턴에서는 뷰 계층이 타임리프 같은 HTML 기반의 템플릿 엔진을 통해 구현된다. 모델은 컨트롤러와 뷰 사이를 오가는 애플리케이션 데이터를 싣고 다니는 컨테이너 역할을 한다. 모델을 통해 전달받은 결과 데이터는 뷰 계층에서 템플릿 엔진으로 화면에 렌더링된다.

B.3.1 기법: 타임리프를 사용해서 스프링 부트 웹 애플리케이션 개발

이번 기법에서는 타임리프 템플릿 엔진을 사용해서 스프링 부트 웹 애플리케이션을 개발하는 방법을 살펴본다.

요구 사항

스프링 부트와 타임리프 템플릿 엔진을 사용해서 웹 애플리케이션을 개발한다.

해법

타임리프는 스프링 부트를 사용해서 제품 수준의 웹 애플리케이션을 만들 때 서버 사이드 템플릿 엔진으로 널리 사용되는 인기 있는 프런트엔드 템플릿 엔진이다. 타임리프는 스프링 부트와 아주 잘 연동이 되며 실제로 스프링 부트 타임리프 스타터가 있어서 스프링 부트 애플리케이션에 직접 사용할 수 있다.

스프링 부트에서 타임리프를 사용하려면 타임리프 HTML 템플릿을 작성해서 src/main/resources/templates 폴더에 저장하면 된다. 스프링 부트 컨트롤러에서 HTML 페이지와 매핑되는 논리적 뷰 이름을 반환하면 이름에 해당하는 타임리프 HTML 템플릿이 사용되고, 스프링 모델에 저장된 데이터가 HTML 페이지에서 표시된다.

이번 기법에서도 앞에서 만든 스프링 부트 프로젝트를 사용한다. pom.xml 파일에 `spring-boot-starter-thymeleaf` 의존 관계를 추가하면 타임리프를 사용할 수 있다.

이번 기법에 사용하는 소스 코드는 https://mng.bz/zQ7w에서 확인할 수 있으며, 이 프로젝트를 복제해서 실습에 사용하면 된다.

이번 기법에서는 서비스 계층 구현과 타임리프 기반의 UI를 직접 만들어본다. 먼저 application.properties 파일에 예제 B.12와 같이 설정을 추가한다.

예제 B.12 **application.properties 파일**

```
spring.mvc.hiddenmethod.filter.enabled=true    ❶
```

❶ `HiddenHttpMethodFilter`를 활성화한다.

브라우저에서 지원되지 않는 HTTP PUT, PATCH, DELETE를 사용해야 할 때가 있다. HTML 폼에 이름이 `_method`인 히든 필드를 추가해서 `PUT`, `PATCH`, `DELETE` 메서드를 지정하고 서버에서 `HiddenHttpMethodFilter`가 활성화돼 있으면 `PUT`, `PATCH`, `DELETE`를 사용할 수 있다. 이는 과정 수정과 삭제를 다루는 예제에서 다시 살펴볼 것이다. 그림 B.6에 타임리프 템플릿부터 데이터베이스에 이르기까지의 애플리케이션 흐름이 나와 있다.

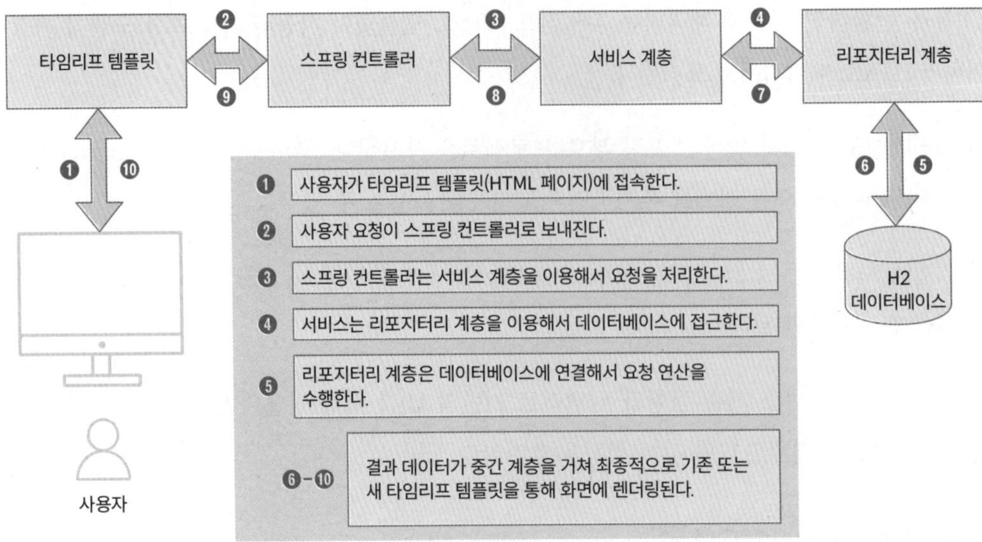

그림 B.6 **스프링 MVC 기반 타임리프 웹 애플리케이션 흐름**

이번 기법에서는 `Course` 자바 POJO 객체를 비즈니스 도메인 엔티티로 사용한다. `rating`, `category`, `description` 프로퍼티에 `javax.validation.constraints` 패키지에 정의된 `@NotEmpty` 애너테이션을 추가해서 입력값이 비어 있지 않도록 보장한다. 이를 통해 타임리프 UI에서 필드 유효성 검사가 수행되는 과정을 살펴볼 수 있다. 예제 B.13에 `Course` 엔티티 소스 코드가 나와 있다.

예제 B.13 **수정된 Course 엔티티**

```
package com.manning.sbip.a02.model;

import javax.validation.constraints.*;

public class Course {

    private int id;

    @NotEmpty(message = "Course name field can't be empty")
    private String name;

    @NotEmpty(message = "Course category field can't be empty")
    private String category;

    @Min(value = 1)
    @Max(value = 5)
    private int rating;

    @NotEmpty(message = "Course description field can't be empty")
```

```
    private String description;

    // 생성자, 게터, 세터 생략
}
```

이제 서비스 계층을 만들어보자. 먼저 서비스 계층에서 제공할 연산을 인터페이스에 정의하고 컨트롤러 계층에 공개한다. 연산의 실제 로직은 별도의 구현 클래스를 통해 정의한다. 과정의 CRUD 연산을 수행할 `CourseService` 인터페이스는 예제 B.14와 같다.

예제 B.14 CourseService 인터페이스

```
package com.manning.sbip.a02.service;

import com.manning.sbip.a02.model.Course;
import java.util.Optional;

public interface CourseService {    ❶

    Iterable<Course> createCourse(Course course);    ❷
    Optional<Course> findCourseById(int courseId);    ❸
    Iterable<Course> findAllCourses();    ❹
    Iterable<Course> updateCourse(Course course);    ❺
    Iterable<Course> deleteCourseById(int courseId);    ❻
}
```

❶ CourseTracker 애플리케이션에서 지원하는 연산을 정의한다.

❷ 새 과정을 생성한다.

❸ 주어진 `courseId`에 해당하는 과정을 찾아 반환한다. `Optional`을 사용해서 `courseId`에 해당하는 과정이 없을 수도 있음을 나타낸다.

❹ 과정 전체 목록을 반환한다.

❺ 과정 상세 정보를 수정한다.

❻ `courseId`에 해당하는 과정을 삭제한다.

인터페이스를 사용하면 요구 사항에 맞도록 내부 구현 내용을 변경할 수 있다는 장점이 있다.

이제 인터페이스에 정의된 연산을 구현해보자. 이번 예제에서는 편의상 데이터베이스에 연결해서 과정 정보를 관리하지 않고 인메모리 맵map을 사용한다. 예제 B.15에 `CourseService` 인터페이스를 구현한 `DefaultCourseService` 클래스가 나와 있다.

예제 B.15 DefaultCourseService 클래스

```
package com.manning.sbip.a02.service;

import com.manning.sbip.a02.model.Course;
import org.springframework.stereotype.Service;

import java.util.*;
import java.util.concurrent.atomic.AtomicInteger;

@Service
public class DefaultCourseService implements CourseService {    ❶

    private Map<Integer, Course> courses;    ❷
    private AtomicInteger courseIdGenerator;    ❸

    public DefaultCourseService() {
        this.courses = new HashMap<>();
        this.courseIdGenerator = new AtomicInteger(0);
        initializeCourses();
    }

    @Override
    public Iterable<Course> createCourse(Course course) {
        int courseId = course.getId();
        if(courseId == 0){
            courseId = getCourseId();
            course.setId(courseId);
        }else {
            courseId = course.getId();
        }
        courses.put(courseId, course);
        return findAllCourses();
    }

    @Override
    public Optional<Course> findCourseById(int courseId) {
        return Optional.of(courses.get(courseId));
    }

    @Override
    public List<Course> findAllCourses() {
        List<Course> courseList = new ArrayList<>();
        for(Map.Entry<Integer, Course> courseSet : courses.entrySet()) {
            courseList.add(courseSet.getValue());
        }
        return courseList;
    }
```

```
    @Override
    public Iterable<Course> updateCourse(Course course) {
        return createCourse(course);
    }

    @Override
    public Iterable<Course> deleteCourseById(int courseId) {
        courses.remove(courseId);
        return findAllCourses();
    }

    private void initializeCourses() {     ❹
        Course rapidSpringBootCourse = new Course(getCourseId(), "Rapid Spring Boot
Application Development", "Spring", 4, "Spring Boot gives all the power of the Spring
Framework without all of the complexity");
        Course springSecurityDslCourse = new Course(getCourseId(), "Getting Started with
Spring Security DSL", "Spring", 2, "Learn Spring Security DSL in easy steps");
        Course springCloudKubernetesCourse = new Course(getCourseId(), "Getting Started
with Spring Cloud Kubernetes", "Spring", 4, "Master Spring Boot application deployment with
Kubernetes");
        courses.put(rapidSpringBootCourse.getId(), rapidSpringBootCourse);
        courses.put(springSecurityDslCourse.getId(), springSecurityDslCourse);
        courses.put(springCloudKubernetesCourse.getId(), springCloudKubernetesCourse);
    }

    private int getCourseId() {
        return courseIdGenerator.incrementAndGet();
    }
}
```

❶ CourseService 인터페이스를 구현한다.

❷ 데이터베이스 대신에 Map에서 과정 정보를 관리한다.

❸ 과정 ID를 생성한다.

❹ 샘플 과정 데이터를 생성해서 Map에 저장한다.

이제 이 서비스 계층을 이용해서 사용자 요청을 처리하는 컨트롤러를 정의하자. 컨트롤러에서 정의한 엔드포인트는 타임리프 템플릿에서 사용된다. 예제 B.16과 같이 CourseController 클래스를 정의한다.

예제 B.16 CourseController 스프링 컨트롤러

```
package com.manning.sbip.a02.controller;
```

```
import com.manning.sbip.a02.model.Course;
import com.manning.sbip.a02.service.CourseService;
import org.springframework.stereotype.Controller;
import org.springframework.ui.Model;
import org.springframework.validation.BindingResult;
import org.springframework.web.bind.annotation.*;

import javax.validation.Valid;
import java.util.Collections;
import java.util.List;

@Controller
public class CourseController {

    private final CourseService courseService;

    @Autowired
    public CourseController(CourseService courseService) {    ❶
        this.courseService = courseService;
    }

    @GetMapping("/")
    public String index() {
        return "redirect:/index";
    }

    @GetMapping("/index")
    public String index(Model model) {    ❷
        List<Course> courseList = (List<Course>) courseService.findAllCourses();
        model.addAttribute("courses", courseList.isEmpty() ? Collections.EMPTY_LIST :
courseList);
        return "index";
    }

    @GetMapping("/addcourse")
    public String showAddCourseForm(Course course) {    ❸
        return "add-course";
    }

    @PostMapping("/addcourse")
    public String addCourse(@Valid Course course, BindingResult result, Model model){    ❹
        if (result.hasErrors()) {
            return "add-course";
        }
        model.addAttribute("courses", courseService.createCourse(course));
        return "redirect:/index";
    }
```

```
    @GetMapping("/update/{id}")
    public String showUpdateCourseForm(@PathVariable("id") int id, Model model) {    ⑤
        model.addAttribute("course", courseService.findCourseById(id).get());
        return "update-course";
    }

    @PutMapping("/update/{id}")
    public String updateCourse(@PathVariable("id") int id, @Valid Course course,
BindingResult result, Model model) {    ⑥
        if (result.hasErrors()) {
            course.setId(id);
            return "update-course";
        }
        model.addAttribute("courses", courseService.updateCourse(course));
        return "redirect:/index";
    }

    @DeleteMapping("/delete/{id}")
    public String deleteCourse(@PathVariable("id") int id, Model model) {    ⑦
        model.addAttribute("courses", courseService.deleteCourseById(id));
        return "redirect:/index";
    }
}
```

❶ CRUD 연산을 수행하기 위해 컨트롤러에서 사용되는 `CourseService` 인스턴스를 주입받는다. 구현 클래스인 `DefaultCourseService`가 아니라 인터페이스인 `CourseService`가 사용된 점에 주목하자. 인터페이스를 대상으로 코딩하는 것은 언제나 좋은 습관이다. 이렇게 인터페이스를 사용하면 구현 내용을 언제든 편리하고 안전하게 변경할 수 있다. 이번 기법에서는 `CourseService` 구현체가 `DefaultCourseService` 하나라서 스프링이 `DefaultCourseService` 인스턴스를 생성해서 주입해준다. `CourseService` 인터페이스 구현체가 두 개 이상이라면 `@Qualifier` 애너테이션을 사용해서 스프링에게 어떤 구현체를 사용해야 하는지 알려줘야 한다.

❷ 인덱스 페이지에 표시할 과정 전체 목록을 반환하는 HTTP GET 엔드포인트. 과정이 하나라도 있으면 컬렉션에 담아 반환하고, 하나도 없다면 비어 있는 컬렉션을 반환한다. 스프링 모델을 사용해서 `courses`라는 키에 과정 목록을 담고 있는 `courseList`를 저장한다. 논리적 뷰 이름을 나타내는 `index`를 반환하면 스프링 부트가 `index`라는 이름을 토대로 index.html라는 물리적 뷰를 준비한다. 타임리프를 사용하는 모든 뷰는 src/main/resources/templates 폴더에 저장한다.

❸ `add-course` 뷰 이름을 반환하는 HTTP GET 엔드포인트. 스프링 부트는 src/main/resources/templates 폴더에서 add-course.html 페이지를 찾아서 화면을 렌더링한다.

❹ 새 과정을 생성할 수 있는 HTTP POST 엔드포인트. `@Valid` 애너테이션이 붙어 있으므로 스프링 부트는 `Course` 클래스에 지정돼 있는 모든 제약을 준수하고 있는지 확인하는 유효성 검사를 수행한다. `Course` 클래스의 일부 프로퍼티에 `@NotEmpty` 애너테이션을 붙인 것을 기억할 것이다. `@NotEmpty`가 붙어 있는 프로퍼티에 아무런 값이 들어 있지 않다면 유효성 검증 에러가 기록되고 `BindingResult`에 저장된다. 에러가 있을 때는 `@GetMapping`에 지정한 경로 이름과 동일한 논리적 뷰 이름이 반환되는 것을 주목하자. 동일한 엔드포인트가 사용되더라도 HTTP 메서드에 맞는 컨트롤러 메서드가 호출된다. 일반적으로 사용자는 HTTP GET 메서드를 통해 입력 폼이 포함돼 있는 HTML 페이지를 요청한다. 사용자는 필요한 내용을 입력 후 HTTP POST 요청을 보낸다. 입력 내용에 오류가 있으면 `BindingResult`와 함께 HTTP GET으로 요청했던 HTML를 페이지를 보여주면, 입력 내용 중 어느 부분에 어떤 오류가 있는지 화면으로 보여줄 수 있어 널리 사용되는 방식이다. 오류가 없으면 요청에 맞는 CRUD 연산을 수행한다.

❺ `update-course` 뷰 이름을 반환하는 HTTP GET 엔드포인트. 스프링 부트는 src/main/resources/templates 폴더에서 뷰 이름에 해당하는 update-course.html 페이지를 찾아서 화면에 표시한다. URL 경로 변수로 받은 ID에 해당하는 과정을 찾아서 스프링 모델에 `course` 키에 저장하면 타임리프 템플릿인 update-course.html에서 `course` 정보를 읽어서 화면에 표시해준다. 이렇게 해서 사용자가 제공한 ID에 해당하는 과정의 현재 상세 정보가 화면에 표시되고, 사용자는 필요한 내용을 수정한다.

❻ 과정 정보를 수정하는 HTTP PUT 엔드포인트. 먼저 사용자 입력값에 오류가 없는지 유효성 검사를 수행한다. 오류가 없으면 과정 정보를 데이터베이스(예제에서는 `Map`)에 저장하고 과정 전체 목록을 조회해서 스프링 모델의 `courses` 키에 저장하고 인덱스 페이지로 리다이렉트한다. HTTP PUT 메서드는 이미 존재하고 있는 엔티티 정보를 수정할 때 사용한다. 여기에서도 마찬가지로 `update-course`라는 엔드포인트가 HTTP GET과 HTTP PUT에 공통으로 사용되는데 사용자가 요청한 HTTP 메서드에 맞는 컨트롤러 메서드가 실행된다. `/update/{id}`에 HTTP GET 요청이 들어오면 HTML 페이지를 반환하고, HTTP PUT 요청이 들어오면 과정 정보 수정 로직이 실행된다.

❼ 주어진 과정 ID에 해당하는 과정이 존재하면 해당 과정을 삭제하고 인덱스 페이지로 리다이렉트한다. HTTP DELETE 메서드는 이처럼 엔티티 삭제에만 사용된다.

애플리케이션에서 자바로 작성해야 할 컴포넌트는 모두 만들었다. 이제 타임리프 HTML 템플릿을 작성할 차례다. 다음과 같이 3개의 템플릿을 작성해야 한다.

- **index.html** - 애플리케이션의 인덱스 페이지를 정의한다. 과정 전체 목록을 보여주고 각 과정을 수정 또는 삭제할 수 있는 기능과 새 과정을 추가할 수 있는 기능이 포함돼야 한다. 생성된 과정이 하나도 없다면 사용자가 새 과정을 생성할 수 있어야 한다.
- **add-course.html** - 새 과정을 생성할 수 있는 페이지를 정의한다. 이 페이지를 통해 새로 생성할 과정의 세부 정보를 입력할 수 있다.
- **update-course.html** - 기존 과정 정보를 보여주고 상세 정보를 수정할 수 있는 페이지를 정의한다.

먼저 인덱스 페이지부터 시작해보자. src/main/resources/templates 폴더에 예제 B.17과 같이 index.html 파일을 작성한다.

예제 B.17 타임리프 태그가 사용된 index.html

```
<!DOCTYPE html>
<html xmlns:th="http://www.thymeleaf.org">
<head>
    <meta charset="utf-8">
    <meta http-equiv="x-ua-compatible" content="ie=edge">
    <title>Courses</title>
    <meta name="viewport" content="width=device-width, initial-scale=1">
    <link rel="stylesheet" href="https://stackpath.bootstrapcdn.com/bootstrap/4.5.2/css/
bootstrap.min.css">    ❶
    <link rel="stylesheet" href="https://use.fontawesome.com/releases/v5.4.1/css/all.css">
    <link rel="stylesheet" href="../css/fonts.css">
</head>
<body>
<div th:switch="${#lists.size(courses)}" class="container my-5">    ❷
    <div class="row">
        <div class="col-md-2"></div>
        <div class="col-md-8">
            <div th:case="'0'">    ❸
                <h2>You haven't added any course yet!</h2>
                <p class="text-success">Add a course by clicking below!</p>
            </div>
            <div th:case="*">    ❹
                <h2 class="my-5">Courses</h2>
                <table class="table table-striped table-responsive-md">
                    <thead>
                    <tr>
```

```
                    <th>Course Name</th>
                    <th>Course Category</th>
                    <th>Course Rating</th>
                    <th>Course Description</th>
                    <th>Edit</th>
                    <th>Delete</th>
                </tr>
                </thead>
                <tbody>
                <tr th:each="course : ${courses}">
                    <td th:text="${course.name}"></td>
                    <td th:text="${course.category}"></td>
                    <td th:text="${course.rating}"></td>
                    <td th:text="${course.description}"></td>
                    <td><a th:href="@{/update/{id}(id=${course.id})}" class="btn btn-
primary"><i class="fas fa-edit"></i></a></td>    ❺
                    <td>
                        <form action="#" th:action="@{/delete/{id}(id=${course.id})}"
th:method="delete">    ❻
                            <button type="submit" class="btn btn-danger">
                                <i class="fas fa-trash"></i>
                            </button>
                        </form>
                    </td>
                </tr>
                </tbody>
            </table>
        </div>
        <p class="my-5"><a href="/addcourse" class="btn btn-primary"><i class="fas fa-
plus-square"></i></a></p>    ❼
    </div>
    <div class="col-md-2"></div>
  </div>
</div>
</body>
</html>
```

❶ 부트스트랩Bootstrap과 폰트어섬Font Awesome 라이브러리 링크를 정의한다. 이 두 라이브러리는 페이지를 렌더링할 때 각자의 콘텐츠 전송 네트워크content delivery network, CDN를 통해 로딩된다.

❷ 과정 목록이 비어 있을 때와 비어 있지 않을 때를 타임리프 `switch-case` 태그를 사용해서 분기한다. 앞서 `CourseController`에서 과정이 없으면 비어 있는 리스트를 반환하도록 작성했다. `#lists`는 리스트에 사용할 수 있는 여러 메서드를 제공하는 타임리프 유틸리티 객체다. 예제에서는 목록에 포함된 과정의 개수를 구하는 데 사용된다.

❸ 과정이 비어 있을 때 실행되는 타임리프 `switch-case`

❹ 과정이 비어 있지 않을 때 실행되는 타임리프 `switch-case`

❺ 타임리프 태그를 포함하고 있는 앵커Anchor 태그. `th:href` 태그를 사용해서 상대 경로 URL을 만들 수 있다. `{id}`는 스프링 컨트롤러에 경로 변수로 전달된다. 경로 변숫값은 `(id=${course.id})`와 같이 지정할 수 있다.

❻ `th:action` 태그를 사용해서 폼 정보를 서버에 전송한다. `th:method` 태그는 주의 깊게 살펴볼 필요가 있다. `/delete/{id}` 엔드포인트는 HTTP DELETE 요청만 받아들인다. 하지만 브라우저에서는 GET이나 POST 요청만 보낼 수 있다. `th:method` 태그를 사용하면 타임리프가 자동으로 `<input type="hidden" name="_method" value="DELETE">`라는 히든 태그를 추가해주고, 스프링의 `HiddenHttpMethodFilter`가 `_method`로 지정한 값을 읽고, HTML 폼에 지정돼 있던 POST 값을 DELETE로 대체한다.

❼ 새 과정 생성 화면으로 이동하는 링크를 보여준다. 링크를 클릭하면 HTTP GET `/addcourse`를 호출한다.

그림 B.7에 과정 목록이 표시된 인덱스 페이지가 나와 있다.

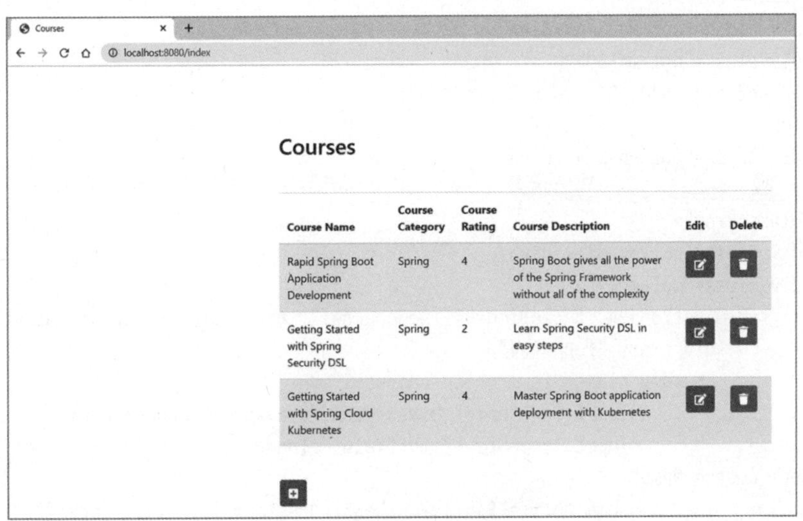

그림 B.7 **스프링 부트 타임리프 인덱스 페이지**

이제 새 과정을 생성할 수 있는 `add-course` 페이지를 예제 B.18과 같이 작성해서 src/main/resources/templates 폴더에 저장한다. add-course.html에는 과정의 `name`, `category`, `rating`, `description`, 이렇게 네 개의 필드가 있다. `th:object` 태그는 폼 데이터를 `course` 객체로 바인딩

해주고, course 객체는 HTTP 엔드포인트에서 로딩되어 새 과정 생성에 사용된다. 폼을 제출submit 하면 th:action에 명시된대로 HTTP POST /addcourse 엔드포인트가 호출된다. 입력값에 오류가 있다면 컨트롤러가 BindindResult에 담아 다시 add-course.html 페이지를 반환해주고, BindingResult에 저장된 오류 내용을 토대로 fields.hasErrors()가 true이면 해당 필드에 대한 에러 메시지가 th:errors를 통해 화면에 표시된다.

예제 B.18 타임리프 태그가 사용된 add-course.html 페이지

```
<!DOCTYPE html>
<html xmlns:th="http://www.thymeleaf.org">
<head>
    <meta charset="utf-8">
    <meta http-equiv="x-ua-compatible" content="ie=edge">
    <title>Add a Course</title>
    <meta name="viewport" content="width=device-width, initial-scale=1">
    <link rel="stylesheet" href="https://stackpath.bootstrapcdn.com/bootstrap/4.5.2/css/
bootstrap.min.css">
    <link rel="stylesheet" href="https://use.fontawesome.com/releases/v5.4.1/css/all.css">
</head>
<body>
<div class="container my-5">
    <div class="row">
        <div class="col-md-3"></div>
        <div class="col-md-6">
            <h2 class="mb-5">Add a Course</h2>
        </div>
        <div class="col-md-3"></div>
    </div>
    <div class="row">
        <div class="col-md-3"></div>
        <div class="col-md-9">
            <form action="#" th:action="@{/addcourse}" th:object="${course}" method="post">
                <div class="form-row">
                    <div class="form-group col-md-9">
                        <label for="name" class="col-form-label">Name</label>
                        <input type="text" th:field="*{name}" class="form-control" id="name"
placeholder="Course Name">
                        <span th:if="${#fields.hasErrors('name')}" th:errors="*{name}"
class="text-danger"></span>
                    </div>
                    <div class="form-group col-md-9">
                        <label for="category" class="col-form-label">Category</label>
                        <input th:field="*{category}" class="form-control" id="category"
placeholder="Course Category"></input>
                        <span th:if="${#fields.hasErrors('category')}" th:errors="
```

```
*{category}" class="text-danger"></span>
                    </div>
                    <div class="form-group col-md-9">
                        <label for="rating" class="col-form-label">Course Rating</label>
                        <select th:field="*{rating}" class="form-control" id="rating">
                            <option th:value="1">1 (Lowest)</option>
                            <option th:value="2">2</option>
                            <option th:value="3">3</option>
                            <option th:value="4">4</option>
                            <option th:value="5">5 (Highest)</option>
                        </select>
                        <span th:if="${#fields.hasErrors('category')}" th:errors="*{rating}"
class="text-danger"></span>
                    </div>
                    <div class="form-group col-md-9">
                        <label for="description" class="col-form-label">Description</label>
                        <textarea th:field="*{description}" class="form-control" id="
description" placeholder="Course Description"></textarea>
                        <span th:if="${#fields.hasErrors('description')}" th:errors="
*{description}" class="text-danger"></span>
                    </div>
                </div>
                <div class="row">
                    <div class="col-md-6 mt-5">
                        <input type="submit" class="btn btn-primary center" value="Add
Course">
                    </div>
                </div>
            </form>
        </div>
        <div class="col-md-3"></div>
    </div>
</div>
</body>
</html>
```

add-course.html 페이지는 그림 B.8과 같이 화면에 표시된다.

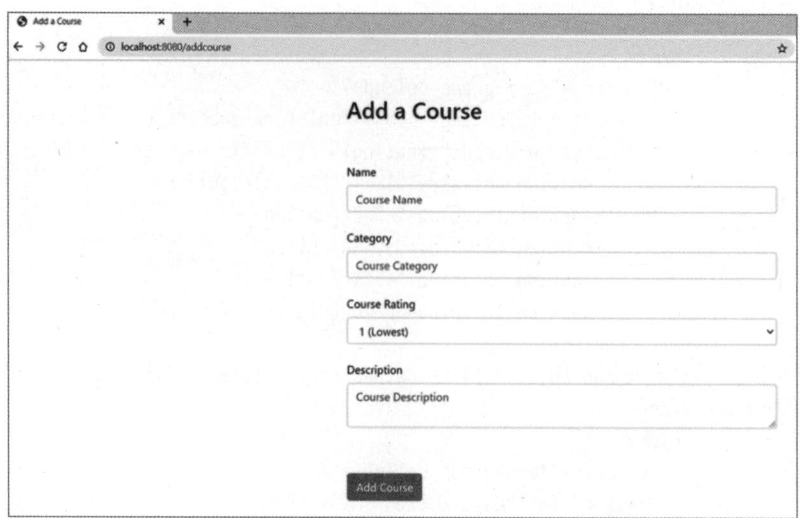

그림 B.8 스프링 부트 타임리프 add-course 페이지

Name, Category, Description 필드는 필수 항목이다. 필수 항목이 비어 있는 채로 폼을 제출하면 그림 B.9와 같이 인라인 에러 메시지가 표시된다.

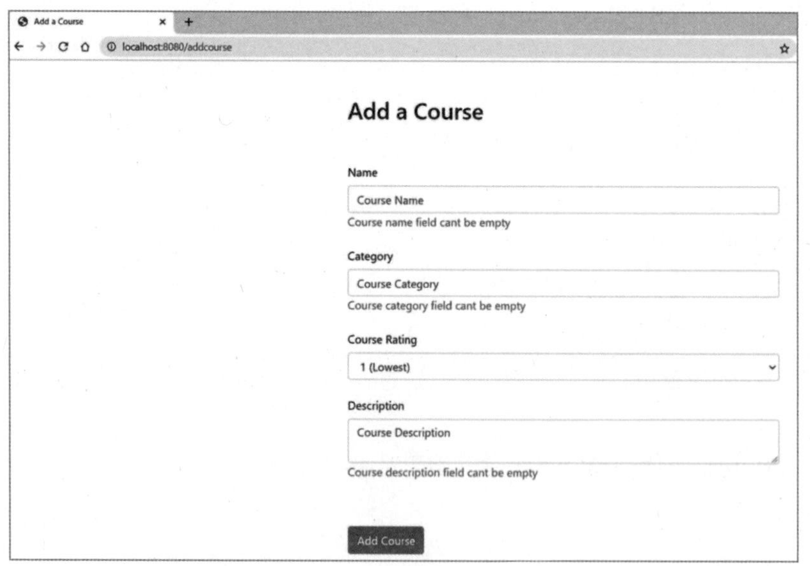

그림 B.9 인라인 에러 메시지를 보여주는 스프링 부트 타임리프 Add a Course 페이지

필수 항목값을 모두 입력하고 폼을 제출해서 새 과정이 추가되면 과정 정보는 인메모리 Map에 저장되고 인덱스 페이지로 리다이렉트된다. 인덱스 페이지에는 새로 추가한 과정도 목록에 포함되어 그림 B.10과 같이 화면에 표시된다.

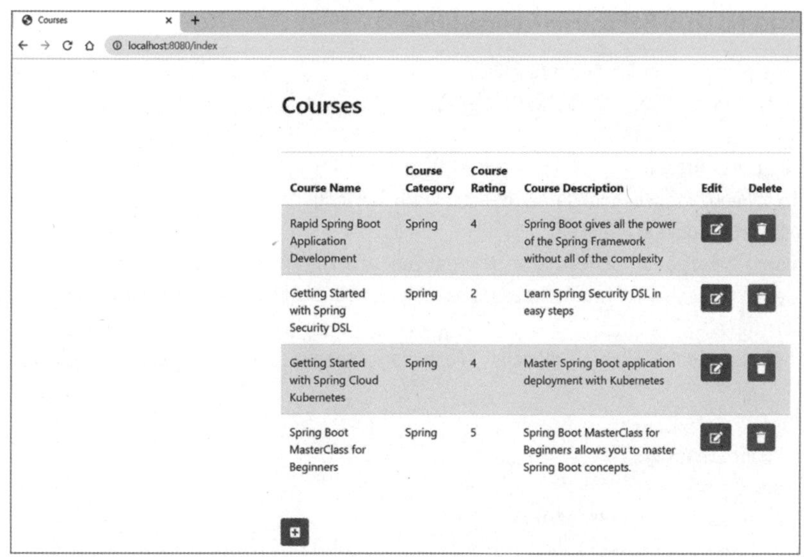

그림 B.10 과정 목록을 보여주는 스프링 부트 타임리프 인덱스 페이지

목록에 표시된 각 과정은 수정할 수 있고, 삭제할 수도 있다. 예를 들어 [Edit] 아이콘을 클릭하면 해당 과정 정보를 수정할 수 있는 Update Course HTML 페이지가 그림 B.11과 같이 표시된다.

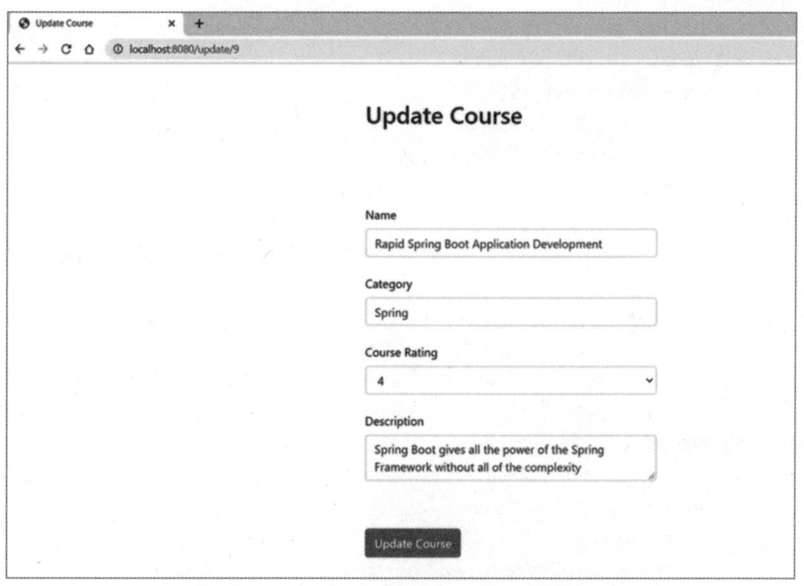

그림 B.11 스프링 부트 타임리프 Update Course 페이지

과정 정보를 수정하면 인덱스 페이지에 수정된 내용이 표시된다. 과정 정보를 수정할 수 있는 update-course.html은 src/main/resources/templates 폴더에 있으며 예제 B.19에 나와 있다.

예제 B.19 타임리프 태그가 사용된 update-course.html

```
<!DOCTYPE html>
<html xmlns:th="http://www.thymeleaf.org">
<head>
    <meta charset="utf-8">
    <meta http-equiv="x-ua-compatible" content="ie=edge">
    <title>Update Course</title>
    <meta name="viewport" content="width=device-width, initial-scale=1">
    <link rel="stylesheet" href="https://stackpath.bootstrapcdn.com/bootstrap/4.5.2/css/
bootstrap.min.css">
    <link rel="stylesheet" href="https://use.fontawesome.com/releases/v5.4.1/css/all.css">
</head>
<body>
<div class="container my-5">
    <div class="row">
        <div class="col-md-3"></div>
        <div class="col-md-6">
            <h2 class="mb-5">Update Course</h2>
        </div>
    </div>
    <h2 class="mb-5"></h2>
    <div class="row">
        <div class="col-md-3"></div>
        <div class="col-md-6">
            <form action="#" th:action="@{/update/{id}(id=${course.id})}" th:object="
${course}" method="post" th:method="put">
                <div class="form-row">
                    <div class="form-group col-md-9">
                        <label for="name" class="col-form-label">Name</label>
                        <input type="text" th:field="*{name}" class="form-control" id="name"
placeholder="Course Name">
                        <span th:if="${#fields.hasErrors('name')}" th:errors="*{name}"
class="text-danger"></span>
                    </div>
                    <div class="form-group col-md-9">
                        <label for="category" class="col-form-label">Category</label>
                        <input th:field="*{category}" class="form-control" id="category"
placeholder="Course Category"></input>
                        <span th:if="${#fields.hasErrors('category')}" th:errors="
*{category}" class="text-danger"></span>
                    </div>
                    <div class="form-group col-md-9">
                        <label for="rating" class="col-form-label">Course Rating</label>
                        <select th:field="*{rating}" class="form-control" id="rating">
                            <option th:value="1">1 (Lowest)</option>
                            <option th:value="2">2</option>
                            <option th:value="3">3</option>
```

```
                                <option th:value="4">4</option>
                                <option th:value="5">5 (Highest)</option>
                            </select>
                            <span th:if="${#fields.hasErrors('category')}" th:errors="*{rating}"
class="text-danger"></span>
                        </div>
                        <div class="form-group col-md-9">
                            <label for="description" class="col-form-label">Description</label>
                            <textarea th:field="*{description}" class="form-control" id="
description" placeholder="Course Description"></textarea>
                            <span th:if="${#fields.hasErrors('description')}" th:errors="
*{description}" class="text-danger"></span>
                        </div>
                    </div>
                    <div class="row">
                        <div class="col-md-6 mt-5">
                            <input type="submit" class="btn btn-primary" value="Update Course">
                        </div>
                    </div>
                </form>
            </div>
            <div class="col-md-3"></div>
        </div>
</div>
</body>
</html>
```

마지막 연산은 과정 삭제다. 인덱스 페이지에서 [Delete] 아이콘을 클릭하면 과정이 삭제된다. 완성된 스프링 부트 프로젝트 소스 코드는 https://mng.bz/0wjp에서 확인할 수 있다.

토론

이번 기법에서는 스프링 부트와 타임리프를 사용해서 완전한 CRUD 기능을 가진 애플리케이션을 만들었다. 별다른 설정 없이 타임리프 스타터 의존 관계를 추가했을 뿐인데도 스프링 부트와 타임리프가 굉장히 매끄럽게 연동된다는 사실을 예제를 통해 알 수 있었다. 타임리프를 사용하면 조건부 렌더링, 반복 렌더링, 유효성 검증 같은 강력한 기능을 사용해서 화면을 렌더링할 수 있다.

진솔한 서평을 올려주세요!

이 책 또는 이미 읽은 제이펍의 책이 있다면, 장단점을 잘 보여 주는 솔직한 서평을 올려주세요.
매월 최대 5건의 우수 서평을 선별하여 원하는 제이펍 도서를 1권씩 드립니다!

- **서평 이벤트 참여 방법**
  ❶ 제이펍 책을 읽고 자신의 블로그나 SNS, 각 인터넷 서점 리뷰란에 서평을 올린다.
  ❷ 서평이 작성된 URL과 함께 **review@jpub.kr**로 메일을 보내 응모한다.
- **서평 당선자 발표**
  매월 첫째 주 제이펍 홈페이지(**www.jpub.kr**) 및 페이스북(**www.facebook.com/jeipub**)에 공지하고, 해당 당선자에게는 메일로 개별 연락을 드립니다.

독자 여러분의 응원과 채찍질을 받아 더 나은 책을 만들 수 있도록 도와주시기 바랍니다.

찾아보기

숫자

기호

A

B

E

F

G

H

T

U

V

W

X

Y

ㄱ

ㅍ

ㅎ